THE GUIDELINES ON LEGAL ISSUES OF SHAREHOLDER DISPUTES

股东纠纷法律问题全书

合伙人

（第二版）

上海宋海佳律师事务所　编著

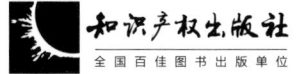

图书在版编目（CIP）数据

合伙人：股东纠纷法律问题全书／上海宋海佳律师事务所编著.—2版.—北京：知识产权出版社，2017.4

ISBN 978-7-5130-4780-7

Ⅰ.①合… Ⅱ.①上… Ⅲ.①股份有限公司—股东—公司法—基本知识—中国 Ⅳ.①D922.291.91

中国版本图书馆CIP数据核字（2017）第038044号

责任编辑：齐梓伊

封面设计：张　悦

责任出版：刘译文

合伙人（一）

股东纠纷法律问题全书（第二版）

上海宋海佳律师事务所　编著

出版发行：	知识产权出版社有限责任公司	网　址：	http://www.ipph.cn
社　　址：	北京市海淀区西外太平庄55号	邮　编：	100081
责编电话：	010-82000860转8176	责编邮箱：	qiziyi2004@qq.com
发行电话：	010-82000860转8101/8102	发行传真：	010-82000893/82005070/82000270
印　　刷：	北京嘉恒彩色印刷有限责任公司	经　销：	各大网上书店、新华书店及相关专业书店
开　　本：	720mm×1000mm　1/16	印　张：	166
版　　次：	2017年4月第1版	印　次：	2017年4月第1次印刷
字　　数：	3000千字	定　价：	398.00元（全四册）
ISBN 978-7-5130-4780-7			

出版权专有　侵权必究

如有印装质量问题，本社负责调换。

关于作者

 一家专注解决股东纠纷的律师事务所

因为专注,
所以更了解股东纠纷的根源和全面解决方案

因为专业,
所以突破律师的局限性,以税务思维,筹划股权交易方案

再版说明

《合伙人》第一版出版两年多,蒙读者厚爱,在当当网、京东网、亚马逊网的读者好评率分别为100%、97%和五星。

本次再版,除了订正疏漏之外,撷取和提炼最新的具有代表性的典型案例,尤其是来自最高人民法院的公报案例、指导案例,修正原书中与现行法律法规、司法判例中或冲突或遗漏的内容,将最前沿的、最具实务价值的司法观点(如《最高人民法院关于适用〈中华人民共和国公司法〉若干问题的规定(四)》征求意见稿)、实践经验呈现给读者。

需要说明的是,本书中部分案例判决作出时间较早,诉讼主体、判决依据和结果可能与现行法律、法规有所冲突。我们也注意到了这些问题并加以标注。之所以仍然保留,是因其中案件的背景、证据和法院观点对现今的司法实践仍有意义和借鉴作用。

最后,借《合伙人》再版之际,向对第一版提出修订建议的读者和朋友,向给予我们关心、鼓励和帮助的同行和专家学者们,表示衷心的感谢!

主编宋海佳参与本书全部章节的撰写,并负责选题、体例设计和审定工作。

任梅梅、顾立平参与本书全部章节的撰写工作。

韦业显(香港韦业显律师行创办人)参与本书"离岸公司不公平损害的股东权益保护"部分的撰写工作。

于东耀、章亚萍、郭睿、吴星、张莉、虞修秀、张旆、姜元哲参与资料收集和部分案例的编写及校对工作。

再版修改部分,由徐清律师负责统筹,由宋海佳、顾立平、徐清、赵玉刚、陈纯、龙华江(全面负责税法部分修改)、华轶琳、陈怀榕、王永平律师参与撰写,王芬律师负责校对。

简　目

一

第一章　公司设立纠纷 …………………………………………（ 1 ）
第二章　发起人责任纠纷 ………………………………………（ 97 ）
第三章　股东出资纠纷 …………………………………………（ 129 ）
第四章　股东资格确认纠纷 ……………………………………（ 415 ）

二

第五章　股东名册记载纠纷 ……………………………………（ 611 ）
第六章　请求变更公司登记纠纷 ………………………………（ 632 ）
第七章　股权转让纠纷 …………………………………………（ 709 ）
第八章　增资纠纷 ………………………………………………（ 958 ）
第九章　新增资本认购纠纷 ……………………………………（ 1056 ）
第十章　减资纠纷 ………………………………………………（ 1079 ）
第十一章　公司合并纠纷 ………………………………………（ 1120 ）
第十二章　公司分立纠纷 ………………………………………（ 1191 ）

三

第十三章　损害公司利益责任纠纷 ……………………………（ 1235 ）
第十四章　损害股东利益责任纠纷 ……………………………（ 1486 ）
第十五章　请求公司收购股份纠纷 ……………………………（ 1536 ）

第十六章　公司解散纠纷 ………………………………………（1610）
第十七章　申请公司清算 …………………………………………（1748）
第十八章　清算责任纠纷 …………………………………………（1831）

四

第十九章　股东知情权纠纷 ………………………………………（1871）
第二十章　公司决议纠纷 …………………………………………（1975）
第二十一章　上市公司收购纠纷 …………………………………（2172）
第二十二章　公司盈余分配纠纷 …………………………………（2243）
第二十三章　公司证照返还纠纷 …………………………………（2331）
第二十四章　公司关联交易损害责任纠纷 ………………………（2367）
第二十五章　股东损害公司债权人利益责任纠纷 ………………（2438）

目 录

第一章 公司设立纠纷

第一节 立案 (2)

1. 如何确定公司设立纠纷的诉讼当事人？ (2)
2. 公司设立纠纷诉讼由何地法院管辖？ (2)
3. 公司设立纠纷应按照什么标准交纳案件受理费？ (2)
4. 公司设立纠纷是否适用诉讼时效？ (3)

第二节 公司设立程序及条件 (3)

一、公司设立的流程 (3)

5. 设立内资企业需要履行哪些程序？提交哪些材料？ (3)
6. 设立外商投资企业需要履行哪些程序？提交哪些材料？ (6)
7. 公司营业执照中记载哪些事项？ (8)
8. 设立哪些公司需要履行前置审批程序？ (9)
9. 设立外商投资企业应遵循哪些审批原则？如何界定审批权限？ (16)
10. 外国人可以担任内资企业法定代表人吗？外国人在华就业需要履行哪些手续？ (16)

二、企业名称(商号)、商标、域名与经营范围 (17)

(一) 企业名称(商号)、商标与域名 (17)

11. 公司名称由哪几部分组成？实践中应注意哪些问题？ (17)
12. 企业之间因登记注册的名称发生争议时，应该如何处理？ (18)
13. 向工商行政管理机关请求处理企业名称争议，需要提交哪些材料？ (19)

14. 在哪些情形下,构成企业名称(商号)侵权? ……………………… (19)
【案例1】在后注册企业使用在先登记名称　工商责令变更登记 ……… (20)
15. 公司名称登记后,商号可以转让或许可他人使用吗? ……………… (23)
16. 何为企业名称(商号)合同纠纷? 该纠纷由何地法院管辖? 是否
　　适用诉讼时效? ……………………………………………………… (24)
【案例2】企业名称相似　工商登记被撤销 ………………………………… (24)
【案例3】类别不同经营范围相同　上海"爱建"核准不当被撤销 ……… (25)
【案例4】注册于不同辖区且品牌"驰名"在后　不当竞争侵犯商标权
　　　　理由不成立 ………………………………………………………… (28)
【案例5】无偿使用字号条件未成立　判决停止使用并支付使用费 ……… (31)
【案例6】转让人继续使用字号属根本违约　解除合同并赔偿损失 ……… (33)
17. 将他人企业名称中的字号相同或者近似的文字注册为商标,是否
　　构成侵权? 如何判断相关公众对企业名称所有人与商标注册人
　　是否产生误认或者误解? ……………………………………………… (41)
【案例7】未证明商号知名度　商标"同"商号不属侵权 ………………… (42)
【案例8】字号早于商标且未突出使用　未攀附未误导不构成侵权 …… (46)
18. 企业将与他人注册商标相同或者相近似的文字作为企业的字号
　　是否构成对他人注册商标的侵权? 如何理解"商标相同""商标
　　近似"? ………………………………………………………………… (51)
【案例9】搭驰名商标便车　企业字号被判停用 ………………………… (51)
【案例10】不恰当使用字号侵犯商标权　诉请撤销变更企业名称决定
　　　　　被驳回 ………………………………………………………… (56)
19. 他人侵犯注册商标专有权或企业名称专有权,权利人有哪些法律
　　救济措施? ……………………………………………………………… (59)
20. 因商标与企业名称发生混淆的案件,如何确定管辖的工商行政
　　管理机关? ……………………………………………………………… (60)
【案例11】虽与驰名商标不同类　因视觉相似仍被认定为侵权 ………… (60)
21. 何为网络域名权属、侵权纠纷? 该纠纷由何地法院管辖? 是否
　　适用诉讼时效? ………………………………………………………… (64)
22. 何为商标权权属、侵权纠纷? 该纠纷由何地法院管辖? 是否适用
　　诉讼时效? ……………………………………………………………… (64)

23. 侵犯注册商标专用权或商号侵权案件中,如何确定侵权人的赔偿数额? ………………………………………………………………… (65)

（二）经营范围 …………………………………………………………… (66)

24. 如何表述企业经营范围?不同类型的经营项目如何办理营业范围登记?在哪些情形下,企业登记机关对企业申请的经营范围不予登记? ………………………………………………………………… (66)

25. 在哪些情形下,企业应当及时申请变更经营范围登记或者注销登记? ………………………………………………………………… (66)

26. 如何认定公司超越经营范围签订的合同的效力? ……………… (67)

27. 何为非法经营罪?其立案追诉标准以及量刑标准分别是怎样的? …… (67)

【案例12】国家药监局原副局长张敬礼 犯非法经营等罪被判17年 …… (70)

【案例13】未经许可炒卖外汇获利近2万 非法经营入狱两年罚金5万 ………………………………………………………………… (71)

【案例14】假公司炒汇获利5万余元 被判非法经营获利4年罚金50万 ………………………………………………………………… (73)

第三节 设立中公司责任承担的裁判标准 …………………………… (75)

28. 先公司交易行为责任应由谁承担? ……………………………… (75)

【案例15】内部约定不能对抗债权人 设立中民事责任由公司承担 …… (76)

29. 设立中的公司法律性质如何?是否可以与第三人签订交易合同? …… (77)

【案例16】发起人借款设公司 公司享受权利应担责 ………………… (78)

【案例17】从事非必要的交易行为 发起人个人承担民事责任 ……… (80)

30. 因公司虚假登记致使公司或者第三人受到损害的,由谁承担责任? …… (85)

31. 通过网络股权众筹所签订的协议是否有效? …………………… (85)

【案例18】股权众筹融资协议未违反法律法规强制性规定为有效 …… (85)

第二章 发起人责任纠纷

第一节 立案 ……………………………………………………………… (97)

32. 如何确定发起人责任纠纷的诉讼当事人? ……………………… (97)

33. 发起人责任纠纷由何地法院管辖? ……………………………… (98)

34. 发起人责任纠纷按照什么标准交纳案件受理费? ……………… (98)

35. 发起人责任纠纷是否适用诉讼时效? …………………………… (98)

【案例19】发起人共担亏损且过时效丧胜诉权　非认股人主张退股金
　　被驳回 ·· (98)

第二节　发起人责任承担的裁判标准 ·· (102)

一、设立失败时发起人的责任承担 ·· (102)

36. 公司设立失败时，发起人应当承担哪些责任？ ······································ (102)
37. 设立行为所产生的债务、费用包括哪些？ ·· (103)
【案例20】被告主体不适格　请求未成立公司担责被驳回 ·························· (103)
【案例21】按股权分担开办费　设立失败返还股金 ··································· (107)
【案例22】两次募资设立主体视为变更　设立失败发起人返还认股人
　　投资 ·· (108)
【案例23】公司设立失败　费用按认缴比例分担 ······································ (110)
【案例24】公司设立失败　过错发起人承担违约责任 ································ (112)
38. 股份有限公司设立失败时，认股人除了可向发起人请求承担返还
　　股款加算利息的连带责任外，可否就发起人的过错，要求其承担
　　损害赔偿责任？ ·· (114)
39. 如果公司发起人指示负责验资的银行将认股人投入的款项私自
　　转移，认股人应当如何救济？ ··· (114)
【案例25】发起人非验资账户所有人　主张银行划转验资款担责
　　被驳回 ·· (114)
40. 如果发起人故意作出虚假陈述引诱认股人认购股份的，认股人
　　应当如何救济？ ·· (118)
41. 购买非法出售的公开募集股份，投资人的利益应当如何救济？ ············· (118)

二、设立成功时发起人的责任承担 ·· (118)

42. 公司设立成功后，如何解决因发起人过失造成公司其他发起人或
　　认股人的经济损失？ ·· (118)
43. 公司设立成功后，在设立过程中因履行设立职责给他人造成损害的，
　　受害人可否向公司主张侵权责任？ ··· (118)

第三节　衍生问题——婚约财产纠纷和同居关系纠纷 ····································· (119)

一、婚约财产纠纷的裁判标准 ··· (119)

44. 何为婚约财产纠纷？ ··· (119)
45. 如何确定婚约财产纠纷的诉讼当事人？ ··· (119)
46. 婚约财产纠纷由何处法院管辖？ ·· (119)

47. 婚约财产纠纷是否适用诉讼时效？……………………………（119）

48. 婚约解除时,一方是否可以向另一方主张返还彩礼？………（120）

【案例26】"非诚勿扰"相识相恋　反悔送"礼"闹上法庭…………（120）

49. 父母、亲属向对方给付的彩礼,能否成为返还彩礼诉讼的当事人？……（122）

50. 彩礼给付后,男女双方仅形成同居关系,为此,给付彩礼的父母或
亲属要求返还彩礼的,能否支持？………………………………（122）

51. 若男女双方已经结婚,则赠与彩礼一方能否要求返还？……（122）

52. 以订婚为名,实质上却以此欺诈他人婚约财产,行为人是否构成
诈骗罪？……………………………………………………………（122）

【案例27】"玫瑰"陷阱骗婚骗财　被判13年罚金38万……………（122）

53. 如果一人同时对外订立多份婚约,则是否可以向所有未与其形成
婚姻关系的一方主张返还彩礼？…………………………………（123）

二、同居关系纠纷的裁判标准………………………………………（124）

54. 何为同居关系纠纷？该纠纷由何地法院管辖？按照什么标准交纳
案件受理费？是否适用诉讼时效？………………………………（124）

55. 具有同居关系的双方诉至法院要求离婚的,法院应当如何处理？…（124）

56. 如果同居一方起诉主张解除同居关系,法院应当如何处理？…（124）

57. 如果女方在同居期间怀孕,男方是否可以提出解除同居关系？…（124）

58. 解除同居关系时,对于同居期间的财产应当如何分割？………（124）

【案例28】男方出资购房　分手女方获得折价款……………………（125）

59. 解除同居关系时,同居期间所形成的债权、债务如何处理？…（126）

【案例29】同居时借款共同开销　法院确认为共同债务双方连带偿还……（126）

第三章　股东出资纠纷

第一节　立案……………………………………………………（131）

60. 如何确定股东出资纠纷的诉讼当事人？………………………（131）

61. 公司一名股东以公司名义起诉请求另一股东返还出资,起诉状中
仅有公司印章,无法定代表人签字,另一股东以法定代表人名义
申请撤销该诉讼,对该诉讼应如何处理？………………………（132）

【案例30】公章与法定代表人签字冲突　法院裁定驳回诉请………（132）

62. 起诉协助股东抽逃出资的董事、高管、实际控制人承担连带责任时，如何确定诉讼当事人及案由？……………………………(135)

63. 公司股东未履行或未全面履行出资义务，公司足额出资股东能否直接请求出资不实股东履行出资义务？是否需要履行先请求公司向出资不实股东主张权利的前置程序？……………………(135)

64. 股东出资纠纷由何地法院管辖？………………………………(136)

65. 股东约定共同出资成立公司，但该公司未进行工商登记，某位股东以非货币资产出资但未办理权属转让手续，该公司应以何种身份起诉要求违反出资义务股东承担责任？……………………(136)

66. 股东出资纠纷诉讼按照什么标准交纳案件受理费？…………(136)

67. 公司请求违反出资义务的股东补缴出资款是否适用诉讼时效？公司债权人要求股东在出资不实范围内对公司债务承担补充赔偿责任的，是否适用诉讼时效？…………………………(136)

【案例31】公司请求股东补缴出资款 不受诉讼时效限制 ………(137)

第二节 出资方式……………………………………………………(139)

一、注册资本……………………………………………………(139)

68. 法律对公司注册资本最低额有要求吗？货币出资与非货币资产出资的比例有何要求？………………………………………(139)

69. 外商投资企业的注册资本最低限额有何特殊规定？如何办理境外直接投资外汇登记？除了《公司法》规定的出资方式外，外国投资者还可以采用哪些方式进行出资？……………………(141)

70. 外商投资企业注册资本和投资总额的比例关系有何要求？……(143)

71. 外商投资企业可以分期缴纳出资吗？如违反规定缴纳，应当承担哪些责任？外商投资企业无法按期缴付出资时，可以延期出资吗？如何办理延期？……………………………………(143)

72. 增资时，股东可否分期缴纳出资？……………………………(144)

73. 募集设立公司的发起人应至少认购公司多少股份？认股人未按期缴纳所认购股份的股款，对于该部分股款，公司其他发起人应如何处理？该认股人应承担何种法律责任？………………(145)

74. 工商登记的股权比例与合作协议约定的投资比例不一致，应以何为准？……………………………………………………(145)

75. 用于出资的财产应当符合哪些条件？哪些财产可以用于出资？
劳务、信用、自然人姓名、商誉、特许经营权或者设定担保的财产
以及国家法律规定禁止流通的财产,如枪支、弹药、毒品、土地
所有权、集体土地使用权可以用于出资吗？ ………………………… (145)

76. 出资人以非货币财产出资,是否必须进行资产评估？未依法评估
作价,出资人的出资行为效力应如何认定？ ……………………… (146)

二、股权作价出资 ……………………………………………………… (147)

77. 符合哪些条件的股权可以用于出资？如何判定股东是否已全面
履行股权出资义务？ ……………………………………………… (147)

78. 投资人以外商投资企业股权投资的,有何特殊程序？ …………… (149)

79. 投资人以股权出资,其他股东是否享有优先购买权？ …………… (149)

80. 如何对股权进行资产评估？ ……………………………………… (149)

【案例32】股权作价出资评估报告 ………………………………… (151)

三、债权作价出资 ……………………………………………………… (155)

81. 债权出资包括哪些形式？公司设立时可以采用债权出资吗？ …… (155)

82. 哪些主体可以采用债权出资？哪些主体可以接受债权出资？ …… (156)

83. 哪些债权可以转为股权？债权出资应当履行哪些特殊程序？ …… (156)

84. 债权转股权的效力是依双方转股合同还是依工商设立登记来确定？ … (157)

85. 债权可以部分出资吗？可以分期缴纳吗？ ……………………… (157)

86. 公司以债权出资,在工商登记机关处登记的出资方式如何表述？ … (157)

87. 被投资公司接受债权出资应注意哪些事项？ …………………… (157)

四、知识产权作价出资 ………………………………………………… (157)

88. 公司接受技术出资,应注意哪些法律风险？ …………………… (157)

89. 出资人以知识产权作价出资,应当履行哪些程序？ …………… (159)

【案例33】未办理变更登记 实用新型出资行为不成立 ………… (160)

90. 如何办理专利著录权、著作权、商标等知识产权的变更登记？ … (161)

91. 如何对专利、著作权、商标等知识产权进行资产评估？ ……… (163)

五、土地使用权与实物作价出资 ……………………………………… (165)

92. 国有企业划拨土地使用权能否直接用于出资？如何认定出资人
是否履行了出资义务？ …………………………………………… (165)

【案例34】国有划拨土地使用权未经批准 出资无效 …………… (165)

93. 集体土地使用权能否直接用来出资？应当履行哪些审批程序？ …… (168)

94. 特定机构管理的不动产收益权,如公路桥梁、公路隧道或者公路渡口等不动产权益是否可以出资? ……………………… (169)
95. 如何办理房屋及土地使用权出资变更登记手续? ……………… (169)
96. 如何对机器设备进行资产评估? ………………………………… (170)
97. 如何对土地使用权进行资产评估? ……………………………… (170)

第三节 股东出资纠纷的裁判标准 ……………………………… (172)

一、股东出资纠纷的一般裁判标准 …………………………… (172)

98. 出资人以知识产权、非专利技术、实物作价出资,如何认定是否全面履行了出资义务? ……………………………………… (172)
【案例35】技术已出资实际控制人仍侵占 诉讼确认归公司 …… (172)
99. 出资人以房屋、土地使用权作价出资,如何认定是否全面履行了出资义务?在出资人未办理权属转移手续或未实际交付公司使用情况下,如何认定股东是否履行了出资义务以及是否享有股东权利? ……………………………………………………… (175)
100. 出资人以划拨土地使用权出资,或者以设定权利负担的土地使用权出资,是否有效?是否全面履行了出资义务? ………… (176)
101. 当事人之间对是否已履行出资义务发生争议,举证责任如何分配? ……………………………………………………………… (177)
【案例36】未推翻出资评估报告 要求股东补足差额被驳回 …… (177)
【案例37】名为"投资"假戏被做真 私下约定为"借贷"无效 …… (181)
102. 股东占有股权的比例是否必须与认缴或实际出资比例相同?股东可否自由约定股权比例? …………………………………… (183)
【案例38】股东按照约定持有股权应当受到法律的保护 ………… (183)
103. 验资报告可否作为判定股东出资到位的直接证据? …………… (190)
【案例39】审计报告不足以推翻出资证据 股东主张违约责任被驳回 …… (190)
104. 出资人以符合法定条件的非货币财产出资后,因市场变化或者其他客观因素导致出资财产贬值,该出资人是否需要补足差额? …… (193)
105. 股东以专利技术出资并在工商登记部门备案,但未办理专利转让变更登记。公司成立后,股东又将该专利技术转让给第三人,该专利技术转让合同是否有效? ……………………………… (194)
106. 公司章程中约定出资者以货币出资,但股东实际出资时却以实物代替,该股东是否履行了出资义务? ……………………… (194)

【案例40】出资方式有争议　以工商登记为准 …………………（194）
107. 如何确定出资不实股东的出资缴纳时间？在公司进入破产或清算程序后，股东承诺的出资期限尚未到期，该股东是否有义务继续履行出资义务？公司债权人能否请求该股东承担连带责任？……（200）
【案例41】公司全面停业　出资期限尚未届满的股东提前履行出资义务 ……………………………………………………………（200）
【案例42】出资瑕疵股东对除名其股东资格的决议不具有表决权 ……（203）
108. 瑕疵出资股东对公司享有到期债权的，其能否主张抵销其相应的瑕疵出资额？……………………………………………（207）
【案例43】破产债权不能与瑕疵出资相抵销　法定出资义务应履行 ……（208）
109. 瑕疵出资股东能否以其应分取的利润抵销瑕疵出资？公司能否直接扣留股东应分得的利润以填补股东所欠出资？………（209）
【案例44】未达成抵销合意　未分配红利不得冲抵瑕疵出资额 ………（210）
110. 出资人以不享有处分权的财产出资，该出资行为是否有效？……（212）
111. 出资人以贪污、受贿、侵占、挪用等违法犯罪手段取得的货币出资，该出资行为是否有效？出资人因此取得的股权应如何处理？……（213）

二、虚假出资的裁判标准 ……………………………………（214）

112. 虚假出资在实践中有哪些表现形式？……………………（214）
【案例45】房地产出资未过户　验资不实会计师事务所与股东共担责任 ……………………………………………………………（214）
【案例46】房产无法过户出资存瑕疵　法院判令股东履行增资义务 ……（218）
【案例47】出资实物发票系虚假　股东连带承担债务 …………（223）
113. 公司利用本公司的其他银行账户将资金以借款名义借给股东，然后以股东名义作为投资追加注册资本，股东是否构成虚假出资？………………………………………………………（233）
114. 强制执行过程中，债权人发现股东存在出资不实或虚假出资或抽逃出资的情形，法院能否裁定追加该股东为被执行人？能否裁定追加原股东为被执行人？……………………………（233）
【案例48】原股东自认出资不实　被追加执行偿还公司债务 …（234）
【案例49】保证人有执行能力　申请追加股东为被执行人被驳回 ……（235）
【案例50】股东未证履行出资义务　债权人申请执行获支持 …（237）

115. 虚假出资中的财产在他人名下,债权人能否以虚假出资损害赔偿责任直接申请执行虚假出资的财产? ………………………… (239)

【案例51】出资房产未过户 他人名下不可直接执行 ……………… (239)

116. 出资不实股东,就其对公司的债权与外部债权人能否处于同等受偿顺位? ……………………………………………………… (241)

【案例52】股东出资不实,在公司剩余资产分配中应劣后受偿 ……… (242)

117. 金融机构、会计师事务所为企业提供不实、虚假的验资报告或者资金证明,当公司财产不足以清偿对外债务时,在执行阶段能否追加金融机构以及会计师事务所为被执行人? …………… (244)

【案例53】虚假验资承担补充赔偿责任 未经诉讼追加验资机构
被驳回 …………………………………………………… (244)

三、抽逃出资的裁判标准 ……………………………………… (247)

118. 抽逃出资在实践中有哪些表现形式? ……………………………… (247)

【案例54】虚报利润进行分配 股东抽逃出资被判返还 …………… (247)

【案例55】股东以借款名义抽逃出资 债权人请求连带责任获支持 …… (254)

【案例56】以"其他应收款"长期占用公司资金 股东被判抽逃出资 …… (256)

119. 股东会采取哪些财务记录方式抽逃出资? ………………………… (257)

120. 如何区分抽逃出资与虚假出资? …………………………………… (258)

121. 如何区分抽逃出资与股东借款行为? ……………………………… (258)

122. 股东以土地使用权的部分年限对应价值作价出资,期满后收回土地使用权是否构成抽逃出资? ……………………………… (260)

【案例57】以土地使用权部分年限出资 到期收回不构成抽逃出资 …… (261)

第四节 股东虚假出资与抽逃出资的责任承担 ………………… (264)

一、违反出资义务股东对公司责任的承担 ……………………… (264)

123. 有限责任公司股权转让后,公司发现该股东虚假出资或抽逃出资,应当由谁承担资本补足责任,是原股东还是受让股东?公司财产不足以清偿债务,债权人可向谁主张债权? ………………… (264)

【案例58】股权虽转让 出资不实责任不免除 ……………………… (264)

124. 公司股东未履行或未全面履行出资义务,其他股东是否应当对该股东不实出资承担连带责任? …………………………… (267)

【案例59】入股渔船价值显著偏低 其他发起人承担连带责任 ……… (267)

二、违反出资义务股东对公司债务的承担 (274)

125. 股东违反出资义务对公司债务应当承担哪些民事责任? (274)
126. 债权人可通过哪些方式证明公司股东存在虚假出资或抽逃出资行为? (275)

【案例60】申请法院调查垫资事实　股东抽逃出资承担连带责任 (275)

【案例61】律师调查令查清虚假出资　股东被判连带责任 (280)

【案例62】判决确认股东虚假出资　诉讼主张承担出资不实责任 (283)

127. 对于隐名投资,确定出资瑕疵的股东应当承担责任时,应当由实际出资人承担责任,还是应当由名义股东承担责任? (287)
128. 如果存在股权多次转让的情形,即受让人为多人时,公司或债权人应如何选择承担瑕疵出资责任的受让人? (288)
129. 公司债权人承认公司注册资金足额到位,但认为其中部分股东出资不实,能否要求该部分股东承担连带清偿责任? (288)

【案例63】注册资本充实　债权人无权主张个别瑕疵出资股东承担连带责任 (288)

130. 在因多名股东出资不实导致公司股东对公司债务承担连带责任的情况下,出资不实的股东如何分担责任? (291)
131. 股东是否应就公司设立后的增资瑕疵对公司债权人承担责任? (291)

【案例64】增资不实在债权产生后　主张增资股东承担连带责任被驳回 (291)

132. 出资不实股东对公司享有债权,能否要求公司偿还?在公司不能偿还的情况下,能否要求其他违反出资义务的股东在出资不实范围内承担连带责任? (296)

【案例65】出资虽瑕疵　向公司主张债权仍获支持 (296)

133. 假定A公司是B公司的股东,B公司又是C公司的股东。A公司在设立B公司时存在瑕疵出资行为,B公司在设立C公司时也存在瑕疵出资行为。C公司、C公司的守约股东和C公司的债权人可否追究A公司的民事责任呢? (300)
134. 股东未履行或者未全面履行出资义务或抽逃出资,公司能否限制违反出资义务股东的相应权利? (300)

【案例66】出资不实　股东权利受限制 (301)

135. 有限责任公司的股东未履行出资义务或者抽逃全部出资的,公司有何救济措施? …… (305)

【案例67】股东履行部分出资义务 法院否定公司开除股东资格决定 …… (306)

三、对股东出资不实负有责任的董事、高管责任的承担 …… (313)

136. 公司股东未履行或者未全面履行出资义务,董事、高管是否应当对公司承担责任?如需要,董事、高管应在何种范围内承担责任?董事、高管对公司和债权人承担责任后,是否有权向违反出资义务的股东追偿? …… (313)

137. 公司其他股东、董事、高级管理人员、实际控制人协助公司股东抽逃出资,是否应对公司和公司的债权人承担责任?公司董事、高管协助股东抽逃出资承担连带责任后,能否向抽逃出资股东追偿? …… (314)

【案例68】董事协助股东抽逃出资 连带承担出资本息返还责任 …… (314)

四、对虚假出资与抽逃出资负有责任的第三人责任的承担 …… (320)

138. 金融机构出具不实或虚假的资金证明,对出资单位的债权人造成损失应如何承担责任? …… (320)

【案例69】出具虚假资金证明 银行承担补充连带责任 …… (321)

139. 会计师事务所出具不实验资报告,由此对被审计单位利害关系人造成损失的应如何承担责任? …… (323)

五、虚假出资或抽逃出资的行政责任与刑事责任 …… (324)

140. 公司股东虚假出资或抽逃出资,应当承担哪些行政责任? …… (324)

141. 何为虚假出资、抽逃出资罪?其立案追诉标准以及量刑标准分别是怎样的? …… (324)

142. 何为非法吸收公众存款罪?其立案追诉标准以及量刑标准分别是怎样的? …… (325)

【案例70】非法吸收公众存款 中富证券被罚百万 …… (325)

143. 何为集资诈骗罪?其立案追诉标准以及量刑标准分别是怎样的? …… (329)

【案例71】吴英案几经波折 重审改判无期 …… (330)

【案例72】非法集资行为无效 发行人与代理人均担责 …… (339)

144. 验资机构、金融机构等中介机构违法出具虚假证明文件,是否应当承担刑事责任? …… (342)

第五节　股东出资的税务问题 …………………………………… (342)
一、知识产权作价出资税务问题 ………………………………… (342)
145. 个人以知识产权作价出资,是否需要缴纳个人所得税? ……… (342)
146. 居民企业以知识产权作价出资,是否需要缴纳企业所得税?如何确定应纳税所得额?是否享有税收优惠政策? ……………… (343)
【案例73】以专利作价出资　减半缴纳企业所得税 ……………… (346)
147. 居民企业以技术向关联企业出资,是否可以享受税收优惠政策? …… (346)
148. 如何办理技术合同认定登记? ………………………………… (346)
149. 企业拟享受企业所得税税收优惠政策,向税务机关备案时需要提交哪些材料? ……………………………………………… (347)
150. 非居民企业以技术出资,是否享有企业所得税税收优惠政策? …… (350)
151. 纳税人采取技术转让方式销售货物,其货物部分的税收应如何处理? ……………………………………………………… (350)
152. 个人或企业以知识产权出资,是否需要缴纳营业税? ………… (350)
153. 个人或企业以知识产权出资,是否需要缴纳印花税? ………… (351)
154. 以专利、技术、著作权等知识产权作价出资,如何进行会计处理? …… (351)

二、股权作价出资税务问题 ………………………………………… (351)
155. 个人以股权作价出资,是否需要缴纳个人所得税?如何确定其应纳税额? ……………………………………………………… (351)
156. 企业以股权出资,是否需要缴纳企业所得税? ………………… (351)
【案例74】收购股权比例不同　企业所得税有差异 ……………… (352)
157. 个人以股权参与上市公司定向增发股票,是否需要缴纳个人所得税? ……………………………………………………… (356)
158. 以上市公司股权出资是否需要缴纳证券(股票)交易印花税? …… (356)
159. 个人或企业以股权出资,是否需要缴纳印花税? ……………… (357)
160. 个人或企业以股权出资,是否需要缴纳营业税? ……………… (357)
161. 个人或企业以股权出资,如何进行会计处理? ………………… (357)
【案例75】股权出资的会计处理方式 ……………………………… (358)

三、债务重组的税务问题 ………………………………………… (359)
162. 如何确定企业债务的重组日、重组业务当事各方及重组主导方? …… (359)
163. 个人以债权出资,是否需要缴纳个人所得税? ………………… (359)
164. 在企业债务重组中,如何进行一般性税务处理? ……………… (359)

【案例76】非货币资产偿债　转让与债务清偿两步走 …………… (360)

165. 哪些债务重组损失不得在税前扣除?适用税前扣除应满足哪些条件? ……………………………………………………………… (361)

166. 企业发生债务重组,何时确认收入的实现? ………………… (362)

167. 满足哪些条件,债务重组适用特殊性税务处理方式进行所得税处理?交易各方应如何进行特殊性税务处理? ……………… (362)

【案例77】债权转股权　免缴企业所得税 …………………………… (364)

168. 债务重组过程中,债权人与债务人如何进行会计处理? …… (365)

【案例78】债权作价出资会计处理方式 ……………………………… (366)

169. 债务重组过程中是否需要缴纳印花税、营业税、增值税、土地增值税和契税? ………………………………………………… (367)

170. 以国债出资,转让收入时间以及应纳税所得额如何确定? … (368)

四、固定资产作价出资税务问题 ……………………………………… (368)

171. 个人以固定资产作价出资是否需要缴纳个人所得税? ……… (368)

【案例79】设备原值与股权价值相当　实物出资无须缴税 ………… (369)

172. 企业以固定资产作价出资,是否需要缴纳企业所得税? …… (370)

【案例80】实物出资视同销售　增值部分缴纳企业所得税 ………… (370)

173. 企业以接受捐赠的固定资产作价出资,所得税处理有何特殊之处? …… (371)

174. 企业以固定资产作价出资,是否需要缴纳增值税?如何确定销售收入以及税率? ………………………………………………… (371)

175. 债转股企业与金融资产管理公司签订债转股协议,债转股企业将货物资产作为投资提供给债转股新企业的,是否需要缴纳增值税? ……………………………………………………………… (372)

176. 以固定资产作价出资,如何进行会计处理? ………………… (372)

五、以房地产作价出资的税务问题 …………………………………… (373)

(一)房地产转让的一般税务问题 ……………………………………… (373)

177. 转让房地产需要缴纳哪些税费?如何确定各个税种的应纳税额?法定纳税义务人是谁?纳税义务发生时间为何时?由何地税务机关征管? ……………………………………………………… (373)

178. 房地产开发企业未支付的质量保证金,能否在计算土地增值税时予以扣除? ……………………………………………………… (377)

179. 房地产开发费用按照何标准进行扣除? ……………………… (378)

180. 转让未取得土地使用权属证书的土地使用权,是否应缴纳土地
增值税、营业税和契税等税费? ·· (378)

181. 出现哪些情形纳税人应当对房地产的价格进行评估确认转让
房地产的收入?如何评估?如何确定评估机构?评估机构
有何义务? ·· (378)

182. 哪些情形下,纳税人应办理土地增值税清算手续?应于何时办理?
清算时应向税务局提交哪些文件? ··· (379)

183. 纳税人应当于何时申报土地增值税?向何地税务机关申报?
申报时需要提交哪些材料?如何确定纳税期限? ······················· (380)

184. 在哪些情形下,对土地增值税清算可实行核定征收? ················ (380)

185. 清算补缴土地增值税,是否需要加收滞纳金? ································ (381)

186. 在转让房地产中,转让方拒绝开具发票,受让方能否向法院提起
民事诉讼请求转让方开具发票? ·· (381)

【案例81】卖方未证交付发票 买方诉讼请求开具发票获支持 ············ (382)

187. 纳税义务人与合同相对人约定由合同相对人或者第三人缴纳
税款,该约定是否有效? ·· (384)

【案例82】约定税费他方承担 未违反法律合法有效 ························ (384)

(二)房地产作价出资的税务问题 ·· (395)

188. 以房地产作价出资与一般的房地产转让所需缴纳的税费有何
不同? ··· (395)

【案例83】土地作价出资 免征土地增值税 ······································ (396)

189. 以土地使用权作价出资,如何进行会计处理? ································ (397)

190. 以划拨方式取得的土地使用权出资,是否需要缴纳相关税费? ······ (397)

191. 对原划拨土地使用权采取国家股入股的,股份制企业转让的,是否
需要缴纳相关税费? ·· (397)

192. 以土地使用权作价出资成立项目公司,投资各方以及项目公司
如何进行所得税处理? ·· (398)

【案例84】成立项目公司合作开发房地产的会计与税务处理 ············ (399)

193. 以土地使用权投资入股,项目公司成立及房屋销售阶段,合作各方
应如何进行营业税处理? ·· (401)

194. 在成立项目公司情形下,出地方以土地使用权作价出资,是否需要
缴纳契税? ··· (401)

195. 中外合作开发房地产过程中,涉及土地使用权转让、中方取得的前期工程开发费是否需要缴纳营业税? ……………… (402)

196. 房地产开发企业将开发产品用于职工福利、奖励、对外投资、分配给股东或投资人、抵偿债务、换取其他单位和个人的非货币性资产等(以下简称非直接销售),需要缴纳哪些税收?如何确定收入? ……………… (402)

(三)联合开发房地产的税务问题 ……………… (403)

197. 在联合开发房地产中,如何确定纳税主体? ……………… (403)

【案例85】联合开发房地产的会计与税务处理 ……………… (403)

198. 联合开发房地产中,投资方与被投资企业应如何进行企业所得税处理? ……………… (404)

199. 在联合开发房地产中,一方出地,一方出资金,联建各方应如何进行营业税的税务处理? ……………… (405)

200. 在联合开发房地产中,出地方是否需要缴纳土地增值税? ……………… (405)

第四章　股东资格确认纠纷

第一节　立案 ……………… (417)

201. 如何确定股东资格确认纠纷的诉讼当事人? ……………… (417)

202. 实际出资人以名义股东为被告要求确认股权的,法院该如何处理? ……………… (418)

203. 股东资格确认纠纷由何地法院管辖? ……………… (418)

204. 股东资格确认纠纷按照什么标准交纳案件受理费用? ……………… (419)

205. 股东资格确认纠纷是否适用诉讼时效? ……………… (420)

206. 在确认股东资格后,他人不配合办理变更登记的,原告应如何救济? ……………… (420)

第二节　股东资格确认的一般规则 ……………… (421)

一、股东资格的主体限制 ……………… (421)

207. 发生股东资格确认纠纷的原因有哪些? ……………… (421)

【案例86】关栋天与周立波股东资格之争 ……………… (421)

208. 哪些机构或自然人不能担任公司股东? ……………… (422)

209. 未成年人可否担任股东? ……………… (423)

【案例87】上海法院首例支持娃娃股东持股案例 …………………… (423)

【案例88】北京银行惊现20%娃娃股东 …………………………… (424)

210. 公务员可以投资入股吗？ ………………………………………… (425)

【案例89】公务员投资入股 股东资格不受影响 ………………… (426)

【案例90】继承股权 因公务员身份无法工商登记 ……………… (427)

【案例91】千万红利未索回 "法官股东"赔了夫人又折兵 …… (431)

【案例92】借"死人"名义参与国企改制被处罚 ………………… (433)

【案例93】澳洲政府公务员可公开从事"第二职业" …………… (433)

211. 精神病人可以作为发起人吗？可以继承股东资格吗？ ……… (434)

212. 配偶双方在公司章程约定的股权比例，是否视该股权为夫妻各自财产而非共同财产？ ……………………………………………… (434)

【案例94】章程约定不代表配偶股权分配比例 ………………… (434)

213. 股东的配偶可否主张对共有股权行使股东权利？ …………… (436)

二、股东资格的取得方式 ……………………………………………… (436)

214. 股东资格的取得方式有哪些？ ………………………………… (436)

215. 无权处分人将股权出售给善意的第三人的行为是否有效？实际权利人可否主张收回股权？ …………………………………… (437)

216. 善意取得股东资格应当具备哪些条件？ ……………………… (437)

【案例95】谨慎调查标的公司 善意取得股东资格 …………… (438)

【案例96】受让人为同事兼同学 无法善意取得股东资格 …… (442)

三、确认股东资格的基本条件 ………………………………………… (444)

217. 确认股东资格的条件有哪些？ ………………………………… (444)

218. 形式条件和实质条件在确认股东资格时的效力如何？ ……… (444)

219. 确认股东资格的条件之间发生冲突时应如何解决？ ………… (444)

220. 如何判定确权请求人是否具备股东资格？请求人民法院确认其股东资格的，应当证明哪些事实？ ……………………………… (445)

221. 实际出资人取得股东资格是否需要遵循《公司法》有关股权转让优先购买权规定，即必须经过其他股东过半数同意？ ……… (445)

222. 股东资格得到法院判决确认后，可否主张已分配或未分配的利润？可否撤销股东会决议或主张股东会决议无效？ …………… (445)

四、公司章程的证据效力 ……………………………………………… (446)

223. 公司章程进行工商登记有何法律效力？其与未登记的公司章程在效力上有何区别？ ………………………………………………… (446)

224. 未被记载于公司章程是否一定不具有股东资格？……………… (446)
225. 公司设立协议对股东资格确认有何效力？…………………… (447)
226. 公司章程关于股权激励对象离职后，由其他股东或公司回购其
股权的约定是否有效？………………………………………… (447)
【案例97】章程限定离职退股　法院判决约定有效 ………… (447)
【案例98】未履行股权激励所附条件　获赠股份应相应退还 … (448)

五、工商登记的证据效力 …………………………………… (451)
227. 工商登记文件的记载对股东资格确认有何效力？…………… (451)
【案例99】工商登记文件不是确认股东资格及股东权利义务的唯一
证据 ……………………………………………………… (451)
228. 未被记载于工商登记文件，是否一定不具备股东资格？……… (455)
【案例100】实质证据推翻工商登记　股权比例重新确认 …… (455)
229. 第三人请求股东在出资不实范围内承担责任时，股东能否以工商
登记文件非自己签名为由不予履行？…………………………… (457)
230. 工商备案登记法定代表人与公司内部文件不一致的，以哪一个
为准？…………………………………………………………… (457)
【案例101】公司起诉债务人，新任命法定代表人有权代表公司撤诉 …… (457)

六、股东名册的证据效力 …………………………………… (461)
231. 股东名册具有什么法律效力？股东名册的记载对股东资格确认
具有何种效力？………………………………………………… (461)
232. 记载于股东名册的股东是否必然享有股东权利？……………… (462)
233. 签署公司章程并被公司章程记载，但未在股东名册上记载的人，
是否具有股东资格？…………………………………………… (462)
234. 股东决议增加注册资本，与第三人签订增资协议并收取股款的，
如果公司拒不办理工商变更登记、股东名册变更手续，该第三人
能否主张不具有股东资格？…………………………………… (462)

七、实际出资的证据效力 …………………………………… (462)
235. 实际出资对股东资格确认有何效力？………………………… (462)
【案例102】凭借条主张股东身份　不具备实质要求被驳回 … (463)
236. 瑕疵出资股东享有股东资格吗？………………………………… (467)

八、出资证明书的证据效力 ………………………………… (467)
237. 出资证明书对股东资格的确认有何效力？…………………… (467)

238. 出资证明书要符合哪些形式要件？出资证明书记载了哪些内容？ …… (468)

九、实际享有股东权利的证据效力 …… (468)

239. 实际享有股东权利对股东资格的确认有何影响？ …… (468)

240. 未实际享有股东权利是否一定不具有股东资格？ …… (468)

241. 按照发起人协议履行了出资义务，并记载于工商登记，但未签署公司章程，是否具有股东资格？ …… (469)

【案例103】国企改制批复文件优于工商登记 诉请确认股东资格获认定 …… (469)

242. 第三人与公司签订增资协议并支付了股款，公司也办理了工商登记、股东名册的变更，全体股东能否以未经股东会决议为由否定其股东资格？ …… (471)

第三节 特殊情形的股东资格确认的裁判标准 …… (471)

一、实际出资人与名义股东的股东资格确认的裁判标准 …… (471)

243. 实际出资人股东资格确认的基本条件是什么？ …… (471)

244. 实际出资人如何证明其已实际出资？ …… (471)

【案例104】验资报告未能反映实际情况 以实际出资为准判别股权归属 …… (471)

245. 如何区分投资关系与借贷关系？ …… (477)

【案例105】集资款不等于出资 股东确权被驳回 …… (478)

【案例106】朋友代持埋隐患 律师斡旋平争端 …… (480)

246. 实际出资人如何证明其他股东同意其作为公司股东？ …… (482)

【案例107】推定其他股东知悉代持 实际出资人成功"显形" …… (483)

247. 实际出资人与名义股东之间订立的代持股协议的效力如何？ …… (485)

248. 签订代持股协议应注意哪些要点？ …… (485)

【案例108】"假"股东自认 "真"股东顺利显名 …… (485)

249. 取得股份有限公司股票的方式有哪些？ …… (487)

【案例109】未登记股票被他人转让 刑事立案材料确认股东资格 …… (488)

250. 实际出资人以股东名义实际参与公司的经营管理，能否直接行使股东权利？ …… (491)

【案例110】有效证据链助实际出资人"夺回"股东资格 …… (491)

251. 公司与员工约定，其无须出资，但可以分配公司收益，则该员工是否具有股东资格？ …… (495)

252. 实际投资者能否依据隐名投资协议请求名义股东履行相关合同
义务,并交付从公司获得的收益? ………………………………………(495)

253. 名义股东不履行隐名投资合同义务,致使合同义务不能实现的,
实际投资者能否请求解除合同,并由名义股东承担违约责任? ……(495)

254. 名义股东能否请求实际出资者支付必要的报酬? ………………………(495)

255. 隐名投资协议解除后,实际投资者能否请求名义股东返还投资款
和利息? ……………………………………………………………………(496)

256. 隐名投资协议被认定无效后,投资款与股权收益应如何处理? ………(496)

257. 名义股东明确表示不要股权的,如何处理实际投资者的投资款?
实际投资人可否参与名义股东放弃的股权的拍卖? ……………………(497)

258. 名义股东私自处分股权的,实际投资人应如何保护自身利益? ………(497)

259. 名义股东能否以其非实际出资为由对抗债权人? ………………………(497)

260. 名义股东因自身债务成为被执行人的,若法院强制执行"名义"股权,
实际出资人应如何保护自身的利益? ……………………………………(497)

261. 如果确认实际出资人股东资格将导致公司股东人数超出有限责任
公司股东法定 50 人上限,法院是否会支持原告的诉请? ……………(497)

【案例 111】确权将导致股东人数超限　法院不予确认股东资格 ………(498)

二、股权转让中股东资格确认的裁判标准 ……………………………………(499)

262. 因股权转让而引起股东资格争议的,如何处理? ………………………(499)

263. 股权转让合同签订后受让人何时享有股东资格? ………………………(500)

264. 股权转让合同能否对受让人取得股东资格的时间作出约定? …………(500)

265. 股权转让中未向股权转让人支付对价的,是否享有股东资格? ………(500)

266. 受让人已经支付价款,并且以股东身份参加股东会、参与公司
经营和利润分配,但未办理工商登记变更的,该受让人是否具有
股东资格? ……………………………………………………………………(500)

267. 股权转让中受让人股东资格未被确认的,应如何保护其利益? ………(501)

三、干股股东资格确认的裁判标准 ……………………………………………(501)

268. 干股股东是否具有股东资格? ……………………………………………(501)

269. 干股股东在确认其股东资格时应提交哪些证据? ………………………(501)

270. 出资人以贪污、受贿、侵占、挪用等违法犯罪所得向公司出资
取得股权或干股的,是否具备股东资格? 对这部分股权应当
如何处理? ……………………………………………………………………(501)

【案例112】公司不得持有本公司股权　犯罪所得股权应拍卖返还 ……… (502)

四、借用或冒用他人身份的股东资格确认的裁判标准 ……………… (505)

271. 当事人被冒用或借用身份证从而登记为公司股东的,能否请求法院判决否认其股东资格? ……………………………………… (505)

272. 名义股东和冒名股东的法律责任有何不同? ……………………… (506)

【案例113】名义股东谎称被冒名　逃避出资义务难得逞 ……………… (506)

【案例114】工商登记非本人签字自称"被股东"　电邮证其诉求"被股东"不成立 ……………………………………………………… (508)

【案例115】冒用父亲名义做股东　女儿被判侵犯姓名权 …………… (510)

273. 身份被他人借用的,被借用人是否具有股东资格? ……………… (512)

274. 冒用他人身份登记为公司股东的,被冒用人是否具有股东资格? …… (512)

第四节　外商投资企业股东资格确认的裁判标准 ……………………… (513)

一、外商投资企业股东资格确认的条件 ……………………………… (513)

275. 具备哪些条件的,人民法院可以确认外商投资企业实际出资人的股东身份? ……………………………………………………… (513)

【案例116】经主管机关审批　股东资格应确认 …………………… (514)

【案例117】合作协议未审批　实际出资人确权被驳回 ……………… (516)

【案例118】未经主管机关审批　确认资格被驳回 …………………… (519)

276. 因虚假报批引发的法律责任由股东还是公司承担? …………… (521)

277. 虚假报批导致企业他方股东丧失股东身份或原有股权份额的,他方股东如何救济? ……………………………………………… (521)

二、外商投资企业中代持股协议效力判定 ……………………………… (521)

278. 隐名投资协议未经审批机关批准的,其效力如何? …………… (521)

279. 外商投资企业实际出资人与名义股东因隐名投资协议产生纠纷,适用中国法律还是域外法? ………………………………… (522)

280. 外国人或外国企业在中国起诉的,可否委托其本国律师或外国律师? ……………………………………………………………… (522)

281. 因公司原因不能办理股权转让审批手续,实际出资人能否请求公司返还投资款与利息? ……………………………………… (522)

【案例119】实际出资人确权不成　请求公司返还投资款与利息获支持 ………………………………………………………………… (522)

第五节 股东资格继承问题 ······ (525)

一、遗产继承的一般规则 ······ (525)

282. 哪些财产可以作为遗产继承？ ······ (525)

283. 夫妻一方死亡时，是否所有夫妻共同财产均需要作为遗产分割？ ······ (525)

284. 夫妻一方继承的遗产是否属于夫妻共同财产？ ······ (525)

285. 继承权纠纷诉讼时效是几年？起算时间为何时？ ······ (526)

【案例120】三星家族爆巨额遗产诉讼 诉讼时效成焦点 ······ (526)

二、法定继承 ······ (528)

286. 若继承人先于被继承人死亡，该份遗产如何处理？ ······ (528)

【案例121】霍氏兄弟争夺64亿元遗产 情势逆转最终和解 ······ (528)

287. "私生子"是否享有法定继承权？ ······ (532)

【案例122】巴西首富去世 55名私生子争夺30亿美元巨额遗产 ······ (532)

【案例123】私生子争千万遗产 亲子鉴定争得遗产继承权 ······ (534)

三、遗嘱继承及遗赠 ······ (536)

288. 何为遗赠？遗赠有无特殊限制？ ······ (536)

289. "二奶"是否有权继承遗产？ ······ (536)

【案例124】违背公序良俗 遗赠"二奶"被判无效 ······ (536)

290. 出现多份遗嘱，应以哪份遗嘱为准？ ······ (540)

【案例125】多份遗嘱"撞车" 以最后一份为准 ······ (540)

291. 哪些遗嘱需要律师见证？律师在办理涉及股权的遗嘱见证时应注意什么问题？ ······ (541)

292. 哪些人不得作为代书遗嘱、录音遗嘱、口头遗嘱的见证人，及代书遗嘱的代书人？ ······ (542)

【案例126】继承人代书遗嘱不合法 状告祖父母获公司股权 ······ (542)

293. 在什么情况下遗嘱无效？ ······ (543)

【案例127】遗嘱处分离婚未分割股权无效 主张了解经营财务状况获支持 ······ (543)

【案例128】两份遗嘱引香港"的士大王"家族之争 原配6名子女败诉 二房独享10亿遗产 ······ (545)

【案例129】老板娘意外身亡 上亿遗产引家族纷争 ······ (546)

294. 遗产信托有什么作用？ ······ (548)

295. 设立遗产信托应注意哪些问题？ ······ (549)

296. 律师在遗嘱信托中有哪些作用? ……………………………………… (549)

四、股东资格的继承 …………………………………………………… (550)

297. 有限责任公司的股东资格是否可以继承? ………………………… (550)

　【案例130】谢晋妻儿股东身份获确认　继承谢晋生前企业股权 …… (550)

　【案例131】股权现金慈善　李嘉诚三分家产把控有道 ……………… (551)

　【案例132】他人放弃继承　妻子获公司股权 ………………………… (554)

　【案例133】未召开股东会　继承人获股东资格 ……………………… (556)

　【案例134】妻子据遗嘱继承股东资格　法院判决支持 ……………… (558)

298. 确认继承人享有股东资格的应提交哪些证据? …………………… (559)

299. 继承人有多人的,是否都可以继承股东资格? 各自继承的比例如何确定? …………………………………………………………… (559)

300. 实践中如何禁止或限制股东资格继承条件,以防止"无能"股东入主公司? ……………………………………………………………… (559)

301. 出资不实的股东死亡后,其继承人能否继承股东资格? ………… (560)

302. 股东的继承人能否直接要求分割并继承公司的利润? …………… (560)

　【案例135】温州富商去世　婆媳争夺8000万巨额遗产 ……………… (560)

303. 被继承人死亡后,股东会修改公司章程禁止继承股东资格是否具有约束力? …………………………………………………………… (564)

　【案例136】股东死亡后修改章程禁止继承的决议无效 ……………… (564)

304. 实际出资人在确权之前死亡的,其继承人能否继承其股东资格? … (568)

305. 夫妻一方能否依据离婚协议中的股权分割约定直接取得股东资格? ………………………………………………………………………… (568)

　【案例137】离婚调解书助股东成功确权 ……………………………… (568)

第六节　股东资格确认中的税务问题 …………………………… (573)

一、实际出资人确权的税务问题 ……………………………………… (573)

306. 实际出资人被确认为工商登记股东是否需要缴税? ……………… (573)

307. 为了逃避股权转让纳税义务,当事人以虚假诉讼方式确认股权,可能会承担哪些刑事责任? ……………………………………… (574)

　【案例138】逃避债务不成　虚假诉讼身陷囹圄 ……………………… (575)

308. 何为逃税罪? 其构成要件、立案追诉标准以及量刑标准分别是怎样的? ……………………………………………………………… (576)

· 23 ·

309. 纳税义务人和扣缴义务人在被发现偷漏税后补缴税款、滞纳金与罚款,是否能够免除刑事责任? ………………………… (576)

310. 哪些人可能成为逃税罪的主体?单位犯罪的,法定代表人是否应当承担刑事责任? ……………………………………… (577)

【案例139】晓庆公司偷逃税款710万余元 法定代表人刘晓庆免责 …… (577)

【案例140】千万富翁虚开发票羁押两年 申诉8年终获无罪 ………… (578)

【案例141】政府作出税抵债承诺却未兑现 企业纳税零申报被判逃税罪 …………………………………………………… (581)

【案例142】未依决定补缴税款 被判有期徒刑 ………………………… (583)

【案例143】心存侥幸为逃税 补缴税款仍处刑 ………………………… (585)

【案例144】补缴税款接受处罚 免除刑事责任 ………………………… (586)

二、股权激励的税务问题 …………………………………………… (588)

(一)有限公司股权激励税收问题 ………………………………… (588)

311. 有限责任公司股权激励有哪些方式? ……………………………… (588)

312. 员工取得以资本公积金增资产生的股权后,如何计征个人所得税? ………………………………………………………… (589)

313. 自然人股东将其持有的部分股权以低价转让或赠与员工的,是否需要缴纳个人所得税? ……………………………… (589)

314. 公司法人股东将股权以低价转让给员工,是否需要缴纳企业所得税? ………………………………………………………… (589)

(二)股份有限公司股权激励税收问题 …………………………… (590)

315. 股份有限公司有哪些股权激励方式?如何确定股权激励的来源? ………………………………………………………… (590)

316. 在我国境内上市的居民企业实施员工股权激励计划的,如何确认其企业所得税? ……………………………………… (591)

317. 在境外上市的居民企业、境内非上市公司建立职工股权激励计划的,如何确认其企业所得税? ……………………… (591)

318. 股份有限公司采用股票期权方式实施股权激励,员工接受股票期权是否需要缴纳个人所得税?如需缴纳,如何计税? … (591)

319. 员工行使股票期权时,是否需要缴纳个人所得税?如需缴纳,如何计税? ………………………………………………………… (592)

320. 员工在纳税年度内第一次取得股票增值权时,如何确定应纳税额? …… (593)

321. 员工在纳税年度内第一次取得限制性股票的,如何确定应纳税额和纳税义务发生时间? …… (594)

322. 对于授予限制性股票的股权激励计划,企业应如何进行会计处理?等待期内企业应如何考虑限制性股票对每股收益计算的影响? …… (595)

323. 如何计算股票期权形式工资薪金所得的个人所得税? …… (597)

324. 员工转让行权后的股票,是否需要缴纳个人所得税?如需缴纳,该如何缴纳? …… (598)

325. 员工因拥有股权而参与企业税后利润分配取得的所得,应如何缴纳个人所得税? …… (599)

326. 个人因股权激励而取得的股票等有价证券,在计算缴纳个人所得税时,因一次收入较多的,如何调整计税方法? …… (599)

327. 被激励对象为缴纳个人所得税款而出售股票,其出售价格与原计税价格不一致的,应如何计算应纳税所得额和税额? …… (599)

328. 实施股票期权、股票增值权以及限制性股票计划的境内上市公司,应向税务局报送哪些材料? …… (599)

【案例145】乐凯胶片二股东套现亿元　金发科技控制人避税阳谋 …… (600)

329. 在哪些情形下,股权激励所得,直接计入个人当期所得征收个人所得税? …… (601)

三、遗产税与赠与税 …… (601)

330. 在我国,继承遗产或接受遗赠财产是否需要缴税? …… (601)

331. 中国香港地区征收遗产税吗? …… (602)

【案例146】邵逸夫家族信托分配遗产 …… (603)

332. 中国台湾地区是如何征缴遗产税的? …… (604)

333. 中国台湾地区是如何征缴赠与税的? …… (604)

【案例147】王永庆继承人以实物抵缴22亿新台币遗产税 …… (605)

第一章　公司设立纠纷

【宋律师释义】

> 公司设立纠纷,是指在公司设立过程中,发起人为了具备公司设立的条件,对外签订合同,从事民事行为,由此可能引发的责任承担纠纷。公司设立纠纷具体包括以下两种类型:
>
> (1)发起人为设立公司,可能以自己的名义对外签订合同,由此引发的责任承担问题。
>
> (2)发起人为设立公司,可能以设立中公司的名义签订合同,由此引发的公司承继合同权利义务的问题。
>
> 需要说明的是,在公司设立过程中,因公司不能成立对认股人、债权人所承担的责任,或者因发起人自身的过失行为致使公司利益受损时应当承担的责任而引发的纠纷由本书第二章发起人责任纠纷具体介绍。
>
> 该案由系《最高人民法院关于修改〈民事案件案由规定〉的决定》(法〔2011〕41号)与公司有关纠纷新增加的四个案由之一。

【关键词】先公司交易行为　企业集团　名称专用权

❖ **先公司交易行为**:是指公司设立过程中发生的民事交易行为。

❖ **企业集团**:企业集团系不具有企业法人资格,以资本为主要联结纽带的母子公司为主体,以集团章程为共同行为规范的母公司、子公司、参股公司及其他成员企业或机构共同组成的具有一定规模的企业法人联合体。

其中母公司应当是依法登记注册,取得企业法人资格的控股企业。子公司应当是母公司对其拥有全部股权或者控股权的企业法人;企业集团的其他成员应当是母公司对其参股或者与母子公司形成生产经营、协作联系的其他企业法人、事业单位法人或者社会团体法人。

企业集团应当具备下列条件：

（1）企业集团母公司的注册资本应在5000万元人民币以上，并至少拥有5家子公司；

（2）母公司和其子公司的注册资本总和在1亿元人民币以上；

（3）集团成员单位均具有法人资格；

（4）国家试点企业集团还应符合国务院确定的试点企业集团条件。

❖ **名称专用权**：是指申请登记注册的企业名称享有的专有权，后登记注册的名称不得与已登记注册的企业名称相同或近似。

第一节 立 案

1. 如何确定公司设立纠纷的诉讼当事人？

公司设立纠纷的原告为债权人，当债权人请求公司承担责任时，以公司为被告，可以以发起人为第三人；当债权人请求发起人承担责任时，以发起人为被告。

2. 公司设立纠纷诉讼由何地法院管辖？

根据2012年修改的《民事诉讼法》的规定，因公司设立提起诉讼的，应当由公司住所地人民法院管辖。①

对于债权人向公司发起人主张债务，而各方对该债务是否属于设立公司的必要费用产生争议的案件，笔者认为，其实质是公司或发起人对外的债权债务纠纷，并不应属于《民事诉讼法》中"因公司设立提起的诉讼"，也无必要规定由公司住所地人民法院专属管辖，但此尚有待司法解释进一步予以明确。

3. 公司设立纠纷应按照什么标准交纳案件受理费？

公司设立纠纷的案件受理费应当根据案件标的计算，计算比例如表1-1所示：

表1-1 公司设立纠纷案件受理费计算

标的额（元）	金额或比例
不超过1万的（含1万）	50元
1万~10万部分（含10万）	2.5%

---

① 本章节设立纠纷案例均发生在2012年公布的《民事诉讼法》修改前，故存在管辖法院不统一的情况，此前案件中一般以被告所在地人民法院管辖，而2012年公布的《民事诉讼法》第26条规定，公司设立纠纷由公司住所地法院管辖，在此予以说明。

续表

标的额(元)	金额或比例
10万以上~20万部分(含20万)	2%
20万~50万部分(含50万)	1.5%
50万~100万部分(含100万)	1%
100万~200万部分(含200万)	0.9%
200万~500万部分(含500万)	0.8%
500万~1000万部分(含1000万)	0.7%
1000万~2000万部分(含2000万)	0.6%
超过2000万部分	0.5%

4. 公司设立纠纷是否适用诉讼时效?

适用。

公司设立纠纷是债权人请求公司或发起人承担债务的纠纷,应自债务履行期限届满之日起两年内行使。

第二节 公司设立程序及条件

一、公司设立的流程

5. 设立内资企业需要履行哪些程序?提交哪些材料?

内资企业设立登记流程包括:(1)名称核准;(2)经营范围行政许可项目审批;(3)公司设立注册登记;(4)刻制公章;(5)办理组织机构代码证;(6)办理统计登记证;(7)办理税务登记证。

(1)名称核准

主管部门:工商行政管理局。

需提交的文件:

①《名称预先核准申请书》;

②全体股东签署的《指定代表或者共同委托代理人的证明》(股东为自然人的由本人签字)及指定代表或委托代理人的身份证原件及复印件;

③股东身份证明原件及复印件。

公司名称查询前,另需确定公司注册资本、股东姓名及出资比例、公司经营

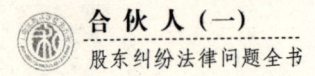

范围。

工商局收取上述材料后进行核名后发放《企业名称预先核准通知书》。

(2) 经营范围行政许可项目审批需提交的材料根据许可经营的项目不同而不同①

(3) 公司设立注册登记

主管部门:工商行政管理局。

需提交的文件:

①公司法定代表人签署的《公司设立登记申请书》;

②公司股东(发起人)出资信息表;

③法定代表人信息表;

④董事、监事、经理信息表;

⑤全体股东签署的《指定代表或者共同委托代理人的证明》(股东为自然人的由本人签字)及指定代表或委托代理人的身份证复印件;

⑥公司章程原件;

⑦自然人股东、董事、监事、法定代表人和经理的身份证明原件及复印件;

⑧关于董事、监事和经理任职的股东会决议原件;

⑨关于法定代表人任职的股东会决议原件;

⑩租赁协议以及房屋产权证明原件及复印件;

⑪《企业名称预先核准通知书》原件;

⑫股东需要当场去工商所进行备案;

⑬公司申请登记的经营范围中有法律、行政法规和国务院决定规定必须在登记前报经批准的项目,提交有关的批准文件或者许可证书复印件或许可证明复印件。

(4) 刻制公章

主管部门:公安局。

需提交的文件:

①填写《印章定制单》;

②商务部门颁发的《中华人民共和国外商投资企业批准证书》原件及复印件;

③工商行政管理部门颁发的《营业执照(副本)》原件及复印件;

---

① 详见本章第8问"设立哪些公司需要履行前置审批程序?"。

④刻制印章申请函(规格为 A4 纸,须打印,注明单位名称,须刻制印章的名称、数量;并由法人代表签字);

⑤经办人持有法人代表签字的介绍信;

⑥经办人的有效身份证件原件及复印件。

(5)办理组织结构代码证

主管部门:质量技术监督局。

需提交的文件:

①营业执照副本原件及复印件;

②新设企业公章;

③法定代表人身份证原件及复印件;

④填写《组织机构情况表》,并盖公司公章。

(6)统计登记证

主管部门:统计局。

需提交的文件:

①单位代码证书及复印件;

②营业执照或者有关证明文件及复印件;

③填写《××市统计登记申报表》。

(7)办理税务登记证

主管部门:税务局。

需提交的文件:

①新设企业营业执照副本原件及复印件;

②新设企业组织机构代码证书原件及复印件;

③法定代表人身份证原件及复印件;

④银行开户许可证复印件;

⑤新设企业公司章程原件及复印件;

⑥租赁协议以及房屋产权证明原件及复印件;

⑦新设企业公章。

上述所列文件为通常情况下的文件清单,具体操作时根据实际情况会有所调整。

2015 年 10 月 1 日起,营业执照、组织机构代码证和税务登记证三证合一。所谓"三证合一",就是将企业依次申请的工商营业执照、组织机构代码证和税务登记证三证合为一证,提高市场准入效率;"一照一码"则是在此基础上更进一步,通过"一口受理、并联审批、信息共享、结果互认",实现由一个部门核发加载统一社会信用代码的营业执照。

6. 设立外商投资企业需要履行哪些程序？提交哪些材料？

外商投资企业设立登记流程包括:(1)名称核准;(2)经营范围行政许可项目审批;(3)办理外商投资企业批准证书;(4)公司设立注册登记;(5)刻制公章;(6)办理组织机构代码证;(7)办理外汇登记证;(8)开立外汇资本金账户;(9)非货币资产评估;(10)会计事务所验资;(11)统计登记;(12)办理税务登记证;(13)财政登记。除第(3)(7)(8)(13)项外,其他项与内资企业设立要求一致(见图1-1)。

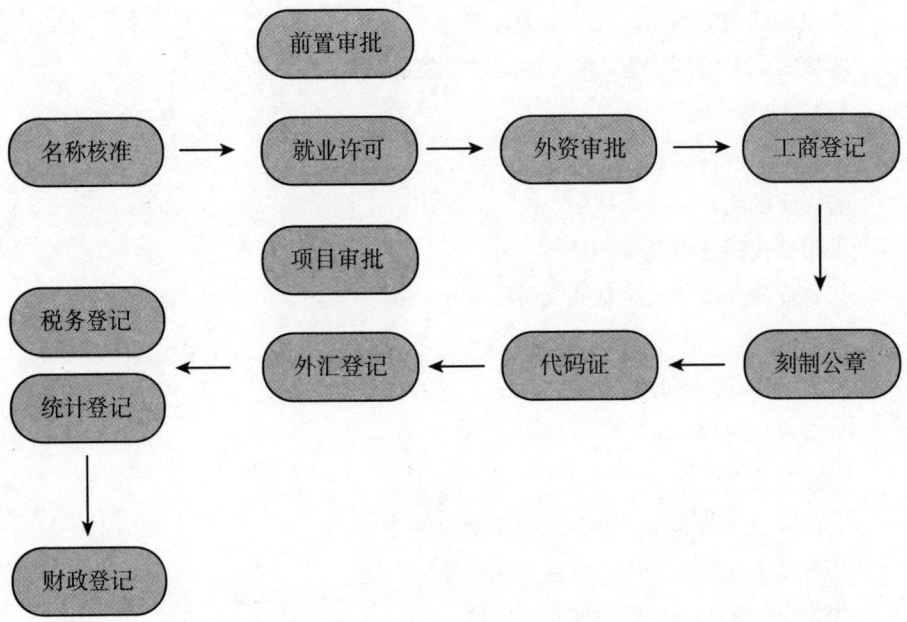

图1-1 外商投资企业设立流程

具体流程及所需材料如下。

(1)办理外商投资企业批准证书

主管部门:商务委。

需提交的文件:

①设立外商投资企业的申请书;

②投资各方共同编制的可行性研究报告;

③由投资各方法人代表签署的外商投资企业合同和章程(独资企业只需报送章程);

④由投资各方委派的外商投资企业董事长、副董事长、董事人选名单及委派书;

⑤经公证和依法认证的投资者身份证明文件或注册登记证明及资信证明文件、法人代表证明文件(复印件);

⑥企业名称预先核准通知书(复印件);

⑦法律文件送达授权委托书;

⑧公司注册地使用许可证明或租赁协议、出租方产权证明;

⑨城市规划部门出具的《建设项目选址意见书》和《建设用地规划许可证》;

⑩环境影响评价备案征询表或批准证明;

⑪涉及国有资产的项目需提交国有资产评估、备案文件;

⑫进口设备清单;

⑬非法定代表人签署文件的,应出具法定代表委托授权书;

⑭审批机关要求报送的其他文件。

实践中,由于各地的行政服务中心集中了各个部门的服务窗口,因此办理经营范围行政许可项目审批证书与外商投资企业批准证书往往同时提交文件。

(2)办理外汇登记证

主管部门:国家外汇管理局。

需提交的文件:

①营业执照(盖有企业公章的复印件);

②企业的批准证书、批复文件(保税区除外);

③章程、合同(仅合资、合作企业提供);

④企业代码证;

⑤公章。

注:①、②、③、④验原件,复印件留底。

(3)开立外汇资本金账户

主管部门:国家外汇管理局。

需提交的文件:

①书面申请(注明开户银行、币别、联系人及联系电话);

②《外商投资企业外汇登记证》;

③《开户通知书》(由外汇局核发);

④外汇局视情况要求补充的其他资料。

(4)财政登记

主管部门:地方财政局。

①《外商投资企业财政登记表》;

②企业设立批准证书;

③营业执照正、副本(原件及复印件);

④经政府授权机关批准的可行性研究报告;

⑤合同、章程等文件。

7. 公司营业执照中记载哪些事项?

自2014年3月1日起,经工商部门准予设立、变更登记以及补发营业执照中的登记记载事项包括:

(1)名称;

(2)类型;

(3)住所;

(4)法定代表人;

(5)注册资本;

(6)成立日期;

(7)营业期限;

(8)经营范围。

不同类型市场主体营业执照记载事项如表1-2所示:

表1-2 各类市场主体营业执照记载登记事项

序号	企业类型	营业执照记载事项名称	格式类型
1	内资公司	名称、类型、住所、法定代表人、注册资本、成立日期、营业期限、经营范围	A
2	外资公司	名称、类型、住所、法定代表人、注册资本、成立日期、营业期限、经营范围	A
3	内资非公司企业	名称、类型、法定代表人、注册资本、成立日期、营业期限、经营范围	B
4	合伙企业	名称、类型、主要经营场所、执行事务合伙人、成立日期、合伙期限、经营范围	C

续表

序号	企业类型	营业执照记载事项名称	格式类型
5	外资投资合伙企业	名称、类型、主要经营场所、执行事务合伙人、成立日期、合伙期限、经营范围	C
6	农民专业合作社法人	名称、类型、住所、法定代表人、成员出资总额、成立日期、业务范围	D
7	个人独资企业	名称、类型、住所、投资人、成立日期、经营范围	E
8	个体工商户	名称、类型、经营场所、经营者、组成形式、注册日期、经营范围	F
9	内资分公司	名称、类型、营业场所、负责人、成立日期、营业期限、经营范围	G
10	外资分公司	名称、类型、营业场所、负责人、成立日期、营业期限、经营范围	G
11	内资非公司企业分支机构及非法人企业	名称、类型、营业场所、负责人、成立日期、营业期限、经营范围	G
12	合伙企业分支机构	名称、类型、营业场所、负责人、成立日期、营业期限、经营范围	G
13	外商投资合伙企业分支机构	名称、类型、营业场所、负责人、成立日期、营业期限、经营范围	G
14	个人独资企业分支机构	名称、类型、营业场所、负责人、成立日期、营业期限、经营范围	G
15	农民专业合作社分支机构	名称、类型、经营场所、负责人、成立日期、业务范围	H

8. 设立哪些公司需要履行前置审批程序？

必须经过行政审批的公司包括两类：一类是某些特殊的公司，如外商投资企业的设立必须经主管的商务部（委）或者其授权的有关部门审批；再如设立金融性公司须经人民银行审批；另一类是经营特许经营业务的，如设立证券公司须经证券管理部门审批，生产经营计量器具须经技术监督部门审批，生产经营易燃易爆物品须经公安部门审批，经营餐饮业须经卫生防疫部门审批等。

部分需要履行前置审批程序的特许经营业务如表1-3所示：

表1-3 特许经营业务前置审批

一、矿产资源				
序号	前置审批项	审批部门	批准文件	法律依据
1	矿产开采	国土资源厅	《采矿许可证》	《矿产资源法》《矿产资源开采登记管理办法》（国务院令第241号）、《矿产资源法实施细则》（国务院令第152号）
2	矿产资源勘查	国土资源厅	《矿产资源勘查许可证》	《矿产资源法实施细则》（国务院令第152号）
3	开办煤矿企业	国土资源厅	《采矿许可证》	《煤炭法》
4	煤炭生产、经营	国家发展和改革委员会	《煤炭生产许可证》《煤炭经营资格证书》	《煤炭法》《煤炭经营监管办法》（国家发展和改革委员会令第25号）
5	供电营业	经济和信息化委员会、国家能源局	《供电营业许可证》	《电力法》《电力供应与使用条例》（国务院令第196号）
6	承装、承修、承试供电设施和受电设施	所在地国家电力监管委员会派出机构	《承装（修、试）电力设施许可证》	《承装（修、试）电力设施许可证管理办法》（电监会28号令）、《电力供应与使用条例》（国务院令第196号）
7	开发盐资源、开办制盐企业	经济和信息化委员会	《采矿许可证》《食盐批发许可证》	《盐业管理条例》（国务院令第51号）、《食盐专营办法》（国务院令第197号）
8	工程建设项目招标代理	住房和城乡建设厅	《工程招标代理机构资格证书》	《招标投标法》《工程建设项目招标代理机构资格认定办法》
9	建筑施工企业、工程勘查、设计和工程监理	住房和城乡建设厅	《建筑施工企业资质等级证书》《勘查单位资质等级证书》《设计单位资质等级证书》《工程监理企业资质证书》	《建筑法》《建筑企业资质管理规定》《建设工程勘察设计资质管理规定》《工程监理企业资质管理规定》

续表

二、化工			
序号	前置审批项	审批部门	批准文件	法律依据
1	化学危险品生产、经营、储存、运输	安全生产监督管理局、公安厅、质量技术监督局、交通运输厅	《危险化学品安全生产许可证》《危险化学品安全使用许可证》和《危险化学品经营许可证》《剧毒化学品购买许可证》《道路危险货物运输许可证》《工业产品生产许可证》	《危险化学品安全管理条例》(国务院令第591号)、《安全生产许可证条例》(国务院令第397号)
2	化妆品生产	卫生厅	《化妆品生产企业卫生许可证》	《化妆品卫生监督条例》(卫生部令第3号)
3	生产、经销黑火药、烟火剂、民用信号弹和烟花爆竹的企业	工业和信息化部、经济和信息化委员会	《民用爆炸物品生产许可证》《民用爆炸物品销售许可证》《民用爆炸物品购买许可证》	《民用爆炸物品安全管理条例》(国务院令第466号)

三、医疗医药卫生			
序号	前置审批项	审批部门	批准文件	法律依据
1	药品生产、批发、零售	食品药品监督管理局	《药品生产许可证》《药品经营许可证》	《药品管理法》
2	麻醉药品和精神药品的实验研究、生产、经营、使用、储存、运输等活动	国家食品药品监督管理局、省食品药品监督管理局	《药品生产许可证》《药品经营许可证》	《麻醉药品和精神药品管理条例》(国务院令第442号)
3	医疗机构的设置	卫生厅	《设置医疗机构的批准书》《医疗机构执业许可证》	《医疗机构管理条例》(国务院令第149号)

续表

三、医疗医药卫生			
序号	前置审批项	审批部门	批准文件	法律依据
4	血液制品的生产、经营	卫生部或卫生厅	《药品生产企业许可证》《单采血浆许可证》	《血液制品管理条例》（国务院令第208号）
5	第二、三类医疗器械的生产、经营	国家食品药品监督管理局、省食品药品监督管理局	《医疗器械生产企业许可证》《医疗器械经营企业许可证》	《医疗器械监督管理条例》（国务院令第276号）
6	食品生产、食品流通、餐饮服务	质量技术监督局、工商行政管理局、食品药品监督管理局	《食品生产许可》《食品流通许可》《餐饮服务许可》	《食品安全法》

四、金融保险证券			
序号	前置审批项	审批部门	批准文件	法律依据
1	商业银行及其分支机构的设立	中国银行业监督管理委员会	《经营许可证》	《商业银行法》
2	储蓄机构的设立	中国人民银行或其分支机构批准	《经营金融业务许可证》	《储蓄管理条例》（国务院令第107号）
3	经营外汇	国务院外汇管理局	《经营外汇业务许可证》	《外汇管理条例》（国务院令第532号）
4	证券公司的设立、变更、分立、解散及设立或撤销分支机构	中国证券监督管理委员会	《经营证券业务许可证》	《证券法》
5	证券登记结算机构的设立	中国证券监督管理委员会	批准证书	《证券、期货投资咨询管理暂行办法》（证委发〔1997〕96号）
6	期货交易所	中国证券监督管理委员会	批准证书	《期货交易管理条例》（国务院令第489号）
7	期货公司	中国证券监督管理委员会	按商品期货、金融期货业务种类颁发许可证	《期货交易管理条例》（国务院令第489号）
8	经营商业保险业务	中国保险监督管理委员会	《经营保险业务许可证》	《证券法》

续表

五、邮政电信				
序号	前置审批项	审批部门	批准文件	法律依据
1	邮政企业及分支机构	国家邮政局、邮政管理局	《快递业务经营许可证》	《邮政法实施细则》(国务院令第65号)、《快递业务经营许可管理办法》
2	电信业务(基础电信业务、增值电信业务)	工业和信息化部、经济和信息化委员会	《基础电信业务经营许可证》《跨地区增值电信业务经营许可证》《增值电信业务经营许可证》	《电信条例》(国务院令第291号)
3	卫星电视广播地面接收设备的生产、销售	工业和信息化部	《卫星电视广播地面接收设备定点生产企业资质证书》	《关于组织做好申领卫星电视广播地面接收设备定点生产企业资质证书的通知》(工信部电子函〔2010〕447号)
4	设立互联网上网服务营业场所经营单位	文化厅	《网络文化经营许可证》	《互联网上网服务营业场所管理条例》(国务院令第363号)

六、新闻出版				
序号	前置审批项	审批部门	批准文件	法律依据
1	地图编制、出版	编制:测绘局和省级测绘行政主管部门 出版:新闻出版总署	《测绘资质证书》	《测绘法》
2	设立从事出版物、包装装潢印刷品和其他印刷品印刷经营活动的企业	新闻出版局、公安厅	《印刷经营许可证》《特种行业许可证》	《印刷业管理条例》(国务院令第315号)
3	设立出版单位、出版物(书报刊)发行	设立:新闻出版总署 发行:新闻出版局	《出版许可证》《出版物经营许可证》	《出版管理条例》(国务院令第594号)

续表

	六、新闻出版			
序号	前置审批项	审批部门	批准文件	法律依据
4	设立音像出版单位、音像制作单位、音像复制单位、音像制品成品进口经营单位、音像制品批发单位、音像制品零售单位	新闻出版局	《音像制品出版许可证》《音像制品制作许可证》《复制经营许可证》《出版物经营许可证》	《音像制品管理条例》（国务院令第595号）

	七、旅游			
序号	前置审批项	审批部门	批准文件	法律依据
1	旅行社设立	旅游局	《旅行社业务经营许可证》	《旅行社条例》（国务院令第550号）
2	旅馆业	县级以上人民政府公安机关、卫生局	《旅馆业特种行业许可证》《卫生许可证》《消防许可证》	《旅馆业治安管理办法》（国务院令第588号）

	八、国内贸易			
序号	前置审批项	审批部门	批准文件	法律依据
1	拍卖行（文物拍卖、美术品拍卖）	商务厅	《拍卖经营批准证书》	《拍卖法》《拍卖管理办法》（商务部令2004年第24号）
2	经营烟草制品批发业务的企业	烟草专卖局	《烟草专卖批发企业许可证》	《商业特许经营管理条例》（国务院令第485号）、《烟草专卖法》
	经营烟草制品零售业务的企业或者个人	烟草专卖局或工商局根据上一级烟草专卖行政主管部门的委托，审查批准	《烟草专卖零售许可证》	
	设立烟草制品生产企业	国家烟草专卖局	《烟草专卖生产企业许可证》	
3	制造、修理计量器具	质量技术监督局	《计量器具型式批准证书、制造、修理计量器具许可证》	《制造、修理计量器具许可监督管理办法》（国家质量监督检验检疫总局令第104号）

续表

		八、国内贸易		
序号	前置审批项	审批部门	批准文件	法律依据
4	广告经营	工商行政管理局	《广告经营许可证》	《广告经营许可证管理办法》（工商行政管理总局令第16号）
5	在林区经营（含加工）木材	林业厅	《林木采伐许可证》	《森林法》《林业部关于加强林木采伐许可证管理的通知》（林资字〔1989〕138号）
6	报废汽车回收（拆解）企业	商务局、公安厅	《资格认定书》《特种行业许可证》	《报废汽车回收管理办法》（国务院令第307号）

		九、涉外贸易		
序号	前置审批项	审批部门	批准文件	法律依据
1	外商投资旅行社	旅游局、商务部（实施机关）省级人民政府商务行政部门（下放后实施机关）	《外商投资旅行社业务许可审定意见书》《外商投资企业批准证书》《旅行社业务经营许可证》	《旅行社条例》（国务院令第550号）
2	对外贸易经营	商务部或商务部委托的机构	备案登记	《对外贸易法》
3	外资银行	中国银行业监督管理委员会	批准筹建文件	《外资银行管理条例》（国务院令第478号）
		银行业监督管理委员会	领取开业申请表	
4	高等专科教育和非学历高等教育的中外合作办学机构	省、自治区、直辖市人民政府	机构所在地的省、自治区、直辖市人民政府提出意见后，报国务院教育行政部门审批	《中外合作办学条例实施办法》（教育部令第20号）
	本科以上高等学历教育的中外合作办学机构	教育部		《中外合作办学条例》（国务院令第372号）
	职业技能培训的中外合作办学机构	人力资源和社会保障厅		

9. 设立外商投资企业应遵循哪些审批原则？如何界定审批权限？

(1) 审批原则

①申请设立的外商投资企业必须符合《外商投资产业指导目录》(2011年修订)；

②在外商投资企业的注册资本中，外国投资者的投资比例一般不低于25%。

(2) 审批权限

审批权限视各地实际情况而定，上海市具体情况如下：

①投资总额在1亿美元以上或国家有专项审批规定的外商投资项目由上海发改委或商务委初审后转报国家发改委和商务部审批；

②投资总额1亿美元以下鼓励类、允许类及5000万美元以下限制类的外商投资项目由上海商务委审批；

③投资总额在3000万美元以下(不含限制类)注册在浦东新区、外高桥保税区、张江高科技园区、金桥出口加工区、临港新城的外商投资项目，分别由浦东新区人民政府、外高桥保税区管委会、张江高科技园区领导小组办公室、金桥出口加工区管委会和临港新城管理委员会审批；

④投资总额在3000万美元以下的鼓励类或投资总额在1000万美元以下的允许类外商投资项目和位于市级工业区内，属于鼓励类、允许类且投资总额3000万美元以下的外商投资项目，由所在区、县人民政府审批。

10. 外国人可以担任内资企业法定代表人吗？外国人在华就业需要履行哪些手续？

可以。不过外国人在华就业，应当取得《外国人就业许可证书》(以下简称就业许可证)。

(1) 就业许可证申办条件

①持"Z"(职业)签证入境；

②由指定的医疗机构确认并出具健康证明；

③与本市用人单位签订了劳动合同、聘用协议或有境外公司的劳动报酬支付证明；

④法律、法规规定的其他条件。

(2) 申请及所需材料

①申办《外国人就业证》应携带如下材料：

a. 填写正确的《外国人就业登记表》两份(可在网上下载)；

b.《外国人就业许可证书》(复印件);

c. 用人单位与被聘外国人签订的劳动合同、聘用协议或境外公司出具的劳动报酬支付证明(该证明应明确劳动报酬的支付者、被聘人员的职位和聘雇期限)(均为复印件);

d. 本人的有效护照及签证(正本及复印件);

e. 出入境检验检疫局出具或确认的健康证明(复印件);

f. 近期二寸证件照片三张(其中两张贴在表格上,一张制作就业证);

g. 发证机关需要的其他材料。

②受理、审核及领证

用人单位按规定递交就业证申请材料后,由受理部门开出《行政许可收受单》;受理部门对所递交的申请材料进行审核,并在5个工作日之内,告知用人单位是否予以办理及具体的领证时间;用人单位可在5个工作日之内,登录网上办事系统查询是否予以办理。持《外国人就业证》和《外国人就业登记表》1份,到该市出入境管理局申办就业居留许可手续。

③注意事项

a. 用人单位申办以上项目,需同时携带《用户卡》。

b. 用人单位中的直接投资人或营业执照上载明的法定代表人,提供系投资人的证明材料或经年检有效的营业执照或注册登记证(复印件)(可不提供"申请材料"之第c项材料)。

c. 就业证期限有效期一般不超过一年。用人单位中的投资人或法定代表人以及用人单位实际到位的注册资金在300万美元以上的,或外国跨国公司在上海设立地区总部的外国人,其就业证期限可以根据劳动合同或聘用协议确定,但最长不超过5年,并且不能超过护照有效期和营业执照或其他法定注册登记证明的有效期。

d. 用人单位所提供的材料如是外文的,均应同时提供中文翻译件,翻译件由用人单位盖公章。

二、企业名称(商号)、商标、域名与经营范围

(一)企业名称(商号)、商标与域名

11. 公司名称由哪几部分组成?实践中应注意哪些问题?

公司名称应当包括四个部分:公司所属行政区划名称+字号(商号)+公司的行业或营业部类+公司的形式。如上海智浦达信息科技有限公司,其中上海是

行政区划,智浦达是字号,信息科技是行业类别,有限公司是公司形式。

经国家工商行政管理局核准,下列企业的企业名称可以不冠以企业所在地行政区划的名称:

(1)全国性公司;
(2)国务院或其授权的机关批准的大型进出口企业;
(3)国务院或其授权的机关批准的大型企业集团;
(4)历史悠久、字号驰名的企业;
(5)外商投资企业。

具备下列条件的企业法人,可以将名称中的行政区划放在字号之后、组织形式之前:

(1)使用控股企业名称中的字号;
(2)该控股企业的名称不含行政区划。

企业名称中的字号应当由两个以上的字组成。行政区划不得用作字号,但县以上行政区划的地名具有其他含义的除外。

行业表述应符合如下两点要求:

(1)企业名称中的行业表述应当是反映企业经济活动性质所属国民经济行业或者企业经营特点的用语。企业经济活动性质分别属于国民经济行业不同大类的,应当选择主要经济活动性质所属国民经济行业类别用语表述企业名称中的行业。

符合下列条件的企业法人,企业名称中可以不使用国民经济行业类别用语表述企业所从事的行业:

①企业经济活动性质分别属于国民经济行业五大类以上;
②企业注册资本(或注册资金)1亿元以上或者是企业集团的母公司;
③与同一工商行政管理机关核准或者登记注册的企业名称中字号不相同。

(2)企业名称中的行业表述应当与企业经营范围一致。

12. 企业之间因登记注册的名称发生争议时,应该如何处理?

企业因名称与他人发生争议,可以向工商行政管理机关申请处理,也可以向侵权行为地或被告所在地人民法院起诉。

(1)工商行政管理机关的处理原则

①两个以上的企业因已登记注册的企业名称相同或者近似而发生争议时,工商行政管理机关依照注册在先原则处理。

②中国企业的企业名称与外国(地区)企业的企业名称在中国境内发生争议

并向工商行政管理机关申请裁决时,由国家工商行政管理局依据我国缔结或者参加的国际条约规定的原则或者《企业名称登记管理规定》处理。

③擅自使用他人已经登记注册的企业名称或者有其他侵犯他人企业名称专用权行为的,被侵权人可以向侵权人所在地工商行政管理机关要求处理。工商行政管理机关有权责令侵权人停止侵权行为,赔偿被侵权人因该侵权行为所遭受的损失,没收非法所得并处以5000元以上5万元以下罚款。

④登记机关对企业名称登记注册申请作出决定之前,利害关系人认为申请人申请登记注册的企业名称与其已经登记注册的企业名称相同或者近似,并提出听证申请的,登记机关应当组织听证。

⑤对工商行政管理机关作出的具体行政行为不服的,当事人可以在收到通知之日起15日内向上一级工商行政管理机关申请复议。上级工商行政管理机关应当在收到复议申请之日起30日内作出复议决定。对复议决定不服的,可以依法向人民法院起诉。

逾期不申请复议,或者复议后拒不执行复议决定,又不起诉的,工商行政管理机关可以强制更改企业名称,扣缴企业营业执照,按照规定程序通知其开户银行划拨罚没款。

(2)对侵犯他人企业名称专用权的,被侵权人也可以直接向人民法院起诉

如果企业擅自使用他人的企业名称或者姓名,引人误认为是他人的商品,被侵权企业可以向人民法院提起诉讼,请求侵权企业停止不正当竞争行为,但企业应当就侵权事实的存在承担举证责任。企业在提起诉讼前,可以就侵权企业的侵权事实向工商行政部门检举投诉,请求工商行政部门对侵权行为进行处理。

13. 向工商行政管理机关请求处理企业名称争议,需要提交哪些材料?

企业请求工商行政管理机关处理名称争议时,应当向核准他人名称的工商行政管理机关提交以下材料:

(1)申请书。申请书应当由申请人签署并载明申请人和被申请人的情况、名称争议事实及理由、请求事项等内容。

(2)申请人的资格证明。

(3)举证材料,包括申请人持有名称权的合法证明,如企业营业执照;被申请人侵权证据,如经公证的被申请人网站、在工商局调取的被申请人身份证明等。

(4)其他有关材料,委托代理的,还应当提交委托书和被委托人资格证明。

14. 在哪些情形下,构成企业名称(商号)侵权?

当公司名称与已在登记机关登记注册的公司名称相同或近似,构成名称侵

权。企业名称相同或近似的具体认定标准如下：

（1）企业名称相同，是指申请人申请的企业名称与已在登记机关登记注册的企业名称完全一致。

（2）企业名称近似，是指申请人申请的企业名称与已在登记机关登记注册的企业名称存在下列情形：

①企业名称均含行业表述，字号相同，行业表述文字相同，但组织形式不同的；

②企业名称均含行业表述，字号相同，行业表述文字不同但含义相同的；

③企业名称均含行业表述，字号的字音相同且字形相似，行业表述文字相同或者含义相同的；

④企业名称均不含行业表述，字号相同，但组织形式不同的；

⑤企业名称均不含行业表述，字号的字音相同且字形相似的。

"同行业"，即企业名称中表述"行业或者经营特点"的文字内容。

我国公司名称的排他范围限定在同一登记机关辖区内的同一行业的企业中。在同一登记机关辖区内，同一行业的企业不能有相同或类似的名称。但是如对已登记注册的企业名称，虽然行政区划不同，在使用中引起公众误认，损害他人合法权益的不适宜的企业名称，应当依据注册在先和公平竞争的原则予以处理。

不过确有特殊需要的，经省级以上登记主管机关核准，企业可以在规定的范围内使用一个从属名称。

【案例1】在后注册企业使用在先登记名称　工商责令变更登记[①]

申请人：上海许继电气有限公司

被申请人：上海许继电气科技有限公司

申请事项：变更被申请人的企业名称。

争议焦点：被申请人企业字号与申请人的字号和商标相同是否可能造成对公众的欺骗或者误解。

基本案情：

申请人与被申请人均为在上海市登记注册的企业。

申请人成立于2001年11月8日，原企业名称为晟态公司。2003年12月25

---

① 参见上海市工商行政管理局沪工商注名争处字〔2006〕第6号企业名称争议处理决定书及国家工商行政管理总局工商复字〔2007〕22号行政复议决定书。

日,企业名称变更为"上海许继电气有限公司"。经营范围为:研发、生产电网调度自动化设备、配电网自动化、变电站自动化、电站自动化、铁路供电自动化、电网安全稳定控制设备、电力管理信息系统、电力市场技术支持系统、继电保护、自动控制装置及电力系统的控制检测、测试仪器设备和软件开发。

申请人股东许继集团有限公司成立于1996年12月27日,主要经营范围是对电气、信息、环保、高新技术行业进行投资,制造、销售继电器、继电保护屏及综合自动化装置、中压继路器、计算机、通信设备、高低压开关柜、自动门、输配电及控制设备,商贸、住宿、餐饮;母线槽、立体车库、交通设施的生产、销售。直流电源、变压器、电度表、箱式变电站。

申请人另一股东许继电气股份有限公司成立于1996年12月26日,1997年4月18日在深交所上市。主要营业范围为生产经营电网调度自动化设备,配电网自动化、变电站自动化、电站自动化、铁路供电自动化、电网安全稳定控制设备,电力管理信息系统,电力市场技术支持系统,继电保护及自动控制装置,继电器,电子式电度表,中压开关及开关柜,电力通信设备(不含无线),变压器,互感器,现实变电站及气体机电产品(不含汽车);承办本企业自产的机电产品、成套设备及相关技术的出口业务,经营本企业生产、科研所需要的原辅材料、机械设备、仪器仪表、零配件及相关技术的进出口业务,经营本企业的进料加工和"三来一补"业务,低压电器生产经营。

被申请人成立于2004年2月13日,经营范围为:电子技术领域技术开发、技术转让、技术咨询、技术服务,低压电器、成套电气设备、继电器、集成电路信号遥控设备、电力设备、电测量仪器、电子元件、塑料制品、电线电缆、橡胶制品研发、制造、加工、批发、零售,化工原料批发、零售。

2005年6月6日,被申请人变更经营范围为:电子技术领域技术开发、技术转让、技术咨询、技术服务,低压电器、成套电气设备、继电器、集成电路信号遥控设备、电力设备、电测量仪器、电子元件、塑料制品、电线电缆、橡胶制品研发、制造、加工、批发、零售,化工原料(有毒、易制毒及危险品除外)批发、零售(上述经营范围涉及许可经营的凭许可证经营)。

申请人称:

申请人及其关联企业已为公众所熟知的知名企业,"许继"字号是电子、电气、电力技术和相关产品市场的驰名品牌。申请人及其关联企业的企业名称所使用的"许继"字号注册登记先于被申请人,且申请人与被申请人同在上海市工商行政管理局注册登记,二者的经营范围属于同一个行业。

被申请人在明知以上事实的情况下，故意注册使用"许继"字号已经对公众造成欺骗或者误解，该行为违反了《企业名称登记管理实施办法》第31条的规定，违反了企业名称专用权的法律规定，损害了申请人的合法权益。

根据《企业名称登记管理实施办法》第41条的规定"已经登记注册的企业名称，在使用中对公众造成欺骗或者误解的，或者损害他人合法权益的，应当认定为不适宜的企业名称予以纠正"，被申请人应当变更企业名称。

被申请人辩称：

1. 被申请人在申请注册企业名称时对申请人变更使用"上海许继电气有限公司"的企业名称并不知情，而且得到了工商行政机关的核准登记，主观上并不存在恶意。

2. 新修改的《企业名称登记管理实施办法》是在被申请人的企业名称核准登记后实施的，申请人根据新的行政法规对被申请人的行为进行定性并请求变更企业名称，是没有法律依据的。

3. 申请人所述称的对公众造成欺骗或者误解，损害其合法权益没有提供证据，是否造成欺骗或误解应当由消费者来判断，因此申请人的事实依据不足。

上海市工商行政管理局认为：

根据《企业名称登记管理规定》第5条的规定，登记主管机关有权纠正已登记注册的不适宜的企业名称，上级登记主管机关有权纠正下级登记主管机关已登记注册的不适宜的企业名称。对已登记注册的不适宜的企业名称，任何单位和个人可以要求登记主管机关予以纠正。

根据《企业名称登记管理实施办法》第41条的规定，已经登记注册的企业名称，在使用中对公众造成欺骗或者误解的，或者损害他人合法权益的，应当认定为不适宜的企业名称予以纠正。由于被申请人的企业名称与申请人的企业名称，在使用中容易对公众造成欺骗或者误解，应予以纠正。

上海市工商行政管理局决定：

责令被申请人在收到决定书之日起30日内办理企业名称变更登记，不得再使用"许继"为企业名称中字号。

被申请人不服上海市工商行政管理局作出的决定，向国家工商行政管理总局申请行政复议。

被申请人称：

1. 被申请人注册"上海许继电气科技有限公司"主观上不存在恶意。

被申请人被核准登记时，申请人以"许继"名义开展经营不到两个月，被申请人没有必要借其名义开展经营。

2. 被申请人的企业名称在使用中不会对公众造成欺骗或误解。

因为被申请人企业名称中有申请人企业名称中所没有的"科技"二字。

3. 上海市工商行政管理局适用法律错误。

上海市工商行政管理局适用的《企业名称登记管理规定》是 2004 年 7 月 1 日开始实施的,而被申请人核准申请人企业名称的行为发生在该法规实施之前,该法规不具有溯及力。

4. 上海市工商行政管理局的行政行为在程序上违法。

上海市工商行政管理局应当告知被申请人进入听证程序。

上海市工商行政管理局答复称:

1. 经问卷调查表明,申请人的企业名称在使用中必然给公众造成误解。

2. 上海市工商行政管理局按照《企业名称登记管理实施办法》第 44 条的规定处理企业名称权争议,程序合法。

律师观点:

1. 根据《企业名称登记管理实施办法》第 41 条的规定,已经登记注册的企业名称,在使用中对公众造成欺骗或者误解的,应当认定为不适宜的企业名称予以纠正。上海市工商行政管理局经过调查,认定被申请人的企业名称与注册在先的申请人企业名称在使用中容易造成欺骗或者误解,因此责令申请人办理企业名称变更登记,不得再使用"许继"为其企业名称中字号的行为并无不当。

2. 上海市工商行政管理局按照《企业名称登记管理实施办法》第 44 条的规定处理该企业名称权争议,程序合法。

国家工商行政管理总局决定:

维持上海市工商行政管理局作出的具体行政行为。

15. 公司名称登记后,商号可以转让或许可他人使用吗?

企业名称可以转让。企业名称只能转让给一户企业。企业名称的转让方与受让方应当签订书面合同或者协议,报原登记主管机关核准。

对于企业名称能否许可他人使用,并无明确的法律规定。国家工商总局认为,鉴于《民法通则》将企业名称权列在人身权范畴,企业不得许可他人使用自己的企业名称。但《商业特许经营经营管理条例》中规定作为企业经营资源的企业标志可以特许经营,至少可以说包括商号在内。不仅如此,《民事案由规定》特别单列了企业名称(商号)合同纠纷。因此,笔者认为企业商号可以许可他人使用。

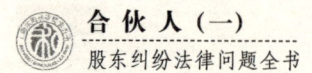

16. 何为企业名称(商号)合同纠纷？该纠纷由何地法院管辖？是否适用诉讼时效？

企业名称(商号)合同纠纷是指当事人之间因名称(商号)转让、许可使用而产生的纠纷,包括企业名称(商号)转让合同纠纷与企业名称(商号)使用合同纠纷。

该纠纷本质上属于合同纠纷,由被告住所地或合同履行地人民法院管辖,适用诉讼时效,自知道或应当知道权利被侵害之日起两年内提起诉讼。

【案例2】企业名称相似　工商登记被撤销[①]

原告: 上海新沪电机厂有限公司

被告: 上海市工商行政管理局

第三人: 上海新沪电机有限公司

诉讼请求: 撤销被告于2001年11月27日作出核准第三人开业登记中使用"上海新沪电机有限公司"作为企业名称的具体行政行为。

争议焦点: "上海新沪电机厂有限公司"与"上海新沪电机有限公司"的企业名称是否相似。

基本案情:

1994年5月12日,原告登记成立,其营业执照确认的经营范围为:电机、水泵、起重机等。

2001年7月10日,原告取得了"新沪"商标和"新沪"商标的独占许可使用权。

2001年10月14日,被告核准第三人的企业名称。

2001年11月27日,被告核准第三人设立登记,营业执照确认的经营范围为:潜水泵、自吸泵等。

2002年5月31日,原告向上海市第二中级人民法院起诉第三人不正当竞争,该院一审判决第三人应在其水泵产品、包装及说明书上停止实施对原告的不正当竞争行为;另因企业名称核准机关是有关工商行政管理部门,故对原告提出要求第三人停止使用企业名称的请求未予支持。该判决经上海市高级人民法院二审判决予以维持。

---

① 参见上海市第一中级人民法院(2004)沪一中行终字第26号民事判决书。

原告诉称：

原告名称"上海新沪电机厂有限公司"与第三人名称"上海新泸电机有限公司"相似，原告与第三人属于同行业，并且第三人亦以此实施了不正当竞争。因此，原告请求拥有核准公司名称和公司登记行政职权的被告撤销核准第三人使用"上海新泸电机有限公司"作为企业名称的具体行政行为。

被告辩称：

1. 第三人提交的申请材料齐全，核准开业登记并无不当；

2. 原告诉称的"新沪"与"新泸"相近似依据不足；

3. 第三人的不正当竞争行为与核准开业登记行为无必然联系。请求驳回原告诉讼请求。

第三人述称：

第三人实施不正当竞争行为与登记行为并没有必然联系。

律师观点：

《企业名称登记管理规定》第6条规定，企业只准使用一个名称，在登记主管机关辖区内不得与已登记注册在先的同行业企业名称相同或者近似。

本案中，原告与第三人的企业名称中字号的字音、字义虽然不同，但字形近似，且第三人以原告独占许可使用的"新沪"商标作为其企业名称中的字号，主观恶意明显，生效民事判决亦认定第三人将"'新泸'二字不恰当用作'新泸电机'的字样"，与原告合法使用的"新沪"商标容易产生混淆，第三人的行为构成对原告不正当竞争。因此，被告作为具有核准公司名称和公司登记行政职权的行政机关，应撤销于2001年11月27日作出核准第三人开业登记中使用"上海新泸电机有限公司"作为企业名称的具体行政行为。

法院判决：

撤销被告于2001年11月27日作出核准第三人开业登记中使用"上海新泸电机有限公司"作为企业名称的具体行政行为。

【案例3】类别不同经营范围相同　　上海"爱建"核准不当被撤销[①]

原告： 上海爱建股份有限公司

被告： 上海市工商行政管理局

第三人： 上海爱建房地产有限公司

---

① 参见上海市徐汇区人民法院(2000)徐行初字第67号民事判决书。

诉讼请求:撤销被告核准第三人企业名称为"上海爱建房地产有限公司"的具体行政行为。

争议焦点:

1. 原告作为综合类别企业,企业名称专用权在其经营范围的行业领域内是否都应得到保护;

2. 原告与第三人关于企业名称的争议可否通过行政诉讼寻求救济;

3. 被告对第三人作出的具体行政行为,2年诉讼时效是自该具体行政行为作出之日起计算还是自原告知道该具体行政行为之日起计算。

基本案情:

1992年7月18日,原告经被告核准变更登记企业名称,原企业名称为上海市工商界爱国建设公司,属综合类股份有限公司(上市公司),经营范围:中外合资、合作,补偿贸易,进料来料加工,技术引进,自办联合企业,委托、代办有关进出口业务。

1995年2月18日,原告获得上海市建设委员会颁发的房地产开发企业资质证书,确认具备开发资格,具有二级资质,准予从事房地产开发经营。

1997年12月,上海港湾建筑安装工程总公司与周其林共同作为股东向被告所属宝山区工商行政管理局提出名称预先核准为"上海爱建房地产有限公司"的申请。

1997年12月9日,被告核准"上海爱建房地产有限公司"名称,并明确该名称保留6个月至1998年6月8日。

1998年1月16日,第三人获得营业执照,经营范围:房地产开发经营,物业管理,经济信息咨询服务。

1998年10月,原告知道被告作出核准第三人企业名称为"上海爱建房地产有限公司"的具体行政行为,要求被告予以纠正,未得到答复。

原告诉称:

经过十几年的发展,原告在房地产业务方面已累计开发建造三十余万平方米建筑面积的商品房,成为一家积二十余年经验和商誉、具有城市综合开发二级资质的房地产开发经营企业,已经创立了相当的业绩和市场知名度。1998年秋,原告发现经由被告核准登记了第三人"上海爱建房地产有限公司",由此导致了两个同行业企业的企业名称近似、字号相同的事实。原告于1998年10月28日、1999年4月14日两次向被告提出纠正"上海爱建房地产有限公司"名称登记的书面请求,但迄今未获答复。

被告辩称：

1. 1997年12月9日，第三人股东港湾公司、周其林申请"上海爱建房地产有限公司"名称预先登记时，通过电脑查询，在登记机关辖区内没有发现房地产行业有相同字号，故予以核准。事后原告来函提出异议，要求纠正该企业名称，被告即找该公司法定代表人调查协调，因意见不一未果。

2. 原告企业经营范围是综合类，房地产开发是其中一部分，第三人是专业类房地产公司，并非是同行业，请求判决维持被告作出的具体行政行为。

第三人述称：

1. 原告系综合类公司，第三人系房地产公司，属于不同行业；

2. 原告与第三人关于企业名称的争议系属民事纠纷，故其请求事项不属于行政审判权限范围；

3. 原告起诉已超过起诉期限。

律师观点：

1. 原告作为综合类别企业，企业名称专用权在其经营范围的行业领域内都应得到保护。

被告作为企业名称登记的主管机关，依法有权核准或者驳回企业名称登记申请，监督管理企业名称的使用，保护企业名称专用权。依照《企业名称登记管理规定》第6条的规定，企业只准使用一个名称，在登记主管机关辖区内不得与已登记注册的同行业企业名称相同或者近似。

原告与第三人的企业名称均在被告辖区内核准登记，原告申请登记在前，第三人申请登记在后。原告属综合类别的股份有限公司，在企业名称中不能体现行业特征，但其经营范围则是经过被告核准确定的。因此，综合类别企业的企业名称专用权应在其经营范围的行业领域内得到保护。第三人与原告在所从事的房地产开发经营的范围中应属同行业。两者字号均为"爱建"，组织形式虽有差别，但在房地产领域中容易使公众误解，由此构成近似。

被告核准登记第三人企业名称为"上海爱建房地产有限公司"的具体行政行为属适用法律、法规错误，应予撤销。

2. 原告与第三人关于企业名称的争议可以通过行政诉讼寻求救济。

原告不服被告作出的核准登记的具体行政行为而提起诉讼，属人民法院行政诉讼受案范围。

3. 被告对第三人作出的具体行政行为，2年诉讼时效应自原告知道该具体行政行为之日起计算。

由于被告是对第三人作出具体行政行为,并没有告知利害关系人诉权和起诉期限,原告作为利害关系人,在实际知道具体行政行为内容之日起2年内,依法有权提起行政诉讼。

法院判决:

撤销被告1997年12月9日作出的核准登记第三人企业名称为"上海爱建房地产有限公司"的具体行政行为。

【案例4】注册于不同辖区且品牌"驰名"在后　不当竞争侵犯商标权理由不成立[①]

原告: 揭阳市天阳模具公司

被告: 常州市天阳橡塑模具公司

诉讼请求: 判令被告立即停止使用"天阳"字号的不正当竞争行为和商标侵权行为。

争议焦点:

1. 注册于不同辖区的企业名称专用权的保护范围;
2. 诉争字号系在注册商标驰名前使用是否构成不正当竞争;
3. 被告使用原告注册商标的行为是否构成对原告注册商标的突出使用,以致相关公众产生误会侵犯原告注册商标专用权。

基本案情:

1991年3月4日,原告成立,原名揭阳县天阳橡胶机械有限公司,经营范围为轮胎模具和橡胶机械。

2002年7月7日,揭东县轮胎模具厂获准"天阳"图形、文字组合商标注册,注册证号为第1803085号,核定使用商品为第七类轮胎成型机。

2002年12月21日,该商标经核准转让给原告,现原告为该注册商标专用权人。

被告原名为常州市矿用橡塑带管厂,2001年6月29日,经工商管理机关核准变更为被告,经营范围为橡胶运输带、橡胶模具、橡胶机械制造等。

2005年9月9日,羊氏公司成立,被告股东羊文东、羊虹等均为羊氏公司股东。

原告诉称:

原告系1991年3月4日成立的专业生产轮胎模具的国内知名企业,其生产

[①] 参见江苏省高级人民法院(2007)苏民三终字第0123号民事判决书。

的轮胎模具系知名商品,并于 2002 年 7 月 7 日获准注册含有"天阳"字样的商标。

经营中,原告发现被告在企业名称中使用"天阳"字号,在业内和客户中产生了一定的混淆,对原告造成一定的损害。特别是被告将"天阳"字样在其网页上突出使用,在业内和客户中造成了更大的混淆,原告的合法权益被进一步损害。原告经多年努力成为业内知名企业,所生产的模具成为知名商品。被告与原告系生产相同产品的企业,其注册与原告相同的字号,并在网页上突出使用"天阳"字样,足以使相关公众对商品的来源产生误认,包括误认被告与原告存在许可使用或关联企业等特定联系,因此,被告既构成对原告的不正当竞争行为,又侵犯原告的注册商标专用权。

原告为证明其观点,提交证据如下:

1. 1995 年,原告被国务院发展研究中心市场经济研究所等机构认定为"中国首家开发子午线轮胎活络模具的企业",并被授予"中华之最"奖牌。

2. 1998 年 8 月,被国家科技部授予"子午线轮胎活络模具"火炬优秀项目三等奖。

3. 2002 年 1 月,世界名牌产品交流中心和中国名优产品推广中心对原告"天鹅牌子午线轮胎活络模具、轮胎模具、轮胎成型鼓"产品,授予"中国知名品牌"证书。

4. 2002 年 12 月,中国模具工业协会证明,原告生产的"天鹅"牌轮胎模具产品的产值、产量、销售额、利润、市场占有率等指标在国内同行业同类产品中处于领先地位。

5. 2005 年 9 月,原告"子午线轮胎活络模具"等系列产品被中国工业合作协会授予"全国名优产品"证牌。

6. 2006 年 1 月,原告使用在轮胎成型机头上的"天鹅"牌商标被评为广东省著名商标。

7. 2006 年 11 月,中国橡胶工业协会机头模具分会证明,原告在同行业中产值、销售收入、税收、利润及全员生产率排名第二,"天阳"、"天鹅"品牌飞遍大江南北并远销世界各国,产生广泛良好的影响。

8. 2007 年 1 月 29 日,原告委托江苏省常州市公证处对网址为 http://www.tyremould.com 的网站的相关网页进行证据保全。根据公证书记载,该网站对羊氏公司和被告的企业基本情况、产品类型及联系方式作了介绍。该网站首页及相关页面上部均以黑体字标明"羊氏模具 天阳橡塑模具"。

9. 被告在常州市武进区延政路 511 路、312 路、216 路公交车兄弟纺织站点处设有指示牌一块。指示牌上有"天阳模具"字样、被告的电话号码及指示被告具体方位的箭头。

被告辩称：

被告没有任何不正当竞争行为和商标侵权行为，请求驳回原告的诉讼请求。

律师观点：

1. 原告未证明被告采用"天阳"字号构成不正当竞争。

根据《企业名称登记管理规定》第4条、6条的规定，我国对企业名称实行分级登记管理，在同一登记主管机关辖区内不得与已登记注册的同行业企业名称相同或近似。由于原告系在广东揭阳登记注册，被告系在江苏常州登记注册，两者分属不同的登记主管机关辖区，因此被告将"天阳"变更登记为企业字号并不违反相关规定。

原告拟证明被告在2001年6月29日对企业名称变更登记时，原告及其产品在轮胎模具和橡胶机械制造领域已具有极高的知名度，被告将"天阳"变更登记为字号的目的是为了"搭便车"，使相关公众误认被告为原告，或者误认为被告与原告存在关联关系，被告的行为构成不正当竞争。

但原告提交的证据中，除1995年被国务院发展研究中心市场经济研究所等机构认定为"中国首家开发子午线轮胎活络模具的企业"，并被授予"中华之最"奖牌和1998年8月被国家科技部授予"子午线轮胎活络模具"火炬优秀项目三等奖外，其余的荣誉证书及相关证明均在被告企业名称变更登记之后取得，根据现有证据无法认定被告在变更企业名称登记时原告及其产品已享有极高的知名度，也无法判定被告将"天阳"变更登记为其企业字号时主观上具有恶意，其目的就是为了造成混淆，搭原告便车。原告不能因为其后取得的知名度而要求被告停止使用此前登记的字号。

综上，被告企业名称系依法经工商管理机关核准登记取得，根据现有证据，无法认定被告将"天阳"登记为企业字号的行为违反了诚实信用的原则和公认的商业道德，构成不正当竞争。

2. 被告使用原告注册商标的行为不构成侵犯原告注册商标专用权。

《最高人民法院关于审理商标民事纠纷案件适用法律若干问题的解释》第1条第1项规定，将与他人注册商标相同或者近似的文字作为企业的字号在相同或者类似商品上突出使用，容易使相关公众产生误认的，属于侵犯他人注册商标专用权的行为。

本案中，被告企业名称为"常州市天阳橡塑模具有限公司"，其中常州为企所在地的行政区划名称,"天阳"是字号,橡塑模具为企业所属行业,有限公司为组织形式,被告在网页上使用"天阳橡塑模具"系使用企业简称,被告使用简称的方式不违背企业简称使用的一般习惯。在使用简称时,被告将"羊氏模具"、"天阳橡塑模具"在同一网页上并列,并使用同一字体,并未突出"天阳",使其具有商标标识的作用;且被告在使用简称时,也清楚载明公司全称。

被告在常州市武进区延政路511路、312路、216路公交车兄弟纺织站点处所设的指示牌,位于被告附近,在数量上也只有一块。该指示牌上"天阳模具"字样字体、字号完全相同,且标有指示被告地址的箭头,其作用仅仅在于指示被告厂址,不能据此认定被告突出使用"天阳"商标。

同时,轮胎模具和橡胶机械并非一般商品,其销售对象也非一般消费者,在销售方式上一般会经过相对谨慎、细致的缔约过程,仅因为字号相同而导致相关公众发生误认的可能性很小。

综上,原告在本案中指称的被告使用公司简称的行为,未侵犯原告涉案"天阳"注册商标专用权。

法院判决:

驳回原告诉讼请求。

【案例5】无偿使用字号条件未成立 判决停止使用并支付使用费①

原告: 雅特兰家具公司

被告: 梁爱民、郭曙光、雅特兰销售公司

诉讼请求:

1. 三被告停止使用"雅特兰"字号;

2. 三被告承担2007年8月1日至2008年7月31日期间使用"雅特兰"字号使用费人民币50万元;

3. 被告返还办公室、设备垫付资金人民币3万元。

争议焦点:

1. 被告雅特兰销售公司未达到协议书约定的销售额,三被告是否应停止使用"雅特兰"字号;三被告是否应支付原告一年的字号使用费;

2. 在协议书未约定折旧率的情况下,三被告应支付的办公室装潢、设备垫付折旧资金如何确定。

---

① 参见上海市第一中级人民法院(2009)沪一中民五(知)初字第30号民事判决书。

基本案情：

2006年7月30日原告与三被告签订了协议书一份。该合同第1条约定,原告同意被告梁爱民、被告郭曙光设立家具销售公司字号使用原告"雅特兰"字号,即设立被告雅特兰销售公司;第4条约定,被告雅特兰销售公司如在原告处完不成年销售额人民币800万元的指标,第二年被告梁爱民、被告郭曙光应将被告雅特兰销售公司的字号"雅特兰"变更为其他字号,否则支付"雅特兰"字号使用费人民币50万元/年,并对原告对被告雅特兰销售公司的办公房屋装潢(确认人民币36,000元)及办公设备(确认人民币1万元)出资按照折旧进行资金返还。

被告雅特兰销售公司2007年工商年检审计报告中会计报表和资产负债表中反映出该公司截至2006年12月31日,账面资产总额为人民币88万元,所有者权益88万元,实收资本88万元,未反映出任何交易情况。

被告雅特兰销售公司成立时间为2004年3月8日,注册资本为人民币88万元。至2008年8月4日,被告雅特兰销售公司企业字号仍未变更。

原告诉称：

原告于2006年7月30日与三被告共同签订了字号使用协议书,然协议签订后,三被告违反了协议约定,给原告造成权益及利益损失。

原告为证明其观点,提交证据如下：

1. 协议书,证明原告允许被告有条件使用"雅特兰"字号;
2. 2006年度被告雅特兰销售公司企业法人年检报告书,实收资本及账面资产总额审核的截止时间为2006年12月31日,证明被告雅特兰销售公司取得营业执照后,基本上没有经营,根本达不到协议书上所约定的销售额,违反了合同义务。

被告均未作答辩。

律师观点：

1. 三被告依约应当停止使用原告的字号。

依照《合同法》的规定,当事人一方迟延履行债务或者有其他违约行为致使不能实现合同目的,另一方当事人可以解除合同;合同解除后,尚未履行的,终止履行;已经履行的,根据履行情况和合同性质,当事人可以要求恢复原状、采取其他补救措施,并有权要求赔偿损失。

本案中,原告与被告之间所签订的协议书合法有效,双方当事人均应恪守。本案查明的事实表明,原告同意被告梁爱民、被告郭曙光设立家具销售有限公司字号使用"雅特兰"字号,而被告雅特兰销售公司必须在原告处完成年销售额人民币800万元的指标,否则第二年被告梁爱民、被告郭曙光应将被告雅特兰销售公司的字号"雅特兰"变更为其他字号。

原告提交的证据中被告雅特兰销售公司的实收资本及账面资产总额审核的截止时间为2006年12月31日,然该份证据表明被告雅特兰销售公司自签订协议之日起至2006年年底未开展任何经营活动,且被告也未提供证据反驳原告的主张。

故法院有理由相信三被告在协议签订当年未完成双方在协议中约定的800万元/年的销售指标,鉴于三被告未能履行协议约定,不予变更"雅特兰"字号,致使该协议目的不能实现,故法院对该协议应予以解除,三被告依约应当停止使用原告的字号。

2. 被告应支付原告字号使用费。

在本案中,原告还主张三被告应支付"雅特兰"字号使用费50万元人民币,期限自2007年8月1日至2008年7月30日。

被告雅特兰销售公司在未完成800万元/年的销售指标后,未变更"雅特兰"字号。而双方在协议中约定,如被告未履行变更义务,则应支付原告字号使用费人民币50万元/年。鉴于被告雅特兰销售公司在协议签订当年未完成销售指标,故对于原告该项诉讼请求法院应予以支持。

3. 被告应支付原告办公室装潢、设备垫付折旧资金。

原告亦主张三被告应返还办公室装潢、设备垫付资金。在系争协议中,双方未约定返还资金的折旧率,法院应综合考虑使用年限、资产折旧率等因素,确定三被告应当连带赔偿原告办公室装潢、设备垫付折旧资金人民币。

法院判决:

1. 三被告于本判决生效之日起立即停止使用"雅特兰"商号;

2. 三被告于本判决生效之日起15日内向原告支付人民币53万元,三被告互负连带责任。

【案例6】转让人继续使用字号属根本违约　解除合同并赔偿损失[①]

原告: 高海燕、刘敬党

被告: 林发、吴学哲、吴家华、傅秀端

---

① 参见广西壮族自治区高级人民法院(2009)桂民三终字第20号民事判决书。

诉讼请求：

1. 判令解除 2006 年 3 月 21 日签订的《设备转让协议》；

2. 判令解除 2006 年 4 月 10 日签订的《名称转让协议》；

3. 判令四被告连带返还企业名称转让费、商标使用许可费、设备转让费合计 40 万元及赔偿经济损失 100,080 元。

争议焦点：

1. 被告傅秀端是否与本案有直接利害法律关系，可否因其与被告吴承哲为夫妻关系而成为被告；

2.《设备转让协议》中关于注册商标的部分是否有效，关于设备转让部分是否已履行完毕，是否应予解除；

3. 三被告继续使用"柳州市麦乐基脆皮炸鸡店"名称的行为是否构成根本违约；

4. 如何确定原告遭受的经济损失？原告主张的租金、人工费、行政处罚罚金、办理卫生许可证费等与《设备转让协议》《名称转让协议》的部分或全部解除有因果关系。

基本案情：

"麦乐基"商标系由案外人何乐朝于 2005 年 6 月 30 日申请注册。"柳州市麦乐基脆皮炸鸡店"于 2005 年 9 月 29 日申请工商登记注册，登记经营者姓名为被告林发，组织形式为个人经营，经营场所在柳州市胜利小区综合西楼 6-7 号门面，但实际经营者为三被告林发、吴学哲和吴家华。两原告、被告吴学哲与被告傅秀端均系夫妻关系。

2006 年 3 月 21 日原告刘敬党与被告吴家华签订了一份《设备转让协议》，该协议约定："1. 注册商标问题：①三人共用'麦乐基'，由原告刘敬党给原'麦乐基'所有人 2000 元；②由原告刘敬党个人使用应给原'麦乐基'所有人 4000 元；2. 设备：①按清单里的设备价格总价的 80% 付给原'麦乐基'所有人现金；②如有设备损坏，应帮修好。3. 时间：①先交定金 5000 元；②到 2006 年 3 月 22 日再交 15,000 元定金，然后才可以到胜利店学技术；③到 2006 年 4 月 5 日要付设备总价款的 80%；④安装验收完时，余款全部要一次付清；⑤到 2006 年 4 月 6 日前如不搬走所有设备和付款，定金 2 万元归原'麦乐基'所有人所有。"

2006 年 4 月 10 日原告高海燕与被告林发签订一份《名称转让协议》，该协议约定："1. 经柳州市麦乐基脆皮炸鸡店的业主林发（被告）与高海燕（原告）协商，林发（被告）同意将'柳州市麦乐基脆皮炸鸡店'名称转让给原告高海燕；2. 待原告高海燕办理名称预先核准手续以后,被告林发不得再使用'柳州市麦乐基脆皮炸鸡店'名称;3. 因名称引起的官司和纠纷由双方协商解决,与工商局无关;4. 林发(被告)必须自名称核准之日起一个月内办理营业执照注销手续,高海燕(原告)持林发(被告)注销登记证明到经营地址所在地工商分局办理开业登记;5. 本协议一式三份,高海燕(原告)与林发(被告)双方各执一份,工商局留存一份,协议自双方签字之日起生效。"

2006年4月11日,两原告到柳州市工商行政管理局办理个体工商户名称预先核准手续,该局对申请名称的查询情况为"经查,有个体工商户'柳州市麦乐基脆皮炸鸡店',现该业主将名称转让,提交名称转让协议,予以受理",并给原告高海燕签发了"柳州市麦乐基脆皮炸鸡店"个体工商户名称预先核准通知书,名称保留期为2006年4月11日至2006年10月11日。"

原告诉称:

原告办理了名称预先核准手续后,被告林发、吴学哲、吴家华没有按《名称转让协议》约定的期限即自名称核准之日起一个月内,办理其经营的"柳州市麦乐基脆皮炸鸡店"营业执照注销手续,并提供相应的注销登记证明给原告,反而继续使用协议转让的企业名称"柳州市麦乐基脆皮炸鸡店"进行经营。原告无法取得《名称转让协议》约定的企业名称权,无法办理工商登记,无法取得营业执照。

在签订上述协议之后,为准备开业经营,原告租赁了门面并进行了装修,还购买了设备及原材料等。2006年5月29日,柳州市工商行政管理局对原告高海燕作出行政处罚决定,认定原告高海燕自2006年5月17日始,在未经工商行政管理机关核准登记颁发《营业执照》的情况下,租用柳州市柳石路24号门面从事餐饮经营活动,属非法经营,决定责令原告高海燕停止非法经营行为,并处以罚款500元。其后,两原告多次要求被告林发、吴学哲、吴家华履行合同约定的义务未果。

被告傅秀端辩称:

被告傅秀端不是本案适格的被告,其没有参与任何一起纠纷,与本案没有利害关系。

被告林发、吴学哲、吴家华辩称:

1. 2006年4月10日签订的《名称转让协议》已经履行完毕。原告高海燕于2006年5月29日已办理工商营业执照,企业名称为柳州市麦乐基脆皮炸鸡,经营者为原告高海燕,经营场所为柳州市柳石路24号。

2. 2006年3月21日签订的《设备转让协议》涉及的设备转让已经履行完毕。

2006年4月27日原告支付最后一笔设备款7500元给被告,被告已全部搬走2006年3月30日《柳州市麦乐基炸鸡汉堡永前店设备清单》中记载的设备。

3.《设备转让协议》中涉及的商标使用许可没有实施,原告也没有支付商标使用转让款。

4. 原告提供的收条不真实。收条内容是原告所写,被告吴学哲将名字写在外面,且同一天又写了一张内容完全不同的证明。被告从未收到原告现金392,500元。

一审认为:

1. 关于本案诉讼主体资格的问题。

原告高海燕与原告刘敬党系夫妻关系,并确认欲共同出资和经营"柳州市麦乐基脆皮炸鸡店",所产生的权利义务由其享有和承担,故确认高海燕、刘敬党是适格的原告。虽然"柳州市麦乐基脆皮炸鸡店"登记经营者姓名为被告林发,但是根据本案的事实和证据,该店的实际经营者为三被告林发、吴学哲、吴家华,本案所涉的《设备转让协议》《名称转让协议》以及与其相关的行为所产生的权利义务,由上述三人享有和承担,依照《最高人民法院关于适用〈中华人民共和国民事诉讼法〉若干问题的意见》第46条的规定,确认被告林发、吴学哲、吴家华为适格被告。虽然被告傅秀端与被告吴学哲系夫妻关系,但原告并没有证据证实被告傅秀端与本案有直接的关系,故其对被告傅秀端的诉讼请求,不应支持。

2. 关于《设备转让协议》《名称转让协议》法律效力的问题。

(1) 关于《设备转让协议》的效力问题。

三被告林发、吴学哲、吴家华不是依法享有"麦乐基"注册商标的权利人,未经合法授权,其没有向他人转让和处分注册商标的权利,依照《商标法》第3条第1款、《合同法》第52条第1款第5项的规定,转让"麦乐基"注册商标的条款应认定为无效。

双方约定转让设备的条款,没有违反法律强制性的规定,合法有效。

(2) 关于《名称转让协议》的效力问题。

三被告林发、吴学哲、吴家华共同经营、所有的"柳州市麦乐基脆皮炸鸡店",系经工商行政管理部门合法登记依法成立,三被告林发、吴学哲、吴家华享有合法的企业名称权,有权转让,故双方签订的《名称转让协议》合法有效。

3. 关于三被告林发、吴学哲、吴家华是否构成违约及解除合同的问题。

(1) 关于注册商标转让的问题。

三被告林发、吴学哲、吴家华不是"麦乐基"注册商标的权利人,未经合法授权,与原告刘敬党签订转让"麦乐基"注册商标合同,主体不合格,造成转让无效以及合同无法履行,三被告存在过错。因该部分条款无效,故不存在解除合同的问题。

(2)关于设备转让的问题。

《设备转让协议》未约定原告购买"胜利店"的设备,两原告只是到该店学习有关技术,且《柳州市麦乐基炸鸡店永前店设备清单》已由原告刘敬党与被告吴家华签字确认,故该设备清单中所列举交付的设备,应视为被告林发、吴学哲、吴家华已履行《设备转让协议》约定的转让设备的义务,不存在根本违约的行为,且转让设备的主要义务已履行,故不符合《合同法》第94条所规定的解除合同的情形,不予解除。

(3)关于企业名称转让的问题。

被告林发、吴学哲、吴家华通过签订《名称转让协议》,将其享有的"柳州市麦乐基脆皮炸鸡店"企业名称权全部转让给原告,其不得继续使用,但其未履行约定的义务,未办理原营业执照注销手续,并将注销登记证明交给原告,仍然继续使用该企业名称,致使原告无法取得营业执照及"柳州市麦乐基脆皮炸鸡店"企业名称权,故被告林发、吴学哲、吴家华构成根本违约,《名称转让协议》依法应予解除。

4. 关于本案所涉的企业名称转让费、商标转让费、设备转让款的问题。

《设备转让协议》、2006年4月25日的收条、2006年4月27日的证明虽然涉及有关企业名称转让费、商标转让费、设备转让款的内容,但《设备转让协议》只是约定有相应的数额,是否实际履行,无证据证实;2006年4月25日收条的内容不明确;2006年4月27日证明载明的设备款7500元双方均无异议,但仅是部分设备款,不是全部的设备款。原告要求被告林发、吴学哲、吴家华返还企业名称转让费10万元、商标转让费4000元、代买设备款10万元,缺乏事实依据,不予支持;《设备转让协议》有关设备转让部分不符合解除要求,故原告要求被告林发、吴学哲、吴家华返还设备款7.6万元,不予支持。

5. 关于被告林发、吴学哲、吴家华如何承担赔偿责任的问题。

由于被告林发、吴学哲、吴家华的过错和违约,造成了《设备转让协议》转让"麦乐基"注册商标的条款无效以及《名称转让协议》被依法解除,依照《合同法》第58条、60条、97条、113条的规定,原告有权要求三被告林发、吴学哲、吴家华承担相应的赔偿责任。

一审判决:

1. 解除原告高海燕与被告林发于2006年4月10日签订的《名称转让协议》;

2. 被告林发、吴学哲、吴家华赔偿两原告经济损失 2 万元；

3. 驳回两原告对被告林发、吴学哲、吴家华其他诉讼请求；

4. 驳回两原告对被告傅秀端的诉讼请求。

两原告不服一审判决，向上级人民法院提起上诉。

原告均上诉称：

1. 一审判决认定被告傅秀端不是本案的适格主体错误。被告傅秀端与吴学哲是夫妻关系，依照《最高人民法院关于适用〈中华人民共和国婚姻法〉若干问题的解释（二）》第 24 条的规定，被告傅秀端对婚姻关系存续期间夫妻一方所负债务应当按共同债务处理，傅秀端系适格被告。

2. 一审判决认定事实不清、证据不足、适用法律错误。

(1) 一审判决认定原告与被告签订的设备转让协议不予以解除，与我国《合同法》的相关规定明显相悖。原告与被告签订合同的目的就是要获得"麦乐基"注册商标的专有使用权和"柳州市麦乐基脆皮炸鸡店"企业名称权，如果合同目的不能达到，则原告与被告签订设备转让协议就毫无意义。由于被告的过错和违约行为致使合同目的不能实现，设备转让协议依法应予以解除，被告对原告的损失依法应承担赔偿责任。

(2) 一审判决认定双方的商标使用权转让协议无效并解除双方的企业名称权转让协议，却没有依法判令被告返还收取的商标使用权转让费和企业名称权转让费，适用法律错误。被告至少收取了原告商标使用权转让费 3000 元、企业名称权转让费 3 万元。吴家华个人签名的证据就有上述款项的收条，一审判决不予认定，适用法律错误。

(3) 一审判决既认定双方的商标使用权转让协议无效并解除了双方的企业名称转让协议，但又没有依法判令被告返还收取的商标使用权转让费和企业名称权转让费，自相矛盾。一审判决对其不采用的证据使用了推测的解释，违反法律规定。

(4) 一审判决判令被告赔偿原告 2 万元人民币，数额明显偏低。按双方签订的合同关于定金罚责的约定，原告就应获得 2 万元的赔偿，一审判决既然已认定双方的商标使用权转让协议无效并解除双方的企业名称权转让协议，且认定被告具有过错和违约行为，就应依法判令被告赔偿原告因此而遭受的其他损失。

被告二审辩称意见与一审意见一致。

律师观点：

1. 被告傅秀端与本案没有直接利害关系，不是本案的适格主体。

原告提起的诉讼是违约之诉,被告傅秀端并不是涉案合同《设备转让协议》《名称转让协议》的当事人,虽然被告傅秀端与被告吴学哲系夫妻关系,但原告并没有证据证明其与被告傅秀端之间具有法律关系或其他利害关系,因此傅秀端不是本案适格的被告。

2.《设备转让协议》对涉案商标的约定实际是商标许可使用,因未取得权利人许可或追认,应认定无效。

从2006年3月21日签订的《设备转让协议》的有关条款内容来看,第1条第①项约定由原告刘敬党与被告吴家华等两人共用"麦乐基"商标,第②项虽然约定由原告刘敬党个人使用,但按照第④项的约定,原麦乐基店仍然可以使用"麦乐基"商标,原告刘敬党无权干涉,不管当事人最终是按照第①项还是第②项履行合同,原告都不可能取得涉案"麦乐基"商标的所有权,因此,当事人上述约定的法律关系性质是"麦乐基"商标的使用许可而不是转让。由于"麦乐基"商标系由案外人何乐朝于2005年6月30日向国家工商行政管理总局商标局申请注册,被告林发、吴学哲、吴家华无权许可被告使用,且其在协议签署后没有取得处分权或经权利人追认,因此,根据《合同法》第51条的规定,涉案商标使用许可条款无效。

3.《名称转让协议》合法有效,但被告行为已构成根本违约,应当解除。

"柳州市麦乐基脆皮炸鸡店"由被告林发、吴学哲、吴家华共同经营、所有,并经工商行政管理部门合法登记依法成立。因此,被告林发、吴学哲、吴家华享有合法的企业名称权,有权转让,故双方签订的《名称转让协议》合法有效。根据原被告双方签订的《名称转让协议》,被告林发、吴学哲、吴家华应将其享有的"柳州市麦乐基脆皮炸鸡店"企业名称权全部转让给原告,其不得继续使用。但合同签订后,被告林发、吴学哲、吴家华未履行约定的义务,未办理原营业执照注销手续,并将注销登记证明交给原告,仍然继续使用该企业名称,致使原告无法取得营业执照及"柳州市麦乐基脆皮炸鸡店"企业名称权,因此,被告林发、吴学哲、吴家华构成根本违约,《名称转让协议》依法应予解除。

4.《设备转让协议》中的设备转让条款合法有效,主要义务已履行完毕,且该条款与商标许可使用条款、《名称转让协议》互相独立,效力不受影响,不应解除。

(1)当事人在上述协议中约定的设备转让条款系当事人真实意思表示,内容没有违反法律、行政法规的强制性、禁止性规定,约定合法有效是正确的。从被告提供的证据来看,能证明被告已将设备转让给原告。被告吴学哲在庭审中亦承认已收到原告设备转让款60,800元,原告也已使用了转让的设备3年多。因此,《设备转让协议》中的设备转让条款主要义务已履行完毕。

(2)《设备转让协议》与《名称转让协议》互相独立,《名称转让协议》的解除不影响设备转让条款效力。《设备转让协议》是原告刘敬党与被告吴家华于2006年3月21日签订,而《名称转让协议》是原告高海燕与被告林发于2006年4月10日签订,两份合同签订的时间不同、主体不同,权利义务的内容不同,虽然二原告系夫妻,但原告刘敬党与被告吴家华在签订《设备转让协议》时并没有明示其受让涉案设备的目的就是为了获得"麦乐基"注册商标的专有使用权和"柳州市麦乐基脆皮炸鸡"企业名称权,事实上被告吴家华也根本无法预见到原告刘敬党在签订《设备转让协议》后还进一步要求转让"柳州市麦乐基脆皮炸鸡"企业名称权。

(3)《设备转让协议》中的商标使用许可条款和设备转让条款,两者法律关系性质不同,内容相对独立,即使商标使用许可条款和设备转让条款有主从关系,因合同的名称为《设备转让协议》,且协议中的大量篇幅都是设备转让条款,故亦应认定主合同系设备转让条款,因此,商标使用许可条款无效并不影响设备转让条款的履行。

5. 原告提出的赔偿损失部分无证据证明是被告违约行为的直接经济损失,法院只能支持部分。

《设备转让协议》中的商标使用许可条款因被告林发、吴学哲、吴家华对涉案商标"麦乐基"无权处分而无效,主要过错在于被告,依照《合同法》第58条的规定,被告应赔偿原告因此所遭受的损失。原告刘敬党疏于审查被告对涉案商标是否享有处分权,对导致合同无效亦有一定的过错,应承担次要责任。

《名称转让协议》因三被告没有及时履行合同主要义务而构成根本违约,依照《合同法》第107条的规定,三被告林发、吴学哲、吴家华应承担赔偿损失等违约责任。

《设备转让协议》包含设备转让条款和商标使用许可条款两个法律关系,虽然商标使用许可条款无效,但设备转让条款的主要合同义务已履行完毕,依照《合同法》第115条的规定,债务人履行债务后,定金应当抵作价款或者收回,原告可以要求被告返还定金。原告主张的其他赔偿款项如租金、人工费、行政处罚罚金、办理卫生许可证费用、广告印刷费、购置设备费、购置物品费用及购置食品、原料、配料费用、运输费,因原告无法证明上述款项的支出就是商标使用许可条款无效及《名称转让协议》的解除所造成的直接经济损失,所以法院不会全额支持。

二审判决:

1. 维持一审判决第一项、第四项;

2. 撤销一审判决第三项;

3. 变更第二项为:三被告林发、吴学哲、吴家华连带赔偿原告经济损失人民币3万元;

4. 三被告林发、吴学哲、吴家华连带返还原告刘敬党商标使用许可费人民币4000元;

5. 三被告林发、吴学哲、吴家华连带返还原告刘敬党按《设备转让协议》的约定已交付的定金人民币2万元;

6. 驳回原告其他诉讼请求。

17. 将他人企业名称中的字号相同或者近似的文字注册为商标,是否构成侵权?如何判断相关公众对企业名称所有人与商标注册人是否产生误认或者误解?

将与他人企业名称中的字号相同或者近似的文字注册为商标,引起相关公众对企业名称所有人与商标注册人的误认或者误解的,构成对他人企业名称专有权的侵权。

判断是否容易引起相关公众的误认或误解,应以相关公众的一般注意力为标准。所谓相关公众,是指与商标所标识的某类商品或者服务有关的消费者和与前述商品或者服务的营销有密切关系的其他经营者。

如果系争商标的注册与使用将会导致相关公众误以为该商标所标识的商品或服务来自商号权人,或者与商号权人有某种特定联系,可以认定系争商标容易与在先商号发生混淆,容易引起相关公众的误认或误解。是否可能损害在先商号权人的利益,应当综合考虑各项因素。

(1) 在先商号的独创性

如果商号所使用的文字并非常见的词语,而是没有确切含义的臆造词汇,则可以认定其具有独创性。

(2) 在先商号的知名度

认定在先商号在相关公众中是否具有知名度,应从商号的登记时间、使用该商号从事经营活动的时间跨度、地域范围、经营业绩、广告宣传情况等方面来考察。

(3) 系争商标指定使用的商品或服务与商号权人提供的商品或服务原则上应当相同或者类似

社会调查机构出具的涉案商标在相关公众中认知度的调查报告,可作为证明

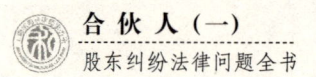

相关公众知晓程度的参考因素。

调查报告应经过庭审质证并确认其效力。对调查报告的质证、认证主要应围绕调查机构的权威性、调查方法的科学性及可行性等问题进行。质证时,调查机构应派员出庭接受质询。

调查报告中对相关公众抽样调查应体现不同地域、不同层次,方法应当科学。对消费者和经销商等相关公众调查的范围,一般应有包括审理法院所在地在内的至少全国五个主要代表性城市和不少于一千份调查问卷。

商标在相关公众中认知度的调查,一般由当事人委托,人民法院也可根据当事人的申请委托调查,但不依职权委托调查。

【案例7】未证明商号知名度 商标"同"商号不属侵权①

原告:德源公司

被告:卢燕华、日升公司

诉讼请求:判令两被告立即停止侵犯原告的商号权及不正当竞争的行为,共同赔偿原告经济损失人民币10万元(含原告合理的诉讼支出)并承担本案的诉讼费用。

争议焦点:如何判断将在先企业名称的字号注册为商标属于不正当竞争的侵权行为,诉争字号是否享有较高知名度是否可能导致公众混淆或误解,是否造成对字号权利人的损害。

基本案情:

原告于1998年8月27日经泉州市工商行政管理局核准后成立,经营范围包括生产、制造轴承、汽车配件。

被告日升公司于2003年7月28日在杭州成立,法定代表人被告卢燕华,经营范围包括:批发零售轴承、轴承座及配件等。

兴业公司于2001年期间作为原告杭州总经销,销售该公司生产的轴承等产品。2001年至2002年,被告卢燕华作为兴业公司业务员,参与经销原告生产的轴承产品。

2004年10月14日,被告卢燕华取得了注册号为第3399259号的"德源"文字商标,核定使用的商品为第7类(包括轴承等商品),注册有效期自2004年10月14日至2014年10月13日止,该商标至今有效。

---

① 参见浙江省高级人民法院(2009)浙知终字第51号民事判决书。

被告卢燕华将其所有的第 3399259 号"德源"注册商标许可被告日升公司使用,许可方式为普通许可,许可期限自 2004 年 10 月 14 日至 2014 年 10 月 13 日。

2007 年 10 月 22 日,被告卢燕华将该商标许可合同报国家工商行政管理总局商标局予以备案。

被告日升公司在其网站上声称其经营的品牌为"RSB/德源",同时在其宣传材料中称其主要以生产和销售"RSB"品牌轴承为主,同时代理和销售国内外各种知名品牌轴承。

原告诉称:

原告注册在先,被告卢燕华利用经销原告产品的机会,将原告字号注册为商标并许可其所有的被告日升公司使用,被告卢燕华、被告日升公司的行为侵犯了其企业商号权并构成不正当竞争。

被告卢燕华、被告日升公司辩称:

被告将"德源"注册为商标的行为并不存在恶意,系正常合法的行为,且与原告的商号权并不冲突。原告在被告申请商标的异议期内未提出异议,应视为已认可了被告的注册行为。故原告的请求于法无据,应予驳回。

一审认为:

1. 商标与高知名度在先企业字号相似并引起公众混淆时应认定为不正当竞争。

商标是区分不同商品或服务来源的标志;企业名称是区别不同市场主体的标志。商标权与企业名称权均是经法定程序确认的两项不同的民事权利,依法受到法律保护。

企业名称经核准登记后,权利人享有在不侵犯他人合法权益的基础上使用企业名称进行民事活动、在相同行政区划范围内阻止他人登记同一名称即禁止他人假冒企业名称的民事权利。商标经核准注册后,权利人享有商标专用权和禁止权(禁止他人在相同和相似的商品或者服务上使用相同或者近似的商标的权利)。

商标权与企业名称权作为各自独立存在的民事权利,在通常情况下,两者并不互相排斥,即商标权不能限制合法取得的企业名称权的行使,企业名称权也无权禁止注册商标权的行使。但当商标中的文字和在先企业名称中具有很高知名度字号相同或相近似,并使他人对市场主体及其商品来源或者服务的来源的混淆,即引起相关公众对企业名称所有人与商标注册人的误认或者误解时,使用该注册商标的行为可认定为违反公平和诚实信用原则的不正当竞争行为。

2. 原告未提供证据证明其商号的知名度,也没有证据证明商标和商号可能

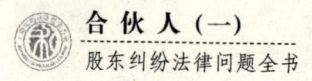

引起公众混淆。

本案中,原告之企业名称权相对于"德源"注册商标权而言,其属于在先权利,且该企业字号与"德源"注册商标相同;但要认定在轴承等产品上使用"德源"商标的行为构成对原告的不正当竞争,还须同时具备该"德源"商号具有很高的知名度、相关公众会对两者的混淆等要件。然而,一方面,原告未提供任何证据证明其"德源"商号具有一定的知名度及较强的显著性,即原告不能证明在消费者心中,"德源"商号已成为原告与其他同行业产品主体和商品来源的主要识别性商业标识;另一方面,原告与被告日升公司生产、销售的产品上所使用的商标、企业名称、地址等方面均不一致,相关消费者根据上述标识足以区分两者产品,并不会引起相关公众对两种产品来源的混淆、误认,或者使相关公众认为被告日升公司产品与原告具有某种特定联系,导致对产品的市场主体或来源产生混淆。事实上,原告也并没有提供任何证据表明上述两种产品已经产生混淆之事实。

因此,被告卢燕华、被告日升公司在经营活动中使用"德源"商标,属于其作为商标注册人及被许可使用人应有的一项权利,并无不当。

一审判决:

驳回原告的诉讼请求。

原告不服一审判决,向上级人民法院提起上诉。

原告上诉称:

1. 原审判决忽视诚实信用原则的基本要求,回避了被告卢燕华作为原告代理商员工的特殊身份,并未准确区分"恶意注册"与"合理使用"的界限;

2. 原告的"德源"字号为在先权利,被告卢燕华曾是原告杭州地区代理商的员工,对原告企业字号以及产品信息、销售渠道等应当十分清楚,有意将原告的字号注册为商标,该行为应认定为恶意;

3. 被告卢燕华将原告的字号注册为商标,并使用于与原告主营范围相同的商品,相关消费者基于对被告卢燕华的身份的认识,极易认为被告日升公司的商品或者服务与原告之间存在某种法律上、经济上、组织上的关联,足以造成消费者的混淆、误认。

被告卢燕华、被告日升公司二审辩称:

1. 被告卢燕华注册"德源"商标的行为属于正当民事行为,并未侵犯原告的"商号权",亦不构成不正当竞争;

2. 原告的商号仅仅在泉州市丰泽区注册,其没有提供相关知名度的证据,也没有提供混淆的证据,且在现实中,有大量以"德源"作为字号且早于原告的企业；

3."德源"作为字号,已经公开使用,原告认为被告卢燕华存在恶意缺乏相应的理由；

4.原告并没有在被告卢燕华申请商标公告期内提出异议,现要求不得使用没有法律依据。

律师观点：

1.商号权和商标权产生冲突时,应当遵守诚实信用、保护在先权利及禁止混淆三个处理原则。

商号是一个企业的商业活动与其他企业的商业活动区别开来的标记；商标是生产经营者在自己提供的商品或服务上使用的标记。商号权和商标权同属知识产权项下的识别性标志权,两种民事权利均受法律的保护。对两种权利冲突的处理应当遵守诚实信用、保护在先权利及禁止混淆三个原则,三者缺一不可。相关公众对商品或者服务是否产生混淆、误认应该作为判断是否构成侵权的一个必要前提。

2.原告没有足够证据证明被告产品可能导致公众混淆。

尽管原告的商号权相对于被告卢燕华的"德源"注册商标权而言,属于在先权利,且被告卢燕华作为原告原代理商兴业公司的员工,有可能属于明知的情形,但是在原告没有提供足够证据证明被告日升公司所生产、销售的产品与其所生产、销售的产品已经导致消费者误认、混淆(包括混淆可能性)的前提下,认定被告卢燕华、被告日升公司侵犯原告的商号权,属于不正当竞争缺乏事实与法律依据。

3.原告没有证据证明其商号的知名度,也未证明被告的行为对原告造成了损害。

从一般意义上讲,商号有两个方面的含义：一是名称方面,仅仅涉及企业的名称和身份；二是财产权方面,是指商号,尤其是其中的字号所体现出来的商誉和声誉。后注册的商标对在先使用的商号是否构成不正当竞争,关键在于在后的商标注册人及被许可使用人是否利用了在先使用商号的商誉或声誉获取了不正当的利益,即是否造成了在先使用商号权人的经济利益的损害(包括损害的可能性)。

具体到本案中,原告既没有提供证据证明,被告日升公司所销售的标注为"德源"商标的轴承已经导致相关消费者混淆(包括混淆的可能性),且不合理地侵占了在先使用商号权人即原告的市场,造成了对原告经济利益的损害(包括损害的可能性)；也没有提供证据证明,其商号在轴承行业具有一定的知名度,被告日升公司存在攀附利用其商号知名度造成消费者混淆的故意。相反,原告和被告日升公司生产、销售的产品所使用的商标、企业名称、地址等方面均不一致,相关消费者根据上述标志足以区分两者的产品,并不会引起相关消费者产生混淆或者误认。原告也确认该两者产品在外包装的差异并不会使相关消费者产生误认、混淆。

再者,原告的企业注册地在福建省泉州市丰泽区,而被告日升公司的企业注册地在浙江省杭州市,两者地域范围存在较大的不同。如果以不享有较高知名度的商号权去禁止他人在全国范围内注册的商标权的使用是不公平的,亦不符合权利冲突处理的原则。

综上,被告卢燕华、被告日升公司在经营活动中使用"德源"商标,并未侵犯原告的企业商号权,亦不构成不正当竞争。

二审判决:
驳回上诉,维持原判。

【案例8】字号早于商标且未突出使用 未攀附未误导不构成侵权①

原告: 滕王阁公司

被告: 保宁公司

诉讼请求:

1. 依法确认被告的企业名称侵犯了原告"保宁"注册商标的在先权利;
2. 判令被告立即停止使用与原告在先注册商标"保宁"相同的企业名称。

争议焦点:

1. 诉争字号是否先于商标注册登记;
2. "保宁"标识是否系原告独创,是否具有固有性,被告使用"保宁"作为字号是否具有主观恶意;
3. 被告在其产品外包装上使用"保宁"字号是否足以造成相关公众对其产品来源的误认。

基本案情:

原告与被告系同处四川省阆中市的药品生产企业。

1985年12月,经国家商标局核准,阆中县中药材公司饮片加工厂取得了商标注册证号为1648518号的"保宁"商标,核定使用商品为第5类,即原料药,中药成

---

① 参见四川省高级人民法院(2009)川民终字第155号民事判决书。

药,各种丸、散、膏、丹、生化药品、药酒。该注册商标为文字商标,即"保宁"变形文字,下方为"BAONING"拼音。"保宁"商标在2000年、2003年、2006年被南充市工商行政管理局评为知名商标。

原告2000年4月27日成立后,于当年12月28日受让取得"保宁"注册商标专用权。

1999年2月9日,被告原法定代表人赵金乐购买了四川保宁制药厂,1999年5月6日,被告以"四川保宁制药有限公司"为企业名称向工商行政管理部门申请注册登记,1999年5月24日经核准成立,经营范围为原料药(葡萄糖)、颗粒剂、硬胶囊剂、片剂、散剂、糖浆剂等。

被告的注册商标为和平鸽图案加"金乐"文字的图文组合商标,其产品外包装上完整地使用了"四川保宁制药有限公司"企业全称,同时标注了"金乐"图文组合商标。被告的合格证为椭圆形透明塑胶纸,上方为"金乐"图文组合商标加注册商标标记®,中部为"合格证",下方为"四川保宁",贴附于产品外包装的封口处。

原告经国家药监局批准的产品种类只有两种,其2004～2006年的年产销量均在60万元左右。而被告经国家药监局批准的产品种类有38种。

此外,《阆中县志》记载,"元至元十三年至民国初,阆中一直为保宁府治","保宁"原系阆中市行政区划中一个镇的名称,地处阆中市城区,于1981年经四川省人民政府批准由阆中县城关镇更名而来,至2003年3月因撤销镇建制,改设为保宁街道办事处。

原告诉称:

原告的商标多次被评选为"南充市知名商标",被告在明知的情况下将"保宁"注册为其企业字号,明显存在主观恶意。被告的行为侵犯了原告的合法权益。

被告辩称:

被告注册成立时,原告商标并不具有知名度,被告也没有侵犯原告商标权的恶意。被告没有在药品外包装上突出使用"保宁"文字,相关公众不会产生混淆。原告主张于法无据,应予驳回。

一审认为:

1. 商标专用权和企业名称权发生冲突时,应当适用维护公平竞争、尊重和保护在先合法权利和禁止混淆的原则进行处理。

商标是区别不同商品或服务来源的标志。企业名称是区别不同市场主体的标志,由行政区划、字号、行业或经营特点、组织形式等构成,其中字号又是区别不同企业的主要标志。商标权和企业名称权均是经法定程序确认的独立权利,分别受商标法律法规和民法通则、企业名称登记管理法规的调整和保护。本案中,原告依法享有第1648518号"保宁"注册商标专用权,而被告经合法注册成立,依法享有企业名称权,享有在不侵犯他人合法权益基础上使用企业名称进行民事活动的权利。当不同权利主体的商标专用权和企业名称权发生冲突时,应当适用维护公平竞争、尊重和保护在先合法权利和禁止混淆的原则进行处理。

2. 被告将"保宁"文字登记为企业名称中的字号在主观上并无恶意。

阆中在历史上曾被称为"保宁府",1981年至2003年3月"保宁"系阆中市行政区划中地处阆中市城区的一个镇的名称,2003年3月之后改设为保宁街道办事处。在阆中有很多以"保宁"命名的产品和企业,如"保宁蒸馍""四川保宁醋有限公司"等,从某种意义上讲,"保宁"已成为阆中的代名词。被告的前身是四川保宁制药厂,1999年由自然人赵金乐购买后,在保留"保宁"字号的同时重新设立了四川保宁制药有限公司,由此可见,被告将"保宁"文字登记为企业名称中的字号在主观上并无恶意。

3. 被告的行为未引起相关公众对商标专用权人和企业名称所有人的混淆和误认。

《最高人民法院关于审理商标民事纠纷案件适用法律若干问题的解释》第1条第1项规定"将与他人注册商标相同或近似的文字作为企业的字号在相同或者类似商品上突出使用,容易使相关公众产生误认的",属给他人注册商标专用权造成其他损害的行为。

该种侵权行为必须同时具备下列构成要件:(1)文字相同或近似;(2)在相同或类似商品上使用;(3)突出使用;(4)结果是容易使相关公众产生误认。而"突出使用"是指企业字号在字体、字号、颜色等方面突出醒目地使用与商标权人注册商标相同或近似的文字,使人在视觉上产生混淆的行为。

本案中,被告在所有产品外包装上均整体规范地使用了其经核准登记的企业名称,同时还使用了本企业的"金乐"图文组合商标,不存在任何突出使用"保宁"文字的情形,其在合格证下方所标注的"四川保宁"文字也已被四川省高级人民法院(2008)川民终字第191号民事判决认定为合理使用。原告虽然举出了曾三次南充市工商行政管理局评为"南充市知名商标"的证据,但其获奖时间是在被告登记成立之后,没有证据表明在被告成立之前,"保宁"商标已经具有一定知名度。因此,被告将"保宁"作为字号进行企业名称登记,不会使相关公众认为"保宁"商标注册人与被告具有关联性,不会导致相关公众对商标专用权人和企业名称所有人的混淆和误认,故被告的行为不构成对注册商标专用权的侵犯。

一审判决：

判决驳回原告的诉讼请求。

原告不服一审判决，向上级人民法院提起上诉。

原告上诉称：

1. 原判认定事实有误。

(1)原判认定被告将"保宁"文字登记为企业名称中的字号在主观上无恶意与客观事实不符；

(2)原判认定被告在所有产品外包装上均整体规范使用了其经核准登记的企业名称，不存在突出使用"保宁"文字情形与事实不符；

(3)原判认为被告在合格证下方所标注的"四川保宁"文字已被四川省高级人民法院(2008)川民终字第191号民事判决认定为合理使用与事实不符。

2. 原判适用法律有误。

(1)行政区划地名不得作为企业名称字号进行工商登记，原判认定"保宁"为地名、"保宁"系阆中的代名词，又认定"保宁"为被告字号是自相矛盾；

(2)原判以原告在被侵权期间产值不高、产品种类不及被告多作为认定被告侵权行为不足以导致相关公众对"保宁"商标专用权人和企业名称所有人的混淆和误认的前提和基础，与法相悖；

(3)原判以原告"保宁"商标被南充市工商行政管理局评为"南充市知名商标"的时间均在被告登记成立之后为由，认定被告侵权行为不会使相关公众混淆和误认是违背客观实际的。

被告二审辩称：

被告是在保留原四川保宁制药厂字号基础上形成的，"保宁"在阆中是特定的地域文化，可以理解成阆中的代名词，被告办理工商登记时没有恶意。四川保宁制药文字使用的合理性已被人民法院生效判决所确认，被告没有在药品外包装上突出使用保宁文字，相关公众不会产生混淆。被告在核准登记企业名称时，原告"保宁"商标不具有知名度，对原告认为"保宁"商标具有一定区域知名度的看法不予认同。原判认定事实清楚，适用法律正确。请求二审法院驳回上诉，维持原判。

律师观点：

1. 商标权和企业名称权发生冲突时，应当依照诚实信用、维护公平竞争和保护在先权利等原则处理。

商标是区别不同商品或者服务来源的标志，企业名称是区别不同市场主体的标志，字号是企业名称的核心组成部分。字号与商标均属于识别性标记，但分别受不同的法律法规调整,经过合法注册产生的注册商标专用权和经依法核准登记产生的企业名称权均为合法权利。当两种权利发生冲突时,人民法院应当依照诚实信用、维护公平竞争和保护在先权利等原则处理。

2. 被告使用"保宁"字号无主观恶意。

在阆中,"保宁"名称的由来有其历史渊源。从元朝设立"保宁府"管治阆中等县开始,至明清二代阆中一直为"保宁府"辖治。1981年至2003年3月,保宁镇系阆中市行政区划中的一个区级镇,2003年3月之后改设为保宁街道办事处。在阆中有很多以"保宁"命名的产品和企业,如"保宁醋""四川保宁醋有限公司"等。

被告的前身是四川保宁制药厂,也是以"保宁"命名的企业。1999年该厂改制为有限责任公司时保留了"保宁"字号。可见,被告使用"保宁"字号有其历史因素,没有违反诚实信用的商业道德。

3. 原告的商标固有性显著不足。

在相同商品上原告注册商标虽先行使用"保宁"标识,但该标识并非由原告或在先的阆中县中药材公司饮片加工厂臆造,固有显著性不足。原告也没有提交证据证明在被告成立之前,"保宁"商标经过使用已经在药品行业的相关公众中具有一定知名度,被告使用其作为企业字号具有明显的攀附故意。

4. 原告证据不足以证明被告的行为容易使公众产生误认。

《最高人民法院关于审理商标民事纠纷案件适用法律若干问题的解释》第1条第1项规定"将与他人注册商标相同或者相近似的文字作为企业的字号在相同或者类似商品上突出使用,容易使相关公众产生误认的",属给他人注册商标专用权造成其他损害的行为。

本案中,被告字号虽使用于与原告同类商品上,但原告所提交证据均不足以证明被告在其产品外包装上突出使用"保宁"字号并足以造成相关公众对二者来源的误认。

原告"保宁"商标采用圆圈内的"保宁"变形文字加下方"BAO NING"拼音组合,与被告产品外包装上的"保宁"文字相比,二者视觉差异较大。并且,被告产品外包装清楚标明了本企业的"金乐"注册商标,使用字号时不仅有"四川保宁制药"简称,还规范使用了其经核准登记的企业名称"四川保宁制药有限公司",相关公众在销售、购买产品时会清楚认识该产品来源于被告,不会与原告相同或类似产品相混淆。

5. 被告成立后原告才取得商标所有权。

原告受让"保宁"注册商标时被告已经成立,原告受让时应当清楚在同一行业的同类商品上其"保宁"商标与被告"保宁"字号同时存在的情况。

二审判决：

驳回上诉，维持原判。

18. 企业将与他人注册商标相同或者相近似的文字作为企业的字号是否构成对他人注册商标的侵权？如何理解"商标相同""商标近似"？

对违反诚实信用原则，使用与他人注册商标中的文字相同或者近似的企业字号，足以使相关公众对其商品或者服务的来源产生混淆的，根据当事人的诉讼请求，构成对他人注册商标的侵权。判断是否构成对注册商标构成侵权，除需考虑是否"足以使相关公众对其商品或者服务的来源产生混淆"，还需考虑是否违反诚实信用原则，具体如下：

（1）在后商号的权利人恶意登记与在先注册商标相同的商号，最常见的便是大量商号"傍"驰名商标或著名商标的情况。对于这种情况，若将与他人注册商标相同或者相近似的文字作为企业的字号，容易使相关公众产生误认的，则法院应当认定在后商号构成对在先商标权的侵犯。

（2）在后商号的权利人在不知情的情况下登记了与在先商标相同的商号，也即"善意"地发生了权利碰撞。这里同样又包括两个方面：一方面，将他人驰名商标作为商号登记，因其对公众造成欺骗或误解而本不应给予注册，但却因我国企业名称登记前既不与商标实行联检，在确权过程中又无公示、异议程序，因而导致善意地将他人的驰名商标作为商号登记的情况"合法"地产生和存在。对于该种情况，通常是依据驰名商标的扩大保护原则、保护在先权利等规定对在后商号予以撤销，尚不缺乏权利救济的基本途径；另一方面，大量的非驰名商标被善意地作为商号登记，并因其不构成法律对企业名称不得含有"对公众造成欺骗或误解的文字"的规定而成为合法的商号权，对此，法院现行的做法一般是认定在后善意登记的商号不构成侵权。

【案例9】搭驰名商标便车　企业字号被判停用[①]

原告：中化公司

被告：杭州中化公司、上海中化公司、恒丰公司

---

① 参见北京市第一中级人民法院(2003)一中民初字第9923号民事判决书。

诉讼请求:

1. 终止三被告签订的《信息合同》,三被告立即停止针对原告注册商标专用权的侵权行为和不正当竞争行为;

2. 禁止被告杭州中化限公司、上海中化公司在其企业名称、网站、商品及所有相关服务上使用原告的注册商标;

3. 被告杭州中化公司赔偿原告经济损失300万元;

4. 三被告就其侵权行为消除影响,向原告公开赔礼道歉。

争议焦点:

1. 原告的商标被认定为驰名商标是否合法有效;

2. 被告杭州中化公司、被告上海中化公司的行为是否借用了原告商标的知名度,是否可能造成公众误解;

3. 被告恒丰公司因误解而与其他两被告签订合同,是否需向原告承担商标侵权责任;

4. 如何认定被告的侵权行为给原告造成的损失,金额应当如何确定。

基本案情:

原告是我国特大型国有企业,成立于1950年,在新中国成立初期承担为国家进口急需的生产、生活和战略物资的任务。自20世纪60年代初,正式调整为专营石油、化工、医药、医疗器械的专业进出口公司,并开始逐步使用"中化"作为其简称,至今已有40余年的历史。自70年代开始,该公司以"中化"(SINOCHEM)的品牌享誉国际石油化工领域,成为国际贸易界举足轻重的化工品贸易商。在国内,其年贸易额长期位于国内同行业榜首。该公司先后14次被美国《财富》杂志评为全球500强企业之一,2002年销售收入排名第248位,"中化"(SINOCHEM)在全国乃至世界范围内拥有极高知名度和良好的声誉。

原告于1988年获得国家商标局颁发的两个商标注册证,其核准注册的商标均为一椭圆加"中化"加"SINOCHEM"的图文组合商标(以下简称涉案商标)。其中,"SINOCHEM"为原告的英文简称。该商标注册证号分别为315477号、316788号,分别核定使用于第26类及第28类即化工原料、化学试剂、白乳胶和工业用染料、釉料、食用染料等商品。该两件商标于1998年被国家商标局核准续展注册至2008年。

2002年2月8日,国家商标局发出商标监〔2002〕9号"关于认定'中化'等商标为驰名商标的通知",认定包括"中化"在内的6件商标为驰名商标。

2002年11月22日,原告获得国家商标局颁发的"中化"文字商标的商标注册证,该商标注册证号为1951056号,核定使用服务项目为第35类,包括饭店管理、广告代理、广告宣传、计算机数据库信息编入、计算机数据库信息系统化、进出口代理、贸易业务的专业咨询、商业信息、推销(替他人)(商品截止)。

被告杭州中化公司于2000年8月7日经核准注册成立,其经营范围主要包括技术开发、服务,计算机网络工程,电子商务等。该公司主营"中国化工网"(http://www.hi2000.com),并以此对外从事营利性商业服务。在该网站页面上,被告杭州中化公司屡次并多处使用了"中化"二字作为缩略语,如"中化信箱""中化网络""今日中化"等。

被告上海中化公司是被告杭州中化公司在上海设立的控股子公司,于2002年4月26日经核准注册成立,专门从事互联网信息服务。

2003年3月6日,被告杭州中化公司、被告上海中化公司(甲方)与被告恒丰公司(乙方)在北京签署了《信息合同》,约定"甲方负责把乙方的企业名称及所有产品的信息分类加入其网站上;甲方为乙方提供50兆的硬盘空间,此硬盘空间由甲方安放在北京电报大楼",甲乙双方还约定,"此信息合同的服务期限为一年,总价款为人民币16,000元"。在信息合同签订后,被告恒丰公司依据该合同支付了60%的价款,即人民币9600元。2003年4月7日,被告恒丰公司按约支付了合同全部尾款人民币6400元。

原告诉称:

被告杭州中化公司、上海中化公司企业名称中的字号或商号与原告依法注册并被认定为驰名的商标相同或相近似,易使相关公众产生误认,事实上,被告恒丰公司对此已构成了误认。被告杭州中化公司、上海中化公司将原告的注册商标用于其企业名称并与被告恒丰公司在北京签订信息合同的行为侵犯了原告的注册商标专用权,同时违反了反不正当竞争法的有关规定。

被告杭州中化公司辩称:

1. 被告使用"中化"作为字号并未与原告的注册商标产生混淆或误认。

原告与被告杭州中化公司双方分属于两个截然不同行业领域。被告杭州中化公司之所以将"中化"作为公司字号,是对其主营网站"中国化工网"的简称,并非有意抄袭、模仿原告的注册商标。被告恒丰公司在原告起诉后仍按信息合同的规定支付了合同尾款6400元人民币,且在此之前从未提出过任何异议或征询,上述行为表明其并未对该公司和原告产生混淆或误认。

2. 原告的"中化"未经注册就被认定为驰名商标是非法的,原告侵犯被告杭州中化公司字号的在先权利。

由于原告的"中化"文字商标被认定为驰名商标之前并未经核准注册,其被认定为驰名商标是非法的,该公司企业字号先于原告以相同文字申请注册的商标获得核准,原告的"中化"文字商标系侵犯了被告杭州中化公司字号的在先权利,故该公司已向商标局提出撤销原告驰名商标的申请;并且"中化"作为"中国化工"领域通用名称的简称被作为商标注册也是不合法的,原告无权禁止他人正当使用。

综上,被告杭州中化公司有理由认为原告的理由不正当,请求法院驳回原告的请求。

被告上海中化公司辩称:

被告上海中化公司为被告杭州中化公司在上海设立的控股子公司,专门从事互联网信息服务。该公司的企业名称获准登记的时间比原告"中化"文字商标获准注册的时间早7个月,故该公司就企业名称享有的在先权利应受合法保护。其他答辩意见与被告杭州中化公司一致。

被告恒丰公司辩称:

在签署信息合同时,被告杭州中化公司、被告上海中化公司在合同中及其网站上一直使用"中化"及"中国化工网"等名称,且从事与化工有关的业务,考虑到"中化"在化工行业的影响力,该公司一直以为被告杭州中化公司、被告上海中化公司是原告的下属企业,该网站是原告开办经营的,因此是在毫不知情的情况下签订了该信息合同,该公司保留对被告杭州中化公司、被告上海中化公司另行起诉的权利。对于原告所提出的对侵权行为消除影响并公开赔礼道歉的请求,该公司表示愿意采取相应的措施予以弥补。

律师观点:

1. 国家商标局认定原告的"中化"商标为驰名商标正确。

本案中,原告成立于1950年,是在全球具有相当信誉的综合型国际企业集团。60年代起,该公司正式调整为专业进出口公司后,开始逐步使用"中化"作为其简称,至今已有四十余年的历史。此后,该公司逐步以"中化"(SINOCHEM)作为其商标使用,并通过其经营,使该品牌享誉国际石油化工领域。在国内,其年贸易额长期位于国内同行业榜首。从该公司先后14次被美国《财富》杂志评为全球500强企业之一、2002年销售收入排名第248位的情况来看,其使用的"中化"(SINOCHEM)简称及标识在全国乃至世界范围内已拥有极高知名度和良好的声誉。1988年,原告经国家商标局核准在第26类、第28类商品上注册了涉案商标。在该商标中,"中化""SINOCHEM"构成了该组合商标的文字部分,是该商标的主要部分,亦是相关公众识别该商标的依据。因"中化""SINOCHEM"分别为原告的中、英文简称,且该中、英文简称已长期在国际贸易领域正式使用并被相关公众所熟知和认可,因此在原告将其中、英文简称作为商标核准注册后,原告在其简称上所体现的商业信誉、产品声誉等自然可以体现在涉案商标上。在化工领域,"中化"无论作为原告的中文简称还是注册商标,均与原告有着密切的关系。由此,国家商标局认定"中化"商标为驰名商标并无不妥。

因此,根据涉案商标从相关公众对商标的知晓程度,持续使用时间,驰名范围等方面综合考虑,可以认定涉案商标在2000年被告杭州中化公司成立之前即为驰名商标。被告杭州中化公司、被告上海中化公司以国家商标局认定"中化"为驰名商标非法为由进行抗辩,不应予以支持。

2. 被告杭州中化公司、被告上海中化公司的行为具有"搭便车"的故意。

从被告杭州中化公司所经营的"中国化工网"以及被告上海中化公司作为其控股子公司与被告杭州中化公司共同就该网站提供营利性商业服务的行为来看,基于原告的"中化"商标为驰名商标,且二被告从事的经营活动均与化工领域有关,故二被告应当知道使用"中化"作为企业名称会误导消费者,并足以使公众误认为二被告与原告存在某种关联关系或为同一市场主体,使他人对商品或服务的来源产生混淆,其行为具有明显的"搭便车"的故意,造成了"中化"驰名商标的淡化。

因此,二被告在申请企业字号时未遵循公平、诚实信用的原则和公认的商业道德,具有明显的过错。其行为属于使用他人驰名商标的主要部分,给他人的驰名商标专用权造成了损害,同时构成不正当竞争,故二被告应承担相应的法律责任。

3. 被告杭州中化公司、被告上海中化公司的行为使被告恒丰公司产生了多次误认,侵犯了原告的商标专用权。

被告杭州中化公司在其经营且对外提供营利性商业服务的"中国化工网"上屡次并多处使用"中化"作为缩略语,如"中化信箱""中化网络""今日中化"等,亦会使相关公众对其提供服务的来源产生混淆。事实上,被告恒丰公司多次表示其在信息合同签订和履行过程中已将二被告误认为原告的下属企业。被告杭州中化公司、被告上海中化公司的行为已经误导了公众,侵犯了原告的商标专用权,同时违反了诚实信用原则,亦构成不正当竞争。

二被告以被告恒丰公司在起诉后仍支付了合同余款继续履行了该合同为由,主张没有造成公众的混淆,从而不构成侵权的主张,因其抗辩理由与所证明的事实没有必然的因果关系,不应予以支持。

4. 被告恒丰公司因误认而与被告杭州中化公司、被告上海中化公司签订合同,不构成对原告的侵权。

被告恒丰公司因受误导与其他二被告签订信息合同,且在商业经营中未使用原告的注册商标,故其行为未侵犯原告的商标专用权,亦不构成不正当竞争,原告有关被告恒丰公司构成侵权的指控,不应予以支持。

5. 原告要求被告杭州中化公司、被告上海中化公司赔偿非法利益的请求不应全部支持。

由于原告没有就其因被侵权所受到的损失及被告杭州中化公司、被告上海中化公司侵权获得的非法利益提供充分的证据,故其要求二被告赔偿经济损失300万元的诉讼请求,不应全部支持。对于二被告应予承担的赔偿数额,应参照二被告侵权的情节、后果等因素予以酌情确定。

法院判决:

1. 被告杭州中化公司、被告上海中化公司自判决生效之日起,立即停止在其企业名称、网站、商品及所有相关服务上使用"中化"二字。

2. 被告杭州中化公司、被告上海中化公司自判决生效之日起10日内,赔偿原告经济损失50万元。

3. 被告杭州中化公司、被告上海中化公司自本判决生效之日起连续30日,在"中国化工网"显著位置上登载致歉声明,致歉内容需经法院审核,公开向原告赔礼道歉。逾期不履行,法院将在相关媒体上公布判决主要内容,所需费用由二被告共同承担。

4. 驳回原告的其他诉讼请求。

【案例10】不恰当使用字号侵犯商标权　诉请撤销变更企业名称决定被驳回①

原告: 光芒热水器公司

被告: 海安县工商局

第三人: 光芒集团

诉讼请求: 判令撤销被告作出的责令变更企业名称决定书。

---

① 参见中国法院网 http://www.chinacourt.org/article/detail/2004/04/id/114573.shtml,2012年9月28日访问。

争议焦点：

1. 原告字号与第三人的注册商标相同,原告将字号用于本公司商品的行为是否是不恰当使用企业名称的行为;

2. 被告是否享有解决商标与字号冲突的管辖权。

基本案情：

1998年4月7日,原告注册成立,从事太阳能热水器生产销售。

2000年4月21日,原告申请注册"沐阳"商标,核定使用商品为太阳能热水器、燃气热水器和电热水器。

1995年12月,第三人经国家商标局核准,受让了靖江某厂的"光芒"注册商标,核定使用于燃气热水器。

2000年4月21日,第三人向国家商标局申领了"光芒"商标注册证,核定使用商品为燃气热水器、太阳能热水器等。

2001年10月15日,江苏省工商局将第三人使用在热水器、煤气灶商品上的"光芒"商标审定为著名商标。

2001年6月起,第三人发现原告在湖南省湘潭市、江西省南昌市、浙江省湖州市等地发布带有"光芒"字样的太阳能热水器的商品宣传资料,即在商品名称太阳能热水器前标有"光芒"二字,其中在南昌市商品宣传资料中,通篇都是光芒太阳能热水器的字样,而没有一处"沐阳"字样。其他宣传资料上都在商品名称前较明显的位置标明"光芒"字样。

2002年年初,第三人以原告未经许可,在市场上销售突出"光芒"字样的太阳能热水器而在消费者中产生误解,给第三人的利益造成损害为由向被告举报。

2002年7月22日,被告作出行政处罚决定,认定原告擅自使用第三人的"光芒"注册商标作为商品名称系不正当竞争行为,责令停止销售,并处罚款3万元。

2002年12月15日,用户谭某向第三人投诉,称其购买的光芒太阳能热水器有质量问题,经第三人核实,该产品为原告生产;原告的保修卡以"光芒"红色大字标注封面。原告住地门前装饰牌也突出使用了"光芒"字号。

2003年,泰州市中级人民法院在第三人诉原告商标侵权一案中,判决原告的行为构成商标侵权。

2002年4月18日,第三人向江苏省工商局提出《关于请求江苏省工商行政管理局责成光芒热水器公司变更企业名称的报告》。

2003年1月20日,江苏省工商局向原告发出《关于将光芒集团对你公司名称争议予以告知的函》,原告于3月12日向该局进行了申辩。同年4月9日,江苏省工商局向南通市工商局发出《关于责令光芒热水器公司更改"光芒"字号的通知》。同年5月8日,被告向原告作出"责令变更企业名称决定书"。该公司不服,于7月5日申请行政复议。南通市工商局于9月4日作出了维持海安工商局处理决定的行政复议决定。

原告诉称:

原告无意侵犯第三人的商标专用权,行为发生后,被告只能给原告行政处罚,没有依职权责令原告改变企业名称的权力。现被告应上级工商局的要求责令原告变更企业名称,这是被动的行为,且没有一条法律规定,一个企业只要侵犯了他人商标专用权就一定得变更企业名称。同时,根据《国家工商总局关于解决商标与企业名称中若干问题的意见》,本案的行政处理权应属于江苏省工商局而不是被告。

被告辩称:

由于原告的行为系不恰当使用"光芒"字号,根据《关于解决商标与企业名称中若干问题的意见》第10条的规定,我局享有处理权。且由于原告的行为给公众造成欺骗、误解,损害他人的合法权益,我局根据上级工商局通知所作的责令原告变更企业名称的决定并无不当。

第三人述称:

被告对原告的行政决定是合法的,原告不恰当地使用"光芒"字号,引起消费者误解,已对我公司的合法权利造成损害。

律师观点:

1. 企业名称和商标分别用来区分市场主体和商品,企业名称权与商标权也具有不同的属性。

商标是区别不同商品或者服务来源的标志,由文字、图形或者其组合构成。世界贸易组织《与贸易有关的知识产权协定》规定:"任何标记或标记的组合,只要能将一企业的货物或服务区别于其他企业的货物或服务,即能够构成商标;此类标记,特别是单词,包括人名、字母、数字、图案的成分和颜色的组合以及任何此类标记的组合,均应符合注册为商标的条件……这些标记应为视觉上可感知的。"企业名称是区别于不同市场主体的标志,由行政区划、字号、行业或者经营特点、组织形式构成,其中字号是区别不同企业的主要标志。

商标权是知识产权的一种,有专门法律进行规范,而企业名称权则尚未有专门法律进行规范,只是将其纳入人格权的范畴,适用相关规则予以保护。

2. 原告将与他人注册商标同名的字号标注于本公司产品是不恰当使用企业

名称的行为,应当予以纠正。

字号主要是企业的标志,而商标则是商品的标志,两者使用是有区别的。如果将字号标在应标商标的位置,就是不妥当的,一旦侵害了别人的商标权,还要承担法律责任。本案原告有自己的商标不用,而是将企业字号"光芒"二字标在商品名称前较明显的位置上,且在保修卡上以"光芒"红色大字标注封面,实际上是让字号发挥商标的作用,是对字号的不当使用。

2000年1月1日,国家工商行政总局实施的《企业名称登记管理实施办法》第41条规定:"已经登记注册的企业名称,在使用中对公众造成欺骗或者误解的,或者损害他人合法权益的,应当认定为不适宜的企业名称予以纠正。"从本案消费者的投诉情况看,热水器公司的行为已使消费者将原告的产品误解为第三人的产品,损害了第三人的利益,应认定为不适宜的企业名称予以纠正。

3. 被告对原告的行为有权作出处理。

《国家工商总局关于解决商标与企业名称中若干问题的意见》(以下简称《意见》)第9条和第10条的适用条件是有区别的。《意见》第9条规定:"商标与企业名称混淆的案件,发生在同一省级行政区域内的,由省级工商行政管理局处理;跨省级行政区域的,由国家工商行政管理局处理。对应当变更企业名称的,承办部门会同商标管理部门根据企业名称管理的有关规定作出处理后,交由该企业名称核准机关执行,并报国家工商行政管理局商标局和企业注册局备案。"但本条的适用以商标和企业名称混淆并引起相关公众误认或误解为前提。本案中,如果原告按规定在商标名称前标注"沭阳"二字,并正确使用企业字号"光芒",消费者通常情况下是不会将其太阳能热水器与第三人的相混淆的,也不会产生企业字号与他人商标混淆问题。《意见》第10条规定:"违反商标管理和企业名称登记管理有关规定使用商标或者企业名称混淆的,由有管辖权的工商行政管理机关依法予以查处。"本案事实上是由于原告不恰当地使用其企业名称,才造成消费者的误解的。因此,本案是不当使用字号引起的企业名称与他人商标的混淆,应适用第10条的规定,被告享有管辖权。

法院判决:

驳回原告的诉讼请求。

19. 他人侵犯注册商标专有权或企业名称专有权,权利人有哪些法律救济措施?

权利人可以采取以下救济措施:

(1)向人民法院提起侵害商标权纠纷或侵害企业名称(商号)权纠纷的民事

诉讼,请求侵权人停止侵权、赔偿损失等;

(2)当商标权利人侵犯名称权利人的名称专有权时,名称权利人可向商标局和商标评审委员会提出不予核准注册或者予以撤销已注册商标的申请;

当名称权利人侵犯商标权利人的商标权时,商标权利人可向工商行政管理机关提出申请,申请工商行政管理机关撤销侵权人在相关产品与服务上使用申请人的商标。

如果工商行政管理机关对同一侵犯注册商标专用权行为已经给予行政处罚的,法院不再予以民事制裁。

20. 因商标与企业名称发生混淆的案件,如何确定管辖的工商行政管理机关?

商标与企业名称混淆的案件,发生在同一省级行政区域内的,由省级工商行政管理局处理;跨省级行政区域的,由国家工商行政管理局处理。

对要求保护商标专用权的案件,由省级以上工商行政管理局的企业登记部门承办;对应当变更企业名称的,承办部门会同商标管理部门根据企业名称登记管理的有关规定作出处理后,交由该企业名称核准机关执行,并报国家工商行政管理局商标局和企业注册局备案。

要求保护企业名称权的案件,由省级以上工商行政管理局的商标管理部门承办;对应当撤销注册商标的,由承办部门提出意见后报请国家工商行政管理局商标局决定,国家工商行政管理局商标局会同企业注册局根据《商标法》及《商标法实施细则》的有关规定予以处理。

【案例11】虽与驰名商标不同类　因视觉相似仍被认定为侵权[①]

申请人:许继电气股份有限公司

被申请人:许昌许绝电工有限公司

申请事项:撤销被申请人在第17类绝缘材料等商品上的第3213009号"许绝XJY及图形"商标。

争议焦点:

1. "许继XJ及图"商标是否为驰名商标;

2. "许继XJ及图"商标与"许绝XJY及图形"商标是否在视觉上近似;

3. 两个商标分属于不同的类别之间是否具有关联性;被申请人注册的商标是否可能误导公众。

---

① 参见国家工商行政管理总局商标评审委员会商评字(2005)第4612号争议裁定书。

基本案情：

申请人原企业许昌继电器厂自1980年开始使用"XJ及图形"和"许继"商标,1982年12月8日向商标局提出申请,指定使用在第9类继电保护装置屏等商品上,注册号是第183235号(以下简称引证商标),已续展。申请人分别在第6类、第9类及第25类商品上申请了"许继""XJ及图"商标。

为了扩大保护范围,申请人于1997年7月8日分别在多个类别上申请注册,并已取得商标专用权。

案外人材料公司于2002年6月17日向商标局提出申请,指定使用在第17类绝缘材料等商品上的第3213009号"许绝XJ及图形",2003年10月7日获得注册(以下简称争议商标),后该商标转让给了本案被申请人。

申请人是以电力系统自动化和电力系统继电保护、控制设备开发生产为主的大型高科技企业,曾先后获得多项国家与部省发明奖、科技进步奖,并建立了企业博士后工作站。

申请人企业在科技发展方面贡献突出,获得诸多奖项,许多国家领导人都曾到申请人公司视察和指导。申请人1987年荣获国家重大装备奖、国家科技进步奖,被评为中国机械企管优秀单位;1988年荣获国家发明奖、国家进步奖、部科技进步奖等奖项;1989年获部新产品可靠性证书;1990年荣获机械部优秀产品奖、科技进步奖、省高新技术产品奖、省高新技术企业奖等;1991年获重大成果奖、国家科技攻关奖等;1992年获国家科技进步奖、部科技进步奖、省二十强企业等;1993年荣获国家科技进步奖、部科技进步奖等;1994荣获中国机械行业一百强等;1995年获中国机械十大杰出企业、省优秀企业等;1996年荣获省高新技术企业、中国质量万里行活动光荣榜等;1997年荣获全国机械工业文明单位、省科技创新奖等;1998年获国家机械工艺先进单位、部科技成果奖、省高新技术产品奖等;1999年获国家星火项目奖等;2000年获国家级新产品奖、中国质量管理奖、中国最具发展潜力上市50强及省五一劳动奖状等;2001年获全国五一劳动奖状、国家重大装备技术奖、国家技术创新奖、中国最具发展潜力上市公司50强等;2002年获国家认定企业博士后工作站、中国机械百强企业等;2003年获全国劳模之家、国家重点高新技术企业、国家企业技术中心等;2004年获国家成就奖等。

引证商标1997年被河南省工商行政管理局认定为河南省著名商标;2001年"XJ及图"商标被认定为河南省著名商标。

申请人的产品在黑龙江、广东、浙江、湖北、宁夏、上海、北京、贵州、四川等多个省、市、直辖市均有销售,还远销土耳其、孟加拉、缅甸、埃塞俄比亚、叙利亚、马来西亚等多个国家和地区。在申请人提供的销售合同复印件上均标有申请人的"XJ及图"商标。根据机械工业信息中心的资料,申请人产品1997年在全国1921家电工电器大行业企业中市场占有率排名第18位,任293家配电开关控制发备小行业企业中市场占有率排名第4位;2001年在全国457家输配电及控制设备制造企业中,产品销售收入达24.6亿元,排名第一,在全国7107家电工电器行业企业中排名第三;2002年在全国508家输配电及控制设备制造企业和全国7736家电工电器行业企业中,产品销售收入达34.3亿元,排名均为第一名;2003年销售收入为41.4亿元,在全国751家电工电器大行业企业中市场占有率排名第2位,在101家配电开关控制设备小行业企业中市场占有率排名第2位。

申请人从1999至2003年通过中央电视台和地方电视台,《人民日报》《光明日报》等报刊,《湖北电力》《电力设备》《电气化铁道》等期刊、灯箱路牌,以及建立网站、举办展示会等多种方式在全国范围内作了大量的广告宣传。

申请人称:

1. "XJ及图形"和"许继"商标为申请人所独创,且使用和注册在先。

2. 申请人的"XJ及图形"和"许继"商标具有极高的知名度,为相关公众所熟知。

申请人长期以来对该商标投入大量人力、财力,使该商标具有广泛的知名度,商标在1997年、2001年被评为河南省著名商标。

3. 争议商标是被申请人在对申请人注册商标模仿的基础上,稍加改动进行注册的,使用在第17类商品上,其行为严重损害了申请人的利益和信誉。

被申请人是以生产绝缘材料为主的企业,其产品主要使用在电力电器设备上,与申请人的产品具有很强的关联性。争议商标是2003年核准注册的,并且是在对申请人注册商标进行模仿的基础上,稍加改动进行恶意注册的,核定使用在1706组商品上极易使消费者误认,严重损害了申请人的利益。

被申请人答辩称:

1. 争议商标与申请人的"许继"商标具有区别,且两商标所标示的商品属于不同类别。

被申请人于2003年在第17类商品上取得争议商标的注册,而申请人在第17类商品上并无注册商标,因此也不存在商标先后的问题。

"XJY及图形"和"许绝"商标为被申请人首创,"XJY"就是争议商标申请人的代表符号。

2. 争议商标知名度高。

被申请人是以专业生产绝缘材料为主的高新技术企业,产品销售遍布全国,近两年由于产品需求量递增,争议商标的品牌效应更显明显,从电荷绝缘材料消费市场调查报告中看,产品的知名度为68.2%,排在同行业首位。

为扩大争议商标的知名度、提升竞争力,被申请人在近两年投入100多万元资金,先后在多本杂志、有关网络及市级以上电视台等多种媒体进行宣传,同时在各种行业会议上参展,取得了良好的公众形象和品牌效应。

综上,恳请维持争议商标的注册。

律师观点:

1. 申请人注册的第18235号"许继XJ及图"商标为驰名商标。

引证商标是申请人1982年12月8日向商标局申请、1983年7月5日获得注册的,一直使用至今。申请人多年来在继电器等科技领域开拓创新,荣获众多奖项,在同行业中名列前茅,产品行销海内外。申请人在继电器等商品上大量使用和广泛宣传引证商标,在相关领域建立了很高的知名度和声誉,相关消费者已将引证商标、"许继"和"XJ及图"商标与申请人紧密联系在一起。依据《商标法》第14条的规定,应认定申请人注册的第18235号"许继XJ及图"商标为驰名商标。

2. 引证商标与争议商标在整体结构与视觉效果上近似。

争议商标由中文"许绝"、英文"XJY"及图形构成,中文位于图形及英文的下方;引证商标由中文"许继"、英文"XJ"及图形构成,中文位于图形及英文的上方。争议商标与引证商标的图形均采用六边形中加两条横线的造型,英文"XJY"和"XJ"均位于图形中,中文部分分列英文与图形组合的上方或下方。

3. 由于两商标有一定关联性,故争议商标的使用将误导公众。

争议商标指定使用的绝缘材料等商品与引证商标指定使用的继电保护装置等商品均为工业品,具有一定关联性,且被申请人与申请人均为许昌市企业,争议商标指定使用在第17类绝缘材料等商品上易误导公众。被申请人注册争议商标的行为已构成《商标法》第13条第2款所指的就不相同或者不相类似商品申请注册的商标是复制、摹仿他人已在中国注册的驰名商标、误导公众的行为。

综上,申请人撤销理由成立。

商标评审委员会裁定:

撤销被申请人在第17类绝缘材料等商品上注册的第3213009号"许绝XJY及图形"商标。

21. 何为网络域名权属、侵权纠纷？该纠纷由何地法院管辖？是否适用诉讼时效？

网络域名权属、侵权纠纷是指因域名的归属，或者擅自使用他人已注册的网络域名而产生的纠纷，包括网络域名权属纠纷与侵害网络域名纠纷。

该类纠纷管辖法院的确定标准如下：

(1)因合同关系引发的网络域名权属纠纷由被告住所地或合同履行地人民法院管辖；

(2)因侵权行为引发的网络域名权属纠纷由侵权行为地或者被告住所地法院管辖；

(3)因侵害网络域名纠纷提起的诉讼，由侵权行为地或者被告所在地的中级人民法院管辖；对难以确定侵权行为地和被告住所地的，原告发现该域名的计算机终端等设备所在地可以视为侵权行为地。

(4)涉外域名纠纷案件包括当事人一方或者双方是外国人、无国籍人、外国企业或组织、国际组织，或者域名注册地在外国的域名纠纷案件。

在中国境内发生的涉外域名纠纷案件，对在中国境内没有住所的被告提起的诉讼，如果合同在中国境内签订或者履行，或者诉讼标的物在中国境内，或者被告在中国境内有可供扣押的财产，或者被告在中国境内设有代表机构，可以由合同签订地、合同履行地、诉讼标的物所在地、可供扣押财产所在地、侵权行为地或者代表机构住所地人民法院管辖。

当事人可以用书面协议选择与争议有实际联系的地点的法院管辖。选择中国人民法院管辖的，不得违反中国关于级别管辖和专属管辖的规定。

涉外民事诉讼的被告对人民法院管辖不提出异议，并应诉答辩的，视为承认该人民法院为有管辖权的法院。

该纠纷适用诉讼时效，自知道或应当知道权利被侵害之日起2年内提起诉讼。

22. 何为商标权权属、侵权纠纷？该纠纷由何地法院管辖？是否适用诉讼时效？

商标权权属、侵权纠纷，是指因商标权属发生争议，或因当事人实施了侵害商标所有人的使用权、禁用权、续展权、转让权以及许可使用的权利而产生的纠纷。该纠纷包括商标权权属纠纷、侵害商标权纠纷。

该类纠纷管辖法院具体确定标准如下：

(1)如因合同原因发生商标权权属争议的，依照合同案件的管辖规则确定管辖法院，由被告住所地或合同履行地人民法院管辖；

（2）如因侵犯注册商标专用权行为提起的民事诉讼，由侵权行为的实施地、侵权商品的储藏地或者查封扣押地、被告住所地人民法院管辖。

侵权商品的储藏地是指大量或者经常性储存、隐匿侵权商品所在地；查封扣押地是指海关、工商等行政机关依法查封、扣押侵权商品所在地。

对涉及不同侵权行为实施地的多个被告提起的共同诉讼，原告可以选择其中一个被告的侵权行为实施地人民法院管辖；仅对其中某一被告提起的诉讼，该被告侵权行为实施地的人民法院有管辖权。

（3）级别管辖问题：第一审商标民事纠纷案件原则上由中级以上人民法院管辖，各高级人民法院根据本辖区内的实际情况，经最高人民法院批准，可以指定基层人民法院管辖。

对于涉及驰名商标认定的案件，由省、自治区人民政府所在地的市、计划单列市中级人民法院，以及直辖市辖区内的中级人民法院管辖。其他中级人民法院管辖此类民事纠纷案件，需报经最高人民法院批准；未经批准的中级人民法院不再受理此类案件。

该类纠纷适用诉讼时效，自知道或应当知道权利被侵害之日起2年内提起诉讼。

23. 侵犯注册商标专用权或商号侵权案件中，如何确定侵权人的赔偿数额？

侵犯商标专用权的赔偿数额，为侵权人在侵权期间因侵权所获得的利益，或者被侵权人在被侵权期间因被侵权所受到的损失，包括被侵权人为制止侵权行为所支付的合理开支。

侵权人因侵权所得利益，可以根据侵权商品销售量与该商品单位利润乘积计算；该商品单位利润无法查明的，按照注册商标商品的单位利润计算。

权利人因被侵权所受到的损失，可以根据权利人因侵权所造成商品销售减少量或者侵权商品销售量与该注册商标商品的单位利润乘积计算。

被侵权人为制止侵权行为所支付的合理开支，包括权利人或者委托代理人对侵权行为进行调查、取证的合理费用；符合国家有关部门规定的律师费用可以计算在赔偿范围内。

侵权人因侵权所得利益，或者被侵权人因被侵权所受损失难以确定的，由人民法院根据侵权行为的情节判决给予50万元以下的赔偿。确定赔偿数额时，应当考虑侵权行为的性质、期间、后果，商标的声誉，商标使用许可费的数额，商标使用许可的种类、时间、范围及制止侵权行为的合理开支等因素综合确定。

销售不知道是侵犯注册商标专用权的商品，能证明该商品是自己合法取得的并说明提供者的,不承担赔偿责任。

侵犯商号案件中,侵权人的赔偿数额可以参照商标侵权纠纷的损失计算办法执行。

(二)经营范围

24. 如何表述企业经营范围?不同类型的经营项目如何办理营业范围登记?在哪些情形下,企业登记机关对企业申请的经营范围不予登记?

企业的经营范围应当包含或者体现企业名称中的行业或者经营特征。跨行业经营的企业,其经营范围中的第一项经营项目所属的行业为该企业的行业。

经营范围分为许可经营项目和一般经营项目。许可经营项目是指企业在申请登记前依据法律、行政法规、国务院决定应当报经有关部门批准的项目。一般经营项目是指不需要批准,企业可以自主申请的项目。

申请许可经营项目,申请人应当依照法律、行政法规、国务院决定向审批机关提出申请,经批准后,凭批准文件、证件向企业登记机关申请登记。审批机关对许可经营项目有经营期限限制的,登记机关应当将该经营期限予以登记,企业应当在审批机关批准的经营期限内从事经营。

申请一般经营项目,申请人应当参照《国民经济行业分类》及有关规定自主选择一种或者多种经营的类别,依法直接向企业登记机关申请登记。

企业申请的经营范围中有下列情形的,企业登记机关不予登记:

(1)属于前置许可经营项目,不能提交审批机关的批准文件、证件的;

(2)法律、行政法规或者国务院决定规定特定行业的企业只能从事经过批准的项目而企业申请其他项目的;

(3)法律、行政法规或者国务院等规定禁止企业经营的。

25. 在哪些情形下,企业应当及时申请变更经营范围登记或者注销登记?

企业有下列情形之一的,应当停止有关项目的经营并及时向企业登记机关申请办理经营范围变更登记或者注销登记:

(1)经营范围中属于前置许可经营项目以外的经营项目,因法律、行政法规或者国务院决定规定调整为前置许可经营项目后,企业未按有关规定申请办理审批手续并获得批准的;

(2)经营范围中的前置许可经营项目,法律、行政法规或者国务院决定规定重新办理审批,企业未按照有关规定申请办理审批手续并获得批准的;

(3)经营范围中的前置许可经营项目,审批机关批准的经营期限届满,企业未重新申请办理审批手续并获得批准的;

(4) 经营范围中的前置许可经营项目被吊销、撤销许可证或者其他批准文件的。

26. 如何认定公司超越经营范围签订的合同的效力？

当事人超越经营范围订立合同，不因此认定合同无效。但违反国家限制经营、特许经营以及法律、行政法规禁止经营规定的除外。

27. 何为非法经营罪？其立案追诉标准以及量刑标准分别是怎样的？

指违反国家规定，非法经营，扰乱市场秩序，情节严重的行为。

(1) 应当予以立案追诉的情形

①违反国家有关盐业管理规定，非法生产、储运、销售食盐，扰乱市场秩序，具有下列情形之一的：

a. 非法经营食盐数量在20吨以上的；

b. 曾因非法经营食盐行为受过两次以上行政处罚又非法经营食盐，数量在10吨以上的。

②违反国家烟草专卖管理法律法规，未经烟草专卖行政主管部门许可，无烟草专卖生产企业许可证、烟草专卖批发企业许可证、特种烟草专卖经营企业许可证、烟草专卖零售许可证等许可证明，非法经营烟草专卖品，具有下列情形之一的：

a. 非法经营数额在5万元以上，或者违法所得数额在2万元以上的；

b. 非法经营卷烟20万支以上的；

c. 曾因非法经营烟草专卖品3年内受过两次以上行政处罚，又非法经营烟草专卖品且数额在3万元以上的。

③未经国家有关主管部门批准，非法经营证券、期货、保险业务，或者非法从事资金支付结算业务，具有下列情形之一的：

a. 非法经营证券、期货、保险业务，数额在30万元以上的；

b. 非法从事资金支付结算业务，数额在200万元以上的；

c. 违反国家规定，使用销售点终端机具（POS机）等方法，以虚构交易、虚开价格、现金退货等方式向信用卡持卡人直接支付现金，数额在100万元以上的，或者造成金融机构资金20万元以上逾期未还的，或者造成金融机构经济损失10万元以上的；

d. 违法所得数额在5万元以上的。

④非法经营外汇，具有下列情形之一的：

a. 在外汇指定银行和中国外汇交易中心及其分中心以外买卖外汇，数额在

20万美元以上的,或者违法所得数额在5万元以上的;

b. 公司、企业或者其他单位违反有关外贸代理业务的规定,采用非法手段,或者明知是伪造、变造的凭证、商业单据,为他人向外汇指定银行骗购外汇,数额在500万美元以上或者违法所得数额在50万元以上的;

c. 居间介绍骗购外汇,数额在100万美元以上或者违法所得数额在10万元以上的。

⑤出版、印刷、复制、发行严重危害社会秩序和扰乱市场秩序的非法出版物,具有下列情形之一的:

a. 个人非法经营数额在5万元以上的,单位非法经营数额在15万元以上的;

b. 个人违法所得数额在2万元以上的,单位违法所得数额在5万元以上的;

c. 个人非法经营报纸5000份或者期刊5000本或者图书2000册或者音像制品、电子出版物500张(盒)以上的,单位非法经营报纸15,000份或者期刊15,000本或者图书5000册或者音像制品、电子出版物1500张(盒)以上的;

d. 虽未达到上述数额标准,但具有下列情形之一的:

·两年内因出版、印刷、复制、发行非法出版物受过行政处罚两次以上的,又出版、印刷、复制、发行非法出版物的;

·因出版、印刷、复制、发行非法出版物造成恶劣社会影响或者其他严重后果的。

⑥非法从事出版物的出版、印刷、复制、发行业务,严重扰乱市场秩序,具有下列情形之一的:

a. 个人非法经营数额在15万元以上的,单位非法经营数额在50万元以上的;

b. 个人违法所得数额在5万元以上的,单位违法所得数额在15万元以上的;

c. 个人非法经营报纸15,000份或者期刊15,000本或者图书5000册或者音像制品、电子出版物1500张(盒)以上的,单位非法经营报纸5万份或者期刊5万本或者图书15,000册或者音像制品、电子出版物5000张(盒)以上的;

d. 虽未达到上述数额标准,两年内因非法从事出版物的出版、印刷、复制、发行业务受过行政处罚两次以上的,又非法从事出版物的出版、印刷、复制、发行业务的。

⑦采取租用国际专线、私设转接设备或者其他方法,擅自经营国际电信业务或者涉港澳台电信业务进行营利活动,扰乱电信市场管理秩序,具有下列情形之一的:

a. 经营去话业务数额在 100 万元以上的;

b. 经营来话业务造成电信资费损失数额在 100 万元以上的;

c. 虽未达到上述数额标准,但具有下列情形之一的:

·两年内因非法经营国际电信业务或者涉港澳台电信业务行为受过行政处罚两次以上,又非法经营国际电信业务或者涉港澳台电信业务的;

·因非法经营国际电信业务或者涉港澳台电信业务行为造成其他严重后果的。

⑧从事其他非法经营活动,具有下列情形之一的:

a. 个人非法经营数额在 5 万元以上,或者违法所得数额在 1 万元以上的;

b. 单位非法经营数额在 50 万元以上,或者违法所得数额在 10 万元以上的;

c. 虽未达到上述数额标准,但两年内因同种非法经营行为受过两次以上行政处罚,又进行同种非法经营行为的;

d. 其他情节严重的情形。

(2)量刑标准

犯该罪情节严重的,处 5 年以下有期徒刑或者拘役,并处或者单处违法所得 1 倍以上 5 倍以下罚金;情节特别严重的,处 5 年以上,并处违法所得 1 倍以上 5 倍以下罚金或者没收财产。

具有以下情形之一的,属于"情节严重":

①个人违法所得 3 万元以上不满 10 万元,或者单位违法所得 10 万元以上不满 30 万元;

②个人违法所得 3 万元以上不满 10 万元,或者单位违法所得 10 万元以上不满 30 万元;

③个人非法经营报纸 500 份以上不满 15,000 份,或者期刊 5000 本以上不满 15,000 本,或者图书 2000 册以上不满 5000 册,或者音像制品、电子出版物 500 张(盒)以上不满 1500 张(盒);

④单位非法经营报纸 15,000 份以上不满 5 万份,或者期刊 15,000 本以上不满 5 万本,图书 5000 册以上不满 15,000 册,或者音像制品、电子出版物 1500 张(盒)以上不满 5000 张(盒);

⑤达到前四项各起点标准 50% 以上,两年内因出版、印刷复制、发行非法出版物受过行政处罚两次以上,或者造成恶劣社会影响,或者其他严重后果。

具有以下情形之一的,属于"特别严重":

①个人非法经营额 30 万元以上,或者单位非法经营额 100 万元以上;

②个人违法所得 10 万元以上,或者单位违法所得 30 万元以上;

③个人非法经营报纸 15,000 份,或者期刊 15,000 本,或者图书 5000 册,或者音像制品、电子出版物 1500 张(盒)以上;

④单位非法经营报纸 5 万份,或者期刊 5 万本、图书 15,000 册,或者音像制品、电子出版物 5000 张(盒)以上;

⑤达到前四项各起点标准的 80% 以上,两年内因出版、印刷复制、发行非法出版物受过行政处罚两次以上,或者造成恶劣社会影响,或者其他严重后果。

【案例 12】国家药监局原副局长张敬礼 犯非法经营等罪被判 17 年①

国家药监局原副局长张敬礼,因受贿 117 万元、非法经营获利 1600 余万元和诬告陷害他人被北京市第二中级人民法院以受贿罪判处 12 年、非法经营罪 7 年、诬告陷害罪 3 年,数罪并罚,执行有期徒刑 17 年。宣判后,张敬礼提出上诉。北京市高级人民法院受理了此案,目前正在审理过程中。

著"天价"书用于受贿

张敬礼于 2005 年至 2010 年 4 月,利用时任国家药监局副局长的职务便利,在广州某公司建设国际医药港项目过程中多次为该公司提供帮助,并于 2010 年 4 月向该公司总经理卢某索要人民币 38 万元。

另外 3 起贿赂均是以销售书籍形式受贿。张敬礼在国家药监局任要职期间,仍笔耕不辍,其署名或并列署名的著作有《百年 FDA:美国药品监管法律框架》《维护公众健康——中国食品药品监管探索与创新》《中国食品药品监管理论与法律实践》《寿世补元》等。

张敬礼利用自己在国家药监局任副局长的身份销售自己所著书籍,一些药企为了巴结这位副局长或者"曲线行贿",不惜出高价购买"局长书"。

其中,张敬礼利用职务之便,先后为北京朗天投资有限公司等 3 家单位提供帮助后,向 3 家公司索要 1400 套名为《寿世补元》的书籍。该书作者正是张敬礼本人,其定价高达 368 元。

2006 年至 2009 年,张敬礼利用职务便利,先后在天津某公司向国家药监局申请撤销被侵权药品注册号、了解药品不良反应监测数据等事件中提供帮助,并于 2009 年年底向该公司索要《寿世补元》一书 350 套,价值 19.81 万元。2008 年年

---

① 参见新浪网 http://news.sina.com.cn/c/2011-11-20/130923495169.shtml,2014 年 1 月 14 日访问。

底至 2010 年 5 月，张敬礼承诺为北京朗天投资有限公司在北京投资筹建疫苗厂提供帮助，并于 2009 年年底向该公司索要《寿世补元》一书 500 套，价值 28.3 万元。2009 年，张敬礼为北京某公司承揽处方药代理业务提供帮助，并于 2009 年年底至 2010 年年初，向该公司索要《寿世补元》一书 550 套，价值 31.13 万元。

著书后非法经营获利

2008 年 10 月至 2010 年 5 月，张敬礼伙同北京浩博中天科技发展有限公司法定代表人廖洪炳，印刷、销售非法出版物《寿世补元》一书第二版、第三版共计 43,000 余套，非法经营额合计人民币 2300 余万元，违法所得额约 1600 余万元。

指使他人诬告

2008 年 11 月，张敬礼指使廖洪炳捏造曾请托他人办事并给予他人 10 万元及价值人民币 5 万元虫草的事实，向中纪委等部门实名举报，并在中纪委调查期间，实名反映上述捏造的事实。

此外，2010 年 2 月至 5 月，张敬礼故意捏造他人以权谋私、收受贿赂等事实，并指使北京朗天投资有限公司法定代表人、总经理杨军、副总裁潘京萍，向中纪委等部门及有关领导邮寄诬告信共计 1300 余封。

据媒体报道，张敬礼诬告的主要是其上司。2003 年，时年 48 岁的张敬礼任国家药监局副局长，两年后的 2005 年 6 月，时任国家药监局局长的郑筱萸被免职，药监局一批干部落马，但都没有给张敬礼创造晋升机会。此后的几年，张敬礼一直谋划此事，他认为，只要一把手落马，他这个副局长就可转正。为此，他让人四处搜罗材料"揭发"一把手。目前，网上还能搜索到相关诬告文章，文中直指国家药监局领导失职渎职、搞形象工程、任人唯亲、收受贿赂等，但有关部门调查表明，材料中揭发的问题纯属诬告。

【案例13】未经许可炒卖外汇获利近 2 万　非法经营入狱两年罚金 5 万①

被告人： 侍昌清

基本案情：

2007 年 11 月 6 日，被告人委托中介公司在其开办的昌鑫公司的注册资本专用账户上存入 291 万元资本，待该公司成功增资注册后，被告人于次日将该 291 万元注册资本悉数转走，并于同月 20 日注销该账户。同时，被告人在明知昌鑫公司未经国家有关主管部门批准取得许可的情况下，采用与客户签订违法的承诺保

---

① 参见广东省广州市中级人民法院(2011)穗中法刑二终字第 14 号刑事裁定书。

底或固定收益委托理财合同代理炒卖外汇，从事非法经营，吸收客户叶某华、李某石交纳的人民币 11 万元、余某婷交纳的港币 3 万元（折合人民币 29,032.5 元）、范某交纳的港币 28,600 元（折合人民币 27,677.65 元）、尹某菊交纳的美元 13,290 元（折合人民币 99,854.415 元），后致使上述客户损失大部分投资款。其间，被告人非法获利人民币 18,305 元。

公诉机关指控：

被告人行为构成虚报注册资本罪、非法经营罪。①

一审认为：

被告人无视国家法律，使用欺诈手段虚报注册资本，欺骗公司登记主管部门，犯虚报注册资本罪、非法经营罪得公司登记，虚报注册资本 291 万元人民币，数额巨大，其行为已构成虚报注册资本罪，依法应予惩处；被告人未经国家有关主管部门批准，非法经营外汇投资业务，情节严重，其行为还构成非法经营罪，依法应予惩处。被告人犯数罪，依法应数罪并罚。鉴于被告人归案后认罪态度较好，可酌情从轻处罚。

一审判决：

被告人侍昌清犯虚报注册资本罪，判处有期徒刑一年，并处罚金人民币 5 万元；犯非法经营罪，判处有期徒刑 2 年，并处罚金人民币 5 万元；总和刑期为有期徒刑 3 年，决定执行有期徒刑 2 年 6 个月，并处罚金人民币 10 万元。

被告人不服一审判决，向上级人民法院提起上诉。

被告人上诉称：

1. 原判认定其犯非法经营罪的事实不清，证据不足；
2. 判决其犯虚报注册资本罪的量刑过重，要求从轻或减轻处罚。

二审认为：

被告人在其开办的昌鑫公司未经国家有关主管部门批准取得许可的情况下，采用与客户签订违法的承诺保底或固定收益委托理财合同代理炒卖外汇，从事非法经营，吸收了上述客户的投资款，致使上述客户损失了大部分投资款，非法获利人民币 18,305 元的事实，有多名证人的证言，中国证监会广东监管局出具证实昌鑫限公司未取得中国证监会颁发的证券经纪业务许可和期货经纪业务许可的证

---

① 2014 年 4 月 24 日第十二届全国人民代表大会常委会第八次会议通过《关于〈中华人民共和国刑法〉第一百五十八条、第一百五十九条的解释》，虚报注册资本罪和虚假出资、抽逃出资罪只适用于依法实行注册资本实缴登记制的公司。也就是说，本案若发生于 2014 年 4 月 24 日后，则被告无须承担虚报注册资本罪刑事责任，下同。

明材料,还有客户资料表、开户资料、银行账户交易记录清单、汇款凭证,《合作协议书》《委托交易协议书》《承诺书》,被告人签认的昌鑫公司收据,被告人的供述等证据证实。事实清楚,证据确实、充分,足以认定。上诉人的行为具备了非法经营罪的构成要件,构成非法经营罪。

原判根据被告人犯非法经营罪、虚报注册资本罪的犯罪情节以及认罪态度较好可以酌情从轻处罚的量刑情节,依法判处上诉人的刑罚适当,量刑并无过重。

被告人无视国家法律,使用欺诈手段虚报注册资本,欺骗公司登记主管部门,取得公司登记,虚报注册资本291万元人民币,数额巨大,其行为已构成虚报注册资本罪,依法应予惩处;被告人未经国家有关主管部门批准,非法经营外汇投资业务,情节严重,其行为还构成非法经营罪,依法应予惩处。被告人犯数罪,依法应数罪并罚。上诉人认罪态度较好,可酌情从轻处罚。

二审判决:

驳回上诉,维持原判。

【案例14】假公司炒汇获利5万余元　被判非法经营获利4年罚金50万①

被告人: 郑星炜、白宜赞、苏文伟、曾结英

基本案情:

被告人郑星炜、白宜赞、苏文伟等人于2003年7月成立滢悦公司,并以被告人曾结英提供曾某某的身份材料作为法人代表。

2003年7月至2004年5月,上述被告人未经国家有关部门批准,以免费培训买卖外汇和香港恒生指数的形式招揽客户,先后收取客户郑某某等28人共计人民币1,737,240元、港币256,000元作为保证金,提供上述地点给上述28名客户收看外汇、恒指的行情后打电话到该公司的总盘房问价下单,该公司以澳门环球顾问行的名义回传对账单的方式炒卖外汇和恒指,并从中收取人民币450元至500元不等的手续费。

2003年8月,被告人郑星炜、苏文伟等人成立滢生公司,并以被告人曾结英提供庾某某的身份材料作为该公司的法人代表。以上述同样的方式经营外汇、恒指炒卖,先后收取客户李某某等人共计人民币235,660元作为保证金。被告人曾结英在该公司负责资金往来管理。案发时,上述客户共计损失人民币1,893,450元、港币236,000元。

---

① 参见广东省广州市中级人民法院(2005)穗中法刑二终字第701号刑事裁定书。

被告人郑星炜伙同郑怀南(已判刑)于1999年成立金恒德公司,并在番禺区市桥街成立该公司番禺联络处,通过上述同样的方式经营外汇、恒指炒卖业务,交易总额折合人民币953,901.20元,违法所得折合人民币53,592.28元。

公诉机关指控:

4名被告人犯非法经营罪。

一审认为:

四被告人无视国家法律,未经国家有关部门批准,非法经营外汇业务,其行为已构成非法经营罪。被告人郑星炜、白宜赞、苏文伟在共同犯罪中起主要作用,是主犯;被告人曾结英在共同犯罪中起次要作用,是从犯,应当从轻处罚。四被告人的认罪态度较好,可以酌情从轻处罚。

一审判决:

1. 被告人郑星炜犯非法经营罪,判处有期徒刑4年,并处罚金人民币553,592.28元;

2. 被告人苏文伟犯非法经营罪,判处有期徒刑3年,并处罚金人民币50万元;

3. 被告人白宜赞犯非法经营罪,判处有期徒刑2年6个月,并处罚金人民币50万元;

4. 被告人曾结英犯非法经营罪,判处有期徒刑1年,缓刑2年,并处罚金人民币50万元;

5. 非法所得人民币50万元予以追缴;缴获的作案工具电脑、手机、传真机等物品一批予以没收,上缴国库。

被告人郑星炜、苏文伟、白宜赞不服一审判决,向上级人民法院提起上诉。

被告人郑星炜上诉称:

原审判决认定事实不清,证据不足,量刑过重。

被告人苏文伟上诉称:

被告人苏文伟在犯罪中作用较小,请求对其适用缓刑。

被告人白宜赞上诉称:

被告人白宜赞属于从犯,请求对其适用缓刑。

二审认为:

原审判决认定的事实,有郑鉴芬等多名证人的证言及提供的保证金收据、资金担保书、客户合约、补充协议书等证据予以证实,各上诉人对其违法所得也供述在案,事实清楚,证据确实充分。被告人郑星炜还伙同郑怀南以上述同样的方式非法经营外汇、恒指炒卖业务。根据其在共同犯罪中的地位和作用、具体参与非法经营的犯罪数额和违法所得,原审法院对其作出的前述判决并无不当。

被告人苏文伟与辩护人、被告人白宜赞提出在犯罪中作用较小、属于从犯,请求适用缓刑的上诉意见,经查,被告人苏文伟、白宜赞、郑星炜在非法经营犯罪中,是滢悦、滢生公司的股东和负责人,并分别是犯罪行为的直接实施者,在犯罪中起主要作用,均是主犯。原审法院根据诸被告的犯罪情节和社会危害后果作出的判决,罚当其罪。

被告人郑星炜、白宜赞、苏文伟和曾结英无视国家法律,未经国家有关部门批准,非法经营外汇业务,其行为已构成非法经营罪,依法应予惩处。被告人郑星炜、白宜赞、苏文伟在共同犯罪中起主要作用,是主犯;被告人曾结英在共同犯罪中起次要作用,是从犯,应当从轻处罚。四被告人的认罪态度较好,可以酌情从轻处罚。原审法院判决认定被告人犯非法经营罪的事实清楚,证据确实充分,定罪准确,量刑适当,审判程序合法。

二审判决:

驳回上诉,维持原判。

第三节 设立中公司责任承担的裁判标准

28. 先公司交易行为责任应由谁承担?

先公司交易行为,因对外签订合同的权利义务主体不同而有所不同,承担责任原则如下:

(1)如发起人以设立中的公司名义对外签订合同,应当参照适用关于合伙或个人独资企业的有关规定,原则上合同的权利、义务、责任应当由设立后的公司享有或承担。

但是,如果公司有证据证明发起人以公司名义为个人利益签订合同的,除非合同相对方为善意,否则公司可不履行合同义务,不承担合同责任。

(2)如果发起人以个人名义对外签订合同,原则上应当由其个人承担合同责任。

但是,如果发起人签订该合同是为了设立公司,只要公司确认该合同条款或实际享有该合同项下的权利,或实际履行了该合同的义务,合同相对人都可向公司主张承担合同的责任。

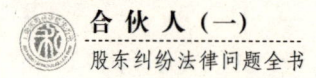

【案例15】内部约定不能对抗债权人　设立中民事责任由公司承担①

原告：张恒波

被告：一普公司

诉讼请求：判令被告立即给付欠款801,570元及利息。

争议焦点：

1. 公司成立前,发起人以公司名义作出的经营行为是否应由成立后的公司承担；

2. 公司内部关于股东经手的业务"谁经手,谁还账"的规定能否对抗债权人。

基本案情：

2008年6月10日,被告由卫丽闪、武红茹、武红芬发起设立,其中武红茹实际参与经营管理活动。

被告登记成立之前已实际进行了生产经营活动,收购了原告价值801,750元的玉米用于生产。

原告诉称：

2008年6月20日,武红茹向原告出具了购买价值801,750元玉米的欠条,加盖了被告的财务专用章,由被告实际使用,后被告一直未支付该笔货款。被告与原告之间存在买卖合同关系,双方债权债务关系明确,被告理应承担付款义务。

被告辩称：

1. 被告成立于2008年6月10日,根据《民法通则》第36条第2款的规定："法人的民事权利能力和民事行为能力从法人成立时产生,到法人中止时消灭。"且被告与原告并不存在买卖合同关系,双方形不成债权债务关系,让被告承担其注册登记成立前的债务于法无据；

2. 被告内部规定股东经手的业务,谁经手谁负责还账。武红茹已经称该笔债务由其个人承担属于其公司的内部规定,且其本人已同意承担该笔债务。

律师观点：

1. 欠条上加盖了被告财务专用章,应当视为设立中公司的行为,所产生的权利义务应当归属于公司。

被告成立前已实际进行了生产经营活动,期间收购了原告的玉米用于生产。

---

① 参见河南省焦作市中级人民法院(2009)焦民终字第512号民事判决书。

虽然被告在与原告开始发生玉米买卖合同关系时还未登记成立,正在设立之中,但武红茹作为被告的发起人,其当时的法律地位属于设立中公司的机构,对外代表设立中的公司进行创立活动,对内负责办理公司筹办的各项事务,其加盖了被告财务专用章的行为应当视为设立中公司的行为,所产生的权利义务应当归属于公司。

2. 被告内部关于股东经手的业务"谁经手,谁还账"的规定仅为股东内部约定,不能对抗外部债权人。

虽然被告的股东均认为股东经手的业务,谁经手谁负责还账。但这仅是被告股东内部的约定,不能对抗外部债权人。

法院判决:

被告于判决生效后10日内给付原告玉米款801,570元及利息。

29. 设立中的公司法律性质如何?是否可以与第三人签订交易合同?

设立中公司是指由订立章程时起至登记完成前,尚未取得法人资格的公司。它不是完全独立的民商事主体,但在设立公司的活动中具有相对独立性,具有有限的法律人格。发起人作为设立中公司的事务执行机关,对外代表其进行创立活动,当公司合法成立时,发起人由于代理设立中公司所为的创立行为所产生的权利义务当然归属于成立后公司;如果公司设立失败,那么设立中的公司应视为合伙,发起人的协议视为合伙协议,由设立行为所产生的权利义务按照合伙的规定由发起人对第三人负个人责任或者连带责任。

《公司登记管理条例》明确规定,设立中的公司,未经登记机关登记的,不得以公司名义从事经营活动。但如果公司发起人以设立中的公司名义对外签订合同,从保护善意第三人利益的角度出发,不能一味否定合同效力。合同责任承担主体具体确定标准如下:

(1)在合同内容不违反法律、法规的强制性规定时,合同效力的判断原则上以当事人的真实意思为标准,对发起人冒用公司名义签订与设立行为无关的合同的行为,本来应由发起人承担个人责任或者连带责任,如果公司成立后接受了此合同,则合同的当事人更新为公司和第三人,合同责任也转由公司承担。

(2)如果公司成立后拒绝接受此合同,那么合同责任就由发起人承担。如果双方均清楚合同签订时公司尚未成立,那么损失由第三人承担。发起人或者设立中公司享受到合同利益的,则应履行相应的合同义务。

【案例16】发起人借款设公司 公司享受权利应担责[①]

原告：季红

被告：华冠公司、甘国林

诉讼请求：

1. 被告华冠公司立即归还原告借款150万元，并从借款之日起至还清之日止以该借款为本金按照中国人民银行同期贷款利率标准支付资金占用利息损失；

2. 被告甘国林在认缴未到位的出资额范围内对被告华冠公司债务承担连带责任。

争议焦点：

1. 公司设立过程中，筹建人以公司名义向原告借款用于公司设立的费用是否应当由设立后的公司承担；

2. 股东认缴的出资未到缴纳期限时，未足额缴纳出资的股东是否须对公司的债务承担连带责任；

3. 在借款双方没有明确约定借款利息的情况下，原告是否可以请求被告返还借款利息。

基本案情：

被告华冠公司于2008年10月7日经名称预先核准，于2009年3月11日成立。注册资本为3000万元，实收资本为600万元，未到位资本金2400万元。徐顺芳、杨丰、被告甘国林是公司的股东。其中，被告甘国林占被告华冠公司72%的股权，认缴但未到位资本金1728万元。公司注册资本为分期缴纳，第一期600万元已经到账，第二期并未届至缴款期限。

在公司成立筹备期间，徐顺芳、何淑能、陈基平、欧阳家强四人为公司筹备组成员，徐顺芳担任筹备组总负责人。

2008年12月，徐顺芳以筹备组总负责人身份以被告华冠公司名义向原告借款共计150万元用于公司设立筹备费用，同时书写并签名出具3张借条，借条在公司成立后加盖被告华冠公司印章予以确认。

原告诉称：

徐顺芳等人的行为系职务行为，徐顺芳以筹备组总负责人身份以被告华冠公司名义向原告借款共计150万元用于被告华冠公司设立筹备费用。被告华冠公

[①] 参见重庆市第五中级人民法院(2010)渝五中法民终字第2590号民事判决书。

司在筹备期间的债务应由设立后的被告华冠公司继受并承担。现被告华冠公司已经成立并运行,原告多次向被告华冠公司要求归还150万元借款,但均被被告华冠公司拒绝。此外,被告华冠公司注册资本为3000万元,实收资本为600万元,未到位资本金2400万元。徐顺芳、杨丰和被告甘国林是被告华冠公司的股东。其中,被告甘国林占被告华冠公司72%的股权,认缴但未到位资本金1728万元。按照公司章程第6条规定,股东以其认缴的出资额为限对公司承担责任,故被告甘国林应当在认缴未到位资本金1728万元范围内对被告华冠公司债务承担连带责任。

被告均辩称:

1. 该借款合同与被告华冠公司无关,三张借据是徐顺芳签的,应当为其个人债务。另该笔借款既为公司设立期间筹备费用,应当进入公司账目,但是公司并无此相关债权债务记录;

2. 被告甘国林不应承担该笔借款的连带责任,公司章程明确规定股东对外不承担责任,要求股东承担债务,违背《公司法》规定;

3. 对于利息有异议,既是徐顺芳的个人债务,又没有还款约定和利息约定,不存在利息的计算。应当驳回原告诉讼请求。

律师观点:

1. 被告华冠公司设立过程中,筹建人徐顺芳以公司名义向原告借款用于公司设立的费用,应当由设立后的公司承担。

设立中公司行为的主体是设立中公司本身,而非筹建人。筹建人是设立中公司之机关,是设立中公司行为的代表机关和执行机关。设立中公司是非法人组织,是为设立法人组织而存在的组织体,是准民商事法律主体,有自己的名称、自己的财产、自己的组织机构和场所,具有有限的法律人格,可以以自己的名义从事为公司设立和开业准备所必需的民商事活动,并就这些活动享有权利,承担义务,否则便不能开展筹建设立活动。公司不能成立时,其权利能力溯及消灭,筹建人对设立中公司的债务负无限连带责任,公司成立时,此法律后果再由设立中公司转归成立后的公司。

本案中,在被告华冠公司设立期间,徐顺芳作为公司筹建人以公司名义向原告借款用于公司设立期间费用支出的行为,其法律后果在公司成立后已加盖被告华冠公司印章予以确认。所以,原告与被告华冠公司存在合法的借款法律关系,原告要求被告华冠公司归还借款的诉讼请求应得到支持。

2. 股东认缴的出资未到缴纳期限时,未足额缴纳出资的股东无须对公司的债务承担连带责任。

《公司法》规定公司以其全部财产对公司的债务承担责任,有限责任公司的股东以其认缴的出资额为限对公司承担责任。公司责任与股东责任相互独立,公司只能以自己拥有的财产清偿债务,股东除缴纳出资外对公司债务不再负责,虽然被告甘国林尚有注册资本未交清,但是并未到缴纳出资期限,故对于原告提出的要求被告甘国林承担连带还款责任的诉讼请求不应予以支持。

3. 在借款双方没有明确约定借款利息的情况下,原告可以请求被告返还借款利息。

对于借款利息,由于被告华冠公司未偿还借款,给原告造成资金占用利息损失,应当承担相应的违约责任,但是由于双方并未对利息进行约定,因此,对于原告要求被告华冠公司支付资金占用利息的诉讼请求,只能按照有关司法实践酌情予以处理。

法院判决:

被告华冠公司在该判决生效后5日内偿还原告借款本金150万元及资金占用利息损失(从2009年12月8日起以借款本金150万元为基数按照中国人民银行同期贷款利率计息至本金付清之日止)。

【案例17】从事非必要的交易行为 发起人个人承担民事责任①

原告: 施惠民

被告: 杨俊

诉讼请求:

1. 解除原告与被告于2008年3月4日签订的设备买卖合同;
2. 被告自行提回3套机器设备;
3. 被告退回原告已付合同价款49万元;
4. 被告赔偿原告经济损失818,617元。

争议焦点:

1. 公司发起人作出的非为公司设立所必需的交易行为,其法律后果是否由成立后的公司承担;
2. 公司未成立的情况下,被告作为发起人以公司名义签订的合同是否有效;
3. 原告与被告关于当被告提供给原告的设备达不到双方约定的标准时,被

---

① 参见浙江省湖州市中级人民法院(2009)浙湖商终字第136号民事判决书。

告赔偿原告损失金额的约定对被告是否有约束力；

4. 二审中被告是否可以对一审法院提出管辖权异议。

基本案情：

2008年3月4日，丽水凯特公司发起人之一被告杨俊以"丽水凯特公司"名义与原告签订了设备买卖合同1份。

2008年3月11日、3月14日，原告支付给被告价款总计49万元，被告向原告提供了3套设备，同时原告为实现合同的目的履行了相关的义务。而后被告组织人员对设备进行了安装、调试。

2008年8月28日，叶少林代表原告与被告签订协议书1份，双方就合同解除及损失赔偿签订了协议书一份及附表两页。协议约定，如3号机在9月22日之前再不能正常生产，被告接受3台轧机全部退货，并承担已给原告造成的全部损失，具体金额见附表（附表中未包括间接损失）。

同日，被告向原告出具了其签名的清单两页作为该协议的附表。清单除载明轧机预付款49万元外，还就原告损失的组成予以列明。后经被告调试3台轧机不能达到双方约定的生产标准。

2008年12月30日，原告对被告提起民事诉讼。

2009年2月13日，丽水凯特公司经工商核准登记成立。

原告诉称：

由于原告与被告就设备买卖合同解除及损失赔偿协议规定，如3号机在9月22日之前再不能正常生产，被告接受3台轧机全部退货，并承担已给原告造成的全部损失，现经被告调试3台轧机仍不能达到双方约定的生产标准。因此，被告应当按协议要求退货及赔偿原告全部损失。

被告辩称：

由于设备买卖合同双方主体是丽水凯特公司与原告，因此，原告起诉主体错误，被告不应当承担责任。

被告为证明其观点，提交证据如下：

1. 丽水凯特公司出具的《书面证明》，证明被告签订合同的行为不是个人行为；
2. 丽水凯特公司出具的《被告民事行为追认证明书》。

被告对原告所提供的证据发表质证意见如下：

对这两份证明，如被告在诉讼前把公司追认的意思告知我们的话，我们会根据实际情况及法律规定进行选择，现在我们已起诉，这种追认行为是无效的，在公司设立前，被告最大的可能性是代表股东而不可能代表公司，因为公司不存在，所以我们对公司的追认行为不认可。

一审认为：

丽水凯特公司于2009年2月13日成立，2008年3月4日签订设备买卖合同时，该公司尚未依法设立，故应由行为人即本案被告承担本合同应承担的义务。

2008年8月28日原、被告就合同解除的条件及损失赔偿签订了协议。后经被告调试未能使3台机器达到双方约定的生产标准即未能正常生产，合同解除的条件成就。且被告隐瞒了丽水凯特公司尚未工商注册成立的事实，提供的设备属无生产企业、无生产许可证、无生产标准、无生产合格证的产品。故原告有权解除合同，并要求被告退货、返还货款、赔偿损失。

一审判决：

1. 原告与被告于2008年3月4日签订的设备买卖合同解除；
2. 被告自行提回3套机器设备；
3. 被告退回原告已付合同价款49万元；
4. 被告赔偿原告经济损失818,617元。

被告不服一审判决，向上级人民法院提起上诉。

被告上诉称：

1. 丽水凯特公司成立后，出具了对被告行为认可的书面证明，说明了被告签订合同的行为不是个人行为，且原告支付的49万元已交到公司财务，合同约定的机器设备是由公司制作，公司已依法成立并继续履行原告与被告签订的合同。被告不应对原告承担赔偿责任。
2. 一审法院对合同有效性未进行审查。
3. 原告与被告所签订的合同的赔偿金额明显过高显失公平。
4. 一审法院不具有管辖权。

原告二审辩称：

1. 本案虽涉及的合同一方是丽水凯特公司，但该公司成立晚于原告提起诉讼的时间，故被告诉讼主体资格是符合的；
2. 对于因被告提供的设备质量不合格，致使设备到2008年8月25日还不能正常生产，双方就合同的解除及损失签订了协议，并确定了赔偿数额，原判按双方约定判令被告承担责任是符合当事人合同自治原则的；
3. 关于管辖问题，被告已过了提出异议的时效，所以不应作为上诉理由。

律师观点：

1. 被告作为公司发起人，其作出的非为公司设立所必需的交易行为，由被告自己承担。

按照《公司法》第7条的规定,有限责任公司及股份有限公司营业执照签发日期为公司成立日期。因此,公司章程签订之日至公司营业执照签发之日期间,即为公司设立阶段。本案涉及设立中公司的法律地位、行为效力和设立中公司在公司成立后民事责任承担的问题。

(1) 设立中公司的法律性质。

《公司登记管理条例》第3条第1款规定:"公司经公司登记机关依法核准登记,领取《企业法人营业执照》,方取得企业法人资格。"故在登记完成之前,它尚未取得独立的法人资格,仅仅是非法人组织,是准民商事法律主体,具有有限的法律人格,即可以自己的名义从事为公司设立和开业准备所必需的民商事活动,并就这些活动享有权利,承担义务。

(2) 设立中公司的行为。

按照设立中公司行为的目的和法律主体的不同,可以将设立中公司行为分为发起行为和设立中公司的交易行为。

设立中公司的交易行为,是指在公司取得独立的法人资格之前,发起人以其公司的名义与其他经济主体进行的合同行为。按照行为的目的和特征,主要分为两类:

一是设立附属行为和开业准备行为,也就是公司设立中的必要交易行为。主要包括公司设立中聘用律师事务所出具法律意见书、聘用会计师事务所出具验资报告等设立附属行为和包括为设立公司需要的经营场所而签订建设工程承包合同建造房屋、签订房屋租赁合同、征用土地以取得土地使用权、与工作人员订立雇佣合同等的开业准备行为。

二是与未来公司业务有关的公司成立前的交易行为,即公司发起行为以外的非必要交易行为。通常是指发起人为保有商业机会而以设立中公司的名义与第三人进行商业买卖的行为。与必要交易行为不同的是,非必要交易行为通常不是或不仅是以公司的成立为目的而进行的。前者因其为公司设立所必要,因而存在归属于成立后的公司的基础,而后者并非公司设立所必要,原则上并不当然具有约束公司的效力。两种行为的性质不同,法律后果也不同。

(3) 公司成立后,设立中公司民事责任的承担。

公司设立完成,意味着公司自此取得法律人格,可在注册登记的经营范围内依法开展生产经营活动。那么,公司发起人以设立中公司名义对外从事公司设立必要交易行为时,其行为法律后果应当由成立后的公司直接承担;但对于公司发起人以设立中公司名义对外从事设立公司非必要的交易行为时,该行为的法律后果则不能直接由成立后的公司承担。按照《合同法》的有关规定,该行为属效力待定的民事行为,债权人可对成立后的公司进行催告,要求其对是否追认予以明确。公司不追认的,则由公司发起人承担民事责任。对于公司成立后哪个机构有权决定是否对发起人的非必要交易行为进行承担的问题,按照《公司法》相关理论,应由股东会或公司董事会决议是否承担公司成立前的交易行为。

本案中,被告在丽水凯特公司处于公司设立阶段时,以该公司的名义与原告签订买卖合同的行为,系公司发起人与合同相对人所进行的非必要交易行为,并非为丽水凯特公司开业而进行的必要交易行为,其行为后果并不当然的由成立后的丽水凯特公司承担。只有当这一非必要交易行为被丽水凯特公司追认时,才由该公司承担。被告虽提交了盖有丽水凯特公司公章的证明书,但未经股东会或董事会决议认可,故不具有公司追认的法律效力,该民事责任应由设立中公司的发起人被告承担。

2. 被告作为发起人以公司名义签订的合同不因公司未成立就无效。

本案中,被告个人虽不具备买卖涉讼机器设备的经营资格,但被告的行为并不符合《合同法》第52条关于合同无效的法定构成要件,其损害的是社会管理秩序,依法应由行政管理部门予以规范。且涉案买卖合同已部分履行,故双方签订的买卖合同应认定有效。

3. 原告与被告关于当被告提供给原告的设备达不到双方约定的标准时,被告赔偿原告损失金额的约定对被告有约束力。

本案中,双方就合同解除的条件及损失赔偿金额进行协商,签订了协议书,并附列了损失的具体赔偿数额,被告在损失清单上予以签字确认,双方当事人意思表示真实,符合法律规定。双方对赔偿金额的约定,未违反《合同法》第113条规定的损失范围,故该协议书和附属清单合法有效,对双方当事人均具有法律约束力。原告根据双方在协议书中约定的解除合同条件,认为合同解除条件成就,提出要求解除合同以及按清单约定金额予以赔偿的请求,符合法律规定和当事人自治原则,故原判并无不当。被告提出的清单所列各项系复印件,有可能是原告用被告签名的空白纸复印取得;清单不是对该产生费用的确认核对,而是对合同附表部分的认可;被告没有对原告造成损失的上诉理由,因缺乏相应证据予以证实,故其上诉理由不能成立。

4. 二审中被告不可以对一审法院提出管辖权异议。

被告在一审时未就管辖权问题在法定期限内提出异议,应视为被告自行放弃相应的权利,故对被告在二审中提出的管辖权异议,不应予以支持。

二审判决:

驳回上诉,维持原判。

30. 因公司虚假登记致使公司或者第三人受到损害的,由谁承担责任?

提供虚假登记材料的发起人或者原始股东应当承担赔偿责任,中介机构提供虚假材料应当承担连带赔偿责任。因故意或重大过失而对虚假事项进行登记的,不得以该事项虚假为由对抗善意第三人。

31. 通过网络股权众筹所签订的协议是否有效?

判断网络股权众筹协议是否有效,主要还是判断其是否构成《合同法》上合同无效的认定标准,即是否"违反法律、行政法规的强制性规定"。

众筹融资系新型金融业务模式,目前我国现行法律、行政法规无明确规定,《证券法》规定未经核准不得公开发行股票。而如股东人数超过 200 人则构成《证券法》意义上的公开发行。因此如果网络股权众筹超过 200 人,则协议可被认定无效,否则没有问题。另外,我国通过出台《关于促进互联网金融健康发展的指导意见》(银发〔2015〕221 号)(本问中以下简称《指导意见》)等规范性文件,对包括众筹融资交易在内的互联网金融创新交易予以鼓励和支持,为上述交易的实际开展提供了空间。

在行政法律、部门规章以及其他监管规范性文件层面。我国目前还未出台专门针对众筹融资的行政法规和部门规章,涉及的其他文件主要是上述《指导意见》、中国证券业协会发布的《场外证券业务备案管理办法》等,也均未对本案所涉及的众筹交易行为予以禁止或给予否定性评价。至于下一步众筹交易如何进行监管,则需根据我国法律法规和监管文件的进一步出台而加以明确。

【案例18】股权众筹融资协议未违反法律法规强制性规定为有效

原告(反诉被告): 飞度公司

被告(反诉原告): 诺米多公司

诉讼请求:

1. 原告诉请判令被告支付委托融资费、违约金各 4.4 万元,支付经济损失 1.9 万余元;

2. 被告反诉要求原告返还 17.6 万元并支付相应利息同时赔偿反诉原告损失 5 万元。

争议焦点：

1. 涉案《融资协议》的法律效力和合同主体之间法律关系的具体界定；
2. 双方当事人是否存在违约以及应承担何种违约责任。

基本案情：

2015年1月21日，飞度公司与诺米多公司签订《委托融资服务协议》，诺米多公司委托飞度公司在其运营的"人人投"平台上融资88万元（含诺米多公司应当支付的17.6万元），用于设立有限合伙企业开办"排骨诺米多健康快时尚餐厅"合伙店。

协议签订后，诺米多公司依约向飞度公司合作单位"易宝支付"充值17.6万元，并推动了项目选址、签署租赁协议等工作，计划按照合同约定在2015年4月15日正式开店营业。飞度公司也如期完成了融资88万元的合同义务。但在之后的合作过程中，"人人投"平台认为诺米多公司提供的项目所涉房屋性质、物业费均与实际情况不符，具体包括合伙店所租房屋存在违建、没有房产证和租金过高等问题，之后双方与投资人召开会议进行协商，未果。

2015年4月14日，诺米多公司向飞度公司发送解除合同通知书，要求其返还诺米多公司已付融资款并赔付损失5万元。同日，飞度公司亦向诺米多公司发送解约通知书，以诺米多公司违约为由解除合同，要求诺米多公司支付违约金并赔付损失。

一审本诉原告诉称：

飞度公司系运营"人人投"股权众筹平台的公司，能够为项目方展示融资项目、发布融资需求，以实现互联网便捷融资、投资、管理的目标。2015年1月21日，飞度公司与诺米多公司签订《委托融资服务协议》，融资金额为88万元，经飞度公司运作融资成功。根据《委托融资服务协议》第1条第3款的约定，诺米多公司应支付委托融资费用。但在融资成功后，经飞度公司多方核实，诺米多公司提供的项目所涉房屋性质、物业费均与实际情况不符，多次协商后，诺米多公司均拒绝提供房屋真实产权信息。为避免投资人投资风险增大，飞度公司依据《融资协议》第7条第1款的约定，于2015年4月14日解除与诺米多公司的协议，并要求诺米多公司支付违约金及赔偿经济损失。

一审本诉被告辩称：

1. 本案所涉《融资协议》系居间合同，在飞度公司拒绝放款、未能促成诺米多公司与投资人达成合伙协议并设立合伙企业的情况下，不能要求诺米多公司支付居间费。诺米多公司为融资先行在"人人投"平台上充值17.6万元，此款一直被飞度公司冻结,诺米多公司在本案中不仅没有拿到融资款,自身充值款项也未能取回,不仅没有收益,反而受到很大损失,在此情况下要求诺米多公司仍支付居间费,显然不公平。

2. 诺米多公司完全按照约定履行合同,不存在违约行为,不应承担违约责任。飞度公司主张诺米多公司签订的租赁协议存在"违建""无房产证"和"租金过高"三个问题,存在"提供虚假信息"的违约行为。对此,诺米多公司不予认可。首先,对于违建问题,诺米多公司已向法庭出示一份该房屋前手承租人的工商营业执照,该营业执照写明的注册地址即为金宝街平房,表明该房屋作为经营用房的合法性得到了工商局确认,不是违建。其次,对于无房产证问题,诺米多公司也曾多次要求出租方田某出示房产证,但田某表示其只是从房屋的真正业主处承租而来,其与业主的出租合同因涉及商业秘密不可能出示给诺米多公司或其他人。诺米多公司为防范风险,向该房屋前手承租人以及周边相关租户实地了解,确认田某所说是实情。最后,至于租金过高问题,因租金水平受地理位置、商业环境、人流量多少、底商等各种因素的综合影响,虽然田某提出73万元的承租价,但诺米多公司考察了金宝街的租金水准后,发现与本案租金基本相当,且诺米多公司现在经营的世纪金源店比该租金价格更高,但仍能实现每月约5万元的盈利。基于此,诺米多公司判断以此价格承租金宝街店,仍然可以顺利实现大额盈利。

3. 关于飞度公司的费用支出。《融资协议》明确约定充值手续费由飞度公司承担。对其他费用,在协议未明确约定的情况下,不论合同性质是委托合同还是居间合同,均应由飞度公司承担。

一审反诉原告称:

飞度公司在"人人投"平台上向众多潜在投资者发布设立该项目的有限合伙企业股权融资信息,最终有86位投资者进行了认购,总额为70.4万元,并在"易宝支付"中予以付款。就在诺米多公司紧锣密鼓进行装修并要求飞度公司办理相关合伙协议并拨付融资款时,飞度公司却以各种理由推脱。在诺米多公司一再催促下,飞度公司突然提出合伙店所租房屋存在违建、没有房产证和租金过高等问题,并在诺米多公司做出充分解释说明后,仍擅自在股东QQ群里发布质疑信息,引发认购投资人的普遍疑虑。之后双方以及股东代表在4月11日召开了一次会议,诺米多公司再次对所谓问题进行了充分解释,但飞度公司又提出其拥有很多录音和其他证据,要求给股东代表观看并要求诺米多公司回避,致使诺米多公司代表愤然离场。事后诺米多公司才知悉《合伙企业法》规定有限合伙人数不得超过50人,但本案已有87位合伙人,且飞度公司公开融资未取得人民银行批准,其融资行为违法。同时鉴于飞度公司在 2015 年 4 月 15 日前未将已认购投资人签署的合伙企业协议交付诺米多公司;在诺米多公司多次请求拨付融资款后一直未予拨付,致使其在 2015 年 4 月 14 日向飞度公司发送《解除合同通知书》,通知自即日起解除《融资协议》,要求其返还诺米多公司已付融资款并赔付损失 5 万元。同日,飞度公司亦向诺米多公司发送解约通知书,以诺米多公司违约为由解除了《融资协议》,要求诺米多公司支付违约金并赔付损失。随后飞度公司单方面从诺米多公司账户内划款 8800 元,且将诺米多公司的账户销户,严重损害诺米多公司权益。诺米多公司认为双方已对解除《融资协议》达成一致,合同解除后,飞度公司应当按照我国《合同法》第 97 条规定返还财产并根据过错赔偿损失。

一审反诉被告称:

1. 诺米多公司反诉主体不适格。飞度公司与诺米多公司于 2015 年 1 月 21 日签订《融资协议》。根据诺米多公司提供的证据二"打款凭证"证明,是由刘晓光向"易宝支付"充值 17.6 万元。而诺米多公司的反诉请求要求飞度公司向其返还 17.6 万元,诉讼主体不适格。

2. 诺米多公司无权要求飞度公司赔偿其损失。(1)根据《融资协议》,飞度公司已融资成功 88 万元,诺米多公司应支付服务费 44,000 元,但至今未付。(2)因为诺米多公司严重违约,导致双方《融资协议》解除,诺米多公司应支付飞度公司违约金 44,000 元。众所周知,开实体店铺,最重要、最核心、最关键的环节就是租赁房屋,而诺米多公司恰恰是在此问题上提供不实信息,导致项目存在重大法律风险而不得不解除。在飞度公司成功融资后,诺米多公司向飞度公司提供了《房屋租赁合同》,显示租赁房屋为"平房",年租金 73 万余元。《房屋租赁合同》向全体投资人公示后,投资人明确表示,房屋约定为"平房",但实际为三层楼房,与合同内容不符,必须予以查实。后经飞度公司工作人员实地查验,确实与合同内容不符,该房屋二、三层明显为加建,存在违建拆除的可能性。随即飞度公司多次要求诺米多公司提供房屋产权证明或前手出租方的有权转租证明,但诺米多公司均以各种理由拒绝提供。为保证投资人合法权益,避免因房屋租赁问题导致投资人出资风险扩大,飞度公司于 2015 年 4 月 9 日向全体投资人发出《关于诺米多排骨项目的情况说明》,将查证情况如实向投资人说明。2015 年 4 月 11 日,飞度公司、诺米多公司和北京的投资人召开会议,要求诺米多公司提供房屋产权证明以及是否具有合法转租权的证明,但飞度公司仍无法提供。2015 年 4 月 14 日,飞度公司依据《融资协议》第 7.1 条约定,终止与诺米多公司的合作。诺米多公司认为飞度公司因为投资人人数超过 50 人问题才主动解约,实属臆测。股权众筹行业作为新生事物和业态,很多模式和流程都是摸着石头过河,遇到问题,完全可以合法合规地解决。即使投资人数超过50人,在我国现行法律框架内,也完全可以设计不同的方案予以圆满解决。综上所述,依法成立的合同对当事人双方均具有约束力。飞度公司依约履行了合同义务,为了保障投资人出资安全,作出多番努力,甚至先行为诺米多公司违约行为向全体投资人支付了利息。

一审认为:

根据《合同法》第52条及《最高人民法院关于适用〈中华人民共和国合同法〉若干问题的解释(二)》中的规定合同违反法律、行政法规的强制性规定的应当认定为无效。原被告双方签订的《融资协议》不论是在法律层面还是在行政法规、部门规章等文件层面上,并不存在障碍,《融资协议》应当认为有效。在合同履行的过程中,诺米多公司无法排除可能存在的交易风险,导致交易各方信任丧失,飞度公司以此依《融资协议》解除合同,诺米多公司应当承担更大责任。

一审判决:

1. 被告诺米多公司于判决生效之日起10日内给付原告飞度公司委托融资费用25,200元、违约金15,000元;

2. 反诉被告飞度公司于判决生效之日起10日内返还反诉原告诺米多公司出资款167,200元;

3. 驳回原告飞度公司其他诉讼请求;

4. 驳回反诉原告诺米多公司其他反诉请求。

被告上诉称:

1. 诺米多公司没有违约,不应当承担违约金。违约金的承担应以诺米多公司是否违反合同约定的权利义务为前提,从合同来看,诺米多公司并未违反。按照合同约定,诺米多公司提供的所有信息都是真实的,飞度公司亦没有举证证明诺米多公司在合同约定的三个阶段提供了虚假信息。诺米多公司履行了充分的披露义务,租赁合同虽注明是平房,但在飞度公司提出质疑后,立即进行了沟通、解释并提供了此房屋前手商家的营业执照,向股东解释了执照上写明的营业地址即为"平房",不存在披露不真实或违建风险。合同约定的披露义务,诺米多公司已经全部尽到,至于项目租赁经营可能涉及潜在的产权纠纷,是正常合理的风险,对于该等风险,作为承租人的诺米多公司已通过租赁合同的约定以及签订补充协议进行风险控制,不足以影响诺米多公司对承租房屋的合法使用。

2. 飞度公司违约,应赔偿诺米多公司的损失。成功融资款项后,只要符合进度说明,飞度公司就应该拨付款项,否则即构成违约。

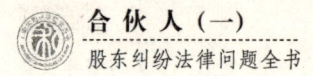

3. 由于飞度公司拒绝拨付款项,诺米多公司未实际融资到任何金额,诺米多公司无需支付融资费用。

原告二审辩称:

一审判决事实认定无误,法律适用正确,应予维持。

律师观点:

1.《委托融资服务协议》的法律效力判断。

《合同法》规定,"违反法律、行政法规的强制性规定,则合同无效"。因此,确定《融资协议》法律效力的依据为属于效力性强制性规定的法律和行政法规。众筹融资系新型金融业务模式,目前我国现行法律、行政法规无明确规定,对该协议法律效力的分析需结合与此相关的法律法规以及其他规范性文件。在法律层面主要涉及《证券法》第10条规定:"公开发行证券的,必须符合法律、行政法规规定的条件,并依法报经国务院证券监督管理机构或者国务院授权的部门核准;未经依法核准,任何单位和个人不得公开发行证券。有下列情形之一的,为公开发行:(一)向不特定对象发行证券的;(二)向特定对象发行证券累计超过二百人的;(三)法律、行政法规规定的其他发行行为。非公开发行证券,不得采用广告、公开劝诱和变相公开方式。"从上述规定可知,在我国现行法律规定下,如果单位或个人向社会公众公开募集股本,因涉及社会公众利益和国家金融安全,需要首先取得监管部门核准;如果系非公开发行,则在不超过人数上限的情况下,依法予以保护。具体到本案中,一方面,我国通过出台《关于促进互联网金融健康发展的指导意见》(银发〔2015〕221号)(简称《指导意见》)等规范性文件,对包括众筹融资交易在内的互联网金融创新交易予以鼓励和支持,为上述交易的实际开展提供了空间;另一方面,本案中的投资人均为经过"人人投"众筹平台实名认证的会员,且人数未超过200人上限;在此情况下,从鼓励创新的角度,本案所涉众筹融资交易不属于"公开发行证券",其交易未违反上述《证券法》第10条规定。

在行政法律、部门规章以及其他监管规范性文件层面。我国目前还未出台专门针对众筹融资的行政法规和部门规章,涉及的其他文件主要是上述《指导意见》、中国证券业协会发布的《场外证券业务备案管理办法》等,也均未对本案所涉及的众筹交易行为予以禁止或给予否定性评价。至于下一步众筹交易如何进行监管,则需根据我国法律法规和监管文件的进一步出台而加以明确。

综上,本案中《融资协议》未违反法律、行政法规的强制性规定,应为有效。

2. 关于对本案合同主体之间法律关系的具体界定问题。

委托融资只是双方当事人整体交易的一部分,相对于项目展示、筹集资金等服务,飞度公司还提供信息审核、风险防控以至交易结构设计、交易过程监督等服务,其核心在于促成交易。从该角度分析,双方当事人之间的法律关系主要系居间合同关系。

3. 双方是否存在违约情况及如何承担违约责任。

《融资协议》不能继续履行的源起为交易各方对融资项目经营用房的样态等问题产生的分歧。根据在案证据显示,飞度公司与投资人发现其确系楼房而非平房后,飞度公司认为诺米多公司存在信息披露不实,具有相应依据。因上述问题涉及房屋可能存在违建等隐患,此事项又直接关系众多投资人的核心利益,诺米多公司应提供符合经营用房的房屋权属证明;"人人投"平台对项目方融资信息的真实性实际负有相应审查义务,其严格掌握审查标准也是对投资人利益的保护。此时,诺米多公司提供的相关证件仍难以完全排除可能的交易风险,直接导致交易各方信任关系丧失。故飞度公司依据《融资协议》第7.1条解除合同,具有相应依据。纵观合同履行的全部过程,诺米多公司应就合同的不能履行承担更大的责任。

4. 对于投资人数超过有限合伙企业人数上限的问题。

案中双方当事人未在《融资协议》中约定关于融资交易的具体人数问题,诺米多公司也未在发函解除《融资协议》时将其作为理由;更重要的是,双方合同关系在有限合伙企业成立前即被解除,飞度公司就此是否会发生违约行为仍然仅是一种预测,其是否能通过其他方法解决此问题也未实际发生和得以检验。故在此情况下,在该案审理范围内,对上述问题是否产生相应责任,不应做过多评述。

二审判决:

驳回上诉,维持原判。

【法律依据】[①]

一、公司法类

(一)法律

❖《公司法》第11~13条、22条、25条、34条、38条、40条、42~47条、49条、51条、52条、54条、56条、71条、72条、74~98条、101条、103~106条、120条、134条、142条、147条、153条、166条、167条、181条、182条、199条、217条

❖《证券法》第10条、12条、28~36条、122条、193条

[①] 本书"法律"作广义解释,包括法律、行政法规、司法解释、部门规章与地方性司法文件等。

- ❖《反不正当竞争法》第5条
- ❖《商标法》第51条、52条
- ❖《拍卖法》第13条
- ❖《烟草专卖法》第12条、15条、16条
- ❖《计量法》第12条
- ❖《对外贸易法》第9条
- ❖《商业银行法》第11条
- ❖《保险法》第73条、76条

(二) 行政法规

- ❖《中外合资经营企业法实施条例》第14条
- ❖《公司登记管理条例》第3～12条、16～25条、55条、56条、59条、68条、69条、72～74条、80条
- ❖《企业名称登记管理规定》第5～7条、10条、12～17条、20～29条
- ❖《企业名称登记管理实施办法》第5～25条、31条、35条、41条、42条
- ❖《企业法人法定代表人登记管理规定》第3～5条
- ❖《企业经营范围登记管理规定》第4～7条、13条、14条
- ❖《外国企业常驻代表机构登记管理条例》第2条、9条、23条
- ❖《烟草专卖法实施条例》第6条
- ❖《计量法实施细则》第16条
- ❖《广告管理条例》第6条
- ❖《森林法实施条例》第30条、34条
- ❖《报废汽车回收管理办法》第8条
- ❖《旅行社条例》第22条、23条
- ❖《外资银行管理条例》第7条、8条、15条
- ❖《中外合作办学条例》第12条
- ❖《国际海运条例》第32条

(三) 司法解释

- ❖《最高人民法院关于适用〈中华人民共和国公司法〉若干问题的规定(三)》第1～6条
- ❖《最高人民法院关于审理商标民事纠纷案件适用法律若干问题的解释》第1条
- ❖《最高人民法院关于审理证券市场因虚假陈述引发的民事赔偿案件的若

干规定》第 21 条
- 《最高人民法院关于审理注册商标、企业名称与在先权利冲突的民事纠纷案件若干问题的规定》第 2 条

(四)部门规章
- 《中国证券监督管理委员会〈证券发行与承销管理办法〉》第 38~50 条
- 《中国证券监督管理委员会关于公开发行证券的公司信息披露内容与格式准则第 1 号——招股说明书》
- 《劳动部与社会保障部外国人在中国就业管理规定》第 5 条
- 《劳动部办公厅关于贯彻实施〈外国人在中国就业管理规定〉有关问题的通知》
- 《国家发展和改革委员会、商务部令外商投资产业指导目录》(2011 年修订)
- 《国家工商行政管理总局关于对企业名称许可使用有关问题的答复》第 1 条
- 《国家工商行政管理总局企业集团登记管理暂行规定》第 4~6 条、9 条、10 条、14 条
- 《国家工商行政管理总局关于实施〈企业集团登记管理暂行规定〉有关问题的通知》第 1~5 条
- 《国家质量监督检验检疫总局制造、修理计量器具许可监督管理办法》第 5 条
- 《国家工商行政管理总局〈广告经营许可证管理办法〉》第 8 条
- 《商务部对外贸易经营者备案登记办法》第 2 条
- 《交通部、商务部外商投资国际海运业管理规定》第 6 条

(五)地方性规章
- 《上海市企业名称登记管理规定》第 4~8 条

二、民法类

(一)法律
- 《民法通则》第 3 条、4 条、43 条、88 条
- 《合同法》第 8 条、15 条
- 《民事诉讼法》第 29 条

(二)司法解释
- 《最高人民法院关于适用〈中华人民共和国合同法〉若干问题的解释

(一)》第10条
❖《最高人民法院关于贯彻执行〈中华人民共和国民法通则〉若干问题的意见(试行)》第10条
❖《最高人民法院关于审理商标民事纠纷案件适用法律若干问题的解释》第6条、7条
❖《最高人民法院关于审理商标案件有关管辖和法律适用范围问题的解释》第2条第3款、4款
❖《最高人民法院关于涉及驰名商标认定的民事纠纷案件管辖问题的通知》
❖《最高人民法院关于审理涉及计算机网络域名民事纠纷案件适用法律若干问题的解释》第2条、3条

(三)部门规章

❖《国家工商行政管理总局关于对企业名称许可使用有关问题的答复》
❖《商务部、国家发展和改革委员会〈外商投资产业指导目录〉》(2011年修订)

三、证券法类

(一)法律

❖《保险法》第73条、76条
❖《中国人民银行法》

(二)行政法规

❖《外汇管理条例》第24条
❖《期货交易管理条例》第6条、15条
❖《证券、期货投资咨询管理暂行办法》第3条

四、刑法类

(一)法律

❖《刑法》第225条

(二)司法解释

❖《最高人民检察院、公安部关于印发〈最高人民检察院、公安部关于公安机关管辖的刑事案件立案追诉标准的规定(二)〉的通知》第79条

(三)部门规范性文件

❖《对外贸易经济合作部关于严禁买卖或变相买卖进出口许可证的通知》
❖《广电总局、公安部、国家安全部关于坚决查处擅自接收、转播境外卫星电视的通知》

❖《最高人民法院、最高人民检察院、公安部、中国证券监督管理委员会关于整治非法证券活动有关问题的通知》

❖《国家外汇管理局、公安部关于严厉打击非法买卖外汇违法犯罪活动的通知》

❖《最高人民法院、最高人民检察院、公安部关于印发〈办理非法经营国际电信业务犯罪案件联席会议纪要〉的通知》

❖《最高人民法院、最高人民检察院、公安部、中国证券监督管理委员会关于整治非法证券活动有关问题的通知》

五、其他

(一)法律

❖《矿产资源法》第16条

❖《煤炭法》第19条、22条、48条

❖《电力法》第25条

❖《环境保护法》第13条

❖《招标投标法》第14条

❖《药品管理法》第7条、14条

❖《食品安全法》第29条

(二)行政法规

❖《矿产资源法实施细则》第9条、10条、12条

❖《矿产资源开采登记管理办法》第13条

❖《电力供应与使用条例》第9条、37条

❖《盐业管理条例》第8条

❖《食盐专营办法》第10条、11条

❖《城市供水条例》第19条

❖《监控化学品管理条例》

❖《危险化学品安全管理条例》第6条

❖《化妆品卫生监督条例》第5条

❖《民用爆炸物品安全管理条例》第12条、19条

❖《麻醉药品和精神药品管理条例》第9条、16条、24~26条、52条

❖《血液制品管理条例》第21条

❖《医疗机构管理条例》第9条

❖《医疗器械监督管理条例》第20条、24条

- 《储蓄管理条例》第 10 条
- 《邮政法实施细则》第 12 条
- 《电信条例》第 9 条
- 《互联网上网服务营业场所管理条例》第 10 条、11 条
- 《印刷业管理条例》第 9 条
- 《出版管理条例》第 12 条、15 条、35 条、36 条
- 《音像制品管理条例》第 9 条、17 条、32 条
- 《旅行社条例》第 7 条、9 条
- 《旅馆业治安管理办法》第 3 条、4 条
- 《商业特许经营管理条例》第 3 条

(三)部门规章
- 《国家发展和改革委员会煤炭经营监管办法》第 5 条、10 条、17 条
- 《卫生部公共场所卫生管理条例实施细则》第 22 条
- 《国家质量监督检验检疫总局制造、修理计量器具许可监督管理办法》第 5 条
- 《国家工商总局广告经营许可证管理办法》第 8 条
- 《商务部对外贸易经营者备案登记办法》第 2 条
- 《交通部、商务部外商投资国际海运业管理规定》第 6 条

(四)部门规范性文件
- 《工业和信息化部关于组织做好申领卫星电视广播地面接收设备定点生产企业资质证书的通知》附件 2 第 1 条

(五)地方性法律文件
- 《上海市特种行业和公共场所治安管理条例》第 5 条

第二章 发起人责任纠纷

【宋律师释义】

> 发起人责任纠纷,是指在公司设立失败或公司成立时,因公司发起人责任承担产生的纠纷。实践中主要包括以下两类纠纷:
> 1. 公司设立失败时发起人的责任纠纷,包括:
> (1)对设立行为所产生的债务和费用负连带责任;
> (2)返还股款并支付利息的连带责任纠纷。
> 2. 公司成立时发起人责任纠纷,包括:
> (1)发起人过失损害公司利益的赔偿责任纠纷;
> (2)发起人承担连带认缴出资责任纠纷。

【关键词】 发起人责任 虚假陈述

❖ **发起人责任:** 系指发起人在公司设立过程中,因公司不能成立对认股人所应承担的责任或者在公司成立时因发起人自身的过失行为致使公司利益受损时应当承担的责任。

❖ **虚假陈述:** 系指信息披露义务人违反法律规定,在证券发行或者交易过程中,对重大事件作出违背事实真相的虚假记载、误导性陈述,或者在披露信息时发生重大遗漏、不正当披露信息的行为。

第一节 立 案

32. 如何确定发起人责任纠纷的诉讼当事人?

在公司设立失败时,原告为外部债权人或受到损失的认股人,被告为发起人中的一人或多人。

在公司设立成功时,原告为公司、发起人或认股人(新公司股东),被告应为负有过错的发起人。

33. 发起人责任纠纷由何地法院管辖?

发起人责任纠纷应当由被告所在地法院进行管辖,如果有多名被告,且被告住所地或经常居住地在两个以上人民法院辖区的,各法院都有管辖权,原告向两个以上有管辖权的人民法院起诉的,由最先立案的人民法院管辖。

34. 发起人责任纠纷按照什么标准交纳案件受理费?

发起人责任纠纷的案件受理费应当根据案件标的计算,具体计算比例详见本书第一章公司设立纠纷第3问"公司设立纠纷应按照什么标准交纳案件受理费?"。

35. 发起人责任纠纷是否适用诉讼时效?

适用,诉讼时效为两年,但是起算点因下列情形而有所不同:

(1)对于债权人主张部分发起人或全部发起人承担债务和费用的,应当自债务履行期限届满之日起计算;

(2)对于认股人主张发起人返还股款、利息的,应当自认股人知道或者应当知道公司设立失败之日起计算;

(3)公司设立成功后主张负有过错的发起人承担损害赔偿责任,或者发起人承担返还股款、利息、费用义务后,主张其他发起人分担责任的,应当自损失发生或责任承担之日起计算。

【案例19】发起人共担亏损且过时效丧胜诉权 非认股人主张退股金被驳回 ①

原告:海南信托

被告:建行海南分行、建方实业

诉讼请求:判令两被告连带退还原告已支付的200万元股金及300万元利息。

争议焦点:

1. 原告主张其股金权益受到侵害的诉讼时效应自何时起算;

2. 设立恒源公司失败后,原告作为发起人对公司设立中形成的亏损是否承担责任。

基本案情:

1992年,原告、被告建行海南分行与案外人建行信托在内的18家法人签订了

---

① 参见海南省高级人民法院(2001)琼经终字第31号民事判决书。

《海南信托公司发起人协议书》,约定:共同设立定向募集公司——恒源公司,发行内部股票;成立恒源公司筹委会具体负责拟订章程、上报文件、招股等相关事宜;上述发起股东认购134,401,342元(其中原告认股200万元);除发起股东认购134,401,342股外,拟向内部职工及社会特定法人定向募集5000万元股;募足股本后,即召开公司创立大会,正式宣告恒源公司成立,同时解散筹委会;如因其他原因公司不能成立,发起人负责向有关法人及个人退还股份及利息。

该合同签订后,1992年9月8日,恒源公司筹委会向原告发出付款通知;同年10月5日,原告向案外人建行信托支付了200万元股本金,向恒源公司筹委会支付了筹备费3万元。

同年12月28日,恒源公司召开创立大会暨第一届股东大会,通过了《恒源公司章程》,并决定:在人民银行总行新的"经营金融业务许可证"下发之前,公司对外、对内的一切事务仍然使用"建行信托"的名称。

12月29日,海南省股份制试点领导小组办公室作出批复,同意建行信托改组为恒源股份有限公司。此后,恒源公司即进行了一系列的经营活动。

1994年5月16日,恒源公司举行了第二次股东大会,通过了1993年度分红派息方案,同年6月29日,建行信托向原告支付了40万元的法人股股息。

1998年9月4日,恒源公司召开特别董事会会议,审议并通过了被告建行海南分行提交的《关于终止恒源公司经营活动的提案》及《关于恒源公司股本处理的提案》。次日,恒源公司又召开特别股东大会,审议并表决通过了前述两份提案。这两份提案的主要内容是:终止恒源公司的一切经营活动,撤销该公司,改建为被告建行海南分行的分支营业机构,由该行负责恒源公司的债权、债务清理核算和继承工作处理各类股份,退还个人股、非发起人法人股股本及同期银行存款利息;全体发起人共同承担公司设立失败的责任,全部发起人法人股不予退还,冲抵公司形成的亏损,余下的亏损及债权债务由最大发起人被告建行海南分行承担。原告的法定代表人作为恒源公司的董事参加了特别股东大会。

1998年10月28日,海南省证券管理办公室认定恒源公司设立失败,同意恒源公司提出的《关于公司股本处理的方案》。

1999年1月5日,被告建行海南分行在《海南日报》上刊登公告,将恒源公司有关债权债务的处理方案予以公告。同日,被告建行海南分行撤销案外人建行信托,接管了案外人建行信托的债权债务,并将案外人建行信托的非金融债权债务指派被告建方实业接管。

另,恒源公司在经营期间,一直未办理工商注册登记,也没有取得金融业务许可证。

原告诉称：

1.1993年2月28日恒源公司发起失败，筹委会未退还原告股金。

1992年12月28日创立大会后30天，海南省工商局未批准恒源公司登记注册，其后也未批准该恒源公司成立。中国人民银行也没有核发恒源公司金融业务许可证。由此，依据《企业法人登记管理条例》第14条的规定，工商机关应在收到申请之日起30日内作出是否核发企业法人营业执照的决定。1993年2月28日，恒源公司发起失败。之后，恒源公司筹委会并未退还原告之200万元，而由案外人建行信托占用。

2. 恒源公司发起失败后，原告只应承担3万元的发起失败责任。

依据《股份有限公司规范意见》第21条第2项的规定，原告只应对设立行为所产生的债务和费用承担连带责任。恒源公司设立失败后，原告只应承担3万元的发起失败责任，对经营亏损责任应由被告建行海南分行承担。原告股金却被案外人建行信托占用，案外人建行信托依法应承担返还责任，案外人建行信托在此期间的经营活动所产生的债权债务应由其自行承担，不应由原告承担。被告建行海南分行应返还原告股金200万元及利息300万元。

3. 原告起诉未超过诉讼时效。

原告于1999年1月5日才知晓自己的股金权益受到侵害。

恒源公司设立失败，根据《股份有限公司规范意见》的规定，股东大会所作的任何决议都应无效。特别股东大会只能说明被告建行海南分行有将发起人的股金冲抵经营亏损的单方意向，此时原告股金权益未受到实际侵害，双方仍处在对返还股金的协商过程中。建行海南分行1999年1月5日在《海南日报》刊登公告时，原告的权益才真正受到侵害，在此后的法定诉讼时效期间提起诉讼，并未超过诉讼时效。

被告建行海南分行辩称：

1. 原告主张已超过诉讼时效。

1998年9月4日，恒源公司特别股东大会通过了恒源信托股本处理方案，原告参加了该会议，并参与表决了该会通过的两项决议案：《关于终止恒源信托经营活动的提案》及《关于恒源信托股本处理的议案》。因此，原告此日已明知其股本金应冲抵恒源信托亏损，但时隔两年多，原告才起诉，其主张超过了法定二年的诉讼时效，已丧失了本案的胜诉权。而按原告起诉所称的1993年2月28日为恒源公司发起失败时间，则其主张更是超过了诉讼时效。

2. 原告作为恒源公司的发起人,应当承担恒源公司在设立过程中形成亏损的连带责任,其股本金应冲抵损失。

自1992年创立大会起,全体发起股东就一致同意以建行信托名义对外进行经营,并都参与了1994年的分红,依据《民法通则》的权利义务对等原则以及过错原则,发起人在公司赢利时按出资额享受了投资利益,在公司亏损时也同样应当按出资额承担投资风险。因此,原告之主张无法律依据,请求依法驳回。

被告建方实业未作答辩。

律师观点:

1. 原告起诉已超过诉讼时效,其诉请已丧失胜诉权。

就本案的诉讼时效,有3个起算点。原告主张应以1999年1月5日,被告建行海南分行在《海南日报》上刊登公告的时间开始起算。其理由是其于此日才得知其权益被侵犯。被告建行海南分行主张应自1998年9月4日,恒源公司通过两个提案之日开始起算,或自原告主张发起失败的1993年2月28日起算。

本案中,诉讼时效的起算应以1998年9月4日为起算点。理由为:此前,恒源公司虽未取得企业法人营业执照和经营金融业务许可证,但事实上,恒源公司一直在经营,且这种经营活动各发起人是认可的。1998年9月4日,恒源公司召开特别股东大会,决定终止恒源公司,原各发起人的投资全部冲抵经营亏损。作为发起人之一的原告参加了该会,即原告当日已经知道其200万元投资应冲抵恒源公司亏损的事实。故该日当是原告可以诉讼的起算时间。如果原告认为该会议所形成的决议侵害了其权益,则自该日起,其可诉讼请求法律保护或向被告建行海南分行提出异议,但直至本案起诉时间2000年12月27日之前,原告并未提出异议或提起诉讼。故本案原告的起诉已超过法定诉讼期间。

原告认为因恒源公司发起失败而致使特别股东大会通过的两项提案无效,故其权益当时未受到侵害,被告建行海南分行在1999年1月5日《海南日报》上刊登的公告才是对其权利的真正侵害,该主张理由不充分。因为不管股东大会决议的效力如何均不影响原告在特别股东大会上知道其200万元股金要冲抵恒源公司亏损的事实。其后的公告实际上是对其他个人股、非发起人法人股认股人所发布的公示。

2. 就本案的实体而言,原告的诉请亦不能成立。

恒源公司系在案外人建行信托的基础上改建的由包括原告与被告建行海南分行及案外人建行信托等18家法人作为发起人拟设立的股份制公司。股份公司设立过程中所进行的经营活动,其法律后果在公司设立后,由设立后的公司承担。

股份公司如设立失败,即股份公司不成立时,因为设立中的公司并未取得法人资格,故以设立公司名义所进行的经营活动所产生的法律后果应由各发起人共同承担。

恒源公司自1992年12月28日召开创立大会之后,未依法办理工商注册登记,也未取得经营金融业务许可证,应依法认定恒源公司发起失败。此时发起人不但不依照有关法律规定及时终止公司的活动,反而一致同意以建行信托名义对外经营,此经营活动是无法律依据的,各发起人对此均有过错,应承担相应的过错责任,并且各发起人均参与了1994年的分红,无论从过错原则还是从权利与义务相一致原则出发,原告都应对公司的经营亏损承担连带责任。原告主张恒源公司在发起失败后,应由被告建行海南分行承担恒源公司经营期间的全部亏损缺乏法律依据。

此外,原告是恒源公司的发起人之一,而非恒源公司的认股人,其与被告建行海南分行的法律地位是同一的,双方间并未形成债权债务关系。故其不能以认股人的身份要求也是发起人之一的被告建行海南分行退还其200万元。

法院判决:

驳回原告的诉讼请求。

第二节 发起人责任承担的裁判标准

一、设立失败时发起人的责任承担

36. 公司设立失败时,发起人应当承担哪些责任?

公司设立失败,发起人责任承担的情况如图2-1所示:

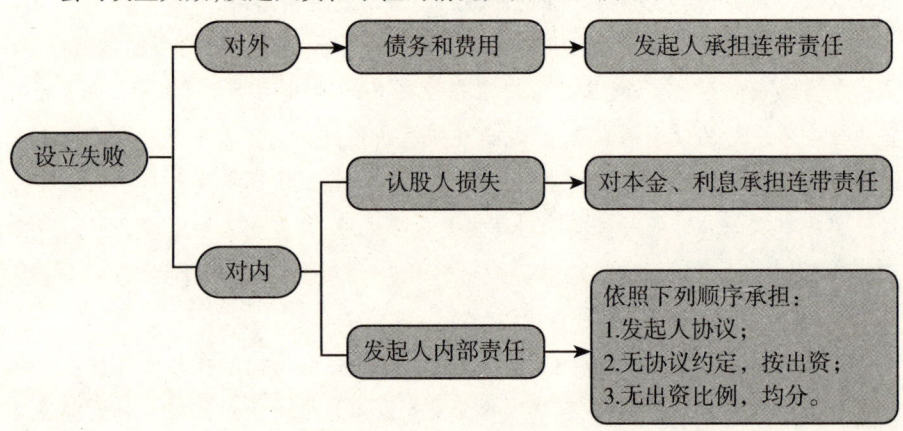

图2-1 发起人责任分类示意

在外部责任方面：

(1)对于设立过程中对外产生的债务、费用，由发起人承担连带责任；

(2)对认股人投入的本金及同期存款利息承担连带赔偿责任。

在内部责任方面：

(1)如果部分发起人承担了债务、费用或返还股款、利息的责任，则可以主张其他发起人依照发起人协议承担责任。如无发起人协议或发起人协议未作约定，则各发起人应当按照出资比例承担责任，如各人出资相同，则由各发起人平摊费用。

(2)如果因部分发起人的过错给其他发起人造成损失的，其他发起人可以主张其依照过错的情况承担责任。

37. 设立行为所产生的债务、费用包括哪些？

所谓设立行为所产生的债务，主要是设立中的合同之债及侵权之债。

合同之债包括两种，第一种是必要交易行为所签订的合同，即设立附属行为和开业准备行为所签订的合同；第二种是与未来公司业务有关的，公司为成立后的交易行为所签订的合同。

侵权之债即如果因为发起人的过错导致公司设立失败，并给相应债权人造成损失的，发起人也应当对所造成的损失承担连带赔偿责任。

设立行为中的费用是指保障成立后公司的正常营运的合理和必要的费用，一般包括：委托中介机构代办费、律师费、开立账户费用以及领取相关证照所交纳的费用等。

【案例20】被告主体不适格　请求未成立公司担责被驳回[1]

原告：翟乐义、翟云峰

被告：耀华公司

诉讼请求：

1. 解除原被告间的技术合作协议；

2. 被告支付原告销售提成3万元及逾期支付违约金5万元；

3. 被告返还原告提供的13英寸宽度柔版印刷机全套图纸；

4. 被告赔偿原告损失45万元。

---

[1] 参见浙江省瑞安市人民法院(2007)瑞民初字第2759号民事判决书。

争议焦点:

1. 两原告提供的《技术合作协议书》和《技术人员聘用合同》的合同主体是庞联公司还是被告;

2. 两原告能否以合同主体在形式上是庞联公司,实际履行者是被告为由,请求被告承担返还销售提成、支付违约金以及赔偿金的合同义务。

基本案情:

2005年11月10日,案外人董良东、李富昌、张银光、何光云4人出资筹建庞联公司(至原告起诉时尚未成立),因试制产品需要,向被告租用厂房。

2006年2月20日,案外人董良东代表筹建中的庞联公司与两原告签订《柔版印刷机制造技术合作协议书》和《技术人员聘用合同》二份,合作协议约定期限5年,从2006年2月15日至2011年2月15日,由两原告负责提供技术,庞联公司提供资金、场地、合作生产柔版印刷机,机器销售提成,第一年2万元/台,第二年3万元/台,庞联公司若不按期支付技术报酬,应承担5万元违约金;庞联公司聘用原告翟乐义为车间负责人,年工资为144,400元,每月支付12,000元,原告翟云峰年工资为72,000元,每月6000元。

合同签订后,两原告被安排在被告厂房内开始试制工作,与被告职工共同接受管理,并已经制造3台印刷机。印刷机试制成功后以被告名义对外宣传、展销。合同履行过程中,合同双方为琐事发生矛盾,2007年6月23日起停止合作(见图2-2)。

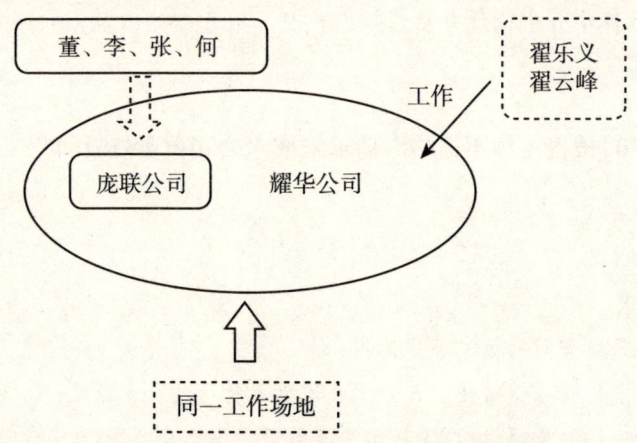

图2-2 当事人股权及工作场地使用示意

原告诉称:

2006年2月20日原告与被告签订《柔版印刷机制造技术合作协议书》和《技术人员聘用合同》,被告聘用原告为车间负责人,合作期间原告收益为被告按聘用合同支付的工资和机器设备销售提成。合同签订后,原告一直正常上班,并已经生产出3台印刷机,其中一台已经销售,但被告拖欠原告工资及销售提成;2007年6月23日被告通知原告待岗至今。被告的行为已严重违反合同的约定,属于根本违约行为。

原告为证明其观点,提交证据如下:

1. 技术合作协议和聘用合同,证明两原告与被告法定代表人董良东签订合作协议和聘用合同;

2. 被告营业执照证明董良东是被告法定代表人;

3. 网页截屏5份,证明两原告为被告开发机器已经进行销售;

4. 机票、护照及展会照片证明两原告代表被告参加展览会;

5. 柔版印刷机产品说明,证明被告生产销售柔版印刷机的事实;

6. 行业论文,来源于中国印刷行业协会杂志,证明两原告通过履行本合同的可得利益;

7. 暂住证、工作证、考勤表、车间照片、同事的工作计划等,证明两原告在被告处工作的事实;

8. 被告的产品资料、展会资料,证明柔版印刷机已在被告处生产销售的事实;

9. 光盘及录音笔录,证明被告拖欠工资、销售提成的事实;

10. 中国农业银行卡、上海浦发银行卡的收支明细账5张,证明被告付给两原告工资的事实。

被告辩称:

被告从来没有与两原告签订过《柔版印刷机制造技术合作协议书》和《技术人员聘用合同》,更没有聘用两原告为技术人员合作生产柔版印刷机,设备销售提成、拖欠工资和技术报酬、通知待岗等更无从说起。被告的法定代表人董良东与李富昌、张银光、何光云4人因筹建庞联公司需要,在瑞安试制柔版印刷机,租用被告的厂房进行产品试制,聘用两原告为技术人员。本案技术合同及劳动合同的双方当事人是两原告与董良东、李富昌、张银光、何光云,两原告所提供的宣传资料上显示被告名称,是两原告自己炮制的。综上,被告不是本案适格被告,两原告起诉被告主体错误,请求驳回起诉,责令两原告赔偿因其滥用诉权而给被告造成的名誉损失和经济损失。

针对原告的上述证据,被告认为:

1. 证据1:协议和合同是两原告与庞联公司签订的,可证明与被告没有关

联性;

2. 证据3、5:被告网页截屏、柔版印刷机产品说明等,在与两原告签订合同之前3年就已存在,与本案无关联性;

3. 证据4:机票、护照仅可证明产品是以被告名义参展的;

4. 证据6:行业论文是杂志评论与本案无关联性;

5. 证据7:考勤、车间照片、工作计划,仅证明庞联公司租用被告厂房进行试制的事实;

6. 证据9:光盘及录音笔录仅证明合同进一步证明两原告明知合同主体是庞联公司;

7. 证据10:可证明董良东委托被告出纳支付工资给两原告的事实,不能证明是被告付款。

被告为证明其观点,提交证据如下:

1. 厂房租用协议书,证明董良东、李富昌、张银光、何光云等人因筹建庞联公司需要,租用被告厂房的事实;

2. 出资协议书,证明被告由董良东与李富昌、张银光、何光云4人出资筹建。

被告申请证人李富昌、何光云证明如下观点:

庞联公司是他们4人出资筹建的,由董良东代表与原告签订合同,与被告无关。

针对被告的上述证据,原告认为:

对于3份证据真实性无异议,但是与本案无关联性,两位证人关于庞联公司筹建过程的陈述是编造的。

律师观点:

1. 被告不是合同主体,无须对原告承担合同义务。

以筹建中的公司名义签订合同,应认定签约时已经向合同相对人告知公司未成立的信息,缔约双方的意思表示真实。根据《公司法》规定,筹建中公司的全体设立人之间属于合伙法律关系,合伙人对设立行为产生的债务承担连带责任。

本案中,原告提供的两份合同主体甲方是庞联公司,代表人董良东签字,乙方是两原告。因此,本案合同主体是庞联公司的合伙人即董良东、李富昌、张银光、何光云4位自然人,而非被告,故两原告以合同主体在形式上是庞联公司、实际履行者是被告为由,请求被告承担合同义务,难以得到支持。

2. 原告若以庞联公司的发起人作为被告,则能得到法院支持。

事实上,如果原告欲主张其权利,应当以庞联公司的4名发起人,即董良东、李富昌、张银光、何光云中的一人或多人为被告,主张其对庞联公司未能设立时所产生的债务承担连带责任,如此原告的诉讼请求便能够得到法院的支持。

法院判决:

驳回原告的诉讼请求。

【案例21】按股权分担开办费 设立失败返还股金[①]

原告: 海懿公司

被告: 赵亮

诉讼请求: 返还原告338,192元出资款。

争议焦点:

1. 被告是否将原告的出资款用于筹建公司;
2. 公司设立失败后,筹建费用如何承担。

基本案情:

2008年5月10日,原告、被告以及案外人吴汉华签订了《股东合作协议书》,约定三方共同在中东阿联酋注册一物流公司开展物流运输和其他营利业务。公司的股份比例为原告出资美元61,885元,占股60%,案外人吴汉华出资美元20,628元,占股20%,被告出资美元20,628元,占股20%。

2008年6月3日、20日,原告分别向被告在境外的账户汇入19,624美元和27,142美元。同时,原告亦免除了被告在以前业务往来中欠原告7430元人民币及1450美元债务折抵被告的出资。

原告诉称:

被告在收取了原告的投资款项后并未如协议中约定的注册成立货运公司开展经营,而是将上述款项据为己有,原告经多次与被告协商,被告拒不交还。依据《股东合作协议书》的约定,原告已履行了出资义务,但是公司至今未成立,且被告也没有退还原告出资。根据我国法律规定,被告应返还原告投资款项。

被告辩称:

被告不同意原告的诉讼请求。合作协议中的另一方案外人吴汉华并未到庭,其是参与主办公司的主要负责人之一,应到庭参加诉讼,请求法院将案外人吴汉华列为被告或第三人参加诉讼。原告所汇给被告的款项均用于筹备公司使用,且被告也为此支出了大量的资金。

---

① 参见北京市海淀区人民法院(2009)海民初字第12837号民事判决书。

律师观点：

原告、被告及案外人吴汉华签订的《股东合作协议书》，未违反国家有关法律、行政法规的强制性规定，当属有效。原告向被告在境外的账户汇入46,766美元出资并免除被告在以前业务往来中欠原告7430元人民币及1450美元债务用于折抵被告出资后，《股东合作协议书》约定拟成立的公司却至今没有成立，被告应当按照三方出资比例扣除筹备公司必要费用后，退还原告剩余出资。被告以原告的出资很大一部分是案外人吴汉华的作为抗辩理由，但是未提交证据佐证，不应予以支持。

法院判决：

被告返还原告人民币338,192元。

【案例22】两次募资设立主体视为变更　设立失败发起人返还认股人投资①

原告： 首汽公司

被告： 经协公司

诉讼请求： 退还全部200万元股金及利息。

争议焦点：

1. 圣地公司不能定向募足资本后，其与其他发起人社会募集设立公司，两公司是否为同一公司；

2. 若圣地公司设立失败，被告及其他发起人是否应当向作为认股人的原告承担连带退还股金及利息的责任；

3. 原告是否能代替其职工向发起人要求退还40万股内部职工股股金。

基本案情：

1993年3月，被告与案外人矿泉水公司及体育旅游公司订立了设立圣地公司的发起人协议。同年4月3日，西藏自治区体改办复函圣地公司筹委会，同意组建该公司。同年4月30日，圣地公司获得西藏自治区工商部门颁发的筹建许可证。同年6月16日，圣地公司的筹建正式获得了西藏自治区体改办的批准，确认其按定向募集股份方式设立。其募股说明书及章程释明该公司以开发、生产、出售天然矿泉水为主营业，定向募集来的资本也将用于矿泉水生产设备及厂房投资。

1994年6月18日，该筹委会与原告订立了定向法人股认购协议书，约定圣地

---

① 参见四川省成都市中级人民法院(1995)成经初字第195号民事调解书。

公司向原告发售面值1元人民币的定向募集法人股160万股,同时其补充协议约定向其职工配售40万股内部职工股。

至1994年4月,圣地公司已明显不能募足5000万元资本。西藏自治区体改办于4月21日批复按《公司法》设立新的社会募集公司。

同年8月,被告与案外人拉萨啤酒厂、体育旅游公司、交通工业公司、海南金川公司订立了圣地股份公司发起人协议书,筹建以开发、生产、经营啤酒为主营业总资本6000万元的社会募集公司,并将原告列入该公司筹委会。

这份发起人协议寄达原告后,原告即提出异议,认为该协议所称的圣地股份公司已非先前的圣地公司,自己不愿做其股东,要求被告等发起人退还股金。

同年10月29日,原告邀被告等发起人会谈,并将会谈事项做成书面备忘录,该备忘录记明圣地公司发起人应退还原告全部股金。案外人矿泉水公司法定代表人戴光耀在该备忘录上签署意见为:"募股失败而未设立(公司),退款"。被告则未作明确表态,只表示在11月30日前公函回复。此后,原告未能收回股金。

原告诉称:

原告按约向筹建中的圣地公司支付了股金200万元,圣地公司及其证券商海南港澳国际信托投资有限公司共同向原告及其10名职工分别出具了股金收据。而矿泉水公司未能成立,被告等发起人又擅自将原告投入的股金转入圣地股份公司。原告提出了异议,并要求退回股金未果。被告应承担发起人责任,负责退还全部股金及利息。

被告辩称:

圣地公司在设立过程中,为适应即将生效的《公司法》要求,经西藏自治区体改办批准,改制为社会募集股份有限公司,圣地股份公司正是其改制后的股份公司,实为同一公司,该公司尚在设立之中,谈不上没有成立,原告认交股款后无理由要求抽走股款,要求驳回原告的诉讼请求。

律师观点:

1. 圣地公司未能成立。

圣地公司没有筹足资本,没有完成设立程序,也没有最终取得企业法人营业执照,因而,其法律上的主体资格没能得到确立。虽然西藏自治区体改办批复将圣地公司改制为社会募集公司,但按此批复筹办的圣地股份公司在发起人、公司主营业务、资本结构等核心内容上与圣地公司完全不同,不能视为同一公司的改制变更,而构成了另一不同的公司。

事实上,上述批复本身也肯定了两公司各自的独立性,即批复以圣地公司作为发起人之一筹建新的圣地股份公司。而在实际操作中,圣地股份公司的发起人协议中并未出现圣地公司,正是因为该公司并未成立,不具有合法的主体资格。被告提出的圣地公司改制为圣地股份公司,其仍在设立之中的观点是没有法律及事实依据的。

2. 圣地公司不能成立,发起人应承担退还原告认缴股金及其利息的连带责任。

作为股份有限公司,圣地公司的设立经过了政府授权部门的批准,其资本除发起人认购外,可采取定向募集方式筹集。其筹委会与原告订立的定向法人股认购协议书是合法有效的。原告因认缴股金可成为圣地公司成立后的股东,若该公司不能成立,也对该股金享有合法的财产权,有权追回。《股份公司规范意见》及现行《公司法》均有相同规定,即股份公司未能成立时,其发起人应向认股人承担连带退还股金及利息的责任。因而,圣地公司的三方发起人应退还原告已认购的法人股160万元,并就此承担连带责任。

3. 内部职工股40万元,应由原告职工另行起诉要求退还。

配售职工内部股是依据原告与圣地公司筹委会的定向法人股认购协议作出的补充协议。虽然配售协议是原告订立的,协议内容也是以法人股购买协议为前提,但是,个人股的40万元股金来源于职工,股金收据也明确写明了个人认股人的姓名、金额,确认的是个人的缴股,该协议的履行结果是在原告的部分职工与圣地公司间产生一种直接的财产权利关系。在公司设立后它意味着个人的股权,在公司不能设立时也代表个人的财产权,其投入股金的所有权归属于各职工个人,而非原告。作为民事权利的一种,它应属于个人的处理范围,追回这些财产的请求权亦应由个人行使。

法院调解:

圣地公司三方发起人达成共识,认为股金应予返还,并在案外达成三家分担责任的方案,被告同意先独家偿还股金,原告对此表示接受;同时,原告职工授权原告一并主张退还股金,被告表示认可。

【案例23】公司设立失败 费用按认缴比例分担[①]

原告: 白金惠、赵来俊
被告: 赵来源

---

① 参见北京市朝阳区人民法院白金惠、赵来俊诉赵来源股东出资纠纷案。

诉讼请求： 被告承担在公司不能成立时因设立行为所支出的相关费用共计 1447.17 元。

争议焦点：

1. 公司未能设立是某个发起人的过错还是全体发起人协商一致的结果；
2. 两原告是否有权要求被告按出资比例返还原告垫付的出资费用。

基本案情：

2002年9月3日，两原告、被告、案外人国清金四人共同协商成立金树公司，拟从事有机肥料的生产和经营。签订的《金树公司章程》约定，两原告以现金出资入股，被告以位于朝阳区的相关土地使用权出资入股，案外人国清金以非专利技术出资入股。在金树公司设立过程中，两原告先行支付了因设立公司而进行厂区基建、购置机器设备、购买原材料等相关全部费用，相继共计支出12,059.79元。由于受2003年北京"非典"影响，设立中的公司因未取得行政审批而未能最终设立。四名股东因此决定终止合作。

原告均诉称：

由于公司设立未成，两原告多次找被告协商公司设立费用的承担和剩余资产处置的问题，但未能达成一致意见。根据《公司法》的规定，被告应承担开办费用。

被告辩称：

金树公司的章程系两原告、被告、案外人国清金所签订。但该章程签订后不久，两原告、案外人国清金以有机肥市场前景不好为由，无意再继续合作。因此，公司章程签订后，各方并未实际继续合作，也未发生新的费用。两原告主张已花费的各项费用与事实不符。

律师观点：

本案中，金树公司不能设立系全体发起人协商一致的结果，并非某个发起人的过错导致。故对外而言，全体发起人应当对设立费用承担连带责任；对内而言，发起人有约定的从约定，无约定的应当按照各自出资的比例来承担。两原告预先垫付了设立费用，系对外承担了全部责任，在发起人之间没有另行约定的情况下，其二人有权要求被告按照出资比例分担金树公司的设立费用。

根据提交的证据，原告在设立"金树公司"的过程中花费了4880.74元。依据被告认缴的出资占公司总资本的12%，被告应当分担585.69元。

法院判决：

被告向原告支付585.69元。

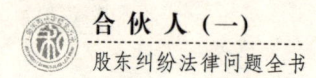

【案例24】公司设立失败　过错发起人承担违约责任[①]

原告：孙国华

被告：黄尊衔、潘静

第三人：保利公司

诉讼请求：判令两被告连带赔偿原告损失人民币 636,909.95 元。

争议焦点：

1. 被告黄尊衔未理顺拟设立公司使用场地的租赁关系是否存在过错，是否应对设立失败承担违约责任；

2. 被告潘静并非拟设立公司的发起人，是否应赔偿筹建费用。

基本案情：

2002年12月31日，被告黄尊衔委托被告潘静与案外人华南印刷厂签订《房地产租赁合同》，向华南印刷厂承租濂泉路42号的一栋10层大楼。

2003年4月9日，原告与第三人保利公司、被告黄尊衔签订一份《合作协议书》，约定三方在濂泉路42号处合作成立云峰酒店。

《合作协议书》签订后，原告自行出资着手云峰酒店成立前的一系列筹备工作，包括对濂泉路42号房产进行装修，以云峰酒店名义购进客房家具、酒店厨具、灯饰等用品，为申请公司名称预先核准而到广东省工商行政管理局办理企业、公司名称查询，进行人员的招聘、培训并向员工支付工资等总计投入636,909.95元。同年4月28日，被告潘静发出书面通知，称濂泉路42号大楼已由华南印刷厂出租给被告潘静并签署房地产租赁合同，未经其同意签署涉及该大楼的任何协议或承诺均为无效，要求第三人保利公司等有关人员搬走办公用品，退出濂泉路42号大楼。

为此，原告要求被告黄尊衔出面与被告潘静和濂泉路42号大楼的业主华南印刷厂协调，以理顺该大楼的租赁关系，但黄尊衔一直没有出面协调，之后便下落不明。云峰酒店的筹备工作因此无法继续进行，无法于2003年7月1日开张经营，最终也没有完成设立登记。

原告诉称：

原告依约自行出资对濂泉路42号房产进行装修和招聘员工。但被告潘静违背诺言，于2003年5月1日以承租人身份阻止原告对上述房产的装修并召

[①] 参见广东省广州市中级人民法院(2005)穗中法民三初字第165号民事判决书。

集人手赶走原告招聘的员工和装修人员。面对被告潘静的破坏,被告黄尊衔不仅没有履行理顺租赁关系的义务,相反却退出合作,致使原告投入的资金血本无归,从而蒙受了重大损失。

被告均未答辩。

第三人无述称。

律师观点:

1. 被告黄尊衔未能依照协议约定履行义务已构成违约。

各方签订的《合作协议书》是当事人的真实意思表示,内容上不违反中华人民共和国法律、行政法规的禁止性规定,协议依法应属有效,各方当事人均应遵照执行。

协议签订后,原告即着手开展云峰酒店成立前的一系列筹备工作,对濂泉路42号房产进行装修,以云峰酒店名义购进相关设备及用品和进行人员的招聘、培训等,并为此投入了相应的资金,履行了协议约定的义务;但被告黄尊衔虽曾以濂泉路42号大楼实际承租人的身份对外出具委托书和签订合同,却未能按照协议约定理顺与被告潘静及华南印刷厂的租赁关系,保证酒店筹备工作的顺利进行,也未能在2003年4月30日前将酒店的中央空调、供水(冷热水)、供电、电梯、消防系统及资料完好地交给原告;在2003年5月1日被告潘静以承租人身份阻止濂泉路42号大楼的装修、赶走装修人员和原告以云峰酒店名义招聘的员工时,更未能及时出面制止或协调,以致云峰酒店的筹备工作无法继续进行,酒店的正常开张和设立登记无法完成。

被告黄尊衔的上述行为已构成违约,应承担相应的民事责任。原告请求作为违约方的被告黄尊衔对其上述损失承担赔偿责任合法有据,理应予以支持。

2. 被告潘静不是合同当事人,原告就《合作协议书》要求其承担违约责任于法无据。

尽管被告潘静阻止酒店装修等行为客观上导致了酒店筹备工作的停滞和最终失败,但《合作协议书》系原告与被告黄尊衔、第三人保利公司所签订,被告潘静并非合同当事人,原告要求其承担违约责任、连带赔偿上述损失于法无据。

法院判决:

1. 被告黄尊衔赔偿原告经济损失人民币636,909.95元;

2. 驳回原告的其他诉讼请求。

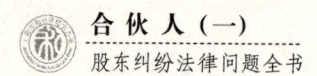

38. 股份有限公司设立失败时,认股人除了可向发起人请求承担返还股款加算利息的连带责任外,可否就发起人的过错,要求其承担损害赔偿责任?

《公司法》仅规定了认股人要求任意或全部发起人返还股款加算利息的权利,但并未明确规定损害赔偿责任。

笔者认为,这是由于股份有限公司涉及的认股人众多,尤其是向社会公开募集股份时,如果准许认股人按照各自实际的损失来要求发起人承担赔偿责任,则可能造成时间成本、司法成本的激增,而且由于损害赔偿结果的各不相同,可能导致认股人相互之间的攀比,造成社会不稳定。因此,在一定程度上牺牲了认股人的权利,对认股人的赔偿请求,仅支持返还股款及加算银行同期存款利息。

39. 如果公司发起人指示负责验资的银行将认股人投入的款项私自转移,认股人应当如何救济?

与银行之间存在储蓄合同关系的主体应当为设立中的公司,而认股人与银行之间并无直接的合同关系。故认股人应当通过向发起人及银行主张共同侵权责任要求返还股款及赔偿利息,而不能直接起诉银行承担违约责任。

【案例25】发起人非验资账户所有人　主张银行划转验资款担责被驳回①

原告: 信达公司

被告: 浦发银行长宁支行

诉讼请求: 判令被告赔偿3000万元及其利息损失。

争议焦点:

1. 原被告之间是否因验资账户的设立产生合同法律关系;

2. 天合基金(筹)在被告处开立验资账户和另一个临时存款账户,并将投资款划入临时账户的行为是否违反人民银行的相关规定;

3. 在天合基金不能设立时,被告将验资账户内资金划入临时存款账户,再从临时存款账户划入天一证券账户的行为是否应对原告的损失承担赔偿责任;

4. 原告是否有权代表全体发起人以自己的名义起诉,要求判决天合基金设立不能后的债权直接归属原告。

基本案情:

2003年5月15日,原告与案外人天一证券、湘投公司三方共同签署《发起人协议书》,约定三方作为发起人共同出资设立天合基金,出资额分别为湘投公司和

---

① 参见上海市高级人民法院(2009)沪高民二(商)终字第13号民事判决书。

原告各3000万元、天一证券4000万元。全体发起人授权天一证券牵头组建筹备组并授权筹备组全权办理筹备事宜。经国家工商行政管理总局同意预先核准三投资人出资设立企业,企业名称为"天合基金管理有限公司"。

同年9月25日,证监会批准同意筹建天合基金。

同年10月17日,被告应天合基金(筹)的申请,为其开立一验资账户,客户名称为天合基金,预留银行签章为"天合基金管理有限公司(筹)财务专用章"及"吕萍"章。

同年12月25日,原告将出资款3000万元电汇至该验资账户,案外人湘投公司和天一证券亦将出资款汇入该验资账户。

2004年3月5日,被告应天合基金(筹)的申请,为其开立一个临时存款账户,客户名称为天合基金管理有限公司,预留银行签章为"天合基金管理有限公司(筹)财务专用章"及"林益森印"章。同日,被告根据天合基金(筹)的指示,将3000万元从验资账户转至临时存款账户,后该些资金被陆续用于公司筹备。

2004年4月,天合基金(筹)向被告出具"关于天合基金管理有限公司有关工商注册问题的说明"称,"虽然公司尚未取得营业执照,正式对外开业,但已经以天合基金(筹)的名义开展各项工作,公司租用了办公场地、进行了各项基金公司必备计算机系统建设、完成了办公场地的装修和家具的购置,且大部分工作人员已经到位工作,这些事项都需要资金支持,由于三家股东均已投入资本金,不再给公司垫付相关款项,因此公司需要使用存放贵行的资金"。

由于天一证券濒临破产,天合基金已无设立的可能。2005年4月25日,天合基金(筹)向被告申请撤销验资账户,并将该账户内的所有款项70,722,600元(其中722,600元为利息)转至临时存款账户。同日,被告根据天合基金(筹)的指令,将临时存款账户中的4900万元转至天一证券账户。2005年5月8日,又根据天合基金(筹)的指令,将临时存款账户中的剩余款项转至天一证券账户。随即该临时存款账户予以销户。

2007年9月30日,浙江省宁波市中级人民法院受理天一证券的破产申请。原告已就其对天一证券的债权向天一证券清算组进行了申报。原告亦曾于2005年8月23日向该院提起诉讼,要求天一证券及胡兴定、吕萍、刘浩返还其出资,该院判令天一证券返还原告全部投资款。

原告诉称:

天合基金作为筹备中的公司虽然可以从事与筹备有关的活动,但并不代表其具有相对独立的民事主体地位。储蓄合同真正的主体仍系发起人或成立后的公司。公司设立失败,原告作为发起人之一,与被告存在储蓄合同关系。

被告为天合基金筹备组开设临时存款账户并划转资金的行为,违反了中国人民银行的相关规定,应当承担违约责任。原告没有同意天合基金筹备组开设临时账户或从验资账户中划拨资金。根据《人民币银行结算账户管理办法》第37条的规定,验资账户在验资期间只收不付;该办法第52条规定,设立失败的,账户资金应退还给原汇款人账户。被告将验资账户内资金划入临时账户,再转入天一证券的做法属严重违规。

综上,被告开设临时账户和划款的行为违反规定,应当承担违约责任,原告基于合同法有权主张违约赔偿责任。

被告辩称:

原告与被告之间不存在合同关系,其开设账户和划款均系根据账户所有人天合基金的指令办理,无任何不当,不应承担责任。

律师观点:

1. 原告不能依据设立中的天合基金与被告之间的合同要求被告向其直接承担违约责任。

天合基金属于拟设立的公司,是一种独特的法律形态,其具有一定的意思表示能力并根据自己的意思表示作出行为的能力,在此过程中其可以拥有发起人交纳的出资财产,以自己的名义进行公司筹备活动,亦可以其自己的名义在银行开立账户。

中国人民银行《人民币银行结算账户管理办法》规定,银行设立验资账号时,以工商行政管理部门核发的企业名称预先核准通知书所确定的企业名称作为账户存款人,而非为每一发起人单独设立银行账户,或者为全体发起人设立一个共享的银行账户。诉争验资账户的户名是天合基金管理有限公司,预留银行签章为"天合基金管理有限公司(筹)财务专用章",所以,该账户的所有人是设立中的天合基金管理有限公司。原告不是该账户的所有人,与银行之间不存在合同法律关系。

此外,合同是指当事人就权利义务一致的真思表示。根据原告提交的全部证据,考察整个验资账户的设定过程,原告从未与被告就该账户或汇入资金的权利义务进行约定。原告向验资账户汇划资金的行为,只是其为了履行《发起人协议书》约定的出资义务,并非以自己名义存款或开户。该汇款行为并不导致双方当事人就诉争验资账户或汇款资金形成合同关系。

2. 被告根据天合基金(筹)的申请,为其开立临时存款账户并不违反人民银行禁止性规定。

设立基金管理公司应当经过筹备和开业两个阶段。天合基金经证监会批准后,先进入筹备阶段,该筹备期限为6个月。在此筹备期间,筹备组以天合基金(筹)的名义进行筹备工作,从商业实践的角度看,其从事必要的经济活动是不能避免的,如需要为公司筹备租房、购进办公用品、聘用员工等,由此也必然需要发生对外结算业务。据此,天合基金(筹)作为一个临时机构,以证监会下发的《关于同意筹建天合基金管理有限公司的批复》,向被告申请开立临时存款账户,代表其真实意思表示。况且,临时存款账户于2004年3月即已开立,开立后即有3000万元从验资账户划入临时存款账户用于公司筹备,但原告未及时提出异议,故可认为原告对当时开立临时存款账户不持异议,且被告也无从知晓天合基金(筹)的申请违背原告意愿,故被告根据天合基金(筹)的申请,在审核必备文件后,为其开立临时存款账户,并不违反人民银行禁止性规定。

3. 被告划款符合人民银行关于支付结算的规定。

商业银行作为支付结算和资金清算的中介机构,必须遵循账户所有人的意愿,为其办理业务。而审查预留银行签章是账户所有人要求办理业务时的识别标识,即银行只要经过核对账户所有人的业务申请上的签章与其在银行预留签章相符,即可代账户所有人办理业务。

本案中,天合基金(筹)依据发起人协议而设立,根据发起人的授权开展工作,其对外代表所有发起人的意志。天合基金(筹)在设立验资账户时,预留"天合基金管理有限公司(筹)财务专用章"及"吕萍"章,被告有理由相信预留的签章代表所有发起人的真实意思表示。在天合基金不能成立时,验资已无必要,款项划入天合基金(筹)的临时存款账户并不属于对外付款。因此,被告划款并不违反人民银行关于支付结算的规定,亦无须承担相应责任。

4. 原告无权代替全体发起人主张违约赔偿责任。

根据《民法通则》《公司法》有关规定,设立期间的公司不是法人,没有民事权利能力和民事行为能力,其权利义务应当由全体发起人共同享有和承担。公司设立失败的,应由全体发起人对外共同承担责任、共享权利。原告以自己的名义起诉,要求判决的债权也直接归属自己,显然有悖于前述规则。据合同相对性原则,原告无权替代全体发起人,直接以自己的名义主张违约赔偿责任。

法院判决:

驳回原告的诉讼请求。

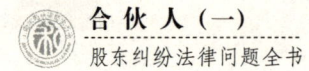

40. 如果发起人故意作出虚假陈述引诱认股人认购股份的,认股人应当如何救济?

如果公司设立成功的,公司应当对其设立时的发起人的虚假陈述给投资人造成的损失承担民事赔偿责任,此后公司可以向发起人主张赔偿责任。

如果公司设立失败,则发起人除应当向认股人返还股款并加算相应利息外,还应当承担连带损害赔偿责任。

41. 购买非法出售的公开募集股份,投资人的利益应当如何救济?

实践中,常有公司未经证监会审核,在只能向特定人募集股份的情况下,擅自委托非法或未经证监会批准的机构代销股份,由于上述行为极有可能构成非法吸收公众存款罪、集资诈骗罪,故受欺骗的投资者一般可通过刑事途径,即向公安机关报案的手段实现利益的救济。

当然,投资人也可以通过民事诉讼要求返还投资款项。由于发起人违反《公司法》《证券法》的规定擅自公开募集股份,其与投资人之间所签订的认购协议显然属于无效协议,故投资人可以发起人为被告,要求其返还款项并要求发起人承担损害赔偿责任。

如果投资人与销售商而非发起人签订认购协议,则可以销售商为被告提起诉讼,如认购协议中明示销售商为代销的,则发起人与销售商可作为共同被告承担连带责任。

二、设立成功时发起人的责任承担

42. 公司设立成功后,如何解决因发起人过失造成公司其他发起人或认股人的经济损失?

公司设立成功后,发起人的责任主要包括如下两项:

(1)如果在公司设立过程中,由于发起人的过失导致公司利益受到损害的,公司可以主张该负有过错的发起人承担损害赔偿责任;

(2)如果在公司设立过程中,由于发起人的过失导致公司其他发起人或认股人损失的,其他发起人或者认股人可以要求负有过错的发起人承担损害赔偿责任。

43. 公司设立成功后,在设立过程中因履行设立职责给他人造成损害的,受害人可否向公司主张侵权责任?

可以。公司承担该侵权责任后,可向负有过错的发起人追偿。

第三节 衍生问题——婚约财产纠纷和同居关系纠纷

一、婚约财产纠纷的裁判标准

44. 何为婚约财产纠纷?

婚约财产纠纷,是指男女双方订立婚约,婚约期间一方以结婚为目的或因其他原因赠与对方财物,当婚约解除时,一方要求另一方返还婚约期间赠与的财产而引起的纠纷。

45. 如何确定婚约财产纠纷的诉讼当事人?

关于婚约财物纠纷案件的诉讼主体法律并无明确规定,实践中存在如下三种意见:

(1)以婚约关系的男女双方为诉讼主体。理由是婚约财物纠纷不同于一般的财物纠纷,是因婚约而引发的,婚约男女应为此类案件的当然原被告。

(2)以婚约关系的男女双方父母为诉讼主体。理由是婚约财物的给付与接受是婚约双方当事人的父母通过婚姻介绍人产生的。接受财物一方没有合法根据使对方受有损失而自己获得利益,构成不当得利,当事人之间即发生债权债务关系。

(3)以婚约关系的男女双方及其父母为共同诉讼主体。理由是婚约财物纠纷与男女双方及其父母都有关系,都是从中受损或获益的当事人。

笔者赞同第三种意见,即婚约财产纠纷的诉讼当事人包括男女双方以及父母。该观点符合最高人民法院关于"婚约关系人"的解释,另外,将婚约关系人全部列为诉讼主体,符合审判实际的需要,也更加有利于这类案件的顺利解决,因为如果不将被其父母列为诉讼主体,待裁判生效后将会导致执行困难。且根据司法实践来看,法院也基本采用这一观点。

因此,因婚约财产产生纠纷时,原告为男女一方(该方父母),被告应为另一方(该方父母)。

46. 婚约财产纠纷由何处法院管辖?

应当由被告住所地法院进行管辖。被告住所地与经常居住地不一致的,由经常居住地人民法院管辖。

47. 婚约财产纠纷是否适用诉讼时效?

适用,诉讼时效为两年,但是起算点因下列情形而有所不同:

（1）如果双方没有缔结婚姻关系，给付人应当及时履行自己的权利，向对方主张自己的权利，对方拒不返还的，诉讼时效开始起算；

（2）双方已登记结婚的，自解除婚姻关系之日起，给付人就应当知道自己的权利受到侵害，诉讼时效开始起算。

48. 婚约解除时，一方是否可以向另一方主张返还彩礼？

如同设立失败时发起人的返还责任一样，婚姻不成时，一方完全可向另一方主张返还所赠送的财产。

【案例26】"非诚勿扰"相识相恋　反悔送"礼"闹上法庭①

男女双方分别亮相"非诚勿扰"　场下确定恋爱关系赠送宝马

2010年9月小黄在参与江苏卫视《非诚勿扰》②节目录制期间结识小吴，并确定男女朋友关系。其间，小黄应小吴要求赠与其夏普32英寸高清液晶电视一台、宝马318车一辆，并登记在小吴名下。

分手却陷财产纠纷　是否是"彩礼"双方针锋相对

据小黄称，2010年12月25日，小吴突然拒绝与小黄结婚，并拒绝返还小黄赠与的车辆。2011年5月，小黄向朝阳区法院起诉后，要求返还其作为彩礼赠与小吴的宝马车。随后，小黄向法院提出了财产保全申请，朝阳区法院于5月12日作出民事裁定书，裁定查封、冻结小吴名下宝马轿车的过户手续。对于本案，原、被告双方各执一词。

原告强调："原告为被告购买宝马车是基于双方存在婚约的情况下购买的，在双方没有结婚的情况下，被告应当返还。"理由如下：

1. 双方存在婚约，根据提供的照片可以看出双方就结婚已经进行了准备，证人证言也证明，被告是因为原告的条件不够好才决定不结婚的，根据现有的证据，可以证明双方存在婚约。

2. 涉案的宝马车是原告给被告购买的彩礼，原告已提供相应的证据证明是原告购买，且法院调取的证据也证明了系原告购买，庭审中被告也认可了，该宝马车是原告购买。

3. 双方没有办理结婚登记手续，原告有权要求给付的彩礼返还。该赠与行

---

① 参见新浪网 http://ent.163.com/11/1217/02/7LEO1P5000031H2L.html，2014年1月14日访问。

② 现更名为"缘来非诚勿扰"，下同。

为是附有条件的赠与,条件是双方结婚,如果没有结婚,财产就应当返还。关于《婚姻法司法解释(二)》第10条规定,按照习俗给付彩礼的查明没有结婚登记的,彩礼应当返还。所以,被告应当返还。

被告则认为:小吴和原告仅仅交往了一个多月,双方没有感情基础,双方根本没到谈婚论嫁阶段。宝马车是双方交往过程中,小黄自愿赠与小吴的,小吴也赠送过对方礼物,这与《婚姻法司法解释(二)》第10条规定的"彩礼"有本质区别。"彩礼"是在男女双方父母对婚事同意的基础上,男方为感谢女方父母,通过媒人送出的。彩礼应是按照习俗给付的彩礼,如果当地没有婚前给付彩礼的习俗,原告也就没有迫于压力给付彩礼的情形。北京并没有按照习俗给付彩礼的情况,被告也没有证据证明其是迫于压力按照习俗给付彩礼。双方没有媒人,彩礼应当是在订婚仪式上经过媒人给付对方家人的彩礼。双方是在《非诚勿扰》节目上认识的,不是按照习俗进行的,因此,宝马车不是彩礼。

管辖权异议被驳回　证据面前判决返还大部分车款

小吴于庭前提出其居住东城区,要求朝阳法院将案件移送至东城法院审理。北京市朝阳法院认为小吴户籍显示为朝阳区,并无法提交证据证明现居地为东城区,根据《民事诉讼法》的相关规定,裁定驳回小吴的管辖异议申请。

庭审中,被告小吴首次承认,涉案的宝马车确属小黄出资购买,还承认了小黄去过小吴家,见过小吴的父母,但否认小吴见过小黄的家长以及双方有婚约。

为了证明小吴见过小黄的父母,小黄向法庭提交了两张小吴、小黄和小黄父母的合影。律师称,这是小吴去小黄的老家,与小黄的父母吃饭时由餐厅服务员用"拍立得"拍下的。小吴的律师否认照片的真实性,但又不主张进行鉴定。

2011年12月16日上午,朝阳法院一审宣判,判决小吴返还小黄宝马车款28万元。法院作出这一判决的理由主要有:

1. 原被告双方有缔结婚姻的意愿。

《非诚勿扰》节目本身就是为男女双方寻求结婚对象而举办的。两人在参加该节目期间相识,并很快确立男女朋友关系,可表明双方交往之初具有缔结婚姻的意图。小吴称自己未见过小黄的父母,但根据小黄提供的合影照片,可以认定小吴与小黄父母见过面。在小吴和小黄朋友的电话录音中,也多次提及结婚的情况。因此可确定双方曾表露出缔结婚姻的意愿。

2. 宝马车系原告赠与被告的彩礼,应予返还。

小黄在双方有结婚意愿的基础上为小吴购买的宝马车属贵重物品,与恋爱期间男女朋友赠送的一般性礼物有区别,具备彩礼性质。因宝马车已登记在小吴名下,从车辆价值及使用时间等,法院酌情判处小吴返还小黄大部分车款。

49. 父母、亲属向对方给付的彩礼,能否成为返还彩礼诉讼的当事人?

可以。实践中,彩礼的给付人和接受人并非仅限于男女双方,还可能包括男女双方的父母和亲属,这些人均可成为返还彩礼诉讼的当事人。

50. 彩礼给付后,男女双方仅形成同居关系,为此,给付彩礼的父母或亲属要求返还彩礼的,能否支持?

原则上男女双方未办理婚姻登记的,则彩礼应当返还。但双方形成同居关系的,已给付的彩礼可能已经用于购置双方共同生活的物品,事实上转换为共同财产。因此,要根据彩礼的使用情况、婚姻关系或同居关系存续期间的长短等具体事实综合考虑。特别是彩礼已转化为共同生活的财产时,彩礼的返还与分割共同财产应一并考虑。

51. 若男女双方已经结婚,则赠与彩礼一方能否要求返还?

从司法实践及法理角度分析,婚约财产的给予一般认定为附条件的赠与,而双方缔结婚姻关系即为条件的达成,故一旦双方结婚,一般不能主张返还婚约财产。

但是,如果双方结婚后即关系紧张,甚至分居或准备离婚,并且因为筹办彩礼导致一方生活严重困难的,在双方已办理离婚的前提下,法院有可能支持该方返还彩礼的主张。

52. 以订婚为名,实质上却以此欺诈他人婚约财产,行为人是否构成诈骗罪?

股份有限公司的发起设立人如以非法占有认股人财产为目的,进行公开募集设立的,将承担与非法集资相应的刑事责任。同样,"以订婚为名,行欺诈之实"的一方,欺骗另一方的婚约财产,除了返还财产外,同样可能构成诈骗罪。

【案例27】"玫瑰"陷阱骗婚骗财 被判13年罚金38万[①]

受害人: 周某等5人

犯罪嫌疑人: 王某

争议焦点: 犯罪嫌疑人利用"空壳"公司老板的身份,以结婚为名向被害人借钱借物的行为是否构成诈骗罪。

[①] 参见上海政法综治网 http://www.shzfzz.net/node2/zzb/jrgz/xw/userobject1ai71686.html,2014年1月14日访问。

基本案情：

犯罪嫌疑人早几年从安徽老家到上海谋生，因学历低又无一技之长，未能找到一份稳定的工作。

2007年年初结婚后，犯罪嫌疑人想自己开厂做老板，便在奉贤地区注册成立了靖莱公司，生产经营项目是涂料。其实这是一个"空壳"公司，他以"空壳"公司为炫耀身价的筹码，在婚介网站登了一则信息，称自己单身，经营一家生产销售涂料的公司，还在安徽亳州有投资项目，并在奉贤地区购买了一套房屋为办公室。短短一年时间内，先后有周某等5名受害人跌入犯罪嫌疑人设下的"玫瑰"陷阱，被犯罪嫌疑人以借款为名骗取财物价值逾65万元。在了解了事实真相后，遭受情感创伤又被欺骗大笔钱款的被害人，向公安机关报案，并强烈要求法院严惩犯罪嫌疑人。

律师观点：

犯罪嫌疑人在自己未出资分文的情况下设立靖莱公司，之后从未实际生产和经营该公司。其在行骗之时亦无其他稳定的收入和资产，表明犯罪嫌疑人设立公司的目的并非实际经营，而是利用公司老板的身份实施诈骗行为。

犯罪嫌疑人隐瞒已婚的真相，通过婚介网站与各被害人相识后确立恋爱关系，并在取得被害人的信任后，以借款等名义骗取钱财。犯罪嫌疑人与被害人建立的是恋爱关系，而非合作伙伴关系，其用意在骗取被害人感情的同时骗取钱财。

犯罪嫌疑人明知自己没有经济偿还能力，却接连向被害人借款，且数额巨大，之后还隐匿不知去向，显然具有非法占有的目的。

综上所述，犯罪嫌疑人主观上具有非法占有他人财物的目的，客观上实施了诈骗行为，其行为已构成诈骗罪。

法院判决：

判处犯罪嫌疑人有期徒刑13年，剥夺政治权利3年，并处罚金人民币38万元。

53. 如果一人同时对外订立多份婚约，则是否可以向所有未与其形成婚姻关系的一方主张返还彩礼？

在公司设立中，如果一名自然人或一家公司对多处公司设立出资，只要公司设立失败，其都可主张各发起人返还股款及利息。

但是如果一人以赠送婚约财产为诱饵，玩弄多人感情，订立多份婚约，则不得主张受赠人返还婚约财产，这也是法律上"公序良俗"原则的适用。

二、同居关系纠纷的裁判标准

54. 何为同居关系纠纷？该纠纷由何地法院管辖？按照什么标准交纳案件受理费？是否适用诉讼时效？

系指同居双方在解除同居关系时,就同居关系存续期间所获财产、所负债务如何分割,或对同居期间所生子女由谁抚养发生的纠纷。

同居关系纠纷应由被告住所地人民法院管辖,被告住所地与经常居住地不一致的,由经常居住地人民法院管辖。

同居关系子女抚养纠纷的案件受理费按件收费(50~100元/件),同居关系析产纠纷则按照案件标的额计算案件受理费。

同居关系子女抚养纠纷并非主张债权请求权的诉讼,不适用诉讼时效制度,而对于同居关系析产纠纷则应当适用2年的诉讼时效规定。

55. 具有同居关系的双方诉至法院要求离婚的,法院应当如何处理？

具有同居关系的双方诉请离婚的,应当区别对待：

(1)1994年2月1日民政部《婚姻登记管理条例》公布实施以前,男女双方已经符合结婚实质要件的,按事实婚姻处理；

(2)1994年2月1日民政部《婚姻登记管理条例》公布实施以后,男女双方符合结婚实质要件的,人民法院应当告知其在案件受理前补办结婚登记；未补办结婚登记的,按解除同居关系处理。

56. 如果同居一方起诉主张解除同居关系,法院应当如何处理？

一般情况下,当事人起诉请求解除同居关系的,人民法院不予受理。

但当事人请求解除的同居关系,属于有配偶者与他人同居的,人民法院应当受理并依法予以解除。

此外,如果当事人因同居期间财产分割或者子女抚养纠纷提起诉讼的,人民法院也应当受理。

57. 如果女方在同居期间怀孕,男方是否可以提出解除同居关系？

《婚姻法》仅保护在合法婚姻前提下怀孕一方的权利,故而不允许男方诉请离婚,对于同居关系并无此种保护。因此当一方有配偶而与他人同居时,即使女方在同居期间怀孕,对男方诉到法院要求解除同居关系的,法院也应予受理。受理后即应作出解除同居关系的判决。女方分娩后,再处理子女抚养问题。

58. 解除同居关系时,对于同居期间的财产应当如何分割？

解除同居关系时,同居生活期间双方共同所得的收入和购置的财产,按一般共有财产处理;同居生活前,一方自愿赠送给对方的财物可比照赠与关系处理。

如一方在共同生活期间患有严重疾病未治愈的,分割财产时,应予适当照顾,或者由另一方给予一次性的经济帮助。

具体分割财产时,应照顾妇女、儿童的利益,考虑财产的实际情况和双方的过错程度,妥善分割。

【案例28】男方出资购房　分手女方获得折价款[1]

为结婚男方购买新房

2008年11月,岳先生和舒小姐确立恋爱关系,两人恋情迅速升温,进而于同月底闪电同居。考虑到今后关系进一步发展,2009年6月,岳先生与舒小姐同案外人签订《上海市房地产买卖合同》,共同购买一套位于本市宝山区的二手房。房屋总价为55万元,岳先生支付了首付款22万元及契税,并以自己名义办理了33万元的公积金贷款以支付剩余款。2009年7月,岳先生、舒小姐取得了房屋的产权证,产证共有形式一栏载明为两人共同共有。目前该房屋的价值已达到90万元。

恋人分手　为房产对簿公堂

2010年10月,岳先生、舒小姐因故分手。岳先生认为,房屋是他出资为与舒小姐结婚而购买,岳先生除了支付购房首付款及相关税费之外,每月还按时偿还房贷。现两人恋爱不成,舒小姐理应返还房屋份额,起诉要求法院判决确认系争房屋为其个人所有。

庭审中,舒小姐不认可岳先生的观点,认为购买房屋是两人共同投资行为,房屋产权也登记在两人名下,岳先生只享有房屋50%的产权。舒小姐表示房屋产权可以完全归岳先生,但应向其支付折价款。

恋爱购房　分手后视双方贡献确定房产份额

一审判决系争房屋归岳先生所有,同时判令岳先生向舒小姐支付房屋折价款10万元。对此,岳先生不服提起上诉,认为系争房屋全部由其出资购买,现两人恋爱不成,舒小姐应"净身出户",其不应再向舒小姐支付任何折价款。

二审法院认为,岳先生、舒小姐购买系争房屋,共同登记成为房屋的权利人,物权的取得程序合法,两人同为房屋的所有权人,对房屋共同享有权利。现两人

---

[1] 参见中国法律资源网 http://www.lawbase.com.cn/law_info/lawbase_@53377.htm,2014年1月14日访问。

终止恋爱关系后分割共有房产,符合重大理由需要分割的情形。鉴于两人对于共有房产的分割没有协议,应当考虑共有人对共有房产的贡献大小等情况,合理确定未出资方的份额。根据查明的事实,房屋由岳先生出资购买并每月偿还房贷,一审法院确定由岳先生支付舒小姐房屋折价款10万元,符合案件事实和法律规定。岳先生的上诉请求,缺乏事实和法律依据,据此驳回岳先生的上诉请求,维持一审判决。

律师观点:

恋爱期间共同购房,一方未出资但产权登记为两人共有,析产分割时从不动产登记的角度分析,本案所涉房屋应确定为恋爱双方即岳先生、舒小姐共有。当共有关系终止时,在没有财产分割协议的情况下,法院主要根据共有人对共有房屋的贡献大小,适当照顾共有人生产生活的实际需要等情况,合理确定未出资方的份额。在本案中,房屋是由岳先生出资购买并偿还贷款,因此房屋产权判归岳先生是适当的。同时,法院基于房屋共有人舒小姐未出资情况,根据前述共有财产的分割原则,确定岳先生向舒小姐支付折价款10万元。岳先生要求舒小姐"净身出户"的上诉请求与法律规定不符。

59. 解除同居关系时,同居期间所形成的债权、债务如何处理?

同居期间为共同生产、生活而形成的债权、债务,可按共同债权、债务处理。

【案例29】同居时借款共同开销 法院确认为共同债务双方连带偿还[1]

原告: 杨建霞

被告: 宋海松

诉讼请求: 被告共同分担同居生活期间的共同债务175,000元。

争议焦点: 原告与被告同居生活期间产生的借款是否属于共同债务,被告是否需要对共同债务承担连带偿还责任。

基本案情:

原告与被告于2007年1月27日按农村风俗举行结婚仪式,但没有进行婚姻登记。两人以夫妻名义同居生活至2007年7月17日。

2007年2月6日,原告向雷冠武借款5万元。

2007年3月1日、3月10日原告又两次向卫建亚借款125,000元。

---

[1] 参见河南省三门峡市中级人民法院(2010)三民终字第165号民事判决书。

上述共计175,000元借款均由原告出具欠条,且至诉讼时均未偿还。后因原告生意赔本且两人感情出现矛盾,被告提出分手。

以原告之名存取款的部分银行卡回单(包括原告三次向案外人借款后的进款回单)在被告处,双方以此借款共同负担生活部分开销。

原告诉称:

原告与被告虽没有在民政机关办理婚姻登记,但一直以夫妻之名生活,且拥有共同财产,原被告之间存在事实婚姻关系。因此,被告应当对婚姻期间的夫妻共同债务承担偿还责任。

被告辩称:

原告借款时,双方并没有结婚。该借款系原告单方为他人出具的借条,与被告无关。

律师观点:

原告与被告同居生活期间,原告向雷冠武、卫建亚借款共计175,000元。该债务虽系原告一人出具借条,但原告向案外人借款的银行卡回单在被告手中,足以说明被告对于原告借款的事实是明知的,且该借款业已实际用于两人的生活开销。根据《最高人民法院关于人民法院审理未办结婚登记而以夫妻名义同居生活案件的若干意见》的规定,"同居期间为共同生产、生活而形成的债权、债务,可按共同债权、债务处理",因此涉案的三笔借款应当认定为共同债务。

因原告没有偿还该债务,根据《民法通则》第87条"债权人或者债务人一方人数为二人以上的,依照法律规定或者当事人的约定,享有连带权利的每个债权人,都有权要求债务人履行义务;负有连带义务的每个债务人,都负有清偿全部债务的义务,履行了义务的人有权要求其他负有连带义务的人偿付他应当承担的份额"之规定,原告起诉被告共同承担同居生活期间的债务175,000元,应予支持。

法院判决:

被告应共同分担同居生活期间的共同债务175,000元。

【法律依据】

一、公司法类

(一)法律

❖《公司法》第32条、76~95条、146条

❖《证券法》第10条、12条、28~36条、193条

(二)行政法规

❖《公司登记管理条例》第10条、21条

❖《中外合资经营企业法实施条例》第14条
（三）司法解释
❖《最高人民法院关于适用〈中华人民共和国公司法〉若干问题的规定（三）》第1~6条
❖《最高人民法院关于审理证券市场因虚假陈述引发的民事赔偿案件的若干规定》第17条

二、婚姻家庭法类

（一）法律
❖《婚姻法》第12条

（二）司法解释
❖《最高人民法院关于人民法院审理未办结婚登记而以夫妻名义同居生活案件的若干意见》第8条、10~12条
❖《最高人民法院关于适用〈中华人民共和国婚姻法〉若干问题的解释（一）》第5条、15条
❖《最高人民法院关于适用〈中华人民共和国婚姻法〉若干问题的解释（二）》第1条、10条
❖《最高人民法院民事审判庭关于贯彻执行最高人民法院〈关于人民法院审理未办结婚登记而以夫妻名义同居生活案件的若干意见〉有关问题的电话答复》第2条、3条

（三）地方司法文件
❖《上海市高院关于适用〈婚姻法司法解释（二）〉若干问题解答》第2~5条
❖《山东省高级人民法院2008年民事审判工作会议纪要》第1条
❖《江苏省法院民一庭婚姻家庭案件疑难问题法律适用研讨会综述》

三、民法类
❖《合同法》第15条
❖《民法通则》第106条、134条

第三章　股东出资纠纷

【宋律师释义】

股东出资纠纷,是指公司股东虚假出资、出资不足、逾期出资、抽逃出资,公司或公司股东或债权人请求出资不实股东承担履行出资义务、赔偿损失责任而引发的纠纷。[①]

违反出资义务的股东应当承担四种责任:

(1)对公司承担资本充实责任。

公司股东应当补缴出资,如果出资的非货币财产的实际价值显著低于公司章程所定价值的,该股东应补足其差额。

(2)对其他股东和公司承担违约责任。

公司成立后,公司章程明确记载了股东应当履行的出资额。章程是由全体股东或发起人共同制定并签署的,对全体股东和公司都有约束力。股东应当按照章程约定全面履行出资义务,否则就构成违约。该违约责任当属严格责任,无论瑕疵出资股东主观上是否有过错,都应对公司和股东承担责任。而且,该瑕疵出资股东不仅对其他已足额出资的股东承担违约责任,还应当对其他瑕疵出资股东承担违约责任。

(3)对公司承担赔偿责任。

股东未履行或未适当履行出资义务给公司造成损害的,应对公司承担赔偿责任。如因股东出资不到位给公司的生产经营造成损失,影响公司正常经营的,应当予以赔偿。

---

① 为了表述方便,本书将违反出资义务的行为概括为三种:一是出资不实;二是虚假出资;三是抽逃出资。

> (4) 对债权人承担补充清偿责任。
>
> 公司的财产不足以清偿债务的,出资不实股东应当在出资不实的范围内对公司的债务承担补充清偿责任。
>
> 实践中,应注意区分股东出资义务的民事责任与虚假出资、抽逃出资刑事责任的不同之处。
>
> 2014年3月1日起实施的新《公司法》、2014年2月19日修订的《公司登记管理条例》对资本制度作了较大变动,改实缴制为认缴制,具体如下:
>
> (1) 出资时间不限制在两年内缴足,而是由公司章程予以约定;
>
> (2) 不限制非货币资产的比例,也就是说公司的注册资本可全部是非货币资产;
>
> (3) 取消了公司最低注册资本的要求,但法律、行政法规以及国务院决定对公司注册资本实缴、注册资本最低限额另有规定的,从其规定;
>
> (4) 除了以募集方式设立股份有限公司外,设立有限责任公司及以发起设立方式设立股份有限公司无须再经验资机构验资并出具证明。

【关键词】 出资不实　虚假出资　抽逃出资　股权出资　债务重组　债转股　居民企业　非居民企业　一般性税务处理　特殊性税务处理

❖ **出资不实**:出资不实主要包括出资数额、时间、形式或程序上存在瑕疵,不符合法律规定或当事人约定。其主要包括迟延履行、出资不足、非货币出资的财产存在权利或物或价值的瑕疵。

❖ **虚假出资**:是指股东表面出资,实际上采用欺骗手段并未实际出资的行为。具体表现形式包括:以无现金流通的虚假银行进账单、对账单骗取验资报告;以虚假的实物出资手续骗取验资报告;以实物、知识产权、土地使用权出资,但未办理产权转移手续等。

❖ **抽逃出资**:是指股东在公司成立后,采用各种非法手段将其所缴的出资暗中抽回,即实际上并没有出资的情形。

❖ **股权出资**:指投资人依据法律、出资协议或公司章程的规定,以其在其他公司的投资权益出资,设立新公司或扩充被投资公司资本的行为。举例来说就是:A持有B公司的股权,现在A将其持有的B公司的股权作为出资投资于C公司,这样C公司就成为了B公司的股东,A成为了C公司的股东。

❖ **债务重组**:是指在债务人发生财务困难的情况下,债权人按照其与债务人达成的协议或者法院的裁定作出让步的事项。其中"债务人发生财务困难",是指因债务人出现资金周转困难,经营陷入困境或者其他原因,导致无法或者没有能力按原定条件偿还债务。"债权人作出让步",是指债权人同意发生财务困难的债务人现在或者将来以低于重组债务账面价值的金额或者价值偿还债务。

债务重组的方式主要有三种:以资产清偿债务、将债务转为资本(债转股)、修改其他债务条件以及三种方式的组合。其中:以资产清偿债务,是指债务人转让其资产给债权人以清偿债务的债务重组方式。修改其他债务条件,如减少债务本金、减少或免去债务利息等。

❖ **债转股**:是指债权人以其依法享有的对在中国境内设立的有限责任公司或者股份有限公司的债权,转为公司股权,增加公司注册资本的行为。债务人根据转换协议将应付可转换公司债券转为资本,属于正常情况下的转换,不能作为债务重组处理。

❖ **居民企业**:居民企业与非居民企业的概念出现在税法中,居民企业是指依法在中国境内成立,或者依照外国(地区)法律成立但实际管理机构在中国境内的企业。

❖ **非居民企业**:非居民企业,是指依照外国(地区)法律成立且实际管理机构不在中国境内,但在中国境内设立机构、场所的,或者在中国境内未设立机构、场所,但有来源于中国境内所得的企业。

❖ **一般性税务处理**:是指按照企业所得税的基本规则,在交易发生时确认资产转让所得或者损失,发生权属变更的资产可以按照交易价格重新确认计税基础。

计税基础是指企业资产所有者在出售该资产时允许扣除的金额。

❖ **特殊性税务处理**:特殊性税务处理是相对于一般性税务处理而言的,是指在发生重组交易时,股权支付所对应的资产暂不确认转让所得或损失。但转让方取得的股权支付的计税基础要以转让资产的计税基础来确定,即计税基础递延到取得的股权上。

第一节 立 案

60. 如何确定股东出资纠纷的诉讼当事人?

当股东违反出资义务时,公司或足额出资股东可作为原告,以违反出资义务的股东为被告,请求其补足出资。当公司足额出资股东请求违反出资义务股东承担出资义务时,可以列公司为第三人。

当公司股东用于出资的非货币资产远远低于其实际价值,公司可以该股东为被告,请求其补足出资,同时公司其他发起人股东应当作为共同被告对不足出资承担连带责任。

债权人可作为原告,以违反出资义务股东为被告,请求其在出资不实范围内对公司债务承担连带责任,此时公司将被列为共同被告。

61. 公司一名股东以公司名义起诉请求另一股东返还出资,起诉状中仅有公司印章,无法定代表人签字,另一股东以法定代表人名义申请撤销该诉讼,对该诉讼应如何处理?

公司的诉讼行为应是公司的真实意思表示,其诉讼行为应经过公司的股东达成合意方可进行。如果公司起诉状中无法定代表人签字,仅有公章,而后又向法院申请撤诉,该撤诉申请书上仅有其法定代表人的个人签名,并未加盖公司印章。由此可知,原告的股东对于以该公司名义起诉的行为并未达成意思表示一致,故公司以原告名义起诉的行为并非该公司的真实意思表示。对此,应由原告各股东协商一致确定公司的诉讼代表人后,方可提起诉讼。如股东就公司起诉的诉讼代表人选无法达成一致意见,有关股东可依照《公司法》有关规定经过适当的程序后代表公司提起诉讼。

【案例30】公章与法定代表人签字冲突　法院裁定驳回诉请[①]

原告: 奉芯公司

被告: 张怀东、江纯勇

诉讼请求:

1. 两被告补足抽逃的注册资金37万元,并承担连带责任;
2. 两被告支付自抽逃之日起相应的利息。

争议焦点: 股东持有公章可否直接以公司名义起诉;法定代表人与公章持有人意思表示相冲突,起诉能否被受理。

基本案情:

原告注册资金50万元,法定代表人为被告江纯勇,出资27.5万元,占注册资本的55%,被告张怀东出资22.5万元,占注册资本的45%,上述资金50万元经验资后缴存于原告在中国农业银行上海奉浦支行的人民币账户,账户号为76900004000××××。

---

① 参见上海市第一中级人民法院(2009)沪一中民三(商)终字第666号民事判决书。

2006年10月30日,被告江纯勇、被告张怀东与张蔚签订协议,同意吸收张蔚为原告股东,由其出资25万元购买原告33%的股份。2007年1月28日,通过原告章程,明确张蔚有股东身份。

原告公章由张蔚持有,原告的起诉状上加盖有原告公章。在诉讼过程中,原告又向法院提交了撤诉申请,该申请书上仅有法定代表人被告江纯勇的签字,而无盖章。

原告诉称:

两被告存在抽逃公司资本的行为,侵犯了原告的合法权益。两被告应当履行返还出资以及赔偿利息的责任。

原告为证明其观点,提交证据如下:

原告公司2005年8月1日至31日的记账凭证记录。上述记账凭证显示:原告中国农业银行上海奉浦支行人民币账户于2005年7月5日、7月6日、7月7日、7月8日、7月11日、7月12日、7月13日各支出4万元;2005年7月19日支出2万元;2005年7月27日支出4万元;2005年7月28日、7月29日各支出3万元;以上合计支出40万元。除2005年7月15日以用途支付南唐装饰材料款为名领取2万元,其余款项均以用途备用金为名领取。上述期间由被告江纯勇担任原告法定代表人负责公司经营,由外聘财务人员记账。

两被告辩称:

被告取走款项系用以支付公司的日常开销,以前公司开办初期的对外支出也都是以备用金的名义取款的,因此两被告不存在抽逃出资的情况。

一审认为:

1. 被告江纯勇以备用金名义从公司取款属抽逃出资。

公司股东应当足额缴纳公司章程中约定的其所认缴的出资额,并且在公司依法登记后,不得抽回出资。公司成立后,股东投入公司的财产归公司所有。股东于公司成立后抽逃其出资,是对公司法人财产权的侵害,抽逃出资股东应对公司承担侵权责任。

被告江纯勇在公司登记后,在极短的时间内以每天领取备用金的形式抽回其出资,且其又不能合理解释如此频繁领取备用金的用途,公司也并无固定资产增加。因此,被告江纯勇的行为显然是抽逃注册资金的行为,已造成其出资不实,侵害了公司权益,依法应当向公司补足其出资。

2. 被告张怀东无须与被告江纯勇承担连带责任。

原告要求被告张怀东承担连带责任,但现原告并无证据证明被告张怀东与被告江纯勇共同抽逃或参与,因此对原告的诉讼请求,一审法院未予支持。

一审判决:

1. 被告江纯勇向原告补足其抽逃的出资275,000元;
2. 被告江纯勇向原告偿付利息损失;
3. 驳回原告的其他诉讼请求。

被告江纯勇不服一审判决,向上级人民法院提起上诉。

被告江纯勇上诉称:

法院认定被告江纯勇以领取备用金的形式抽回其出资,侵害公司权益有误。理由为:

1. 从程序上,案外人张蔚无权以原告名义起诉,因为其起诉没有经过全体股东的合意,而且张蔚也不是公司的法定代表人,至于其认为其股东权益受到侵害,应当首先提请监事履行监督职责,但是该前置程序并未进行,不符合公司法的规定。

2. 一审认定被告江纯勇抽逃出资依据不足。公司的明细账可反映,公司开办初期用于研发产品的技术人员工资、购买集成电路设计专用电脑及外聘会计的工资、房租、差旅费、办公用品等都在备用金中支付。

原告二审辩称:

案外人张蔚作为公司股东、员工,有权起诉两名股东。关于抽逃资金的问题,被告江纯勇在公司成立20天起以备用金形式连续支取公司资金,能够证明其抽逃资金,损害了其他股东权益,请求维持原判。

被告张怀东二审辩称:

关于抽逃资本问题,应当从公司整体账目出发,不能片面认定,希望法院对账目整体进行审查。

律师观点:

本案的争议焦点在于,原告的股东张蔚是否有权直接以原告名义起诉。

公司的诉讼行为应是公司的真实意思表示,其诉讼行为应经过公司的股东达成合意方可进行。

原告的印章系由其股东张蔚掌管,原告的一审诉状上仅加盖了公司印章,并没有公司法定代表人即本案被告江纯勇的签字确认。原告曾向一审法院申请撤诉,但该撤诉申请书上仅有其法定代表人被告江纯勇的个人签名,并未加盖公司印章。综合上述事实可以推知,原告的三位股东对于以该公司名义起诉的行为并未达成意思表示一致,故案外人张蔚以原告名义起诉的行为并非该公司的真实意思表示。

现张蔚个人代表原告提起本案诉讼,而法定代表人被告江纯勇则向法院申请撤诉,上述行为均无法视作公司本身的意思表示。对此,应由原告各股东协商一致确定公司的诉讼代表人后,方可提起诉讼。如股东就公司起诉的诉讼代表人选无法达成一致意见,有关股东可依照公司法有关规定经过适当的程序后代表公司提起诉讼。

法院裁定:

1. 撤销一审民事判决;
2. 驳回原告的起诉。

62. 起诉协助股东抽逃出资的董事、高管、实际控制人承担连带责任时,如何确定诉讼当事人及案由?

公司以及公司其他股东均可以作为原告,以抽逃出资股东、董事、高管与实际控制人为共同被告,要求其承担连带责任,在选择案由时应选择"损害公司利益责任纠纷"案由。①

63. 公司股东未履行或未全面履行出资义务,公司足额出资股东能否直接请求出资不实股东履行出资义务?是否需要履行先请求公司向出资不实股东主张权利的前置程序?

关于这一点,司法实践中存在争议。

有观点认为,只有公司才可以提起要求违约股东履行出资义务的诉讼,如上海法院就认为,公司成立后,因部分股东出资不足或者出资存在瑕疵,公司提起诉讼,请求判令其补足出资或者补正瑕疵出资,以及支付相应利息的,人民法院应予支持。再如江苏法院认为,股东抽逃出资的,公司有权诉请其返还出资并赔偿损失,帮助该股东抽逃出资的其他股东、董事、经理等共同侵权人承担连带责任。

也有观点认为,公司足额出资股东和公司都可以请求违约股东履行出资义务,如浙江法院认为,对于未履行或未完全履行出资义务的行为,《公司法》规定了未出资股东的出资填补责任和其他发起人的连带认缴责任。这种责任属于未足额出资股东对公司的侵权责任和对足额出资股东的违约责任。因此,相应的诉讼当事人应以公司或足额出资的股东为原告,以未足额出资的股东为被告。

笔者同意后一种观点,公司足额出资股东享有的是直接诉权,不需要履行先

---

① 该案由的裁判标准详见本书第十三章损害公司利益责任纠纷。

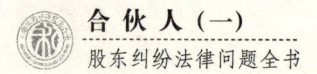

请求公司向出资不实股东主张权利的前置程序。

64. 股东出资纠纷由何地法院管辖？

被告所在地人民法院管辖，即出资不实股东住所地。

被告为公民的，由被告住所地人民法院管辖；被告住所地与经常居住地不一致的，由经常居住地人民法院管辖。公民的住所地是指公民的户籍所在地；公民的经常居住地是指公民离开住所地至起诉时已连续居住一年以上的地方。但公民住院就医的地方除外。

被告为法人的，由被告所在地人民法院管辖。法人的住所地是指法人的主要营业地或者主要办事机构所在地。公司主要营业地或办事机构所在地不明确的，由其注册地人民法院管辖。

65. 股东约定共同出资成立公司，但该公司未进行工商登记，某位股东以非货币资产出资但未办理权属转让手续，该公司应以何种身份起诉要求违反出资义务股东承担责任？

公司未经工商登记，不能被认定为具有权利能力与行为能力的法律意义上的公司。如果其中某个股东违反出资义务，其他股东可以以合伙人的身份对其提起诉讼，要求其承担出资义务，而不能以公司名义起诉未出资的股东。

66. 股东出资纠纷诉讼按照什么标准交纳案件受理费？

按照财产标的额收取案件受理费，具体计算比例详见本书第一章第3问"公司设立纠纷应按照什么标准交纳案件受理费？"。

67. 公司请求违反出资义务的股东补缴出资款是否适用诉讼时效？公司债权人要求股东在出资不实范围内对公司债务承担补充赔偿责任的，是否适用诉讼时效？

公司追究股东出资不实民事责任的，不受诉讼时效的限制。因为缴纳出资请求权与股东出资义务的特殊性直接相关，具体理由如下：

（1）公司拥有充足的资本是其开展正常经营活动的保证，公司资产也系其对外承担民事责任的一般担保；

（2）足额出资是股东对公司的法定义务，缴纳出资请求权是基于股东的法定义务而由公司享有的法定债权请求权，不同于当事人合意产生的意定债权请求权，可以由当事人自由约定处置；

（3）如果规定出资请求权适用诉讼时效，则有违公司资本充足原则，不利于公司的发展，也不利于对其他足额出资的股东及债权人的保护。尤其是如果违反出资义务的股东控制公司，公司怠于对其行使追偿权利，将不合理地损害公司和其他股东的利益。

公司债权人要求股东在出资不实范围内对公司债务承担补充赔偿责任的,只要债权本身未超过诉讼时效,便可主张。

【案例31】公司请求股东补缴出资款 不受诉讼时效限制[1]

原告: 中成大厦公司

被告: 综合投资公司、能源投资公司

诉讼请求:

1. 被告综合投资公司返还出资款366万元,并按银行存款利率支付自1995年7月16日至今的利息;
2. 两被告对上述出资款承担连带责任。

争议焦点:

1. 基于投资关系产生的缴付出资请求权是否适用诉讼时效的规定;
2. 股东能否以对公司享有债权为由,直接抵消自己的出资义务。

基本案情:

原告系中外合作经营企业,被告综合投资公司是原告的股东,持有5%的股权,另两位股东为永颖公司和中国经济技术投资担保公司。1995年7月14日,被告综合投资公司将366万元划拨至原告的账户内作为出资款。1995年7月15日,原告给付被告综合投资公司366万元。

1995年7月15日,被告综合投资公司抽回了全部出资款,至今未向原告中成大厦公司归还。

2004年11月18日,北京市国资委发布《关于北京国际电力开发投资公司与北京市综合投资公司合并重组相关问题的通知》,规定被告综合投资公司与案外人北京电力开发公司合并重组成立被告能源投资公司,被告综合投资公司的债权、债务由被告能源投资公司继承,并要求被告综合投资公司尽快办理注销登记。

2004年12月8日,被告能源投资公司成立,被告综合投资公司的资产全部并入被告能源投资公司,被告综合投资公司至今未办理注销,但其2007年年底工商年检报告显示其资产总额为零。

原告诉称:

被告综合投资公司抽回了全部出资款,至今未向原告归还。

---

[1] 参见北京市第二中级人民法院(2009)二中民终字第19146号民事判决书。

被告综合投资公司作为股东,负有向原告足额缴纳出资款的义务,被告能源投资公司应对被告综合投资公司的出资义务承担连带责任。

被告均辩称:

1. 原告起诉的是侵权之诉,其主张的侵权事实发生在1995年,至今已超过诉讼时效;

2. 被告综合投资公司不应给付原告出资款,理由是被告综合投资公司投资开发建设了中成大厦,永颖公司要收购中成大厦,因此设立原告,并由被告综合投资公司作为名义股东,配合永颖公司办理中成大厦的产权转让手续和外销房许可证。在被告综合投资公司的中成大厦产权转至原告名下、被告综合投资公司完成了实物投资之后,原告向被告综合投资公司支付了部分转让款,但至今尚欠被告综合投资公司两千多万元,所以被告综合投资公司与原告之间互负债务,被告综合投资公司不是原告的控股股东,被告综合投资公司的出资款是原告主动返还给被告综合投资公司的,双方已将债务相互抵销。原告历年的年检报告也表明被告综合投资公司已出资到位。被告综合投资公司不同意原告的诉讼请求。

律师观点:

1. 基于投资关系产生的缴付出资请求权不适用诉讼时效的规定。

《最高人民法院关于审理民事案件适用诉讼时效制度若干问题的规定》规定基于投资关系产生的缴付出资请求权,不适用诉讼时效规定。被告综合投资公司关于本案已超过诉讼时效的主张,缺乏法律依据,不应予以支持。

2. 被告综合投资公司对原告的出资义务不能与原告对被告综合投资公司的债务进行抵销。

被告综合投资公司系原告的股东,依照有关法律规定,股东应当按期足额缴纳公司章程中规定的各自所认缴的出资额,并不得抽逃出资。1995年7月15日,原告给付被告综合投资公司366万元,该行为属于抽逃出资,被告综合投资公司应立即补足其认缴的出资额。

针对被告综合投资公司提出的原告对其负有债务,原告给付其366万元,是双方一致认可抵销债务的答辩意见,首先,被告综合投资公司没有证据证明通知原告抵销债务;其次,足额出资是股东的法定义务,被告综合投资公司收回366万元出资款,减少了原告的实收资本,降低了原告的履约偿债能力,损害了他人的利益,被告综合投资公司对原告的出资义务不能与原告对被告综合投资公司的债务进行抵销。原告对被告综合投资公司的债务应另案解决。

除此之外,被告综合投资公司经有关管理部门决定与其他企业合并成立被告能源投资公司,被告综合投资公司的债权、债务由被告能源投资公司继承。现被告能源投资公司已成立,而被告综合投资公司尚未注销,所以被告综合投资公司仍应为补缴出资款的主体,被告能源投资公司对被告综合投资公司的补缴出资款义务承担连带责任。

关于原告要求被告综合投资公司支付利息没有事实和法律根据,不应予以支持。

法院判决:

1. 被告综合投资公司于判决生效后 10 日内给付原告 366 万元;

2. 被告能源投资公司对判决第一条中被告综合投资公司的义务承担连带责任;

3. 驳回原告的其他诉讼请求。

第二节 出资方式

一、注册资本

68. 法律对公司注册资本最低额有要求吗?货币出资与非货币资产出资的比例有何要求?

有关出资时间、方式、注册资本最低额度,2014 年 3 月 1 日起实施的新《公司法》有三点变化:

(1) 出资时间不限制在两年内,而是由公司章程予以约定。

(2) 不限制非货币资产的比例,也就是说公司的注册资本可以全部是非货币资产。

(3) 取消了公司最低注册资本的要求,但法律、行政法规以及国务院决定对公司注册资本实缴、注册资本最低限额另有规定的,从其规定。具体如下:

①设立商业银行的注册资本最低限额为 10 亿元人民币。城市合作商业银行的注册资本最低限额为 1 亿元人民币,农村合作商业银行的注册资本最低限额为 5000 万元人民币,注册资本应当是实缴资本。

②设立保险公司,其注册资本的最低限额为 2 亿元人民币,且必须为实缴货币资本。以公司形式设立保险专业代理机构、保险经纪人,其注册资本最低限额适用《公司法》的规定。

③设立基金管理公司,注册资本不低于 1 亿元人民币,且必须为实缴货币资

本。同时,基金管理公司主要股东应具有从事证券经营、证券投资咨询、信托资产管理或者其他金融资产管理的较好的经营业绩和良好的社会信誉,最近3年没有违法记录,注册资本不低于3亿元人民币。

④经营证券经纪、证券投资咨询、与证券交易、证券投资活动有关的财务顾问的证券公司注册资本最低限额为5000万元人民币;经营证券承销与保荐、证券自营、证券资产管理以及其他证券业务之一的证券公司注册资本最低限额为1亿元;经营证券承销与保荐、证券自营、证券资产管理以及其他证券业务两项以上的,注册资本最低限额为人民币5亿元。证券公司的注册资本应当是实缴资本(见表3-1)。

表3-1 目前暂不实行注册资本认缴登记制的行业

序号	名称	法律依据
1	采取募集方式设立的股份有限公司	《中华人民共和国公司法》
2	商业银行	《中华人民共和国商业银行法》
3	外资银行	《中华人民共和国外资银行管理条例》
4	金融资产管理公司	《金融资产管理公司条例》
5	信托公司	《中华人民共和国银行业监督管理法》
6	财务公司	《中华人民共和国银行业监督管理法》
7	金融租赁公司	《中华人民共和国银行业监督管理法》
8	汽车金融公司	《中华人民共和国银行业监督管理法》
9	消费金融公司	《中华人民共和国银行业监督管理法》
10	货币经纪公司	《中华人民共和国银行业监督管理法》
11	村镇银行	《中华人民共和国银行业监督管理法》
12	贷款公司	《中华人民共和国银行业监督管理法》
13	农村信用合作联社	《中华人民共和国银行业监督管理法》
14	农村资金互助社	《中华人民共和国银行业监督管理法》
15	证券公司	《中华人民共和国证券法》
16	期货公司	《期货交易管理条例》

续表

序号	名称	法律依据
17	基金管理公司	《中华人民共和国证券投资基金法》
18	保险公司	《中华人民共和国保险法》
19	保险专业代理机构、保险经纪人	《中华人民共和国保险法》
20	外资保险公司	《中华人民共和国外资保险公司管理条例》
21	直销企业	《直销管理条例》
22	对外劳务合作企业	《对外劳务合作管理条例》
23	融资性担保公司	《融资性担保公司管理暂行办法》
24	劳务派遣企业	2013年10月25日国务院第28次常务会议决定
25	典当行	2013年10月25日国务院第29次常务会议决定
26	保险资产管理公司	2013年10月25日国务院第30次常务会议决定
27	小额贷款公司	2013年10月25日国务院第31次常务会议决定

69. 外商投资企业的注册资本最低限额有何特殊规定？如何办理境外直接投资外汇登记？除了《公司法》规定的出资方式外，外国投资者还可以采用哪些方式进行出资？

(1) 我国法律法规对于中外合资企业某些行业的最低注册资本的特殊规定

①从事零售业务的企业，其注册资本不低于5000万元人民币，在中西部投资零售业务企业注册资本不低于3000万元人民币；

②从事批发业务的企业，注册资本不低于8000万元人民币，在中西部地区投资零售业务企业注册资本不低于6000万元人民币；

③中外合资银行的注册资本最低限额为10亿元人民币或等值的自由兑换货币；

④中外合资财务公司最低注册资本为3亿元人民币或等值的自由兑换货币；

⑤中外合资旅行社注册资本不低于400万元人民币；

⑥中外合资对外贸易公司注册资本不低于5000万元人民币，在中西部投资贸易企业的，注册资本不低于3000万元人民币。

同时需要注意的是，在合营企业的注册资本中，外国合营者的投资比例一般不低于25%。

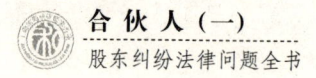

(2) 外汇出资登记流程

境内机构境外直接投资获得境外直接投资主管部门核准后,持下列材料到所在地外汇局办理境外直接投资外汇登记:

①书面申请并填写《境外直接投资外汇登记申请表》;
②外汇资金来源情况的说明材料;
③境内机构有效的营业执照或注册登记证明及组织机构代码证;
④境外直接投资主管部门对该项投资的核准文件或证书;
⑤如果发生前期费用汇出的,提供相关说明文件及汇出凭证;
⑥外汇局要求的其他材料。

外汇局审核上述材料无误后,在相关业务系统中登记有关情况,并向境内机构颁发境外直接投资外汇登记证。境内机构应凭其办理境外直接投资项下的外汇收支业务。

多个境内机构共同实施一项境外直接投资的,由境内机构所在地外汇局分别向相关境内机构颁发境外直接投资外汇登记证,并在相关业务系统中登记有关情况。

境内机构应凭境外直接投资主管部门的核准文件和境外直接投资外汇登记证,在外汇指定银行办理境外直接投资资金汇出手续。外汇指定银行进行真实性审核后为其办理。

外汇指定银行为境内机构办理境外直接投资资金汇出的累计金额,不得超过该境内机构事先已经外汇局在相关业务系统中登记的境外直接投资外汇资金总额。

(3) 经外汇局核准,外国投资者还可以下列方式作为向外商投资企业的出资
①外商投资企业将发展基金、储备基金(或资本公积金、盈余公积金)等转增本企业资本;
②外商投资企业的未分配利润、应付股利及其项下的应付利息等转增本企业资本;
③外商投资企业外方已登记外债本金及当期利息转增本企业资本;
④外国投资者从其已投资的外商投资企业中因先行回收投资、清算、股权转让、减资等所得的财产在境内再投资。

外国投资者以上述方式出资的,外汇局审核其提交的材料无误后,开立相应的资本项目外汇业务核准件,银行凭以办理有关的境内划转业务,企业凭以办理验资询证及外资外汇登记手续。

70. 外商投资企业注册资本和投资总额的比例关系有何要求?

企业投资总额是外商企业法中的特有概念,在内资企业中并不存在。企业的投资总额,是指按照企业合同、章程规定的生产规模需要投入的基本建设资金和生产流动资金的总和。投资总额中除注册资本外,还包括借入资金。一般情况下,注册资本和投资总额的比例关系如下:

(1)中外合资经营企业的投资总额在300万美元以下(含300万美元)的,其注册资本至少应占投资总额的7/10;

(2)中外合资经营企业的投资总额在300万美元以上至1000万美元(含1000万美元)的,其注册资本至少应占投资总额的1/2,其中投资总额在420万美元以下的,注册资本不得低于210万美元;

(3)中外合资经营企业的投资总额在1000万美元以上至3000万美元(含3000万美元)的,其注册资本至少应占投资总额的2/5,其中投资总额在1250万美元以下的,注册资本不得低于500万美元;

(4)中外合资经营企业的投资总额在3000万美元以上的,其注册资本至少应占投资总额的1/3,其中投资总额在3600万美元以下的,注册资本不得低于1200万美元。

外国投资者股权并购的,对并购后所设外商投资企业应按照以下比例确定投资总额的上限:

(1)注册资本在210万美元以下的,投资总额不得超过注册资本的10∶7;

(2)注册资本在210万美元以上至500万美元的,投资总额不得超过注册资本的2倍;

(3)注册资本在500万美元以上至1200万美元的,投资总额不得超过注册资本的2.5倍;

(4)注册资本在1200万美元以上的,投资总额不得超过注册资本的3倍。

71. 外商投资企业可以分期缴纳出资吗?如违反规定缴纳,应当承担哪些责任?外商投资企业无法按期缴付出资时,可以延期出资吗?如何办理延期?

外商投资企业可以分期缴纳出资。具体规定如下:

(1)外国投资者缴付出资的期限应当在设立外资企业申请书和外资企业章程中载明;

(2)外国投资者可以分期缴付出资,但最后一期出资应当在营业执照签发之日起3年内缴清。其中,第一期出资不得少于外国投资者认缴出资额的15%,并应当在外资企业营业执照签发之日起90天内缴清。

外商投资企业违反规定缴纳出资,承担的法律责任如下:

(1)外国投资者未能在规定的期限内缴付第一期出资的,外资企业批准证书即自动失效。外资企业应当向工商行政管理机关办理注销登记手续,缴销营业执照;不办理注销登记手续和缴销营业执照的,由工商行政管理机关吊销其营业执照并予以公告。

(2)外国投资者如未能如期缴付第一期出资后的其他各期的出资,无正当理由逾期30天不出资的,外资企业应当向工商行政管理机关办理注销登记手续,缴销营业执照;不办理注销登记手续和缴销营业执照的,由工商行政管理机关吊销其营业执照并予以公告。

外商投资企业延期出资具体要求如下:

(1)新设的外商投资企业,无法按期缴付首期出资的,可以办理延期出资的,但延长后的首期出资期限不得超过2年。

(2)已缴付首期注册资本且守法经营的外商投资企业,无法按期缴付余下出资的,可以适当放宽出资期限,但延长后的累计出资期限不超过3年。但延期出资不适用于投资性公司。

(3)外商投资企业申请延长出资期限,应当向登记机关办理登记手续,并提交下列文件:

①外商投资企业变更(备案)登记申请书;
②审批机关的批准文件;
③依法作出的决议或决定;
④修改后的章程或章程修正案;
⑤企业股东出具的未能按期缴付出资的说明材料;
⑥全体股东一致同意的书面证明;
⑦已缴付首期注册资本且守法经营的企业还应提交由企业出具的证明其正常运作的材料;
⑧国家工商总局规定的其他文件。

72. 增资时,股东可否分期缴纳出资?

法律并无明文规定。笔者认为,公司增加资本时,可以分期缴纳出资。

《公司法》规定,有限责任公司新增资本的出资,股份有限公司为增加注册资本发行新股时,股东认购新股,按照缴纳出资或股款的有关规定执行。而缴纳出资与股款的制度中就包括分期缴纳出资与股款事项。因此,分期出资制度应适用于股东增资时。

73. 募集设立公司的发起人应至少认购公司多少股份？认股人未按期缴纳所认购股份的股款，对于该部分股款，公司其他发起人应如何处理？该认股人应承担何种法律责任？

以募集设立方式设立股份有限公司的，发起人认购的股份不得少于公司股份总数的35%；但是，法律、行政法规另有规定的，从其规定。

若认股人未按期缴纳所认股份的股款，公司其他发起人可以催告认股人在合理的期限内缴纳，如果认股人经催告仍不缴纳的，公司其他发起人可以对该股份进行认购。

认股人未按期缴纳其所认购股份的股款，包括未缴纳和延期缴纳两种情形。认股人未缴纳或者延期缴纳，既违反认股合同约定的义务，也违反法定的出资义务，给公司造成损失的，无论是基于违约责任还是侵权责任，公司均有权请求该认股人承担赔偿责任。

此外，认股人未缴纳或延期缴纳股款给公司造成的损失，应当界定为公司因此造成的实际损失，如公司因另行募集发生的额外费用、因设立延误造成的损失，而不应限于认股人未按期缴纳的股款范围。

74. 工商登记的股权比例与合作协议约定的投资比例不一致，应以何为准？

根据《合同法》确定的原则，约定与实际履行不一致，而双方对实际履行不持异议的，应以实际履行为准，所以，要审查出资人实际履行的投资额。

如果实际投资额符合工商登记的情况，则应以实际登记的金额为准；如果双方实际履行的出资比例是既不符合工商登记数据，也不符合合作协议约定的投资比例，通过审核确定实际金额的，应以实际金额为准。当然，如双方没有到工商局办理投资比例变更登记，不能以双方确定的比例对抗第三人。

75. 用于出资的财产应当符合哪些条件？哪些财产可以用于出资？劳务、信用、自然人姓名、商誉、特许经营权或者设定担保的财产以及国家法律规定禁止流通的财产，如枪支、弹药、毒品、土地所有权、集体土地使用权可以用于出资吗？

用于出资的财产应当具备以下五个条件：

(1) 确定性。用于出资的标的物必须客观明确。

(2) 具有价值。

(3) 可以用货币估价。

(4) 可以依法转让。

(5) 法律与行政法规没有禁止性规定。

可以用于出资的非货币财产主要包括以下六项：

（1）动产与不动产的所有权；

（2）他物权，如国有土地使用权、海域使用权、土地承包经营权、探矿权、采矿权、狩猎权、取水权、门票销售权、渔业权、高速公路经营权、收费桥梁和隧道经营权等；

（3）可转让的债权，如债券、票据权利、合同债权等；

（4）股权；

（5）知识产权中的财产性权利，包括专利权、商标权、著作权以及注册商标专用权等；

（6）其他财产权利，如商号、商业秘密、经营权等。

劳务、信用、自然人姓名、商誉、特许经营权或者设定担保的财产以及国家法律规定禁止流通的财产，如枪支、弹药、毒品、土地所有权、集体土地使用权不可以用于出资。

《合伙企业法》第16条规定，合伙人可以用货币、实物、知识产权、土地使用权或者其他财产权利出资，也可以用劳务出资。合伙人以劳务出资的，其评估办法由全体合伙人协商确定，并在合伙协议中载明。实务中，有些合伙企业合伙人先以劳务出资的方式与其他合伙人成立合伙企业，然后再以合伙企业的名义对外进行投资，从而间接实现劳务出资。

76. 出资人以非货币财产出资，是否必须进行资产评估？未依法评估作价，出资人的出资行为效力应如何认定？

以非货币财产投资设立内资企业必须依法评估，而外资企业并未要求强制评估，投资各方可协商确定财产价值。

"未依法评估作价"，包括未进行评估作价和评估作价不合法两种情形。出资人以非货币财产出资，未依法评估作价，公司、其他股东或者公司债权人请求认定出资人未履行出资义务的，人民法院应当委托具有合法资格的评估机构对该财产评估作价，将评估所得的价款与章程所定的价款相比较，以确定出资人是否全面履行出资义务。

如果评估确定的价值高于章程所定价款或者与章程所定价款相当，应认定出资人依法履行了出资义务。

如果评估确定的价款显著低于公司章程所定价款的，人民法院应当认定出资人未依法全面履行出资义务。

在此，有两个问题需要注意：

(1)评估结果参照对象是公司章程确定的出资人的出资价款,如果章程对出资人的出资价款未作约定的,依注册资本总额与出资比例确定,如果没有出资比例的,各出资人按均等份额确定;

(2)认定未依法全面履行出资义务的标准是评估确定的价款显著低于公司章程确定价款的差额与章程确定价款之间的比例,同时也可以绝对数额予以一定考虑。此处的"显著"不应作绝对化理解,"显著"是一个相对概念,具体判断标准由人民法院依个案确定。

二、股权作价出资

77. 符合哪些条件的股权可以用于出资?如何判定股东是否已全面履行股权出资义务?

投资人用于出资的股权必须权属清晰、权能完整,依法可以转让。

具有下列情形之一的股权不得用作出资:

(1)设定质押或被法院冻结的股权。

该类股权由于无法转让,实质上不能作为股权出资。

(2)股权公司章程约定不得转让的股权。

(3)法律、行政法规或者国务院决定规定,股权所在公司股东转让股权应当报批准而未经批准,如外资股权、国有产权。

(4)其他不得转让或限制转让的股权。

满足下列情形,可以认定股东已全面履行股权出资义务:

(1)用于出资的股权由出资人合法持有并依法可以转让。

按照《公司法》的规定,限制转让的股份主要是指股份有限公司的发起人、董事、监事、高级管理人员所持有的在禁售期内的股份。禁售股在禁售期满后,也可以依法转让。如果公司章程中对股权转让进行了特别的限制,那么该股权也不能用于出资。

(2)出资的股权无权利瑕疵或者权利负担。

无权利瑕疵,是指不存在任何第三人就该用于出资的股权向公司主张任何权利的事由。实践中,股权瑕疵多产生于出资义务未履行或未全面履行的情形,如出资不足、虚假出资、抽逃出资等。当事人对股权权属发生争议的,也属于有权利瑕疵的股权。

无权利负担,是指股权之上不存在质押或者被冻结等权利行使受限的情形。

(3)出资人已履行关于股权转让的法定手续。

股权转移包括股权权属变更和股权权能转移。股权权能转移，是指将股东所享有的各种权利实际转由公司行使。股权权属变更，在实践中，需要根据情形区别对待，具体如下：

①投资人以持有的有限责任公司股权实际缴纳出资的，股权公司应当向公司登记机关申请办理变更登记，将该股权的持有人变更为被投资公司。

②投资人以持有的股份有限公司股份实际缴纳出资的，投资人应当将股份依照法定方式转让给被投资公司。即记名股票，由股东以背书方式或者法律、行政法规规定的其他方式转让，转让后由公司将受让人的姓名或者名称及住所记载于股东名册；无记名股票的转让，由股东将该股票交付给受让人后即发生转让的效力。

③法律、行政法规或者国务院决定规定股权公司股东转让股权必须报经批准的，须报经批准，如国有股权转让应当依法经过批准。

除按照《公司登记管理条例》和国家工商行政管理总局有关企业登记提交的常规材料外①，被投资公司还应当提交以下材料：

①以股权出资的投资人签署的股权认缴出资承诺书。有关投资人应当对用于出资的股权是否符合国家工商行政管理总局规定的条件作出承诺，即用作出资的股权应当权属清楚、权能完整、依法可以转让。

②股权公司营业执照复印件(需加盖股权公司印章)。

(4)出资的股权已依法进行了价值评估。

所谓的"依法进行"价值评估，包括两个层面的要求：

①要求出资股权必须经合法设立的专业评估机构进行价值评估；

②评估应依法进行，包括评估程序合法、评估方式合法、评估结果真实可靠，不存在高估或低估作价的情况。

股权出资不符合第(1)、(2)、(3)项规定的，人民法院应当责令出资人在指定的合理期限内采取补正措施，包括但不限于消除股权转让的限制或障碍、消除股权上的权利瑕疵或权利负担、依法完成股权过户手续等。出资人在法院指定的合理期限内补正的，人民法院应当认定其履行了出资义务；出资人逾期未补正的，人民法院应当认定其未依法全面履行出资义务。

股权出资不符合第(4)项规定的，出资人出资的股权应当由人民法院委托的评估机构进行评估作价。如果评估确定的价值显著低于公司章程所定价值的，应

---

① 公司股权变更登记应提交的具体材料详见本书第六章请求变更公司登记纠纷。

当认定出资人未依法全面履行出资义务。

78. 投资人以外商投资企业股权投资的,有何特殊程序?

有以下特殊程序:

(1)股权公司投资者将股权作为被投资公司的出资,应当获得股权公司的审批部门的批准;

(2)当股权投资使得被投资公司或者股权公司的类型发生变更时,需要注意是否符合有关外商投资产业指导目录以及办理企业组织形式变更登记手续。

79. 投资人以股权出资,其他股东是否享有优先购买权?

享有。股权出资对于股权公司而言,是一种股权转让行为,应注意保护股权公司股东的优先购买权。

80. 如何对股权进行资产评估?

对股权进行评估有收益法、市场法和资产基础法三种评估方法,注册资产评估师应当根据评估目的、评估对象、价值类型、资料收集情况等相关条件,恰当选择一种或者多种资产评估方法。

(1)收益法

收益法,是指将预期收益资本化或者折现,确定评估对象价值的评估方法。收益法常用的具体方法包括股利折现法和现金流量折现法。

①股利折现法是将预期股利进行折现以确定评估对象价值的具体方法,通常适用于缺乏控制权的股东部分权益价值的评估;

②现金流量折现法通常包括企业自由现金流折现模型和股权自由现金流折现模型。

评估时,应当充分分析被评估企业的资本结构、经营状况、历史业绩、发展前景,考虑宏观和区域经济因素、所在行业现状与发展前景对企业价值的影响,对委托方或者相关当事方提供的企业未来收益预测进行必要的分析、判断和调整,在考虑未来各种可能性及其影响的基础上合理确定评估假设,形成未来收益预测。具体而言:

①应当根据国家有关法律法规、企业所在行业现状与发展前景、协议与章程约定、企业经营状况、资产特点和资源条件等,恰当确定收益期。

②企业经营达到相对稳定前的时间区间是确定预测期的主要因素。应当在对企业收入成本结构、资本结构、资本性支出、投资收益和风险水平等综合分析的基础上,结合宏观政策、行业周期及其他影响企业进入稳定期的因素合理确定预测期。

③应当综合考虑评估基准日的利率水平、市场投资收益率等资本市场相关信息和所在行业、被评估企业的特定风险等相关因素,合理确定折现率。

(2)市场法

市场法,是指将评估对象与可比上市公司或者可比交易案例进行比较,确定评估对象价值的评估方法。市场法常用的两种具体方法是上市公司比较法和交易案例比较法。

①上市公司比较法是指获取并分析可比上市公司的经营和财务数据,计算适当的价值比率,在与被评估企业比较分析的基础上,确定评估对象价值的具体方法。上市公司比较法中的可比企业应当是公开市场上正常交易的上市公司,评估结论应当考虑流动性对评估对象价值的影响。

②交易案例比较法是指获取并分析可比企业的买卖、收购及合并案例资料,计算适当的价值比率,在与被评估企业比较分析的基础上,确定评估对象价值的具体方法。运用交易案例比较法时,应当考虑评估对象与交易案例的差异因素对价值的影响。可比企业应当与被评估企业属于同一行业,或者受相同经济因素的影响。在选择可比企业时,应当关注业务结构、经营模式、企业规模、资产配置和使用情况、企业所处经营阶段、成长性、经营风险、财务风险等因素。

(3)资产基础法

资产基础法,是指以被评估企业评估基准日的资产负债表为基础,合理评估企业表内及表外各项资产、负债价值,确定评估对象价值的评估方法。需要注意的是:

①当存在对评估对象价值有重大影响且难以识别和评估的资产或者负债时,应当考虑资产基础法的适用性;

②以持续经营为前提对企业价值进行评估时,资产基础法一般不应当作为唯一使用的评估方法;

③在对持续经营前提下的企业价值进行评估时,单项资产或者资产组合作为企业资产的组成部分,其价值通常受其对企业贡献程度的影响;

④运用资产基础法进行企业价值评估,应当对长期股权投资项目进行分析,根据相关项目的具体资产、盈利状况及其对评估对象价值的影响程度等因素,合理确定是否将其单独评估;

⑤对专门从长期股权投资获取收益的控股型企业进行评估时,应当考虑控股型企业总部的成本和效益对企业价值的影响。

【案例32】股权作价出资评估报告[①]

《西昌志能实业有限责任公司股权出资项目资产评估报告》（摘录）

二、评估目的

根据德昌厚地稀土矿业有限公司股东会决议，同意西昌志能实业有限责任公司股东以其所持有的西昌志能实业有限责任公司股权对德昌厚地稀土矿业有限公司进行增资，对该股权出资行为所涉及的西昌志能实业有限责任公司于评估基准日2011年4月30日的股东全部权益价值进行评估，为相关各方的经济行为提供价值参考依据。

三、评估对象和评估范围（见表3-2）

表3-2　西昌志能实业有限责任公司资产评估报告

科目名称	账面价值（元）
一、流动资产合计	499,990.00
货币资金	499,990.00
二、非流动资产合计	73,411,231.52
固定资产	64,955,944.02
无形资产	8,455,287.50
三、资产总计	73,911,221.52
四、流动负债合计	64,955,944.02
应付账款	64,955,944.02
五、负债总计	64,955,944.02
六、净资产	8,955,277.50

本次评估对象为西昌志能实业有限责任公司的股东全部权益价值。委估资产类型包括流动资产、固定资产、无形资产及流动负债等，已经中喜会计师事务所有限责任公司审计，并出具了中喜审字〔2011〕第01653号审计报告。

七、评估方法

（一）评估方法的选择

《资产评估准则——基本准则》和有关评估准则以及《国有资产评估管理办

[①] 参见《西昌志能实业有限责任公司股权出资项目资产评估报告》湘资国际评字〔2011〕第031号。

法》规定的基本评估方法包括市场法、收益法和成本法(资产基础法)。

根据对西昌志能实业有限责任公司经营现状、经营计划及发展规划的了解,公司以前没有进行大规模生产,没有完整的历史数据可供参考,不具备采用收益法评估的条件。根据公司的实际经营状况及资产结构,本次评估采用成本法。由于采矿权评估的特殊性,故对采矿权的评估采用折现现金流量法。

成本法,也称资产基础法,是指在合理评估企业各项资产价值和负债的基础上确定评估对象价值的评估思路。该种方法的思路主要是通过逐一清查被评估单位的每一项资产、每一项负债,并对之定价,最后得出企业整体价值。其适用条件为:(1)具备可以利用的历史资料;(2)形成资产的价值耗费是必需的,并且应该体现社会或行业的平均水平,即资产的价值取决于资产的成本。

(二)成本法下各类资产及负债的评估方法

1. 关于流动资产的评估

货币资金:为库存现金,评估人员与公司出纳人员一起于盘点日对公司的现金进行了全面盘点,然后倒算出评估基准日账面数无误,以审计后的账面值为评估值。

2. 关于非流动资产的评估

(1)房屋建筑物、构筑物类资产的评估

依据本次资产评估目的,结合评估对象的实际情况及特点来选取评估方法对房屋建筑物的价值进行估算。该企业的房产包括生产性房产及生活性房产两种类型,所以本次评估也结合评估对象采用成本法对房屋建筑物的价值进行估算。

成本法,是以开发或建造估价对象房地产或类似房地产所需的各项必要费用之和为基础,再加上正常利润得出估价对象房地产价格的一种估价方法。

计算数学表达式为:评估价值 = 重置成本 × 成新率

① 重置成本:根据建筑物的实际状况,按照当地现行设计、施工标准和材料市场价格,建造一座全新的具备同样功能的建筑物所需花费的建安工程费、专业费、管理费用、资金成本、开发利润等。

计算数学表达式为:重置成本 = 建安工程费 + 专业费 + 税费 + 管理费 + 利息 + 开发利润

由于本次评估的标的物主要是资产持有者的生产厂房及相关的配套工程等特殊构筑物,其可与之参照的同类标的物很少。本次评估,可以确定工程造价数据的标的物采用物价指数法估算出待估标的物的建安成本,再以此为基础估算它相应的重置成本;无法确定工程造价数据的标的物由评估人员结合资产持有者提供的资料,结合市场询价,综合确定造价,以此为基础估算其重置成本。

②成新率:采用年限法及实际观察法相结合、综合分析确定成新率。

成新率 = 理论成新率×50% + 技术勘察成新率×50%

(2)设备类资产的评估

根据评估目的和待评估资产的实际情况,评估方法采用重置成本法。

计算公式为:评估现值 = 评估原值×成新率。设备评估原值与成新率的确定说明如下:

①设备评估原值的确定

a. 价值高的大型设备

评估原值 = 设备现行价格 + 运杂费 + 安装调试费 + 资金成本(工程期半年以上)

b. 价值不高的一般设备

评估原值 = 设备现行价格 + 运杂费 + 安装调试费

不需要安装的设备,评估原值中不计入安装调试费。

以上公式中的设备现行价格凡能查询到的,均按查询结果取价,无法查询到的,按相同或类似设备同期价格变化幅度调整类比后取价。运杂费、安装调试费原则上按《资产评估常用数据参数手册》中的指标选取费率,特殊情况下按实估算确定。

②设备成新率的确定:

a. 主要设备

综合成新率 = 理论成新率×40% + 现场鉴定成新率×60%

理论成新率是采用年限法按经济寿命年限计算确定;现场鉴定成新率主要依据现场勘察设备的技术状态、运行情况、使用频率、维护及检修情况、工作环境等因素综合确定。

b. 其余设备

主要采用年限法,并结合现场勘察及向设备操作、管理人员了解的设备运行状况、使用情况确定其成新率。

③车辆资产的评估

a. 重置成本根据在评估基准日,重新形成(购置或建造)与评估对象功能相同、工作状况相同、全新状态的资产所需的全部成本、费用金额来确定。计算公式为:

重置成本＝购置价＋购置税＋其他费用

其中：车辆购置价按基准日公开市场价格确定；

购置税及其他费用按基准日有关法律法规规定计算确定。

b. 成新率采用理论成新率与技术勘察成新率加权计算

成新率＝理论成新率×0.6＋技术勘察成新率×0.4

（a）理论成新率计算公式为：

理论成新率＝（规定使用年限－已使用年限）÷规定使用年限×100％

（b）技术勘察成新率根据现场勘察车辆运行情况、技术状态、磨损（或老化）情况结合车辆制造质量、维护保养、大修改造等因素综合确定。

④土地的评估

本次被评估的固定资产中的土地，由于两本土地证均已遗失，仅能从当地报纸中看到两本土地证的遗失信息。两本土地证均为德昌志能稀土有限责任公司所有，且于基准日前已将土地出售给西昌志能实业有限责任公司。由于资料遗失，不能确定土地性质、面积、开发程度的信息，故本次评估中，将土地的购买价格426.18万元（审计后的账面值）作为评估值。

3. 关于无形资产的评估

根据资产占有方提供的资料及实际勘查情况，评估人员收集了各类数据，各项评估参数选取条件基本具备；根据《中国矿业权评估准则》（2008年）要求、《探矿权采矿权转让管理办法》和《探矿权采矿权评估管理暂行办法》等规定，本项目采用折现现金流量法进行矿业权价值估算。

根据折现现金流量法原理和财务模型，其计算公式如下：

$$P = \sum_{t=1}^{n}(CI - CO)t \times (1 + i)^{-t}$$

式中：P——采矿权评估价值；

CI——年现金流入量；

CO——年现金流出量；

（CI－CO）——年净现金流量；

i——折现率；

t——年序号（t＝1,2,3,4,…,n）；

n——评估计算年限。

4. 关于负债的评估

负债全部为应付账款。评估人员主要调查了解负债的形成原因、账面值和实际负债状况。对应付账款，查阅明细账和总账，对相应经济行为的内容进行调查核实,并在可能的情况下对债权人的情况进行调查。在此基础上判断其是否为企业实际应承担的负债,如果属实,则以核实后的账面值确定为评估值,否则,评估为零。

十、评估结论

在评估基准日2011年4月30日持续经营前提下,经中喜会计师事务所有限责任公司审计后的西昌志能实业有限责任公司资产总额7391.12万元,负债总额6495.59万元,所有者权益账面价值895.53万元,评估后资产总额70,537.04万元,负债总额6495.59万元,股东全部权益价值为64,041.44万元,增值63,145.91万元,增值率为7051.25%。评估结果如表3-3所示:

表3-3 资产评估结果汇总

金额单位:人民币万元

科目名称	账面价值	评估价值	增减值	增减率%
流动资产	50.0	50.00	—	—
固定资产	6495.59	6658.46	162.87	2.51
无形资产	845.53	63,828.57	62,983.04	7448.95
资产总计	7391.12	70,537.04	63,145.91	854.35
流动负债	6495.59	6495.59	—	—
负债总计	6495.59	6495.59	—	—
净资产	895.53	64,041.44	63,145.91	7051.25

根据上述分析,评估对象于评估基准日市场价值的最终评估结论为64,041.44万元(大写为人民币陆亿肆仟零肆拾壹万肆仟肆佰元)。

三、债权作价出资

81. 债权出资包括哪些形式?公司设立时可以采用债权出资吗?

按照出资对象的不同,债权出资理论上分为三种情形:

(1)债权人甲直接以债权投资于债务人乙,成为债务人乙之股东。

国有银行剥离不良贷款执行的债转股就属于这种形式,即先由国有银行将不良贷款转让给金融资产管理公司,再由金融资产管理公司与债务人企业签订债权转股权协议,将金融资产管理公司持有的债权转变为股权。

(2)债权人甲以其对乙享有的债权向第三人公司丙出资。

假设丙公司有三个股东,分别为A、B、C。甲以债权出资,分两种情况:

①甲用其对乙享有的债权购买A在丙公司的股权,成为丙公司的股东;

②甲以债权出资于丙,成为丙第4名股东。

(3)债权人甲以其对乙拥有的债权与债务人共同设立一新公司。

实践中,债权转股权主要指的是第一种情形。从国家工商行政管理总局的规定来看,债权出资只适用于增加注册资本时,不适用于公司设立。

82. 哪些主体可以采用债权出资?哪些主体可以接受债权出资?

具有中国国籍的自然人(港澳台人士除外)或者在中国大陆依法设立、具备公司股东资格的法人和其他组织可以采用债权出资。

有限责任公司与股份有限公司均可以接受债权出资。

83. 哪些债权可以转为股权?债权出资应当履行哪些特殊程序?

符合下列条件之一的债权可以转为股权:

(1)公司经营中债权人与公司之间产生的合同之债转为公司股权,债权人已经履行债权所对应的合同义务,且不违反法律、行政法规或者公司章程的禁止性规定。

同一债权涉及两个以上债权人的,债权人对债权应当已经作出分割。

(2)人民法院生效裁判确认的债权转为公司股权。

(3)公司破产重整或者和解期间,列入经人民法院批准的重整计划或者裁定认可的和解协议的债权转为公司股权。

债权出资应当履行下列程序:

(1)被投资公司股东会决议通过。

(2)债权人应当与被投资公司签订《债权转股权协议》。

(3)转为出资的债权应当经具备资格的资产评估机构进行资产评估。债权转股权的作价金额不得高于该债权经审计确认的账面值,也不得高于该债权的评估值。

提交变更登记时,除提交常规的变更登记材料外,区分情况还需要提交如下材料:

①如果是债权人与债务人达成协议债权转股权的,应提交债权人和公司签署的《债权转股权承诺书》,双方应当对用以转为股权的债权符合规定作出承诺;

②人民法院生效裁判确认的债权转为公司股权的,应提交人民法院的裁判文书;

③公司破产重整或者和解期间,列入经人民法院批准的重整计划或者裁定认可的和解协议的债权转为公司股权,应提交经人民法院批准的重整计划或者裁定认可的和解协议。

④公司提交的股东(大)会决议应当确认债权作价出资金额并符合《公司法》和公司章程的规定。

84. 债权转股权的效力是依双方转股合同还是依工商设立登记来确定?

债权转股权实际上与收购股权并没有实质上的区别。持有股权应当履行相关程序:签订股权受让合同、注资、股东名册登记、参与公司经营管理、变更工商登记注册。各个环节履行了手续,股权就由债权人享有。同一般的股权转让一样,工商登记是对社会的一种公示效果,与是否实际转变股权结构不同。债权转股权的效力关键是看股东名册是否记载,以及债权人是否在公司行使了经营管理之权,最后才是看其是否在工商部门办理了变更登记手续。

85. 债权可以部分出资吗?可以分期缴纳吗?

依照债权转股权协议的约定,相关债权可以全部或者部分转为被投资公司的股权。但以债权转股权方式增加的注册资本不得分期缴纳,被投资公司应当一并申请办理注册资本、实收资本变更登记。

86. 公司以债权出资,在工商登记机关处登记的出资方式如何表述?

工商登记机关应当将债权转股权对应出资的出资方式登记为"债权转股权出资"。

87. 被投资公司接受债权出资应注意哪些事项?

应注意以下事项:

(1)应当对被投资债权进行尽职调查,全面核实债权是否真实;

(2)避免债权只成为公司账面上的资产,不能转化为被投资公司实际资产。

四、知识产权作价出资

88. 公司接受技术出资,应注意哪些法律风险?

公司接受技术出资,应注意九大法律风险。

(1)技术出资中的权利瑕疵

技术出资实际上是技术转让的一种形式,其包括专利技术出资和非专利技术出资。对于专利技术出资,要明确发明创造的名称、专利申请人和专利权人、申请日期、申请号、专利号以及专利权的有效期限。而对于非专利技术,则要明确其所有人。

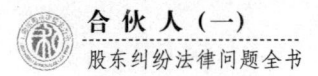

(2) 技术出资中的验收问题

根据《合同法》的规定，对于以技术出资和资金出资方式成立公司的当事人可以约定对出资技术的验收方法和标准，这样做一方面可以防止由于未事先约定相应的验收方法和标准而引起技术在实施中的争议；另一方面通过对验收的方法和标准进行约定，在出现技术不符合约定时，被出资方可以明确向出资方提出相应请求。

(3) 出资技术不成熟的风险问题

如果没有在技术转让合同中约定相应的验收标准，就会导致存在一定程度不成熟的技术被法院认定为符合法律的规定和合同的约定的情况。在这种情况下就使验收方处于被动的地位，但如果在合同中约定相应的验收标准，如约定只要出现不完善的地方就视为技术出资方违约或约定只要不影响合同目的的实现，少量的缺陷也是可以接受的，就会减少甚至避免争议。

(4) 技术出资交付风险问题

根据《合同法》的规定，与履行合同有关的技术背景资料、可行性论证和技术评价报告、项目任务书和计划书、技术标准、技术规范、原始设计和工艺文件，以及其他技术文档，按照当事人的约定可以作为合同的组成部分。这些条款的约定可以明确交付标准与验收标准。

因此应当在合同中约定，如果在一定时间内验收方对与履行合同有关的技术的相关资料没有提出异议，则视为这些资料已交付，这样验收方将承担对其不利的风险，也会促使其及时地采取措施避免出现这种情况，维护交易的稳定。

(5) 法律关系复杂

技术融资过程中涉及的纠纷不仅仅限于技术转让合同纠纷，还有可能涉及《公司法》上的股东资格和股东出资的问题，法律关系较为复杂。

(6) 技术价值难以确定

技术价值难以确定是因为技术评估问题。根据法律规定，以知识产权资产作价出资成立有限责任公司或股份有限公司的，应当进行资产评估。如果技术价值难以确定，就有可能导致出资不实，这样就会追究技术出资人相应的责任，而且也关系到股东权利的行使。所以，要对技术进行评估，确定其价值，维护资金股东及技术股东的合法权益。

(7) 专利技术在出资后被宣告无效

企业要注意的是如果发生了专利被宣告无效的情况时该如何处理。因为这涉及股东资格、股东权的行使问题。在专利技术确认无效后，公司与股东可以考虑该技术是否有价值,通过比较其失效后的价值与出资时的价值,确定差额部分由股东补足。如果股东不能补足,应当确定其不享有差额部分相对应的股东资格。

(8) 技术秘密公开

对于技术秘密的公开,企业也应事先做好预防。因为技术秘密被公开以后,公司以该技术生产的产品就不再具有竞争力,如果是因出资者原因非恶意造成的公开,则应比照上述专利技术被宣告无效的情况处理。如果非因出资者的原因造成公开,则就不属于出资瑕疵问题,应根据具体情况具体处理。

(9) 技术寿命有限

另外一个问题就是技术一般是有一个寿命期限的,原因是技术的更新换代,新技术取代旧技术,在这种情况下也要做好事先的约定,类似于专利技术被宣告无效或技术秘密被公开。

对此,双方可以约定出现技术淘汰、无市场、公司因经营需要不再使用该项技术、技术出资人违约情况时,以减资的方法,将出资技术退出,技术出资人不再具有股东资格。

89. 出资人以知识产权作价出资,应当履行哪些程序?

应履行以下程序:

(1) 对拟出资知识产权进行评估。

(2) 出资人与公司签订知识产权转让合同。

(3) 交付知识产权以及相关资料。

(4) 办理知识产权转让变更登记手续。

①出资人以专利出资,在签订专利转让合同后,应向国家知识产权局申请登记,由国家知识产权局予以公告。专利转让自登记之日起生效。

②出资人以注册商标出资的,在签订注册商标转让合同后,应共同向商标局提出申请。转让注册商标经核准后,予以公告。公司自公告之日起享有商标专用权。

③出资人以著作权出资,在签订著作权转让合同后,应至国家版权局申请著作权人变更登记,公司自登记之日起享有著作权。

(5) 办理工商变更登记。

除一般材料外,还需提交知识产权评估、权属转移手续。

【案例33】未办理变更登记　实用新型出资行为不成立[①]

原告：王德富

被告：王立德

诉讼请求：判令被告返还原告为其垫付的出资款12万元。

争议焦点：

1. 如何证明双方是否存在借贷关系；
2. 采用实用新型出资应当履行哪些手续。

基本案情：

原告与被告约定成立国鼎公司，注册资本60万元。成立当年3月29日，原告通过上海长江电梯机电经营部开出一张60万元和验资款的支票。同年3月31日，经审计事务所验资证明，原告出资48万元，出资方式为货币，缴纳出资额为48万元，被告出资12万元，出资方式为货币，缴纳出资额为12万元。

1997年7月25日，被告申请获得多功能窗门实用新型专利，专利号为ZL96229989.8，专利申请日为1996年5月28日。1999年6月12日，被告申请获得助力提升仰开窗实用新型专利，专利号为ZL98213978.0，专利申请日为1998年5月19日。至案件审理结束时，该两项专利权人仍为被告，未作变更登记。

1999年9月8日，被告出具说明一份，言明原被告合营初期总投资60万元整，当时考虑到不必要无形资产评估费，暂由原告出资60万元整，在章程中改写为原告出资48万元，被告出资12万元整。

嗣后，原告向被告催讨其为被告垫付的12万元未果。

原告诉称：

按照国鼎公司章程规定，被告需要出资12万元，被告一时拿不出，经原、被告协商先由原告垫付，日后偿还。原告已为被告垫付12万元，被告现应予归还。

被告辩称：

原告与其注册成立公司，是因为其有产品技术。其在国鼎公司的股权，实际上是以无形资产"多功能窗门"和"助力提升仰开窗"出资的，其名下股权属于虚拟的干股，并未向原告借过12万元。若为借款必有借条，而原告并无此类证据予以证明。

[①] 参见上海市第二中级人民法院(2000)沪二中经终字第455号民事判决书。

律师观点:

1. 原告为被告垫付出资的法律关系应认定为一般债权债务。

国鼎公司经有关工商行政管理部门批准注册成立,其公司章程具有法律约束力,章程规定双方作为公司的股东各以人民币现金出资认缴股份,在实际履行中,原告一方足额认缴公司全部注册资本且无抽逃资金的行为,工商行政部门的注册登记材料也确认了双方的股东地位。被告的出资额实际由原告予以垫付,由此,就原告垫付金额实际上在双方之间形成一种债权债务关系,现原告向被告催讨垫付款,并无不当,可予支持。

2. 被告持有专利未办理评估作价出资的手续,故并未以无形资产出资。

对被告所提原告与其合作是其拥有技术缘故一事,因被告拥有的专利技术未按照法律规定进行评估作价、办理财产变更手续,且公司章程对股东出资方式、认缴金额及股份所占比例亦作了明确规定,故被告辩称中,其是以无形资产投入及股东名分是虚拟的意见,不能对抗工商行政管理部门对公司股东身份及所占股权的法律确认,所以对被告上述辩称,不予采信,对被告辩称借款必须有借条的意见,于法无据,不予采纳。

法院判决:

被告偿付原告债务12万元,于判决生效之日起10日内履行。

90. 如何办理专利著录权、著作权、商标等知识产权的变更登记?

(1)商标变更登记的流程

①准备申请材料。

②提交申请件:直接办理的,申请人在商标注册大厅的申请受理窗口提交申请;委托商标代理机构办理的,由该商标代理机构将申请书件送达商标局。

③缴纳变更费:每件变更申请应缴纳费用500元。如果是委托商标代理机构办理的,商标局从该商标代理机构的预付款中扣除费用。

④受理申请:变更申请提交后,对符合受理条件的变更申请,商标局给发出《受理通知书》(直接办理的,将按照申请书上填写的地址,以邮寄方式发给申请人;经代理的,发送给代理组织)。不符合受理条件的,不予受理,并给申请人发出《不予受理通知书》(直接办理的,将按照申请书上填写的地址,以邮寄方式发给申请人;经代理的,发送给代理组织)。

⑤补正程序:如果变更申请需要补正的,商标局将发出补正通知书(直接办理的,将按照申请书上填写的地址,以邮寄方式发给申请人;经代理的,发送给代理

组织),通知申请人限期补正。申请人未在规定期限内按要求补正的,商标局有权对变更申请视为放弃或不予核准。

⑥发放证明:变更申请核准后,商标局将发给申请人变更证明(直接办理的,将按照申请书上填写的地址,以邮寄方式发给申请人;经代理的,发送给代理组织)。变更申请被视为放弃或不予核准的,商标局将发出《视为放弃通知书》或《不予核准通知书》(直接办理的,将按照申请书上填写的地址,以邮寄方式发给申请人;经代理的,发送给代理组织)。

(2)著作权变更及补充登记的流程

①用户登录:用登记作品著作权时的账号登录中国版权保护中心网站www.ccopyright.com.cn;

②在线填报申请表:选择登记类型(变更登记或补充登记),在线填写并打印登记申请表,签字盖章;

③提交材料:将所需材料邮寄至中国版权保护中心或直接到登记大厅提交材料;

④受理申请:申请文件符合受理要求时,登记机构发出缴费通知,申请人或代理人按照通知要求缴纳费用(150元/件次),登记机构收到申请费后在规定的期限内予以受理,并向申请人或代理人发出受理通知书及缴费票据;

⑤补正程序:申请文件存在缺陷的,申请人或代理人应在规定期限内补正,逾期不补正的,申请将被视为撤回;经补正仍不符合登记办法的,登记机构将不予登记并书面通知申请人或代理人;

⑥获得证明:申请受理之日起10个工作日后,申请人或代理人可登录中国版权保护中心网站,查阅登记事项变更或补充登记公告。北京地区的申请人或代理人在查阅到所申请登记公告后,可持受理通知书原件在该软件登记公告发布3个工作日后,到版权登记大厅领取证明。其他地区的申请人或代理人,中心将按照申请表中所填写的地址邮寄证书。

(3)专利著录项目变更登记的流程

①向国家专利局提交材料,包括著录项目变更申报书,著录项目变更证明文件。

②缴纳手续费:在提出申请后1个月内,申请人应当向国家专利局缴纳专利著录项目变更手续费(著录事项变更费)。发明人、申请人、专利权人的变更每件每次200元,代理机构和代理人的变更每件每次50元。

③受理申请:审查员应当依据当事人提交的著录项目变更申报书和附具的证

明文件进行审查。著录项目变更申报手续不符合规定的,应当向办理变更手续的当事人发出视为未提出通知书;著录项目变更申报手续符合规定的,应当向有关当事人发出手续合格通知书,通知著录项目变更前后的情况,应当予以公告的,还应当同时通知准备公告的卷期号。

④变更生效:著录项目变更手续自专利局发出变更手续合格通知书之日起生效。专利申请权(或专利权)的转移自登记日起生效,登记日即上述的手续合格通知书的发文日。

91. 如何对专利、著作权、商标等知识产权进行资产评估?

评估时,应当根据评估目的、评估对象、价值类型、资料收集情况等相关条件,分析收益法、市场法和成本法三种资产评估基本方法的适用性,恰当选择一种或者多种资产评估方法。

(1)适用收益法时应注意事项

①在获取的知识产权相关信息基础上,根据被评估知识产权的历史实施情况及未来应用前景,结合知识产权实施或者拟实施企业经营状况,重点分析知识产权经济收益的可预测性,恰当考虑收益法的适用性。

②合理估算知识产权带来的预期收益,合理区分知识产权与其他资产所获得收益,分析与之有关的预期变动、收益期限、与收益有关的成本费用、配套资产、现金流量、风险因素。

a. 商标资产的预期收益应当是因商标的使用而额外带来的收益,可以通过增量收益、节省许可费、收益分成或者超额收益等方式估算;

b. 著作权的预期收益通常通过分析计算增量收益、节省许可费和超额收益等途径实现。

③保持预期收益口径与折现率口径一致。

④根据知识产权实施过程中的风险因素及货币时间价值等因素合理估算折现率,知识产权折现率应当区别于企业或者其他资产折现率。

a. 运用收益法进行专利资产评估时,应当综合考虑评估基准日的利率、投资回报率、资本成本,以及专利实施过程中的技术、经营、市场、资金等因素,合理确定折现率;

b. 运用收益法进行商标资产评估,应当综合考虑评估基准日的利率、资本成本,以及商标商品生产、销售实施过程中的技术、经营、市场等方面的风险因素,合理确定折现率;

c. 运用收益法进行著作权资产评估时,应当综合考虑评估基准日的利率、资本成本,以及著作权实施过程中的技术、经营、市场、生命周期等方面的风险因素,合理确定折现率。

⑤综合分析知识产权的剩余经济寿命、法定寿命及其他相关因素,合理确定收益期限。

a. 运用收益法进行专利资产评估时,应当根据专利资产的技术寿命、技术成熟度、专利法定寿命、专利技术产品寿命及与专利资产相关的合同约定期限,合理确定专利资产收益期限;

b. 运用收益法评估商标资产时,收益期限需要综合考虑法律保护期限、相关合同约定期限、商标商品的产品寿命、商标商品或者服务的市场份额及发展潜力、商标未来维护费用、所属行业及企业的发展状况、商标注册人的经营年限等因素确定。

(2)适用市场法时应注意事项

①考虑被评估知识产权是否存在活跃的市场,恰当考虑市场法的适用性。

②选择具有合理比较基础的可比知识产权交易案例,考虑历史交易情况,并重点分析被评估知识产权与已交易案例在资产特性、获利能力、竞争能力、技术水平、成熟程度、风险状况等方面是否具有可比性,并且收集评估对象以往的交易信息。其中,在分析专利资产交易案例的可比性时,应当考虑交易资产的特点、交易时间、限制条件、交易双方的关系、购买方现有条件,专利资产的获利能力、竞争能力、技术水平、成熟程度、剩余法定保护年限及剩余经济寿命、风险程度、转让或者使用情况,实施专利资产是否涉及其他专利资产等因素。

③根据宏观经济发展、交易条件、交易时间、行业和市场因素、知识产权实施情况的变化,对可比交易案例和被评估知识产权以往交易信息进行必要调整。

(3)适用成本法时应注意事项

①根据被评估知识产权形成的全部投入,充分考虑知识产权价值与成本的相关程度,恰当考虑成本法的适用性。

②合理确定知识产权的重置成本,知识产权的重置成本包括合理的成本、利润和相关税费。

a. 确定专利资产重置成本时,应当合理确定形成专利资产所需的研发人员、管理人员、设备及房屋建筑物等成本以及其他相关成本费用;

b. 运用成本法进行著作权资产评估时,应当合理确定作品的重置成本。作品重置成本包括创作人员和管理人员的人工成本、材料成本、创作环境配套成本、场地使用或者占用等合理成本以及合理利润和相关税费等。

③合理确定知识产权贬值。其中,运用成本法进行著作权资产评估时,应当了解著作权资产的贬值在其经济寿命期内可能不是均匀分布的,应当采用适当方法确定评估对象的贬值。

五、土地使用权与实物作价出资

92. 国有企业划拨土地使用权能否直接用于出资?如何认定出资人是否履行了出资义务?

依照我国有关法律规定,国有企业划拨土地使用权必须经国家土地管理部门按照法律规定进行审查、评估,由申请人向国家土地管理部门缴纳土地使用权出让金,将其出让土地使用权的价值折成股本金后方能作为股东的出资。

以国有企业划拨土地使用权作为股东的出资,应当以办理土地使用权变更登记手续作为认定出资的标准。

实践中,出资人以划拨土地使用权出资,公司起诉出资人履行出资义务,出资人应当在法院指定的合理期间内办理变更手续;逾期未办理或者未解除的,应当认定出资人未依法全面履行出资义务。

【案例34】国有划拨土地使用权未经批准 出资无效[①]

原告: 富力公司

被告: 四力公司

诉讼请求:

1. 被告补足395.39平方米的房产,如不能交付,则按照1998年房产价值补足出资,并赔偿房屋价格上涨的差价损失,共计75万元;

2. 被告支付土地出让金85万元。

争议焦点:

1. 以国有划拨土地使用权出资,未经主管机关批准,出资行为是否有效。

2. 股东瑕疵出资,对公司承担责任的范围如何认定,是否包括公司可得利益。

基本案情:

富森公司、被告及徐寿年签订三方合资联营协议一份,约定:三方共同出资设立原告,被告出资75万元,出资方式为以土地、厂房和部分设备折价出资,经三方认定价值为75万元(含设备金额),其中房产实际使用面积为1055平方米,土地

[①] 参见江苏省高级人民法院(2005)苏民二终字第034号民事判决书。

实际使用面积为2830平方米。三方约定,被告以原告名义办理房屋所有权证和土地使用证,土地使用权年限为50年,办证所需一切费用由被告承担。后被告将土地、房产及设备交付给原告,双方对土地的四至范围表述一致。

被告曾委托咨询评估公司对其拟作为出资的部分房地产进行评估。经评估:房产面积为1055平方米,评估值为301,700元;土地面积为2830平方米,使用权价格为424,500元;设备评估值为118,142元。被告交付原告实际使用的房屋为三处,即生产用房、办公用房和实验用房,房屋的实际状况与评估报告中所记载的房屋一致,面积也基本一致,评估报告中评估价值分别为生产用房价值204,700元、办公用房价值85,000元、实验用房价值12,000元。

1998年10月27日,审计事务所出具验资报告,证明原告的注册资本已由投资方缴足,其中,被告投入实物资产部分(含房地产)计84.43万元,以其中75万元用于注册,超过部分挂应付款核算。同年11月4日原告成立。

1999年7月,房产部门向原告核发房屋所有权证,房屋面积759.61平方米;同年11月,土地管理部门向原告核发国有土地使用证,使用权类型为国有划拨。

原告诉称:

1. 被告用于出资的三处房产中的生产用房、办公用房所有权证面积分别比实际面积少88.78平方米和133.61平方米(该部分面积属于房屋内部隔层,房产部门未颁发所有权证),实验用房73平方米未办理房屋所有权证书。

2. 被告以土地使用权出资的部分,土地管理部门核发的国有土地使用证的使用权类型是国有划拨,被告未缴纳土地出让金,因此被告出资不足。

被告辩称:

根据合资联营协议及土地房产入股协议的约定,被告应投入价值75万元的土地、房产和设备,作为对原告的出资。经评估机构评估,被告拟作为出资的实物的总价值超过75万元,该评估结论得到原告三方股东的一致认可。实际履行中,被告已按约将上述实物全部交付给原告,该事实也得到验资机构的确认。因此不存在原告诉称的出资不足的问题。

一审认为:

1. 被告以房屋出资已实际到位。

从房屋所有权证可以看出,实物交付后,房屋结构已发生变化,与原平面图存在明显差异,致房屋面积与约定不符。因房产在被告交付后已发生变化,故原告以房屋所有权证为依据认为被告出资不足,缺乏依据,其要求被告补足房屋面积并赔偿差价损失的请求不能成立。

2. 被告以土地使用权出资已实际到位。

协议约定被告应为原告办理土地使用证，并未特别约定土地使用权的类型，被告也于1999年为原告办理了国有土地使用权证，使用权类型为划拨，原告已实际取得该土地的使用权。被告的行为符合协议约定。

3. 划拨土地使用权无须缴纳土地出让金。

因该片土地的使用权类型并非出让，无须交纳土地出让金，也无任何管理部门要求原告交纳土地出让金，故原告要求被告支付土地出让金85万元，缺乏事实依据，其请求不能成立。

一审判决：

驳回原告的诉讼请求。

原告不服一审判决，向上级人民法院提起上诉。

原告上诉称：

1. 一审判决认定被告已经向原告交付了面积为1055平方米的房产，只是交付后原告改变了房屋结构导致房屋面积与约定不符，没有事实依据，被告应当补足相应面积的房产；

2. 一审判决认定被告已为原告办理了土地使用权证符合协议约定没有事实和法律依据，被告应当支付土地出让金。

综上，请求二审法院撤销原审判决，依法支持原告的诉讼请求。

被告二审辩称：

1. 被告已将约定的房产交付给原告，由于原告将房屋结构改变造成面积减少责任不在被告，而在于原告；

2. 约定的土地使用权证已经办到原告名下，被告已经履行了约定的义务，不应再交纳土地出让金。

律师观点：

1. 被告以房屋出资，部分房产因未办理产权变更登记投资不到位。

虽然价值204,700元的生产用房和价值85,000元的办公用房办理的房产所有权证记载的面积与约定的投入面积不相符。但由于该房产与所评估的房产一致，其价值并不因房产所有权证记载面积的减少而下降，因此该两处房产应认定投入到位；价值12,000元的实验用房因被告至目前为止仍未将房产所有权证办理到原告名下，该房产不属于原告所有，因此，被告对该房产的投资没有到位。

2. 被告用于出资的土地使用权系划拨土地，未经主管机关批准，出资行为无效，被告应补足差额。

2830平方米土地使用权性质至目前为止仍为国有划拨土地。国有划拨土地使用权作为出资具有特殊性,首先必须要经过国家主管部门的明确批准作为国家出资投入,其次要授权相关单位持有股权,否则使用权人对该土地只有使用权,不可以该土地作为企业财产对外承担责任。

本案中,被告在办理土地过户手续时,虽然已将国有划拨土地使用权办理在原告名下,但该土地所有权属于国家,未经国家相关部门批准可以作为国家出资投入且也无国家相关部门授权被告持有股权,原告实际上并不能将该块土地的使用权作为公司财产,因此,应当认定被告土地使用权出资未到位。

综上,被告实际投入到位的资产价值407,842元,对于未到位的资产依法应当按约定履行,但鉴于客观上该房产、土地使用权已无法按合同约定履行,被告依法应对75万元注册资金中342,158元的不实部分承担补足责任。原审判决认定被告已经履行出资义务不当,应予纠正。

3. 原告要求被告赔偿差价损失和支付土地出让金的诉请无法律依据。

根据《公司法》的规定,有限责任公司股东以其出资额为限对公司承担责任,股东用来出资的实物、土地使用权的实际价额显著低于公司章程所定价额的,应当由交付该出资的股东补交其差额。故被告依法负有因其不适当出资造成公司注册资本差额的价格补足责任,但由于这种责任是一种法定责任,不能适用违约责任要求其承担可得利益的损失。

因此,原告要求被告赔偿差价损失和支付土地出让金的诉讼请求缺少法律依据,不应予以支持。

二审判决:

1. 撤销一审判决;
2. 被告向原告补足出资342,158元;
3. 驳回原告的其他诉讼请求。

93. 集体土地使用权能否直接用来出资?应当履行哪些审批程序?

集体土地使用权不可以直接用来出资。但农村集体经济组织使用乡(镇)土地利用总体规划确定的建设用地兴办企业或者与其他单位、个人以土地使用权入股、联营等形式共同举办企业的除外。

出资行为涉及占用农用地的,应当办理审批手续。具体审批程序如下:

(1)建设占用土地,涉及农用地转为建设用地的,应当办理农用地转用审批手续。

（2）省、自治区、直辖市人民政府批准的道路、管线工程和大型基础设施建设项目、国务院批准的建设项目占用土地，涉及农用地转为建设用地的，由国务院批准。

（3）在土地利用总体规划确定的城市和村庄、集镇建设用地规模范围内，为实施该规划而将农用地转为建设用地的，按土地利用年度计划分批次由原批准土地利用总体规划的机关批准。在已批准的农用地转用范围内，具体建设项目用地可以由市、县人民政府批准。

（4）第（2）、（3）项外的建设项目占用土地，涉及农用地转为建设用地的，由省、自治区、直辖市人民政府批准。

94. 特定机构管理的不动产收益权，如公路桥梁、公路隧道或者公路渡口等不动产权益是否可以出资？

可以。不动产收益权具备价值的确定性及可转让性，可以用于出资。

95. 如何办理房屋及土地使用权出资变更登记手续？

房屋出资变更登记由出资方以及公司共同提交变更登记申请，并提交下列材料：

（1）登记申请书；

（2）申请人身份证明；

（3）房屋所有权证书或者房地产权证书；

（4）证明房屋所有权发生转移的材料，如出资协议；

（5）其他必要材料。

土地使用权出资变更登记由出资方以及公司共同提交变更登记申请，并提交下列材料：

（1）土地登记申请书；

（2）申请人身份证明材料；

（3）土地权属来源证明；

（4）地籍调查表、宗地图及宗地界址坐标，可以委托有资质的专业技术单位进行地籍调查获得；

（5）地上附着物权属证明；

（6）法律法规规定的完税或者减免税凭证，如非房地产企业以土地使用权作价出资免征土地增值税，应当提交减免税凭证；

（7）其他证明材料。

除此之外，当事人应当持原土地权利证书、变更后的房屋所有权证书及土地

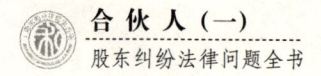

使用权发生转移的相关证明材料,申请建设用地使用权变更登记。

96. 如何对机器设备进行资产评估?

评估时,应当根据评估对象、价值类型、资料收集情况等相关条件,分析收益法、市场法和成本法三种资产评估基本方法的适用性,并恰当选择。

(1)适用收益法时应注意事项

①明确收益法一般适用于具有独立获利能力或者获利能力可以量化的机器设备;

②合理确定收益期限、合理量化机器设备的未来收益;

③合理确定折现率。

(2)适用市场法时应注意事项

①明确活跃的市场是运用市场法评估机器设备的前提条件,考虑市场是否能够提供足够数量的可比资产的销售数据,以及数据的可靠性;

②明确参照物与评估对象具有相似性和可比性是运用市场法的基础,应当使用合理的方法对参照物与评估对象的差异进行调整;

③了解不同交易市场的价格水平可能存在差异。根据评估对象的具体情况,确定可以作为评估依据的合适的交易市场,或者对市场差异作出调整;

④明确拆除、运输、安装、调试等因素对评估结论的影响。

(3)适用成本法时应注意事项

①明确机器设备的重置成本包括购置或者购建设备所发生的必要的、合理的成本、利润和相关税费等。

②明确重置成本可以划分为更新重置成本与复原重置成本。应当优先选用更新重置成本。

③了解机器设备的实体性贬值、功能性贬值和经济性贬值,以及可能引起机器设备贬值的各种因素,采用科学的方法,合理估算各种贬值。

④了解对具有独立运营能力或者独立获利能力的机器设备组合进行评估时,成本法一般不应当作为唯一使用的评估方法。

97. 如何对土地使用权进行资产评估?

评估时,应当根据评估对象特点、价值类型、资料收集情况等相关条件,分析收益法、市场法和成本法三种资产评估基本方法以及假设开发法、基准地价修正法等衍生方法的适用性,恰当选择评估方法。

(1)适用收益法时应注意事项

①运用收益法评估土地使用权时,应当合理确定收益期限、净收益与折现率。

a. 收益期限应当根据土地使用权剩余使用年限,并根据有关法律、法规的规定,合理确定;

b. 确定净收益时应当考虑未来收益和风险的合理预期;

c. 折现率的口径应当与预期收益口径保持一致。

②运用收益法评估土地使用权时,有租约限制的,租约期内的租金宜采用租约所确定的租金,租约期外的租金应当采用正常客观的租金。

(2)适用市场法时应注意事项

①应当收集足够的交易实例。用作参照物的交易实例应当具备下列条件:

a. 在区位、用途、规模、档次、权利性质等方面与评估对象类似;

b. 成交日期与评估基准日接近;

c. 交易类型与评估目的吻合;

d. 成交价格为正常价格或者可修正为正常价格。

②运用市场法评估土地使用权时,应当进行交易情况修正、交易日期修正和土地使用权状况修正。

交易情况修正是将参照物实际交易情况下的价格修正为正常交易情况下的价值。交易日期修正是将参照物成交日期的价格修正为评估基准日的价值。土地使用权状况修正是将参照物状况下的价格修正为评估对象状况下的价值,可以分为区域状况修正、权益状况修正和实物状况修正。

(3)适用成本法时应注意事项

土地使用权的重置成本通常采用更新重置成本。

(4)适用假设开发法时应注意事项

①假设开发法适用于具有开发和再开发潜力,并且其开发完成后的价值可以合理确定的土地使用权;

②开发完成后的土地使用权价值是开发完成后土地使用权状况所对应的价值;

③后续开发建设的必要支出和应得利润包括:后续开发成本、管理费用、销售费用、投资利息、销售税费、开发利润和取得待开发土地使用权的税费等;

④假设开发方式应当是满足规划条件下的最佳开发利用方式。

(5)适用基准地价修正法时应注意事项

应当根据评估对象的价值内涵与基准地价内涵的差异,合理确定调整内容。在土地级别、用途、权益性质等要素一致的情况下,调整内容一般包括交易日期修正、区域因素修正、个别因素修正、使用年期修正和开发程度修正等。

第三节 股东出资纠纷的裁判标准

一、股东出资纠纷的一般裁判标准

98. 出资人以知识产权、非专利技术、实物作价出资,如何认定是否全面履行了出资义务?

出资人以知识产权、非专利技术作价出资的,履行完以下手续可以认定全面履行了出资义务:

(1)依法进行资产评估;

(2)已向公司交付了知识产权、非专利技术及实物,包括交付技术资料、给予公司必要的技术指导;

(3)以知识产权出资,还需在国家知识产权局办理权利人变更手续。

【案例35】技术已出资实际控制人仍侵占　诉讼确认归公司[①]

原告:亚联公司

被告:亚太公司、叶庆炜

第三人:阮长耿

诉讼请求:

1. 判令被告亚太公司依据《合资合同》的约定,将编号为02125227.0的专利过户给原告,履行出资义务;

2. 判令被告叶庆炜对被告亚太公司的上述义务承担连带责任并无条件地将上述专利过户给原告。

争议焦点:专利出资应履行哪些手续视为全面履行出资义务。

基本案情:

2002年11月25日,被告亚太公司、上海科技公司及上海浦东科技投资公司签订《合资合同》,约定成立原告。合同约定:公司注册资本600万美元,被告亚太公司以"现汇和专有技术出资(抗血小板膜蛋白 IIb/IIIa 和血管生成抑制剂[I8-61]共三株单克隆抗体细胞株及专有技术),其中现汇出资180万美元,细胞株及专有技术出资作价180万美元,共计360万美元,占注册资本的60%"。合同的附

---

① 参见上海市第一中级人民法院(2007)沪一中民五(商)初字第46号民事判决书。

件一是《细胞株和无形资产清单》,清单第一部分记载了三个单克隆抗体杂交瘤细胞株,其中包括克隆 Y262 和克隆 R813;第二部分记载了无形资产,包括两项,其中第一项为"申请专利的发明名称:识别血小板膜糖蛋白的单克隆抗体及其在抗血栓治疗中的应用(专利申请号:02125227)"。

2002 年 12 月 12 日,原告成立。当日,原告与被告亚太公司签订一份《产权过户协议》,明确被告亚太公司的抗血小板膜蛋白 IIb/IIIa 和血管生成抑制剂[I8-61]共三株细胞株及高新技术的产权转让给原告,原告予以接受,自该协议签订之日起,原告拥有对上述两项细胞株及高新技术的所有权,被告亚太公司不再持有。

2002 年 12 月 17 日,会计师事务所有限公司依据原告出具的《无形资产出资清单》和《确认书》,审验认为截至 2003 年 12 月 17 日,原告收到被告亚太公司缴纳的注册资本合计 180 万美元。《无形资产出资清单》记载了被告亚太公司以三株单克隆抗体细胞株及专有技术作价投资 180 万美元。《确认书》中,另两方股东对细胞株及专有技术作价 180 万美元表示确认。

2002 年 12 月 18 日,被告叶庆炜担任原告董事长。

2005 年 12 月 7 日,专利申请号为 02125227 的专利申请"识别血小板膜糖蛋白的单克隆抗体及其在抗血栓治疗中的应用"被正式授予专利,专利权人为被告叶庆炜和第三人,专利号 ZL02125227.0(授权公告号 CN1230447C)。该专利权利要求书的保护范围是 R813、Y262 两个细胞株及该两个细胞株分别产生的两种单克隆抗体和含有所述两种单克隆抗体的组合物。

2003 年 7 月 30 日,原告的三方股东又签订一份补充协议,对被告亚太公司无形资产的出资部分作了金额上的补充修正,明确细胞株出资作价 6000 美元,专有技术出资作价 1,794,000 美元。

2004 年 6 月 6 日,因决定对原告增资,原三位股东和新股东上海张江创业投资有限公司、大连天维药业股份有限公司签订了新的《合资合同》。原合同中涉及细胞株和专有技术作价出资的部分未作改变。增资后,被告亚太公司出资 600 万美元,占注册资本的 50.927%。

被告叶庆炜代表亚太公司在上述两份《合资合同》、补充协议及验资报告附件中的《确认书》上签字。

2006 年 9 月 22 日,被告叶庆炜停止担任被告亚太公司董事长,改由陆斐担任,被告亚太公司同时委派陆斐兼任原告董事长。

被告亚太公司成立于 2000 年 12 月 22 日,股东为权威公司和盈发公司,各持有 50% 股份,被告叶庆炜和陆斐均是被告亚太公司董事。被告叶庆炜是权威公司股东,持有70%股份。

原告诉称:

被告亚太公司未履行出资义务,未将专利过户给原告的行为构成对原告财产权利的侵害。被告叶庆炜作为专利权人,同时也是原告和被告亚太公司的法定代表人,明知负有专利权过户的义务,却既未向原告披露专利权授予情况,亦未采取行动将专利过户给原告,还采用了其他欺诈行为,致使被告亚太公司无法将专利过户给原告,其应当与被告亚太公司共同对专利过户至原告名下承担连带责任。

被告亚太公司辩称:

被告亚太公司未将专利过户给原告是由于被告叶庆炜控制的被告亚太公司股东权威公司未将专利过户给被告亚太公司,故根本原因在于被告叶庆炜。被告亚太公司同意原告的诉讼请求。

被告叶庆炜辩称:

《合资合同》并未约定将专利过户给原告,而是仅仅约定投入专有技术,该专有技术已与细胞株一并交付原告。此外,专利是授予13个细胞株,远远大于专有技术的范围。被告亚太公司与原告的法定代表人均是陆斐,两公司利益趋同。

第三人述称:

其与被告叶庆炜于2002年7月17日共同向国家知识产权局申请了名称为"识别血小板膜糖蛋白的单克隆抗体及其在抗血栓治疗中的应用"的专利。该专利申请的文书于2004年5月12日公开,并于2005年12月7日被正式授予专利权。若法院判决两被告有义务将上述专利转让给原告以完成注册资本的注入义务,其愿意无条件配合法院或被告叶庆炜将上述专利有关的一切权利转让给原告,关于转让后其在原告应享有的权利,由其与原告另行协商。

律师观点:

本案的主要争议在于合资合同中关于亚太公司无形资产出资义务的约定应当作何理解。

从合同约定的文义内容来看,被告亚太公司以"现汇和专有技术出资(抗血小板膜蛋白IIb/IIIa和血管生成抑制剂[I8-61]共三株单克隆抗体细胞株及专有技术)";作为合同附件的《细胞株和无形资产清单》中,无形资产一栏记载了申请专利的发明名称"识别血小板膜糖蛋白的单克隆抗体及其在抗血栓治疗中的应用"及专利申请号02125227。清单作为合同附件,旨在对合同中细胞株及无形资产的内容或范围作进一步的明确和界定,其中针对细胞株部分明确了三个细胞株的名称,针对专有技术部分则明确了该专有技术是处在申请阶段的发明专利。

此外，无论是合同中"专有技术"，还是《产权过户协议》中"高新技术"的表述，在专利尚处于申请阶段、技术方案尚未公开的情况下，均符合常理。

被告叶庆炜认为投资义务仅指专有技术以及专利保护范围大于专有技术的抗辩意见，一是与合同及附件的记载不相符；二是被告叶庆炜作为专利申请人，应当知晓所申请专利的保护范围，并在此情况下代表被告亚太公司签署了合同，现直至本案纠纷发生，被告叶庆炜方提出专利保护范围大于专有技术，并进而以此否认以专利权作为出资，有悖常理。而且，根据专利权利要求书的内容，被告叶庆炜所称该专利保护范围包含13个细胞株并不属实。

鉴于合同中约定的专利申请号及专利名称与被告叶庆炜、第三人在2005年12月7日获得专利的申请号、名称均一致，故应认定被告亚太公司作为出资的无形资产之一系专利号为ZL02125227.0的"识别血小板膜糖蛋白的单克隆抗体及其在抗血栓治疗中的应用"发明专利。

被告亚太公司作为股东，承诺以无形资产向原告出资，却未办理无形资产权属的转移手续，导致原告的财产权益受到损害，被告亚太公司应当承担将专利过户给原告，以履行投资义务的责任。被告叶庆炜作为签订《合资合同》时被告亚太公司的法定代表人，同时也是讼争专利的申请人，对被告亚太公司承诺的投资义务以及履行义务所导致的法律后果应属明知并予以认可，但其在获得专利授权后，却未将专利过户给原告以完成被告亚太公司的投资义务，其行为明显存在过错，该行为也是导致被告亚太公司未能履约的原因。

综上所述，原告的诉讼请求有事实和法律依据，应予支持。被告亚太公司对其负有将讼争专利过户给原告的责任不持异议，第三人亦表示在法院确认专利过户给原告的情况下予以配合，鉴于专利过户的最终后果为原告成为新的专利权人，同时为便于各方履行，可依法确认讼争专利的权利人为原告。

法院判决：
确认专利权（专利号ZL02125227.0）为原告所有。

99. 出资人以房屋、土地使用权作价出资，如何认定是否全面履行了出资义务？在出资人未办理权属转移手续或未实际交付公司使用情况下，如何认定股东是否履行了出资义务以及是否享有股东权利？

出资人以房屋、土地使用权作价出资，履行完以下手续可以认定全面履行了出资义务：

（1）依法进行资产评估；

(2)将房屋、土地使用权交付公司使用;

(3)办理完毕房屋、土地使用权权属变更登记手续。

在出资人未办理权属转移手续或未实际交付公司使用的情况下,如何认定股东是否履行了出资义务以及是否享有股东权利,即是以办理权属变更登记作为出资完成的标准,还是以实际交付财产给公司使用作为出资完成的标准,还是二者兼顾,实践中存在不同观点,对此《公司法》并无明文规定。

多数意见认为,应当二者兼顾。股东以需要办理权属变更登记手续的财产作价出资,自登记起生效或对抗第三人。只有办理了过户登记,公司才能取得真正的、完整的、排他的权利。交付和产权登记是该类货币财产出资行为不可分割的两个方面,交付的价值在于该类财产的实用性,产权登记的价值在于对权属的认定和法律风险的分配。未办理产权登记则意味着出资人对土地使用权和房屋所有权的保留,公司对土地、房屋的占有和利用缺少法律的效力以及随时有被追索的风险。[①]

对此,最高人民法院给出了解释:

(1)出资人实际交付使用但未办理法定权属变更登记手续,公司、其他股东或者公司债权人可以主张认定出资人未履行出资义务,人民法院应当责令当事人在指定的合理期间内办理权属变更手续;在前述期间内办理了权属变更手续的,人民法院应当认定其已经履行了出资义务。出资人主张自其实际交付财产给公司使用时享有相应股东权利的,人民法院应予支持。

(2)出资人已经办理权属变更手续但未交付给公司使用,公司、其他股东可以向该股东提起财产给付之诉,要求股东交付该出资财产给公司,而且由于该财产并未实际交付,公司的收益中并未凝结该财产的价值,因此,也可以对出资人的股东权利予以相应的限制,即未实际交付财产给公司的股东只应享有与其出资情况相对应的权利。

公司或者其他股东可以主张出资人向公司交付、并在实际交付之前不享有相应的股东权利,人民法院应当予以支持。

100. 出资人以划拨土地使用权出资,或者以设定权利负担的土地使用权出资,是否有效?是否全面履行了出资义务?

根据我国法律规定,划拨的土地使用权只能用于划拨用途,不能擅自进入市场流通。因此原则上,划拨土地使用权和设定权利负担的土地使用权不得用于

---

① 张海棠主编:《公司法适用与审判实务》,中国法制出版社2009年版,第57页。

出资。

但在司法实践中,如出资人已以上述财产出资设立公司,并且已经办理了工商登记,如果履行了下列程序,法院可以认定出资人全面履行了出资义务:

(1)出资人以划拨土地使用权出资的,应当在法院指定的合理期限内依法补缴土地出让金,办理土地变更手续,将划拨土地使用权变更为出让土地使用权;

(2)出资人以设定权利负担的土地使用权出资,应当在法院指定的合理期限内依法解除权利负担。

这里应当注意,能否补正瑕疵的决定权在于土地管理部门和权利负担的权利人,而不是法院,法院的审理是以瑕疵补正的结果为判断前提的。

101. 当事人之间对是否已履行出资义务发生争议,举证责任如何分配?

当事人之间对股东是否履行出资义务发生争议,向人民法院提起诉讼的,不属于《最高人民法院关于民事诉讼证据的若干规定》明确规定的特殊情形,原则上应当按照举证责任分配的一般原则,由原告对被告股东未履行出资义务的事实承担举证责任。

但是实践中,某股东是否履行出资义务,除公司董事和高管人员可能知道外,其他股东、公司债权人等可能均不知道。尤其实践中主张股东违反出资义务的多为外部债权人,其对公司的内部状况和有关材料往往难以掌握,与公司股东相比,在公司资源和信息的控制上严重不对称。

据此,原告对股东是否履行出资义务只需提供产生合理怀疑的证据,由被告举证证明其已履行出资义务的事实。如果被告不能提供充分证据证明其已履行出资义务,应当承担举证不能的法律后果。

一般来说,公司的举证能力最强,其他股东次之,债权人的举证能力最弱。法院在认定原告是否提供了产生合理怀疑的初步证据时,对公司、其他股东和公司债权人的要求应当有所区别。

【案例36】未推翻出资评估报告　要求股东补足差额被驳回[①]

原告:佩纳公司

被告:起帆公司

诉讼请求:被告全面履行以厂房和公用设施出资的义务,按71号评估报告结论补足差额378.23万元,并赔偿该款项自1995年11月15日起的利息损失。

---

① 参见上海市高级人民法院(2006)沪高民二(商)终字第184号民事判决书。

争议焦点：

1. 本案发生于2005年修订的《公司法》前，如何适用法律；

2. 股东以关联企业土地使用权及相关资产作价出资，其出资行为是否当然无效；

3. 股东用于出资的系争房产及公共设施评估结论低于股东各方协商价格，是否当然认定被告出资不实；

4. 公司于股东出资10年后委托第三方针对系争房产及公共设施作出的评估报告能否推翻出资时作出的评估报告结论；

5. 公司实际使用系争房产及公共设施达10年，股东迟延办理过户登记手续达6年是否损害了公司的利益，公司于10年后方才提起诉讼是否丧失了撤销权。

基本案情：

1995年8月15日，被告与案外人斯凯特·马格德堡公司、沙士基打公司及千骏公司共同投资成立原告。被告认缴出资129.15万美元，其中厂房、公用设施分别为75.65万美元、12.55万美元。根据国有土地评估报告，该土地使用权及所有有关建筑物与设施的转让费作价114.15万美元。

被告委托会计师事务所于1995年6月30日出具222号评估报告注明：评估目的是为"被告拟以所属厂房、道路、电缆沟、围墙等资产与外商洽谈组建中外合资经营企业"，评估基准日为1994年5月31日，评估方法为"参照同类型厂房造价予以评估，考虑国内外工料价差调整系数，采用重置成本法"，评估结果为"生产厂房（以下简称系争房产）628.4万元，道路、电缆沟、围墙人民币43.2万元"，合计671.6万元。

原告成立后，被告即将用于投资的厂房、公用设施（道路、电缆沟、围墙）均移交原告使用，但未办理系争厂房的产权过户手续。

1995年11月18日、1996年2月29日，会计师事务所先后对原告进行验资并出具第317号及第140号验资报告各一份，载明：被告向原告两次共投入1,290,762.11美元，其中包括价值人民币671.6万元的系争厂房及道路、电缆沟、围墙。

1995年1月19日，会计师事务所出具验资证明书一份，注明：被告的注册资金总额为人民币600万元，其中起帆科技出资人民币300万元（银行存款），九龙铜材出资人民币300万元[2905平方米房屋（系争厂房）作价人民币240万元，4000平方米土地使用权作价人民币60万元]。

1996年9月28日，原告向上海市青浦区工商行政管理局书面申请更换营业执照,申请书中注明"合资公司注册资金已全部到位"。

系争厂房原为案外人九龙电缆厂所有。1997年9月5日,系争厂房被上海市第二中级人民法院(以下简称二中院)在另案中依法查封,后于2001年11月8日解除查封。

2001年11月11日,原告遂作为申请人,九龙铜材、九龙电缆厂作为原权利人,共同向青浦区房地产登记处提交了上海市房地产转让、登记申请书。

2001年11月12日,原告取得系争厂房的房地产所有权证。

2006年2月14日,上海城市房地产估价有限公司接受原告的委托,以1994年5月31日为时点,采用重置成本法,对系争厂房、电缆沟、围墙、道路进行了估价,出具71号评估报告,结论为293.37万元。

原告诉称:

被告以土地使用权、厂房及相关设施出资的评估价格与真实价格严重不符,被告的行为损害了原告的权益,被告应全面履行其出资义务,按71号评估报告结论补足差额人民币378.23万元及利息损失。

被告辩称:

原评估报告采用的评估方法合法合理,原告成立时,被告已将系争厂房交付原告使用,并于其后办理了过户手续,履行了出资义务。被告不存在出资不实的行为,原告的主张于法无据。

律师观点:

1. 本案应当适用1990年4月4日修订施行的《中外合资经营企业法》及1983年9月20日公布施行的《中外合资经营企业法实施条例》。

本案讼争事实是有关被告在设立原告过程中的投资行为是否存在违反合资合同、公司章程及相关法律规定的问题,根据2006年1月1日施行的《公司法》第218条"外商投资的有限责任公司和股份有限公司适用本法;有关外商投资的法律另有规定的,适用其规定"的规定,及原告系设立于1995年的中外合资经营企业的事实,依据特别法优于普通法的原则,本案应当适用1990年4月4日修订施行的《中外合资经营企业法》及1983年9月20日公布施行的《中外合资经营企业法实施条例》。

1990年《中外合资经营企业法》第5条规定:"合营企业各方可以现金、实物、工业产权等进行投资。……上述各项投资应在合营企业的合同和章程中加以规定,其价格(场地除外)由合营各方评议商定。"

1983年《中外合资经营企业法实施条例》第25条规定:"合营者可以用货币

出资，也可以用建筑物、厂房、机器设备或其他物料、工业产权、专有技术、场地使用权等作价出资，以建筑物、厂房、机器设备或其他物料、工业产权、专有技术作为出资的，其作价由合营各方按照公平合理的原则协商确定，或聘请合营各方同意的第三者评定。"

2. 合营各方对于222号评估报告及评估结论均是明知且认可的。

本案中，222号评估报告对系争厂房及公用设施的评估结论于1995年6月30日已形成，合资合同及公司章程则签订于评估报告形成之后的同年7月3日，且该评估报告被作为合资合同及公司章程的附件，故合营各方对于该评估报告及评估结论均是明知且认可的。在法律明确规定现金、实物、工业产权的出资价格可由合营各方评议商定的情况下，合营各方并未对评估结论提出异议，且已将评估结论作为被告的出资记载于合资合同及公司章程中，故应认定该价格系合营各方评议商定的结果。

此外，原告设立至今已达十余年，系争厂房及公用设施也已被实际使用了十余年，产权过户至原告名下亦已有四年多，原告及各方股东从未对系争厂房、公用设施的价额提出异议，同样可证实合营各方对于评估价格是接受的。

3. 原告主张被告出资的厂房及公用设施的实际价额显著低于公司章程所定价额无事实及法律依据。

就222号评估报告与71号评估报告分析，两者虽同样采用重置成本法的评估方法，但鉴于评估目的、依据的法律法规及技术规程均不相同，两者并不具有完全的可比性，故原告以71号评估报告来证明222号评估报告存在重大瑕疵，依据尚嫌不足。据此，原告关于被告出资的厂房及公用设施的实际价额显著低于公司章程所定价额的主张，没有事实及法律依据，故难以支持。

4. 系争厂房产权迟至2001年方过户至原告名下确系被告不当，但未给原告造成损失。

非货币出资一般应以股东实际交付为完成出资义务的衡量标准，其中房地产等出资因其特殊性，应当办理财产权转移手续。本案中被告虽以与原告就过户费用的承担存在分歧为由，主张对系争厂房产权至2001年过户不存在迟延责任，然在合营各方对该费用承担未作约定的情况下，出资人理应自行承担支付责任，故系争厂房产权迟至2001年方过户至原告名下确系被告不当。

然鉴于系争厂房及公用设施于原告设立之初已交付原告使用，现亦无证据表明因房产迟延过户造成了原告实际损失，故原告主张利息损失没有事实依据，亦应不予支持。

法院判决:

驳回原告的诉讼请求。

【案例37】名为"投资"假戏被做真　私下约定为"借贷"无效[①]

原告:北新旅社

被告:橡胶四厂

诉讼请求:被告支付原告11.3万元。

争议焦点:公司与其股东私下将股东投资款约定为对公司的借款,该约定是否有效;是否可以该约定否定其股东资格。

基本案情:

无锡飞索公司注册资本为13.55万美元,其中原告出资2.71万美元,占20%,香港飞索公司出资10.84万美元,占80%。

此后原告将其持有的股权的一半1.355万美元转让给被告,并依法办理了工商变更登记手续,股东变更为香港飞索公司、原告和被告三方。原告将11.3万人民币(折合1.355万美元)汇入无锡飞索公司,作为其出资。会计师事务所验资确认无锡飞索公司的注册资本为13.55万美元,公司已收到股东的出资13.55万美元。

其后,原告再次与被告签订股权转让协议书约定,原告将其在无锡飞索公司的10%股权转让给被告,被告支付原告11.3万元人民币(折合1.355万美元)。同日,香港飞索公司也与被告签订股权转让协议书约定,香港飞索公司将其在公司的55%股权7.45万美元转让给被告。无锡飞索公司召开董事会,同意上述股权转让并经国家相关管理部门批准。9月9日,无锡飞索公司依法进行工商变更,并取得了新的营业执照,法定代表人由陈铭鑫变更为孙星煌,原告不再是无锡飞索公司的股东。

原告诉称:

由于被告未按约向原告付款。原告与被告签订还款协议约定,被告分别付款6.3万元、5万元,但被告届期仍未支付剩余款项。

被告辩称:

原告汇入无锡飞索公司的11.3万元是借款,10%的股权是虚假的,股权转让协议书无效,应驳回原告的诉讼请求。理由如下:

1. 原告虽然出资11.3万元入股,经有关部门验资及核准,形式要件已具备法

[①] 参见无锡市北塘区法院北新旅社诉橡胶四厂股权转让纠纷案。

定条件,但其实质是,原告出借 11.3 万元给无锡飞索公司,获取高额利息;

2. 即便原告进行了投资,但没有共同经营,不承担经营风险,在公司亏损的情况下,仍收取固定利息,其性质属于明为投资,实为借贷,合资经营合同应属无效合同,原告系虚假股东,因此,股权转让协议书无效,不受法律保护。

被告为证明其观点,提交证据如下:

1. 1997 年 3 月 8 日,无锡飞索公司原董事长陈铭鑫出具的借据,写明无锡飞索公司向原告暂借 11.3 万元,年息 16%,利息 18,080 元于 1998 年 3 月 7 日前缴清。1998 年 6 月 9 日,陈铭鑫再次向原告出具借据,写明向原告借 11.3 万元,年息 13%,全年利息 14,690 元于 1999 年 3 月 17 日前缴清,不再续借,到期一次性归还。原告在两份借据上均盖公章。

2. 陈铭鑫作证,原告出资的 11.3 万元,实际是出借给无锡飞索公司,无锡飞索公司每年均付利息给原告。

3. 原告的上级主管部门无锡市北大街街道办事处原主任俞志明作证,1996 年成立无锡飞索公司时,原告只投资,不参与经营活动,取得定额回报。

律师观点:

原告汇入无锡飞索公司的 11.3 万元是股权投资,股权转让协议书有效。

1. 原告汇入无锡飞索公司 11.3 万元属实。该款是原告为了成立无锡飞索公司,作为其应认缴的出资额而投入的款项。无锡公证会计师事务所对此进行验资,确认为股东投入无锡飞索公司的注册资本验资款。1998 年 6 月 28 日,原告与被告签订的股权转让协议书中也明确原告的该 10% 股权折价 11.3 万元转让给被告。该股权转让行为,已经公司董事会会议通过,并经国家相关管理部门批准,依法进行了工商变更登记。上述一系列公示行为,确定了原告汇入无锡飞索公司的 11.3 万元属注册资本、投资款,而非借款。

2. 该 10% 股权转让已经公司董事会会议通过、国家相关管理部门以法定的形式予以确认。相关部门的登记备案本身具有社会公信力,排除了第三人以其他的法律根据的追夺请求。因此,尽管原告与无锡飞索公司以借条的形式,私下确认该 11.3 万元的性质,但法律保护的是合法的民事法律关系。原告于 1996 年 4 月缴清出资款后,11.3 万元的所有权依法已转归无锡飞索公司,原告无权处分该财产,其与无锡飞索公司内部约定的借款显然无效,该约定不能否定 11.3 万元属于注册资本的性质。就被告的辩称,虽然原告也认可了只投资但不参与经营的事实,但是仅凭当事人的陈述和借据,不能推翻原告实际出资到位、依法转让股权并进行了工商变更登记的法律事实,且从无锡飞索公司的账上也反映不出是借贷。

因此,被告认为属于借款性质的理由缺乏法律依据,不应予以采信。

既然原告投入无锡飞索公司的 11.3 万元是投资款,占该公司 10% 的股权,故原告将其合法持有、客观真实的股权折价 11.3 万元转让给被告的协议,在依法办理了相关批准登记手续后,应为有效。被告受让该股权后,理应支付相应的对价。

法院判决:

被告于判决生效之日起 10 日内支付原告 11.3 万元。

102. 股东占有股权的比例是否必须与认缴或实际出资比例相同?股东可否自由约定股权比例?

在公司注册资本符合法定要求的情况下,各股东的实际出资数额和持有股权比例应属于公司股东意思自治的范畴。股东持有股权的比例一般与其实际出资比例一致,但有限责任公司的全体股东内部也可以约定不按实际出资比例持有股权,这样的约定并不影响公司资本对公司债权担保等对外基本功能的实现。如该约定是各方当事人的真实意思表示,且未损害他人的利益,不违反法律和行政法规的规定,应属有效,股东按照约定持有的股权应当受到法律的保护。

【案例38】股东按照约定持有股权应当受到法律的保护[①]

原告: 国华公司

被告一: 启迪公司

被告二: 豫信公司

第三人: 科美投资公司

诉讼请求:

1. 科美投资公司的全部股权归国华公司所有。

2. 如果国华公司的第一项请求不能得到支持,请依法判决解散科美投资公司,并进行清算。

争议焦点:

1. 股东之间,代为出资的约定是否有效?

2. 代为出资部分对应的股权应归哪方股东所有?

基本案情:

2006 年 9 月 18 日,刘继军为甲方、张军为乙方签订《合作建设北京师范大学

---

① 参见最高人民法院 (2011) 民提字第 6 号民事判决书。

珠海分校工程技术学院协议书》(以下简称《9·18协议》),约定:双方合作成立珠海市科美教育咨询有限公司(以下简称科美咨询公司),并以公司名义与北京师范大学珠海分校(以下简称珠海分校)签署合作协议,合作建设和运作珠海分校工程技术学院(以下简称珠海分校工程学院)。甲方以教育资本(包括教育理论与理念、教育资源整合与引入、教育经营与管理团队、教育项目的策划与实施)出资,占科美咨询公司70%的股份,乙方以7000万元的资金投入珠海分校工程学院的建设和运作,占科美咨询公司30%的股份,本协议签署后10日内乙方将500万元保证金打入科美咨询公司账户,本协议生效。科美咨询公司与珠海分校协议签署之前,该保证金不能使用。科美咨询公司与珠海分校协议签署之后的15日内,乙方将1500万元打入科美咨询公司与珠海分校合作的共管账户,同时乙方将已经打入科美咨询公司的500万元保证金打入珠海分校作为履约保证金。科美咨询公司与珠海分校签署协议后90日内,乙方将1000万元打入共管账户,余款4000万元随工程进度及时打入共管账户。在乙方投入的7000万元回收完毕之前,双方在科美咨询公司的分配比例按照20%对80%。7000万元回收完毕之后按股份比例分配。2006年9月30日,国华公司将500万元保证金打入科美咨询公司账户(开户行:中国农业银行金鼎支行,账号44353401040003686)。2006年10月24日,500万元保证金被从科美咨询公司账户上打入启迪公司账户。2006年10月26日,国华公司与启迪公司、豫信公司签订《关于组建珠海科美教育投资有限公司投资协议》(以下简称《10·26协议》),约定:(1)国华公司以现金出资人民币300万元,占公司注册资本30%;豫信公司以现金出资人民币150万元,占公司注册资本15%;启迪公司以现金出资人民币550万元,占公司注册资本55%。并约定三方应及时将缴纳的出资打入新设立公司筹委会账户。(2)对拟与珠海分校的办学合作项目的运作及利润的分配等事项作出了约定。(3)约定了科美投资公司的工商登记手续由启迪公司负责办理。(4)国华公司方张军出任科美投资公司董事长、法定代表人。(5)公司注册资金1000万元和投资6000万元全部由国华公司负责筹集投入。同日,通过了《珠海科美教育投资有限公司章程》(以下简称《公司章程》),约定:公司注册资本1000万元人民币。启迪公司认缴出资额550万元、比例55%,国华公司认缴出资额300万元、比例30%,豫信公司认缴出资额150万元、比例15%。各股东应当于公司注册登记前足额缴纳各自所认缴的出资额。董事长由国华公司一方担任,副董事长由启迪公司一方担任。章程与《10·26协议》冲突的,均以《10·26协议》为准。2006年10月25日,应豫信公司和启迪公司要求,国华公司汇入豫信公司150万元,汇入启迪公司

50万元。豫信公司将上述150万元汇入科美咨询公司账户(该账户同时为科美投资公司筹委会账户)作为其认缴出资。启迪公司将国华公司转来的50万元和10月24日从科美咨询公司账户转入的500万元保证金汇入科美咨询公司账户作为其认缴出资。国华公司将300万元汇入科美咨询公司账户作为其认缴出资。2006年10月31日,经珠海市工商局核准,科美咨询公司变更为科美投资公司。注册资金由50万元变更为1000万元,股东由娄宏涛、刘继军、赵升云变更为国华公司、启迪公司和豫信公司。同日,科美投资公司与珠海分校签订了《合作兴办北京师范大学珠海分校工程技术学院协议书》,约定了合作办学项目的具体事项。2006年11月28日刘继军与张军签订《合作备忘》,约定:(1)双方同意将科美咨询公司更名为科美投资公司。(2)公司股东由法人组成,启迪公司和豫信公司代表甲方,国华公司代表乙方,注册资金全部由乙方支付。其后,国华公司陆续投入1750万元,连同1000万元出资共计投入2750万元。启迪公司认可2006年11月2日以后国华公司接管科美投资公司账户。在科美投资公司与珠海分校合作办学的过程中,双方产生矛盾,在是否与珠海分校继续合作上也发生争议,国华公司遂提起诉讼。

原告诉称:

2007年7月18日,国华公司向河南省开封市中级人民法院提起诉讼称,2006年10月26日,国华公司与启迪公司、豫信公司签订了《10·26协议》,约定三方组建科美投资公司,并约定了三方的出资额、股份比例等事项。《10·26协议》签订后,国华公司履行了出资义务,启迪公司与豫信公司未出资却滥用股东权利,损害了国华公司的权益。

被告一辩称:

国华公司经过充分考察决定与启迪公司进行合作,三方约定启迪公司和豫信公司的出资均由国华公司支付的意思表示是真实的,符合公司法的规定,启迪公司所享有科美投资公司55%的股权是合法的。国华公司请求解散公司缺乏事实和法律依据,应驳回国华公司的诉讼请求。

被告二辩称:

豫信公司答辩意见与启迪公司相同。

一审认为:

非货币财产作为出资须具备两个条件,一是可以用货币估价,二是可以依法转让,同时还应履行评估作价程序。《9·18协议》关于甲方以教育资本出资,占科美咨询公司70%股份的约定显然不符合该条规定的非货币出资的条件,也没有进行评估作价。该约定对当事人不具有法律约束力。启迪公司和豫信公司无须履行出资义务,以教育资本出资。国华公司代替启迪公司和豫信公司筹集出资资金的结果是作为真实投资者的国华公司仅占公司30%的股份,而未出资的启迪公司和豫信公司却占了公司70%的股份,国华公司作为真实投资者,要求确认与其出资相应的股份于法有据,于情相合。科美投资公司所有股东签署的《公司章程》系公司全体股东的真实意思表示,且无法律禁止性内容,对公司及所有股东具有法律约束力,所有股东应缴纳其认缴的出资额,将500万元保证金从科美咨询公司账户打入启迪公司账户系启迪公司所为,然后启迪公司又将该500万元打入科美投资公司账户作为验资资金,这种资金倒流再流回的做法有悖诚信,该500万元依法不应作为启迪公司的出资,由于该500万元系国华公司的投资款,国华公司又主张应认定为其出资,依法应将该500万元认定为国华公司的出资。

一审判决:

支持国华公司第一项诉讼请求,确认国华公司实际出资800万元,占科美投资公司80%的股份,豫信公司出资150万元,占科美投资公司15%的股份,启迪公司出资50万元,占科美投资公司5%的股份。

被告一上诉称:

1. 根据《公司章程》约定,启迪公司、豫信公司、国华公司分别出资550万元、150万元、300万元,占科美投资公司股份的55%、15%、30%,出资方式为货币出资,三公司分别将出资汇入科美投资公司账户,并经会计师事务所出具了验资报告,珠海市工商行政管理局核准并进行了工商变更登记,启迪公司获得了合法有效的股东身份。以上程序完全符合公司法的规定,启迪公司的股东身份和依法持有的股权真实、合法,应当得到保护。

2. 双方签署的《9·18协议》及《10·26协议》,约定由国华公司出资1000万元改组科美咨询公司,其中启迪公司所占的55%股份、豫信公司所占15%股份应缴出资共700万元均由国华公司投入。这种约定是各方真实意思的表示,是一种合法的商业交易行为,不违反法律法规禁止性规定,应认定合法有效。验资款的支付属于验资需要,并非一审法院所认为的有悖诚信,也没有侵犯任何一方的权利和利益。国华公司接管科美投资公司账户后,也从未对此提出任何异议。2006年11月28日,《合作备忘》再次对由国华公司支付全部注册资金以及各股东所占股份比例进行了确认。

3. 一审判决认定豫信公司出资150万元和启迪公司出资中的50万元是履行了出资义务,等于是认定了当事人关于由国华公司替启迪公司和豫信公司出资的约定是合法有效的约定,却对启迪公司出资中的500万元不予认定,存在明显的矛盾和逻辑错误。

4. 启迪公司完全履行了股东的义务。

综上,请求二审法院查明事实后依法改判。

原告二审辩称:

1. 一审判决认定事实清楚、适用法律正确。500万元是启迪公司利用其控制科美咨询公司账户的便利,擅自将国华公司打入科美咨询公司账户的500万元保证金转入自己的账户,又在次日转入科美投资公司的验资账户作为对科美投资公司的出资。启迪公司的行为明显违背了诚信原则和公司资本真实性原则。

2. 2006年的《9·18协议》及《10·26协议》约定科美咨询公司变更登记的注册资金1000万元由国华公司负责筹集,规避公司法律法规有关出资方式的强制性规定,是无效的,请求维持原判。

被告二辩称:

对于一审对于豫信公司的认定没有意见,国华公司代为出资是自愿的,出资方式是货币出资,请求依法认定启迪公司的权利。

二审认为:

按照教育部的相关规定,普通高等学校主要利用学校名称、知识产权、管理资源、教育教学等参与办学。社会组织或者个人主要利用资金、实物、土地使用权等参与办学。本案中刘继军等名义上是以现金出资,实质上是以教育资源作为出资。双方实际上是通过签订协议的方式规避了我国相关法律的禁止性规定,《9·18协议》应属无效协议。在此协议的基础上,启迪公司与国华公司及豫信公司达成《10·26协议》也违反了法律的规定,国华公司代启迪公司出资的行为因违反法律规定而无效。

二审判决:

驳回上诉,维持原判。

被告一再审诉称:

1. 本案的主要焦点就是启迪公司500万元出资是否有效,50%的股权是否有效。

(1)原审法院按照《独立学院设置与管理办法》(中华人民共和国教育部令第26号令)的相关规定认定《9·18协议》属无效协议是错误的。《9·18协议》是设立科美咨询公司的协议,并非合作办学协议,不能适用教育部的相关规定,而且《9·18协议》签订于2006年,而教育部第26号令自2008年4月1日起施行,原审法院违反了法不溯及既往的原则。

(2)原审法院认定《9·18协议》无效,《10·26协议》违反法律规定,并进而认定国华公司代启迪公司出资的行为无效,国华公司代启迪公司出资的500万元对应的50%股份属国华公司所行,却又认定了同样是国华公司代出资的50万元和150万元对应的5%和15%的股份属启迪公司和豫信公司所有,前后矛盾。

(3)启迪公司注册资金的来源并不能构成判定其注册资金到位与否的根据。启迪公司已提供银行进账单和会计师事务所的验资报告及工商局依法核准的注册资金登记证明,证明了启迪公司的注册资金已完全合法到位并已经法定程序确认。500万元保证金无论启迪公司该不该动用,法院都不应作为判定50%股份归谁所有的依据。

2. 公司股东的出资状况与公司章程约定的所占股权比例不存在任何关系。

《9·18协议》与《10·26协议》是各方当事人真实意思表示,并不违反任何国家法律规定。国华公司支付给启迪公司和豫信公司用于科美咨询公司的增资注册的资金亦不违反任何现有公司法律规定。更何况本案中科美投资公司的注册资金1000万元全都是货币资金,并不存在以非货币出资的问题。也没有任何法律规定注册资金的来源必须是股东本人的自有资金。

综上,被告一再审请求:(1)撤销原一审、二审;(2)驳回被申请人原一审、二审全部诉讼请求。

原告再审辩称:

1. 在设立科美投资公司过程中,启迪公司规避法律,依法不具有科美投资公司股东法定资格。2006年10月31日,科美投资公司成立,该《公司章程》第7条规定的启迪公司、豫信公司、国华公司"货币出资之规定"条款是用合法形式掩盖非法目的,规避了法律,应该认定无效,启迪公司依法不具有科美投资公司股东法定资格。

2. 启迪公司的教育资本出资本质是劳务出资,其显然违反了行政法规的禁止性规定。科美投资公司注册资金1000万元全部由国华公司出资,故科美投资公司全部股权应由国华公司所有。启迪公司的再审申请理由不能成立,请求驳回启迪公司的再审申请,维持原判决。

再审查明:

1.《10·26协议》第14条约定:"利润分配:(1)在上述乙方(国华公司)7000万元资金没有收回完毕之前,公司交纳所得税并依法提取公积金、公益金后的利润,三方股东按照约定分配,即甲方(启迪公司)享有分配公司利润的16%,乙方享有80%,丙方(豫信公司)享有4%。(2)在上述乙方7000万元资金收回完毕后,公司交纳所得税并依法提取公积金、公益金后的利润,三方股东按照三方出资比例予以分配,即甲方享有分配公司利润的55%,乙方享有30%,丙方享有15%。"

2.《9·18协议》列明:协议的甲方为珠海分校工程学院项目策划和运营方,乙方为张军等。

律师观点:

本案当事人争议的焦点是,以启迪公司名义对科美投资公司500万元出资形成的股权应属于国华公司还是启迪公司。《9·18协议》与《10·26协议》是启迪公司、国华公司、豫信公司三方以各自名义签订的关于组建科美投资公司的协议书,两个协议在签订动机上确有一定的联系,但是,两个协议的签订主体和合作内容完全不同,两个协议彼此独立,其间并不存在从属关系,即使《9·18协议》无效,也不影响《10·26协议》的效力,本案是启迪公司、国华公司、豫信公司因履行《10·26协议》组建科美投资公司发生的纠纷。《10·26协议》约定该1000万元以货币出资,是各方当事人真实意思的表示,符合《公司法》第27条关于股东可以用货币出资的规定,故该约定有效。

股东认缴的注册资本是构成公司资本的基础,但公司的有效经营有时还需要其他条件或资源,因此,在注册资本符合法定要求的情况下,我国法律并未禁止股东内部对各自的实际出资数额和占有股权比例作出约定,这样的约定并不影响公司资本对公司债权担保等对外基本功能实现,并非规避法律的行为,应属于公司股东意思自治的范畴。《10·26协议》约定科美投资公司1000万元的注册资本全部由国华公司负责投入,而各股东分别占有科美投资公司约定份额的股权,对公司盈利分配也作出特别约定。这是各方对各自掌握的经营资源、投入成本及预期收入进行综合判断的结果,是各方当事人的真实意思表示,并未损害他人的利益,不违反法律和行政法规的规定,属有效约定,当事人应按照约定履行。该1000万元已经根据《10·26协议》约定足额出资,依法进行了验资,且与其他变更事项一并经工商行政机关核准登记,故该1000万元系有效出资。以启迪公司名义对科美投资公司的500万元出资最初是作为保证金打入科美咨询公司账户,并非注册资金,后转入启迪公司账户,又作为投资进入科美投资公司账户完成增资,当时各股东均未提出任何异议,该500万元作为1000万元有效出资的组成部分,也属有效出资。按照《10·26协议》的约定,该500万元出资形成的股权应属于启迪公司。启迪公司作为科美投资公司的股东按照《10·26协议》和科美投资公

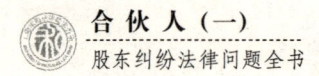

司章程的约定持有的科美投资公司55%股权应当受到法律的保护。

再审判决：

原审判决认定以启迪公司名义对科美投资公司的500万元出资违反法律禁止性规定缺乏法律依据，启迪公司申请再审的主要理由成立，予以支持。

1. 撤销原一审、二审判决。
2. 驳回国华公司的诉讼请求。

103. 验资报告可否作为判定股东出资到位的直接证据？

《公司法》规定，除以募集方式设立股份有限公司外，设立有限责任公司及以发起设立方式设立股份有限公司无须再经验资机构验资并出具证明。

判定股东是否出资到位最直接的就是公司注册登记时提交的相关会计师事务所出具的验资报告。验资报告详细记载了公司股东出资的时间、金额以及出资比例，除有相反证据否定验资报告的法律效力，证明验资机构存在虚假验资（包括对出资人伪造的银行存款凭证与银行询证函等未尽注意义务与调查义务）情形外，应依据会计师事务所的验资报告认定出资人出资已到位。

【案例39】审计报告不足以推翻出资证据　股东主张违约责任被驳回①

原告：君信公司

被告：绿谷伟业公司

第三人：博尔泰力股份公司

诉讼请求：

1. 判令被告补足1307万元出资额或在不能补足时减少其在第三人的等额股份；
2. 判令被告因虚假出资违反合同约定而向原告支付309万元违约金。

争议焦点：

1. 双方当事人对同一事实分别举出相反的证据，应如何认定涉案事实；
2. 经过行政判决书认可的证据文件，是否可以增强其证明力；
3. 公司拒绝向股东提供其财务账目，是否可以当然推定股东的主张成立。

基本案情：

截至2000年3月，第三人注册资本为1000万元，其中：药研所出资700万元，

---

① 参见最高人民法院(2004)民二终字第260号民事判决书。

被告出资 300 万元。

2000 年 8 月 1 日，第三人股东会议决议增资扩股，注册资本增加至 3800 万元。决定：药研所增资 1200 万元，被告增资 1600 万元；增资后，药研所与被告各占第三人 50% 的股份；新增出资应于 2000 年 9 月 30 日前分批缴足。

经过一轮股权转让后，截至 2000 年 9 月 6 日，原告出资 200 万元，临河公司出资 100 万元，大地实业公司出资 300 万元，君益公司出资 100 万元，北融公司出资 200 万元，药研所出资 1600 万元，被告出资 1300 万元。

被告新增扩股的 1600 万元，共有 15 笔的记载。投资时间是 1999 年 9 月 24 日至 2000 年 9 月 18 日。其中由案外人绿谷药业公司汇出代为投资的计 787 万元。其余为被告相关账户汇出，合计 1600 万元。第三人向被告出具了相应的出资收据。且第三人承认被告投资 1600 万元已经实际到位。经验资机构验证，各股东出资已到位，出具了验资报告，并经工商机关注册进行了登记。

原告诉称：

被告应承担出资不实的违约责任，理由如下：

1. 虽然第三人出具的"出资收据"和被告以其控股公司名义委托中介机构出具的"验资报告"认定被告足额出资。然而，该等文件均可以伪造或按照被告的意志出具，该等文件的真实性、客观性很难令人信服。

2. 根据《宁夏审计厅关于宁夏博尔泰力药业股份有限公司股份投资等有关问题的审计调查报告》显示，被告存在虚假出资的事实。

3. 根据原告调取证据的请求，被告应当提供其财务账目，但其拒不提供，说明该财务账目对其不利，应当依据推定规则推定原告主张成立。

4. 在宁夏回族自治区银川市中级人民法院（2004）银行终字第 63 号行政判决书和银川市兴庆区人民法院（2004）兴行初字第 52 号行政判决书中，已对审计报告的证明力予以认可。

被告辩称：

1. 原告提供的宁夏审计厅出具的审计调查报告不具备《最高人民法院关于民事诉讼证据的若干规定》中关于诉讼证据"真实性""关联性"和"合法性"的要求。

宁夏审计厅的审计调查报告是原告用来支持其诉讼请求及否定被告所提供证据的内容真实性的唯一证据。但原告提交的审计报告却在证据形式、形成来源多方面存在瑕疵，不能单独作为定案依据。

原告向法院递交的审计报告只是一份复印件，上面没有加盖审计单位的印鉴，也没有具体审计人员的签名。庭审过程中，原告无法说明该份审计报告的合法来源,只声称是其上级公司宁夏圣雪绒国际集团有限公司提供。

《审计法》明确规定,审计机关的审计对象是国有企业、国有资产占控股地位或主导地位的企业;审计机关应当在审计前三日向被审计单位送达审计通知书;审计报告送达审计机关前应当征求被审计单位的意见。而发起成立第三人的7家发起人的总共3800万股份中没有一家是国有企业或国有资产占控股地位或主导地位的企业。此外,审计厅在审计过程中没有征求过第三人及其子公司的意见,也没有征求过公司股东和董事会的意见。因此,该次审计既非法定审计也非各方共同委托的审计;既未提供审计行为所依据的法律规定和审计过程中使用的证据材料,也未提供审计结论所依据的法律规定和事实依据。

该审计报告的结论与第三人各方股东共同委托的会计师事务所所作的历次审计报告的内容和结论矛盾,但原告未能提出与该审计报告记载的事实和结论相关联、印证的证据。

2. 原告提交的审计报告的证明效力并不强于被告提交的证据,也不能依据"高度盖然性占优势"的证明标准否认被告提交的证据。

(1)被告从未成为过第三人的控股股东,也不存在利用控股优势委托中介机构出具虚假验资报告的行为,被告提交的历次验资报告和审计报告均由第三人各方股东共同委托,与该公司各股东、被告、第三人之间没有任何关联关系的中介机构审计后出具,且为各方股东认可,为相关行政管理机关接受备案。被告认为其提交的这一系列证据的证明力大于原告提交的单一审计调查报告。

(2)原告仅仅用审计调查报告来证明原告的推定结论,逃避了其应承担的举证责任。

第三人未作陈述。

律师观点:

1. 原告提交的审计报告不能作为定案依据。

原告的主要证据——《宁夏审计厅关于宁夏博尔泰力药业股份有限公司股份投资等有关问题的审计调查报告》经法院核实并经质证,系宁夏回族自治区审计厅就第三人中国有资产存在的问题,进驻第三人进行审计调查后向宁夏回族自治区政府提交的内部审计调查报告,其中涉及被告出资情况,其证据属性为书证而非司法机关委托审计部门出具的鉴定结论。且该审计报告亦未能直接、充分地证明被告虚假出资的事实,属传来证据、间接证据,不具有针对性,不能作为定案依据。

根据《审计法》及《审计法实施条例》的相关规定,审计机关的审计对象是国务院各部门和地方各级人民政府及其各部门的财政收支、国有的金融机构和企业事业组织的财务收支以及其他依照有关规定应当接受审计的国有企业、国有资产占控股地位或主导地位的企业的财政收支、财务收支。而发起成立第三人的7家发起人的总共3800万股份中没有一家是国有企业或国有资产占控股地位或主导地位的企业,因此,不属于审计厅的审计范围。

虽然该审计报告的证明力在这两份行政判决中得到认可,但与本案并无实质性牵连,不能因而增强该证据的证明力。

综上,该审计报告既未提供审计行为所依据的法律规定和审计过程中使用的证据材料,也未提供审计结论所依据的法律规定和事实依据,故不应予以认定。

2. 原告提交的审计报告不能推导出被告虚假出资的结论。

被告提供了公司登记管理机关备案的相关验资报告、被告向第三人的出资凭证、收据和由第三人各方股东共同委托的中介机构出具的审计报告等证据证明其完全真实足额地履行了增资义务。原告对被告所提供的证据的证明力不予认可,认为该等文件系由被告及由其控股的公司单方制作或单方委托中介机构出具,均可以伪造或按照被告的意志出具,并请求被告提供其原始的财务账目。针对被告拒不提供其原始账目的行为,原告主张适用推定规则,认为被告应当提供其财务账目,但其拒不提供,说明该财务账目对其不利,应当推定原告主张成立。上述原告对被告系列证据证明力的否认以及被告拒不提供原始财务账目的行为,在一定程度上削弱了被告提供的证据的证明力,但并不能必然推导出被告虚假出资的结论。

综上,双方当事人对同一事实分别举出相反的证据,但均没有足够的依据否定对方证据,因证据的证明力有限,不能作出对原告有利的认定,且原告未对被告是否构成瑕疵出资申请委托审计,亦未进一步举出对己有利的证据。根据原告应当承担主要的举证责任,只有特殊侵权案件才会由被告或者占有主导性地位的当事人承担主要的举证责任的原则。原告如果举证不力,司法机关即应当将其诉讼请求予以驳回,除非被告自认或者其证据表明原告主张的事实存在。因此,原告的诉讼请求不应予以支持。

法院判决:

驳回原告的诉讼请求。

104. 出资人以符合法定条件的非货币财产出资后,因市场变化或者其他客观因素导致出资财产贬值,该出资人是否需要补足差额?

不需要。判断股东出资是否全面应当以股东履行出资义务的时点去判断,而不能以股东履行出资义务后出资财产价格的涨跌时点去判断。同时,由于贬值情

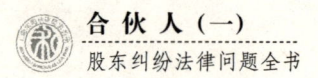

形属于公司应承担的正常商业风险,与出资人无关。因此,即使股东非货币出资的实际价值在公司成立后显著低于公司章程所定价值,但股东交付出资之时的实际价值不低于公司章程所定价值的,应认定为出资无瑕疵。但是公司股东之间另有约定的除外。

所谓"市场或者其他客观因素",是指出资人在履行出资义务时,依据当时现有的资料、信息无法预见的客观事实和风险,包括不可抗力、意外事故、因市场经济规律产生的价格下跌、出资财产自身属性引起的价值损失等。

105. 股东以专利技术出资并在工商登记部门备案,但未办理专利转让变更登记。公司成立后,股东又将该专利技术转让给第三人,该专利技术转让合同是否有效?

股东履行专利出资义务应以该专利已在国家知识产权局办理专利权转让手续为标准。用于出资的专利,仅在工商部门登记备案,并未过户到公司名下,视为专利并未转让。由此,股东将专利技术转让给第三人的合同有效,但公司有权要求该股东继续履行出资义务并承担违约责任,也可以提起诉讼要求提存技术转让价款。

106. 公司章程中约定出资者以货币出资,但股东实际出资时却以实物代替,该股东是否履行了出资义务?

从法理上讲,股东的出资应与公司章程所规定的出资相一致,这种一致性不仅表现为出资数额上的一致,而且还表现为出资形式的一致。公司章程对出资额、出资方式的约定是股东对公司和其他股东的承诺,股东应当遵守。但公司章程毕竟是股东对相互权利义务的约定,也是一种协议,如果股东变更了出资方式,其出资行为不违反《公司法》对于出资的规定,其他股东对此无异议的,可以认定该股东全面履行了出资义务。

【案例40】出资方式有争议 以工商登记为准[①]

原告: 久阳公司

被告: 康隆公司、久康公司

诉讼请求:

1. 被告康隆公司补足被告久康公司投资款人民币454.5万元;
2. 被告康隆公司支付原告违约金人民币50万元(暂计算至2002年6月26日);

[①] 参见上海市第二中级人民法院(2002)沪二中民三(商)初字第251号民事判决书。

3. 如被告康隆公司拒绝履行第1项出资义务,则判令被告康隆公司仅占被告久康公司20%股权。

争议焦点:

1. 公司实际出资方式与约定方式不一致,是否当然意味股东出资不实;

2. 法院能否直接判决以瑕疵出资股东的实际出资额确定其出资比例。

基本案情:

2000年12月,被告康隆公司成功研制饮用水除氟及除氟料可再生的处理装置,并被认定为高新技术成果转化项目。

为使该成果尽快转化应用,2001年3月10日,由原告作为合同甲方与作为合同乙方的被告康隆公司签订了合资成立被告久康公司的合作协议。协议约定,被告久康公司注册资本为人民币1818万元,原告以现金投资人民币999.9万元,占注册资本比例为55%;被告康隆公司以高新技术成果作为无形资产投入,原告同意出具担保协议书,承担人民币818.1万元连带责任,据此被告康隆公司占注册资本的45%。

合作协议签订后,因高新技术出资需要的审批时间长、手续烦琐,被告康隆公司为尽快办理被告久康公司的工商登记手续,决定另外再以货币出资人民币454.5万元。

2001年4月15日,被告康隆公司总经理沈钢应其董事长韩海涛要求,向绿地公司借款人民币554.4万元,用途为组建被告久康公司,借款期限为半个月,并签订了借款协议书。

2001年4月23日,会计师事务所对被告久康公司截至同年4月18日止的实收资本及相关资产和负债进行了审验,并出具了验资报告。该报告载明:公司注册资本为人民币1818万元,其中原告已以货币出资人民币999.9万元,占注册资本的55%;被告康隆公司已以货币出资人民币454.5万元,以无形资产作价人民币363.6万元,共计人民币818.1万元,占注册资本的45%。

2001年4月30日,被告久康公司注册成立。根据被告久康公司股东(发起人)名录记载,被告康隆公司的出资方式为货币出资454.5万元,占注册资本的25%,无形资产作价363.6万元,占注册资本的20%。

2001年12月14日,原告与被告康隆公司又签订一份补充协议,约定由原告增加投资人民币227.1万元,占注册资本的60%;被告康隆公司原高新技术成果作价818.1万元,现变更为818万元,占注册资本的40%。协议签订后,双方并未赴工商部门办理被告久康公司的注册资本变更手续。

原告诉称：

原告已按约足额履行了出资义务，而被告康隆公司除技术出资外，却将汇入454.5万元验资资金全部抽走，至今未予补足。被告康隆公司的上述行为违反了《公司法》的有关规定，侵害了原告的合法权益。

原告为证明其观点，提交证据如下：

1. 被告久康公司工商登记信息资料，旨在证明被告久康公司于2001年4月30日核准成立，注册资本为1818万元；

2. 2001年4月16日，原告与被告康隆公司签订的被告久康公司章程，旨在证明原告应以货币出资，被告康隆公司应以技术及货币出资；

3. 同诚会计所的验资报告及工商登记资料中股东(发起人)名录，旨在证明被告康隆公司的出资义务为技术作价出资363.6万元，货币出资454.5万元，合计占被告康隆公司45%的股权；

4. 被告久康公司2002年5月11日至同月30日的开户账户明细表，旨在证明被告康隆公司在验资后将454.5万元的货币全部抽走，款项未进入被告久康公司账户；

5. 2001年4月15日，被告康隆公司与案外人绿地公司签订的借款协议书，旨在证明被告康隆公司为了履行货币出资义务的验资需要，向绿地公司借款554.4万元。

原告为证明其观点，申请法院传唤被告康隆公司原总经理沈钢作为证人出庭作证。证人沈钢当庭作出如下证人证言：

2001年4月初，原告与被告康隆公司签订一份合作协议，决定成立被告久康公司。由于根据工商方面的有关规定，如技术投资超过500万元，需向国家科技部申请，得到批准后才能办理工商登记。故如被告康隆公司全部以技术投入，则被告久康公司的工商登记手续将需要很长时间，因此，被告康隆公司后来出现了增加货币出资的情况。又由于被告康隆公司缺乏资金，其董事长韩海涛则要求总经理沈钢向绿地公司借款，并签订了借款协议。至于该笔借款嗣后是否按借款协议约定按时归还，沈钢表示不清楚。

被告康隆公司辩称：

1. 根据原告与被告康隆公司2001年3月10日签订的《高新技术成果转化项目合作协议》(以下简称《合作协议》)的约定，被告康隆公司对被告久康公司仅负有技术出资的义务，并不存在以货币出资人民币454.4万元的义务。因此，被告康隆公司从未向验资部门汇入454.5万元，从而也不存在抽逃出资的事实。

2. 在设立被告久康公司时，因技术出资会使工商登记时间延长，为尽快办理企业登记，原告与被告康隆公司向工商局提供了一份由被告康隆公司全部以货币出资的章程，该章程记载的内容与合作协议及以后的验资报告的内容均不相符。2001年12月14日，原告与被告康隆公司又签订一份《补充协议》，该协议对被告康隆公司仅负有技术出资义务再一次作了确认，因此，原告与被告康隆公司的法律关系不应以工商登记材料为准，而应以双方的实际约定来认定。综上，原告对被告康隆公司的诉请缺乏事实及法律依据，应当予以驳回。

被告对原告所提供的证据发表质证意见如下：

被告康隆公司对原告提供证据材料的1、3、4的真实性无异议，对证据材料2认为第3页已被原告篡改，对证据材料5记载的借款情况不清楚。

被告康隆公司为证明其观点，提交证据如下：

1. 2001年3月10日，原告与被告康隆公司签订的《合作协议》，旨在证明被告康隆公司应以高新技术作价人民币818.1万元出资，不存在货币出资义务；

2. 2001年4月16日，原告与被告康隆公司签订的被告久康公司章程（系复印件），仍旨在证明被告康隆公司不存在货币出资义务、原告提供的章程第3页已被变造；

3. 2001年12月14日，原告与被告康隆公司签订的《补充协议》，旨在证明双方对注册资本投资比例作了变更约定，但仍重申被告康隆公司的注册资本全额为高新技术作价；

4. 由高新技术认定办出具的证书及相关的评估报告书，旨在证明被告康隆公司提供的技术为高新技术，不应受20%出资比例的限制，进一步证明其无货币出资义务。

针对被告的上述证据，原告认为：

1. 在协商设立被告久康公司时，原告曾同意被告康隆公司仅以技术出资，但在办理工商登记手续时，工商局认为被告康隆公司提供的技术非高新技术，只能占新公司注册资本的20%。被告康隆公司因此向绿地公司借款人民币554.4万元，用来履行其应尽的另外25%的货币出资义务。被告康隆公司向同诚会计所汇入人民币454.5万元后，又将该笔款项挪作他用，至今未汇入被告久康公司账户，因此，被告康隆公司应承担抽逃资金的民事责任。

2. 被告康隆公司提供的证据材料2系复印件，且与原告提供的相关原件有异，因此该份证据材料不具备证明力，对其余证据材料的真实性无异议。

原告为佐证其反驳意见，又补充提供一份其委托代理人对嘉定工商局企业登记科科长谈话的工作记录。被告康隆公司对该份证据材料认为系原告单方制作，不具备证明力。

被告久康公司对原告提供的证据材料及诉讼请求均无异议，在庭审中未提供证据材料。

律师观点：

1. 对双方提供证据的认定。

原告提供的证据1、3、4，两被告对其真实性均无异议，应认定上述证据具有证明力；对证据2、3，被告康隆公司提出异议，但鉴于被告康隆公司针对证据2提供的章程系复印件，不足以反证该证据系虚假，且该异议亦与被告久康公司留存嘉定工商局的章程内容不符，而原告提供的该证据与本案所涉法律事实存在关联，因此法院应对证据2予以采纳；对证据5，由于证人沈钢已对借款事实予以确认，被告康隆公司又无相反证据予以反驳，法院亦应予以采纳；至于原告补充提供的工作记录，因系原告单方制作，谈话对象又未能出庭作证，对该份证据，不具备证明力，应不予采纳。对于被告康隆公司提供的证据，除2因系复印件且无其他证据佐证，法院应不予采纳外，其余证据因真实、合法，法院应予以采纳。

2. 对于被告康隆公司的出资义务应视为原告与被告康隆公司已作了变更。

原告与被告康隆公司签订的合作协议系双方当事人真实意思表示，且协议约定的饮用水除氟及除氟料可再生的处理装置已经高新技术认定办认定为高新技术成果转化项目，因此该协议的约定与法无悖，依法应确认合法有效。合同签订后，因以高新技术出资成立新公司的工商登记所需审批手续烦琐、时间过长，为使新公司尽快成立，被告康隆公司因此变更出资义务为：以该技术作价占新公司注册资本的20%，另外以货币出资人民币454.5万元，占注册资本的25%，并因此向绿地公司借款。虽然被告康隆公司的上述实际出资行为与签订的合作协议有关约定不一致，但原告对此并无异议，且新公司即被告久康公司亦已于2001年4月30日注册成立，因此，对于被告康隆公司的出资义务应视为原告与被告康隆公司已作了变更。

3. 被告康隆公司的行为属抽逃出资，已构成出资违约，理应对被告久康公司承担补缴出资的违约责任。

公司资本作为公司成立与发展的物质基础，同时也是对外承担债务的重要保障。因此，股东的出资义务不仅是一种合同义务，对外而言，它还应该是一种法定义务。如股东不履行出资义务，即应对公司或其他出资人承担出资违约责任，对外亦应承担相应的出资责任。被告康隆公司提出其与原告就出资义务另有补充约定,其不应承担货币出资义务的辩称,因该协议约定的是公司股东内部的权利义务关系,对外并不具备效力,被告康隆公司的出资义务理应以具有公示效力的工商登记为准,即被告康隆公司负有对被告久康公司的货币出资义务。现被告康隆公司虽已将其认缴的货币出资454.5万元汇入同诚会计所进行验资,但该笔款项至今未汇入被告久康公司账户,上述行为属抽逃出资,已构成出资违约,故被告康隆公司理应对被告久康公司承担补缴出资的违约责任。

4. 在被告久康公司怠于主张的前提下,原告作为该公司的其他股东可代为主张该项权利。

虽然要求被告康隆公司承担补缴出资的义务应由被告久康公司主张,但在被告久康公司怠于主张的前提下,原告作为该公司的其他股东代为主张该项权利,法院应予准许。被告康隆公司在承担了补缴出资责任后,可基于其与原告签订的股东内部约定,依法再另行主张。

5. 原告已确认了被告康隆公司仅负有技术出资义务,故原告要求被告康隆公司向其偿付违约金的主张缺乏依据。

根据《公司法》的有关规定,被告康隆公司对其抽逃部分资金的行为,除应向被告久康公司承担补缴出资的违约责任外,理应再承担相应的损害赔偿责任。但鉴于原告在2001年12月14日签订补充协议时,已再次确认了被告康隆公司仅负有技术出资义务,因此原告在本案中再提出要求被告康隆公司向其偿付违约金的主张,缺乏必要的事实及法律依据,法院应不予支持。

6. 原告要求法院判决被告康隆公司只占被告久康公司20%股权的诉讼请求涉及减资,不属法院审理范围。

如被告康隆公司拒不履行补缴货币出资的义务,则被告久康公司的注册资本必将减少。然而,根据《公司法》的有关规定,公司需要减少注册资本时,必须经过向债权人公告、办理变更工商登记手续等程序,该事宜不属法院审理范围。因此,法院对该节事实应不予审理,对原告要求法院径直判决被告康隆公司只占被告久康公司20%股权的诉讼请求亦不予支持。

法院判决:

1. 被告康隆公司应在判决生效之日起10日内向被告久康公司补缴出资人民币454.5万元;

2. 对原告的其余诉讼请求不予支持。

107. 如何确定出资不实股东的出资缴纳时间？在公司进入破产或清算程序后，股东承诺的出资期限尚未到期，该股东是否有义务继续履行出资义务？公司债权人能否请求该股东承担连带责任？

出资不实股东的出资义务到期时间以公司章程规定的时间为准。但公司已进入破产或清算程序的，债权人有权合理信赖股东的出资承诺，股东未到期的出资义务视为到期。即便是公司的剩余资产总额足以清偿债务，但由于不能保证公司的每位债权人都能获得清偿，因此，出资不实股东应当继续履行出资义务。

股东出资履行期限的约定是股东的内部约定，只能约束公司和股东，股东的出资期限尚未届满，不能以未履行或未全面履行出资义务为由追究股东的违约责任。但不能据此产生对抗第三人尤其是公司债权人的法律效力。在公司财产不足以清偿对外债务的情况下，公司债权人可以请求出资期限尚未届满的股东在其实际出资与应出资之间的差额范围内即未出资部分，承担连带责任。

公司进入破产程序后，股东应补缴的出资属于破产债权，应向破产管理人清偿债务或补缴出资，由全体债权人按分配方案受偿。

关于公司债权人能否直接请求该股东清偿债务问题，目前各地司法实践不一。有的法院认为可以在判决公司承担债务之后，以公司无力清偿为由，要求公司进行破产清算。如上海法院观点："如果公司不能清偿单个债权人到期债权，那么其往往也资不抵债，或者明显缺乏清债能力，此时按照《企业破产法》规定，公司已经符合破产条件，应该保障全体债权人的利益。债权人应当申请债务人破产，进入破产程序后再按照《企业破产法》第35条使股东出资义务加速到期"。有的法院认为，在审理中直接判令股东缴纳出资以清偿债务，要比事后判决股东在破产程序中缴纳出资，更加能保护债权人的合法利益，维护市场正常经济秩序。

【案例41】公司全面停业　出资期限尚未届满的股东提前履行出资义务①

原告: 名桂化工公司

被告: 恒丰染整厂、广纺联集团、恒丰行

诉讼请求:

1. 被告恒丰染整厂支付原告货款125,053元及利息；

2. 被告广纺联集团、被告恒丰行在尚未缴纳的出资资本金范围内对被告恒丰染整厂的对外债务承担补充清偿责任。

---

① 参见广州市中级人民法院(2007)穗中法民四初字第70号民事判决书。

争议焦点：公司已全面停业，股东是否能以出资期限尚未届满对抗原告要求承担补充清偿责任的诉讼请求。

基本案情：

2006年6月29日，被告恒丰染整厂具函确认截至2006年7月18日，实欠原告货款125,053元。

被告恒丰染整厂是由被告广纺联集团、被告恒丰行及案外人宏达公司共同出资成立的中外合资企业（港资）。2006年3月28日，三方股东签订《股权转让协议》及《补充合同》，约定：

1. 三方股东同意增加合资公司注册资本297.66万美元。增资后，被告广纺联集团出资387万美元，占60%；被告恒丰行出资223.266万美元，占34.61%，案外人宏达公司出资34.734万美元，占5.39%。

2. 出资期限：各方投资应在中国有关法规所规定的两年期限内注资完毕。

上述合同于2006年4月24日经对外贸易经济合作局批准生效。同年4月30日，被告恒丰染整厂委托会计师事务所对增资资本进行验资。会计师事务所经审验后出具了《验资报告》，载明：被告恒丰染整厂申请增加注册资本2,976,600美元，应由被告广纺联集团、被告恒丰行于2008年3月28日之前以货币缴足。变更后的注册资本为6,450,000美元。本次出资为第一期，截至2006年4月29日，被告恒丰染整厂已收到被告广纺联集团缴纳的新增货币注册资本1,122,684.46美元。

至此，被告广纺联集团除缴纳了第一期增资外，尚欠增资资本金663,275.54美元未缴纳，被告恒丰行尚欠增资资本金1,190,640美元未缴纳。

2006年6月，被告恒丰染整厂全面停业，但没有办理歇业手续，公司董事会也未作出清算企业的相关决议。该公司至今未组成清算组清理债权债务，依然办理了2007年度的工商年检登记手续。据工商行政管理局于2007年5月29日核发的被告恒丰染整厂企业法人营业执照记载，该公司注册资本为645万美元，实收资本为522.06万美元。被告恒丰染整厂承认公司的部分机器设备已被拍卖用于职工安置，暂无能力清偿尚欠原告的债务。

原告诉称：

自2006年上半年起，被告恒丰染整厂收到货物后以种种理由推迟付款，至今共欠货款125,053元，已构成违约。被告广纺联集团、被告恒丰行是被告恒丰染整厂的股东。2006年3月底，荔湾区对外经济贸易局已经批准被告恒丰染整厂增资。被告广纺联集团、被告恒丰行至今未足额缴足增资款，应在未足额出资范围

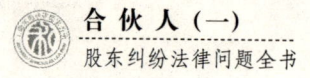

内承担连带清偿责任。

被告恒丰染整厂辩称：

我方与原告虽未签订正式的书面买卖合同，但存在事实上的工业用盐买卖关系。原告诉称我方欠付货款的事实属实，我方同意原告关于归还货款的诉讼请求。

我方因污水排放问题被迫于2006年6月16日停产，并非故意拖欠货款。目前，我方正积极筹措资金，用于职工安置及清还欠款，恳请原告给予一定的还款宽限期限。

被告广纺联集团、被告恒丰行辩称：

1. 我方不存在不足额缴纳增资款的行为。根据2006年3月28日三方股东签订的补充合同，约定各方股东的出资期限为两年，补充合同的生效时间是审批机关批准之后，出资时间是2006年4月24日至2008年4月23日。荔湾区对外经济贸易合作局的批复明确规定三方应按出资期限出资完毕。可见出资的期限是在2008年4月23日到期，目前还没有到期，不存在增资不足的事实。

2. 对于一方股东出资不足的责任一方面是行政责任，另一方面是合同责任。如果出资不足，工商局或审批机关有权撤回审批，在这种情况下才存在清算的问题，被告恒丰染整厂在今年还进行年检，广州市工商局加盖了年检章，行政部门并没有对出资情况发出通知。在一方股东出资不足的情况下，我方可以主张其出资，可以不主张，原告无权对股东提出请求。

律师观点：

1. 被告恒丰染整厂构成违约，应当承担支付货款及利息的责任。

原告与被告恒丰染整厂承认双方以口头协议的方式订立了买卖合同并已实际履行，据此可认定双方依法建立了买卖合同法律关系。原告依约履行了交货义务，被告恒丰染整厂尚欠原告部分货款未付，已构成违约，应承担支付货款的违约责任。故原告请求被告恒丰染整厂支付欠款本金及逾期付款期间产生的利息，理据充分。

2. 被告广纺联集团、被告恒丰行存在出资瑕疵，应对货款承担连带偿还责任。

在法律上，公司的财产是指注册资本金总额，而非实收资本额。通常情况下，公司债权人无从知晓法人内部的财产状况，只能通过企业营业执照上公示的注册资本金判断企业的经营规模和承责能力。因此，公司注册资本成为公司对外承担债务的担保财产，是公司获得独立法人资格的必要法律要件。股东按照公司章程的规定向公司足额投入并保持足额资本,是其享受有限责任保护的必要条件。

现有证据显示,被告广纺联集团、被告恒丰行作为被告恒丰染整厂的股东,应依照增资合同约定对被告恒丰染整厂负有缴纳增资资本金义务。虽然增资合同没有约定分期付款还是一次性付款,仅约定了股东应在两年内完成增资义务,而本案纠纷发生时,股东的最后履行期限尚未届满。但是,该约定仅是股东的内部约定,只能约束公司或股东不能以此为由追究股东的违约责任,并不能据此产生对抗第三人尤其是公司债权人的法律效力。

因此,在被告恒丰染整厂已全面停业,现有财产尚不足以清偿原告债务的情况下,公司股东应及时履行补足出资的义务以充实公司注册资本、保证公司保持足额资本对外承担债务。现被告广纺联集团、被告恒丰行至今未履行补足出资的义务,客观上使基于信赖公司的实际资本符合公司所公示的内容而与公司发生业务往来的债权人的利益受损。据此,该两股东存在出资瑕疵行为,应在实缴资本与应缴资本的差额范围内向债权人承担清偿责任。

法院判决:

1. 被告恒丰染整厂在判决生效之日起 10 日内向原告支付货款 125,053 元及逾期付款期间的利息;

2. 被告恒丰染整厂的财产不足以清偿对外债务时,被告广纺联集团在尚未缴纳的出资资本金 663,275.54 美元范围内、被告恒丰行在尚未缴纳的出资资本金 1,190,640 美元范围内,对被告恒丰染整厂的对外债务承担补充清偿责任。

【案例42】出资瑕疵股东对除名其股东资格的决议不具有表决权

原告:宋余祥

被告:万禹公司

第三人:豪旭公司

诉讼请求:请求确认被告股东会决议有效。

争议焦点:

1. 第三人是否抽逃出资。
2. 第三人对系争股东会决议事项是否享有表决权。

基本案情:

被告万禹公司为设立于 2009 年 3 月 11 日的有限责任公司,设立时注册资本为 100 万元,股东为宋余祥、高标,宋余祥担任执行董事,高标担任监事。

2012 年 8 月 28 日,被告召开股东会会议,做出决议如下:(1)同意增加公司注册资本，由原注册资本100万元增至10,000万元。（2）同意吸收新股东第三人。（3）增资后的股东、出资情况及股权比例为：宋余祥60万元（0.6%）、高标40万元（0.4%）、第三人9900万元（99%）。（4）通过新的公司章程。（5）公司原执行董事、监事不变。同日，被告通过新的公司章程，公司章程第5条关于公司注册资本、股东出资额及持股比例的内容与上述股东会决议一致。公司章程第12条约定，股东会会议对所议事项作出决议，股东会应当对所议事项的决定作出会议记录，出席会议的股东应当在会议记录上签名。股东会会议由股东按照出资比例行使表决权。股东会会议作出修改公司章程、增加或者减少注册资本的决议，以及公司合并、成立、解散或者变更公司形式的决议，必须经代表2/3以上表决权的股东通过。股东会会议作出前款以外事项的决议，须经代表1/2以上表决权的股东通过。第28条约定，公司利润分配按照《公司法》及有关法律、法规，国务院财政主管部门的规定执行。股东按照实缴的出资比例分取红利。

2012年9月14日，上海大诚会计师事务所出具验资报告，载明：我们接受委托，审验了被告截至2012年9月14日新增注册资本的实收情况。截至2012年9月14日，被告已收到第三人缴纳的新增注册资本（实收资本）9900万元，出资方式为货币出资。

2013年12月27日，被告向第三人邮寄"催告返还抽逃出资函"，称第三人已抽逃其全部出资9900万元，望其于收函后3日内返还全部抽逃出资，否则，被告将依法召开股东会会议，解除其股东资格。第三人于2013年12月30日签收该份函件。

2014年3月6日，被告向第三人邮寄"临时股东会会议通知"，通知其于2014年3月25日上午10点召开股东会，审议关于解除第三人股东资格的事项。2014年3月25日，被告召开2014年度临时股东会，全体股东均出席股东会。股东会会议记录载明以下内容：到会股东就解除第三人作为被告股东资格事项进行表决。表决情况：同意2票，占总股数1%，占出席会议有效表决权100%；反对1票，占总股数99%，占出席会议有效表决权的0%。表决结果：提案通过。各股东在会议记录尾部签字，其中，第三人代理人俞素琴注明，第三人不认可表决情况中"占出席会议有效表决权的100%"及"占出席会议有效表决权的0%"的表述。同日，被告出具股东会决议，载明：因股东第三人抽逃全部出资，且经合理催告后仍未及时归还，故经其他所有股东协商一致，决议解除其作为被告股东的资格。被告于本决议做出后30日内向公司登记机关申请办理股东变更登记及减资手续。如涉及法律、法规和有关规定应先报经审批的项目，公司将于有关部门审批之日起30日内向公司登记机关申请办理相关公司变更登记手续。以上事项表决结果：同意的，占总股数1%；不同意，占总股数99%。宋余祥、高标在该股东会决议尾部签字。第三人代理人拒绝签字。2014年4月7日，被告再次向第三人发函，通知其股东资格已被解除。

原告诉称：

第三人抽逃出资，经催告其仍不归还，故股东会决议解除其股东资格。由于第三人对上述股东会决议不认可，故宋余祥作为被告股东，诉至原审法院，请求确认被告2014年3月25日股东会决议有效。

被告辩称：

同意原告的诉请。

第三人辩称：

依据《公司法》和公司章程的规定，第三人享有表决权。股东会决议应根据认缴出资比例行使表决权。涉案股东会决议无效。

一审认为：

股东基于其股东资格行使股东权利。本案第三人系经过被告股东会决议，以认缴增资形式进入被告，被告在公司章程中确认其股东身份，并完成了相应的工商登记，故第三人享有被告的股东资格，有权依照法律规定、公司章程约定行使股东权利。《公司法》第42条规定，股东会会议由股东按照出资比例行使表决权；但是，公司章程另有规定的除外。被告章程第12条第2款亦约定，股东会会议由股东按照出资比例行使表决权。上述规定及约定中"出资"一词的含义，直接关系上述被告各股东表决权的行使。

《公司法》第34条明确规定股东按实缴出资分取红利，第42条则仅表述为股东按出资比例行使表决权。同样，被告章程第28条约定股东按实缴出资比例分取红利，第5条关于股东情况部分则表述为第三人出资额为9900万元，第12条亦约定股东按出资比例行使表决权。从文义上判断，在无特别说明的情况下，无论是《公司法》第42条中的"出资"抑或是被告章程第12条第2款中的"出资"均应理解为认缴出资。此外，《公司法》及相关司法解释、被告章程均未对抽逃出资股东表决权的限制作出规定或约定，被告亦未就此形成股东会决议。因此，对于除名第三人的股东会审议事项，在无《公司法》规定或公司章程约定的其他限制股东表决权的情形下，即便第三人作为股东违反出资义务，抽逃出资，其表决权并不因此受到限制，第三人应根据其认缴出资的比例行使表决权。第三人是否抽逃出资这一事实并不影响本案审理，故对宋余祥提供的相关证据及相关主张，原审法院不予审查。若宋余祥或被告认为第三人抽逃出资，可根据《最高人民法院关于适用〈中华人民共和国公司法〉若干问题的规定(三)》(以下简称《公司法司法解释(三)》)的相关规定，依法要求其返还出资本息，因此，宋余祥及被告关于若第三人不被除名，则其对第三人抽逃出资的行为无其他救济途径的观点缺乏依据。

一审判决：
驳回原告诉讼请求。

原告上诉称：
本案不适用资本多数决的原则。第三人抽逃出资，在该情形下就解除其股东资格的议案其不具有表决权。请求二审依法改判或发回重审。

被告上诉称：
第三人的行为符合《公司法司法解释(三)》第12条规定的情形，构成抽逃出资。本案应在查明其是否存在抽逃出资的基础上，讨论第三人是否对其解除股东资格的议案享有表决权才有意义。第三人在涉案表决中不享有表决权或应当回避。

第三人二审辩称：
第三人未抽逃出资，相应的汇款票据原件转账凭证原件全部在原告及被告处，恰恰说明第三人没有抽逃出资。不同意原告的上诉请求，请求依法维持原判。

律师认为：
1. 关于第三人在入股被告公司9900万元后是否存在抽逃出资情形。

第三人于2012年9月14日将9900万元入股款项汇入被告验资账户，办理完相关验资手续后，完成了对被告的出资义务。但在验资后的第三天，9900万元出资款即从被告基本账户转入燕拓公司和风动公司，对于该两笔转账行为，第三人未提供证据证明存在其他合理用途。而在同一天，燕拓公司和风动公司又将相同金额的款项分别汇入京地公司和子月公司，该两家公司系第三人出资入股前汇集9900万元款项来源的公司。由此可见，第三人应当明知其出资款项在短时间内即被全部抽回，其出资并未由被告使用，没有证据证明该资金流向存在其他合理用途，第三人之后亦未将其出资补足。第三人的行为符合《公司法司法解释(三)》第12条第5项所规定的情形，即未经法定程序将出资抽回的行为应被认定为股东抽逃出资。原告系被告法定代表人，两上诉人持有并向原审法院提供的被告增资款项的流转凭证属来源合法的证据，并不能据此否定第三人存在抽逃出资行为的事实。

2. 关于第三人在涉案股东会决议中的表决权。

《公司法司法解释(三)》第 18 条第 1 款规定,"有限责任公司的股东未履行出资义务或者抽逃全部出资,经公司催告缴纳或者返还,其在合理期间内仍未缴纳或者返还出资,公司以股东会决议解除该股东的股东资格,该股东请求确认该解除行为无效的,人民法院不予支持"。根据前述分析,第三人的行为构成抽逃出资,且催告后仍未补齐出资,被告以股东会决议形式解除第三人股东资格的核心要件均已具备,但在股东会决议就股东除名问题进行讨论和决议时,拟被除名股东是否应当回避,即是否应当将第三人本身排除在外,《公司法司法解释(三)》对此未作规定。《公司法司法解释(三)》第 18 条中规定的股东除名权是公司为消除不履行义务的股东对公司和其他股东所产生不利影响而享有的一种法定权能,是不以征求被除名股东的意思为前提和基础的。在特定情形下,股东除名决议作出时,会涉及被除名股东可能操纵表决权的情形。故当某一股东与股东会讨论的决议事项有特别利害关系时,该股东不得就其持有的股权行使表决权。本案中,第三人是持有被告 99% 股权的大股东,被告召开系争股东会会议前通知了第三人参加会议,并由其委托的代理人在会议上进行了申辩和提出反对意见,已尽到了对拟被除名股东权利的保护。但如前所述,第三人在系争决议表决时,其所持股权对应的表决权应被排除在外。本案系争除名决议已获除第三人以外的其他股东一致表决同意这一决议内容,即以 100% 表决权同意并通过,故被告 2014 年 3 月 25 日作出的股东会决议应属有效。此外需要说明的是,第三人股东资格被解除后,被告应当及时办理法定减资程序或者有其他股东或者第三人缴纳相应的出资。

二审判决:

1. 撤销原审判决;
2. 确认涉案股东会决议有效。

108. 瑕疵出资股东对公司享有到期债权的,其能否主张抵销其相应的瑕疵出资额?

瑕疵出资股东对公司享有到期债权的,该股东或公司可以依据《合同法》第 99 条、100 条之规定以该债权抵销相应的瑕疵出资。但下列情形除外:

(1)公司已经进入破产程序;

(2)公司债权人已经提起要求瑕疵出资股东对公司债务承担责任的诉讼。

《合同法》第 99 条规定,当事人互负到期债务,该债务的标的物种类、品质相同的,任何一方可以将自己的债务与对方的债务抵销,但依照法律规定或者按照合同性质不得抵销的除外。

当事人主张抵销的,应当通知对方。通知自到达对方时生效。抵销不得附条件或者附期限。

《合同法》第100条规定,当事人互负债务,标的物种类、品质不相同的,经双方协商一致,也可以抵销。

【案例43】破产债权不能与瑕疵出资相抵销　法定出资义务应履行①

原告:信益电子公司

被告:投资公司

诉讼请求:判令被告履行1144.472,527万美元的出资义务。

争议焦点:股东可否因对公司享有债权,主张与对公司瑕疵出资额相抵销。

基本案情:

原告的注册资本为6397.46万美元,被告认缴的出资额为4478.24万美元,而实际出资额仅为3333.77万美元,尚有1144.47万美元未实际出资。B&F公司与金贝公司认缴数额也与实际缴纳数额不符。

原告诉称:

被告认缴的出资额为4478.24万美元,而实际出资额仅为3333.77万美元。2007年12月,原告进入破产程序,原告破产管理人通知被告缴纳其认缴而尚未履行的1144.47万美元的出资义务,遭被告拒绝。

被告辩称:

1. 被告不存在注册资金不到位的情况,2005年被告与B&F公司、金贝公司申请对原告增加注册资本4404.46万美元时,由于当时B&F公司与金贝公司均没有履行出资义务,于是三方协商减资,由河南商务厅批准延期缴纳,后被告又继续履行出资义务,但当被告还没来得及办出资手续时,原告就宣告破产;

2. 为了便于查清案件事实,要求追加B&F公司、金贝公司为共同被告;

3. 被告对原告享有债权,应当进行抵销。

律师观点:

1. 仅有股东之间的减资协议,原告不能成功减资;被告在没有办理出资手续、验资报告未予显示被告出资额的情况下,不能认定被告已经出资。

---

① 参见河南省安阳市中级人民法院(2009)安破民字第6号民事判决书。

被告辩称其与 B&F 公司、金贝公司已协商减资,并履行了自己的出资义务,未来得及办理手续,原告即宣告破产,但没有提供相应证据予以支持,验资报告也未显示其出资额,不应予以认定。原告破产申请后,原告破产管理人要求被告补缴未缴足的出资于法有据,应予支持。

2. 被告申请追加的两被告,不是必须共同进行诉讼的当事人,因此应予以驳回。

3. 被告不可因对原告享有债权,主张与对原告未出足的注册资金相抵销。

被告作为原告的债权人,与原告的其他债权人享有平等的权利,被告对原告享有的破产债权不能与被告对原告未出足的注册资金相抵销。

法院判决:

被告于本判决生效后 10 日内向原告破产管理人缴纳尚未履行的出资款 1144.472,527 万美元。

109. 瑕疵出资股东能否以其应分取的利润抵销瑕疵出资?公司能否直接扣留股东应分得的利润以填补股东所欠出资?

如果股东会作出了利润分配决议,股东根据决议内容就对公司享有了股利分配请求权,在股东和公司之间也就产生了现实的债权债务关系。因此,在符合债务抵销的前提下,出资不实的股东完全可以其对公司的债权抵销所欠的出资份额。

就公司而言,也可以依据《合同法》有关抵销权的规定,直接扣留股东应分得的利润以填补股东所欠出资,但公司已经进入破产程序的除外。根据《最高人民法院关于破产债权能否与未到位的注册资金抵销问题的复函》规定,为保护破产企业其他债权人的合法权益,股东对公司享有的破产债权不能与其所欠的出资相抵销。股东应当先行补足所欠出资,然后与公司的其他债权人一并申报债权,享有与其他债权人平等的破产财产受偿权。

值得说明的是,实践中经常遇到在没有形成公司股东会利润分配决议的情况下,股东仅以公司已经实际盈利,自己可分配利润完全可以弥补所欠出资数额为由主张出资已经实际到位。该主张是不能成立的,因为公司利润的分配属于公司自治的范畴,股东并不具有确定性的股利分配请求权。在利润分配前,不论公司盈利多少都是公司独立的财产,并非股东的财产,两者之间有着明确的界限。因此,公司的实际盈利并无法改变股东未实际出资的事实,股东仍应当承担出资不实的法律责任。

【案例44】未达成抵销合意　未分配红利不得冲抵瑕疵出资额①

原告: 宇顺公司

被告: 吴中晨

诉讼请求: 判令被告补缴出资款27万元。

争议焦点:

1. 未在工商登记的股东是否当然不承担出资补足义务;

2. 公司不同意抵销,股东能否以所应分得利润抵销瑕疵出资额。

基本案情:

2007年1月31日,原告成立,注册资本2000万元,其中赵春发认缴出资额为800万元,王良周600万元,章建600万元。

2007年10月10日,王良周、被告、章建召开临时股东会,决议:股权变更后的原告实收资本为1000万元,分别为王良周400万元、章建200万元、被告400万元。该决议通过后未办理工商登记变更手续。

2007年5月9日,原告向被告出具了一张金额为27万元的收据,事由为借款。被告持该收据将原告另案起诉至原审法院,要求原告返还借款,原告辩称该笔款项实际为被告对原告的出资。后原审法院作出判决认定:该27万元并非出资,应为借款,并据此判决原告偿还被告借款27万元。该判决现已生效。

2007年8月11日,原告给被告出具357,710元收据,收款事由注明为投资款,收款方式为现金(报发票)。后原告将其中17万元从账目中调出。

2008年5月18日,被告将股权转让给案外人张康辉。

原告诉称:

2007年10月10日,原告召开临时股东会,商定被告出资400万元。根据原告账目记载能够反映出被告向原告出资400万元。既然其中的27万元(2007年5月9日的账面记载)被原审法院认定为原告向被告的借款,那么被告还须向原告缴纳27万元出资。

被告辩称:

1. 原告不具备诉讼主体资格;

2. 被告并非原告的发起股东,其股权是通过股权受让取得,故不存在出资不足问题;

---

① 参见江苏省徐州市中级人民法院(2010)徐商终字第0227号民事判决书。

3. 被告分15次向原告出资417万元。根据原审法院判决的认定，扣除27万元借款后，被告共向原告出资390万元；

4. 即使存在出资不足问题，也可以用2007年原告应分红利281,936.49元予以折抵。

针对被告的上述观点，原告认为：

2007年8月11日，原告收到被告357,710元，公司总账会计已对被告的账目核减后调出17万元，现账目上仅反映出该笔出资为187,710元。调账的原因如下：

1. 被告汇款10万元给路神公司购车，而该款是8名实际购车人的钱，并非被告个人的钱。因此，原告从被告账目中调减10万元；

2. 被告于2007年4月18日从原告预领款7万元，故原告从被告账目中调减7万元。

故该笔出资实际数额应为187,710元。

律师观点：

1. 原告具备诉讼主体资格。

被告作为股东应向原告出资，如果被告不能按照约定及时足额缴纳出资，损害的是原告的权益，故原告是该案适格的诉讼主体。

2. 被告具有股东资格，应承担足额认缴出资义务。

虽然工商登记中没有载明被告曾为原告股东，但2007年10月10日被告与其他发起股东召开的股东会会议商定被告系直接向原告认缴出资400万元，且被告对原告已实际出资并参与经营，后又将自己的股权进行了转让，应视为被告已实际行使了股东权利，履行了股东义务，取得了股东资格。

虽然被告主张其股权系通过受让获得，但被告没有与原告任何发起股东签订股权转让协议，也没有向其他股东支付过股权转让款。其股东地位是通过与发起股东王良周、章建召开临时股东会、形成决议，并实际向原告出资的方式取得的，故对被告关于其股权系通过受让获得的主张不应予以支持。且根据相关法律规定，承担足额认缴出资义务的主体并不局限于发起股东。故对被告关于其不是发起股东，因此不存在欠缴出资款问题的主张亦不应予以支持。

3. 被告实际出资为373万元。

路神公司向原告出具的10万元收条复印件下方标注"东吴公司代付，挂被告个人入股金"字迹，该字迹系被告本人所写，体现的只是被告个人的意思表示，不能代表原告的意思表示，即不能证明原告同意将该笔10万元作为被告的出资款。

故该笔10万元亦不应作为被告的出资款,应予以扣减;

2007年4月18日,被告从原告处领取了购置变压器款7万元,并出具了收条。因此,该7万元不应计入被告的出资款中。

根据上述分析,原告将被告该笔357,710元投资款调减为187,710元,得出被告实际出资仅为373万元是正确的。故对被告称其实际出资为390万元的主张,不应予以支持。

4. 原告不同意抵销,被告不能以所应分得利润抵销瑕疵出资额。

《合同法》第99条规定,当事人互负到期债务,该债务的标的物种类、品质相同的,任何一方可以将自己的债务与对方的债务抵销,但依照法律规定或者合同性质不得抵销的除外。该条系对法定抵销权作出规定。《合同法》第100条规定,当事人互负到期债务,标的物种类、品质不相同的,经双方协商一致,也可以抵销。该条系对约定抵销权的规定。本案中,因利润分红与出资问题所涉及的法律关系不同,利润分红问题尚有争议,原告不同意抵销,故被告提出的抵销权主张,不应予以支持。

法院判决:

被告于判决生效后10日内补缴给原告出资款27万元。

110. 出资人以不享有处分权的财产出资,该出资行为是否有效?

出资人以不享有处分权的财产出资,当事人之间对于出资行为效力产生争议的,可以参照《物权法》第106条关于善意取得的规定,判定出资行为的效力。如果出资人以不享有处分权的财产出资的行为符合善意取得条件的,公司善意取得该财产的所有权。

善意取得必须符合以下三项条件:

(1)公司在受让该财产时系善意的,即公司不知道也不应当知道出资人对出资财产不享有处分权。在原始设立公司的场合,善意与否的判断应以其他发起人是否应当知道出资人对其出资不享有处分权为标准。

(2)该出资财产转让价格合理。判断转让价格合理,一般应依法进行评估。

(3)出资的财产依照法律规定应当登记的已经登记至公司名下,不需要登记的已经交付给公司。

出资人以他人财产出资,同时符合上述三项条件的,应当认定出资有效,公司取得出资财产所有权;不符合上述三项条件的,应当认定出资无效,原财产所有权人有权取回出资财产。

111. 出资人以贪污、受贿、侵占、挪用等违法犯罪手段取得的货币出资,该出资行为是否有效?出资人因此取得的股权应如何处理?

出资人以违法犯罪手段取得的货币出资是否适用善意取得制度,在理论界与实务界都存在很大争议,共有三种观点:

第一种观点认为,赃物不适用善意取得制度。善意取得存在的正当依据在于:当所有人出于特定的交易目的,依其意志使让与人占有其物时,同时引发了两种危险:

(1)它营造了一个可以使第三人信赖的状态,从而对交易安全产生危险;

(2)所有人失去对标的物的直接占有,就面临标的物被他人处分的危险。

这两种危险是由于标的物所有权人的交易行为引起的,而且与交易第三人相比,让与人可以通过较小的成本有效避免自身所面临的风险。但赃物作为非基于所有人的意志丧失占有的物,根本就不具备类似的前提,若仍适用善意取得制度,对所有人过于苛刻。因此赃物不宜适用善意取得。

第二种观点认为,部分赃物适用善意取得。民法学根据所有人对物丧失占有的主观心态,将非由权利人占有的物区分为占有委托物与占有脱离物。占有委托物是基于真权利人的意思而丧失占有之物,如保管、寄存等;占有脱离物则是指非基于真权利人的意思而丧失占有之物,如盗窃、遗失物等。占有委托物适用善意取得,占有脱离物则原则上不能适用善意取得。

第三种观点认为,赃物也应适用善意取得。赃物带有的法律属性使其不能在市场上流通,但法律属性是隐性的,本身并无特殊标志,它置于公开市场中,人们难以辨认该物是否属于赃物。对第三人苛加辨认该物是否属于赃物的义务显得十分不合理,也难以操作。

最高人民法院在讨论这一问题时,最终认定出资人以违法犯罪手段取得的货币出资,不宜认定出资人构成民法上的无权处分。主要依据在于,对货币这种特殊的动产,民法理论上一般均认为,货币作为种类物和可代替物,其所有权和占有权合一,推定货币占有人为货币所有人,其享有对货币的处分权。

故出资人将其非法取得的货币投入公司后,公司即取得货币的所有权,该出资行为应当有效,出资人依法取得与该出资相对应的股权。只是如果出资人的行为构成犯罪,这种通过非法手段获得的股权则属于出资人的违法犯罪所得,这种违法犯罪所得财产形式由于出资行为从原来的货币换成了股权。

根据《刑法》规定,违法犯罪所得应予追缴以补偿受害人损失。但是,在追究出资人犯罪行为责任时,不应直接从公司抽回货币,只能对出资人就该货币形成的股权进行处置。处置的方式有两种,即拍卖与变卖。应当注意的是,以拍卖或者变卖方式处置股权时,应当符合《公司法》关于股权转让的法定条件与程序。①

二、虚假出资的裁判标准

112. 虚假出资在实践中有哪些表现形式?

虚假出资在实践中主要表现为以下四种情形:

(1)以虚假的实物投资手续骗取验资报告,从而获得公司登记;

(2)以实物、工业产权、非专利技术、土地使用权出资,但并未办理财产权转移手续;

(3)作为出资的实物、工业产权、非专利技术、土地使用权的实际价值显著低于公司章程所定价值;

(4)未对投入的净资产进行审计,仅以投资者提供的少记负债高估资产的会计报表验资。

【案例45】房地产出资未过户 验资不实会计师事务所与股东共担责任②

原告:华升公司

被告:徐伟、徐梦鱼、万隆会计师事务所、审计局、兴华会计师事务所

诉讼请求:

1. 被告徐伟、被告徐梦鱼在出资不实的范围内对(2008)未民二初字第1111号民事判决书中佳铭公司的债务向原告承担清偿责任;

2. 被告万隆会计师事务所、被告审计局、被告兴华会计师事务所在其虚假验资的范围内对佳铭公司所负原告的债务承担赔偿责任。③

争议焦点:

1. 用作出资的房产未过户是否构成虚假出资;

2. 如何判定会计师事务所是否尽到合理的审查义务。

基本案情:

2000年佳铭公司成立时,被告徐伟与科文公司以1号院1号楼一层营业房(房屋建筑面积1000平方米)出资。被告徐伟提供了四份购房款发票,分别为:

---

① 拍卖与变卖应注意事项详见本书第七章股权转让纠纷。
② 参见西安市中级人民法院(2011)西民四终字第00146号民事判决书。
③ 2013修订的《公司法》及《公司注册资本登记管理规定》(2014年)已删除有限责任公司验资要求,故会计师事务所不存在赔偿责任问题。下同。

2000年1月5日出具的95万元购房款发票、2000年1月10日出具的90万元购房款发票、2000年3月5日出具的85万元购房款发票、2000年3月25日出具的80万元购房款发票,共计350万元。

2000年6月26日,被告万隆会计师事务所出具验资报告,确认佳铭公司截至2000年6月26日注册资本人民币350万元。在被告万隆会计师事务所的验资报告中,实物转让清单上加盖了西安市审计事务所的公章,时间为2000年6月26日。①

2002年4月1日,在该公司年检时,被告兴华会计师事务所对其进行工商年检验资,确认截至2001年12月31日注册资本为人民币300万元,与实收资本300万元一致。

法院于2008年10月14日作出(2008)未民二初字第1111号民事判决,判令佳铭公司支付原告欠款117万元及违约金52,439元并承担诉讼费15,802元。

原告于2009年4月28日申请强制执行。法院于2009年10月30日作出(2009)未执第797号执行裁定,认为"在执行过程中,查明被执行人佳铭公司自2003年至今一直未年检,不在判决所列地办公。同时在中国人民银行查询被执行人无开户记录,申请人所提供的被执行人的账号已经被注销。申请人也无法提供可供执行的财产线索和住址,依照《民事诉讼法》第233条第6项、第234条之规定,裁定(2009)未执字第797号案件的本次执行终结。如申请执行人发现被执行人有可供执行的财产,可再次申请执行"。

1999年12月24日,被告审计局与西安市审计事务所签订《协议书》一份,约定按照财政部和省政府关于会计师事务所、审计事务所在改制中产权界定与资产处置的有关规定,遵照"谁投资,谁所有"的原则,自脱钩改制基准日(1999年9月30日)前,西安市审计事务所的净资产归国家所有,改制前事务所的风险责任依法执行。2000年1月11日,陕西省财政厅同意西安市审计事务所脱钩改制,终止西安市审计事务所,同意成立陕西华利信有限责任会计师事务所。陕西华利信有限责任会师事务所成立后,于2006年9月15日在工商部门登记更名为陕西万隆金剑有限责任会计师事务所。

原告诉称:

佳铭公司工商档案显示,该公司股东为被告徐伟和被告徐梦鱼,股东出资为西安市东关南街东牌楼巷1号院内一层营业房,该房产从陕西科文房地产开发公

---

① 2005年《公司法》规定,公司非货币财产出资比例不得超过公司注册资本额的70%。本案中非货币财产出资比例为100%,存在一定问题。不过根据2013年《公司法》规定,非货币财产出资的比例可以达到100%。

司购买,面积1000平方米,价值350万元。事实上,西安市东关南街东牌楼巷1号院一层营业房根本不存在,西安市房产局没有陕西科文房地产开发公司和佳铭公司的任何房产信息,被告徐伟和被告徐梦鱼向工商局提供的资料是伪造的,被告徐伟和被告徐梦鱼实际上未出资,其应在出资范围内对佳铭公司的债务向原告承担连带责任。

该公司成立时的验资机构为被告万隆会计师事务所和被告审计局,该公司2002年年检时,被告兴华会计师事务所为其作了验资报告。被告万隆会计师事务所、被告审计局、被告兴华会计师事务所出具虚假验资证明,应对佳铭公司的债务向原告承担责任。

被告徐伟、被告徐梦鱼辩称:

原告起诉依据的是西安市未央区人民法院的判决书,该判决程序违法,实体错误,对此已向省高院申诉;被告徐伟与科文公司签订购房合同,并支付了350万元购房款,因为科文公司的原因,地被政府收回,被告徐伟准备起诉科文公司要回350万元购房款,不存在出资不实的情形。

被告万隆会计师事务所辩称:

佳铭公司设立时被告万隆会计师事务所验资行为符合行业规范程序。佳铭公司出具购房合同、购房发票以及开发商科文公司的证明,被告万隆会计师事务所已经尽到验资应尽的注意义务,原告没有充分证据证明佳铭公司股东伪造出资材料。另原告与佳铭公司建设施工合同纠纷一案一审判决存在重大瑕疵。总之,被告万隆会计师事务所在验资时尽到注意义务,不构成虚假验资。

被告兴华会计师事务所辩称:

佳铭公司不存在虚假出资情形,被告兴华会计师事务所出具的不是验资报告而是年检报告,报告依据的是原验资报告,因此是否虚假出资或虚假验资均与被告兴华会计师事务所无关。

被告审计局辩称:

佳铭公司设立时的验资报告是被告万隆会计师事务所作出的,而不是原西安市审计事务所作出的。被告万隆会计师事务所所出具的验资报告附件上加盖的原西安市审计事务所印章时间是2000年6月26日,西安市审计事务所2000年3月14日已在工商局注销,因此在验资报告附件上盖章不具有法律效力。审计局作为西安市审计事务所的主管单位不应承担任何法律责任。

一审认为:

原告与佳铭公司建设施工合同纠纷案,西安市未央区人民法院已经审结并进入执行阶段。原告提交的西安市未央区人民法院(2009)未执字第797号执行裁定,是对该次执行终结,并告知原告如发现被执行人有可供执行的财产可再次申请执行,故原告对于佳铭公司的财产尚未穷尽执行手段,对于其损失尚未最终确定,原告对佳铭公司股东被告徐伟、被告徐梦鱼的诉讼请求,依法不予支持。

《最高人民法院关于审理涉及会计师事务所在审计业务活动中民事侵权赔偿案件的若干规定》第10条第2项规定,对被审计单位、出资人的财产依法强制执行后仍不足以赔偿损失的,由会计师事务所在其不实审计金额范围内承担相应的赔偿责任,而本案原告的损失尚未确定,故其对被告万隆会计师事务所、被告审计局、被告兴华会计师事务所的诉讼请求,依法予以驳回。

一审判决:

驳回原告诉讼请求。

原告不服一审判决,向上级人民法院提起上诉。

原告上诉称:

1. 佳铭公司欠原告的债务明确,有西安市未央区人民法院(2008)未民二初字第1111号民事判决书确定;

2. 被告徐伟、被告徐梦鱼作为佳铭公司的出资人,存在虚假出资的事实,实际未出资,应对佳铭公司的债务向原告承担连带责任;

3. 被告万隆会计师事务所、被告兴华会计师事务所未按法定程序履行验资义务,应承担连带赔偿责任;被告审计局也是佳铭公司验资机构之一,应承担连带赔偿责任。

五被告二审辩称:

一审判决事实认定无误,法律适用正确,应予维持。

律师观点:

1. 关于被告徐伟、被告徐梦鱼是否存在出资不实的情形。

本案中,被告徐伟、被告徐梦鱼以房产作为出资,应当在公司成立后办理过户手续,并在登记机关备案,但被告徐伟、被告徐梦鱼作为出资的房产实际上因故并未交房,作为股东的被告徐伟、被告徐梦鱼应就佳铭公司注册资本300万元范围内补足出资。根据《最高人民法院关于适用〈中华人民共和国公司法〉若干问题的规定(三)》第13条第2款"公司债权人请求未履行或者未全面履行出资义务的股东在未出资本息范围内对公司债务不能清偿的部分承担补充赔偿责任的,人民法院应予支持……"之规定,被告徐伟、被告徐梦鱼应在生效判决确认的佳铭公司对原告的债务在未出资范围内承担补充赔偿责任。

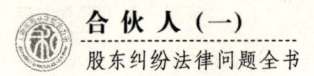

2. 关于验资机构是否承担责任的问题。

被告审计局并非佳铭公司的验资机构,且原西安审计事务所在验资附件上出现公章的日期之前已被工商局注销,因此其主管上级机关被告审计局与本案涉及的虚假验资并无关联性,原告对被告审计局的诉讼主张,不应予以支持。

被告徐伟、被告徐梦鱼在设立公司时向验资机构被告万隆会计师事务所提供了购房合同、购房发票以及科文公司的证明,被告万隆会计师事务所据此作出验资报告,已经尽到验资义务,原告诉称佳铭公司设立时虚假验资,证据不足,其主张被告万隆会计师事务所承担赔偿责任法院不应予以支持。

2002年4月1日,被告兴华会计师事务所在为佳铭公司作年检验资时,除应核对出资时的购房合同、发票以及证明材料外,还应对房产是否已过户,并是否在工商局备案登记进行核实。本案中,被告兴华会计师事务所未对以房产出资是否已过户以及是否备案进行审查,根据《最高人民法院关于审理涉及会计师事务所在审计业务活动中民事侵权赔偿案件的若干规定》第6条"会计师事务所在审计业务活动中因过失出具不实报告,并给利害关系人造成损失的,人民法院应当根据其过失大小确定其赔偿责任"之规定,其应就佳铭公司对原告债务在其股东被告徐伟、被告徐梦鱼不能清偿范围内承担补充赔偿责任。

综上,一审判决适用法律部分错误,应予部分改判。

法院判决:

1. 维持一审判决第二项;

2. 撤销一审判决第一项、第三项;

3. 判决生效后15日内被告徐伟、被告徐梦鱼各自在150万元范围内对西安市未央区人民法院(2008)未民二初字第1111号民事判决书中西安佳铭置业有限公司的债务向原告承担清偿责任;

4. 被告兴华会计师事务所在被告徐伟、被告徐梦鱼不能清偿上述债务范围内承担补充赔偿责任。

【案例46】房产无法过户出资存瑕疵　法院判令股东履行增资义务①

原告:谢某某

被告:某某公司、戴某某

诉讼请求:

1. 确认被告戴某某在被告某某公司增资500万元系虚假出资;

---

① 参见上海市崇明县人民法院(2011)崇民二(商)初字第110号民事判决书。

2. 确认恢复原告在被告某某公司的股份 25.5%，被告戴某某的股份为 74.5%。

争议焦点：

1. 用于出资的房产已交付公司实际使用但无法办理权属证明，股东是否构成虚假出资或未全面履行；

2. 按照实缴出资确认股权比例的诉请是否属于法院司法判决的范畴。

基本案情：

被告某某公司股权比例为：原告出资 507,000 元，占 16.9%，被告戴某某出资 2,493,000 元，占 83.1%。

嗣后，被告某某公司又经股权变动，实际股东为被告戴某某、原告和案外人孙某某。

2003 年 7 月 19 日，三股东经协商，形成《股权收益内部分配决议》，主要内容为：

1. 被告某某公司将原租赁的资产(原属某甲家具饰品有限公司)由被告戴某某一方作价投入被告某某公司，用于补足原投资股东更替抽资后，留下的注册资本法定数额的缺口。超出原注册资本部分，由被告戴某某一方作价投入被告某某公司，作为公司注册资本的增加；

2. 基于被告某某公司现存原始股东的利益不因此次增资扩股而发生变动，三方协商一致，同意对被告某某公司的红利分配方式不变，具体方案如下：

(1) 本次投入的原租赁的资产，其收益仍限于被告某某公司与被告戴某某的原租赁协议，其租金提取方式改为：无论被告某某公司是否盈利及盈利金额大小，按租赁协议在税后有限支付，即使被告某某公司无盈利也必须由被告某某公司给予支付，并由被告某某公司用以后年度利润给予弥补，直至被告某某公司清算时在净资产分配中优先偿付；

(2) 本次投入的原租赁资产，其处置权仍由被告戴某某一方以被告某某公司的名义决定，该项权利具有排他性，直至各方股东协商一致另有决议；

(3) 现存投资股东在被告某某公司未来的股利分配中保持不变，即扣除优先支付的租赁资产收益后，按下列比例进行分配：被告戴某某 60%，原告 20%，孙某某 5.5%，其余 14.5% 的股利分配由三方另行签署协议。

同年 8 月 30 日，被告戴某某向上海某乙资产评估有限公司发函《关于同意以设备房屋建筑物等固定资产对外投资的决定》，内容为：因企业发展的需要，本人同意将原上海某甲家具饰品有限公司(现已清算给被告戴某某个人)的设备类及房屋建筑物类固定资产对外投资成立新公司,并委托某乙公司进行评估。

同日,上海某丙实业公司向评估机构出具《关于房屋建筑物及设备的情况说明》,内容为:因对外投资的需要,涉及本次评估范围的房屋建筑物固定资产系在租赁上海某丙实业公司集体土地的基础上,由上海某甲家具饰品有限公司投资建造。现上海某甲家具饰品有限公司已停产歇业并按正常程序清算给原投资人被告戴某某。所以,本次委托评估的房屋建筑物和设备的实际权利人为被告戴某某。

同年9月7日,上海某乙资产评估有限公司接受被告戴某某的委托,对其对外投资事宜所涉及的房屋建筑物和设备等固定资产进行了评估,并出具被告戴某某拟对外投资资产评估报告书,评估结论为:被告戴某某拟对外投资的工业厂房和设备于评估基准日2003年7月31日的评估净值为5,033,565.45元,其中,房屋建筑物(建筑面积8203.42平方米),评估价值为3,394,785.99元;设备(83台)评估价值为1,638,779.46元。该报告在特别事项中说明,本次评估的房屋建筑物系在租用的集体土地上建造的,未见有合法的权证,评估中所使用的评估参数,以被告戴某某提供的拟对外投资资产清单为准,合计建筑面积为8203.42平方米。如有不符之处,最后以办理出的房地产权证为准,评估人员提请报告使用者关注。

2004年1月5日,被告某某公司全体股东形成《变更申请股东会决议》,将被告戴某某3.1%的股份作价93,000元转让给原告,将被告戴某某5.5%的股份作价165,000元转让给孙某某。变更后的出资比例为:被告戴某某出资2,235,000元,占74.5%,原告出资60万元,占20%,孙某某出资165,000元,占5.5%。

同年1月31日,上海某丁会计师事务所有限公司出具《验资报告》一份,该报告对本次新增注册资本实际出资情况表述为:截至2004年1月31日,公司已收到其股东被告戴某某投入到新增注册资本500万元,均为实物资产。被告戴某某于2003年11月19日将评估价值5,033,565.45元的厂房设备,作价500万元投入到被告某某公司,由公司及全体股东实施了签收。该报告还说明,被告某某公司根据2003年7月19日增资扩股股东会决议,增资后股权结构变更为:被告戴某某出资7,235,000元,占90.44%,原告出资60万元,占7.5%,孙某某出资165,000元,占2.06%。

后被告某某公司经工商部门核准,注册资本增至800万元,被告戴某某作为增资投入的厂房及设备被被告某某公司实际使用。从2004年、2005年的利润分配方案反映,三股东的分配利润方案仍按被告戴某某73%、原告20%、孙某某7%

的股份比例进行分配。

2010年4月20日,经协商,案外人孙某某将其持有的2.06%股份转让给原告。至此,原告在被告某某公司的持股份额为9.56%。

2011年1月4日,原告与被告某某公司经本院主持达成调解协议,被告某某公司同意将原告受让孙某某2.06%的股权以及变更后的持股比例9.56%之事项记载于公司章程内,并配合其办理股东变更工商登记手续。

同年5月12日,上海某戊实业总公司出具《情况说明》一份,内容为:我公司与上海某丙实业公司于1993年4月签订《租赁合同》中约定,由我公司承租位于某高速公路延伸段路南侧,某路东侧的场地用于建造生产家具的车间。该合同的实际承租方是上海某甲家具饰品有限公司,由于当时政策和生产队的规定,最终合同双方协商由我公司作为某甲公司的投资方之一代表某甲公司签署该合同,由于当时租赁的仅是场地,没有建筑物,其后由上海某甲家具饰品有限公司出资,委托第三方在该场地上建造了大量的建筑物用于生产,故该场地上所有的建筑物都是上海某甲家具饰品有限公司所有。

次日,上海某甲家具饰品有限公司亦出具《情况说明》一份,内容为:1993年4月,我公司由于生产场地的考虑,同上海某丙实业公司洽谈,后由我公司委托上海某戊实业总公司代表我公司与上海某丙实业公司签订了一份《租赁合同》,约定由我公司实际承租相应的场地用于建造生产家具的车间等。合同签订后,我公司出资委托某丙建筑公司在该场地上建造了相应的厂房等房屋。2002年左右,由于我公司内部经营管理策略原因,决定停产歇业。在我公司自行清算过程中,我公司已将上述合同所租赁场地上所有的房屋及相应的机器设备等转移给原投资人被告戴某某。

原告诉称:

被告戴某某以房产等作价500万元向被告某某公司增加投资,但被告某某公司在内部分配决议中,明确该增资财产为租赁资产,由公司向被告戴某某支付租金。扩资后,被告戴某某的股份增至90.44%,原告则通过受让案外人孙某某的股份而变为9.56%。嗣后,原告从评估报告中得悉被告戴某某以他人无证房屋作为自己可处分的财产作价5,000,000元投资,该行为显属虚假出资。

两被告辩称:

被告戴某某向被告某某公司增资500万元是真实到位的,其作为增资的建筑物及相应设备均被公司实际使用。但因建筑物建造在集体土地上,没有相关权属证明,故房产不能进行权属变更。而投入的设备如叉车和沪C牌照的车辆也无法过户到公司名下,原告对此是知情的,且评估时各股东均在500万元的实物投资清单中签字确认,故被告戴某某实际交付房产等财产的行为应视其出资到位,并不构成虚假出资。

律师观点:

1. 被告戴某某的出资行为构成未全面履行,而非虚假出资。

本案的增资程序虽经评估作价和验资程序,且最终完成了工商资本变更登记手续,但因此项非货币财产存在权利瑕疵,致增资人无法办理财产权的转移手续。法律界定虚假出资的含义为:出资人宣称已经出资但事实上并未出资,或以欺骗手段造成已出资的假象,欺骗其他股东以及债权人和社会公众的行为,在性质上构成欺诈。

于本案中,被告戴某某增资的建筑物所依附的土地权属为集体性质,其对房屋建筑物享有的仅是地上物权,即使被告戴某某将该财产已经实际交付被告某某公司使用,因土地权属无法归于被告某某公司而不能实现权利变更之目的。况且评估报告也作出特别说明,本次委托的房屋建筑物系在租用的集体土地上建造的,未见有合法的权证,最后以办理出的房地产权证为准。可见,评估机构亦注意到上述出资行为的权利瑕疵。但从被告某某公司运营的现实来看,2004年、2005年三股东在被告某某公司的利润分配中均获得股利,客观反映了被告戴某某投入的增资财产已被公司实际利用并从中直接获得收益之事实,故被告戴某某的增资行为虽违反出资义务,但其表现行为并非虚假出资。

根据行为方式不同,股东违反出资义务的表现形式为未履行和未全面履行,而虚假出资行为系未履行。在排除被告戴某某虚假出资行为后,是否认定未全面履行。如前所述,被告戴某某用于增资的房屋建筑物,因存在权利瑕疵而无法办理相应的权证。除房屋建筑物外,增资部分还含设备评估价值1,638,779.46元,一般而言,动产设备以交付为准,且被公司实际利用,并发挥资产效用,当属公司财产,但基于被告某某公司《股权收益内部分配决议》之内容,各股东明确约定被告戴某某提供的增资财产为租赁资产,被告某某公司无论盈亏均应支付租金,财产处置权亦由被告戴某某一方以公司名义决定,该项权利具有排他性。庭审中,被告亦确认投资的设备如车辆等未过户到公司,印证了决议内容的真实性。由此可见,被告戴某某以房屋建筑物及设备作为增资的财产权实际均未转移至被告某某公司,其出资财产显存权利瑕疵,故被告戴某某的增资行为构成未全面履行。

2. 原告提出的恢复其增资前的股权比例之请求涉及公司内部自治决策之范畴,法院不作处理。

至于原告提出恢复其增资前的股权比例之请求,因本案对被告戴某某的增资行为已作认定,该处理后果使被告某某公司的股东现持有的股份处于不确定的状态,对被告戴某某未全面履行部分,股东或者公司既可追究其出资不实之责,也可免除其增资义务,并由公司办理减资程序,故该请求涉及公司内部自治决策之范畴,本案对此不作处理。

综上,被告戴某某向被告某某公司的增资行为因权利瑕疵,致其增资义务未全面履行,被告戴某某增资500万元未全面履行。

法院判决:

1. 确认被告戴某某在被告上海某某家具有限公司未履行增资金额为人民币5,000,000元;

2. 对原告的其余诉讼请求不予支持。

【案例47】出资实物发票系虚假 股东连带承担债务[①]

原告: 王修华

被告: 北京市皮件厂、柴超、柳巍、穆冬青

诉讼请求: 四位被告对麦欧休普公司欠原告的2,122,169元借款及利息承担连带清偿责任。

争议焦点:

1. 就同一笔债务,债权人分别诉请公司承担债务偿还责任以及出资不实股东承担连带责任是否违反一事不再理原则;

2. 股东出资行为已经评估事务所和会计师事务所依法评估和审计,是否当然意味着股东出资不存在瑕疵。

基本案情:

2000年8月13日,柏勤会计师事务所有限公司接受被告柴超的委托,就被告柴超、被告柳巍、被告穆冬青、王艳玲、高振山、龚玉福、赵勇拟投入麦欧休普公司的实物资产进行评估,被告柴超向柏勤会计师事务所有限公司提供了以下产权证明文件:被告柴超、被告柳巍与深圳市宏达贸易有限公司于2000年6月30日签订的购买一批售价518万元的西门子SMT设备的合同书及相应金额的标有"国税"字样的广东省深圳市商品销售发票(其中买受人名为被告柴超的发票5张,号码分别为0582067、0582069至0582072,金额共计413万元;买受人名为被告柳巍

[①] 参见北京市海淀区人民法院(2006)海民初字第21253号民事判决书。

的发票3张,号码分别为0582073至0582075,金额共计105万元);被告柳巍与深圳市泰宏基贸易有限公司于2000年6月28日签订的购买一批售价308万元的惠普设备的合同书及相应金额的标有"国税"字样的广东省深圳市商品销售发票(发票号码分别为0001902至0001905);王艳玲、高振山、龚玉福、赵勇于2000年7月12日从深圳市宏达贸易有限公司购买售价合计21.1万元的13台华宝5P空调和5台三菱2P空调的标有"国税"字样的广东省深圳市商品销售发票(发票号码为0583087)。

上述六人在声明书中承诺,确知并保证提交会计师事务所的资料真实、完整、合法,上述资产确系其以现金方式购买,拥有完整的所有权。

同年8月14日,柏勤会计师事务所有限公司出具(2000)柏勤评报字第08011号评估报告,评估结论为:上述委托评估的全部资产于评估基准日2000年7月31日的市场公允价值为10,678,441元,其中,被告柴超的固定资产出资购置成本为413万元,评估净值为7,516,666元;被告柳巍的固定资产出资购置成本为413万元,评估净值为2,950,775元;王艳玲的固定资产出资购置成本为82,606.5元,评估资产净值为82,606.5元;高振山的固定资产出资购置成本为58,995.6元,评估净值为58,995.6元;龚玉福的固定资产出资购置成本为35,405.8元,评估净值为35,405.8元;赵勇的固定资产出资购置成本为33,992.1元,评估净值为33,992.1元。

2000年10月18日,被告北京市皮件厂将其对麦欧休普公司的50.74万元出资存入中国工商银行北京市分行昌平支行。此后,麦欧休普公司为被告北京市皮件厂开具了入资发票。

2000年10月25日,北京建亚永泰资产评估事务所出具京建评字2000-10-25-4号资产评估报告书,评估范围为被告穆冬青投入麦欧休普公司的芯片一批、电子元器件一批,发票号码为0506705,采用重置成本法,评估基准日为2000年10月23日,评估结果为被告穆冬青投入的账面原值641,567.1元的资产评估值为641,567.1元。该报告后附深圳市华强电子有限公司开具的0506705发票及财产清单。

同日,北京泳泓胜会计师事务所有限责任公司接受麦欧休普公司的委托,为其出具了验资报告,载明:拟设立的麦欧休普公司由被告北京市皮件厂及自然人被告柴超、被告柳巍、被告穆冬青、王艳玲、高振山、龚玉福、赵勇共同出资组建,现正申请办理工商登记注册手续。股东出资方式、金额及比例如下:被告北京市皮件厂货币出资50.74万元,占4.3%;被告柴超实物出资749.44万元,占63.51%;

被告柳巍实物出资295万元,占25%;被告穆冬青实物出资63.72万元,占5.4%;王艳玲实物出资8.26万元,占0.7%;高振山实物出资5.9万元,占0.5%;龚玉福实物出资3.54万元,占0.3%;赵勇实物出资3.4万元,占0.29%,合计1180万元。实际出资情况为:被告北京市皮件厂已于2000年10月18日缴存中国工商银行北京市分行昌平支行城关受理处入资专用账户50.74万元,账号749001-81;拟投资的实物资产由北京建亚永泰资产评估事务所和柏勤会计师事务所有限公司对资产的不同部分分别进行评估。其中,北京建亚永泰资产评估事务所出具的"京建评字2000-10-25-4号"以投资为目的评估报告,评估值为64.16万元;柏勤会计师事务所有限公司出具的"(2000)柏勤评报字第08011号"以投资为目的评估报告,评估值为1067.84万元;以上实物资产评估值合计为1132万元。以上出资共计1182.74万元,出资多余部分为2.74万元,作为公司成立后的资本公积金处理。

同年10月31日,麦欧休普公司正式注册成立,领取了企业法人营业执照。该公司股东为被告北京市皮件厂、被告柴超、被告柳巍、被告穆冬青、王艳玲、高振山、龚玉福、赵勇。

2001年4月28日,北京燕平会计师事务所有限责任公司接受麦欧休普公司的委托,对被告柴超、被告柳巍、王艳玲、高振山、龚玉福、赵勇、被告穆冬青投入的非货币出资1129.26万元的转移情况进行审计,并为其出具了审计报告,载明:麦欧休普公司设立时投入的贴片机、惠普仪器、空调和电子器件等1132万元,其中:用于注册1129.26万元,计入资本公积金2.74万元,实物财产所有权人已于2001年4月19日与公司签订了财产转移协议书,该资产已转移到麦欧休普公司,并登记入账。

2003年1月21日,麦欧休普公司与原告签订协议书,约定因麦欧休普公司借原告200万元到期,双方协议如下:(1)麦欧休普公司用GPS精确校时产品原材料1万个存放在原告处作为质押保证;(2)GPS精确校时产品原材料目前形态为FLEX多频漫游寻呼机,待条件成熟时,麦欧休普公司将其赎回;(3)如发生其他意外事件,麦欧休普公司将协助原告将1万个GPS原材料做成成品,以销售收益归还原告借款,或在双方对原材料的价格认可的情况下转让给第三方,转让的收入全部用于偿还原告的相应款项。同日,原告出具收条,载明其收到麦欧休普公司数字寻呼机1万台。

2003年3月,原告将麦欧休普公司、长峰公司诉至北京市海淀区人民法院,请求判令麦欧休普公司偿还其借款本金200万元,支付借款利息40万元,罚息12.6

万元,长峰公司对麦欧休普公司向其还款承担连带担保责任。2003年6月13日,北京市海淀区人民法院作出(2003)海民初字第5233号民事判决,判决:一、麦欧休普公司偿还原告借款200万元、利息40万元、逾期还款利息12.6万元,共计252.6万元,于判决生效后15日内给付;二、长峰公司对麦欧休普公司上述债务承担连带还款责任。长峰公司不服上述判决,提起上诉。另外,该判决书中载明的原告自然情况为:1974年4月4日出生,汉族,北京京都百利有限公司总经理。

2004年3月16日,北京市第一中级人民法院作出(2003)一中民终字第8743号民事判决,查明:2001年12月28日,原告与麦欧休普公司签订借款合同,约定麦欧休普公司向原告申请借款200万元,年利率为12%,利随本清,借款期限自2002年1月8日起至2003年1月7日止,并以此期间为计息期间,长峰公司作为担保人对双方借款承担连带担保责任,麦欧休普公司未按规定还款,原告可根据逾期天数按每天千分之一计收取利息。当日,原告与麦欧休普公司又签订借款合同补充协议,约定根据已签订的借款合同,麦欧休普公司愿在借款利率12%的基础上,为原告贴息8%,即年借款利率为20%。2002年1月8日,麦欧休普公司向原告出具了200万元的借款收据。依据上述事实,二审法院认为,根据原告提供的证据,可以认定麦欧休普公司向原告借款200万元的事实。原告要求麦欧休普公司偿还借款的诉讼请求,应予以支持。原告主张的20%利息及逾期还款按每天千分之一计算收取的利息未违反有关规定,亦应予以支持。借款合同上加盖的长峰公司名称的印章不是长峰公司的公章,"王仲会"的签名也不是王仲会书写,且长峰公司对借款合同中约定的其应承担的保证义务不予认可,因此原告要求长峰公司承担连带还款责任的诉讼请求缺乏事实及法律依据,应不予支持。

同年6月16日,北京市昌平区人民法院作出(2004)昌执字第454号民事裁定,认定北京市昌平区人民法院在执行北京辰光创业投资有限公司与麦欧休普公司借款合同纠纷一案中,对麦欧休普公司财产进行了拍卖,得款139,595元,并发还申请人北京辰光创业投资有限公司,麦欧休普公司已无其他可供执行的财产。

2004年9月26日,北京市工商行政管理局昌平分局作出京工商昌处字(2004)第7031号行政处罚决定书,查明麦欧休普公司未在规定的期限内申报2003年度企业年检,决定吊销麦欧休普公司的营业执照。

2005年2月1日,被告穆冬青与原告签订买卖协议,约定双方同意被告穆冬青所有的坐落于北京昌平蓬莱公寓22号楼D5、D6门两套房产(共计257.24平方米现房)作价132万元,并约定此房款作为被告穆冬青代麦欧休普公司偿还由(2003)一中民终字第8743号民事判决书确定的所欠原告的债务,被告穆冬青在协议签订后 50 天内将产权过户至原告名下。同日,原告出具收条,载明其收到麦欧休普公司归还的欠款 132 万元。

2006 年 12 月 19 日,深圳市工商物价信息中心出具查询证明,载明经电脑查询至即日 15 时 39 分止,未发现有深圳市华强电子有限公司的注册登记记录;至即日 15 时 40 分止,未发现有深圳市宏达贸易有限公司的注册登记记录。同年 12 月 20 日,深圳市工商物价信息中心出具查询证明,载明经电脑查询至即日 14 时 7 分止,未发现有深圳市泰宏基贸易有限公司的注册登记记录。

同年 12 月 20 日,深圳市国家税务局出具票鉴(2006)0104 号发票鉴定书,载明发票号为 0582067、0582069~0582075、0583087,上述 9 张发票,经该局鉴定是假发票。当日,深圳市国家税务局出具票鉴(2006)0105 号发票鉴定书,载明发票号为 0506705 的发票,经该局鉴定是假发票。

原告诉称:

2001 年 12 月,原告向麦欧休普公司出借 200 万元,约定利率为 12%,2003 年 1 月 7 日还清。因麦欧休普公司未按期还款,原告诉至法院,北京市第一中级人民法院于 2004 年 3 月 16 日作出(2003)一中民终字第 8743 号民事判决,判令麦欧休普公司偿还原告借款、利息、逾期利息及诉讼费等共计 254 万元。判决生效后,除被告穆冬青在 2005 年 2 月 1 日以其所有的两套住房作价 132 万元代麦欧休普公司抵偿了部分债务外,剩余欠款麦欧休普公司未予偿还。

另麦欧休普公司已于 2004 年 9 月 26 日被北京市工商局昌平分局吊销营业执照。在此案执行过程中原告得知四被告作为麦欧休普公司的股东,在公司注册过程中以 8 万元从深圳购买了一套无法使用的报废机器设备,又购买并伪造假发票虚报 1000 余万元,最终通过虚假验资办理了 1180 万元的注册资金。2003 年 7 月 21 日,麦欧休普公司因其他纠纷,其全部资产被北京市昌平区人民法院拍卖,价值仅为 11 万元。原告认为四被告依法应当对其注册资金不实、虚假注册的行为承担法律责任。

根据(2003)一中民终字第 8743 号民事判决书,麦欧休普公司自 2003 年 1 月 9 日起,截至原告起诉的 2003 年 3 月 12 日,欠付原告本金 200 万元,利息、罚息 52.6 万元,共计 252.6 万元。自 2003 年 3 月 13 日起至该判决生效的 2004 年 4 月 1 日止,按照最高人民法院、人民银行确定的逾期付款违约金日万分之二点一计算,共计 374 天,逾期付款违约金为 252.6 万元 × 0.00021 × 374 天 = 197,862 元,总本息共合计为 2,723,862 元。自判决书确定的自动履行期届满的 2004 年 4 月 16 日起至 2005 年 2 月 16 日止,共计 305 天,逾期付款违约金为 2,723,862 元 ×

0.00021×305 天 = 174,463 元，按照《民事诉讼法》第232条的规定：被执行人未按判决、裁定和其他法律文书指定的期间履行给付金钱义务的，应当加倍支付迟延履行期间的债务利息，即 174,463 元 × 2 = 348,927 元。截至 2005 年 2 月 16 日，麦欧休普公司共计欠付原告借款本息总计为 3,072,789 元，加上该案一审诉讼费 22,640 元，合计 3,095,428 元。当日双方达成和解，麦欧休普公司以房产方式偿还原告欠款 132 万元，截至 2005 年 2 月 16 日剩余欠款本息合计为人民币 1,775,428 元。自 2005 年 2 月 16 日起至 2006 年 5 月 31 日止，共计 465 天，逾期付款违约金为 1,775,428 元 × 0.00021 × 465 天 = 173,370.5 元，加倍后为 346,741 元，故截至 2006 年 5 月 31 日，麦欧休普公司共欠付原告借款本息合计为 1,775,428 元 + 346,741 元 = 2,122,169 元。

被告北京市皮件厂辩称：

1. 原告起诉中所称的债权与被告北京市皮件厂没有关系，其提到的借款合同的借贷方是麦欧休普公司，被告北京市皮件厂与原告之间不存在任何债权债务关系。

2. 被告北京市皮件厂作为麦欧休普公司的股东之一，在公司成立时已足额缴纳了注册资本金，故只应在注册资本金范围内承担相应法律责任，原告要求被告北京市皮件厂承担麦欧休普公司的债务于法无据。

3. 原告试图以自行调查的关于出资人购置设备的发票为假发票等文件证明上述主张，但麦欧休普公司注册登记时，各位股东认缴的出资均经过具有合法资质的评估事务所和会计师事务所采用重置成本法进行评估和审计，这一评估方式并不简单依赖于购物发票而是以重新购置同类资产需要的成本来确定其价值，因此仅用发票的真伪不能否定实物出资人出资到位，更不能否定相关资产经有权机关评估的客观事实。

4. 即使原告的诉讼请求成立，因原告也认可被告穆冬青已以 132 万元的房产偿还了部分债务，所以 254 万元的债务现在尚余 122 万元。

5. 现麦欧休普公司已被吊销了营业执照，不能独立承担民事责任和履行民事义务，但是原告仍按照有效的合同延续计算违约金，以不合法的方式计算出多达 90 余万元的所谓利息，其诉讼请求没有法律依据。

6. 原告认为公司股东存在虚假注资行为，应先行起诉其认为并能够以证据证明实施了虚假注资行为的股东，待法院审理确认后，才有权要求其他股东承担连带责任。

7. 原告以另一案法院的判决作为本诉的理由，但在该案判决生效后，原告并未在法定期限内申请强制执行,而是把已经法院审结的案件重新起诉,违背了一案不再理原则。原告不依照法定程序办理案件,以违反常规的手段试图获取不正当利益,应对自身不申请强制执行的行为承担怠于行使权利的责任。

综上,请求法院驳回原告的诉讼请求。

被告柴超、穆冬青辩称:

1. 其对原告是否是本案适格主体有异议,起诉书上原告的签字和原告与被告穆冬青签订的买卖协议上原告的签字笔体完全不同,本案卷宗中原告在立案时提交的身份证照片上的原告也不是其认识的原告,该身份证号也和北京京都百利有限公司2005年年检报告上的不同,所以对本案的原告与原来的原告是否是同一个人存有异议。

2. 原告起诉的借款合同纠纷已由北京市海淀区人民法院一审及北京市第一中级人民法院二审审理终结,原告未向法院申请执行,现就同一借款纠纷,原告又再次起诉,其不具备主体资格,本案也不具备审理依据,原告坚持诉讼也应驳回其诉讼请求。

3. 被告柴超、穆冬青称当时其是看到报纸上的广告找到销售设备的单位,在购买设备前也向西门子公司的陈文中询了价,由于西门子公司报价高,故分几次带着现金到深圳购买了西门子生产线等设备。同时,当时设备实物的评估价格要高于购买价格,且经过了合法有效的评估和验资,并经工商机关所认可,故不能以销售单位未注册和发票虚假来否认交易事实的存在。

4. 关于1万台模块,当时抵押给原告时的价值是高于债务的,而原告未向法院申请执行,造成这些模块现在已不值钱,对此责任应由原告自行承担。

综上所述,原告捏造事实,其诉讼请求无任何事实及法律依据,请求法院驳回原告的诉讼请求。

被告柳巍未作答辩。

律师观点:

1. 原告诉讼资格适格。

依据原告户籍所在地公安机关出具的证明,证明中载明的身份证号码与原告在起诉时提交的身份证号码、与被告穆冬青签订买卖协议时使用的身份证号码及其本人出庭所提交的身份证号码相一致,现原告本人亦到庭,并提交了其更换后的二代身份证,与公安机关出具的证明内容一致,原告具备本案原告的合法资格。

2. 原告要求出资不实的股东对公司债务承担相应的侵权赔偿责任并不违反一事不再理原则。

虽原告与麦欧休普公司之间的借款合同纠纷已经法院审查终结,但该案裁判的是麦欧休普公司与原告之间的债权债务关系。依据《公司法》《企业法人登记管理条例》及相关司法解释,有限责任公司的股东应当依照公司章程中规定的各自所认缴的出资额,足额缴纳出资,保证公司设立出资的合法、充足,既是公司设立的前提条件,也是股东的法定义务,未足额缴纳出资的应当补足出资,是股东的法定责任。由于股东出资不实,势必会导致公司对外偿还债务能力的下降,损害公司以外债权人的合法权益,故由此而受损害的公司债权人依法有权要求出资不实的股东在出资不实的范围内对公司债务承担相应的赔偿责任。

本案中,麦欧休普公司在借款合同纠纷案的判决生效后至今未能履行全部还款义务,并已被依法吊销营业执照,在经人民法院强制执行后,亦已无可供执行的财产,四被告作为麦欧休普公司的股东系该公司的法定清算主体。据此,现原告以该公司股东四被告在公司设立时存在注册资金不实、虚假注册行为为由,要求其对公司债务承担相应的侵权赔偿责任,于法有据,并不违反一事不再理原则。

3. 关于麦欧休普公司债务金额问题。

麦欧休普公司虽被吊销营业执照,但该事实并不影响其债务金额的确认及承担。依据法院生效判决书,法院确认原告与麦欧休普公司达成的按欠款额的每日千分之一支付逾期还款利息的约定合法有效。结合原告提交的利息计算清单,原告在本案中主张的每日万分之二点一的逾期还款利息计算标准显然要低于生效判决书中所确认的逾期还款利息计算标准;因麦欧休普公司未按照生效判决指定的期间履行给付金钱义务,故依法应当加倍支付迟延履行期间的债务利息,故原告主张自生效判决书确定的履行期间届满后,按每日万分之二点一的双倍支付逾期还款利息,既未超出双方当事人约定的逾期还款利息标准,也符合法律的相关规定,对原告主张的利息计算标准予以支持。对于原告主张的 2003 年 3 月 13 日至判决生效的 2004 年 4 月 1 日的逾期利息,因其在原告与麦欧休普公司借款合同纠纷一案中未主张该笔费用,且该案判决书中亦未涉及该笔费用的给付,故该笔款项不属于生效判决所确定的麦欧休普公司的债务,对该笔款项的计算不应予以支持。同时,依据原告主张的利息计算方式,在麦欧休普公司已逾期还款的情况下,其计算的部分利息系对逾期还款利息的重复计算,对其主张的该部分利息金额不应予以支持。依据原告主张的利息计算标准及计算期间核算后,麦欧休普公司现仍欠原告借款本息 1,784,000.6 元。对于原告主张的超出部分的款项,不应予以支持。

4. 质押物价值的减损并不能减、免麦欧休普公司对原告所负的债务。

依据原告与麦欧休普公司签订的协议,在麦欧休普公司所欠原告借款到期后,麦欧休普公司交付原告 GPS 精确校时产品原材料 1 万个存放在原告处作为质押保证,作为其履行债务的担保,如不能履行债务,麦欧休普公司负有协助原告将上述原材料做成成品,以销售收益归还原告借款以及在双方对原材料的价格认可的情况下转让给第三方,以转让的收入偿还借款的义务。现被告柴超、被告穆冬青未能提供麦欧休普公司履行了上述义务或原告拒绝麦欧休普公司提出的履约请求的相关证据,不能证明质押物价值的减损系原告过错所致,故质押物价值的减损并不能减、免麦欧休普公司对原告所负的债务。

5. 原告未就借款合同纠纷案在法定期限内申请强制执行,不会导致麦欧休普公司对原告所负债务的免除。

原告称因为麦欧休普公司已被吊销,且没有财产可供执行,故未就借款合同纠纷案向人民法院申请强制执行,原告未向人民法院申请强制执行,其丧失了就该笔债务向人民法院申请强制执行的权利,但在债务未得以清偿的情况下,该行为并不导致麦欧休普公司对原告所负债务的免除。

6. 四被告实物出资显著不足,应在出资不实范围内对公司债务承担赔偿责任。

麦欧休普公司各股东在公司设立时的出资包括现金及实物,除法人股东被告北京市皮件厂以现金出资外,其余各自然人股东包括被告柴超、被告穆冬青、被告柳巍均以实物出资。对于现金出资部分,依据被告北京市皮件厂提交的交存入资资金报告,表明被告北京市皮件厂在麦欧休普公司设立时已将其认缴的出资全部存入工商行政管理机关指定的银行入资账户,就此原告亦未能提供相反证据予以推翻,故应认定被告北京市皮件厂已认缴了公司章程中约定的全部出资,对于原告要求被告北京市皮件厂对麦欧休普公司所负债务承担赔偿责任的诉讼请求,不应予以支持。

对于实物出资部分,被告柴超、被告穆冬青为证明其已履行了出资义务提交了麦欧休普公司设立时及办理资产转移时的验资报告、评估报告及审计报告,从上述报告的内容及性质上看,对被告柴超、被告柳巍及被告穆冬青实物出资所作出的两份资产评估报告是验资报告及资产转移审计报告的基础和依据。

结合麦欧休普公司在工商行政管理机关备案登记的资产评估报告、审计报告、深圳市工商物价信息中心出具的查询证明、深圳市国家税务局出具的发票鉴定书,可以证实被告柴超、被告柳巍于 2000 年 6 月 30 日签订的、购买作为投入麦欧休普公司的实物出资的售价 518 万元的西门子 SMT 设备的合同书中的出卖方深圳市宏达贸易有限公司在深圳市工商物价信息中心无注册登记记录,该合同项下相应金额的号码为0582067、0582069～0582075的8张销售发票被税务机关鉴定为假发票;被告穆冬青作为投入麦欧休普公司的实物出资的售价64,156,710元的芯片等设备的出卖方深圳市华强公司在深圳市工商物价信息中心无注册登记记录,该张号码为0506705的销售发票亦被税务机关鉴定为假发票;被告柳巍于2000年6月28日签订的、购买作为投入麦欧休普公司的实物出资的售价308万元的惠普设备的合同书中的出卖方深圳市泰宏基贸易有限公司在深圳市工商物价信息中心无注册登记记录。同时,发起人股东王艳玲、高振山、龚玉福、赵勇购买投入麦欧休普公司的实物出资的售价合计为211万元的相关设备的编号为0583087的销售发票亦被税务机关鉴定为假发票。

虽然,麦欧休普公司设立时,有相应的会计师事务所、资产评估事务所对被告柴超、被告穆冬青、被告柳巍等人投资的实物资产进行了价值评估,但对资产的评估价值均系以购货发票为依据,参照市场价格行情,采用成本重置方法所作出,用于评估货物价值的购货发票是资产评估的主要依据。根据我国发票管理的相关规定,发票的性质是已付款的凭证,通常情况下,持有发票就证明买卖双方存在真实的交易关系,购货人已履行付款的义务,本案现有证据表明,被告柴超、被告穆冬青、被告柳巍等人购买入资设备所取得的发票系假发票,且开具发票的企业均未在工商行政管理机关备案登记;同时,结合设备查封后被拍卖的价值,虽设备使用数年,但其价值要显著低于公司设立入资时的评估价值。根据证明责任的分配规则,作为负有出资义务的股东被告柴超、被告穆冬青、被告柳巍应对其出资到位承担举证责任。虽被告柴超、被告穆冬青、被告柳巍提出入资设备均系以现金形式购买,但结合上述事实,在其未能提供其他相关证据材料予以佐证的情况下,仅以其办理资产评估时提交的设备买卖合同、收款发票及资产评估报告,并不足以证明其在入资设备的购置上存在真实的交易关系以及入资设备的实际价值与注册资本的金额相符,故被告柴超、被告穆冬青、被告柳巍对此应当承担举证不能的法律后果。据此,应认定被告柴超、被告穆冬青、被告柳巍在公司设立时未能足额缴纳出资,其应在出资不实的资金范围内对麦欧休普公司债务承担赔偿责任。

因被告穆冬青已以个人房产代麦欧休普公司向原告偿还了部分债务,其代偿金额已足以同其向公司应补足的出资金额相折抵,故原告要求被告穆冬青对麦欧休普公司债务承担赔偿责任的诉讼请求不应予以支持。由于被告柴超和被告柳巍所承诺认缴的出资额要明显高于麦欧休普公司对原告所负的债务,在其未能举证证明其实际出资价额的情况下,应在其认缴的出资范围内共同对公司所负原告的 1,784,000.6 元借款本息承担赔偿责任。被告柳巍经法院合法传唤，无正当理由拒不到庭参加诉讼，视为其放弃庭审中的诉讼权利，不影响法院依法作出裁判。

法院判决：

1. 被告柴超、被告柳巍共同赔偿原告人民币 1,784,000.6 元，于本判决生效后 10 日内付清；
2. 驳回原告其他诉讼请求。

113. 公司利用本公司的其他银行账户将资金以借款名义借给股东，然后以股东名义作为投资追加注册资本，股东是否构成虚假出资？

构成。在这种情形下，公司未将资金交付给借款的股东，借款的股东也未办理资金转移手续，而是公司将股东所借资金在该公司银行账户之间内部转账，股东本身并未增加任何实际投资。此种行为可以认定为虚假出资行为。

114. 强制执行过程中，债权人发现股东存在出资不实或虚假出资或抽逃出资的情形，法院能否裁定追加该股东为被执行人？能否裁定追加原股东为被执行人？

被执行人无财产清偿债务，如果股东存在注册资金不实、虚假出资或抽逃注册资金的情形，可以裁定变更或追加股东为被执行人，在注册资金不实或抽逃注册资金的范围内，对申请执行人承担责任。受让方对出资不实或抽逃出资知晓的，承担连带责任。变更和追加被执行主体，并不改变原执行依据所确定的责任的内容，只是在责任确定的基础上对与原被执行人有某种特定关系的主体的变更或追加。

适用该条规定应当具备两个条件：

（1）公司的财产不足以清偿对外债务；

（2）股东存在出资不实或虚假出资或抽逃出资的情形，该情形在执行阶段或之前已有确凿证据证实。

如果该股东出资不实、虚假出资或抽逃出资的事实并未得到确认，债权人申请追加出资不实股东为被执行人的，不应得到支持。

此处的出资不实、虚假出资或抽逃出资包括设立阶段与增资阶段。

但是如果股东已经在注册资金范围内或接受财产的范围内向其他债权人承担了全部责任，则无须重复承担责任。

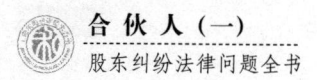

【案例48】原股东自认出资不实 被追加执行偿还公司债务[①]

申请执行人： 亚运村信用社

被执行人： 首都房地产公司、首都房地产市场

被追加执行人： 建行北京分行、工银北京分行、农行北京分行、首都经济信息报社

申请请求： 追加被执行人首都房地产公司的原股东为被执行人，其在出资不实的范围内对公司债务承担补充赔偿责任。

争议焦点： 能否追加已转让股权但出资不实的原股东为公司债务的被执行人。

基本案情：

被执行人首都房地产公司注册资本1800万元，系由四家被追加执行人联合投资组建，约定分别出资450万元，但在公司成立时，四家股东分别只投资了200万元。1996年，上述股东的出资工商登记分别变更为实际出资450万元。

1997年4月9日，申请执行人与两被执行人签订《保证担保借款合同》。合同约定：申请执行人向被执行人首都房地产公司提供贷款1000万元人民币，贷款期限自1997年4月15日起至1998年4月10日止，贷款利率为月息11.76‰，逾期还款在逾期期间按日万分之五计收利息。被执行人首都房地产市场作为保证人，对该贷款承担连带清偿责任。

合同签订后，申请执行人依约向被执行人首都房地产公司发放了贷款，但被执行人首都房地产公司在贷款期满后未偿还借款本金，且自1997年12月20日起拒付借款利息。申请执行人经多次催促被执行人首都房地产公司偿还贷款本息未果，遂向法院提起诉讼。

法院经审理后依法判决：

1. 被执行人首都房地产公司于判决生效后10日内偿还申请执行人借款本金人民币1000万元及利息。逾期支付本金则按中国人民银行同期贷款最高利率加倍支付迟延履行期间的债务利息；

2. 被执行人首都房地产市场对被执行人首都房地产公司应偿还的债务承担连带清偿责任。

[①] 参见北京朝阳区亚运村农村信用合作社诉北京市首都房地产开发公司等借款保证合同纠纷执行案。

判决生效后,被执行人首都房地产公司为履行生效法律文书确定的义务,将其所有的"惠发大厦"予以变卖,申请执行人从中按比例分配获得400万元,尚余600万元本金及相关利息未获清偿。执行申请执行人遂向法院申请执行。

申请执行人称:

由于被执行人首都房地产公司注册资金不实,其成立时出资不实的原股东也应承担补充赔偿责任,应被追加为本案被执行人。

被追加执行人辩称:

法院执行被执行人首都房地产公司的财产,应以被执行人首都房地产公司账上实收资本为限,不应突破法人独立人格,执行公司股东的财产。

律师观点:

四家被申请追加的执行人1996年在工商登记备案的在450万元并未实际出资,上述股东对此亦予以承认。

依照有关法律规定,股东应当按期足额缴纳公司章程中规定的各自所认缴的出资额,因此,股东应在出资不实的范围内对公司债务承担补充赔偿责任,申请执行人请求追加被执行人首都房地产公司成立时出资不实的原股东为本案被执行人应予以支持。

法院裁定:

追加被执行人首都房地产公司成立时出资不实的原股东为本案被执行人。

【案例49】保证人有执行能力　申请追加股东为被执行人被驳回[①]

申诉人: 富园公司(同为被执行人)

被执行人: 富园公司、华东公司

被追加执行人: 平阳三建

申诉请求: 追加被追加执行人为本案被执行人。

争议焦点: 在连带保证人尚有财产可供执行的情形下,债权人是否有权申请追加被执行人瑕疵出资的股东为被执行人。

基本案情:

被追加执行人系被执行人股东。2007年1月12日,被执行人因欠东方公司杭办借款,被东方公司杭办起诉至温州市中级人民法院。申诉人是该案的连带保证责任人。

---

① 参见浙江省高级人民法院(2008)浙执复字第2号复议决定书。

同年 4 月 13 日,温州中院作出判决,判令被执行人偿还东方公司杭办借款本金 195 万元及相应利息,并支付违约金 19,500 元,申诉人对上述债务的清偿承担连带责任,申诉人承担保证责任后,有权向被执行人追偿。

判决生效后,被执行人与申诉人均未履行义务,东方公司杭办遂向温州中院申请执行。

申诉人称:

被追加执行人作为被执行人股东,对被执行人出资不实,故应当被追加为本案的被执行人。

被追加执行人辩称:

申诉人作为本案被执行人,尚有财产可供执行,在此情况下不宜追加被执行人为被执行人。

一审认为:

根据《最高人民法院关于人民法院执行工作若干问题的规定(试行)》(以下简称《执行规定》)第 80 条规定,被执行人无财产清偿债务,如果开办单位投入的注册资金不实或抽逃资金,可以追加开办单位为被执行人,在不实或抽逃的范围内承担责任。

被追加执行人作为被执行人的股东一直未将其作为注册资金的房产过户到被执行人名下,依据《公司法》以及《公司登记管理条例》、《公司注册资本登记管理暂行规定》(2005 年)的相关规定,构成虚假出资,应在虚假出资的 210 万元注册资金范围内承担责任。

同时,《民事诉讼法》和《执行规定》未对申请追加的主体范围进行限定,本案主债务人被执行人已无财产可供执行,至于连带债务人申诉人是否具备履行债务能力不影响追加被执行人的成立,因而申诉人提出追加申请被执行人的主体合法、理由充足。

一审裁定:

追加被追加执行人为本案被执行人。

被追加执行人不服一审裁定,向上级法院申请复议。

被追加执行人称:

原审法院有关本案的听证程序违法,申诉人作为连带责任的被执行人,没有申请追加的权利,且在被执行人有能力履行的情况下申请追加被执行人,不符合最高人民法院的规定,裁定认定事实不清、适用法律错误,本公司不应当被追加为被执行人。

申诉人辩称：

原审事实认定清楚、法律适用正确，应予以维持。

律师观点：

申诉人作为生效判决确定的本案债务的连带清偿责任人，其在任何情况下都只能容忍债权人的追索和法院的强制执行。

申诉人以出资不实为由，申请追加被追加执行人为被执行人，实质是对执行顺序的抗辩，我国实体法并没有规定对债务人出资不到位的股东在向债权人承担清偿责任的顺序上先于债务人的连带责任保证人。

相关程序法明确规定生效法律文书确定的义务人应先于依法可变更、追加的被执行人接受强制执行。

因此，申诉人无权要求追加被追加执行人为被执行人。原审法院支持申诉人的追加申请不当，应予纠正。

二审裁定：

被追加执行人复议理由成立。

【案例50】股东未证履行出资义务　债权人申请执行获支持[①]

申请执行人： 惠州壹公司

被执行人： 南粤公司、南边公司

被追加执行人： 南边外资公司

申请请求： 追加被追加执行人为被执行人。

争议焦点：

1. 出资不实股东连带承担公司债务的范围如何认定；
2. 法院能否直接在执行阶段否认公司法人主体资格。

基本案情：

申请执行人诉两被执行人、被追加执行人借款担保合同纠纷一案，法院作出民事判决已经发生法律效力。根据该生效判决：

1. 被执行人南粤公司向申请执行人偿还借款本金人民币2475万元及利息；

2. 被执行人南边公司对判决第一项所确定的债务承担连带清偿责任；被追加执行人应对被执行人南粤公司进行清算，以清算所得财产清偿判决第一项所确定的债务。

[①] 参见广东省佛山市中级人民法院(2007)佛中法执三字第146号民事裁定书。

因两被执行人以及被追加执行人未按上述生效判决履行义务,申请执行人向法院申请执行,法院已立案执行。

被执行人南粤公司是被追加执行人与香港义达有限公司共同投资设立的合资经营企业,成立于1993年2月8日,注册资本400万美元,其中被追加执行人应出资280万美元,香港义达有限公司应出资120万美元。

1995年12月12日,被执行人南粤公司注册资本变更为600万美元,其中被追加执行人应增资140万美元,共应出资420万美元,香港义达有限公司应增资60万美元,共应出资180万美元。

被执行人南粤公司的工商档案资料中没有股东出资的验资证明。

申请执行人称:

被执行人南粤公司的工商档案资料中没有股东出资的验资报告,也没有其他出资证明,因此,被追加执行人在设立被执行人南粤公司的过程中存在欠缴注册资金的情况。

根据《广东省高级人民法院关于企业法人解散后的诉讼主体资格及其民事责任承担问题的指导意见》第10条第1款"股东或开办人虚假出资、欠缴注册资金,造成清算法人实际投入的注册资金未能达到《中华人民共和国企业法人登记管理条例实施细则》第十四条第(七)项或其他法律法规规定的数额的,应认定该企业不具备法人资格,清算法人的股东或开办人应该对清算法人的债务承担连带清偿责任"的规定,特申请追加被追加执行人为被执行人,由其对本案债务承担连带清偿责任。

被追加执行人辩称:

申请执行人无权在执行阶段追加股东为被执行人。

律师观点:

1. 被追加执行人对被执行人南粤公司确未尽到出资义务。

被执行人南粤公司成立时,其股东出资未经法定的验资机构验资,其注册资本变更为600万美元也未经法定的验资机构验资,而被追加执行人作为被执行人南粤公司的股东未向法院提交证据说明其已履行出资义务,且被追加执行人的委托代理人在听证过程中陈述被追加执行人确实未向被执行人南粤公司出资,据此,申请执行人主张被追加执行人未向被执行人南粤公司履行出资义务的事实,应予以确认。

2. 申请执行人主张被执行人南粤公司不具备法人资格不属本案审理范围。

申请执行人提出被执行人南粤公司据此不具备法人资格,被追加执行人应承担连带清偿责任的主张,因被执行人南粤公司是否具备法人资格依法应通过其他途径予以确认,而不能在执行过程中通过裁决的方式予以解决,且在本案中,据以执行的判决并未否定被执行人南粤公司的法人资格,所以对申请执行人的该主张,法院不应予以支持。

3. 被追加执行人应当对讼争债务以其未履行的出资义务部分为限承担连带赔偿责任。

根据《最高人民法院关于人民法院执行工作若干问题的规定(试行)》第80条"被执行人无财产清偿债务,如果其开办单位对其开办时投入的注册资金不实或抽逃注册资金,可以裁定变更或追加其开办单位为被执行人,在注册资金不实或抽逃注册资金的范围内,对申请执行人承担责任"的规定,被追加执行人应在注册资金不实的范围内向申请执行人承担责任,鉴于被执行人南粤公司注册资本已变更为600万美元,而被追加执行人未履行其出资420万美元的义务,被追加执行人应在420万美元的范围内向申请执行人承担责任。

法院裁定:

追加被追加执行人为本案被执行人,由其在注册资金不实即420万美元的范围内向申请执行人承担清偿责任。

115. 虚假出资中的财产在他人名下,债权人能否以虚假出资损害赔偿责任直接申请执行虚假出资的财产?

不能。根据物权优于债权的原理,用于出资的财产在他人名下,债权人不能直接申请执行虚假出资的财产。债权人可以要求股东在虚假出资范围里以其个人财产偿还债务。

[案例51]出资房产未过户　他人名下不可直接执行[①]

申请执行人: 集美工行

被执行人: 厦门东江公司、辽宁东江公司、沈阳东江公司

被追加执行人: 刘巧娥

申请请求: 追加刘巧娥为本案被执行人,并要求其在出资额人民币330万元内对申请执行人承担责任。

争议焦点: 股东用第三人名下的房产出资,但未办理过户手续,债权人能否直

[①] 参见福建省厦门市中级人民法院(1999)厦经执字第62—1号执行裁定书。

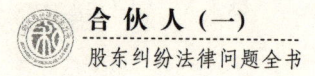

接执行该房产。

基本案情：

截至1997年8月15日,被执行人厦门东江公司注册资本金为1830万元。其中:李雅文以货币出资300万元,被执行人辽宁东江公司出资300万元,实物投资人民币1230万元,由被追加执行人出资人民币330万元,另以其夫李培英名下的别墅作价人民币330万元投资入股,李培英也书面同意以该别墅作为被追加执行人的投资;被执行人辽宁东江公司以货币出资300万元,另以149号房产作价出资900万元。

但李培英名下的系争房产的产权至今尚未办理至被执行人厦门东江公司名下,也未将该别墅交付该公司使用。

1997年8月12日,中国农业银行厦门市湖里支行与被执行人厦门东江公司、被执行人李培英共同签订了一份最高额抵押担保借款合同,合同约定:自1997年8月12日起至2001年8月12日止,中国农业银行厦门市湖里支行向被执行人厦门东江公司提供最高额不超过800万元的贷款,被执行人厦门东江公司以其所有的湖里区宜宾路149号房产、李培英以系争房产作为上述借款的抵押物。

该案一审法院福建省厦门市中级人民法院于1998年12月17日作出判决,该判决发生法律效力后,申请执行人于1999年1月22日向一审法院申请强制执行,一审法院于1999年2月1日立案执行。

该案在执行程序中,被执行人李培英下落不明,被执行人厦门东江公司无财产可供执行。

申请执行人认为：

被追加执行人因用其夫李培英名下的别墅作价人民币330万元投资被执行人厦门东江公司,但未将该别墅产权过户至被执行人厦门东江公司名下,存在虚假出资的行为,故应当对被执行人厦门东江公司的债务在其出资额人民币330万元内对申请执行人承担责任。

三位被执行人均未发表意见。

被追加执行人辩称：

申请执行人申请执行的房产在李培英名下,申请执行人无权直接申请执行。

律师观点：

1. 被追加执行人的行为构成虚假出资。

出资是取得股东资格的前提,是股东的最主要义务,股东必须完全履行出资义务。

被追加执行人作为被执行人厦门东江公司的股东,经其夫李培英同意以其名下的房产作价人民币330万元投资入股,但之后未办理房产的产权转移手续,也未将房产交付公司使用,违反了《公司法》的规定,构成虚假出资。

2. 股东出资不到位,可以在执行程序中裁定追加该股东为被执行人。

《最高人民法院关于人民法院执行工作若干问题的规定(试行)》第80条规定:"被执行人无财产清偿债务,如果其开办单位对其开办时投入的注册资金不实或抽逃注册资金,可以裁定变更或追加其开办单位为被执行人,在注册资金不实或抽逃注册资金的范围内,对申请执行人承担责任。"

被追加执行人作为被执行人厦门东江公司的股东,没有将作价人民币330万元的别墅的产权过户给公司,也未将别墅交付公司使用,其行为违反了股东的出资义务,构成"开办单位对其开办时投入的注册资金不实",故应"在注册资金不实"的范围内,对申请执行人承担责任。

3. 被追加执行人应对申请执行人承担损害赔偿责任,但不可直接执行相关不动产。

《公司法》(2005年修订)第200条规定:"公司的发起人、股东虚假出资,未交付或未按期交付作为出资的货币或者非货币财产的,由公司登记机关责令改正,处以虚假出资金额百分之五以上百分之十五以下的罚款。"

股东违反出资义务给公司及其他债权人造成损失的,应当向已足额缴纳出资的股东承担违约责任,向债权人承担赔偿责任。被追加执行人违反出资义务给债权人造成损害的,应承担损害赔偿责任,而不能直接执行系争房产,因该别墅所有权人为李培英,根据物权优于债权的原理,该房产的所有权变动要以登记过户为准,非经实体诉讼判决或执行追加裁定,不得侵害物权所有权人李培英的权益。

法院裁定:

追加被追加执行人为本案被执行人,并在出资不到位数额(人民币330万元)范围内对申请执行人承担责任。

116. 出资不实股东,就其对公司的债权与外部债权人能否处于同等受偿顺位?

对此,我国法律尚未明确规定,而美国历史上深石案所确立的衡平居次原则对这个问题的回答具有一定的借鉴意义。最高院公报案例也指出"若允许出资不实的问题股东就其对公司的债权与外部债权人处于同等受偿顺位,既会导致对公司外部债权人不公平的结果,也与公司法对于出资不实股东课以的法律责任相悖"。该意见表明,股东享有的公司债权时,在其出资不实金额范围内的部分不能处于同等受偿顺位,而是应当劣后于公司外部债权人的债权受偿。

【案例52】股东出资不实,在公司剩余资产分配中应劣后受偿

原告:沙港公司

被告:开天公司

诉讼请求:请求确认被告无权就被执行人茸城公司财产优先受偿。

争议焦点:

1. 针对被告出资不实而被法院扣划的45万元,被告能否以对公司也享有债权为由与原告共同分配该部分执行款;

2. 执行标的是否应包含加倍支付迟延履行期间的债务利息。

基本案情:

2010年6月11日,松江法院作出(2010)松民二(商)初字第275号民事判决,茸城公司应当向沙港公司支付货款以及相应利息损失。275号案判决生效后进入执行程序,因未查实茸城公司可供执行的财产线索,终结执行。茸城公司被注销后,沙港公司申请恢复执行,松江法院裁定恢复执行,并追加茸城公司股东开天公司及7名自然人股东为被执行人,并在各自出资不实范围内向沙港公司承担责任,扣划到开天公司和4个自然人股东款项共计696,505.68元(包括开天公司出资不足的45万元)。2012年7月18日,法院分别立案受理由开天公司提起的两个诉讼:(2012)松民二(商)初字第1436号案和(2012)松民三(民)初字第2084号案,开天公司要求茸城公司8个股东在各自出资不实范围内对茸城公司欠付开天公司借款以及相应利息、房屋租金以及相应逾期付款违约金承担连带清偿责任。该两案判决生效后均进入执行程序。

2013年2月27日,沙港公司收到松江法院执行局送达的《被执行人茸城公司追加股东执行款分配方案表》。分配方案表将上述三案合并,确定执行款696,505.68元在先行发还三案诉讼费用后,余款再按31.825%同比例分配,今后继续执行到款项再行分配处理。

沙港公司后向松江法院提交《执行分配方案异议书》,认为开天公司不能就其因出资不到位而被扣划的款项参与分配,且对分配方案未将逾期付款双倍利息纳入执行标的不予认可。开天公司对沙港公司上述执行分配方案异议提出反对意见,要求按原定方案分配。松江法院将此函告沙港公司,2013年4月27日,松江法院依法受理原告沙港公司提起的本案诉讼。

上述三案裁判文书认定了茸城公司股东各自应缴注册资本金数额和实缴数额的情况。

原告诉称：

开天公司不能就其因出资不到位而被扣划的款项参与分配，且对分配方案未将逾期付款双倍利息纳入执行标的不予认可。

被告辩称：

应按《被执行人茸城公司追加股东执行款分配方案表》进行分配。

律师观点：

《公司法》明确规定有限责任公司的股东以其认缴的出资额为限对公司承担责任。开天公司因出资不实而被扣划的45万元应首先补足茸城公司责任资产，向作为公司外部的债权人原告沙港公司进行清偿。开天公司以其对茸城公司也享有债权要求参与其自身被扣划款项的分配，对公司外部债权人是不公平的，也与公司股东以其出资对公司承担责任的法律原则相悖。696,505.68元执行款中的45万元应先由原告受偿，余款再按比例进行分配。

相关275号案、1436号案、2084号案民事判决书均判令如债务人未按指定期间履行金钱债务的，须加倍支付迟延履行期间的债务利息。故原告沙港公司关于执行标的应包括加倍支付迟延履行债务期间的利息。原被告双方均对各自主张的迟延履行期间双倍利息明确了计算方式，原告沙港公司对系争执行分配方案所提主张基本成立。

本案中，最高院首次引入了美国判例法中的"深石原则"，在阐述典型意义时明确指出"若允许出资不实的问题股东就其对公司的债权与外部债权人处于同等受偿顺位，既会导致对公司外部债权人不公平的结果，也与公司法对于出资不实股东课以的法律责任相悖"。最高人民法院借鉴"深石原则"的目的，是防止股东利用其特殊地位虚构债务，损害公司外部债权人的利益。在我国法律无明文规定的情况下，本案审理法院适当借鉴域外司法理论，力求寻找公司有限责任与公司债权人保护的平衡点。这种在司法审判实践中立足于公平原则作出的创新努力，值得肯定和借鉴。

"衡平居次原则"最早源于1939年美国联邦最高法院审理的泰勒诉标准电气石油公司一案，该案又被称为"深石案"，衡平居次原则也被称作"深石原则"。该案中深石公司处于破产重整阶段，联邦最高法院经审理认为，深石公司在成立之初即资本不足，且经营完全受其母公司标准电气石油公司控制，于是判决母公司对深石公司的债权劣后于深石公司的优先股股东。1977年第五巡回上诉法院在移动钢铁公司一案中第一次明确了衡平居次原则的三个具体适用条件：(1)债权人必须已经从事了一种不公平的行为；(2)该不公平的行为已经给破产人造成损害或者为自己带来不公平的好处;(3)对其债权的衡平居次不得违反破产法条文的规定。1978年美国制定新的破产法时将衡平居次原则纳入成文法,根据美国现行破产法510条C(1)款的规定,法院可以根据衡平居次理论,将参与分配的一项被认可的债权(或利益)的全部或者部分从属到另一项被认可的债权(或利益)的全部或部分之后。

通过本案审判思路的归纳可以看出,本案最大的创新亮点是在出资不实股东根据我国现行民商事法律应承担的责任外(主要包括向公司补足出资的责任和对外部债权人的连带清偿/补充赔偿责任),增加了将出资不实股东对公司的债权的受偿顺位劣后的责任,把股东有限责任与公司债权人利益之间的平衡点在一定程度上向后者倾斜,对我国现有的揭开公司面纱制度有良好的补充和过渡效果。

一审判决:
696,505.68元执行款中的45万元应先由原告受偿,余款再按债权比例进行分配。

117. 金融机构、会计师事务所为企业提供不实、虚假的验资报告或者资金证明,当公司财产不足以清偿对外债务时,在执行阶段能否追加金融机构以及会计师事务所为被执行人?

不可以。按照有关司法解释的精神,当债务人的财产不能清偿债务时,首先由出资人在出资不实或者虚假出资金额范围内承担责任;当出资人的财产仍不能清偿债务时,再由金融机构、会计师事务所在验资不实部分或者虚假资金证明金额范围内根据过错大小承担责任,也就是说金融机构、会计师事务所承担的是补充赔偿责任,且金融机构、会计师事务所对一个或多个债权人在验资不实部分内承担的责任累计已经达到其应当承担责任部分的,对公司其他债权人不再承担赔偿责任。因此,为了保护金融机构、会计师事务所的诉讼权利,未经审理,法院不得直接在执行程序中追加金融机构、会计师事务所为被执行人。

【案例53】虚假验资承担补充赔偿责任 未经诉讼追加验资机构被驳回[①]

申请执行人: 某变压器有限公司

被执行人: 深圳某实业有限公司

被追加执行人: 关某、林某、某会计师事务所

---

① 参见深圳市中级人民法院某变压器有限公司申请追加被执行人股东、验资机构为被执行人案。

执行请求：

1. 追加被执行人的两位股东关某、林某为被执行人；
2. 追加某会计师事务所为被执行人。

争议焦点：

1. 验资报告是否可以当然证明股东已足额出资；
2. 验资机构出具不实或虚假验资证明，是否应当对债权人承担责任，债权人可否在执行程序中直接追加其为被执行人。

基本案情：

被执行人注册资金为300万元，由被追加执行人关某、被追加执行人林某两人分别以现金方式出资150万元，并经被追加执行人某会计师事务所于1996年3月25日验资证明上述出资款已截至1996年3月20日全部存入深圳某银行的×××02118账户。

依据生效判决，被执行人本应向申请执行人给付货款人民币4,222,620元，但其并没有给付，申请执行人遂向法院申请强制执行。法院受理后，经查证被执行人没有相关财产可供执行。

申请执行人认为：

根据该银行提供的资料表明，被执行人注册成立之际，被追加执行人林某于1996年3月20日将人民币50万元确实存入了上述×××02118账户。截至验资当天，该账户存款余额为人民币500,043.75元。但是被执行人尚未注册成立，1996年4月12日，该账户中的人民币50万元作为还款又被支付给了被追加执行人林某，而且截至1996年9月26日，该账户从没有发生超过100万元的交易总额。因此，被追加执行人关某实际并没有出资人民币150万元；被追加执行人林某本应出资人民币150万元，虽然当时出资了人民币50万元，但不仅没有缴足剩余出资，反而未待公司注册登记，就将已出资的人民币50万元收回。以上说明被追加执行人关某、被追加执行人林某投资不实，并有抽逃出资的事实。两人应在所出资的300万元内承担民事责任。被追加执行人某会计师事务所也应为出具虚假的验资报告承担补充连带责任。

被追加执行人关某、林某辩称：

两被执行人出资后已经会计师事务所验资并出具了验资证明，两被执行人已经缴足出资。

被追加执行人某会计师事务所辩称：

会计师事务所只是负责验资，公司是否对外欠款、股东是否实际出资，与会计师事务所没有关系。申请执行人无权将会计师事务所列为被执行人。

律师观点：

1. 法院应当追加被执行人两位股东为被执行人。

根据《公司法》规定，有限责任公司的股东应当足额缴纳公司章程中规定的各自所认缴的出资额，以货币出资的，应当将货币出资足额存入准备设立的有限责任公司在银行开设的临时账户，同时必须经法定的验资机构验资并出具证明。

本案中，截至验资当日，被追加执行人关某没有将出资额150万元存入被执行人开设的银行账户；被追加执行人林某尚有100万元的出资额未存入被执行人开设的银行账户，而已存入的人民币50万元在被执行人成立之前又划回给了被追加执行人林某本人。因此，虽然被执行人的股东被追加执行人关某、被追加执行人林某两人出资后也经过验资机构验资并出具证明，但是并不能证明其两人的出资额全部缴纳，两人依法应当分别在注册资金不实和抽逃注册资金的范围内向申请执行人承担责任。

根据《最高人民法院关于人民法院执行工作若干问题的规定（试行）》第80条的规定，被执行人无财产清偿债务，如果其开办单位对其开办时投入的注册资金不实或抽逃注册资金，可以裁定变更或追加其开办单位为被执行人，在注册资金不实或抽逃注册资金的范围内，对申请执行人承担责任。因此，本案申请执行人可以追加被追加执行人关某在注册资金不实的150万元内对申请执行人承担责任；被追加执行人林某则应当分别在注册资金不实的100万元内和抽逃注册资金的50万元内对申请执行人承担责任。

2. 法院不能在执行程序中直接追加验资机构为被执行人。

验资机构虽与案件债权人没有直接的法律关系，但因其出具不实或虚假证明，损害了债权人的合法权益，此时应当承担责任。

按照《最高人民法院关于金融机构为企业出具不实或者虚假验资报告资金证明如何承担民事责任问题的通知》的精神，当债务人的财产不能清偿债务时，由出资人在出资不实或者虚假出资金额范围内承担责任；当出资人的财产仍不能清偿债务时，则由验资机构在验资不实部分或者虚假资金证明金额范围内根据过错大小承担责任。同时，为了保护验资机构的诉讼权利，不应在执行程序中直接追加其为被执行人，而应由债权人通过诉讼程序解决。

在本案中，如果依法强制执行被追加执行人关某、被追加执行人林某的财产仍不能清偿全部债务，申请执行人可以通过诉讼程序请求验资机构承担民事责任。

法院裁定：

1. 追加被追加执行人关某和被追加执行人林某为本案的被执行人；

2. 限被执行人被追加执行人关某和被追加执行人林某于裁定书送达之日起7日内分别向申请执行人清偿人民币150万元。逾期不履行的，将依法强制执行；

3. 驳回申请执行人其他申请请求。

三、抽逃出资的裁判标准

118. 抽逃出资在实践中有哪些表现形式？

股东从公司抽回的各种财产，既包括股东原始出资时提供的特定财产，也包括公司成立后取得的其他财产。

实践中抽逃出资的表现形式有以下四种：

(1) 通过虚构债权债务关系将其出资转出；

(2) 制作虚假财务会计报表虚增利润进行分配；

(3) 利用关联交易将出资转出；

(4) 其他未经法定程序将出资抽回的行为。

【案例54】虚报利润进行分配　股东抽逃出资被判返还[①]

原告： 中某公司

被告： 广某公司

诉讼请求：

1. 被告向原告支付欠缴的认缴出资额本金888万元及从该出资期限届满之次日起至还清之日止因延期付款而承担的银行利息；

2. 被告向原告返还抽逃的出资额200万元及赔偿自抽逃之日起至还清之日止其占用该款期间的利息损失。

争议焦点： 股东抽逃、虚假出资的举证责任如何分配。

基本案情：

原告系股份有限公司。1991年，原告吸收被告为股东。

1991年12月21日，深圳中某会计师事务所出具内验资(1991)第B161号《验资证明书》，证明被告于1991年12月18日以现金方式向原告出资440万元。

---

① 参见广东省深圳市中级人民法院(2009)深中法民七初字第13号民事判决书。

1991年12月，原告向工商部门申办了变更登记，变更后注册资金为700万元，其中被告出资440万元。

1991年12月24日和28日，原告两次通过交某银行电汇向被告支付了100万元，在银行电汇凭证上注明的汇款用途均为"利润返还"。

1992年4月，原告向深圳市市场监督管理局提交了1991年度的《工商企业年检报告书》，其中"企业全年生产经营完成情况"部分的内容为：本企业1991年下半年开始股份化重组，1991年11月市府批准确认，故1991年无经营利润，该报告书所附的盖有原告公章的《资产负债表》显示"本年利润为9201.29元"。

1996年12月10日，被告出具关于将海南某某俱乐部有限公司600万股权注入原告的决议，承诺将被告受让的越某国际有限公司在海南某某俱乐部中的股权计600万注入原告，作为被告向原告的出资。另附有被告与案外人越某国际有限公司于1996年12月10日签订的《股权转让协议》和海南椰某会计师事务所于1997年4月22日出具的《资金证明》，该资金证明显示越某国际有限公司通过其全资子公司香港泰某投资有限公司自1994年2月至1996年10月，分多次向海南某某俱乐部有限公司投入股本金共6,008,614.74元。

1997年3月4日，在被告出具的关于增加在原告投资的决定中，被告称决定将珠海银某花园24套商品住宅及4套单车房，按会计师事务所评估价投资入股。深圳市民某会计师事务所出具的资评报字（1997）第004号《关于被告24套住宅及4套单车库资产评估结果报告书》显示，截至1996年12月31日，银某花园24套住宅及4套单车房的房产价值为3,675,291元。

1997年4月14日，原告召开增资扩股股东会暨董事会会议，并形成了决议，决议的主要内容为：确认原告资产评估净值为21,122,556元，其中分配给被告的为13,286,088元；经吸收新股东，公司本次增资扩股后注册资本为40,497,857元，其中被告的投资额为13,286,088元。

1997年4月25日，深圳市民某会计师事务所出具资评报字（1997）第001号关于原告的资产评估结果报告书，该报告显示该次评估目的在于为原告进行"企业规范化"改组时拥有的资产现值提供参考依据，截至1996年12月31日，原告的资产净值为21,122,556.18元。该报告书所附的《主要资产评估说明》显示：珠海银某花园24套住宅及4个单车库是原珠海经济特区建某总公司与被告合作开发银某花园项目未卖完的房产，作为投资分回利润的一部分，房产所有权直接转入被告。经资产评估后，该房产由被告作为对原告的投资转入原告的固定资产；由于未按规定补齐地价，评估时仍未办理土地使用证和房产证，产权手续不完备；

对该房产价值的评估,仅以房地产总值扣除应补地价后的评估值予以确认;海南某某俱乐部的股权,包括1993年原告同国防科工委等十家企业签订协议联合开办该俱乐部时原告实际投入570万元以及被告投入原告的600万元,其中该600万元股权系1996年12月10日案外人越某国际有限公司转给被告,被告又将此股权作为母公司对子公司的投资转入原告的,截至评估基准日,原告在海南某某俱乐部投资为1170万元,该项目处于搁浅阶段,该次评估按照长期投资成本法按实际投资的账面值确认。

1997年4月30日,深圳市永某会计师事务所出具验资(1997)053号关于原告的验资报告书,该报告显示,截至1997年4月30日,该公司实收资本为40,497,857元,其中被告认缴资本为13,286,088元,实际缴付资本为13,286,088元,出资方式为实物出资;原告进行资产评估,由原股东进行资产分别持有,经评估原公司净值为21,122,556元,按原投资比例分配,并经股东双方协商一致确认,被告为13,286,088元。原告的公司章程中记载原告共发行股份40,497,857股,每股面值1元,其中被告持有13,286,088股。

1997年4月,原告向深圳市市场监督管理局提交了原告增资扩股暨规范登记的申请报告,主要内容为:截至1996年12月31日,本公司总资产为104,164,798元,净资产21,122,556元;增资扩股后本公司的注册资本为40,497,857元,其中被告持有13,286,088元。

1999年4月24日,原告召开股东会,并形成了股东会决议,其决议的内容包括"同意以公司名下的海南某某俱乐部29.6%的股权、中山坦洲华某童车厂厂房及土地使用权、珠海银某花园房产等资产抵偿广东发展银行债务",该股东会决议上有公司所有股东的签章和股东代表的签字确认。

1999年4月28日,原告与广东发某银行签订了《债务抵偿合同书》,其中约定广东发某银行同意接受原告在海南某某俱乐部29.6%股权协议价格为11,417,208.2元、中山坦洲华某童车厂厂房及土地使用权协议价格为8,985,776元、珠海银某花园24套住房协议价格为3,675,000元抵偿广东发某银行的债务24,077,984元。

2000年5月17日,原告向广东发某银行出具《债务确认函》,确认双方于1999年4月28日所签订的《债务抵偿合同书》未能完全履行,因此截至确认函时间,原告仍对该行负债11,417,208.2元。

2002年4月11日,原告再次向广东发某银行出具《债务确认函》,确认双方于1999年4月28日所签订的《债务抵偿合同书》未能完全履行,因此截至确认函

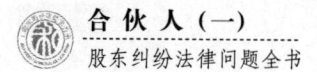

时间原告仍对该行负债10,217,208.2元。

此外,人民法院还于2003年4月9日依法受理原告的破产还债案件,并于2003年9月6日裁定宣告原告破产还债,指定广东仁某律师事务所律师李某某、深圳广某会计师事务所会计师田某某组成清算组进行清算。清算过程中,深圳广某会计师事务所作出关于原告实收资本专项审计报告以及有关被告在原告出资情况的审计说明,该审计报告指出原告公司财务账册上记载了珠海银某花园以3,675,291元、海南某某俱乐部的股权以600万元转入实收资本,但是未见截至1997年4月25日上述房产和股权的过户资料。上述房产和股权,原告的股东会于1999年4月26日通过股东会决议将其抵偿广东发某银行的债务,公司财务在1999年12月30日将上述资产作抵债处理。

原告的清算组于2004年向被告发出《偿还财务通知书》,要求被告交付出资款11,675,291元及利息。被告针对上述《偿还财务通知书》向法院提出异议,称1991年被告按合法程序分得投资红利200万元,并无抽逃出资的行为;1997年被告履行了出资义务,在产权登记因客观原因没有完成的情况下,已将有关实物的实际控制权交给原告,系原告为解决自身债务问题,在取得实际控制权后,未等完成产权转移登记即进行了处理并形成了股东会决议。

原告诉称:

根据原告公司章程被告认缴出资额1328万元,持有原告32.79%股权。

1. 被告以利润分配为名义抽逃出资200万元。

1991年12月17日,被告作为原告设立股东向公司汇入其认缴的出资额440万元。但同月24日和28日又分别以利润返还名义两次各抽回资金100万元共计200万元。实际上,原告1991年账面实现利润仅有9201.29元。显然根本不存在所谓利润返还的客观基础。该事实有罗湖区人民法院委托的深圳广某会计师事务所和深圳市中级人民法院委托的深圳广某会计师事务所审计报告查实为据。

2. 在1997年4月增资过程中,被告未将股权及不动产过户至原告名下。

1997年4月原告增资扩股,其注册资金由700万元增至4050万元,被告所持股份变更为32.79%,其应认缴出资额由440万元增至1328万元,增资888万元。在原告增资扩股时,被告书面承诺以其持有的海南某某俱乐部有限公司股权作价600万元人民币和珠海银某花园24套商品住宅(含4套单车房)评估值3,675,291元两项实物合计价值9,675,291元投入原告。然而被告从未履行该出资义务。

事实上,被告从未持有过海南某某俱乐部有限公司的股权,根本无法履行将股权转移至原告名下的出资义务。也从未将珠海银某花园24套商品住宅及4套单车房实际转移至原告名下。

综上,被告共计应缴未缴出资额本金1088万元。其中,抽逃出资200万元,应从1992年12月29日起按同期银行贷款利率计息;未履行认缴实物出资888万元,应从1997年5月1日起计息。

原告被裁定宣告破产后,清算组曾向被告发出(2003)中某清算字第03号《偿还财物通知书》,被告提交了异议书。针对异议书,清算组依据上述事实和相关法律进行反驳,并向法院提出强制执行申请,原告清算组认为,被告抽逃出资、出资不实,应承担偿还责任。

被告辩称:

1. 1991年12月,被告从原告处取得200万元系利润分配行为;

2. 被告以原告1996年年底资产净值按比例分配至自己名下的部分作为出资是依照工商部门申请规范登记的,并非抽逃出资,而且珠海银某花园的24套住宅和4套单车房以及海南某某俱乐部的股权并未登记在原告名下,不应包含在1996年年底的净资产范围内。

在本案审理过程中,法院向深圳市市场监督管理局询函:

询问内容:原告作为国务院国发〔1995〕17号通知中所称的"原有股份有限公司",其在自我规范并申请重新登记过程中,在原公司并未解散的情况下,以公司净资产按比例分配给股东并作为该股东增资后的出资额,这一增资行为是否有国务院、各级政府或其他相关部门下发的文件为依据?

深圳市市场监督管理局于2010年11月3日复函,主要内容为:经查,原告成立于1988年10月31日,1997年5月27日按《公司法》以及国务院和国家工商总局有关规定规范登记,经查阅该公司档案,被告系该公司规范登记前原股东,其出资额为该公司1996年年底公司净资产按比例分配,即1328万元,并经法定机构验资,上述股东出资符合《国务院关于原有限责任公司和股份有限公司依照〈中华人民共和国公司法〉进行规范的通知》(国发〔1995〕17号)的有关规定。

律师观点:

1. 被告以利润分配款的形式从原告处获取200万元的行为属于抽逃出资。

1991年,原告系经深府办复〔1991〕955号文同意并组建的股份有限(内部)公司。1991年《公司法》尚未出台,当时生效的地方性法规为《深圳市股份有限(内部)公司管理细则》,该《深圳市股份有限(内部)公司管理细则》第13条规定:

内部公司税后盈余应按以下顺序和比例分配:一、公积金:35%~50%;二、公益金:5%~10%;三、奖励金:5%~10%;四、股息、红利:35%~50%。即公司进行利润分配的前提为公司存在税后盈余且已按规定提取了公积金、公益金和奖励金。原告向深圳市市场监督管理局提交的1991年度《工商企业年检报告书》中盖有原告公章的《资产负债表》显示,1991年度原告的利润仅为9201.29元,并不存在可向股东支付200万元利润的基本条件。被告未能举证证明原告的《资产负债表》中利润仅为9201.29元存在错误,亦未能举证证明其获得该200万元利润具有其他合法依据。因此,在1991年12月18日被告向原告出资440万元并于1991年12月21日取得验资证明后的10日内,被告在不具备利润分配条件的情况下,以利润分配款的形式从原告处获取200万元的行为属于抽逃出资。

根据《最高人民法院关于适用〈中华人民共和国公司法〉若干问题的规定(三)》第14条第1款的规定,原告有权请求被告返还抽逃的出资本息。因此,原告请求被告返还抽逃的出资200万元及利息,有事实和法律依据,应予以支持。

2. 原告未能提供足以令人产生合理怀疑的证据证明被告虚假出资。

根据《最高人民法院关于适用〈中华人民共和国公司法〉若干问题的规定(三)》第20条之规定,当事人之间对是否已履行出资义务发生争议,原告应提供对股东履行出资义务产生合理怀疑的证据,在原告提供了足以产生合理怀疑证据时,被告股东应当就其已履行出资义务承担举证责任。

(1)被告以原告1996年年底资产净值按比例分配至自己名下的部分作为出资向工商部门申请规范登记的做法并无不妥。

原告系1991年根据深圳市政府文件批准组建的股份有限(内部)公司。1997年,原告向工商部门提交了《规范登记申请书》申请进行重新登记,系按照国务院发布的国发〔1995〕17号《国务院关于原有有限责任公司和股份有限公司依照〈中华人民共和国公司法〉进行规范的通知》的要求,进行的自我规范和重新登记。在该次重新登记中,被告的出资额登记为13,286,088元。根据原告的《增资扩股股东会暨董事会会议决议》和原告向工商部门提交的资扩股暨规范登记的申请报告的内容看,被告13,286,088元出资实际来源于原告1996年年底的资产净值按照原持股比例分配给被告的部分。根据法院向深圳市市场监督管理局询函的结果看,原告在公司自我规范登记过程中,将原告1996年年底的净资产按持股比例分配给原股东作为重新登记的出资这一行为,符合国发〔1995〕17号《国务院关于原有有限责任公司和股份有限公司依照《中华人民共和国公司法》进行规范的通知》中"以上一年年末公司资产负债表为准进行验资"的相关规定。虽然现行的公司法对以公司的净资产分配给股东作为股东出资的方式并不认同,但原告在进行自我规范登记前,实际并非依公司法登记成立的公司,其在1997年的重新登记过程中对原股东出资额的认定符合国务院有关文件的规定,是公司法出台后对原有公司进行补正规范的特殊方式。

因此,被告以原告1996年年底资产净值按比例分配至自己名下的部分作为出资向工商部门申请规范登记的做法,并无不妥。

(2) 原告未能向法院提供证据证明原告的净资产并不包含珠海银某花园24套住宅和4套单车房以及海南某某俱乐部的股权。

原告在庭审中主张珠海银某花园的24套住宅和4套单车房以及海南某某俱乐部的股权并未登记在原告名下,不应包含在1996年年底的净资产范围。

原告1996年年底的净资产情况经深圳市民某会计师事务所评估,评估结果为资产净值2I,122,556.18元,其中包括珠海银某花园24套住宅和4套单车房的价值3,675,291元以及海南某某俱乐部股权1170万元,原告主张1996年年底的净资产并不包括上述两部分财产,应当提供足以令人产生合理怀疑的证据。深圳市民某会计师事务所出具的《资产评估结果报告书》显示珠海银某花园的24套住宅和4套单车房系被告从合作开发项目中获得的利润,当时因未补足地价未办理土地使用证和房产证,被告将该房产作为投资转入原告的固定资产;海南某某俱乐部股权1170万元包括原告实际投入海南某某俱乐部享有的股权570万元以及由案外人越某国际有限公司转给被告,再由被告作为投资转给原告的股权600万元。原告主张该24套住宅和4套单车房均未过户至原告名下也未交付给原告,但从1999年4月原告召开股东会并与广东发某银行签订《债务抵偿合同书》的情况看,原告实际行使了对珠海银某花园24套住宅和4套单车房的处分权,从2000年5月17日原告向广东发某银行出具的《债务确认函》看,广东发某银行的债权已不再包括珠海银某花园24套住宅和4套单车房抵偿的债权部分,该24套住宅和4套单车房已实际由原告抵债给了广东发某银行。关于海南某某俱乐部的股权,从原告1999年4月召开股东会形成的决议以及与广东发某银行签订的《债务抵偿合同书》看,原告也实际享有对海南某某俱乐部股权的处分权。

因此,原告未能向法院提供证据证明原告的净资产并不包含珠海银某花园24套住宅和4套单车房以及海南某某俱乐部的股权。原告主张被告对章程中记载的 13,286,088 元出资存在出资不实的情况,未能提供足以产生合理怀疑的证据,应承担举证不能的不利后果。原告请求被告支付欠缴的出资 888 万元及利息,没有充分证据证实,不应予以支持。

法院判决:
1. 被告向原告返还抽逃的出资款 200 万元及利息;
2. 驳回原告的其他诉讼请求。

【案例 55】股东以借款名义抽逃出资 债权人请求连带责任获支持[①]

原告: 海宝公司

被告: 工具厂、鞋业公司、宏泰公司

诉讼请求:
1. 被告宏泰公司偿还原告借款本金 25 万美元;
2. 被告工具厂、被告鞋业公司对被告宏泰公司的财产予以清理,并以清理所得偿还原告借款本金 25 万美元;
3. 被告工具厂在抽逃被告宏泰公司注册资金 25 万美元范围内,对原告的借款承担连带赔偿责任。

争议焦点: 如何界定取款行为系正常的借贷关系还是抽逃出资。

基本案情:

被告宏泰公司注册资本为 94.5 万美元,其中被告工具厂出资 51.98 万美元,占注册资本的 55%,以现汇 28.3 万美元和人民币折 23.68 万美元投入,其余出资由被告鞋业公司投入。

1995 年 11 月 9 日,被告宏泰公司向江阴农行出具外汇贷款借款凭证,被告宏泰公司借得贷款 25 万美元,还款期限至 1996 年 10 月 30 日。被告工具厂为该笔贷款提供保证担保。被告宏泰公司将借得的 25 万美元,划转给被告工具厂,用于偿还被告工具厂对被告宏泰公司的股本贷款。

借期届满后,被告宏泰公司未偿还借款本息。

2000 年 3 月江阴农行将其对被告宏泰公司的债权转移给长城公司,被告宏泰公司对债权转移予以确认,但未能按约偿还借款本息,长城公司在《新华日报》、《江苏法制报》予以催收债权。

2005 年 11 月 24 日,长城公司将其对被告宏泰公司的借款债权转让给原告,

---

① 参见江苏省无锡市中级人民法院(2006)锡民三初字第 094 号民事判决书。

并于 2006 年 3 月 17 日在《江苏法制报》予以公告通知,但被告宏泰公司仍未向原告还款。

被告宏泰公司已于 1999 年 8 月被吊销营业执照。

原告诉称:

被告工具厂认缴被告宏泰公司注册资本中的 28.3 万美元系向江阴农行贷款出资。被告工具厂对被告宏泰公司认缴出资的注册资金贷款 25 万美元,应由被告工具厂以自有财产归还,在其不予归还的情况下,将该贷款转归被投资企业被告宏泰公司承担,显属抽逃其对被告宏泰公司已投入的注册资金。

现被告宏泰公司已被吊销营业执照,其股东应对公司进行清理,并在抽逃出资范围内承担连带责任。

被告工具厂、被告宏泰公司辩称:

被告宏泰公司向被告工具厂划款的行为应视为被告工具厂向被告宏泰公司借款,双方属正常的债权债务关系,被告工具厂不存在抽逃出资的行为。

被告鞋业公司未作答辩。

律师观点:

1. 被告工具厂存在抽逃被告宏泰公司注册资金的行为。

虽然被告宏泰公司辩称向被告工具厂划款的行为应视为被告工具厂向被告宏泰公司借款,双方属正常的债权债务关系,但被告工具厂并未向法院提供借款合同、借据等证据证明该笔划款为借款性质,故该理由不应予以支持。

2. 被告工具厂应当对被告宏泰公司不能清偿债务承担连带责任。

被告工具厂存在抽逃被告宏泰公司注册资金的行为,在被告宏泰公司不能清偿债务时,被告宏泰公司债权人原告有权诉请其在所抽逃出资的范围内就公司债务承担清偿责任。

由于被告宏泰公司已被吊销营业执照,被告宏泰公司股东被告工具厂、被告鞋业公司应当成立清算组对被告宏泰公司资产进行清理并以清理所得偿还被告宏泰公司债务。

法院判决:

1. 被告工具厂、被告鞋业公司应于本判决生效后 30 日内对被告宏泰公司进行清理,以清理的资产给付原告借款本金 25 万美元;

2. 被告工具厂就上述第一项还款义务在人民币 2,077,500 元范围内对原告承担连带清偿责任。

【案例56】以"其他应收款"长期占用公司资金　股东被判抽逃出资[1]

原告：华强奇苑公司

被告：刘建华

诉讼请求：判令被告偿还原告资本金400万元并赔偿损失(自2003年8月1日起至全部还清之日,按中国人民银行发布的同期贷款利率计算)。

争议焦点：股东长期占用公司资金不还,是否构成抽逃出资。

基本案情：

2003年7月30日,原告成立,注册资本1000万元,原告章程显示股东及其出资情况为：被告出资400万元、吴庭奇出资300万元、汪佑强出资300万元。

2003年8月1日,北京中燕通会计师事务所有限公司中燕验字(2003)第3—226号《验资报告》显示,原告申请注册资本1000万元,被告货币出资400万元,吴庭奇货币出资300万元,汪佑强货币出资300万元,以上货币出资1000万元已存入中国建设银行北京良乡昊天支行,账号为261000×××。

2008年9月4日,北京市房山区人民法院作出(2008)房民破字第8104号民事裁定书,裁定受理何文玉、李自强申请原告破产一案。

在原告破产清算案中,破产管理人对原告的财产进行清算,根据破产管理人的委托,天健光华(北京)会计师事务所对原告截至2008年9月4日的财务状况进行破产清算审计,《清算审计报告》显示：(1)从验资报告和会计记录分析,债务人公司设立时,1000万元股东出资款曾存入验资账户,后来被股东占用,截至2008年9月4日,股东占用的资金仍未归还。因债务人会计记录不完整及中国建设银行北京良乡昊天支行261000×××账号的银行资金划出单据无法取得,股东资本金的实际流转情况不详。此外,2007年1月24日,股东吴庭奇与被告、汪佑强签订《股权转让协议》,将其所持有的30%股权转让给被告、汪佑强各15%,截至2008年9月4日,债务人财务记录未作相应调整,股权结构仍为被告货币出资400万元、吴庭奇货币出资300万元、汪佑强货币出资300万元。(2)债务人债权情况中,其他应收款为"债务人被告：账面原值4,000,000元,备注为股东占用""债务人吴庭奇：账面原值3,000,000元,备注为股东占用""债务人汪佑强：账面原值3,000,000元,备注为股东占用"。

---

[1] 参见北京市房山区人民法院(2009)房民初字第8085号民事判决书。

原告诉称：

虽然原告设立时股东汪佑强及被告、吴庭奇分别将出资款打入原告开立的验资账户，但原告成立后，公司资本金全部被股东占用，原告的行为违反了《公司法》的规定，损害了原告的法人财产权。

被告辩称：

2003年时，注册资金1000万元全部到位。后来确实使用了一部分注册资金，又还了一部分，但当时公司财务不健全，遗失了部分票据，具体用了多少资金、还了多少资金被告不清楚，但被告个人并无占用公司资金的行为。

律师观点：

股东出资到位，是维护公司的正常经营与发展，保证公司必要的偿债能力的必要条件。股东在公司成立后，不得将自己的出资从公司中抽逃，若股东抽逃出资，应向公司承担补足与赔偿责任。

本案中，被告应当按期足额缴纳公司章程中规定的各自所认缴的出资额，其占用出资且至今未还，违反了股东的出资义务，故对原告要求被告缴纳出资款400万元并支付逾期付款利息的诉讼请求，应予以支持。

法院判决：

1. 被告于本判决生效之日起10日内给付原告出资款400万元；

2. 被告于本判决生效之日起10日内给付原告自2003年8月1日至全部还清之日的逾期付款利息，以中国人民银行同期贷款利率计算。

119. 股东会采取哪些财务记录方式抽逃出资？

抽逃行为认定的关键点在于，股东出资资金或者相应的资产从公司转移给股东时，股东并未向公司支付公正、合理的对价，即未向公司交付等值的资产或权益。股东抽逃出资多采用隐蔽、秘密的手段，但在财务上必然留下痕迹，抽逃出资的股东主要采取四种财务记录方式。

(1) 借方记录"其他应收款"，贷方记录"银行存款"

以"其他应收款"长期挂账，挂账方式多为股东或与股东有关联关系的人，理由多为材料采购等，但其实股东与公司并未有真正的、公平的业务往来。因此，需查验公司的资产负债表等财务记录，以及有关的合同、发票、汇款单据等，看两种数据是否吻合。

(2) 借方记录"长期投资"，贷方记录"银行存款"

以"长期投资"挂账，使公司资本长期滞留在公司账外，不能供公司使用，但实际上与股东并无基础的投资关系,或者公司对股东进行无对价的反投资或抵押担保,公司没有得到相应的收益却要因股东的债务承担连带保证责任,股东无法偿还债务时,股东的出资被部分或全部执行给案外人。此种情形需要查验抵押投资协议、汇款单据、被投资担保的公司的注册情况和公司的收益情况等,以此来查证公司对外投资、担保的真实性和公司是否享有公平合理的收益。

(3) 做混账

将应收账款、预付账款、其他应收款三个账户合并设置应收账款综合账户,而且债权、债务未按单位或个人分别设置分户明细账。

(4) 不做账或者做假账

公司成立后,股东强行转移公司资产,"银行存款"项下账面上的公司注册资金并未减少,账面数额仅是一个虚假的夸大的数字。能够进行此项操作的一般是控股股东,利用其强势地位抽逃出资。此时需要股东对交易、账务记录进行查阅、调查,或通过有法定资格的审计师事务所或会计师事务所独立审计,出具书面审计报告,以确认公司资金减少的事实和减少的原因。

120. 如何区分抽逃出资与虚假出资?

抽逃出资与虚假出资的不同点主要体现在三方面。

(1) 责任依据不同

抽逃出资严重侵害公司财产权时,债权人依据法人人格否认追究公司责任,此时,公司仍有独立的人格。

虚假出资往往导致公司不成立,公司自始没有独立的人格,因此,债权人主要依据发起人的设立协议要求发起人承担责任。

(2) 违反义务的方式不同

抽逃出资股东先足额履行了出资义务,而后又违反出资义务将其出资抽回。

虚假出资是股东自始至终没有足额履行出资义务。

(3) 发生的时间不同

虚假出资发生在公司成立之前,抽逃出资发生在公司成立之后。

121. 如何区分抽逃出资与股东借款行为?

实践中,股东会以从公司借款的形式掩盖其抽逃出资的事实。鉴于股东的抽逃出资行为与股东从公司借款的行为有不同的构成要件与法律后果,股东抽逃出资不仅要对公司及其债权人承担民事责任,而且可能承担刑事责任,如何区别股东的抽逃出资行为与借款行为便成为司法实践中一个棘手难题。要准确甄别二者界限,应当综合考虑九个因素。

(1) 金额

股东取得公司财产占其出资财产大部分的,抽逃出资的概率高;股东取得公司财产不占其出资财产大部分的,借款的概率高。该标准有一定合理性,难点在于如何界定"出资财产大部分"。

(2) 利息

以股东从公司取得财产金额有无对价为准,股东取得公司财产无利息约定的,抽逃出资的概率高,因为股东抽逃出资之时根本不会想到还本付息之事,也就没有利息约定;股东取得公司财产有利息约定的,借款的概率高,因为股东借款之时心怀还款之意。该标准似乎符合借款行为双方当事人的主观心态,也合乎借款行为的商事习惯。当然,借款行为也有无偿的;抽逃出资的股东也有可能打着利息约定的幌子。

(3) 还本付息期限

以股东从公司取得财产金额有无偿还期限为准,股东取得公司财产无返还期限约定的,抽逃出资的概率高;股东取得公司财产有返还期限约定的,借款的概率高。倘若借款返还期限过长,甚至超过了自然人股东的寿命或法人股东的营业期限的除非其提供了充分有效的担保手段,将其认定为抽逃出资的行为亦无不可。

(4) 担保

以股东从公司取得财产金额有无担保手段为准,股东取得公司财产无担保手段的,抽逃出资的概率高;股东取得公司财产有担保手段的,借款的概率高。该标准在通常情况下符合借款行为的商事习惯,能够检验股东返还借款的诚意。但仍不能绝对排除抽逃出资股东借助担保手段掩人耳目的可能。

(5) 程序

以股东从公司取得财产金额有无履行公司内部决策程序为准,股东取得公司财产未履行公司内部决策程序的,抽逃出资的概率高;股东取得公司财产履行了公司内部的决策程序的,借款的概率高。该标准一般符合公司作为贷款人的审慎思维方式。但在控股股东能够操纵股东会与董事会的情况下,即使公司内部的决策程序一应俱全,也不能确认控股股东取得财产的合法性。

(6) 主体

以从公司取得财产的股东有无控制地位为准,积极的控制股东、当权派股东取得公司财产的,抽逃出资的概率高;消极的非控制股东、在野党股东取得公司财产的,借款的概率高。

(7)会计处理方式

以公司对股东取得财产的财务会计处理方式为准,公司的财务会计报告将股东取得公司财产的行为作为应收款处理、确认公司对该股东债权事实的,借款的概率高;公司的财务会计报告对股东取得公司财产的行为未作应收款处理的,抽逃出资的概率高。

(8)透明度

以股东取得公司财产行为是否向其他股东公开为准,公开者借款的概率高;不公开者抽逃出资的概率高。

(9)行为发生期限

以股东出资行为与股东取得公司财产行为之间的期限为准,股东出资行为与股东取得公司财产行为之间间隔较长的,借款的概率较高;股东出资行为与股东取得公司财产行为之间间隔较短的,抽逃出资的概率高。[1]

122. 股东以土地使用权的部分年限对应价值作价出资,期满后收回土地使用权是否构成抽逃出资?

不构成。根据《公司法》及相关法律法规的规定,股份有限公司设立时发起人可以用土地使用权出资。土地使用权不同于土地所有权,其具有一定的存续期间即年限,发起人将土地使用权出资实际是将土地使用权的某部分年限作价用于出资,发起人也可以将土地使用权的全部年限作价出资,作为公司的资本。发起人将土地使用权的部分年限作价作为出资投入公司,在其他发起人同意且公司章程没有相反的规定时,并不违反法律法规的禁止性规定,此时发起人投入公司的资本数额应当是土地使用权该部分年限作价的价值。

在该部分年限届满后,土地使用权在该部分年限内的价值已经为公司所享有和使用,且该部分价值也已经凝结为公司财产,发起人事实上无法抽回出资。由于土地使用权的剩余年限并未作价用于出资,所以发起人收回土地使用权是取回自己财产的行为,这种行为与发起人出资后再将原先出资的资本抽回的行为具有明显的区别,不应认定为抽逃出资,发起人取回剩余年限的土地使用权后,公司的资本没有发生变动,所以无须履行公示程序。

---

[1] 刘俊海:《新公司法的制度创新:立法争点与解释难点》,法律出版社2006年版,第128~130页。

【案例57】以土地使用权部分年限出资　到期收回不构成抽逃出资[①]

原告：大锻公司

被告：鞍山一工、鞍山市政府

第三人：鞍山市国有资产监督管理委员会

诉讼请求：

1. 判令被告鞍山一工支付尚欠原告加工费 2,691,263.85 元及利息；

2. 鞍山市政府在抽回的 1710 万元范围内对被告鞍山一工给付原告款项不足部分承担给付责任。

争议焦点：股东将用于作价出资的土地使用权在 10 年使用期满后收回，是否属于抽逃出资行为。

基本案情：

原告与被告鞍山一工存在多年的加工关系。截至 2005 年 9 月，被告鞍山一工尚欠原告加工费 2,691,263.85 元。该款虽经原告多次催要，但被告鞍山一工一直未付款。

被告鞍山一工是 1992 年 6 月 12 日、7 月 12 日经鞍山市和辽宁省经济体制改革委员会批准的定向募集股份有限公司。该公司于 1993 年在上海交易所挂牌上市。企业总股本 16,500 万股，每股 1 元。被告鞍山市政府作为国有股股东在被告鞍山一工的股份为 6688.6 万股（另有法人股和个人股），所占比例 31.11%，其中包含被告鞍山一工所占土地 570,620 平方米土地使用权作价 1710 万元在内，使用期限 10 年。

1992 年 3 月 5 日至 2002 年 3 月 5 日土地使用期限届满后，被告鞍山一工申请续办了土地使用权手续。2002 年 3 月 6 日至 6 月 27 日，国家审计署驻沈阳特派员办事处对鞍山市 2000 年至 2001 年土地使用和土地资金管理情况审计时，发现一些违规行为，对此，该办事处作出沈特农决（2002）3 号审计决定书，认定"2001 年 10 月，被告鞍山一工向鞍山市土地管理局申请续期，由于被告鞍山一工在未缴纳土地出让金情况下，鞍山市土地管理局为其办理了土地使用证，并向北京中天华正会计师事务所和北京市大连律师事务所出具土地出让证明，确认被告鞍山一工已按合同规定缴纳土地出让金。上述行为与国务院（2001）15 号文件《关于加强国家土地资源管理的通知》第 4 条不符"。据此，2003 年 8 月 29 日，被

[①] 参见辽宁省高级人民法院（2006）辽民二终字第 314 号民事判决书。

告鞍山市政府根据审计署驻沈阳特派员办事处的决定,以鞍政发〔2003〕34号文件,作出整改决定为"鞍山市原土地管理局在向被告鞍山一工出让土地中弄虚作假,并违法发放《国有土地使用证》和向有关部门作出虚假土地出让证明,违反了国家《土地法》第55条和国务院规定。被告鞍山市政府决定:鉴于被告鞍山一工已经退市,短期内不能实现资产重组,且近期无法缴纳出让金,因此,终止土地出让合同,注销土地登记,收回土地使用证"。同年9月1号,鞍山市规划和国土资源局下发鞍规国土资发〔2003〕230号文件,中止了被告鞍山一工土地使用权出让合同,被告鞍山一工应到有关部门办理注销土地登记,交回土地使用证。被告鞍山一工已按规定办理了上述手续。

原告诉称:

被告鞍山一工欠原告承揽加工费2,691,263.85元。2003年被告鞍山市政府将向鞍山一工出资的570,620平方米国有土地使用权收回,而按《公司法》的规定注册资金是不能抽回的,故被告鞍山市政府应承担抽回资金的民事责任,即在抽回1710万元的范围内对被告鞍山一工给付原告款项不足部分承担给付责任。

被告辩称:

被告鞍山市政府针对国家审计署驻沈阳特派员办事处的决定下发文件,终止了对被告鞍山一工土地使用权出让合同,收回了土地使用证。其措施应属对鞍山市原土地管理局违规行为的纠正,并不违法。

第三人未述称。

一审认为:

1. 被告鞍山一工尚欠原告加工款。

原告依据订单为被告鞍山一工加工链条,双方形成加工承揽关系,被告鞍山一工收到原告为其加工的货物后,理应向原告给付加工费,其欠款未付,显属无理,应向原告承担民事责任;

2. 被告鞍山市政府应在出资不实范围内对被告鞍山一工承担补充给付责任。

虽然被告鞍山市政府针对国家审计署驻沈阳特派员办事处的决定下发文件,终止对被告鞍山一工土地使用权出让合同的行为属于对鞍山市原土地管理局违规行为的纠正,但被告鞍山市政府作为被告鞍山一工的投资人之一,将作为投资的作价1710万元的土地使用权收回后,应根据法律规定将相应的资金补足。而被告鞍山市政府收回土地使用权后未能补足资金的行为,损害了被告鞍山一工债权人的权益,其行为构成向原告承担民事责任的理由。

一审判决:

1. 被告鞍山一工于判决发生法律效力后10日内给付原告加工费2,691,263.85元及利息(自2005年10月1日起至付清日,按中国人民银行同期逾期贷款利率计付);

2. 被告鞍山市政府在1710万元范围内对被告鞍山一工给付上述款项不足部分承担给付责任。

被告鞍山市政府不服一审判决,向上级人民法院提起上诉。

被告鞍山市政府上诉称:

原判将其收回到期土地使用权的行为,认定为违反《公司法》、抽逃注册资金的行为,是适用法律错误。570,620平方米国有土地经评估作价以1710万元入股,使用期限10年,就是土地使用10年需要支付的土地使用费,且上市之前,此宗土地使用期限10年已公示。

10年期满,被告鞍山一工继续使用土地则应重新评估作价,重新交付土地使用费,重新办理土地使用证。但此时被告鞍山一工无力支付土地使用金,无法有偿使用土地,10年期满被告鞍山市政府已履行完毕出资义务,依法收回土地使用权,不违背《公司法》,不是抽逃注册资本,被告鞍山市政府不应在土地价值范围内承担被告鞍山一工给付款项不足部分的民事责任。

原告二审辩称:

依据《公司法》的规定,注册资金是不能抽回的,被告鞍山市政府收回入股的土地即注册资金,则应补足相应资金,否则应承担相应民事责任。除此之外,被告鞍山一工招股说明书中没有土地使用期限10年的记载,被告鞍山市政府所称公示的内容是在财务账目内,没有向社会公布。

第三人二审未述称。

律师观点:

原告为被告鞍山一工加工链条,被告鞍山一工对尚欠原告承揽加工费2,691,263.85元及利息没有异议,双方承揽加工合同法律关系成立,被告鞍山一工应予承担偿还所欠加工费用及相关利息的义务。对于被告鞍山市政府的行为是否构成抽逃注册资本,因作为股东的被告鞍山市政府在被告鞍山一工设立时投入的570,620平方米土地使用权作价1710万元所对应的具体年限为10年,被告鞍山市政府虽然收回了土地使用权,但该土地使用权在投入的10年期限内的价值已经为公司所享有和使用,且该部分价值也已经凝结为公司财产,被告鞍山市政府事实上无法抽回。收回土地使用权,并不是抽逃注册资金,是10年使用期满

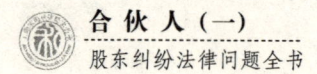

后正常的收回行为,并不违法,也无须履行公示程序。故被告鞍山市政府不应在1710万元范围内对被告鞍山一工给付欠款不足部分承担给付责任。

二审判决:

1. 维持一审判决第1项;
2. 撤销一审判决第2项。

第四节 股东虚假出资与抽逃出资的责任承担

一、违反出资义务股东对公司责任的承担

123. 有限责任公司股权转让后,公司发现该股东虚假出资或抽逃出资,应当由谁承担资本补足责任,是原股东还是受让股东?公司财产不足以清偿债务,债权人可向谁主张债权?

未履行出资义务的股东虽已经转让了其在公司的股权,但其出资不实的责任不应随着股权的转让被免除,故转让股东仍应履行出资义务并承担出资不实的责任。受让人对此知道或者应当知道的,受让人对此应承担连带责任。也就是说,在受让人知道或应当知道的情形下,公司或债权人可向转让方与受让方主张连带责任。

受让人承担责任后,可以向该未履行或者未全面履行出资义务的股东追偿。当事人另有约定的除外。

出资不实股东已经承担上述责任,其他债权人提出相同请求的,人民法院不予支持。

需要注意的是,出资不实股东对公司对外债务承担连带责任需要满足两点:

(1)只有在公司不能清偿债务时,出资不实股东才承担连带责任;

(2)股东仅以未出资本金及利息为限承担责任。

【案例58】股权虽转让 出资不实责任不免除[1]

原告:某甲

被告:某乙

第三人:某丙

---

[1] 参见上海市浦东新区人民法院(2009)浦民二(商)初字第3164号民事判决书。

诉讼请求：

1. 判令被告按其所占原告38%的股权比例补缴注册资本金190万元；

2. 判令被告支付以20万元为基数，自2004年5月24日起至判决生效日止；以180万元为基数，自2006年4月19日起至2006年7月20日止；以176万元为基数，自2006年7月21日起至判决生效日止，按照中国人民银行规定的同期贷款利率标准计算的银行利息；

3. 判令被告支付工商罚款损失95,000元（250,000×38%）。

争议焦点：原股东出资不实的责任可否因其股权转让给第三人而免除，可否因约定由第三方承担而免除。

基本案情：

原告系由第三人投资30万元和被告投资20万元，于2004年5月成立的有限责任公司。

2006年4月，原告的注册资本经增加至500万元，其中第三人出资300万元，占注册资本的60%，被告出资200万元，占注册资本的40%。

2006年7月，第三人和被告分别将所持原告的13%和2%的股权转让给某某某。股权转让后，原告经工商变更后的股东和出资情况为：第三人出资235万元，占注册资本的47%；被告出资190万元，占注册资本的38%；某某某出资75万元，占注册资本的15%。

2007年6月25日，原告作出《股东会决议》，明确被告和某某某将总计53%的股权按照一定价格转让给第三人，由第三人统筹操盘引进新的股东；截至2007年6月30日，被告和某某某将不再承担原告的债权债务，同时不再参与原告的经营管理，不再享有原告规定的待遇；第三人作为原告的法人代表，将独立承担全部债权债务，并承担一切法律责任。第三人、被告和某某某在上述决议上均进行了签字。

2007年6月28日，第三人和被告签订了《股权转让合同》，约定第三人承担被告于2007年6月28日前在原告所持有股权的相应债权债务；被告同意将持有原告38%的股权，以200万元的价格转让给第三人。并约定了股权转让款的支付期限等。后因第三人没有按约支付股权转让款，被告向上海市杨浦区人民法院提起诉讼。该院于2009年3月19日判决第三人应当向被告支付股权转让款。

2008年12月11日，上海市工商行政管理局检查总队认定，原告在设立以及增资过程中，全体股东均未实际出资，而是委托其他单位代为垫资，注册资金均以当事人的股东名义缴存到验资账户，验资后被划走，总计为500万元。并对原告

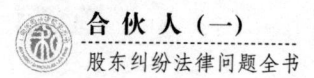

作出了罚款25万元的处罚。原告于2008年12月12日已经向上海市工商行政管理局检查总队缴纳了上述罚款。

原告诉称：

以上两次投资以及股权转让，虽然均办理了验资手续，但实际资金均系其他公司借资垫付，验资及工商登记后均从原告划出归还。由于股东实际没有投资，2008年12月11日，工商部门对原告作出了罚款25万元的行政处罚。原告也已经缴纳了此项罚款。被告应当补缴出资额并且按出资比例承担工商部门的罚款。

被告辩称：

原告虽名义上为公司股东，实际自2007年6月30日起，原告全部的权利归第三人所有，原告全部的债权和债务均归第三人享有和承担，全部的经营活动也由第三人掌控。由于以上原因，被告对原告应承担的债务，包括补缴出资义务，已经转由第三人承担。

第三人述称：

同意原告的诉讼请求。被告实际并未出资，应当承担出资义务。

律师观点：

1. 被告出资不实的责任不因其股权转让给第三人而免除。

股东应当足额缴纳公司章程规定的各自所认缴的出资额。被告作为原告设立之初的股东，在原告设立以及增资过程中，实际并未出资。之后，被告虽已经转让了其在原告的股权，但其出资不实的责任不应随着股权的转让被免除。

况且在被告和第三人股权转让合同纠纷案件中，法院也已经判决第三人应当支付被告相应的股权转让款。故原告要求被告补足出资190万元的诉请，应予以支持。原告要求被告支付银行利息的主张，也于法无悖，应予以支持。因原告的股东未实际出资，被相关行政部门处罚，原告按照被告的出资比例要求被告承担相应的罚款损失，也应予以支持。

2. 《股权转让合同》中关于债权债务承担的条款并不意味着被告将出资义务转让给了第三人。

虽然《股权转让合同》中约定了第三人承担被告于2007年6月28日前在原告所持有股权的相应债权债务，但这并不能直接认定是将被告的出资义务转移给了第三人，故被告认为其补缴出资的义务已经转给第三人的主张，不应予以支持。

法院判决：

1. 被告应于本判决生效之日起10日内向原告补缴投资款190万元；

2. 被告应于本判决生效之日起10日内支付原告银行利息损失（其中以20

万元为基数,自 2004 年 5 月 24 日起至判决生效日止;以 180 万元为基数,自 2006 年 4 月 19 起日至 2006 年 7 月 20 日止;以 176 万元为基数,自 2006 年 7 月 21 日起至判决生效日止,按照中国人民银行规定的同期贷款利率标准计算);

3. 被告应于本判决生效之日起 10 日内赔偿原告罚款损失 95,000 元。

124. 公司股东未履行或未全面履行出资义务,其他股东是否应当对该股东不实出资承担连带责任?

如果设立公司时,该股东以非货币财产出资,其实际价值显著低于公司章程所定价值的,公司设立时的其他股东承担连带责任。

【案例 59】入股渔船价值显著偏低 其他发起人承担连带责任①

原告:孙杏原

被告:北方公司、徐希尧、宋辉

诉讼请求:

1. 判令被告北方公司返还 150 万元及相应利息;
2. 判令被告徐希尧、被告宋辉虚假出资,应承担相应责任。

争议焦点:

1. 原、被告双方提交的合伙协议不同,法院应如何认定;
2. 合伙协议性质如何,是借贷协议还是合伙协议;
3. 验资报告能否作为认定全面履行出资义务的证据;
4. 其他发起人是否应对出资不实发起人的出资责任承担连带责任。

基本案情:

2003 年 6 月 16 日、9 月 12 日、9 月 22 日、11 月 4 日、11 月 9 日、12 月 18 日和 2004 年 2 月 5 日,原告以渔船入股投资款和借款的名义,分 7 笔交给被告北方公司投资款 1,476,588.9 元、借款 20,640 元(交船员保险用)。

2003 年 12 月 18 日,被告北方公司股东会接受被告徐希尧将北方之星 8 号、北方之星 9 号渔船投入被告北方公司,将被告徐希尧出资变更为 1335 万元(其中新增 1065 万元),被告宋辉出资变更为 265 万元(其中新增 235 万元)。北方之星 8 号、9 号建造于 1982 年。2002 年 9 月 2 日,被告徐希尧与韩国南海贸易商社签订船舶买卖合同,协议购买北方之星 8 号、9 号的价格为 130 万美元。

---

① 参见山东省高级人民法院(2007)鲁民四终字第 27 号民事判决书。

2004年7月4日,原告与被告北方公司签订《合伙经营渔船合同》,合同约定被告北方公司(合同甲方)与原告(合同乙方)合伙经营甲方名下的渔船北方之星8号及北方之星9号,两艘渔船实际产权为合伙双方共同所有;由甲方负责经营及日常管理,甲方保证乙方能获得收益。合伙期限3年,自本合同签字之日起算;甲方以人民币现金80万元整、两艘渔船、增加设备渔具等作为出资共计278.6万元,乙方出资人民币150万元现金;甲方承诺在合伙终止时保证全额返还乙方出资,并且如经营无盈余分配时,则自乙方将款交给甲方之日起按银行同期贷款利率向乙方支付利息;如清算后亏损或资产不足以返还乙方出资及利息时,甲方将另外支付;合伙因全部渔船转卖等约定原因之一即得终止。

2004年12月30日,被告北方公司签署《承诺书》,表示不论两艘渔船的经营状况如何,在所签合伙合同期届满或合同终止时,保证将无条件全额退还给原告出资款人民币150万元整,并且无条件补足支付原告自交款之日至退款之日按银行同期贷款利率计算的利息,渔船经营亏损及出现债务由被告北方公司全部承担,与原告无关。

2005年3月3日,被告北方公司卖北方之星8号、9号的价格为22万美元。

原告诉称:

合同履行过程中,原告与被告北方公司产生纠纷,三被告应按原告与被告北方公司签订的《合伙经营渔船合同》和《承诺书》,承担《承诺书》中被告北方公司承诺的不论两艘渔船的经营状况如何,在所签合伙合同期届满或合同终止时,保证将无条件全额退还给原告出资款人民币150万元整,并且无条件补足支付原告自交款之日至退款之日按银行同期贷款利率计算的利息。

被告辩称:

1. 原告提出的《合伙经营渔船合同》是虚假的合同;

2. 原告与被告北方公司共同出资经营,由于市场等因素导致目前严重亏损。在这种情况下,如果让被告北方公司单独承担亏损,并且要把原告的投资本金、利息全额返还,不公平。

一审认为:

1. 应采用原告提交的《合伙经营渔船合同》作为定案依据。

2005年5月8日,三被告申请对原告提供的《合伙经营合同》《承诺书》进行司法鉴定。2005年8月30日,青岛市中级人民法院作出(2005)青中法文鉴字第218号文件检验鉴定书,结论为原告提供的《合伙经营合同》《承诺书》上"北方公司"印文与提供同名样本印文均是同枚印章盖印;原告提供的《合伙经营合同》

上"徐希尧"签字与提供徐希尧样本签字是同一人书写;原告提供的《承诺书》上"徐希尧印"私章印文与提供部分同名样本印文是同枚印章盖印;原告提供的《合伙经营合同》《承诺书》上印文与打印字迹形成时序均为先有打印字迹后有印文。

三被告于 2005 年 9 月 21 日再次申请进行鉴定,原告与被告北方公司及被告宋辉的委托代理人王刚签订确认委托鉴定协议,协商确定由中国刑警学院进行鉴定,双方确定对中国刑警学院的鉴定结论表示认可,同意不再提出鉴定申请,由法院依照现有鉴定结论及庭审情况进行认定。

2005 年 11 月 22 日,中国刑事警察学院作出中警鉴字第 0521020578 号鉴定书,结论为原告提供的《合伙经营渔船合同》未发现换页痕迹,但第 1 页、2 页上印刷体文字的打印时间无法确定;原告提供的《合伙经营渔船合同》未见原骑缝章印被消退的痕迹;原告提供的《合伙经营渔船合同》第 1 页与第 2 页上的"青岛北方船舶设备有限责任公司"印文的盖印时间一致;原告提供的《合伙经营渔船合同》第 1 页与第 2 页的纸张相同;手印印泥成分一致。

根据青岛市中级人民法院、中国刑事警察学院两次鉴定的结论,原告提交的《合伙经营渔船合同》和《承诺书》印章真实,并未查出伪造痕迹,因此可以作为定案依据。

2. 被告北方公司作为公司法人,不能成为合伙人组织投资者;原告与被告北方公司的合伙协议实质为借贷合同①。

原告与被告北方公司签订的《合伙经营渔船合同》,内容是关于双方如何进行合伙经营渔船活动。作为合伙协议的双方,原告是个人,而被告北方公司是公司法人。我国目前对于合伙的法律规定,不论是《民法通则》还是《合伙企业法》,都只对个人作为合伙组织成员从事合伙活动进行了规范,没有规定公司法人可以参与合伙。而 1992 年国家体改委《有限责任公司规范意见》第 6 条即明确规定"公司不得成为其他经济组织的无限责任股东"。《公司法》自颁行以来,共进行了 4 次修改,分别是 1999 年、2004 年、2005 年和 2013 年,而本案所涉及合伙协议的签字时间为 2004 年 7 月 4 日,此时应执行的《公司法》为 1999 年修正版,1999 年《公司法》未对公司参与合伙进行明确规定。根据《最高人民法院关于适用〈中华人民共和国公司法〉若干问题的规定(一)》第 2 条"因公司法实施前有关民事

---

① 本案发生于 2005 年,依照当时的法律,公司法人不能作为合伙人组织投资者。但根据 2006 年实施的《合伙企业法》,法人和其他组织可以作为有限合伙人。若本案发生于 2006 年之后,《合伙经营渔船合同》不因投资主体问题无效。

行为或者事件发生纠纷起诉到人民法院的,如当时的法律法规和司法解释没有明确规定时,可参照适用公司法的有关规定"。而 2005 年修订《公司法》第 15 条规定"公司可以向其他企业投资;但是,除法律另有规定外,不得成为对所投资企业的债务承担连带责任的出资人。"由于合伙组织成员须承担连带无限责任,参照上述法律规定,公司不能成为合伙组织投资人。被告北方公司参与合伙活动,违反了《公司法》的投资限制规定。

从原告与被告北方公司签订的《合伙经营渔船合同》的内容来看,原告虽然投资 150 万元参加合伙,但由被告北方公司负责经营及日常管理,并保证原告能获得收益,被告北方公司承诺在合伙终止时保证全额返还原告出资,并且如经营无盈余分配时,仍自原告将款交付之日起按银行同期贷款利率向原告支付利息;即使清算后亏损或资产不足以返还原告出资及利息时,被告北方公司仍将另外支付。从《承诺书》内容看,也表示了同样的意思。由此可见,原告参与合伙,但不承担合伙亏损的风险,被告北方公司保证支付原告本金与贷款利息,双方形式上签订了合伙协议,实质上规定了借贷合同的核心权利义务,属于"名为合伙,实为借贷",我国法律对公司法人向个人进行借贷并无禁止性规定,因此双方之间的借贷关系成立,原告有权请求本金和利息,被告北方公司应按约定进行支付。

原告已向被告北方公司交付投资款 1,476,588.9 元人民币、借款 20,640 元,共计 1,497,228.9 元,本案所涉渔船已被出售,因此所谓合伙已经终止,被告北方公司应按其承诺对上述款项进行偿还,并支付利息。

3. 被告徐希尧存在出资不实的情形,作为同为被告北方公司的发起人被告宋辉应对被告徐希尧的出资不实行为承担连带责任。

本案中,被告徐希尧将北方之星 8 号、北方之星 9 号渔船投入被告北方公司,被告徐希尧出资变更为 1335 万元(其中新增 1065 万元)。被告徐希尧当庭陈述该对渔船由韩国购买时价格是 19.5 万美元;在合伙经营协议中,被告北方公司投入为人民币现金 80 万元整、两艘渔船、增加设备渔具等作为出资共计 278.6 万元,即该对渔船价值在 198.6 万元人民币内;2005 年 2 月每条渔船实际售价 7.8 万美元。根据以上事实显示,被告徐希尧未能提供其增资数额真实合理的证据,可以认定被告徐希尧增资 1065 万元存在不实成分,不足的数额至少为 866.4 万元。被告徐希尧的不实增资行为已经构成出资不实,违反了《公司法》的法定资本制度,属于欺诈行为,不仅有损其他股东利益,而且有损债权人的利益,因此被告徐希尧应向原告承担赔偿责任,其承担赔偿责任的范围为其出资不实的范围。

1999 年《公司法》第 28 条规定:"有限责任公司成立后,发现作为出资的实物、工业产权、非专利技术、土地使用权的实际价额显著低于公司章程所定价额的,应当由交付该出资的股东补交其差额,公司设立时的其他股东对其承担连带责任。"本案中被告徐希尧使用渔船作为出资,其中存在出资不实的成分,被告宋辉作为被告北方公司的发起人应对被告徐希尧出资不实的价额承担连带责任。

一审判决:

1. 被告北方公司支付原告 1,497,228.9 元并分别自其收到各笔款项之日(2003 年 6 月 16 日、9 月 12 日、9 月 22 日、11 月 4 日、11 月 9 日、12 月 18 日和 2004 年 2 月 5 日)起至本判决生效之日止按银行同期贷款利率支付利息;

2. 如被告北方公司的财产不足以清偿上述款项,由被告徐希尧、被告宋辉在被告徐希尧出资不实的范围内向原告连带承担支付责任。

被告北方公司上诉称:

1. 原审判决没有对两份合同的真实性进行比对,并对合同中的不同点作出任何解释,直接采信了原告提供的合同,对被告北方公司提供的合同视若无睹;

2. 原告提供的《合伙经营渔船合同》和《承诺书》的内容明显不正常、不合理、不合法。这两份证据的核心内容是:"甲方(被告北方公司)承诺在合伙终止时保证全额返还乙方(原告)出资,并且如经营无盈余分配时,则自乙方将款交给甲方之日起按银行同期贷款利率向乙方支付利息;如清算后亏损或剩余资产不足以返乙方出资及利息时,甲方将另外支付。"而被告北方公司合同中无此约定。既然双方签订的是合伙经营协议,就应该共同出资、共同经营、共享收益、共担风险,上述约定明显不合理、不合法,不可能是被告北方公司的真实意思表示。而且,上述《承诺书》和《合伙经营渔船合同》的内容完全一致,既然合同中已有所规定,何必再用承诺书重复?原告这种画蛇添足的做法恰恰暴露了其伪造证据的急切心态;

3. 原审判决认定"双方形式上签订了合伙协议,实质上规定了借贷合同的核心权利义务,属于名为合伙、实为借贷"。该合同一方为公司,另一方为受过良好教育的原告,如果双方真想形成借款关系,完全可以签署一份内容简单的借款协议,不可能签署一份如此复杂的《合伙经营渔船合同》,原告也不可能长期居住在青岛经营合伙事业。原审法院肆意曲解当事人的意思,没有根据。

综上,原告与被告北方公司共同出资,应共享收益、共担风险,请求二审法院依法撤销原判,改判驳回原告的诉讼请求。

被告徐希尧上诉称:

1. 原审判决在证据的采信上存在严重错误;

2. 原告提供的《合伙经营渔船合同》和《承诺书》的内容明显不正常、不合理、

不合法。原审判决无故曲解当事人的意思表示,判决结果显失公平;

3. 被告徐希尧对被告北方公司的出资全部到位,并经国家认可的验资机构验证,在工商行政管理机关登记备案。买渔船的价格确为130万美元,合伙合同中的两艘渔船作价19.5万美元,是为了提高原告在合伙中所占的比例。

原审判决认定被告徐希尧出资不实,没有任何事实根据,显然是错误的。被告徐希尧不应对公司的债务承担连带责任。请求二审法院依法撤销原判,改判驳回原告的诉讼请求。

被告徐希尧为证明其观点,提交证据如下:

青岛振青会计师事务所有限公司出具的验资报告。验资报告称:经我们审验,截至2003年12月24日,贵公司(被告北方公司)已收到甲方(被告徐希尧)、乙方(被告宋辉)缴纳的新增注册资本合计1300万元。各股东以货币出资235万元,实物出资1065万元。变更后的累计注册资本实收金额为1600万元。被告徐希尧用以证明增加注册资本1300万元已到位。

原告二审辩称:

原审判决认定的主要事实清楚,证据确凿,适用法律正确,应当予以维持。

1. 原告提供的《合伙经营渔船合同》《承诺书》经鉴定被认定为有效证据。

被告北方公司与原告提供了不同的合同文本,为了鉴别合同的真伪及有效性,被告北方公司提出了鉴定申请,经过青岛市中级人民法院技术室、中国刑事警察学院的两次专家鉴定,可以得出以下结论:

(1)原告提供的合同文本上的被告北方公司的印章、签名不存在伪造的痕迹,承诺书上的印章不是伪造的,与被告北方公司提供的文本印章、目前使用的印章完全一致;

(2)不存在先盖章后打印的问题;

(3)被告北方公司提供的合同文本第1页与第2页不是一个相同的版面,不排除两次形成一个合同文本的可能。因此,一审判决采信原告提供的证据并无不当。

2. 《合伙经营渔船合同》无效,原告的投资行为名为合伙,实为借贷。

作为合伙人之一的被告北方公司的企业性质为"有限责任公司",根据《公司法》(2005年修订)第3条"有限责任公司的股东以其认缴的出资额为限对公司承担责任,公司以其全部财产对公司的债务承担责任"的规定,有限责任公司对外不能承担无限责任。《合伙企业法》(1997年)第8条规定,"设立合伙企业,有二个以上合伙人,并且都是依法承担无限责任者",也就是说,被告北方公司作为有限责任公司根本不具备合伙企业合伙人的主体资格。因此,由于被告北方公司不具备合伙企业合伙人的主体资格,因此双方签订的《合伙经营渔船合同》必然无效。

自2003年6月16日起,原告陆续向被告北方公司投入资金1,476,588.9元,有被告北方公司出具的收据为证。原告的起初目的是建立合伙企业,共同经营北方之星8号、9号两艘渔船,但原告的资金到位后,被告北方公司不但没有变更两渔船的产权归属,依据双方的事先约定注册合伙企业,反而以本该作为合伙企业资产的渔船增加了被告北方公司的注册资本,也就是说,被告北方公司没有合伙经营渔船的真实意思表示。

2004年7月4日签订的《合伙经营渔船合同》以及2004年12月30日的《承诺书》的核心内容为原告只享有合伙经营渔船产生的盈利,不承担合伙经营渔船所产生的亏损。原告与被告北方公司形式上签订了合伙协议,但实质上规定了借贷合同的核心权利义务,实属"名为合伙,实为借贷"的行为。更重要的是,2004年12月30日的《承诺书》中已经明确"其两艘渔船将由本公司自主经营",也就是被告北方公司放弃了合伙经营,将所谓的"合伙关系"进一步确定为借款关系。

被告宋辉同意被告北方公司、被告徐希尧的上诉意见。

律师观点:

1.《合伙经营渔船合同》经鉴定被认定具有证据证明效力。

根据中国刑事警察学院的鉴定检验,原告提供的《合伙经营渔船合同》第1页、2页上印刷体文字行长180mm、49字/行,左、右页边距分别为1.25mm、1.75mm,与同时排版形成的多页文件的特征规律相符;参比被告北方公司提交的《合伙经营渔船合同》第1页行长175mm、48字/行,左、右页边距分别为14mm、19.5mm,第2页行长180mm、49字/行,左、右页边距分别为1.25mm、1.75mm,反映出不是一次性排版形成的特点。

根据青岛市中级人民法院、中国刑事警察学院两次鉴定的结论,原告提交的《合伙经营渔船合同》和《承诺书》上被告北方公司及被告徐希尧印章真实,并未查出伪造痕迹,具有证据证明效力。被告北方公司提交的《合伙经营渔船合同》,两页不是一次性排版形成,在与存在合同两页排版一致的比对下,没有证明力。

因此,应采用原告提交的《合伙经营渔船合同》作为定案依据。

2. 原审判决认定合同性质名为合伙,实为借贷,属于认识有误,但《承诺书》变更合伙为自主经营,应属有效,被告应支付原告投资款及利息。

原告出资时,被告北方公司出具收款事由为渔船入股投资。签订的《合伙经营渔船合同》中约定,渔船由被告北方公司负责经营及日常管理,被告北方公司保证原告获得收益。合同中明确保证原告的投资及收益,在合伙终止时保证全额返还原告出资,并且如经营无盈余分配时,仍由原告将款交付之日起按银行同期贷款利率向原告支付利息;即使清算后亏损或资产不足以返还原告出资及利息时,被告北方公司仍将另外支付。由于被告北方公司为有限公司,不符合合伙人承担无限连带责任的条件,因此该合同无效。合同无效的过错在被告北方公司。在履行合同过程中,被告北方公司又向原告出具《承诺书》,该《承诺书》改变了合同条款,由合伙变更为渔船由被告北方公司自主经营。该变更应为有效。被告北方公司有责任按照承诺的内容,即不论两艘渔船的经营状况如何,在所签合伙合同期届满或合同终止时,保证将无条件全额退还给原告出资款人民币150万元整,并且无条件补足支付原告自交款之日至退款之日按银行同期贷款利率计算的利息。原审判决认定合同性质名为合伙,实为借贷,属于认识有误。原审根据《民法通则》第106条的规定,判决被告北方公司支付原告的投资款及相应利息,并无不当,应予维持。

3. 被告徐希尧主张增资到位的证据不足,应连带清偿被告北方公司不能偿还的债务。

被告徐希尧提交了青岛振青会计师事务所有限公司出具的验资报告,以验资结论证明增资到位。该验资报告系依据船舶买卖合同作出的结论,没有基础的款项进出情况,被告北方公司也承认没有支付款项。北方之星8号、9号两艘船舶建造于1982年,原告对船舶价值提出异议,被告北方公司没有其他证据证明船舶的实际价值,且船舶已作价22万美元卖掉。因此,被告徐希尧主张增资到位的证据不足,其关于不承担相应责任的理由,不应予以支持。

综上所述,一审判决认定的主要事实清楚,证据确凿,适用法律正确,应当予以维持。

二审判决:

驳回上诉,维持原判。

二、违反出资义务股东对公司债务的承担

125. 股东违反出资义务对公司债务应当承担哪些民事责任?

公司是独立的法人,以其财产对外承担无限责任。股东全面履行出资义务形成的公司资本是公司对外交易与承担责任的基础。股东违反出资义务,必然违反了资本充实原则,也严重影响了公司债权人债权的实现。故,股东违反出资义务,

对债权人应当承担以下责任。

(1) 补足责任

股东违反出资义务,应当在未出资本息范围内对公司债务承担补充赔偿责任。如果公司怠于追究违反出资义务股东的责任,公司债权人可以行使代位权,直接要求该股东在未出资本息范围内清偿债务。

(2) 担保责任

股东以非货币财产出资的,如果公司清算时无法变现,公司债权人可以要求出资股东就该财产以出资入股的价格进行回购。

(3) 无限责任

股东资产与公司资产混同、股东业务与公司业务混同的(关联交易),公司的人格即被股东所吸收而不再独立,股东应对公司债务承担无限连带清偿责任。

126. 债权人可通过哪些方式证明公司股东存在虚假出资或抽逃出资行为?

实践中债权人可采取如下方式:

(1) 由律师向人民法院申请调查令,调查公司工商材料中的财务报表、验资报告及附注,同时向银行调取公司股东出资验资前后时间股东账户、公司验资账户的往来账情况;

(2) 通过向人民法院提出申请,由法院依职权调取上述证据;

(3) 申请人民法院对公司财务账簿采取证据保全措施,进行查封,以防止公司股东恶意损毁公司财务资料;

(4) 结合上述方式,债权人还可在诉讼中申请人民法院对公司进行司法审计,审计事项为确定公司股东是否合法履行了出资义务,是否存在虚假出资、抽逃出资的情况。

【案例60】申请法院调查垫资事实 股东抽逃出资承担连带责任[①]

原告:造纸厂

被告:星鹏公司、刘建书、王晓华、孙利军

诉讼请求:

1. 被告给付所欠货款 624,694.71 元;

2. 被告刘建书、被告王晓华、被告孙利军在抽逃出资范围内对被告星鹏公司不能清偿债务承担清偿责任。

---

① 参见江苏省南京市江宁区人民法院(2004)江宁民二初字第1805号民事判决书。

争议焦点：

1. 股东在验资后将出资款抽回能否认定为抽逃出资，抽逃出资的举证责任如何分配；

2. 出资不实股权的受让人是否应当对公司债务承担连带责任。

基本案情：

被告星鹏公司与原告曾有买卖白板纸业务，由原告向被告星鹏公司供应白板纸，被告星鹏公司在双方2003年11月19日对账后，曾又给付货款22万元。另原告同意从销售给被告星鹏公司白板纸的总货款中扣除4万元。

被告星鹏公司系由被告刘建书、被告王晓华分别出资35万元、15万元设立。

原告诉称：

被告星鹏公司因业务需要，向原告购买C级涂布白板纸，后经双方对账，被告星鹏公司尚欠其货款624,694.71元。被告星鹏公司欠款不还的行为，已经严重损害了原告的利益。

此外，被告刘建书、被告王晓华出资设立被告星鹏公司时均抽逃出资。后被告王晓华将其股权又转让给被告孙利军。上述3名被告星鹏公司新、老股东，应当在抽逃出资的范围内对被告星鹏公司债务承担连带责任。

原告为证明其观点，提交证据如下：

1. 原告与被告星鹏公司于2003年3月3日签订的补充协议1份，证明双方曾有买卖白板纸业务往来，及截至2003年1月，被告星鹏公司尚欠原告货款599,951.30元。

2. 原告与被告星鹏公司2003年11月19日财务对账函1份，证明截至2003年10月，被告星鹏公司尚欠原告690,319.60元。

3. 原告与被告星鹏公司2004年6月11日财务对账函1份，证明截至2004年5月，被告星鹏公司欠原告624,694.71元。

4. 原告2003年11月23日至2004年4月向被告星鹏公司销售白板纸的号码分别为No.07319781、No.07319826、No.07319862、No.07365138、No.07229159增值税发票复印件5份、发货单复印件6份、发票回执复印件4份。证明在双方于2003年11月19日对账后，原告又向被告星鹏公司销售白板纸194,375.11元。

被告星鹏公司、刘建书、王晓华辩称：

1. 2003年3月11日被告星鹏公司才成立，原告主张的债务包括被告星鹏公司成立之前的债务，原告仅以所谓"对账单"为依据，请求法院判令被告星鹏公司偿付货款于法无据；

2. 被告星鹏公司在 2003 年 11 月 19 日双方对账后,已给付货款 22 万元;

3. 被告刘建书、被告王晓华已足额缴纳出资,且没有抽逃出资。

综上,被告星鹏公司成立后,并不欠原告 624,694.71 元,被告刘建书、被告王晓华亦无义务为被告星鹏公司成立之前的债务承担连带责任。

被告孙利军未答辩。

被告星鹏公司、刘建书、王晓华对原告所提供的证据发表质证意见如下:

1. 对证据 1 认为,该协议第 3 条约定以对账数为准,但以后没有看到对账。该协议系 2003 年 3 月 3 日所签,而被告星鹏公司于 2003 年 3 月 11 日才成立,该债务系被告星鹏公司成立前的债务。

2. 对证据 2 认为,该对账函上所盖公章确系被告星鹏公司公章,但怎么盖上去的不清楚,对对账数额 690,319.60 元有异议,公司成立后截至当时仅有销售额 450,000 元。

3. 对证据 3 认为,该对账函中已明确约定以对账数为准,说明双方债务数额处于不确定状态,而并非原告所称的 624,694.71 元。

4. 对证据 4 中号码 No.07319862 面额为 41,634.85 元增值税发票有异议,认为该发票上没有被告刘建书签名,签名人秦云不是被告星鹏公司职工。对证据 4 中其他证据均无异议,予以确认。

被告星鹏公司、刘建书、王晓华为证明其观点,提交证据如下:

1. 被告星鹏公司设立登记申请书、发照通知各 1 份,以证明被告星鹏公司依法成立,被告刘建书、被告王晓华应各出资 35 万元和 15 万元。

2. 上海常宁会计师事务所验资报告及企业法人变更登记申请书各 1 份,以证明被告刘建书、被告王晓华已实际出资 35 万元和 15 万元,已履行了出资义务。后被告王晓华又将股权转让给被告孙利军,并已收取 15 万元股权转让价款。被告孙利军成为被告星鹏公司股东。

3. 被告星鹏公司纳税清单 15 份,以证明被告星鹏公司一直正常经营,被告刘建书、被告王晓华没有抽逃出资。

针对被告的上述证据,原告认为:

1. 对证据 1、2 均没有异议,但认为被告刘建书、被告王晓华均在出资完成公司验资后抽逃出资。对被告王晓华与被告孙利军间股权转让有异议,被告王晓华抽逃出资后不应该再转让股权。

2. 对证据 3,认为只能证明被告星鹏公司业务往来情况,不足以证明被告刘建书、被告王晓华作为股东未抽逃出资。

本案审理中,原告申请法院依法向上海市金山区工商局调取了被告星鹏公司工商登记中的验资报告及附件,向上海市金山区枫泾农村信用合作社调取了被告星鹏公司及被告刘建书、被告王晓华银行账户相关会计凭证等证据:

1. 上海金山区枫泾信用社向上海常宁会计师事务所确认的验资询征函1份,内容为被告刘建书向被告星鹏公司808004×××验资专户出资35万元,被告王晓华向该验资专户出资15万元。

2. 被告刘建书缴款35万元进被告星鹏公司808004×××账户进账单、被告王晓华缴款15万元进该账户进账单各1份,该进账单注明了票据种类为支款凭条及付款人被告刘建书、被告王晓华账户。

3. 被告刘建书从249020×××银行账户付款35万元、被告王晓华从249020×××银行账户付款15万元支款凭条各1份。

4. 2003年3月3日被告星鹏公司808004×××验资账户对账单1份。该账户2003年3月3日分别进账35万元和15万元,合计账户余额50万元。

5. 2003年3月3日万泉招商有限公司付款35万元至被告刘建书所设249020×××账户贷记凭证及同日付款15万元至被告王晓华所设249020×××账户贷记凭证各1份。

6. 被告星鹏公司0808004×××账号分户账页1份,内容为分别入账35万元、15万元,加之利息110元。随即又转账付出500,110元。

7. 2003年3月14日,被告星鹏公司退款500,110元给万泉招商有限公司贷记凭证1份。

针对上述证据,原告认为:

上述证据真实性均无异议,被告刘建书、被告王晓华2003年3月14日又将出资退还给借款人万泉招商有限公司的行为表明被告刘建书、被告王晓华均抽逃了出资。

针对上述证据,被告星鹏公司、刘建书、王晓华认为:

金山区枫泾信用社在被告星鹏公司贷记凭证上标注"用途退款"是不对的,被告刘建书、被告王晓华出资额35万元和15万元已投资到位。注册资金用于经营需要,根本不存在抽逃出资的情况。被告星鹏公司有无汇500,110元给万泉招商有限公司被告不清楚,即使汇款给万泉招商有限公司也是一种经营活动,不足以证明是被告刘建书、被告王晓华抽逃注册资金。

律师观点:

1. 关于原告与被告星鹏公司债权债务数额的问题。

第三章
股东出资纠纷

三被告对原告提供证据1、2、3及证据4中除号码No.07319862面额为41,634.85元增值税发票外证据的真实性均无异议,但辩称被告星鹏公司与原告间的对账函中货款数额包含被告星鹏公司成立前的债务。而证据1、2、3中补充协议及对账函均系被告星鹏公司法定代表人被告刘建书签名并加盖了公司印章予以确认,即应视为被告星鹏公司认可所欠原告的货款数额。尤其证据2,即2003年11月19日双方对账函已明确双方截至2003年10月,被告星鹏公司欠原告690,319.60元。证据4中所有证据亦已证明2003年11月23日至2004年4月,原告又向被告星鹏公司销售白板纸194,375.11元,加之双方原先对账数额,被告星鹏公司累计欠原告货款884,694.71元。扣除双方无异议的被告星鹏公司已给付货款22万元及原告自愿从总货款中扣除的4万元,被告星鹏公司实际欠原告货款624,694.71元。且三被告亦未能提供其他证据证实原告向被告星鹏公司主张货款数额有误。

综上,法院对原告主张被告星鹏公司欠其货款624,694.71元的事实应该予以确认。

2. 关于被告刘建书、王晓华是否存在抽逃出资的行为,两名股东是否应当承担连带责任的问题。

法院已依法向上海市金山区工商局调取了被告星鹏公司的验资报告及附件,该验资报告及附件内容已证明系被告刘建书、被告王晓华于2003年3月3日分别从其开设于上海市金山区枫泾信用社的249020×××、249020×××银行账户上支取了35万元、15万元,同日缴入被告星鹏公司设立于金山区枫泾信用社808004×××验资账户;法院依法向上海市金山区枫泾信用社调取会计凭证等证据,亦已证明系万泉招商有限公司2003年3月3日向被告刘建书、被告王晓华上述银行账户汇入了35万元、15万元,同月14日,被告星鹏公司完成验资后将被告刘建书、被告王晓华出资额50万元加利息110元,又退还给万泉招商有限公司,上述证据相互印证,客观真实,内容和形式合法,对案件事实有证明力。且被告刘建书、被告王晓华亦未能提供充分证据证明其未抽逃出资,故足以认定被告刘建书、被告王晓华在出资成立被告星鹏公司后又抽逃全部出资。

因此法院对原告主张被告刘建书、被告王晓华抽逃出资事实应予以确认。

在法定资本制下,公司股东出资是股东依照公司法和公司章程等向公司交付财产的行为,是股东基本义务,亦是公司成立的前提,股东缴纳出资财产将构成公司对外承担民事责任的物质基础,股东抽逃出资,必然造成公司资产减少,致公司减弱或丧失承担财产责任的实际能力,有悖于公司资本维持原则。故股东抽逃出资,公司不能清偿债务时,应由股东在所抽逃出资的范围内就公司债务承担清偿责任。本案中,被告刘建书在被告星鹏公司成立后抽逃出资,应在被告星鹏公司不能清偿债务时,在所抽逃出资35万元范围内就被告星鹏公司债务承担清偿责任。

3. 关于被告孙利军是否以15万元的价款受让被告王晓华股权,是否应当对公司债务承担连带责任。

被告星鹏公司工商登记材料证实,被告王晓华将其在该公司30%的股权转让给被告孙利军,并完成了股权转让手续。被告王晓华亦自认其已将在被告星鹏公司30%的股权全部转让给被告孙利军,并已收取被告孙利军给付股权转让价款15万元。原告对此虽有异议,认为被告王晓华向被告孙利军转让股权是虚假的,但未能提供充分证据加以证实。故对被告王晓华向被告孙利军转让股权并收取转让价款15万元的事实应该予以确认。

被告王晓华向被告被告孙利军隐瞒了抽逃出资的事实,向被告孙利军转让股权。而被告孙利军系善意受让股权,且向被告王晓华支付了相应对价,没有恶意和过错,符合民事活动公平和等价有偿原则,故仍应由被告王晓华承担抽逃出资的民事责任。

法院判决:

1. 判决发生法律效力之日起10日内被告星鹏公司向原告付清货款624,694.71元;

2. 被告星鹏公司不能清偿上述第1项判决内容确定的债务时,被告刘建书和被告王晓华分别在所抽逃出资35万元和15万元范围内就被告星鹏公司债务承担清偿责任。

3. 驳回原告其他诉讼请求。

【案例61】律师调查令查清虚假出资 股东被判连带责任①

原告: 纹拓纹公司

被告: 越翰公司、董雷、茹雯

诉讼请求:

1. 被告越翰公司向原告返还借款13万元;

2. 被告董雷、被告茹雯对上述债务承担连带责任。

---

① 参见上海市第一中级人民法院(2009)沪一中民四(商)终字第262号民事判决书。

争议焦点:公司注册资本系由第三方代为垫资,验资后将注册资本抽回,是否应对公司债务承担连带责任。

基本案情:

原告与被告越翰公司于 2004 年 6 月 15 日签订《技术合作协议书》,约定由被告越翰公司协助原告试制和生产光盘消信机;双方共同投入一笔资金,由被告越翰公司操作,届时被告越翰公司归还原告投入的资金和收益;原告应于当月 17 日先投入 13 万元,被告越翰公司所需投入资金根据实际需要决定;被告越翰公司应在同年 12 月 17 日实现批量生产能力供原告安排销售,并归还原告投入的款项 5 万元;到 2005 年 3 月 17 日,被告越翰公司应有每月配套生产 10~50 套的能力供原告安排销售,并归还原告投入的款项 4 万元;到 2005 年 5 月 17 日,被告越翰公司归还原告投入款项 4 万元,并保证原告所投入资金 7% 的年收益计 6,500 元;后续合作事项届时另行商定。

2004 年 6 月 15 日、6 月 18 日,原告分别向被告越翰公司交付现金 6 万元和 3 万元,共计 9 万元。被告越翰公司收款后出具了《收据》,由被告董雷经办。

2005 年 7 月 20 日,原告的法定代表人姚勤毅在一份拟好的《还款承诺协议书》上签字,被告董雷在次月 12 日签字,该协议书载明的协议双方是原告和被告越翰公司。协议书载明,原告依据《技术合作协议书》约定在 2004 年 6 月 17 日将现金 13 万元交给被告越翰公司代表被告董雷,但是被告越翰公司自 2004 年 12 月 17 日起至今没有兑现分期还款的承诺,造成原告经营困难,经双方同意,特订如下还款承诺:

"一、原告资金来源是房产抵押贷款,因此在 13 万元尽量及早还款的前提下,一定要在 2005 年 9 月 14 日前全部还清,不能留有尾巴;

二、尽管原告遭受很大损失,但仍按原来确定的收益比例由被告越翰公司给予原告补偿,2005 年 7 月 25 日以后至少给予加倍赔偿;

三、尽量及早还款的含义为 2005 年 7 月 25 日前全部还清或至少还清本利 80%。"

此后,被告越翰公司未按《还款承诺协议书》规定履行债务。

2007 年 3 月 4 日,姚勤毅给被告董雷、被告茚雯发出关于越翰电气公司拖延两年尚未还款给原告《诉至法院的后果说明》——给被告茚雯和被告董雷兄妹的一封信,信的主要内容为:"被告董雷自 2003 年 11 月开始向本人(姚勤毅)借款已经进入第 4 年,自 2004 年 6 月 17 日起以被告越翰公司与原告合作名义以合同方式借款 13 万元,此款系本人用房产抵押从银行借得的、期限一年的私人助企资金,该款不能归还则房产将被拍卖。但是被告董雷至今未还分文,还分别在2006年的1月、5月向本人借款2万元和25,000元,却仅在2006年8月还款35,000元,所以本人只得提起诉讼,否则事情没完没了。由于被告越翰公司注册资金不实,执行时将要以股东资产抵偿,希望两人三思。"

2007年7月8日,被告董雷向原告出具了一份《还款计划书》,承诺在同年的7月底还款5万元,8月底还款8万元,9月底还款62,000元。嗣后,被告越翰公司或被告董雷均未向原告履行债务。

被告越翰公司在工商行政管理机关的登记资料载明:"1. 被告越翰公司由被告董雷、被告茚雯两自然人于1998年7月分别出资40万元和60万元设立,被告茚雯担任法定代表人。2. 2007年3月,被告茚雯将所持的60%被告越翰公司股权作价30万元转让给被告董雷,被告董雷拥有被告越翰公司100%股权。"

原告诉称:

被告越翰公司向原告借款后迟迟不归还的行为严重损害了原告利益,被告董雷、被告茚雯作为被告越翰公司的股东,有抽逃公司注册资本的行为,应当对公司债务承担连带责任。

原告提起本案诉讼后,其代理律师持本院签发的调查令向交通银行上海松江支行调查查明:

被告越翰公司100万元注册资本的验资资金是由施惠特经济发展有限公司于1998年7月30日通过贷记凭证转账至被告越翰公司,被告越翰公司于同日将该100万元通过贷记凭证转账至验资单位,验资单位于次日将验资资金通过贷记凭证转账至被告越翰公司,被告越翰公司于同日通过贷记凭证将该100万元转账至施惠特经济发展有限公司。

被告均辩称:

1. 涉案借款关系主体是被告董雷和姚勤毅,被告越翰公司仅是名义借款人,实际用款人是被告董雷,且姚勤毅和被告董雷之间的借款行为是长期性的、多次的,具有内在一致性。所以原告作为诉讼主体不适格。

2. 原告认为被告茚雯、被告董雷抽逃出资,依据不足,被告越翰公司依法设立,股东已经完全履行了出资义务,不存在原告所述抽逃出资的情况。

庭审中,被告越翰公司、被告董雷和被告茚雯对被告越翰公司的100万元注册资本是由被告董雷交给施惠特经济发展有限公司,再由该公司代办验资事项的事实主张,未举证证明,也没有举证证明被告董雷、被告茚雯用其他方式履行出资义务的事实。

律师观点：

被告越翰公司、被告茆雯、被告董雷与原告对借款本金为13万元这一事实并无异议，故该借款应予以确认。

1. 关于本案合同的订立主体。

本案的借款合同是基于被告越翰公司与原告的意思订立的，被告董雷与案外人姚勤毅签订的《还款承诺协议书》和姚勤毅给被告董雷、被告茆雯的《诉至法院的后果说明》虽未加盖公司公章，但均以公司名义作出；且后者行文中虽有"被告董雷借款未还"的表述，但标题及全文内容多处明确系被告越翰公司拖欠借款不还，并声称欲追究股东责任，显系针对被告越翰公司而言。被告董雷于2007年7月8日出具的《还款计划书》，虽以个人名义作出，但无证据证明变更了借款合同的主体。因企业间的借贷违反有关金融法规规定，属无效合同，故虽然原告与被告越翰公司最终确认借款本息为17.38万元，但其中关于4.38万元利息的约定，有违不得基于无效法律行为获利的法理，故不应予以确认。

2. 关于被告董雷、被告茆雯是否存在抽逃出资的行为，是否应当对公司债务承担连带责任的问题。

被告越翰公司100万元注册资本的验资资金是由案外人施惠特经济发展有限公司于1998年7月30日通过贷记凭证转账至被告越翰公司，次日验资完毕后，被告越翰公司于同日通过贷记凭证将该100万元转账至施惠特公司。被告董雷和被告茆雯未举证证明对被告越翰公司的100万元注册资本是由其交给施惠特经济发展有限公司，再由该公司代办验资事项的事实主张，也没有举证证明被告董雷、被告茆雯用其他方式履行出资义务的事实，故应当认定被告茆雯、被告董雷没有履行出资义务，应当在未出资的范围内对被告越翰公司的债务承担连带清偿责任。

法院判决：

1. 被告越翰公司向原告返还借款13万元；
2. 被告董雷、被告茆雯对上述债务承担连带清偿责任。

【案例62】判决确认股东虚假出资　诉讼主张承担出资不实责任[①]

原告：华新公司

被告：铁通集团公司

第三人：华夏电信公司

---

① 参见上海市高级人民法院(2007)沪高民二(商)终字第145号民事判决书。

诉讼请求：判令被告在注册资金不实的5089.8万元范围内对第三人在(2005)沪二中民四(商)初字第45号民事判决书中依法应履行的支付义务承担连带清偿责任。

争议焦点：

1. 债权人在执行阶段发现股东存在虚假出资的情形，能否通过诉讼方式要求出资不实股东承担赔偿责任；

2. 债权人请求股东承担出资不实责任是否应以第三人无财产清偿债务为前提条件；

3. 出资不实股东对债权人承担责任的范围如何。

基本案情：

原告与第三人之间存在买卖业务往来关系，为第三人拖欠货款事宜，原告于2005年8月2日向上海二中院提起诉讼，上海二中院于2006年3月10日作出(2005)沪二中民四(商)初字第45号民事判决书。该判决已生效。

2005年12月13日，经苏州市中级人民法院民事裁定书认定，第三人于2001年12月21日成立，注册资本为9980万元，其中，被告虚假出资5089.8万元、股东华夏建通科技开发集团有限责任公司虚假出资2894.2万元、股东中财国企投资有限公司虚假出资1996万元，并追加第三人的上述股东为该案的被执行人，依法在虚假出资范围内对第三人的债务承担责任。苏州市中级人民法院从被告已执行案款3,239,617.67元。

2006年6月4日，上海二中院(2005)沪二中民四(商)初字第45号民事判决书确认第三人尚欠原告3915万元本金、利息以及诉讼费。在执行过程中，上海二中院将已执行到位的6,387,526元款项划付申请执行人原告，第三人至今对原告尚负有债务本金32,721,324元以及相应利息、诉讼费等。

2006年12月12日，北京二中院作出民事裁定书，认定被告对第三人注册资金不实，追加被告为被执行人，在虚假出资5089.8万元范围内对第三人债务承担连带清偿责任。北京二中院已执行案款9,704,841元。

2007年4月26日，北京一中院作出民事裁定书，认定被告对第三人注册资金不实，追加被告为被执行人，同时，认定被告因注册资金不实对第三人其他债权人承担了部分债务，由被告在虚假出资37,953,541.33元范围内对第三人的债务承担清偿责任。2007年5月18日，北京一中院执行案款15,738,714.57元。

2007年5月11日，被告向北京一中院提交书面异议书1份，认为江苏省苏州市中级人民法院从被告已执行案款3,239,617.67元；北京二中院已执行案款

9,704,841 元；北京一中院已执行案款 15,738,714.57 元；加上上海二中院于 2007 年 4 月 2 日已裁定冻结被告存款 32,721,324 元，法院所冻结和扣划被告的款项合计为 61,404,497.24 元，而根据相关法律规定，被告向第三人债权人承担注册资金不实的责任范围累计不得超过 5089.8 万元的资金数额。现法院多扣划了被告 10,506,497.24 元资金，故请求予以核减。

2007 年 6 月 25 日，北京一中院向被告发还案款 10,506,497.24 元。

原告诉称：

被告对第三人注册资金投资不到位，造成第三人无力履行生效判决，侵害了原告的合法财产权益，故请求法院支持原告的诉讼请求。

被告辩称：

原告无权通过诉讼的方式主张被告承担责任，而是应当在执行阶段提出。此外，第三人尚有可供执行财产，原告无权直接要求被告承担清偿责任。

第三人同意被告的答辩意见。

一审认为：

1. 原告虚假出资应对第三人债务承担责任。

根据有关法律规定，企业注册登记时，其开办单位对其开办时投入的注册资金不实或抽逃注册资金的，应由开办单位在注册资金不实或抽逃注册资金的范围内承担责任。

本案第三人至今对原告负有本金 32,721,324 元以及相应利息、诉讼费等债务未予清偿之事实由已生效判决以及相关划付款凭证等证据证实。

被告对第三人注册资金投入不实的事实业已由苏州市中级人民法院和北京二中院、北京一中院分别作出的相关裁判文书予以认定。被告应依法在出资不实的资金范围内，对第三人的债务承担责任。

由于被告对第三人注册资金投资不到位，造成第三人无力清偿债务，直接侵害了原告的合法财产权益，对原告构成侵权，原告通过提起侵权之诉，要求被告承担侵权的民事法律责任，完全符合相关的法律规定，且原告提起本案诉讼亦符合《民事诉讼法》第 108 条规定的起诉条件。虽然根据有关法律规定，债权人可以在执行程序中直接申请追加被执行人的开办单位为被执行人，在注册资金不实或者抽逃注册资金的范围内对申请执行人承担责任。但原告放弃选择上述方式实现其债权，属其对民事权利的自行处分。

2. 第三人有无财产可供执行并非原告权利的前提条件。

第三人是否还有可供执行的财产，并非是确定被告出资不实的民事责任的构成要件或法律前提,第三人的财产执行状况,不影响本案从实体上对被告承担注册资金不实的民事法律责任作出确定。由于包括被告在内的各股东均虚假出资,致使第三人注册资本低于最低法定资本额,被告应对第三人的债务承担连带清偿责任。

3. 第三方已承担债务金额应从本案中扣除。

根据有关法律规定,被执行人的开办单位已经在注册资金范围内或接受财产的范围内向其他债权人承担了全部责任的,人民法院不得裁定开办单位重复承担责任。因此,被告对第三人全部债务承担责任的范围应以其实际未投入的注册资金5089.8万元为限。由于被告因注册资金不实对第三人其他债权人已经承担了合计18,176,676元债务,本案中被告应在虚假出资32,721,324元范围内对第三人的债务承担清偿责任。

一审判决:

被告在注册资金不实的32,721,324元范围内,对第三人在(2005)沪二中民四(商)初字第45号民事判决书中依法应履行的债务承担连带清偿责任。

被告不服一审判决,向上级人民法院提起上诉。

被告上诉称:

1. 根据《最高人民法院关于人民法院执行工作若干问题的规定(试行)》的有关规定,本案应当通过执行程序而非诉讼程序解决。原审判决作出原告选择诉讼方式实现债权"属其对民事权利的自行处分"的认定,既是对民事权利的误解,也违背了上述司法解释的规定,造成司法资源浪费并增加了当事人的诉讼成本,应予纠正。

2. 根据司法解释的规定,被告承担出资不实民事责任的前提条件是第三人无财产清偿债务,由于第三人尚有相当数量的光缆存放在原告处,原告应先要求第三人清偿债务。原审直接判决被告承担连带清偿责任,违反了司法解释的规定。

原告二审辩称:

原告通过诉讼方式维护自己的合法权利符合法律规定。第三人存放的电缆没有多少价值,第三人没有偿债能力的事实已由生效判决确认,被告应在出资不实的范围内对第三人的债务承担连带清偿责任。

第三人同意被告的上诉请求和理由。

律师观点:

1. 原告通过诉讼方式要求被告承担赔偿责任于法有据。

根据《最高人民法院关于人民法院执行工作若干问题的规定(试行)》第80条的规定,被执行人无财产清偿债务,如果其开办单位对其开办时投入的注册资金不实的,可以裁定变更或追加其开办单位为被执行人。

上述规定仅对人民法院在执行案件时发现被执行人无财产清偿债务,同时存在其开办单位对其开办时投入的注册资金不实的情况下,人民法院可以采取的执行措施进行了规定,并未对申请执行人在上述情况下应采取何种措施作出任何规定。

上述司法解释规定也并未限制申请执行人采取包括诉讼在内的其他措施实现自己的合法债权。虽然本案原告是在执行程序阶段发现其债务人第三人的股东被告出资不实的事实,但这并不意味着原告只能在执行程序中请求法院裁定追加被告为被执行人,原告完全有权行使自己的民事权利直接起诉被告。原告通过诉讼方式要求被告承担赔偿责任并不违反法律规定。

2. 被告应对第三人的债务承担连带责任。

根据我国法律规定,股东在设立公司时应尽出资义务,如果股东出资不到位导致其成立的公司不能独立承担责任,损害公司债权人利益时,股东应当对公司债务承担连带清偿责任。

根据本案查明的事实,被告等股东的虚假出资行为,致使第三人注册资本低于最低法定资本额,严重违反资本法定和资本充实原则。由于被告的出资不实行为损害了第三人的独立性,滥用了第三人法人独立地位,严重损害了第三人债权人原告的利益,因此被告应对第三人的债务承担连带责任。

二审判决:

驳回上诉,维持原判。

127. 对于隐名投资,确定出资瑕疵的股东应当承担责任时,应当由实际出资人承担责任,还是应当由名义股东承担责任?

一般来说,在公司债权人不知道实际出资人的情况下,应当认可名义股东为股东,并要求其承担补充赔偿责任,名义股东无权以自己是名义股东并非实际出资人拒绝。

公司名义股东向公司的善意债权人承担赔偿责任后,名义股东享有追偿权,其可以向实际出资人追偿因此所遭受的损失。

如果债权人知道实际出资人的存在,则可向实际出资人和名义股东主张连带责任。

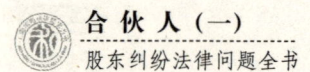

128. 如果存在股权多次转让的情形,即受让人为多人时,公司或债权人应如何选择承担瑕疵出资责任的受让人?

公司或债权人既可以请求知道或应当知道转让股权未尽出资义务的全部受让人承担连带责任,也可以向其中的部分受让人请求承担连带责任。被选择承担连带责任的受让人,不得以其与前手股东或者后手股东之间的约定对抗公司或债权人。已经承担责任的受让人有权向包括转让股东在内的所有前手股东追偿,因被追偿而受到损失的受让人有权继续向其前手股东追偿。但是,受让人之间或受让人与转让股东之间关于出资义务的承担另有约定的,从其约定。

129. 公司债权人承认公司注册资金足额到位,但认为其中部分股东出资不实,能否要求该部分股东承担连带清偿责任?

在公司注册资金足额到位的情况下,股东的出资责任已经完成。公司作为独立的法人,以其全部资产对外承担责任,股东以其出资额对公司承担有限责任。所谓部分股东出资"不实",属于股东之间的权利义务关系,并不影响债权人的权利,该部分股东对公司债务不应承担连带责任。

【案例63】注册资本充实　债权人无权主张个别瑕疵出资股东承担连带责任①

原告: 市建三公司

被告: 西工大制药公司、西北工业大学

诉讼请求: 判令被告西工大制药公司返还借款10万元,被告西北工业大学承担连带清偿责任。

争议焦点:

1. 两份章程记载股东出资情况不一致,能否直接认定股东出资存在瑕疵;

2. 公司注册资本已经到位,债权人能否请求个别瑕疵股东对债务承担连带责任。

基本案情:

被告西工大制药公司于1997年7月24日成立,股东为案外人西安科垣高新技术研究所(法定代表人王亚平)和被告西北工业大学,公司注册资本1027.9606万元,但由于资金等原因一直处在筹建阶段,尚未开展正常的生产经营活动。

1998年4月23日至5月18日,被告西工大制药公司分三次累计向原告借款

---

① 最高人民法院中国应用法学研究所编著:《人民法院案例选·2009年第5辑》,中国法制出版社2009年版,第66~74页。

10万元。

在被告西工大制药公司的工商档案里,有同为1997年5月23日的两份该公司章程,其区别在于章程第9条股东出资部分。第一份章程该部分为:(1)被告西北工业大学投资人民币256.9901万元。(2)案外人西安科垣高新技术研究所出资人民币770.9705万元,其中168.0099万元货币投资,602.9606万元以土地使用权作价投资。第二份章程该部分为:(1)被告西北工业大学投资人民币256.9901万元,以土地使用权作价投资。(2)西安科垣高新技术研究所出资人民币770.9705万元,其中425万元为货币投资,345.9705万元为土地使用权作价投资。

上述第二份章程在工商档案的变更卷内(2002年4月27日核准,变更档案类型是法定代表人变更)。

1997年6月28日陕西省秦军会计师事务所验资报告所附被告西工大制药公司实收资本验证表中登记"被告西北工业大学257万元货币投资,西安科垣高新技术研究所168万元货币投资,602.9606万元土地使用权投资"。

原告诉称:

被告西工大制药公司三次借原告款10万元,一直未付,其股东被告西北工业大学投资未到位,应当在其出资的份额内承担责任。

被告西工大制药公司未作答辩。

被告西北工业大学辩称:

原告要求被告西北工业大学对被告西工大制药公司的借款承担连带清偿责任无法律依据,被告西北工业大学以土地作价出资已到位。

一审认为:

被告西工大制药公司借原告款属实,理应付清;被告西北工业大学对被告西工大制药公司的投资未到位,理应补足投资,在应出资的范围内承担连带清偿责任,其提供的章程与工商档案中陕西省秦军会计师事务所出具的验资报告所附资本验证表记载的股东出资情况不一致,其认为自己投资到位的主张证据不足,不予支持。

一审判决:

1. 被告西工大制药公司在判决生效后30日内付清原告借款10万元;
2. 被告西北工业大学在其应出资的份额内承担借款的连带清偿责任。

被告西北工业大学不服一审判决,向上级人民法院提起上诉。

被告西北工业大学上诉称:

1. 一审判决否定被告西工大制药公司股东间就出资的约定和确认,在公司

注册资金足额到位的情况下认定其未出资,应承担投资未到位的法律责任没有依据;

2. 一审判决回避案外人西安科垣高新技术研究所作为股东对被告西工大制药公司应承担责任也是不公正的。

据此,请求撤销一审判决,判令被告西工大制药公司全体股东选定法定代表人并组织清算。

原告二审辩称:

1. 被告西工大制药公司注册资金足额到位的事实并不能证明被告西北工业大学出资到位的事实成立,"股东(发起人)对资产评估结果认可"既不能证明被告西北工业大学投资到位,也不能证明实物土地使用权是被告西北工业大学的;

2. 对于被告西工大制药公司以土地使用权作出出资部分,应以被告西工大制药公司设立时向工商管理部门提供的公司章程所载明内容为准,被告西北工业大学称土地使用权出资证明其投资到位的理由也不能成立,被告西工大制药公司的602.9606万元以土地使用权作价投资部分全部来自案外人西安科垣高新技术研究所,证明被告西北工业大学没有实物投资。

原审判决认定事实清楚,适用法律适当,请求驳回上诉,维持原判。

律师观点:

1. 被告西工大制药公司借原告10万元属实,理应由被告西工大制药公司清偿。

原告提供的证据已经充分证明被告西工大制药公司借原告10万元款项属实,被告西工大制药公司也承认了该借款存在的事实。而在约定还款日期之后,被告西工大制药公司并未向原告返还该三笔款项,由此,原告要求还款的主张合法合理,应予支持。

2. 被告西北工业大学投资已到位,其对10万元借款不承担连带清偿责任。

关于被告西北工业大学是否投资到位的问题,被告西工大制药公司注册资金1027.9606万元(其中货币出资425万元,土地使用权作价出资602.9606万元)已足额到位,各方当事人对此并无争议。

虽然被告西工大制药公司工商档案中存在两份章程记载被告西北工业大学出资情况不一致的问题,但该问题属于被告西工大制药公司股东之间的权益问题,其既不影响被告西北工业大学的出资比例及股东资格,也不产生被告西工大制药公司对外承担责任能力减少的后果,故应认定被告西北工业大学投资已实际到位。

二审判决:

1. 变更一审判决为被告西工大制药公司在判决生效后30日内清偿原告借款10万元;

2. 驳回原告的其他诉讼请求。

130. 在因多名股东出资不实导致公司股东对公司债务承担连带责任的情况下,出资不实的股东如何分担责任?

股东对外承担连带责任;对内,股东之间对责任分担有约定的依约定,无约定的可按实际出资额与应出资额的差额比例分担责任。

131. 股东是否应就公司设立后的增资瑕疵对公司债权人承担责任?

如果债权人对公司的债权形成于公司增资之前,其对于公司责任能力的判断应以其当时的注册资金为依据,而公司之后是否偿还债务与股东增资时资金是否到位并无直接的因果关系,此时的债权人不能要求股东承担责任,公司增资时瑕疵出资股东仅对公司增资后的债权人承担相应的责任。理由如下:

公司增加注册资本是扩张经营规模、增强责任能力的行为,原股东约定按照原出资比例承担增资责任,与公司设立时的初始出资是没有区别的。公司股东若有增资瑕疵,应承担与公司设立时的出资瑕疵相同的责任。但是,公司设立后增资与公司设立时出资的不同之处在于,股东履行交付资产的时间不同。正因为这种时间上的差异,导致交易人(公司债权人)对于公司责任能力的预期不同。股东按照其承诺履行出资或增资的义务是相对于社会的一种法定的资本充实义务,股东出资或增资的责任应与公司债权人基于公司的注册资金对其责任能力产生的判断相对应。

【案例64】增资不实在债权产生后　主张增资股东承担连带责任被驳回①

原告: 达意公司

被告: 天马公司、祥业公司

诉讼请求:

1. 被告天马公司立即向原告支付欠款本金827万元及其利息(贷款期间按年利率5.0625%计息,自逾期之日起加收利息20%,计算至实际还款之日,暂计至2006年11月20日为人民币7,395,914.8元);

---

① 参见福建省厦门市中级人民法院(2007)厦民初字第6号民事判决书。

2. 被告祥业公司对上述债务承担连带清偿责任。

争议焦点：
1. 交易合同是否因超越经营范围而无效；
2. 刊登催讨公告的行为能否中断诉讼时效；
3. 股东增资不实是否应对增资前的债务承担连带责任；
4. 关联资金往来能否当然证明股东存在抽逃出资的行为。

基本案情：

被告天马公司系由被告祥业公司与福建省天马种猪场于1990年合作成立的中外合作企业，总投资为人民币3500万元，注册资本为1750万元，由被告祥业公司负责提供所需技术和全部投资资金。

1997年9月28日，被告天马公司董事会形成了一份董事会决议，决定在被告祥业公司已经投入3500万元的基础上，由被告祥业公司再投入资金2260万元；相应地，注册资本也从1750万元调整到2880万元。

在厦门集友会计师事务所出具的该公司1997年度审计报告中的《资产负债表》显示，该公司1997年年初实收资本为1750万元，1997年度期末数为2880万元。厦门集友会计师事务在该审计报告中称，会计报表系由被告天马公司负责，其责任是对有关会计报表发表审计意见。同时，在该年度审计报告所附的会计报表注释中载明，该公司对厦门祥业房地产有限公司具有应收账款3,999,941.61元及其他应收款9,308,119.14元。厦门祥业房地产有限公司的投资者为被告祥业公司。

被告天马公司以其在农行的存款人民币600万元、港币200万元及兴业银行美元股100万元作为抵押，向集美农行贷款美元100万元，贷款期限1年，自1992年11月12日起至1993年11月12日止，贷款期间按5.0625%的年利率计息。还约定，被告天马公司在农行未同意延期或未办理延期手续的逾期贷款，按规定加收利息20%。

集美农行于1992年11月17日向被告天马公司足额实际发放了上述贷款，但贷款合同中约定的人民币和港币存款及兴业银行美元股等质押实际未履行。

上述贷款期限届满后，被告天马公司既未申请延期，也未归还贷款。为此，集美农行于1993年11月13日向被告天马公司发出了《贷款到期通知单》，被告天马公司盖章签收了上述通知。

之后，集美农行又分别于1995年5月9日、1996年10月20日就该笔贷款向被告天马公司发出了《贷款逾期催收通知单》，被告天马公司均盖章签收。

1998年6月24日及1999年4月20日,中国农业银行厦门市杏林支行分别向"祥业集团"发出了《关于催收逾期贷款本息的函》,称:"你集团所属被告祥业公司……于1992年11月向我行所属的集美支行申请美元贷款,被告祥业公司于1992年11月17日向我行贷款USD100万元,该笔贷款于1993年11月17日到期……"要求归还上述贷款的本息。被告天马公司亦在上述两催收函件上盖章签收(其中1999年4月20日的函件系加盖在背面)。2000年3月17日,集美农行对被告天马公司所享有的上述债权自2000年6月10日起转移给长城资产公司(截至2000年6月10日,被告天马公司结欠贷款本金美元100万元及利息美元504,494.03元)。

嗣后,长城资产公司先后于2001年12月14日、2003年6月11日、2004年12月24日在《福建日报》上以公告方式向被告天马公司催收欠款本息,但被告天马公司仍未返还上述欠款本息。

2005年6月28日,长城资产公司将对被告天马公司享有的债权转让给原告。

原告诉称:

原告对被告天马公司享有美元100万元的到期债权,但被告天马公司至今分文未还。被告祥业公司对被告天马公司出资不实且存在抽逃资金的情况,应对被告天马公司的债务承担连带清偿责任。

原告为证明其观点,提交证据如下:

被告天马公司的工商登记资料(1995~1997年的会计报表、年检报告等),以证明被告天马公司对被告祥业公司在厦门投资的其他公司长期存在数额巨大的应收账款,被告祥业公司对被告天马公司出资不实且存在抽逃资金的情况。

被告天马公司未向法院提交书面答辩意见,亦未到庭陈述答辩意见。

被告祥业公司辩称:

1. 原告不具备本案主体资格。

本案转让协议无效。本案转让的债权性质是金融债务,但本案原告却系一家经营房地产业务的企业,作为房地产公司,本身不具备经营金融业务的主体资格。现原告超出其经营范围,购买金融债权,实质是进行的金融风险投资经营,这显然有违法律法规关于企业经营范围的规定,属无照经营之一,故本案原告起诉所依据的《债权转让协议》无效,以无效转让协议起诉,显然主体不适格。

从债权债务转让本身而言,根据《合同法》第80条规定,债权转让要通知债务人,未经通知,该转让对债务人不发生效力。本案债权人转让债权,并没有通知被告,故债权转让对被告没有发生效力,依此也应驳回原告起诉。

2. 原告诉求由被告祥业公司承担连带责任没有事实与法律根据。

原告指责祥业公司存在抽逃资金没有事实根据,祥业公司投入在被告天马公司的资金由于经营风险发生亏损,但不存在抽逃资金问题,原告所举证的证据并不能证明答辩人抽逃资金。

本案借款时被告天马公司还没有增资,原贷款人集美农行并非依据、信赖第一被告现在的注册资金而发放贷款,无论后来增资情况如何,均与贷款时无关。

作为合作企业,原告无权强制要求外方投资。

3. 本案的债务已超过诉讼时效。

4. 原告诉请的标的为人民币不符合原合同标的,且以本金人民币827万元及利息相应计算数额也错误,故本案原告所诉的标的不符合贷款合同约定,应驳回原告的诉求。

律师观点:

1. 原告债权转让协议不因其超越经营范围订立而无效。

被告天马公司应当依照借款合同的约定和法律的规定偿还所欠贷款本息,在其未能依照约定返还借款本金及利息的情况下,债权人有权要求其承担继续履行合同义务即返还借款并依照约定支付逾期付款违约金等违约责任。此外,由于被告的违约行为,债权人不得不蒙受的汇率变动损失,该损失也应当由其负担。被告祥业公司主张因原告超越经营范围故本案债权转让协议无效,但依《最高人民法院关于适用〈中华人民共和国合同法〉若干问题的解释(一)》第10条的规定,当事人超越经营范围订立合同,人民法院不因此认定合同无效。因此,被告祥业公司的这一主张没有相应的法律依据,法院应不予支持。

2. 长城资产公司与原告刊登公告的行为,视为已履行对债务人的通知义务,足以引起诉讼时效的中断,本案所涉债务未超过诉讼时效。

《最高人民法院关于审理涉及金融资产管理公司收购、管理、处置国有银行不良贷款形成的资产的案件适用法律若干问题的规定》第6条第1款规定:"金融资产管理公司受让国有银行债权后,原债权银行在全国或者省级有影响的报纸上发布债权转让公告或通知的,人民法院可以认定债权人履行了《合同法》第80条第1款规定的通知义务。"《最高人民法院关于金融资产管理公司收购、处置银行不良资产有关问题的补充通知》(法〔2005〕62号)第1条规定:"国有商业银行(包括国有控股银行)向金融资产管理公司转让不良贷款,或者金融资产管理公司受让不良贷款后,通过债权转让方式处置不良资产的,可以适用法院发布的上述规定。"根据上述规定,长城资产公司与原告刊登公告的行为,就是在履行对债务人的通知义务,被告的抗辩没有法律依据,法院应不予支持。

1998年6月24日及1999年4月20日,中国农业银行厦门市杏林支行的《关于催收逾期贷款本息的函》虽其抬头系向"祥业集团"发出的,但其中的内容包含了本案所涉借款的有关事实并明确表达了要求归还该借款本息的催讨意思,被告天马公司在上述两催收函件上亦均盖章签收。该事实足以表明集美农行已经向被告天马公司主张权利,被告天马公司已经收到集美农行的这一催讨要求,足以引起诉讼时效的中断。《最高人民法院关于审理涉及金融资产管理公司收购、管理、处置国有银行不良贷款形成的资产的案件适用法律若干问题的规定》第10条规定:"债务人在债权转让协议、债权转让通知上签章或者签收债务催收通知的,诉讼时效中断。原债权银行在全国或者省级有影响的报纸上发布的债权转让公告或通知中,有催收债务内容的,该公告或通知可以作为诉讼时效中断证据。"因此,本案所涉债权在转让给长城资产公司后,长城资产公司刊登催讨公告的行为,就是在对债务进行催讨,足以引起诉讼时效的中断。原告在购得债权后在法律规定的诉讼时效期间内提起诉讼。因此,被告祥业公司关于本案所涉债务已经超过诉讼时效的主张没有事实和法律依据,法院应不予采纳。

3. 本案所涉借款行为与被告祥业公司增资不实的行为不具有因果性,原告不可要求被告祥业公司承担连带责任。

仅依被告天马公司的工商登记资料中没有增资时的验资报告,尚无法证明被告祥业公司增资未到位这一事实;而在被告天马公司1997年的年检报告中,审计机构在审计报告中也已经明确表明,有关会计报表系由被告天马公司提供,由该公司负责。因此,被告祥业公司关于依据该报表足以表明其增资已经到位的主张也没有事实依据。虽依原告的现有证据主张尚不足以认定被告祥业公司增资不到位的事实。但由于被告祥业公司系投资者并参与被告天马公司的经营管理,是否投资到位其具有举证上的便利,而其仅依据该份年度审计报告显然也不足以直接证明其已经实际出资的事实。诚然,出资人对于所设立的公司具有法定的资本充实义务,出资人未出资或者出资不实,是造成公司注册资金虚假或者不实的根本原因,也是造成公司债权人受到损害的主要原因,故当公司无力承担债务时,则首先由出资人在其出资不实的范围内向公司债权人承担赔偿责任。但是,依据《最高人民法院关于金融机构为企业出具不实或者虚假验资报告资金证明如何承担民事责任问题的通知》(法〔2002〕21号)第1条的规定,出资人未出资或者未足额出资,相关当事人使用该报告或者证明,与该企业进行经济往来而受到损失的,应当由该企业承担民事责任。对于该企业财产不足以清偿债务的,由出资人在出资不实或者虚假资金额范围内承担责任。因此,出资人在出资不实或者虚假资金额范围内承担民事责任的要件之一就是债权人的行为与出资人的出资不实具有因果性,而本案所涉借款行为发生于1992年,原告指称的被告祥业公司增资不实的行为则发生于1997年,显然无法满足上述要件的要求,故原告要求被告祥业公司在增资不实的范围内对其承担民事责任的诉讼请求没有法律依据,法院应不予支持。

4. 原告提交的证据不足以证明被告祥业公司存在抽逃出资的行为。

对投资者是否存在抽逃资金行为的认定需要有充分的证据,关联资金往来并不必然即为投资者抽逃资金的行为,其中最为关键的区别即在于在关联款项往来与投资者的关联性。而原告现有的证据仅能表明被告天马公司曾与被告祥业公司在厦门投资的其他企业存在关联往来和应收账款,仅依这一事实尚不足以认定被告祥业公司在该关联款项中的作用、关联款项的发生、用途等与投资者的联系,故其主张的这一事实没有充分证据证明,法院不应予以采纳。

法院判决:

1. 被告天马公司偿还原告本金美元100万元(按合同约定的还款日1993年11月12日的人民币与美元汇率折算成人民币827万元)及其利息(贷款期间按年利率5.0625%计息,自逾期之日起加收利息20%,计算至实际还款之日,暂计至2006年11月20日为人民币7,395,914.8元);

2. 驳回原告的其他诉讼请求。

132. 出资不实股东对公司享有债权,能否要求公司偿还?在公司不能偿还的情况下,能否要求其他违反出资义务的股东在出资不实范围内承担连带责任?

可以。股东的出资义务和公司对外承担的债务属于不同法律关系,出资不实股东可以要求公司承担偿还责任。其他股东出资不实,在公司不能偿还的情况下,原告可以要求出资不实股东承担连带责任。

【案例65】出资虽瑕疵　向公司主张债权仍获支持[①]

原告: 星发公司

被告: 远发公司、华林公司、唯友公司、灵杰公司

---

① 参见重庆市高级人民法院(2009)渝高法民终字第270号民事判决书。

诉讼请求：

1. 被告唯友公司向原告支付欠款 173.48 万元及资金占用损失；
2. 被告远发公司、被告华林公司与被告灵杰公司按照出资比例分摊债务。

争议焦点：

1. 瑕疵出资股东能否主张对公司享有的合法债权；
2. 在公司不能清偿对外债务的情况下，其他出资不实股东是否应当承担赔偿责任。

基本案情：

2001 年 8 月 29 日，原告、被告远发公司、被告华林公司、被告灵杰公司以联建房产"星都花园"平街一、二、三层房产作为实物出资共同设立被告唯友公司，注册资本为 5000 万元，资本公积为 8267.84 万元。其中，原告以房产出资 2898 万元，占注册资本的 57.96%，被告华林公司以房产出资 724 万元，占注册资本的 14.48%，被告灵杰公司以房产出资 724 万元，占注册资本的 14.48%，被告远发公司以房产出资 654 万元，占注册资本的 13.08%，4 股东均承诺在星都花园工程竣工验收后 3 个月内办妥房产过户手续、履行出资义务。但直至 2005 年 11 月 9 日被告唯友公司被吊销营业执照，4 股东均未将出资的房产过户至被告唯友公司名下，被告唯友公司的股东实缴注册资本为零。

被告唯友公司在成立以后，即进行了文化广场的装修工程，由于被告唯友公司无任何货币资金，故该广场的装修费用全部来自银行借款以及被告唯友公司向各股东（包括原告）、其他个人或单位的借款。

2002 年 2 月 27 日，原告向垫江县农村信用合作联社借款 1500 万元用于重庆文化广场（被告唯友公司办公场地）装修，贷款到期日为 2004 年 3 月 30 日。2002 年 3 月 4 日，原告以其所有的星都花园福星阁、吉星阁面积为 5410.7 平方米（联三栋裙楼第三层）的商场作为抵押担保，并在房交所进行了登记。

合同签订后，2002 年 3 月 5 日，垫江县农村信用合作联社将 1500 万元贷款发放到原告账上，当天，原告将该笔款项 1500 万元划转至被告唯友公司账户。

贷款到期后，被告唯友公司只归还了本金 50 万元，垫江县农村信用合作联社遂以原告为被告提起诉讼，法院判令原告返还贷款本金 1450 万元及利息，并由垫江县农村信用合作联社对该案抵押的房产行使优先受偿权。判决生效后，法院裁定将原告所有的位于星都花园联三栋裙楼第三层的房屋作价 163.3488 万元抵偿原告所欠贷款本金及利息，该裁定已实际执行。

2002 年 12 月 9 日，被告唯友公司向重庆市商业银行大溪沟支行借款 500 万元,并由原告以其所有的星都大厦华林阁正一层677.5平方米、吉星阁正一层517平方米的房屋为抵押担保。

借款到期后,被告唯友公司未支付本金和部分利息。重庆市商业银行大溪沟支行提起诉讼,法院判令被告唯友公司偿还借款本金500万元及利息,并由重庆市商业银行大溪沟支行对该案抵押的房产行使优先受偿权。判决生效后,法院裁定将原告所有的位于星都花园华林阁正一层面积为676.43平方米、吉星阁正一层面积为663.28平方米的房屋归重庆市商业银行大溪沟支行所有,用于清偿被告唯友公司所欠债务。该裁定已实际执行。

被告远发公司于2006年向法院提起诉讼,请求判令原告按照联建协议将星都花园部分房产过户登记至被告远发公司名下。法院作出(2006)渝五中民初字第402号民事判决,判令原告将星都大厦正一层465.437平方米、正二层1341.24平方米等房屋过户至被告远发公司名下,该判决已生效。

被告唯友公司先后于2004年3月19日、3月29日、4月20日、6月28日向原告出具借条,共计向原告借款163.7150万元以归还其欠垫江县鹤游信用社的借款。在上述借条上有被告华林公司、被告灵杰公司、被告远发公司的法定代表人签名确认。被告唯友公司另先后向原告出具收据和收条,载明收到原告的借款和代付款19.76078万元。

原告诉称:

被告唯友公司应向原告归还借款,被告华林公司、被告灵杰公司、被告远发公司出资不实,应承担相应的连带偿还责任。

被告辩称:

1. 原告的债权已经超过诉讼时效;

2. 原告作为瑕疵出资股东,在瑕疵出资额内无权向被告唯友公司主张债权,也不能要求被告唯友公司的其他股东承担偿还责任;

3. 被告唯友公司的资本之所以不能到位是原告造成的,责任应由其承担。

律师观点:

1. 瑕疵出资股东对被告唯友公司享有的合法债权不因其出资瑕疵而消除。

股东应当按照《公司法》的规定和公司章程的约定向公司缴纳出资,否则,公司可要求股东补足出资。同时,公司应以其全部财产对公司的债务承担责任。但是,股东的出资义务和公司对外承担债务属于两个不同的法律关系。

本案中,原告、被告华林公司、被告灵杰公司、被告远发公司协议共同出资设立被告唯友公司,但在被告唯友公司登记设立至吊销营业执照期间,其股东均未履行出资义务。原告虽未履行出资义务,但其对被告唯友公司享有的合法债权不因其出资瑕疵而不成立。《公司法》对此情形并无禁止,应予支持。

原告作为公司的债权人,享有要求公司清偿债务的权利。虽然原告未实际出资,但被告唯友公司也并未抗辩要求原告履行出资义务,而是认可其对原告的债务,因此,应确认原告对被告唯友公司的债权,并按照规定,由被告唯友公司对原告的债务承担给付责任。

除此之外,被告华林公司、被告灵杰公司、被告远发公司也未提出反诉主张抵销原告的债权,故原告有权主张其对唯友公司享有的债权并可要求其他未履行出资义务的股东承担补充赔偿责任。同理,其他股东也可行使此项权利。

2. 其他出资不实股东应当在出资不实范围内按出资比例向原告承担补充赔偿责任。

由于本案4个股东应向被告唯友公司出资的房产已或被抵偿债务,或出售给第三人,并且被告唯友公司已于2005年被吊销营业执照,因此再责令各股东补缴出资已无法律上的可能性,在事实上也不能履行。因此,本着公平及衡平当事人利益的原则,应由四个股东在被告唯友公司不能清偿对外债务的情况下,按照出资比例对被告唯友公司的债务承担补充赔偿责任,如果被告唯友公司对其他股东另有债务,也可以按照类似的方式处理。在被告唯友公司不能清偿的情形下应由各股东按出资比例予以分担。

3. 原告向被告唯友公司主张债权未超过诉讼时效。

根据已查明的事实,被告唯友公司认可了原告如下债权,一是被告唯友公司出具的,并有被告唯友公司各股东签名确认的给原告的借条4张,金额为153.48万元,用途为支付垫江县农村信用合作联社和重庆市商业银行大溪沟支行利息。二是被告唯友公司出具给原告的,并加盖被告唯友公司财务专用章的收据和收条10张,金额为19.76万元,主要用途为借款、代付设备款等。因被告唯友公司认可原告对其享有的债权,故原告向被告唯友公司主张债权未超过诉讼时效。而被告唯友公司的各股东基于未履行出资义务的行为承担补充赔偿责任也未超过诉讼时效。

法院判决:

1. 被告唯友公司在本判决生效后10日内,向原告支付欠款173.48万元及资金占用损失;

2. 若被告唯友公司不能清偿上述债务,则由被告远发公司在本判决生效后10日内,向原告支付欠款22.69万元及资金占用损失,被告华林公司及被告灵杰公司在本判决生效后10日内,分别向原告支付欠款25.12万元及资金占用损失。

133. 假定A公司是B公司的股东,B公司又是C公司的股东。A公司在设立B公司时存在瑕疵出资行为,B公司在设立C公司时也存在瑕疵出资行为。C公司、C公司的守约股东和C公司的债权人可否追究A公司的民事责任呢?

笔者认为,鉴于B公司有权追究A公司的资本充实责任,而B公司又是C公司、C公司的守约股东和C公司的债权人的债务人,因此根据债法中的代位权理论,C公司、C公司的守约股东和C公司的债权人可以对A公司分别提起代位诉讼。

134. 股东未履行或者未全面履行出资义务或抽逃出资,公司能否限制违反出资义务股东的相应权利?

股东未履行出资义务违反了《民法通则》第4条规定,即民事活动应当遵循自愿、公平、等价有偿、诚实信用原则的规定,应当承担不利后果。股东可以通过公司章程的规定或者股东会决议限制股东权利。

通过公司章程限制股东权利时,由于章程一般需要股东所持表决权2/3以上通过,这能够使公司在限制股东权利时更加慎重;通过股东会决议限制股东权利时,该股东会决议只需要股东所持表决权1/2以上通过即可。

最新的司法解释已经明确,股东未履行或者未全面履行出资义务或抽逃出资,公司可以限制违反出资义务股东的利润分配请求权、优先认购请求权与剩余财产分配请求权。

除前述三种权利之外的权利能否进行限制,立法及司法解释并未明确。在讨论这一问题之前,笔者需要对股权权能的类型进行分析。以股权行使目的或权利内容为标准,股权可以分为自益权与共益权。自益权是股东获取财产利益的权利,而共益权则是股东对公司的重大事务参与管理的权利。前者是一种财产利益权,后者是一种参与管理权。

股东自益权的内容主要包括:股利分配请求权、剩余财产分配请求权、新股优先认购权、可转换股份转换请求权、股份转让权、股票交付请求权和无记名股份向记名股份的转换请求权等。

股东共益权的内容主要包括:表决权、股东大会召集请求权和召集权、提案权、质询权、累积投票权、新股发行停止请求权、知情权等。知情权兼具自益权与共益权的双重特点。

(1) 股东自益权原则上应当限制

获得红利分配是股东最重要的财产权利,股东的其他财产权利都是围绕红利分配产生,那么股东出资和股东的财产权利之间就有了原因与结果、手段和目的的直接关系。对于这些权利,在股东出资瑕疵的情况下,应当限制,但股权转让权除外。

对存在出资瑕疵的股权,股东并不当然丧失转让的权利,股权也不因此失去可转让性。立法对于瑕疵股权转让后的出资补足责任已经明确,瑕疵出资股东转让股权后,其仍然承担补足出资的义务,同时如果股权受让人知道转让人尚未履行出资义务,并同意受让股权,其与转让方承担连带责任。

(2) 股东共益权原则上不应限制

笔者认为除表决权外,共益权原则上不应受限制。共益权表现为对公司经营决策的参与和对公司机关行为的监督与纠正,没有直接的财产内容,与出资的联系不是很密切,因此不应当受到限制。

表决权与其他共益权不同,其实际上是一种控制权,直接关系公司的运营,如果让没有出资的股东通过表决权的行使控制公司,将不利于利益风险一致的原则,也不利于公司的长远发展。同时,《公司法》规定,股东会会议由股东按照出资比例行使表决权,公司章程另有约定的除外,此规定为限制出资不实股东的表决权提供了理论基础。因此,公司章程可以约定按照实缴出资比例行使表决权,从而限制违反出资义务股东的表决权。

【案例66】出资不实 股东权利受限制[①]

原告: 安达巨鹰公司

被告: 首都国际公司

第三人: 协和健康公司

诉讼请求:

1. 确认被告不享有对第三人16,500万股股权的股东权利;
2. 被告立即补足对第三人的出资;
3. 被告赔偿原告违约金人民币3000万元。

争议焦点:

1. 法定代表人已被股东会更换但未进行工商变更登记,由原法定代表人还

---

① 参见最高人民法院达世纪·巨鹰投资发展有限公司诉北京首都国际投资管理有限责任公司、协和健康医药产业发展有限公司股东权确认赔偿纠纷上诉案。

是新法定代表人代表公司参加诉讼;

2. 出资瑕疵的股东将其股权转让给其他民事主体后,由谁承担瑕疵股权出资责任;

3. 股东出资不到位,其股东权利的行使是否应受到一定限制,应受哪些限制;

4. 股东不按照公司章程规定缴纳所认缴的出资,是否应向已足额缴纳出资的股东承担违约责任。

基本案情:

第三人登记的股东及持有股权为协和医药公司12,000万股,原告11,000万股,东盛药业公司5000万股,海泰集团公司1000万股,新纪元公司1000万股。2004年3月7日,第三人第二届第一次董事会会议决议载明协和医药公司应注入第三人12,000万元资产,在2005年3月30日前完成;海泰集团公司应注入第三人作价1000万元土地资产,在2004年4月30日前完成;东盛药业公司应注入第三人5000万元现金,在第三人工商变更完成后7个工作日内完成。

通过数次股权转让,截至2005年7月,被告分别从协和医药公司、东盛药业公司、海泰集团公司受让第三人股权10,500万股、5000万股、1000万股,并办理了工商变更登记手续,共持有第三人16,500万股的股权。

被告在受让上述16,500万股股权时,与协和医药公司、东盛药业公司通过协议约定,由被告承接出资义务。

截至原告起诉之日,第三人实际收到原告出资11,000万元,新纪元公司出资1000万元。

2006年5月16日,浙江省宁波市中级人民法院通知原告:被告拖欠浙江巨鹰公司款项人民币4905.33万元一案已经进入强制执行程序,被告与浙江巨鹰公司达成执行和解协议,以其所有的第三人16,500万股股权折价人民币3500万元一次性抵偿给浙江巨鹰公司,要求原告在20日内答复是否对该股权行使优先购买权。

原告诉称:

1. 被告虽名义登记为第三人的股东,但其对第三人并未投入任何出资,也未支付任何股权对价,其股东权利应受限制,被告对其名义持有的第三人16,500万股股权不应享有利润分配请求权、表决权、增资优先认购权等股东权利;

2. 根据《公司法》(2005年修订)第28条和第三人章程第11条的规定,被告应向原告承担违约责任,自2005年7月20日起向原告支付违约金。

被告辩称：

1. 原告新任董事长苏斌作为法定代表人，没有办理工商登记，并不能代表原告参加诉讼。并且第三人委托代理人授权委托书上加盖的公章系私刻，第三人出庭人员没有合法授权。

2. 被告按照约定将应付给部分发起人股东的股权转让款，直接支付给第三人，以冲抵该发起人股东对第三人的债务，属《合同法》中债权转让和债务抵销的问题。债权人是第三人，该项诉权属于第三人，原告不具备诉讼主体资格。

3. 由于第三人发起人股东的出资义务已经完成，被告只存在对第三人的债务而不存在出资义务。股东的出资义务系法定义务，不能因当事人之间的约定而转让，被告并非发起人股东，不负有出资的义务。

4. 由于被告不负有出资义务，也不是第三人发起人协议的当事人，故被告不应向其他股东承担违约责任。

律师观点：

1. 原告的新法定代表人有权代表原告参加诉讼。

被告提出只有经企业登记机关核准登记、取得法定资格的企业法定代表人陈亚双以及其授权的代理人有权代表企业参加诉讼。《最高人民法院关于适用〈中华人民共和国民事诉讼法〉若干问题的解释》第 39 条规定："在诉讼中，法人的法定代表人更换的，由新的法定代表人继续进行诉讼，并应向人民法院提交新的法定代表人身份证明书。"上述规定说明，公司法定代表人的变更并不影响诉讼继续进行，也不影响公司作为独立法人正常行使包括诉权在内的各项民事权利。公司的董事长经过董事会选举产生，其权利来源于董事会的授权，工商部门的变更登记及备案手续并不是产生该项权利的法定要件，故是否进行变更登记及备案手续并不影响董事长作为法定代表人对外代表公司行使权利。

本案中，陈亚双作为原告的原董事长，已经向公司提出辞职，后经公司股东会、董事会会议决定，免去其公司董事长及法定代表人的职务，并选举苏斌任董事长及法定代表人。原告向法院提交的公司盖章的法定代表人身份证明书，系原告的真实意思表示，亦不违反法律、法规的禁止性规定。原告因陈亚双带走其营业执照导致无法及时进行法定代表人变更并不能否定原告对法定代表人的合法变更。除此之外，陈亚双将第三人公章带走后，第三人多次登报公示索要未果，经公安机关批准，新刻公章亦不违反法律、法规的禁止性规定。因此，被告以原告法定代表人更换但未进行工商变更登记为由否定其现任法定代表人有权代表原告参加诉讼的主张不应予以支持，被告关于第三人委托代理人授权委托书上加盖的公章系私刻、第三人出庭人员没有合法授权的主张,不应予以支持。

2. 被告应当承担对第三人的出资补足义务。

出资是股东依照《公司法》、公司章程以及公司设立协议向公司交付财产的行为,是股东的基本义务。根据《公司法》的规定,有限责任公司的股东在公司设立时,可以用货币出资,也可以用实物等出资,无论以何种方式出资,都会出现股东未出资、未足额出资及抽逃出资等情形,这些均是股东瑕疵出资的表现。在实践中股东瑕疵出资有多种表现形式,其中以股东设立公司时,为了应付验资,将款项短期转入公司账户后又立即转出,公司未实际使用该款项进行经营尤为常见。

本案中,海泰集团公司、新纪元公司作为第三人的发起人股东,将款项汇入第三人的临时验资账户,但是在第三人验资后即将资金转出。海泰集团公司、新纪元公司的上述行为,即造成对第三人出资不到位、股权存在瑕疵的后果。协和医药公司、东盛药业公司受让海泰集团公司、新纪元公司的股权成为第三人的股东后,第三人的董事会决议亦明确约定了协和医药公司、东盛药业公司应履行出资义务的时间,但协和医药公司、东盛药业公司均未履行出资义务。被告主张第三人的发起人股东并不存在出资瑕疵,但未提供充分的证据予以证明,故该项主张不应予以支持。

根据《公司法》原理,瑕疵出资股东被记载于公司章程、股东名册或者经过工商注册登记后,如果没有经过合法的除权程序,应当认定该瑕疵出资股东具有公司股东资格,享有股东权利,因此,瑕疵出资股东也有权利处分其享有的股权。在出资瑕疵的股东将其股权转让给其他民事主体后,即产生了该瑕疵股权出资责任的承担主体问题。对于上述问题,现行《公司法》以及相关司法解释并未作出明确规定,①在处理上要遵循股权转让双方当事人的真实意思表示以及过错责任相当等基本原则。就股权转让的受让人而言,如果其明知或应当知道受让的股权存在瑕疵而仍接受转让的,应推定该受让人明知其可能会因受让瑕疵股权而承担相应的民事责任,但其愿意承受。故受让人应当承担补足注册资本的义务。

本案中,在被告与协和医药公司签订的股权转让协议中,约定股权转让款直接给付第三人,在其与东盛药业公司签订的股权转让协议中,约定被告不必支付股权转让款,而是要履行相应的出资义务。上述事实表明,被告对其受让的股权

---

① 本案发生于2003年,《最高人民法院关于适用〈公司法〉若干问题的司法解释(三)》对于瑕疵出资股东股权转让后对公司债务的承担已经作出了明确规定,即股权转让方在未出资本息范围内对公司债务不能清偿的部分承担补充连带责任,受让人对此知道或应当知道,债权人可以请求受让人承担连带责任。

存在出资不实、股东资格有瑕疵应当是明知的。根据协议约定以及第三人章程中的规定,被告向第三人履行出资义务,是股权转让双方当事人的真实意思表示,亦不违反法律、法规的强制性规定,其应对第三人承担出资不实的法律责任,即应向第三人履行出资义务。被告主张发起人股东出资义务已经完成,只存在对第三人的债务,其对第三人股权的受让是承债式收购没有事实依据,不应予以支持。

3. 被告的股东权利应当受到限制。

根据《公司法》的规定,股东出资不到位并不影响其股东资格的取得,但其享有股东权利的前提是承担股东义务,违反出资义务,也就不应享有股东的相应权利,这亦是民法中权利与义务统一、利益与风险一致原则的具体体现。本案中,由于被告并没有履行出资义务,其股东权利的行使应当受到一定的限制,这种限制应根据具体的股东权利的性质确定,即与出资义务相对应的股东权利只能按出资比例来行使。原告主张被告不享有对第三人16,500万股的表决权、利润分配请求权及新股认购权并无不当。

4. 被告应当对原告承担违约责任。

根据《公司法》的规定,股东不按照公司章程规定缴纳所认缴的出资,应当向已足额缴纳出资的股东承担违约责任;第三人章程中也明确约定,任何一方出资人若未按章程的规定足额认缴出资,均应向已足额出资的出资人承担违约责任。被告对其持有的16,500万股股权没有缴纳任何出资,其应当自登记为第三人的股东之日起,对已足额出资的原告承担违约责任。

法院判决:

1. 被告于本判决生效后10日内履行对第三人16,500万元出资义务;

2. 被告如不能补足上述出资,则不享有对第三人16,500万股的表决权、利润分配请求权及新股认购权;

3. 被告于本判决生效后10日内按原告在第三人的出资份额向其赔偿违约损失(自2005年7月20日起至实际给付之日按16,500万元每日万分之三计算);

4. 驳回原告其他诉讼请求。

135. 有限责任公司的股东未履行出资义务或者抽逃全部出资的,公司有何救济措施?

有限责任公司的股东未履行出资义务或者抽逃全部出资的,经公司催告缴纳或者返还,其在合理期间内仍未缴纳或者返还出资的,公司股东会可以决议形式解除该股东的股东资格。但公司采取除名方式时,应当达到一定条件且须履行一定程序。

(1)除名制度仅在股东完全未履行出资义务或抽逃全部出资的情况下适用,即当公司股东未全面履行出资义务或抽逃部分出资时,公司股东不得以股东会决议形式解除股东资格。

(2)公司在对未履行出资义务或抽逃全部出资的股东除名之前,应当确定合理的期限催告股东缴纳或返还出资。

(3)公司解除未履行出资义务或抽逃全部出资的股东的股东资格,应当召开股东会会议,经代表1/2以上表决权股东通过作出决议。

(4)公司以股东会决议解除该股东的股东资格的,公司应当及时办理法定减资程序或者由其他股东或者第三人缴纳相应的出资。在办理法定减资程序或者其他股东或者第三人缴纳相应的出资之前,公司债权人有权请求相关当事人在其虚假出资或抽逃出资的范围内对公司债务承担连带赔偿责任。

股东除名是依公司一方的意思表示剥夺不履行出资义务的股东在公司的权利,系形成权。公司对不履行义务的股东除名不需要征求被除名股东的意见,公司可以直接作出决定。公司作出除名决定后,不履行义务的股东在公司中股东资格的丧失即生效,不需要被除名股东的配合。被除名股东只剩下丧失股权后的财产权益,该财产权益如何购买、由谁购买,则是公司内部事务,与被除名股东无关。

【案例67】股东履行部分出资义务 法院否定公司开除股东资格决定①

原告:甲某

被告:乙公司、丙某

诉讼请求:

1. 确认原告是持有被告乙公司12%股权的股东;

2. 被告乙公司将原告按12%的持股比例记载于公司章程中;

3. 被告乙公司于判决生效之日起10日内至工商部门办理股权变更登记手续(将被告丙持有的12%股权转让至原告名下),被告丙予以配合。

争议焦点:股东履行了部分出资义务,公司能否以决议形式解除"出资不实"股东的资格?

---

① 参见上海浦东新区人民法院(2012)浦民二(商)初字第433号判决书。

基本案情：

被告乙公司成立于2003年2月20日，注册资本为3520万元，现工商登记的股东为丁公司（出资额2464万元，占股权比例70%）、丙某（出资额915.20万元，占股权比例26%）、罗某（出资额140.80万元，占股权比例4%）。

2003年7月8日，上海青诚资产评估有限责任公司出具沪青诚资估字（××××）第×××号《丙拥有的专利、专有技术等无形资产评估报告》，内容为："……拟以委估的无形资产增资入股，为入股价格提供价值依据。本报告的评估范围和对象为丙拥有的专利、专有技术等无形资产……经评估确定丙拥有的专利、专有技术等无形资产于评估基准日2003年7月5日的总评估价值为1015.20万元"。2003年7月10日被告乙公司股东一致确认，被告丙某投资的无形资产评估价值为1015.20万元，确认价值为900万元。

2003年7月24日，北京中天华正会计师事务所有限公司出具中天华正（京）验[××××]×××号验资报告，内容为："贵公司（乙公司）原注册资本为人民币2360万元，根据贵公司第七次股东会决议和修改后章程的规定，申请增加注册资本人民币1160万元，由丙于2003年7月22日之前缴足，变更后的注册资本为人民币3520万元。经我们审验，截至2003年7月22日，贵公司已收到丙缴纳的新增注册资本合计人民币1160万元。丙以货币出资260万元、无形资产出资900万元。……截至2003年7月22日，以专有技术和专利权出资的丙尚未与贵公司办妥产权转让登记手续，但丙与贵公司已承诺按照有关规定在公司申请变更登记后的规定期限以内办妥专有技术和专利权转让登记手续，并报公司登记机关备案……"该报告附件中注册资本变更前后对照表显示丁公司在被告乙公司注册资本变更前认缴出资额为2040万元（持86.44%股份），罗某认缴出资额为320万元（持13.56%股份），变更后，被告乙公司增加注册资本1160万元，丁公司持股比例变更为58%，罗某变更为9%、被告丙变更为33%。

2005年2月16日，被告乙公司作出股东会第十二次会议决议，内容为将原被告丙出资的无形资产变更为两项：1. Angelplan-2000体部立体定向适形放疗计划系统，项目编号：20050001；2. EI-10080型多能量X射线安全检查设备系统，项目编号：20050002（已经过上海市科委认定为高新成果转化项目）。

2007年7月5日，被告丙及罗某作为出让方，丁公司作为受让方签订股权转让协议，内容为：被告乙公司注册资本3520元，被告丙出资1160万元，占33%股权，罗某出资320万元，占9%股权，被告丙将所持有标的公司7%的股权无偿转让给丁公司，乙方将所持有标的公司5%股权无偿转让给丁公司。2007年被告乙公司的公司章程中记载丁公司实缴出资2464万元，罗某实缴出资140.80万元，被告丙实缴出资915.20万元，其中货币出资15.20万元，无形资产出资900万元，无形资产包括一项专有技术，五项实用新型。

2009年12月21日，被告乙公司董事会作出关于被告丙将其持有的26%股权中的12%转让给原告，8%转让给罗某，丁公司放弃优先购买权的议案。2010年1月9日，被告乙公司形成股东会决议，通过上述议案。2010年1月26日，原告与被告丙签订股权转让协议，内容为被告丙将其所持被告乙公司12%的股份转让给原告，转让价格为0。转让后，被告乙公司的股权比例结构为：丁公司占70%股份，原告占12%股份，罗某占12%股份，丙占6%股份，被告乙公司在30日内向工商行政管理机关申请办理变更登记。

2011年12月中旬，原告委托律师向两被告发函要求按照2010年1月26日签订的股权转让协议办理工商登记变更手续。

2012年3月11日，被告乙公司作出2012年度第二次董事会会议决议，会议通过对以下事项进行审议：一、关于确认被告乙公司2003年7月10日增加的1160万元注册资本并未实际到位的议案；二、关于股东补足出资的议案；三、关于责令被告乙公司向各应补缴出资的股东发出催告函的议案。

2012年3月13日，被告乙公司向原告发出催告函，并刊登在上海商报上，内容为："经公司核查，2003年7月10日，公司管理团队以丙名义出资增加了公司1160万元注册资本，该注册资本并未实际到位。为保证公司资本符合公司法的规定，2012年3月11日，公司通过董事会决议，对于未到位的资金，要求股东在接本催告函20天内予以补足。2010年1月26日，丙将其所持本公司12%的股权（原出资422.40万元）无偿转让给您。该股权虽未办理工商变更手续，但经股东会决议同意，双方也签订了股权转让协议，应认定您为实际股东，该部分出资应由您补足。请您在2012年4月3日之前将422.40万元汇入公司账户。"

2012年4月16日，被告乙公司作出2012年度第三次董事会会议决议，审议通过如下议案：一、关于解除原告股东资格的议案；二、关于罗某出资补足原告出资不实中6%股份的议案；三、关于戊公司出资补足原告出资不实中6%股份并成为公司股东的议案；四、公司其他股东对出资补足原告出资不实中12%股份放弃优先权的议案；五、关于召开2012年度第一次临时股东会的议案。2012年4月17日上海商报刊登了被告乙公司召开2012年度第一次临时股东会的通知。2012年5月5日被告乙公司作出2012年度第一次临时股东会决议，内容为持出资额

3096.60万元的股东通过了前述四项议案。

2012年4月下旬,原告委托律师向两被告、罗某、戊公司发函,确认已经收到被告乙公司发送的催告函,但认为被告丙已经出资到位,不存在原告向公司补足出资的义务,公司或其他人均不得擅自以任何形式处置原告持有的12%股权。

2012年6月25日,上海市浦东新区人民法院院受理了原告起诉被告乙公司公司决议撤销纠纷一案,案号为(2012)浦民二(商)初字第1735号,法院经审理后认为,被告在可以用邮递等方式通知到原告的前提下,未使用适合方式通知原告,本案争议之股东会决议在召集程序上存在瑕疵。鉴于系争股东会决议的召集程序存在违反公司法规定的情形,故判决撤销2012年5月5日的《乙公司2012年度第一次临时股东会决议》。

2012年9月26日,被告乙公司作出召开2012年度第三次临时股东会的通知,会议审议事项为四项,与2012年4月16日被告乙公司第三次董事会会议审议通过的前四项议案内容相同。2012年10月12日原告委托律师参加了第三次临时股东会会议。此次会议表决结果为持出资额3097.60万元的股东同意,持出资额422.40万元的股东反对,同意股占到会有效表决权的88%,通过包括解除原告股东资格在内的四项议案。

被告丙作为无形资产出资的五项实用新型已经国家知识产权局变更权利为被告乙公司。两被告确认之后在2005年变更无形资产出资时,未进行过资产评估。2003年7月22日被告丙以上海银行本票形式支付260万元(付至被告乙公司在华夏银行上海分行外高桥支行所开账户),同年7月24日华夏银行上海分行开具金额为2,600,050.68元的本票,该本票记载被背书人为案外人上海绥利企业发展有限公司,上海银行南浦支行委托收款。

原告诉称:

被告乙公司董事会于2009年12月21日提出关于公司股权转让的议案,其中载明"公司股东丙将其持有的26%股权中的12%转让给甲、8%转让给罗某,大丁公司放弃优先购买权"。2010年1月9日被告乙公司股东会作出决议,同意前述董事会议案。据此,被告丙与原告于2010年1月26日签订《公司股份转让协议书》,被告丙同意将其持有的被告乙公司12%的股权无偿转让给原告,同时约定"公司在30日内向工商行政管理机关申请办理变更登记"。以上股权转让符合《乙公司章程》的规定。原告一直要求两被告按照上述股权转让文件的要求,办理相应的工商变更登记,两被告均不予理睬。之后,原告又分别向两被告发送律师函予以催告,但两被告至今仍拒不办理工商变更登记手续。

原告为证明其观点，提交证据如下：

1. 被告乙公司档案机读材料，证明被告乙公司设立、注册资本及股权结构情况。

2. 北京中天华正会计师事务所有限公司出具的验资报告（中天华正（京）验[××××]××××号）及附件（对账单、银行询证函、无形资产价值确认协议、无形资产评估报告书等），证明被告丙取得被告乙公司的股权情况，被告丙对被告乙公司的出资已到位。

3. 2007年7月5日丁公司与被告丙、案外人罗某签订的股权转让协议，证明被告乙公司股权结构变动情况。

4. 被告乙公司于2009年12月21日作出的股东会议案（《关于公司股权转让的议案》），证明被告乙公司董事会提出被告丙将其持有的26%股权中的12%转让给原告的议案。

5. 被告乙公司于2010年1月9日作出的股东会决议，证明被告乙公司的股东均同意上述议案。

6. 原告与被告丙于2010年1月26日签订的《公司股份转让协议书》，证明被告丙同意将其持有的被告乙公司12%的股权无偿转让给原告。

7. 被告乙公司章程，证明上述股权转让符合公司章程约定。

8. 2011年12月15日原告向两被告发送的律师函及相应快递凭证，证明原告要求两被告办理股权变更登记手续。

9. 2012年4月25日原告向两被告及案外人罗某发送的律师函及寄送凭证，证明原告就股权事宜向被告乙公司及其他股东主张权利。

10. 2012年4月28日原告向戊公司发送的律师函及相应寄送凭证，证明原告就被告丙出资及将股权转让给原告的有关事宜，向戊公司进行了披露。

11. 2002年10月25日丁公司、己公司、东南大学影像科学与技术实验室三方签订的协议，2002年11月15日原告与被告丙、案外人罗某、程金生签订的协议及2003年12月27日原告与被告丙、案外人罗某签订的协议，证明被告乙公司的股东（丁公司、罗某、被告丙）对己公司全体股东将己公司1160万元的资产以被告丙名义向被告乙公司增资是知晓并同意的，原告与被告丙等对股权分配有约定。

12. 国家知识产权局专利检索信息，证明2003年7月经评估，由被告丙作为无形资产出资的五项实用新型专利已办理权利转移手续，均已转移给被告乙公司，该部分出资已到位。

13. (××××)浦民二(商)初字第×××号案件(以下简称×××号案件)庭审笔录,证明被告乙公司在庭审中确认一直在使用专有技术 ngelplan-2000γ 基于钴60三维适形放射治疗系统。

14. 国家食品药品监督管理局登记的国药管械(试)字2001第3030195号许可证信息,证明被告乙公司声称在2005年用于替代被告丙已验资到位的无形资产 angelplan-2000 体部立体定向适形放疗计划系统的权利人是乙公司。

15. 公司变更登记申请书及准予变更登记通知书,证明无形资产出资变更是需要工商部门核准的,仅有申请书和公司决议是不够的。

16. 研发人员高鹏的证人证言及评估师的录音材料,证明被告丙增资后,专有技术已经由被告乙公司持有且实际使用,主要用于生产 ngelplan-sx6000 适形放疗计划系统等有形产品并投放市场,还用于继续研发及其他用途。

17. 国家食品药品监督管理局有关 angelplan-sx6000 适形放疗计划系统的医疗器械注册证的登记信息,证明 angelplan-sx6000 适形放疗计划系统是被告乙公司的注册产品。

18. angelplan-sx6000 适形放疗计划系统产品说明书,证明被告乙公司将专有技术用于该产品。

19. 《公证书》,证明被告丙出资的五项专利均已登记在被告乙公司的名下,angelplan-2000 体部立体定向适形放疗计划系统的批准时间为2001年,权利人是乙公司。

20. 丁公司2012年半年度报告,证明戊公司与被告乙公司分别是 ST 庚(×××)的母公司、子公司,二者之间有关出资的所谓借款,属于串通制造虚假证据,不足以采信。

21. 知识产权局专利登记簿副本,证明被告丙出资所用的五项专利均已登记在被告乙公司的名下。

被告乙公司辩称:

公司确实曾经确认了原告的股东资格,但由于原告未按要求补足出资,所以公司已经通过法定程序解除了原告的股东资格,故不同意原告的全部诉请。

被告丙同意被告乙公司的答辩意见。

被告乙公司对原告所提供的证据发表质证意见如下:

1. 被告乙公司对原告证据1—15、17—21的形式真实性无异议;

2. 被告丙对原告证据1—11、15、18—21的形式真实性无异议;

3. 两被告对原告证据16不予确认。

被告乙公司为证明其观点，提交证据如下：

1. 2012年度被告乙公司第二次董事会会议决议，证明被告丙增资未实际到位，股东必须补足出资，由被告乙公司向未出资股东发出催告函。

2. 催告函及邮寄、公告情况证明，证明被告乙公司要求原告补足出资。

3. 账户交易明细及相应协议，证明被告乙公司其余股东已按董事会决议补交出资。

4. 2012年4月16日被告乙公司2012年度第三次董事会会议决议及2012年4月5日议案、4月17日上海商报公告；证明原告股东资格已被解除，原告未补足的出资额已由其他投资人补交。

5. 被告乙公司2012年度第一次临时股东会议案、公告、2012年5月5日股东会决议，证明解除原告股东资格的议案已获得股东会通过。

6. 2005年2月16日股东会第十二次会议决议，证明被告丙的无形资产出资做了变更，变更后的无形资产是由被告乙公司提供的，变更前的无形资产实际上都没有登记在两被告名下，是在案外人名下，被告丙所谓的技术出资是不存在的。

7. 内资公司变更(备案)登记、2012年5月3日授权委托书、2012年度第二次董事会授权委托书，证明被告乙公司目前董事的具体组成人员，刘双河有丁公司的授权委托，系丁公司的法定代表人，张铮没有参加董事会，委托刘双河参加。

8. 2003年7月20日出资转让协议书及记账凭证，证明原告和被告丙在己公司的股权是以49.40万元的对价转让给被告乙公司，并非无偿转让。

9. 华夏银行上海分行本票，证明被告丙在验资后立即将出资款转走，原告应当向被告乙公司补足出资。

10. 被告乙公司召开2012年度第三次临时股东会的通知、上海商报公告及寄送召开会议通知的快递凭证、授权委托书、律师执业证、营业执照、法定代表人身份证明、乙公司召开2012年度第三次临时股东会决议及股东会记录，证明被告乙公司已经召开股东会，原告亦参加，已经作出解除原告股东资格的决议。

11. 2005年2月16日章程修改案，证明章程记载的无形资产内容变更了，1160万元的出资是为了满足增加注册资本的需要而已，并没有实际到位。

12. 关于被告丙出资的说明，证明被告乙公司没有使用被告丙作为出资的专有技术和实用新型。

被告丙某并未提交证据。

律师观点：

原告履行了部分出资义务，被告乙公司解除原告的股东资格事实依据不足。

被告丙的增资义务包括货币260万元及900万元的无形资产,关于货币出资,被告丙自认未实际出资,而根据被告乙公司提供的本票等证据,该260万元确实在出资后2日内即划出,故该260万元在验资后已抽逃。但是,被告丙在2007年时曾向另一股东丁公司转让了部分股权,根据工商登记材料等显示,该转让针对的系货币出资部分,被告丙在该次转让后,出资额变更为货币15.20万元及无形资产900万元,从而原告受让的即为该部分出资所对应的股权,即并不包括货币出资244.80万元。关于无形资产出资部分,虽两被告对此予以否认,但作为增资部分的专有技术及五项实用新型已经评估作价,且五项实用新型也办理了财产权的转移手续,而专有技术部分并无明确的法律交付手段,被告丙曾作为申请人就该放射治疗系统申请过专利,显示其对该专有技术享有权利,该专有技术由被告乙公司申请过评估,表明被告丙已经向公司提供过技术资料,实际权利已经转移给公司,故应确认被告丙在增资时已经以无形资产出资。至于两被告提出在2005年时曾经变更了无形资产出资内容,因该所谓变更并未进行过评估作价,也未经工商部门核准变更,故该项抗辩不能成立。

被告乙公司以原告未补足出资422.40万元为由解除原告的股东资格,无相应的事实依据。原告与被告丙约定以零对价进行转让,已由被告乙公司股东会决议通过,零转让也不影响公司注册资本金额,系原告与被告丙之间的关系,且原告与被告丙在股权转让之前就对被告丙所持股份签署内部股权分配协议,除非原告和被告丙之间有特别约定,否则现被告丙向原告转让的应为无瑕疵的股份,被告丙名下12%的股份应属原告所有。

法院判决:

1. 被告丙名下持有的被告乙公司12%股权属原告甲所有;

2. 被告乙公司于本判决生效之日起10日内至工商局办理将被告丙名下持有的被告乙公司12%股权变更至原告甲名下的相关工商登记手续,被告丙予以配合。

三、对股东出资不实负有责任的董事、高管责任的承担

136. 公司股东未履行或者未全面履行出资义务,董事、高管是否应当对公司承担责任?如需要,董事、高管应在何种范围内承担责任?董事、高管对公司和债权人承担责任后,是否有权向违反出资义务的股东追偿?

公司增资时,若董事、高管未尽《公司法》规定的忠实、勤勉义务,应当在出资不实股东不能承担的范围内对公司债务承担补充清偿责任。因为公司增资时,公

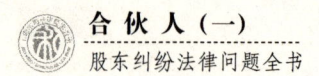

司董事、高管向股东催收出资是其勤勉义务的范围,因其未履行义务应当向公司承担责任。①

若股东出资不实的行为发生于设立时,因董事、高管无催收义务,故无须承担责任。

董事、高管仅在股东出资不实范围内对公司债务不能清偿的部分承担责任。这种责任为一次性责任,即当董事、高管赔偿的金额已经达到有限责任限额时,其他债权人不能基于同种理由提出赔偿请求。

董事、高管对公司和债权人承担责任后,可以向违反出资义务的股东追偿。

137. 公司其他股东、董事、高级管理人员、实际控制人协助公司股东抽逃出资,是否应对公司和公司的债权人承担责任?公司董事、高管协助股东抽逃出资承担连带责任后,能否向抽逃出资股东追偿?

协助抽逃出资的其他股东、董事、高级管理人员应当对抽逃出资的本息以及公司债务承担连带责任。

公司实际控制人虽然对公司不负有忠实、勤勉义务,但当其协助股东抽逃出资时,构成共同侵权行为,应当对公司债务承担连带清偿责任。

关于公司董事、高管协助股东抽逃出资承担连带责任后,能否向抽逃出资股东追偿的问题,法律并未明确规定。董事、高管协助公司股东抽逃出资,存在共同侵权的故意,若允许董事、高管进行追偿,不利于防止协助抽逃出资行为的发生。因此从法理分析,法律不应保护董事、高管的追偿权利。

【案例68】董事协助股东抽逃出资 连带承担出资本息返还责任②

原告: 约翰亨利公司

被告: 通强公司、强盛公司、超运公司、顾强

诉讼请求:

1. 四位被告对抽逃注册资本 12,404,165 元承担连带责任;
2. 被告通强公司、被告顾强对抽逃注册资本 105 万元承担连带责任;
3. 被告通强公司、被告顾强对非法侵占的 166.5 万元承担连带责任。

争议焦点:

1. 股东已提起解散之诉,公司能否提起股东出资纠纷,出资纠纷是否应中止

---

① 关于董事、高管忠实义务与勤勉义务详见本书第十三章损害公司利益责任纠纷。
② 参见上海市高级人民法院(2009)沪高民二(商)终字第19号民事判决书。

审理；

2. 公司董事、法定代表人利用其关联关系实施了抽逃出资行为，是否应承担赔偿责任；

3. 第三人在抽逃资本过程中充当资金进出平台的，是否应承担连带赔偿责任。

基本案情：

原告于2004年12月7日成立，注册资本1200万美元，被告通强公司出资540万美元，占注册资本45%；美国大中公司出资660万美元，占注册资本55%。根据苏州岳华会计师事务所有限公司2007年10月15日出具的验资报告，截至当日，原告新增实收资本465,288美元。连同前三期出资，原告共收到注册资本5,542,930.29美元，占注册资本的46.19%，其中被告通强公司出资2,153,335.81美元，占注册资本17.94%，美国大中公司出资3,389,594.48美元，占注册资本28.25%。

被告通强公司注册资本为2000万元，其中被告强盛公司出资160万元、被告顾强出资1840万元，被告顾强任该公司法定代表人。被告强盛公司注册资本为50万元，其中被告通强公司出资25万元。被告超运公司注册资本为200万元，其中被告顾强出资140万元，被告顾强任该公司法定代表人。

2007年8月20日，朱勇强、被告顾强、楼一恢等人签字的会议纪要载明："朱勇强土地款250万元已经全部付清。被告顾强说已收到250万元（部分款项是现金）。朱勇强提供收据凭证及相关证据。"

2007年9月17日，被告顾强出具证明："收到朱勇强土地款250万元，所有款项已进公司账。"

原告成立后的董事会成员由被告顾强、楼一恢、楼席平组成，被告顾强任法定代表人。在经营期间，两方股东发生矛盾。

2007年8月28日，原告法定代表人变更为李琼。原告同时发出通告称，被告顾强自即日起不再担任本公司任何职务，未经公司董事会批准，不得进入公司。

2007年9月21日，被告通强公司以美国大中公司强行隐匿原告财务资料、私自变更法定代表人、阻止被告通强公司人员进入公司等为由向苏州市中级人民法院起诉，请求解散原告并进行清算。

诉讼中，法院依规定程序委托审计机构对原告的实缴资本情况及有无虚假出资、抽逃出资情况进行审计。根据委托要求并结合实际，确定审计范围为：2005年1月1日至2007年12月31日约翰亨利公司注册资本实收情况；该公司在上述期间向被告通强公司、美国大中公司关联企业划款情况。2008年7月30日,依据上海上审会计师事务所出具的沪审事业[2008]3647号审计报告显示:

截至2007年12月31日,原告实收资本余额为45,961,013.30元,合5,691,862.97美元,占应出资额的47.43%。其中被告通强公司投入资本金为18,566,391.70元,占应出资额的42.63%,包括被告通强公司2007年1月至3月投入的资本金1,152,600元,未经验资确认。美国大中公司投入资本金为27,394,621.60元,占应出资额的51.36%。

2007年12月21日#59记账凭证,借记:实收资本-被告通强公司,贷记-固定资产15万元入账,附2007年11月13日原告董事会决议1份,系扣除被告顾强取公司三菱吉普车的款项。审计认为,该款项应另行结算,不能直接扣除被告通强公司的投入资本金,应予调整,转回减少的被告通强公司出资款150万元。

截至2007年12月31日,原告向被告通强公司的关联企业无实质性经济事项和经济内容的划款金额合计12,404,165元(部分以假发票转账),其中:被告强盛公司3,667,300元,包括向被告强盛公司划款并与管理费费用对应转销无依据的2,867,300元及转销划入南通大中公司无依据的款项80万元;向被告超运公司划款8,736,865元,包括通过通州十建转划入被告超运公司的300万元。

截至2007年12月31日,原告向美国大中公司的关联企业南通大中公司划款后转销无依据的款项,应增加应收4,227,848.12元(以假发票转账及无经济内容的虚假入账);应收无经济内容的虚假入账1,724,866.50元。

在建工程中有105万元是被告顾强个人签字领用现金,并用假发票充抵,此款应作为向被告通强公司无实质性经济事项的划款,审计认为必须披露。但该现金去向,需进一步提供证据。

2005年5月23日原告与朱勇强签订《国有土地使用权出租、转让合同承诺书》,约定土地转让价合计250万元。2005年5月25日#35记账凭证,收到朱勇强43万元;同日#44记账凭证,收到朱勇强现金付款7万元;2006年6月30日#119记账凭证,收到太仓高顿金属制品有限公司33.5万元。该3笔收款合计83.5万元。截至2007年12月31日,预收账款-朱勇强科目余额为83.5万元。2006年4月#84记账凭证,收到太仓高顿金属制品有限公司现金支付53万元,收据列明事项为"报建费",账面列入其他应付款-太仓高顿金属制品有限公司。该项土地转让款与实收资本有无关联,审计无法确认。

原告诉称:

被告在原告成立后抽逃注册资本,侵害了原告的利益,违反了法律规定和公司章程的规定,应承担连带责任;此外,被告通强公司、被告顾强非法侵占原告的资产,应当对此承担连带责任。

被告通强公司辩称:

原告在本案审理前已经视为自动解散,且被告通强公司已先于本案另案提起解散原告之诉,该案的判决结果是本案审理的依据,故本案应中止审理。

被告强盛公司、被告超运公司和被告顾强同意被告通强公司的答辩意见。

一审认为:

本案的争议焦点,首先是本案是否属于原告两方股东之间的纠纷,应待原告解散诉讼终结后再行审理的问题;其次是关于被告通强公司抽逃公司资本的责任是否成立,以及责任的承担主体问题。

1. 本案无须中止审理。

按照《公司法》和《中外合资经营企业法实施条例》的规定,不论中方股东还是外方股东,均负有按期如实向原告缴清出资的义务和不得抽逃出资的义务。原告的股东、实际控制人和高级管理人员等,也负有不得损害公司利益的法定义务。原告以它的中方股东被告通强公司及其有关联关系的主体抽逃公司资本、侵占公司资金为由提起的诉讼,符合法律规定,其诉讼权利应予保护。

中方股东若存在未缴纳出资或者抽逃出资的事实,该部分出资应作为公司解散后的清算财产处理,但在公司未解散之前,本案仍可诉讼。外方股东若存在上述事实,也应作相同的处理。中方股东在原告拒不追缴外方出资时,有权依法提起股东代表诉讼。

因此,被告通强公司另案请求解散原告的诉讼,并不影响本案诉讼的正常进行。其关于本案应中止审理的答辩意见,法院不予采纳。

2. 被告通强公司抽逃出资12,404,165元。

四位被告认可原告的中外股东均一致商定进行虚假验资、双方出资均未实际到位的事实。故所谓经过验资的被告通强公司投入资本金存在一定数额的虚假或者已经抽回的事实,应予确认。

根据审计结论,被告通强公司投入原告的资本金为18,566,391.70元,而原告向被告通强公司的关联企业被告强盛公司、被告超运公司支付无实质性经济事项的款项金额达12,404,165元。审理中,被告通强公司等未举证证明这些资金进账的合法依据。因此,法院认定上述划款12,404,165元属于被告通强公司通过其关联企业从原告抽回的资本金。

3. 被告顾强非法侵占公司资金105万元。

根据审计结论,在原告在建工程中,被告顾强从公司签字领用金额为105万元的现金支票,以假发票充抵,被告顾强未就此举证证明资金去向。因此,法院认定上述款项105万元属于被告顾强非法侵占的公司资金。

关于原告应收土地款与实收土地款的差额问题,法院认为,根据审计查证到的原告进账凭证与"会议纪要""证明"中被告顾强承认的收款金额,两者之间确有差额,而且"报建费"53万元是否应计入250万元土地款内,审计亦无法确认。由于被告顾强原为原告法定代表人,由其经手的业务由其出具证明在公司进账实属正常。在目前差额部分资金去向不明,审计未予查证,当事人亦未举证证明的情况下,不能仅凭"会议纪要"和"证明"的内容来认定被告顾强对此应承担责任。况且该部分款项系案外人支付,在案外人未到案说明或者无相应法律文书对已付款项予以确认的情况下,法院也难以对此作出准确判断。因此,对于原告主张的166.5万元,依据不足,法院对该部分诉请不予支持。

4. 被告强盛公司与被告超运公司均为被告顾强实际控制,不应承担连带责任。

被告通强公司作为原告的股东,理应对法院认定抽逃的出资款12,404,165元承担返还之责。

被告顾强作为当时原告的董事、法定代表人,利用其关联关系实施了上述抽逃资本的行为,损害了原告的利益,依法应承担赔偿责任。

被告强盛公司与被告超运公司均为被告顾强实际控制,在上述抽逃资本过程中,充当了资金进出的平台,但没有独立的过错与行为,由其一并承担赔偿责任,缺乏依据。

被告顾强签字领用现金支票105万元,根据已查明事实,只能认定为被告顾强个人无合法根据地占用原告资金,不属于抽逃资本行为。因此,该部分赔偿责任应由被告顾强承担,与被告通强公司无关。

一审判决:

1. 被告通强公司向原告缴清出资计12,404,165元(或者按同等价值的美元计付);
2. 被告顾强对被告通强公司的上述缴款义务承担连带赔偿责任;
3. 被告顾强应向原告赔偿105万元;
4. 对原告的其他诉讼请求不予支持。

被告通强公司不服一审判决,向上级人民法院提起上诉。

被告通强公司上诉称:

1. 原告主体不适格,本案应中止审理。

根据《中外合资经营企业合资各方出资的若干规定》①第 5 条的规定,合营各方未能在规定的期限内缴付出资的,视同合营企业自动解散,故原告在本案一审判决前已经视为自动解散。且被告通强公司已先于本案另案提起解散原告之诉,该案的判决结果是本案审理的依据,故本案应中止审理。

2. 一审认定事实不清,适用法律错误。

本案并非是股东损害公司权益纠纷,其实质是中外股东之纠纷。对于只有中外两方股东的中外合资企业,本案并不存在股东代表诉讼问题。一审认定被告通强公司抽逃出资与事实不符,被告通强公司的行为是与外方股东协商一致后进行虚假验资,并非抽逃出资。

3. 一审程序违法。

原告在举证期满后一再变更诉讼请求却拒不提交变更后的书面诉状给被告通强公司,严重影响被告通强公司行使举证和抗辩的权利。一审既已认定 105 万元系被告顾强非法侵占公司资金,并非原告诉请中的"抽逃注册资本",就应当驳回这一诉请或告知另案起诉,不应在本案中处理。

原告二审辩称:

原告主体适格,中外股东均已出资,并不存在《中外合资经营企业合资各方出资的若干规定》第 5 条规定的情形。被告通强公司先于本案另案提起解散原告之诉与本案无关,不足以作为本案中止审理的事由。

被告强盛公司、被告超运公司和被告顾强同意被告通强公司的上诉意见。

律师观点:

1. 本案无须中止审理。

《中外合资经营企业合资各方出资的若干规定》第 5 条规定,合营各方未能在规定的期限内缴付出资的,视同合营企业自动解散,合营企业批准证书自动失效。但根据已查明的事实,本案并不存在上述之情形,且原告合营各方亦未向工商行政管理机关办理注销登记手续,缴销营业执照,在本案审理过程中所谓的原告自动解散之条件亦并未成就。虽然被告通强公司先于本案另案提起解散原告之诉,但在公司未解散之前,原告仍具有民事诉讼主体资格,其以被告通强公司抽逃出资为由提起本案之诉并无不当,其诉讼主体适格。即使原告解散,公司解散后的财产清算亦涉及本案对股东抽逃出资的处理,故本案无须待原告解散诉讼终结后

---

① 该规定已由《国务院关于废止和修改部分行政法规的决定》国务院令第 648 号废止,自 2014 年 3 月 1 日起施行。下文不再标注。

再行审理。

2. 被告通强公司通过其关联企业从原告抽回的资本金系抽逃出资,应对原告承担返还责任。

抽逃出资与虚假验资不同之处主要表现在抽逃出资的行为所发生的时间方面。结合本案的事实,中方股东被告通强公司抽逃出资的行为发生于原告成立以后,即在原告成立时,被告通强公司向公司投入其所认缴的注册资金,该资金的所有权即为公司所享有,而在公司成立以后,被告通强公司通过向其关联企业支付无实质性经济事项款项将其已向公司投入的注册资金转为己有,显然构成抽逃出资的行为,故被告通强公司抽逃出资的行为损害了原告的利益,其对抽逃的出资款理应承担返还之责。基于上述认定,将本案定性为股东损害公司利益赔偿纠纷并无不当。

3. 一审程序并无违法。

原告根据审计报告而对诉讼请求作出相应变更,被告通强公司在得知原告变更诉请后当庭作出答辩,故其诉权并未受到影响。

原告诉请被告通强公司、被告顾强对抽逃注册资本 105 万元承担连带责任,而一审法院认定该 105 万元属于被告顾强个人非法侵占的公司资金,据此判决由被告顾强向公司作出赔偿,该处理结果并未加重被告通强公司的赔偿责任,被告通强公司认为法院应当驳回原告关于 105 万元的诉请或告知其另案起诉并无必要。

二审判决:

驳回上诉,维持原判。

四、对虚假出资与抽逃出资负有责任的第三人责任的承担

138. 金融机构出具不实或虚假的资金证明,对出资单位的债权人造成损失应如何承担责任?

如出资人未出资或者未足额出资,金融机构为企业提供不实、虚假的资金证明,相关当事人相信该者证明,与该企业进行经济往来而受到损失的,应当由该企业承担民事责任。对于该企业财产不足以清偿债务的部分,由出资人在出资不实或者虚假资金额范围内承担责任。当企业、出资人的财产依法强制执行后仍不能清偿债务的,由金融机构在虚假资金证明金额范围内,根据过错大小承担责任,此种民事责任不属于担保责任。

企业登记时出资人未足额出资但后来补足的,或者债权人索赔所依据的合同无效的,免除金融机构的赔偿责任。值得注意的是,未经审理,法院不得将金融机构追加为被执行人。

金融机构按照验资程序进行审查核实,公司注册登记后又抽逃资金的,金融机构不承担退出验资手续费和赔偿损失的责任。

【案例69】出具虚假资金证明　银行承担补充连带责任[①]

原告: 林州兴华公司

被告: 王明林、刘娟、王明山、王汉江、兰少伟、侣国庆、郑州商行纬五路支行

第三人: 河南太林公司

诉讼请求: 众被告对第三人的债务承担赔偿责任。

争议焦点:

1. 第三人的众被告股东瑕疵出资,对公司债务承担责任的范围是怎样的,是否以瑕疵出资额为限;

2. 被告郑州商行纬五路支行出具虚假资金证明,对公司债务承担责任的前提是什么。

基本案情:

2006年原告与第三人工程款纠纷一案,经生效判决认定:第三人支付原告工程款643,524.02元,并支付自1999年6月5日起至判决规定还款之日止的利息。因第三人未履行判决义务,原告已申请法院执行。

据工商登记材料显示,第三人1996年注册成立,注册资金为480,000元,被告王明林担任法定代表人。1997年3月27日,增加注册资本。同日,被告郑州商行纬五路支行出具证明载明:"第三人在我行存款余额壹佰壹拾万元。特此证明"。

1997年3月31日,河南省工商行政管理局给第三人颁发营业执照,其注册资本为148万元,股东分别为被告王明林、被告刘娟、被告王明山、被告王汉江、被告兰少伟、被告侣国庆,出资比例分别为46%、14%、14%、9%、8.5%、8.5%。

2001年12月30日,第三人被河南省工商行政管理局吊销营业执照。

2005年9月13日,法院就第三人1997年3月24日至3月27日在信用社存款账户上的登记情况向被告郑州商行纬五路支行进行查询,被告郑州商行纬五路

[①] 参见河南省郑州市中级人民法院(2009)郑民四终字第400号民事判决书。

支行在法院出具的协助查询存款通知书(回执)上写明:"提供 1997 年 3 月 24 日至 3 月 27 日对账单一份,经查传票无此票。"

原告诉称:

被告王明林、被告刘娟、被告王明山、被告王汉江、被告兰少伟、被告侣国庆(以下统称 6 名自然人被告)作为第三人的股东,存在瑕疵出资,应当对公司债务承担连带责任。同时,被告郑州商行纬五路支行在第三人设立过程中,出具了虚假的资金证明,对第三人债务承担连带责任。

被告王明林辩称:

其出资合法有效,原告的诉请无合法依据,应予以驳回。

其他 5 名自然人被告同意被告王明林的答辩意见。

被告郑州商行纬五路支行辩称:

我行未出具虚假出资证明,只是暂时传票未找到。

律师观点:

1. 6 名自然人被告虚假出资,应对公司债务在出资不实的范围内承担连带责任。

被告郑州商行纬五路支行为第三人的注册成立出具了 90 万元的虚假资金证明,同时证明第三人的股东——6 名自然人被告存在未足额出资的情况,违反《公司法》的相关规定,因上述 6 人否认其未足额出资,致使无法查明 6 人各自出资不实的具体金额,故 6 人应按出资比例承担出资不实的责任。

2. 被告郑州商行纬五路支行出具虚假资金证明,应对公司债务承担补充连带责任。

被告郑州商行纬五路支行表明 1997 年 3 月 24 日至 3 月 27 日第三人在其处无 90 万元的存款传票,应认定被告郑州商行纬五路支行为第三人注册成立出具了 90 万元的虚假资金证明,存在过错。

最高人民法院于 2002 年 2 月 9 日下发的[2002]21 号《最高人民法院关于金融机构为企业出具不实或者虚假验资报告资金证明如何承担民事责任问题的通知》明确规定:"一、出资人未出资或者未足额出资,但金融机构为企业提供不实、虚假的验资报告或者资金证明,相关当事人使用该报告或者证明,与该企业进行经济往来而受到损失的,应当由该企业承担民事责任。对于该企业财产不足以清偿债务的,由出资人在出资不实或者虚假资金范围内承担责任。二、对前项所述情况,企业、出资人的财产依法强制执行后仍不能清偿债务的,金融机构在验资不实部分或者虚假资金证明金额范围内,根据过错大小承担责任。此种民事责任不属于担保责任。"该通知确立的精神为,金融机构承担民事责任的前提是企业、出资人的财产依法强制执行后仍不能清偿债务的,金融机构才承担责任。结合本案情况,第三人欠原告工程款应当先由第三人承担,第三人不足以清偿的,由第三人的股东在出资不实或者虚假资金范围内承担责任,第三人及其股东的财产依法强制执行后仍不能清偿债务的,被告郑州商行纬五路支行在出具虚假资金证明金额范围内承担责任。

法院判决:

1. 第三人欠原告的工程款、利息、诉讼费、鉴定费,第三人的财产不足以清偿的,被告王明林、被告刘娟、被告王明山、被告王汉江、被告兰少伟、被告侣国庆对在第三人出资不实的90万元范围内按出资比例承担出资不实的赔偿责任;

2. 被告郑州市商业银行纬五路支行对上述第三人的债务,在第三人、被告王明林、被告刘娟、被告王明山、被告王汉江、被告兰少伟、被告侣国庆的财产依法强制执行后仍不能清偿的,在90万元的虚假资金证明范围内承担赔偿责任。

139. 会计师事务所出具不实验资报告,由此对被审计单位利害关系人造成损失的应如何承担责任?

会计师事务所因在审计业务活动中对外出具不实报告给利害关系人造成损失的,应当承担侵权赔偿责任,但其能够证明自己没有过错的除外。赔偿责任大小应根据过错承担确定,具体如下:

(1)应先由被审计单位赔偿利害关系人的损失。被审计单位的出资人虚假出资、不实出资或者抽逃出资,事后未补足,且依法强制执行被审计单位财产后仍不足以赔偿损失的,出资人应在虚假出资、不实出资或者抽逃出资数额范围内向利害关系人承担补充赔偿责任。

(2)对被审计单位、出资人的财产依法强制执行后仍不足以赔偿损失的,由会计师事务所在其不实审计金额范围内承担相应的赔偿责任。

(3)会计师事务所对一个或多个债权人在验资不实部分内承担的责任累计已经达到其应当承担责任部分的,对公司其他债权人不再承担赔偿责任。

对于多个债权人同时要求受偿的,会计师事务所应当在其出具的被验资单位注册资金证明金额不实部分内,就其应当承担责任的部分按比例分别承担赔偿责任。

五、虚假出资或抽逃出资的行政责任与刑事责任

140. 公司股东虚假出资或抽逃出资，应当承担哪些行政责任？

公司股东虚假出资或抽逃出资，由公司登记机关责令改正，处以虚假出资金额或抽逃出资金额5%以上15%以下的罚款。

141. 何为虚假出资、抽逃出资罪？其立案追诉标准以及量刑标准分别是怎样的？

虚假出资、抽逃出资罪，指实行注册资本实缴登记制的公司发起人、股东违反《公司法》的规定未交付货币、实物或者未转移财产权，虚假出资，或者在公司成立后又抽逃其出资，数额巨大、后果严重或者有其他严重情节的行为。2014年4月24日第十二届全国人民代表大会常委会第八次会议通过《关于〈中华人民共和国刑法〉第一百五十八条、第一百五十九条的解释》，虚报注册资本罪和虚假出资、抽逃出资罪只适用于依法实行注册资本实缴登记制的公司。也就是说，实行认缴登记制的公司股东不会承担虚报注册资本罪和虚假出资、抽逃出资罪的刑事责任。

（1）立案追诉标准

所谓"数额巨大、后果严重或者其他严重情节"，即公司发起人、股东违反《公司法》的规定未交付货币、实物或者未转移财产权，虚假出资，或者在公司成立后又抽逃其出资，涉嫌下列情形之一的，应予立案起诉：

①有限责任公司股东虚假出资数额在30万元以上并占其应缴出资数额60%以上的；股份有限公司发起人、股东虚假出资数额在300万元以上并占其应缴出资数额30%以上的；

②有限责任公司股东抽逃出资数额在30万元以上并占其实缴出资数额60%以上的，股份有限公司发起人、股东抽逃出资数额在300万元以上并占其实缴出资数额30%以上的；

③造成公司、股东、债权人的直接经济损失累计数额在10万元以上的；

④或虽未达到上述数额标准，但具有下列情形之一的：

a. 致使公司资不抵债或者无法正常经营的；

b. 公司发起人、股东合谋虚假出资、抽逃出资的；

c. 两年内因虚假出资、抽逃出资受过行政处罚两次以上，又虚假出资、抽逃出资的；

d. 利用虚假出资、抽逃出资所得资金进行违法活动的；

e. 其他后果严重或者有其他严重情节的情形。

(2) 量刑标准

构成虚假出资、抽逃出资罪,处5年以下有期徒刑或者拘役,并处或者单处虚假出资金额或者抽逃出资金额2%以上10%以下罚金。单位犯此罪的,对单位判处罚金,并对其直接负责的主管人员和其他直接责任人员,处5年以下有期徒刑或者拘役。

142. 何为非法吸收公众存款罪?其立案追诉标准以及量刑标准分别是怎样的?

非法吸收公众存款罪,是指非法吸收公众存款或者变相吸收公众存款,扰乱金融秩序的行为。

(1) 立案追诉标准

非法吸收公众存款或变相吸收公众存款,扰乱金融秩序的,涉嫌下列情形之一的,应予立案追诉:

①个人非法吸收或者变相吸收公众存款,数额在20万元以上的;单位非法吸收或者变相吸收公众存款,数额在100万元以上的。

②个人非法吸收或者变相吸收公众存款对象30户以上的,单位非法吸收或者变相吸收公众存款对象150户以上的。

③个人非法吸收或者变相吸收公众存款,给存款人造成直接经济损失数额在10万元以上的;单位非法吸收或者变相吸收公众存款,给存款人造成直接经济损失数额在50万元以上的。

④造成恶劣社会影响的。

⑤其他扰乱金融秩序情节严重的情形。

(2) 量刑标准

非法吸收公众存款,数额较大的,处3年以下有期徒刑或者拘役,并处或者单处2万元以上20万元以下罚金;数额巨大或者有其他严重情节的,处3年以上10年以下有期徒刑,并处5万元以上50万元以下罚金。

单位犯前款罪的,对单位判处罚金,并对其直接负责的主管人员和其他直接责任人员,依照上述的规定处罚。

[案例70]非法吸收公众存款　中富证券被罚百万[①]

被告单位: 中富证券

被告人: 彭军、楼群、陈军、李刚

---

① 参见上海市第二中级人民法院(2005)沪二中刑初字第117号判决书。

基本案情：

2001年6月，友联公司成立，注册资金200万元，德隆集团的法定代表人唐万新兼任总裁，德隆集团的董事唐万川、张业光（均另行处理）分别兼任法定代表人和常务副总裁。

2002年2月，被告单位成立，注册资金5.1亿元，该证券公司具有受托投资管理等业务的资质。2003年年初，被告单位经股权转让后的实际股东是利德公司等4家单位，利德公司控股54.12%。同时，唐万新在与唐万川、张业光等人共谋后，决定友联公司通过唐万川兼任法定代表人的中企公司以3.6亿余元的价格收购利德公司，开始控制被告单位。

2003年7月，被告人彭军受友联公司委派任被告单位总裁助理，全面负责资产管理业务；被告人陈军任被告单位资产管理部总经理，具体负责资产管理业务的操作。其间，唐万新明确要求被告人彭军以保本并支付高于银行同期利率数倍利息的方法吸收公众资金，并下达了吸收资金6亿元的指标，还规定所吸收的资金由友联公司统一支配。为此，被告人彭军、被告人陈军先后制定了《分支机构开展资产管理业务的指导意见》《委托资产管理业务考核暂行办法》等具体规则，拟制了《资产管理委托协议书》《资产管理委托协议附加条款》等合同的格式文本，多次召开各部门和下属营业部相关人员参加会议，组织员工培训和向各营业部分解指标等。2003年9月至12月，被告单位向北京市人防开发管理中心等5家单位和王宏等22名个人吸收资金计1.9亿余元。

2004年1月，被告人彭军离开被告单位后，被告人楼群受友联公司委派接任被告单位副总裁，全面负责资产管理等业务。同年2月，被告人陈军离开被告单位，资产管理部的业务由时任该部门副总经理的被告人李刚具体操作。同年4月，被告人楼群被任命为被告单位总裁，被告人李刚任被告单位资产管理部总经理。其间，在唐万新向被告人楼群等人下达了吸收资金30亿元的指标后，被告人楼群、被告人李刚除沿用被告人彭军、被告人陈军任职期间制定的相关运作制度外，还通过召开会议、培训员工、分解指标、提高利率、到各营业部巡查等方法，继续以上述同样方法吸收公众资金。2004年1月至同年4月间，被告单位向通用燃气有限公司等17家单位和殷新红等41名个人吸收资金计6亿余元。

公诉机关指控：

友联公司通过中企公司完成对被告单位收购后，由被告单位以资产管理为名，采用承诺保本和固定年收益4.5%至13%的方式，吸收公众存款供友联公司统一使用。

2003年9月至2004年4月,被告单位变相吸收公众存款7.9亿余元。其中,被告单位在被告人彭军任职期间吸收资金1.9亿余元;被告人楼群任职期间吸收资金6亿余元;被告人陈军任职期间吸收资金2.2亿余元;被告人李刚任职期间吸收资金5.7亿余元。上述资金主要用于购买新疆屯河、湘火炬、合金投资等股票和国债,调拨至其他单位、支付资产管理合同本金和利息、业务拓展等。至案发,尚有6.1亿余元未向被吸收存款人兑付。被告单位的行为已触犯《刑法》第176条的规定,数额巨大,应以非法吸收公众存款罪追究其刑事责任。被告人彭军、被告人楼群应作为直接负责的主管人员承担刑事责任,被告人陈军、被告人李刚应作为直接责任人员承担刑事责任。鉴于被告单位及各被告人均有自首情节,可依法从轻或者减轻处罚。

被告单位辩称:

被告单位具有受托资产管理业务资质,其向客户收取7.9亿余元资金中的大部分均用于资产管理业务,故指控被告单位的部分行为构成犯罪,缺乏法律依据。

被告人楼群辩称:

对被告人楼群等人的违规行为法律没有规定为犯罪,被告人楼群在被告单位开展工作受董事会和董事长领导,也不是直接负责的主管人员,故被告人楼群的行为不构成犯罪。

被告人彭军辩称:

1. 被告人彭军等人具有违规行为,应给予行政处罚,指控被告人彭军的行为构成犯罪,缺乏法律依据;

2. 指控被告人彭军的犯罪金额中,有1.1亿元资金没有存入被告单位,有3000万元资金不是发生在被告人彭军任职期间,被告人彭军不应对上述1.4亿元承担责任。

被告人陈军辩称:

被告人陈军主观上无犯罪的直接故意,且法律也未对被告人陈军等人的行为规定为犯罪,故被告人陈军不构成犯罪。

被告人李刚辩称:

被告人李刚根据单位安排履行职责,故指控被告人李刚系被告单位单位犯罪中直接责任人员的证据不足。

法院认为:

1. 被告单位在未经中国人民银行批准的情况下,以开展所谓的资产管理业务的名义,采用保本付息的方法,向社会不特定的单位和个人变相吸收存款计

7.9亿余元,其行为与《证券法》第143条关于"证券公司不得以任何方式对客户证券买卖的收益或者赔偿证券买卖的损失作出承诺"的规定相违背。国务院颁布施行的《非法金融机构和非法金融业务活动取缔办法》第4条规定:"前款所称非法吸收公众存款,是指未经中国人民银行批准,向社会不特定对象吸收资金,出具凭证,承诺在一定期限内还本付息的活动;所称变相吸收公众存款,是指未经中国人民银行批准,不以吸收公众存款的名义,向社会不特定对象吸收资金,但承诺履行的义务与吸收公众存款性质相同的活动。"被告单位的行为,与未经中国人民银行批准,变相吸收公众存款的性质相同,严重扰乱了国家的金融秩序,已触犯《刑法》第176条的规定,构成非法吸收公众存款罪,且被告单位吸收公众存款7.9亿余元后,已构成犯罪既遂,该款均应作为犯罪数额认定,其用途并不能改变非法吸收的性质。

2. 被告人彭军、被告人楼群先后受友联公司委派,分别担任被告单位总裁助理和副总裁、总裁,两人在明知其负责开展的保本付息吸收公众存款"业务"系违法行为的情况下仍积极付诸实施,其中被告人彭军任职期间吸收存款1.9亿余元,被告人楼群任职期间吸收存款6亿余元,两人均应承担被告单位单位犯罪中直接负责的主管人员的刑事责任。

3. 被告人陈军、被告人李刚先后担任被告单位资产管理部总经理,两人在明知被告单位开展的保本付息吸收公众存款"业务"系违法行为的情况下仍具体操作,其中被告人陈军任职期间吸收存款2.2亿余元,被告人李刚任职期间吸收存款5.7亿余元,两人均应承担被告单位单位犯罪中其他直接责任人员的刑事责任。

公诉机关指控被告单位和各被告人犯罪的罪名成立。4位被告人的辩解均不能否认被告单位变相吸收公众存款和各被告人的地位、作用等事实,均不予采纳。

鉴于被告单位和各被告人在案发前向司法机关如实供述犯罪事实,系自首,依法均可减轻处罚。根据本案的具体情况,对被告人陈军、被告人李刚可以宣告缓刑。

法院判决:

1. 被告单位犯非法吸收公众存款罪,判处罚金人民币100万元;

2. 被告人彭军犯非法吸收公众存款罪,判处有期徒刑1年,并处罚金人民币4万元;

3. 被告人楼群犯非法吸收公众存款罪,判处有期徒刑1年零6个月,并处罚

金人民币5万元;

4. 被告人陈军犯非法吸收公众存款罪,判处有期徒刑1年,缓刑1年,并处罚金人民币3万元;

5. 被告人李刚犯非法吸收公众存款罪,判处有期徒刑1年零6个月,缓刑1年零6个月,并处罚金人民币4万元;

6. 违法所得的一切财物予以追缴。

143. 何为集资诈骗罪？其立案追诉标准以及量刑标准分别是怎样的？

集资诈骗罪,是指以非法占有为目的,使用诈骗方法非法集资,数额较大的行为。

(1) 立案追诉标准

个人集资诈骗,数额在10万元以上的,单位集资诈骗,数额在50万元以上的,应予追诉。

个人进行集资诈骗,数额在10万元以上的,应当认定为"数额较大";数额在30万元以上的,应当认定为"数额巨大";数额在100万元以上的,应当认定为"数额特别巨大"。

单位进行集资诈骗,数额在50万元以上的,应当认定为"数额较大";数额在150万元以上的,应当认定为"数额巨大";数额在500万元以上的,应当认定为"数额特别巨大"。

集资诈骗的数额以行为人实际骗取的数额计算,案发前已归还的数额应予扣除。行为人为实施集资诈骗活动而支付的广告费、中介费、手续费、回扣,或者用于行贿、赠与等费用,不予扣除。行为人为实施集资诈骗活动而支付的利息,除本金未归还可予折抵本金以外,应当计入诈骗数额。

(2) 量刑标准

①犯集资诈骗罪,数额较大的,处5年以下有期徒刑或者拘役,并处2万元以上20万元以下罚金;数额巨大或者有其他严重情节的,处5年以上10年以下有期徒刑,并处5万元以上50万元以下罚金;数额特别巨大或者有其他特别严重情节的,处10年以上有期徒刑或者无期徒刑,并处5万元以上50万元以下罚金或者没收财产。

②数额特别巨大并且给国家和人民利益造成特别重大损失,处无期徒刑或者死刑,并处没收财产。

③对单位判处罚金,并对其直接负责的主管人员和其他直接责任人员,处5

年以下有期徒刑或者拘役;数额巨大或者有其他严重情节的,处 5 年以上 10 年以下有期徒刑;数额特别巨大或者有其他特别严重情节的,处 10 年以上有期徒刑或者无期徒刑。

【案例71】吴英案几经波折 重审改判无期

被告人:吴英

基本案情:

被告人吴英,1981 年 5 月 20 日出生于浙江省东阳市,中专文化,本色集团法定代表人。

被告人于 2003 年 8 月在浙江省东阳市开办东阳吴宁贵族美容美体沙龙;2005 年 3 月开办东阳吴宁喜来登俱乐部,同年 4 月开办东阳市千足堂理发休闲屋,同年 10 月开办东阳韩品服饰店;2006 年 4 月成立东阳市本色商贸有限公司,后注资人民币 5000 万元成立本色控股集团有限公司,同年 7 月成立东阳开发区本色汽车美容店、东阳开发区布兰奇洗衣店,同年 8 月先后成立浙江本色广告有限公司、东阳本色洗业管理服务有限公司、浙江本色酒店管理有限公司、东阳本色电脑网络有限公司、东阳本色装饰材料有限公司、东阳本色婚庆服务有限公司,同年 9 月成立东阳本色物流有限公司,同年 10 月组建本色集团,子公司为本色广告公司、本色酒店管理公司、本色洗业管理公司、本色电脑网络公司、本色婚庆公司、本色装饰材料公司、本色物流公司等。

2005 年 5 月至 2007 年 2 月,被告人以每万元每天 40~50 元、最高年利率超过 180% 的高额利息或高额投资回报为诱饵,骗取集资款人民币 77,339.5 万元,实际集资诈骗人民币 38,426.5 万元。被告人将上述款项一是购买房产,最早是购买博大置业的房产,花了 2200 万元左右;接着是通江花园,有两幢别墅和街面房等,花了将近 3000 万元;再是现代投资公司的望宁公寓,花了 5000 多万元;入股博大花园,定金交了 2600 万元;购置稀宝广场房交了定金 500 万元;在湖北荆门白云大道买了街面房十几间,花了 1400 万元左右,三个套间 70 万~80 万元;在诸暨购买商务写字楼,花了将近 300 万元;为投标江北土地交了押金 800 万元;以上共计 15,880 万元;二是购置公司的车辆及个人用的车辆,以公司名义买的车有 30 多辆,花了 1500 万~1600 万元购车费,还有上牌、交税的一些费用,个人的车是法拉利跑车花了 375 万元;以上共计 2000 万元左右;三是从方黎波处购买珠宝花了 2300 多万元;四是装潢本色概念酒店用了 3000 万元左右;五是汽车美容一项,买设备加装潢、房租等,花了 200 万~300 万元;六是衣服干洗一项,买设备、加盟布兰奇、房租等,花了100多万元;七是广告公司,用于东义路广告牌、集团总部的广告牌、房租、广告公司的装潢等,花了400万~500万元;八是商贸城一项,办公室装潢、空调等花了200万元,5楼家具200万元,1~3楼的货物价值200万~300万元,商贸城总计花了1000万元左右;九是网吧经营,房租及电脑设备共花了500万~600万元;十是建材城的装潢、广告及样品,花了多少记不清了,广告和装潢200万元是有的;十一是收购伊人婚纱店花了50万元;十二是仓库里还有一些库存,多少搞不清楚;十三是集团员工的工资,从2006年3月至12月共付了将近2000万元;十四是商贸城附近开了一个职工食堂,花了69万元;十五是聘请律师,付了50万元;十六是赞助费,西宅小学80万元,磐安50万元;十七是装潢义乌小山宾馆500万~600万元;十八是赞助报纸杂志100多万元;十九是湖北信义公司办公楼装潢40万~50万元;二十是诸暨信义公司装潢花了将近100万元;二十一是公司正常经营的费用,如差旅费、招待费等,多少弄不清楚;二十二是经营期货亏了5000万元;二十三是个人花费有将近1000万元,买衣服、包、鞋、化妆品、手表等有400万元左右,坐飞机、吃饭请客、娱乐消费等600万元是有的。以上23项共计32,910万元左右。

2006年12月21日,被告人被债权人杨志昂以"有一笔20亿美元的业务"为由,骗至温州王朝大酒店,逼其签署了大量空白文件,取走本色集团营业执照,直接导致本色集团崩盘。

2007年1月10日,东阳市政府一纸公告,查封了本色旗下全部产业。

2007年2月7日,被告人因涉嫌犯非法吸收公众存款罪被东阳市公安局刑事拘留,同年3月16日被逮捕。

公诉机关指控:

被告人集资诈骗数额特别巨大并造成特别重大损失,构成集资诈骗罪。

1. 本色集团股东工商登记为被告人及其妹吴玲玲,但吴玲玲并未实际出资和参与经营。自2005年3月开始,被告人就以合伙或投资等为名,向徐玉兰、俞亚素、唐雅琴、夏瑶琴、竺航飞、赵国夫等人高息集资。至2006年4月本色集团成立前,被告人已负债1400余万元。为能继续集资,被告人用非法集资款先后虚假注册了上述众多公司,成立后大都未实际经营或亏损经营,但被告人采用虚构事实、隐瞒真相、虚假宣传等方法,给社会造成其公司具有雄厚经济实力的假象,以骗取更多的社会资金。

2. 2005年5月至2007年2月,被告人以高额利息为诱饵,以投资、资金周转等为名,先后从林卫平、杨卫陵、杨卫江等11人处非法集资人民币77,339.5万元,用于偿还本金、支付高额利息、购买房产、汽车及个人挥霍等,实际集资诈骗人民币38,426.5万元。

3. 被告人还用非法集资所得的资金购买的房产于2006年11月至2007年1月向王香镯、宋国俊、卢小丰、王泽厚、陈庭秀抵押借款共计人民币6619万元,案发前已归还人民币1000万元,尚欠人民币5619万元。

4. 被告人开办的公司因装修、进货、发售洗衣卡、洗车卡等,相关的单位和个人向公安机关申报债权,总计人民币2034余万元。

5. 2006年10月,被告人以做珠宝生意为名,从方黎波处购进了标价12,037万元的珠宝,支付货款2381万元。除部分在案发前还存放在被告人办公室外,大部分珠宝被被告人用于抵押或送人。

6. 案发后,公安机关依法查封和冻结了被告人及相关公司名下和相关人员名下的财产和银行存款。被告人及其公司的财产经鉴定,总计价值人民币17,164万元。

被告人辩称:

向本案被害人借钱数额和未归还的数额无异议。但其主观上无非法占有的故意,借的钱也是用于公司的经营活动,并未用于个人挥霍。认为其行为不构成犯罪,理由如下:

1. 被告人主观上无非法占有的目的。

(1)公诉机关指控被告人"明知没有归还能力而大量骗取资金"没有事实依据;

(2)被告人所借款项用于公司经营有关的房产、汽车、购买股权等活动,只有小部分购买了珠宝,且购买珠宝的目的也是为了经营;

(3)被告人不具有"其他非法占有资金、拒不返还的行为",其所借款项由于种种原因客观上无力返还,而不是有能力归还故意霸占不予返还。

2. 被告人在借款过程中没有使用虚构事实等手段骗取他人财物。

3. 本案所涉被害人均属亲戚朋友和熟人,不属"社会公众",不能以非法集资论。

4. 本案被指控的行为属公司行为,被告人系本色集团的董事长,所得借款也用于公司活动。

5. 本案被告人系本色集团的法定代表人,其向本案被害人借款时,有的是以单位的名义,有的虽然以个人名义,但所借款均用于单位的经营活动,根据法律规定,属单位行为。

6. 公诉机关指控事实不清、证据不足。

(1) 本案集资款的数额、还款数额有的只是按照当事人的陈述,没有客观、翔实的证据;

(2) 集资款具体去向未经司法鉴定;

(3) 现公诉机关提供的对被告人公司的财产鉴定结论书不公正、不客观、不准确、不全面。

综上,被告人的行为属于一种民间借贷行为,不符合《刑法》关于集资诈骗罪的规定,请求对被告人作出无罪判决。

一审认为:

1. 对本案事实的认定。

被告人对公诉机关指控向上述11人借款及未归还的数额无异议,其辩护人提出,对没有相关银行凭证、只有债权人记录的借款,存在债权人夸大事实和包括利息的可能,故应当排除,但未就具体哪一笔提出意见。本院认为,上述事实,不仅有被害人的陈述、证人证言、银行往来凭证等证据所证实,被害人记录的借款时间、金额也经被告人核对确认,故予以认定。

被告人及其辩护人提出,鉴定结论不客观,要求重新鉴定。本院经审查认为,出具鉴定结论的评估机构是法定的鉴定部门,且出具的鉴定结论与客观实际相符,具有法定的效力,予以采信,故被告人及其辩护人提出的意见无事实依据,本院不予采纳。被告人及其辩护人提出,要求对公司的财务进行司法审计。经查,公诉机关提供的三个会计师事务所出具的情况说明,均证明因会计资料不全等客观原因,无法审计,故不予采纳。由于辩方证人对被告人资金的来源与去向并不知情,亦与在侦查阶段所作的证言不相符,故本院不予采信。

2. 关于被告人主观上是否具有非法占有他人财物的故意,即其行为是否构成犯罪的问题。

(1) 本身无经济基础,无力偿还巨额高息集资款。

本案的证人俞亚素、唐雅琴、夏瑶琴、周忠红、徐玉兰等人的证言、现金账、借条、欠条、银行本票、汇票、工商登记材料、被告人的供述等证据,证实被告人开办千足堂、汽车租赁等店时,已经向俞亚素、徐玉兰等人借款,且所集款均以高息或高分红投资回报为诱饵筹得(每万元每日35元、40元、50元)。其开办的美容店、千足堂等,注册资金也只是14万元。至2005年八九月时,被告人已负债上千万元。被告人明知汽车租赁等经营收入,根本无法支付约定的高息、高分红,在资不抵债、入不敷出的情况下,为资金链的延续,于2005年下半年开始,以高息和高额回报为诱饵,大量非法集资。

(2)虚构事实,隐瞒真相,骗取巨额资金。

本案证人证言、书证及被告人的供述均可证实,被告人在实际并未投资白马服饰城商铺和收购湖北荆门酒店的情况下,却以炒商铺、收购烂尾楼需要等名义向他人大量集资。并在从事期货投资已造成近5000万元巨额亏损的情况下,仍向他人支付所谓的高额利润。被告人不仅对出借人隐瞒巨额负债的事实,且对公司的管理人员均隐瞒其资金来源和去向,并用非法集资所得的资金,注册成立多家公司,在社会上进行虚假宣传,其实质是为了掩盖巨额负债的事实,给社会公众造成其有雄厚经济实力的假象,以骗取更多的社会资金。

(3)随意处置集资款。

被告人在负债累累、无经济实力,且无经营管理能力的情况下,不计回报,虚假设立公司,挥霍集资款。其所设立的公司均无法在短期内产生效益,个别经营活动盈利极少,大多是处于亏损的状况。在本身毫无经济实力的情况下,被告人为维持资金雄厚的假象,用集资款支付2381万元,签订上亿货款的珠宝合同,而所购的珠宝随意处置。其明知没有投资能力,不计后果签订开发博大新天地商品房,明知自己没有投资和经营能力,盲目投标江北甘溪路地块,造成定金、保证金1400万元被没收。用集资款支付中间人巨额介绍费;用集资款捐赠达230万元;在无实际用途的情况下,花近2000万元购置大量汽车,其中为本人配置购价375万元的法拉利跑车;为所谓的拉关系随意给付他人钱财130万元;其本人一掷千金,肆意挥霍,其供认花400万元购买名衣、名表、化妆品,同时进行高档娱乐消费等花费达600万元。

(4)巨额集资无账目。

被告人供认:"其实前期的借款我都有记录过,我把记录的账本放在自己的包里。后来因我的包有五六次被偷被抢,里边的账本也被拿去了,我自己干脆就不记录了,就凭我脑袋瓜的记忆,再说借我款的人也有账记录的,我都相信他们的。"可见其本人对到底借了多少资金并不在意,对归还多少本金和利息亦十分随意。此外,东阳市三个会计师事务所均出具说明,证明其相关公司无法审计,足见其财务管理混乱的程度。

(5)造成巨额资金无法追回。

根据现有的证据,证实被告人实际诈骗数额3.8个多亿,造成巨额资金无法归还。

虽然被告人一再辩称,其主观上无非法占有的目的,想通过将公司做强做大后上市,再将借款归还。但根据其供述及其私刻假银行印章在承诺书上盖章等行为,足以证实,其系用汇票证明自身有经济实力,以应付他人催讨,拖延时间,继续骗取借款及意图从银行"融资",以后债归还前债的方法维持资金链的延续。

综上,本院认为,被告人明知没有归还能力,仍虚构借款用途,以高息为诱饵,大肆向社会公众集资,并对取得的集资款恶意处分和挥霍,造成巨额资金不能返还,足以认定其主观上具有非法占有的故意。故被告人及其辩护人提出被告人的行为属正常的民间借贷、不构成犯罪的意见与本院查明的事实及法律规定不符,不予采纳。

3. 关于本案属单位犯罪还是自然人犯罪的问题。

(1)从本色集团设立情况看,被告人成立公司的注册资金都来自非法集资和借款,注册资金来源非法;公司的另一股东吴玲玲,在未出资且不知情的情况下,签名后成为名义股东。本色集团违反了《公司法》关于设立有限责任公司的规定,不具备《公司法》上关于单位应当依法设立的特征,不具有单位资格,即实质上是被告人个人公司,法律责任应由被告人个人承受。

(2)从本色集团的经营状况看,本色集团除了用借款和非法集资的款项购置房地产、汽车、装潢等,实际的经营活动极少。公司的设立是给被告人非法集资提供幌子,其不断扩大公司规模、作虚假宣传,提高影响力,误导公众对其本身经济实力的认识,实质上是为掩盖其集资诈骗的事实,并为其继续集资诈骗提供便利。公司中资金流量和使用最频繁的就是有关非法集资的款项来往,即公司设立后,是以实施犯罪为主要活动,公司人格依法应予以否认。

(3)从资金的取得看,均系被告人一人所为,且被告人对公司的任何人均隐瞒了资金的来源。

(4)从对外集资的形式上看,被告人大多是以个人名义进行,而不是以本色集团的名义进行。正如被告人本人供认"我以个人名义就能借到钱,只是应对方要求在借条上写上本色集团为担保人"。且大量资金是进入被告人的个人账号。

(5)从非法集资的目的上看,被告人并非为了公司的利益。其所集资的资金虽有部分用于所谓的公司注册经营,但其公司经营的都是传统产业,利润较低,甚至亏损,根本无法承担应付的高额利息。而且被告人的集资行为并没有从公司利益出发,也并非为了让公司获取经营资金。公司成立前,被告人已进行非法集资,公司成立后的非法集资行为只是公司成立之前行为的延续,公司设立前后的行为是一个整体,不能割裂开来看。

综上,被告人非法集资多以个人名义实施,公司亦用非法资金出资;将既无出资也不知内情的吴玲玲挂名为股东,虚假设立,故公司实质上是被告人的个人公司,不具有《公司法》意义上的实质内涵,不具有承担法律责任的公司人格。且公司财产均系高息集资的资金购置;其设立的公司经营活动极少,在集资过程中出具的借条中有公司名义的,也无非是被告人为应对出借人的要求,骗取他人的信任,即公司只是被告人犯罪的工具。根据《最高人民法院关于审理单位犯罪具体应用法律有关问题的解释》第2条"个人为进行犯罪活动而设立公司、企业、事业单位的,或者公司、企业、事业单位设立后,以实施犯罪为主要活动的,不能以单位犯罪论处"的规定,本案被告人的行为不能以单位犯罪论处。故本院对辩护人提出被告人的行为系单位行为的意见不予采纳。

4. 被告人的行为是否符合集资诈骗罪的问题。

公诉机关指控的本案被害人虽然只有11人,但根据现有的证据,足以证实被告人系通过虚假宣传、支付高额利息及所谓的高额投资回报等形式,误导社会公众,通过本案的11名被害人将款项投资给被告人。而且被告人明知林卫平、杨卫陵、杨卫江、杨志昂等人是做融资生意的,他们的资金也系非法吸存所得到。仅林卫平一人,所涉人员和单位就达66人。另被告人除了向本案11名被害人非法集资外,还向王香镯、宋国俊、卢小奉、王泽厚、陈庭秀、俞亚素、唐雅琴、夏瑶琴等人非法集资。被告人除了本人非法集资外,还授意徐玉兰向他人非法集资,徐玉兰非法吸收公众存款所涉人员达14人。综上,被告人的行为完全符合集资诈骗罪的构成要件。

被告人以非法占有为目的,隐瞒事实真相,虚构资金用途,以高额利息或高额投资回报为诱饵,骗取集资款人民币77,339.5万元,实际集资诈骗人民币38,426.5万元,数额特别巨大,其行为不仅侵犯了他人的财产所有权,而且破坏了国家的金融管理秩序,已构成集资诈骗罪。公诉机关指控罪名成立,本院予以支持。被告人及其辩护人提出,被告人的行为属正常的民间借贷、不构成集资诈骗罪的意见,与本院查明的事实及法律规定不符,本院不予采纳。鉴于被告人集资诈骗数额特别巨大,给国家和人民利益造成了特别重大损失,犯罪情节特别严重,应依法予以严惩。

一审判决①:

1. 被告人犯集资诈骗罪,判处死刑,剥夺政治权利终身,并处没收其个人全部财产;

---

① 参见浙江省金华市中院(2009)浙金刑二初字第1号刑事判决书。

2. 被告人违法所得予以追缴,返还被害人。

被告人不服一审判决,向上级人民法院提起上诉。

被告人上诉称:

被告人的行为不构成犯罪。同时又称,被告人即使构成犯罪,也不属犯罪情节特别恶劣,社会危害性极其严重,一审量刑显属不当;被告人检举揭发他人犯罪的行为,构成重大立功。

被告人在二审开庭审理中又称自己的行为已构成非法吸收公众存款罪。

二审开庭审理后,被告人又提出书面申请,要求撤回上诉。

二审认为:

原判定罪和适用法律正确,量刑适当,审判程序合法。

1. 被告人自2006年4月成立本色集团前已负巨额债务,其后又不计条件、不计后果地大量高息集资,根本不考虑自身偿还能力,对巨额集资款又无账目、记录;同时,被告人将非法集资所得的资金除少部分用于注册传统微利行业的公司以掩盖真相外,绝大部分集资款未用于生产经营,而是用于支付前期集资款的本金和高额利息、大量购买高档轿车、珠宝及肆意挥霍;案发前被告人四处躲债,根本不具偿还能力,原判据此认定被告人的行为具有非法占有的目的并无不当。

2. 在案的被害人陈述和被告人的供述证实,被告人均系以投资商铺、做煤和石油生意、合作开发酒店、资金周转等各种虚假的理由对外集资,同时,被告人为给社会公众造成其具有雄厚经济实力的假象,采用短时间大量虚假注册公司,并用这些公司装扮东阳市本色一条街;经常用集资款一次向一个房产公司购买大批房产、签订大额购房协议;买断东义路广告位集中推出本色宣传广告,制作本色宣传册向社会公众虚假宣传;将骗购来的大量珠宝堆在办公室炫富;在做期货严重亏损情况下仍以赚了大钱为由用集资款进行高利分红,被告人的上述种种行为显系以虚构事实、隐瞒真相、向社会公众虚假宣传的欺骗方法集资。

3. 被告人除了本人出面向社会公众筹资外,还委托部分不明真相的人向社会公众集资,虽原判认定的直接受害人仅为11人,但其中林卫平、杨卫陵、杨志昂、杨卫江4人的集资对象就有120多人,受害人涉及浙江省东阳、义乌、奉化、丽水、杭州等地,大部分是普通群众,且被告人也明知这些人的款项是从社会公众吸收而来,被告人显属向不特定的社会公众非法集资,有公众性。

4. 本色集团及各公司成立的注册资金均来自非法集资,成立后大部分公司都未实际经营或亏损经营;被告人用非法集资来的资金注册众多公司的目的是为虚假宣传,给社会公众造成本色集团繁荣的假象,以骗得更多的社会资金。

5. 被告人大量集资均以其个人名义进行，大量资金进入的是其个人账户，用途也由其一人随意决定。故本色集团及所属各公司实质上是被告人非法集资的工具，原判认定本案为被告人个人犯罪准确。

综上，被告人上诉及其二审辩护人辩称被告人没有非法占有的目的、主观上没有诈骗故意、客观上没有实施欺诈行为、没有用虚假宣传欺骗社会公众、本案属于单位犯罪等理由均不能成立，不予采信。原判认定的事实清楚，证据确实、充分。被告人所谓检举揭发他人犯罪，经查，均系其为了获取非法利益而向他人行贿，依法不构成重大立功。被告人以非法占有为目的、采用虚构事实、隐瞒真相、向社会公众作虚假宣传等诈骗方法非法集资，其行为已构成集资诈骗罪。被告人在二审庭审中辩称其仅构成非法吸收公众存款罪，二审辩护人提出被告人的行为不构成犯罪及要求改判无罪的理由，均与查明的事实及法律规定不符，不予采纳。被告人集资诈骗数额特别巨大，并给国家和人民利益造成了特别重大损失，犯罪情节特别严重，应依法予以严惩。二审辩护人要求对被告人从轻改判的理由亦不能成立，不予采纳。出庭检察员的意见成立，应予采纳。被告人在二审庭审之后要求撤回上诉的请求，依法不予准许。

二审裁定①：

驳回上诉，维持原判。

裁定后，法院依法向最高人民法院提起死刑复核。

最高人民法院认为：

二审裁定认定被告人吴英犯集资诈骗罪的事实清楚，证据确实、充分，定性准确，审判程序合法。

鉴于被告人归案后，如实供述所犯罪行，并供述了其贿赂多名公务人员的事实，综合全案考虑，对被告人判处死刑，可不立即执行。

最高人民法院裁定②：

不核准被告人死刑，将案件发回浙江省高级人民法院重新审判。

重审认为：

被告人集资诈骗数额特别巨大，给受害人造成重大损失，且其行为严重破坏了国家金融管理秩序，危害特别严重，应依法惩处。

鉴于被告人归案后如实供述所犯罪行，并主动供述了其贿赂多名公务人员的

---

① 参见浙江省高级人民法院(2010)浙刑二终字第27号刑事裁定书。
② 参见天涯社区网 http://www.tianya.cn/publicforum/content/free/1/2494160.shtml，2012年7月27日访问。

事实,其中已查证属实并追究刑事责任的有 3 人,综合考虑,对被告人判处死刑,缓期二年执行。

终审判决①:

被告人犯集资诈骗罪,判处死刑,缓期二年执行,剥夺政治权利终身,并处没收其个人全部财产。

2014 年 7 月 11 日,浙江省高级人民法院依法公开开庭审理罪犯吴英减刑一案,当庭作出裁定:将吴英的死刑(缓期二年执行)、剥夺政治权利终身,减为无期徒刑、剥夺政治权利终身。

【案例72】非法集资行为无效　发行人与代理人均担责②

原告:钟云先、钟林江等1257人

被告:西陵公司、西陵集团、建行三峡分行城区支行

诉讼请求:判令三位被告返还集资款 11,334,179 元人民币及利息。

争议焦点:

1. 银行下设办事处独立承担责任还是由其上级单位承担责任;

2. 明知发行行为违法仍代理发行、奖券兑换集资单行为是否应承担连带责任。

基本案情:

1993 年 2 月 16 日至 5 月 5 日,被告西陵公司与建行西陵办事处签订了《协议书》和《补充协议书》,约定:1. 被告西陵公司通过建行西陵办事处代理向全社会发行"购房奖券",并向被告建行三峡分行城区支行支付 3% 的发售及兑付手续费,同时负责奖券的设计、监印、加盖其公章及其他印章。2. 建行西陵办事处负责代理发行的组织及落实、奖券的发售及柜面宣传,负责回笼现金的清点、接送、进账及代开收据,负责奖券发售加盖日戳。

该协议履行过程中,原告购买了"购房奖券"。该奖券期限为 8 个月,年利率为 20%。1995 年,奖券陆续到期,被告西陵公司无力兑付,即通过为民储蓄所将到期的奖券更换成被告西陵公司出具的"内部大额集资单"。该集资单载明:存期 1 年,年利率分别为 20%、23% 和 25%。

---

① 参见浙江法院网 http://www.zjcourt.cn/content/20060320000023/20120521000028.html,2012 年 7 月 27 日访问。

② 参见最高人民法院(1998)民终字第 193 号民事判决书。

为民储蓄所系由建行星火路办事处与被告西陵集团联合开办。建行西陵办事处与建行星火路办事处均隶属于被告建行三峡分行城区支行。

被告西陵公司、被告西陵集团、为民储蓄所的住所地均在宜昌市珍珠路××号。将购房奖券兑换成被告西陵公司的内部大额集资单即在该址进行。为民储蓄所的工作人员参与了购房奖券的兑付工作,并在大额集资单上加盖了用于储蓄业务的个人名章。

原告诉称:

1997年,集资单全部到期,被告西陵公司无力兑付。原告多次要求兑付未果。

原告为证明其观点,提交证据如下:

被告西陵公司出具的加盖了为民储蓄所工作人员个人名章的"内部大额集资单"。

被告建行三峡分行城区支行辩称:

集资的筹措行为与奖券的发售行为不具有法律上的因果关系。本案中,奖券的兑付存在两种形式:一种是实物兑奖形式,另一种是以现金形式兑付。原告由于受高额集资利息的诱惑,自愿用兑现的现金参与集资。集资并非以奖券的发售为前提和基础,奖券的代理发售关系因奖券的兑付已归于消灭,且众原告中,有些人从未购买过"购房奖券",仅仅是"内部大额集资单"的购买者,还有些人在将"购房奖券"兑换成"内部大额集资单"时追加了资金。发售"购房奖券"和将奖券兑换成"内部大额集资单"是两个独立的民事行为,不能因为银行代理了"购房奖券"的发行,就要求其承担兑付"内部大额集资单"的连带责任。故被告建行三峡分行城区支行不应承担返还集资款的连带责任。

被告建行三峡分行城区支行对原告所提供的证据发表质证意见如下:

被告建行三峡分行城区支行没有实施集资代理行为。原告未能提供任何证据证明其所持有的集资单是从何处取得,更未能证明为民储蓄所实施了奖券兑换行为;原告所持的全部集资单中没有一份盖有为民储蓄所印章。没有单位印章,就不能认为是单位行为。

被告西陵公司、被告西陵集团未进行答辩。

律师观点:

1. 被告西陵公司擅自发行购房奖券和大额集资单的行为无效。

被告西陵公司未经金融行政主管部门的批准,向社会公开发行购房奖券和大额集资单,属违法集资,为无效民事行为。由此产生的法律后果,被告西陵公司应承担主要责任。原告疏于对购房奖券和大额集资单发行合法性的注意,亦应承担一定责任。

2. 建行西陵办事处、被告建行三峡分行城区支行明知被告西陵公司发行购房奖券的行为是违法集资,仍代理发行,应当承担连带责任。

建行西陵办事处明知被告西陵公司未经金融行政管理部门批准向社会发行购房奖券属非法集资性质,仍代理发行该购房奖券,根据《民法通则》第67条的规定,当代理人知道被委托代理的事项违法仍然进行代理活动的,应由被代理人和代理人负连带责任。因此,建行西陵办事处应对被告的行为负连带责任。因其为被告建行三峡分行城区支行的下属单位,其责任应由被告建行三峡分行城区支行承担。

由于被告建行三峡分行城区支行并未提出有说服力的证据证明具体有哪些人没有购买"购房奖券",又有哪些人在兑换过程中追加了多少资金。故被告建行三峡分行城区支行仍应承担连带责任。

3. 为民储蓄所代理被告西陵公司将到期奖券更换成大额集资单,该行为属于违法集资行为的继续,应当承担连带责任。

为民储蓄所与被告西陵公司、被告西陵集团的住所地均在宜昌市珍珠路××号,该所工作人员在这一地址经手将该奖券兑换成被告西陵公司的内部大额集资单,由于该行为是购房奖券兑付行为的一部分,因此是违法集资行为的继续。又由于为民储蓄所的工作人员在特定的地点所进行的特定行为,使集资户有理由相信其系为民储蓄所的行为,该所客观上对集资户起到了一种集资行为有银行参与的误导作用,因此,为民储蓄所应与被告西陵公司承担连带责任。

被告建行三峡分行城区支行以内部大额集资单上没有为民储蓄所的印章、该所部分工作人员参与将购房奖券兑换成内部大额集资单并在集资单上加盖名章的行为是个人行为而不是为民储蓄所的行为为由主张免责,缺少事实和法律依据。

因为民储蓄所系建行星火路办事处与被告西陵集团联合开办,故为民储蓄所的责任应由两开办单位承担。又因建行星火路办事处为被告建行三峡分行城区支行的下属单位,故其责任应由被告建行三峡分行城区支行承担。

法院判决:

1. 被告西陵公司开具给原告的内部大额集资单无效。

2. 被告西陵公司于判决发生法律效力之日起15日内偿还原告集资款人民币11,334,179元及利息(利息按中国人民银行同期存款利率从开具集资单之日起计至给付完毕之日止)。

3. 被告建行三峡分行城区支行与被告西陵集团对返还上述款项承担连带责任。

144. 验资机构、金融机构等中介机构违法出具虚假证明文件，是否应当承担刑事责任？

承担资产评估、验资、验证、会计、审计、法律服务等职责的中介组织的人员故意提供虚假证明文件，情节严重的，构成提供虚假证明文件罪，处5年以下有期徒刑或者拘役，并处罚金。

上述人员，若同时存在索取他人财物或者非法收受他人财物情况的，处5年以上10年以下有期徒刑，并处罚金。

若因上述人员严重不负责任，出具的证明文件有重大失实，造成严重后果的，则构成出具证明文件重大失实罪，应处3年以下有期徒刑或者拘役，并处或者单处罚金。

涉嫌下列情形之一的，应以提供虚假证明文件罪立案追诉：
（1）给国家、公众或者其他投资者造成直接经济损失数额在50万元以上的；
（2）违法所得数额在10万元以上的；
（3）虚假证明文件虚构数额在100万元以上且占实际数额30%以上的；
（4）虽未达到上述数额标准，但具有下列情形之一的：
①在提供虚假证明文件过程中索取或者非法接受他人财物的；
②两年内因提供虚假证明文件，受过行政处罚2次以上，又提供虚假证明文件的。
（5）其他情节严重的情形。

涉嫌下列情形之一的，应以出具证明文件重大失实罪立案起诉：
（1）给国家、公众或者其他投资者造成直接经济损失数额在100万元以上的；
（2）其他造成严重后果的情形。

第五节　股东出资的税务问题

一、知识产权作价出资税务问题

145. 个人以知识产权作价出资，是否需要缴纳个人所得税？

个人以知识产权投资，属于个人转让知识产权和投资同时发生。对个人转让知识产权的所得,应按照"财产转让所得"项目,依法计算缴纳个人所得税。

(1) 应纳税所得额的确定

个人以知识产权投资,应按评估后的公允价值确认资产转让收入。知识产权转让收入减除该资产原值及合理税费后的余额为应纳税所得额。

(2) 收入确认时间

个人以知识产权投资,应于知识产权转让、取得被投资企业股权时,确认知识产权转让收入的实现。

(3) 申报及缴税时间

个人应在发生上述应税行为的次月15日内向主管税务机关申报纳税。纳税人一次性缴税有困难的,可合理确定分期缴纳计划并报主管税务机关备案后,自发生上述应税行为之日起不超过5个公历年度内(含)分期缴纳个人所得税。

分期缴税政策自2015年4月1日起施行。对2015年4月1日之前发生的知识产权投资,尚未进行税收处理且自发生上述应税行为之日起期限未超过5年的,可在剩余的期限内分期缴纳其应纳税款。

146. 居民企业以知识产权作价出资,是否需要缴纳企业所得税？如何确定应纳税所得额？是否享有税收优惠政策？

企业以知识产权作价出资,资产权属已经发生了变更,符合所得税征税原则的核心要件,因此需要缴纳企业所得税。

(1) 所得税处理的一般原则

企业以知识产权作价出资,应按规定视同销售确定收入。该知识产权若属于企业自身的资产,应按企业同类资产同期对外销售价格确定销售收入;若属于外购的知识产权,可按购入时的价格确定销售收入。同时,确定的收入均应一次性计入确认收入的年度计算缴纳企业所得税。

应纳税所得额＝评估价值－知识产权成本－相关税费。其中:技术转让成本是指转让的知识产权的净值,即在该知识产权的计税基础上减除在资产使用期间按照规定计算的摊销扣除额后的余额;相关税费是指在技术转让过程中实际发生的有关税费,包括除企业所得税和允许抵扣的增值税以外的各项税金及其附加、合同签订费用、律师费等相关费用及其他支出。

(2) 技术出资税收优惠政策

财政部《关于软件和集成电路产业企业所得税优惠政策有关问题的通知》规定,集成电路生产企业、集成电路设计企业、软件企业、国家规划布局内的重点软件企业和集成电路设计企业的税收优惠资格认定等非行政许可审批已经取消。

可以享受税收优惠政策的软件、集成电路企业,每年汇算清缴时应向税务机关备案,同时提交《享受企业所得税优惠政策的软件和集成电路企业备案资料明细表》规定的备案资料。集成电路设计企业是指以集成电路设计为主营业务并同时符合下列条件的企业,其中包括:主营业务拥有自主知识产权。软件企业是指以软件产品开发销售(营业)为主营业务并同时符合下列条件的企业,其中包括:主营业务拥有自主知识产权(见表3-4)。

表3-4

企业类型	备案资料(复印件须加盖企业公章)
集成电路生产企业	(1)在发展改革或工业和信息化部门立项的备案文件(应注明总投资额、工艺线宽标准)复印件以及企业取得的其他相关资质证书复印件等; (2)企业职工人数、学历结构、研究开发人员情况及其占企业职工总数的比例说明,以及汇算清缴年度最后一个月社会保险缴纳证明等相关证明材料; (3)加工集成电路产品主要列表及国家知识产权局(或国外知识产权相关主管机构)出具的企业自主开发或拥有的一至两份代表性知识产权(如专利、布图设计登记、软件著作权等)的证明材料; (4)经具有资质的中介机构鉴证的企业财务会计报告(包括会计报表、会计报表附注和财务情况说明书)以及集成电路制造销售(营业)收入、研究开发费用、境内研究开发费用等情况说明; (5)与主要客户签订的一至两份代表性销售合同复印件; (6)保证产品质量的相关证明材料(如质量管理认证证书复印件等); (7)税务机关要求出具的其他材料。
集成电路设计企业	(1)企业职工人数、学历结构、研究开发人员情况及其占企业职工总数的比例说明,以及汇算清缴年度最后一个月社会保险缴纳证明等相关证明材料; (2)企业开发销售的主要集成电路产品列表,以及国家知识产权局(或国外知识产权相关主管机构)出具的企业自主开发或拥有的一至两份代表性知识产权(如专利、布图设计登记、软件著作权等)的证明材料; (3)经具有资质的中介机构鉴证的企业财务会计报告(包括会计报表、会计报表附注和财务情况说明书)以及集成电路设计销售(营业)收入、集成电路自主设计销售(营业)收入、研究开发费用、境内研究开发费用等情况表; (4)第三方检测机构提供的集成电路产品测试报告或用户报告,以及与主要客户签订的一至两份代表性销售合同复印件; (5)企业开发环境等相关证明材料; (6)税务机关要求出具的其他材料。

续表

企业类型	备案资料（复印件须加盖企业公章）
软件企业	（1）企业开发销售的主要软件产品列表或技术服务列表； （2）主营业务为软件产品开发的企业，提供至少1个主要产品的软件著作权或专利权等自主知识产权的有效证明文件，以及第三方检测机构提供的软件产品测试报告；主营业务仅为技术服务的企业提供核心技术说明； （3）企业职工人数、学历结构、研究开发人员及其占企业职工总数的比例说明，以及汇算清缴年度最后一个月社会保险缴纳证明等相关证明材料； （4）经具有资质的中介机构鉴证的企业财务会计报告（包括会计报表、会计报表附注和财务情况说明书）以及软件产品开发销售（营业）收入、软件产品自主开发销售（营业）收入、研究开发费用、境内研究开发费用等情况说明； （5）与主要客户签订的一至两份代表性的软件产品销售合同或技术服务合同复印件； （6）企业开发环境相关证明材料； （7）税务机关要求出具的其他材料。
国家规划布局内重点软件企业	（1）企业享受软件企业所得税优惠政策需要报送的备案资料； （2）符合第二类条件的，应提供在国家规定的重点软件领域内销售（营业）情况说明； （3）符合第三类条件的，应提供商务主管部门核发的软件出口合同登记证书，以及有效出口合同和结汇证明等材料； （4）税务机关要求提供的其他材料。
国家规划布局内重点集成电路设计企业	（1）企业享受集成电路设计企业所得税优惠政策需要报送的备案资料； （2）符合第二类条件的，应提供在国家规定的重点集成电路设计领域内销售（营业）情况说明； （3）税务机关要求提供的其他材料。

另外，财政部、国家税务总局发布的《关于将国家自主创新示范区有关税收试点政策推广到全国范围实施的通知》（财税〔2015〕116号）规定，自2015年10月1日起，全国范围内的居民企业转让5年以上非独占许可使用权取得的技术转让所得，纳入享受企业所得税优惠的技术转让所得范围。居民企业的年度技术转让所得不超过500万元的部分，免征企业所得税；超过500万元的部分，减半征收企业所得税。

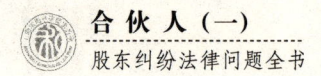

【案例73】以专利作价出资　减半缴纳企业所得税[①]

基本案情：

2010年8月6日，宁波GQY董事会作出决议：将"智能稳定平台项目"的专利16项（包括已授权4项、正在申请12项）及专有技术13项以评估值950万元用于对上海新世纪机器人公司增资。

上海新世纪机器人有限公司原注册资本为4050万元人民币，宁波GQY以950万元增资后，持有上海新世纪机器人有限公司19%的股权。

律师观点：

本次专利作价出资主要涉及企业所得税、营业税和印花税。

1. 企业所得税

根据《企业所得税法》第27条以及《企业所得税法实施条例》第90条的规定，一个纳税年度内，居民企业技术转让所得不超过500万元的部分，免征企业所得税；超过500万元的部分，减半征收企业所得税。宁波GQY专利作价评估值为950万元，仅需就450万元按照12.5%的税率缴纳企业所得税。

2. 营业税

根据国家税务总局《营业税税目注释（试行稿）》第8条的规定，宁波GQY以专利作价出资无须缴纳营业税。

3. 印花税

宁波GQY以专利出资应以合同金额的万分之三的税率缴纳印花税28,500元。同时，上海新世纪机器人有限公司因对其增加的注册资本额按照万分之五的税率缴纳印花税47,500元。

147. 居民企业以技术向关联企业出资，是否可以享受税收优惠政策？

可以，但居民企业以技术向直接或间接持有股权之和达到100%的关联方出资，不享受技术转让减免企业所得税优惠政策。

148. 如何办理技术合同认定登记？

按以下方式办理技术合同认定登记。

（1）申请时间和地点

技术合同认定登记实行按地域一次登记制度。技术开发合同的研究开发人、

[①] 参见巨潮资讯网 http://www.cninfo.com.cn/finalpage/2010-08-13/58296760.PDF，2012年11月6日访问。

技术转让合同的让与人、技术咨询和技术服务合同的受托人,以及技术培训合同的培训人、技术中介合同的中介人,应当在合同成立后向所在地区的技术合同登记机构(一般是科学技术委员会)提出认定登记申请。

(2)办理流程

具体流程每个地区会有所区别,现仅以上海市技术合同登记流程为例:

①办理合同登记的法人用户,向登记处获取用户名和密码;

②依据用户名和密码登录 www.stmo.net.cn 网,进行网上申报,并根据要求填写合同信息;

③在网上申报成功后,送交书面申报材料,其中必备材料为:已生效的技术合同(技术开发或技术转让合同为一式五份,技术咨询或技术服务合同为一式四份),如需经批准才能生效的,必须出具批准文件;

④经认定登记的技术合同,当事人可以持认定登记证明,向主管税务机关提出申请,经审核批准后,享受国家规定的税收优惠政策。

149. 企业拟享受企业所得税税收优惠政策,向税务机关备案时需要提交哪些材料?

国家税务总局《关于发布〈企业所得税优惠政策事项办理办法〉的公告》(国家税务总局公告 2015 年第 76 号),对 55 个企业所得税优惠事项的名称、政策概述、政策依据、备案项目、预缴期是否享受优惠等作出具体规定。

(1)符合条件的居民企业之间的股息、红利等权益性投资收益免征企业所得税

准备资料:

①被投资企业出具的股东名册和持股比例(企业在证券交易市场购买上市公司股票获得股权的,提供相关记账凭证、本公司持股比例以及持股时间超过 12 个月情况说明);

②被投资企业董事会(或股东大会)利润分配决议;

③若企业取得的是被投资企业未按股东持股比例分配的股息、红利等权益性投资收益,还需提供被投资企业的最新公司章程;

④被投资企业进行清算所得税处理的,留存被投资企业填报的加盖主管税务机关受理章的《中华人民共和国清算所得税申报表》及附表3《剩余财产计算和分配明细表》复印件。

(2)投资者从证券投资基金分配中取得的收入暂不征收企业所得税

准备资料:

①有关购买证券投资基金记账凭证;

②证券投资基金分配公告。

(3) 金融、保险等机构取得的涉农贷款利息收入、保费收入在计算应纳税所得额时减计收入

准备资料：

①相关保费收入、利息收入的核算情况；

②相关保险合同、贷款合同；

③省税务机关规定的其他资料。

(4) 开发新技术、新产品、新工艺发生的研究开发费用加计扣除

准备资料：

①自主、委托、合作研究开发项目计划书和企业有权部门关于自主、委托、合作研究开发项目立项的决议文件；

②自主、委托、合作研究开发专门机构或项目组的编制情况和研发人员名单；

③经国家有关部门登记的委托、合作研究开发项目的合同；

④从事研发活动的人员和用于研发活动的仪器、设备、无形资产的费用分配说明；

⑤集中开发项目研发费决算表、《集中研发项目费用分摊明细情况表》和实际分享比例等资料；

⑥研发项目辅助明细账和研发项目汇总表；

⑦省税务机关规定的其他资料。

(5) 有限合伙制创业投资企业法人合伙人按投资额的一定比例抵扣应纳税所得额

准备资料：

①创业投资企业年检合格通知书；

②中小高新技术企业投资合同或章程、实际所投资金的验资报告等相关材料；

③省、自治区、直辖市和计划单列市高新技术企业认定管理机构出具的中小高新技术企业有效的高新技术企业证书复印件（注明"与原件一致"，并加盖公章）；

④中小高新技术企业基本情况［职工人数、年销售（营业）额、资产总额等］说明；

⑤《法人合伙人应纳税所得额抵扣情况明细表》；

⑥《有限合伙制创业投资企业法人合伙人应纳税所得额分配情况明细表》；

⑦省税务机关规定的其他资料。

(6)设在西部地区的鼓励类产业企业减按15%的税率征收企业所得税

准备资料：

①主营业务属于《西部地区鼓励类产业目录》中的具体项目的相关证明材料；

②符合目录的主营业务收入占企业收入总额70%以上的说明；

③省税务机关规定的其他资料。

(7)购置用于环境保护、节能节水、安全生产等专用设备的投资额按一定比例实行税额抵免

准备资料：

①购买并自身投入使用的专用设备清单及发票；

②以融资租赁方式取得的专用设备的合同或协议；

③专用设备属于《环境保护专用设备企业所得税优惠目录》《节能节水专用设备企业所得税优惠目录》或《安全生产专用设备企业所得税优惠目录》中的具体项目的说明；

④省税务机关规定的其他资料。

(8)固定资产或购入软件等可以加速折旧或摊销

准备资料：

①固定资产的功能、预计使用年限短于规定计算折旧的最低年限的理由、证明资料及有关情况的说明；

②被替代的旧固定资产的功能、使用及处置等情况的说明；

③固定资产加速折旧拟采用的方法和折旧额的说明；

④集成电路生产企业认定证书(集成电路生产企业的生产设备适用本项优惠)；

⑤拟缩短折旧或摊销年限情况的说明(外购软件缩短折旧或摊销年限)；

⑥省税务机关规定的其他资料。

(9)固定资产加速折旧或一次性扣除

准备资料：

①企业属于重点行业、领域企业的说明材料(以某重点行业业务为主营业务，固定资产投入使用当年主营业务收入占企业收入总额50%(不含)以上)；

②购进固定资产的发票、记账凭证等有关凭证、凭据(购入已使用过的固定资产,应提供已使用年限的相关说明)等资料；

③核算有关资产税法与会计差异的台账；
④省税务机关规定的其他资料。

根据76号公告附件3《汇总纳税企业分支机构已备案优惠事项清单》，分支机构享受所得减免、研发费用加计扣除、安置残疾人员、促进就业、部分区域性税收优惠（西部大开发、经济特区、上海浦东新区、深圳前海、广东横琴、福建平潭），以及购置环境保护、节能节水、安全生产等专用设备投资抵免税额优惠，由二级分支机构向其主管税务机关备案。在二级分支机构向其主管税务机关备案后，总机构汇总填报本表。其他优惠事项，由总机构统一备案，二级分支机构不填报本表。

150. 非居民企业以技术出资，是否享有企业所得税税收优惠政策？

非居民企业以技术出资暂时没有相关税收优惠政策，但国家税务总局会根据实际情况针对个案以批复的形式减免有关技术出资企业所得税，如《国家税务总局关于加拿大TRENCH公司转让技术取得的技术转让费免征企业所得税的批复》（国税函〔2005〕866号）、《国家税务总局关于日本JFE工程公司取得的技术转让所得免征企业所得税的批复》（国税函〔2005〕1243号），但这些减免政策仅限于个案，不具有普遍性。

151. 纳税人采取技术转让方式销售货物，其货物部分的税收应如何处理？

如果纳税人采取技术转让方式销售货物，其货物部分应照章征收增值税。如果货物部分价格明显偏低，按有关规定由主管税务机关核定其计税价格。具体核定按下列顺序确定销售额：

（1）按纳税人最近时期同类货物的平均销售价格确定；
（2）按其他纳税人最近时期同类货物的平均销售价格确定；
（3）按组成计税价格确定。

组成计税价格的公式为：组成计税价格 = 成本 × (1 + 成本利润率)

属于应征消费税的货物，其组成计税价格中应加计消费税额。

152. 个人或企业以知识产权出资，是否需要缴纳营业税？

个人或企业以知识产权投资入股，参与接受投资方利润分配，共同承担投资风险，无须缴纳营业税。

但如果居民或居民企业虽名义上知识产权投资入股，但并不与投资方共同承担风险，仅收取固定利润，需按照"转让无形资产"税目征收营业税。外国企业和外籍个人向我国境内转让技术取得收入的，免征营业税。外国企业和外籍个人向我国境内转让技术时,同时转让商标使用权的,应在合同中分别规定技术转让费和商标使用费的价款,对没有规定商标使用费的,或者规定明显偏低的,应按不低于合同总价款的50%核定为商标使用费,计算征税营业税。未经国家主管部门批准的技术转让合同,其所支付的费用不得作为技术转让费给予免税,而应按照一般劳务费适用有关税务处理规定。

153. 个人或企业以知识产权出资,是否需要缴纳印花税?

需要。因出资知识产权证照需要发生变更,被投资方应按件贴花5元。如需签订转让合同,投资方与被投资方均应缴纳印花税。其中,以技术出资的,税率为合同金额的万分之三;以商标、著作权等知识产权出资的,税率为合同金额的万分之五。

被投资方应就账面增加的"股本"和"资本公积"金额按照万分之五的税率缴纳印花税。

154. 以专利、技术、著作权等知识产权作价出资,如何进行会计处理?

以专利、技术与著作权作价出资,如果该专利、技术与著作权已经入账,当资产评估确认的价值大于其账面价值时,借记"长期股权投资"(无形资产评估价值),按已摊销的累积摊销,借记"累积摊销"科目,贷记"无形资产"(无形资产账面余额);资产评估价值大于无形资产账面价值余额贷记"营业外收入";当资产评估确认的价值小于其账面价值时,借记"长期股权投资"(评估价值),无形资产账面价值大于评估价值的余额借记"营业外支出",按已摊销的累积摊销,借记"累积摊销"科目,贷记"无形资产"(无形资产账面余额)。

如果该无形资产未入账,借记"长期股权投资",贷记"无形资产"。

二、股权作价出资税务问题

155. 个人以股权作价出资,是否需要缴纳个人所得税?如何确定其应纳税额?

个人以股权出资作价税务处理方式与知识产权作价出资税务处理方式一致。详见本章第145问"个人以知识产权作价出资,是否需要缴纳个人所得税"。

156. 企业以股权出资,是否需要缴纳企业所得税?

企业以股权出资,与企业以知识产权作价出资的税务处理方式一致,即视同销售处理。企业在出售股权时,应相应结转与所售股权相对应的长期股权投资的账面价值,出售所得价款与处置股权账面价值之间的差额,确认为处置收益。

但企业以股权出资如果符合股权收购特殊性税务处理的,可以作递延纳税处理,暂不确认所得或损失。①

【案例74】收购股权比例不同 企业所得税有差异②

收购方:中航重机

被收购方:新能源投资公司、惠腾公司、安吉精铸公司、贵航(集团)公司

被收购方主要股东:

(1)新能源投资公司股东:中航工业集团、中航重机;

(2)惠腾公司:中航工业集团、惠阳螺旋桨公司、美腾风能(香港)、新能源投资公司;

(3)安吉精铸:中航工业集团、贵航(集团)公司;

(4)贵航(集团)公司:中航通飞公司。

收购方式:股权收购与资产收购

交易基准日:2010年10月29日

基本案情:

截至重组日,中航重机股份总额为778,800.32万股,其中:金江公司持有29.48%股份,贵航集团持有13.29%股份,盖克机电持有6.45%股份,中航投资持有2.63%股份。而中航投资是中航工业集团100%控股子公司,贵航集团70%股份由中航工业集团通过通飞集团间接持有。收购方与被收购方均是由中航工业直接或间接持股的子公司。

新能源投资公司的注册资本为人民币32,968.76万元,其中:中航重机出资22,850.28万元,占69.30%;中航工业集团出资10,118.48万元,占30.70%。惠腾公司的注册资本为50,000万元,其中:中航工业集团持股25.00%,惠阳螺旋桨厂持股30%,新能源投资有限公司持股20%,美腾风能(香港)持股25%。安吉精铸公司的注册资本为3339.35万元,其中:贵航(集团)公司持股77.86%,中航工业集团持股22.14%。贵航(集团)公司的注册资本为167,087万元,由中航通飞公司100%控股。

本次交易前收购方、被收购方与中航工业之间的关联关系如图3-1所示:

---

① 关于股权收购特殊性税务处理内容详见本书第七章股权转让纠纷第六节股权转让的税务问题。

② 参见巨潮资讯网 http://www.cninfo.com.cn/finalpage/2011-03-29/59191687.PDF,2012年11月6日访问。

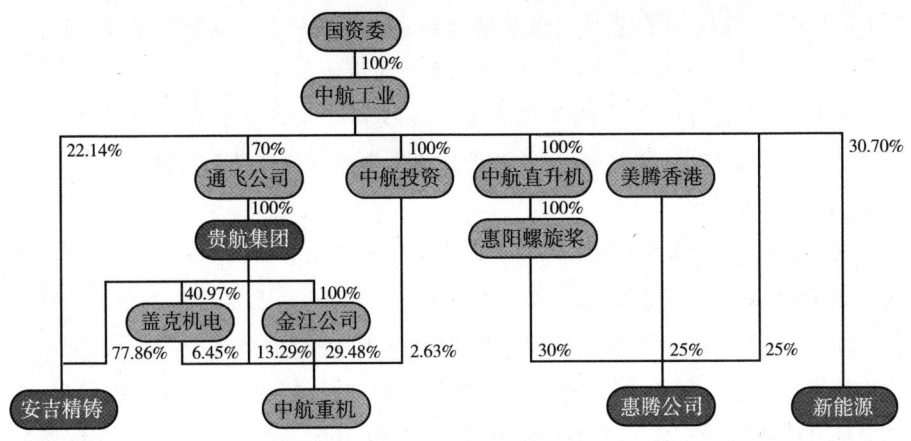

图 3-1 中航重机等股权结构

此次中航重机收购的标的资产包括:

(1)中航工业集团持有的新能源投资公司的30.70%股权;

(2)中航工业集团、惠阳螺旋桨公司、美腾风能(香港)合计持有的惠腾公司的80%股权。其中,中航工业集团持有惠腾公司的25%股权,惠阳螺旋桨公司持有惠腾公司的30%股权,美腾风能(香港)持有惠腾公司的25%股权。

(3)中航工业集团、贵航(集团)公司合计持有的安吉精铸公司的100%股权。其中,中航工业集团持有安吉精铸公司的22.14%股权,贵航(集团)公司持有安吉精铸公司的77.86%股权。

(4)贵航(集团)公司拥有的、目前租赁给中航重机全资子公司安大公司使用的12宗授权经营性土地使用权。该土地使用权的账面净值为618.80万元,评估值为7473.81万元,增值额为6855.01万元。

律师观点:

本次购买资产涉及的税收主要包括所得税、营业税及附加、土地增值税与印花税。

1. 收购新能源投资公司30.70%股权的税务处理

(1)营业税及附加

根据《财政部、国家税务总局关于股权转让有关营业税问题的通知》(财税[2002]191号)的规定,对股权转让不征收营业税。所以本次股权转让无须缴纳营业税。

(2)印花税

由于中航重机发行股份购买新能源投资公司的股权,其账面上的"股本"和

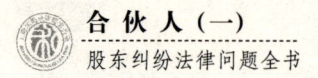

"资本公积"会增加,中航重机应该就增加部分按照万分之五的比例贴花。同时,新能源公司的股东应就转让30.70%股权的行为缴纳印花税。

因此,此次股权收购中航重机和新能源投资公司的股东均应以交易价格24,595.48万元作为计税基础,按万分之五的比例缴纳印花税122,980元。

(3) 企业所得税

根据《财政部、国家税务总局关于企业重组业务企业所得税处理若干问题的通知》(财税〔2009〕59号)和《国家税务总局关于发布〈企业重组业务企业所得税管理办法〉的公告》(国家税务总局公告2010年第4号)的规定,只有同时满足对特殊性重组的约束条件,才能够享受特殊性重组的待遇。而本次股权收购中,中航重机收购新能源投资公司的股权比例仅为30.70%,没有达到75%的比例要求,应适用一般性税务处理。具体处理如下:

①假设除印花税外,其他税费为零,新能源投资公司应确认股权转让所得(80,115.59 − 71,094.47 − 12.298) × 30.70% = 2,765.71万元,按照25%的税率应缴纳的企业所得税为681.43万元。

②中航重机取得股权的计税基础应以公允价值24,595.48万元为基础确定。

③新能源投资公司的相关所得税事项原则上保持不变。

2. 收购惠腾公司80%股权的税务处理

(1) 营业税

根据《财政部、国家税务总局关于股权转让有关营业税问题的通知》(财税〔2002〕191号)规定,对股权转让不征收营业税。本次股权转让无须缴纳营业税。

(2) 印花税

由于中航重机发行股份购买惠腾公司的股权,其账面上的"股本"和"资本公积"会增加,中航重机应该就增加部分按照万分之五的比例贴花。同时,惠腾公司股东应就其转让80%股权的行为缴纳印花税。因此,此次股权收购中航重机和惠腾公司的股东均应以交易价格94,221.43万元为计税基础,按万分之五的比例缴纳印花税47.11万元。

(3) 企业所得税

中航重机发行股份购买惠腾公司的股权同时满足特殊性重组的约束条件:股权收购的比例达到超过75%的要求,具有合理的商业目的,不改变原有经营活动,股权支付比例超过85%,适用特殊性税务处理,暂免征企业所得税。具体处理如下:

①惠腾公司的股东取得中航重机股权的计税基础,以其股权的原有计税基础

确定。

②中航重机取得惠腾公司股权的计税基础,以其股权的原有计税基础确定。

③中航重机和惠腾公司的原有各项资产和负债的计税基础和其他相关所得税事项保持不变。

3. 收购安吉精铸公司 100% 股权的税务处理

(1) 营业税

根据《财政部、国家税务总局关于股权转让有关营业税问题的通知》(财税〔2002〕191号)的规定,对股权转让不征收营业税。故本次股权转让无须缴纳增值税和营业税及附加。

(2) 印花税

由于中航重机发行股份购买安吉精铸公司的股权,其账面上的"股本"和"资本公积"会增加,中航重机应该就增加部分按照万分之五的比例贴花。同时,此次股权收购中航重机和安吉精铸公司均应以交易价格 19,444.79 万元为计税基础,按万分之五的比例缴纳印花税 9.72 万元。

(3) 企业所得税

本次股权收购适用特殊性税务处理。具体处理方式与收购惠腾公司 80% 股权处理方式一致。

4. 收购贵航(集团)公司 12 宗土地使用权的税务处理

(1) 营业税及附加

根据《财政部国家税务总局关于营业税若干政策问题的通知》(财税〔2003〕16号)的规定,单位和个人销售或转让其购置的不动产或受让的土地使用权,以全部收入减去不动产或土地使用权的购置或受让原价后的余额为营业额。

(2) 土地增值税和契税

根据《土地增值税暂行条例》的相关规定,转让土地使用权应当缴纳土地增值税。本次贵航(集团)公司转让 12 宗土地使用权,应当视为转让土地使用权,按照转让价格 7473.81 万元计算缴纳土地增值税。

根据《契税暂行条例》的相关规定,由受让方中航重机缴纳契税,计税依据是本次交易标的资产的转让价格 7473.81 万元,根据《贵州省契税实施办法》,贵州省契税税率为 3%,应当缴纳契税 224.21 万元。

(3) 印花税

由于中航重机发行股份购买贵航(集团)公司的土地使用权,其账面上的"股本"和"资本公积"会增加,中航重机应该就增加部分按照万分之五的比例贴花。

同时,此次收购贵航(集团)公司12宗土地使用权均应以交易价格7473.81万元为计税基础,按万分之五的比例缴纳印花税3.74万元。

(4)企业所得税

中航重机发行股份购买贵航(集团)公司的土地使用权,如土地使用权不低于贵航(集团)公司全部资产的75%,则其他条件都满足特殊性重组的约束条件:具有合理的商业目的,不改变原有经营活动,股权支付比例超过85%,适用特殊性税务处理。贵航(集团)公司取得受中航重机股权的计税基础以及中航重机取得土地使用权的计税基础,都以被转让土地使用权的原有计税基础确定,即618.80万元。

如土地使用权低于贵航(集团)公司全部资产的75%,则不满足特殊性税务处理的条件,应适用一般性税务处理。具体处理如下:

①贵航(集团)公司应确认资产转让所得;

②中航重机取得股权的计税基础应以公允价值7473.81万元为基础确定;

③贵航(集团)公司的相关所得税事项原则上保持不变。

157. 个人以股权参与上市公司定向增发股票,是否需要缴纳个人所得税?

需要。个人以其所持公司股权评估增值后,参与上市公司定向增发股票,属于股权转让行为,其所得应按照"财产转让所得"项目缴纳个人所得税。

158. 以上市公司股权出资是否需要缴纳证券(股票)交易印花税?

投资人以其持有的上市公司股权进行出资而发生的股权转让行为,不属于证券(股票)交易印花税的征税范围,不征收证券(股票)交易印花税。

2015年2月4日,国家税务总局发布了《国家税务总局关于部分税务行政审批事项取消后有关管理问题的公告》(〔2015〕8号),取消了"以上市公司股权出资不征证券交易印花税的认定"。对于取消后的管理问题,国家税务总局要求:

(1)北京、上海、深圳市国家税务局在证券登记结算公司营业部柜台建立《以上市公司股权出资不征证券交易印花税股权过户情况登记簿》。

(2)具体操作规程:

①申请人(转让方,下同)负责填写股权变更的相关事项内容;

②证券市场所在地主管税务机关委托当地证券登记结算公司对申请人登记填写内容逐笔验证后再办理相关手续;

③证券市场所在地主管税务机关定期核对《登记簿》填写的内容;

④年度终了后,证券登记结算公司将《登记簿》交由所在地主管税务机关

备查。

（3）自 2015 年起,证券市场所在地主管税务机关应当在年度终了后一个月内,按照上述要求对《登记簿》登记的内容进行汇总和分析,并将主要情况书面上报税务总局(财产行为税司)。

159. 个人或企业以股权出资,是否需要缴纳印花税?

需要。根据国家税务总局《关于个人以股权参与上市公司定向增发征收个人所得税问题的批复》(国税函〔2011〕89 号),投资方与被投资方均应以股权交易价格为计税依据、以万分之五的税率缴纳印花税。同时,被投资企业应就账面增加的"股本"和"资本公积"金额按照万分之五的税率缴纳印花税。

160. 个人或企业以股权出资,是否需要缴纳营业税?

不需要。以股权出资是股权转让的一种特殊形式,无须缴纳营业税。

161. 个人或企业以股权出资,如何进行会计处理?

区分公允价值计价、原账面价值计价两种不同情况讨论股权出资的财务处理。

（1）以公允价值计价情况下的股权出资

在非企业合并方式下,股权出资的实质是以对一家公司的长期股权投资换取对另一家公司的长期股权投资,投资方应按《企业会计准则第 7 号——非货币性资产交换》的规定确定对被投资公司长期股权投资的初始投资成本。即在具有商业实质且出资股权或换入股权公允价值能够可靠计量的情况下,应当以公允价值和应支付的相关税费作为换入股权的成本,同时将公换出股权公允价值与换出股权账面价值的差额计入投资损益。被投资公司则应当按照投资合同或协议约定的价值作为初始投资成本,但合同或协议约定价值不公允的除外。

如果股权出资属于非同一控制下的企业合并范畴,根据《企业会计准则第 20 号——企业合并》的规定,此种情况下的股权出资,投资方作为企业合并对价而出资的股权资应当按公允价值计量,公允价值与其账面价值的差额,作为股权转让所得计入当期损益。同时,投资方以出资股权的公允价值以及为投资而发生的各项直接相关费用之和作为对被投资方长期股权投资的初始投资成本。

如果股权出资属于同一控制下的企业合并行为,从最终控制方的角度,企业合并交易或事项原则上不应引起所涉及资产、负债的计价基础发生变化。根据《企业会计准则第 20 号——企业合并》的规定,在同一控制下的企业合并方应当在合并日按照取得被合并方所有者权益账面价值的份额作为投资方对被投资方的长期股权投资的初始投资成本,初始投资成本与支付股权的账面价值之

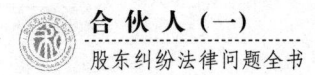

间的差额,应当调整资本公积,资本公积不足冲减的,调整留存收益。同时,投资方因进行企业合并的股权出资而发生各项直接相关费用应当于发生时计入当期损益。

另外,根据《企业会计准则第7号——非货币性资产交换》的规定,如果非企业合并方式下以股权出资的行为,不能满足该项股权交换具有商业实质的条件,或者在出资股权或换入股权公允价值不能够可靠计量的情况下,投资方则应当以出资股权的账面价值和应支付的相关税费作为换入股权的成本,不确认损益。

如果股权出资属于同一控制下的企业合并行为,从最终控制方的角度,企业合并交易或事项原则上不应引起所涉及资产、负债的计价基础发生变化。根据《企业会计准则第20号——企业合并》的规定,在同一控制下的企业合并方应当在合并日按照取得被合并方所有者权益账面价值的份额作为投资方对被投资方的长期股权投资的初始投资成本,初始投资成本与支付股权的账面价值之间的差额,应当调整资本公积,资本公积不足冲减的,调整留存收益。同时,投资方因进行企业合并的股权出资而发生各项直接相关费用应当于发生时计入当期损益。

(2)以账面价值计价情况下的股权出资

另外,根据《企业会计准则第7号——非货币性资产交换》的规定,如果非企业合并方式下以股权出资的行为,不能满足该项股权交换具有商业实质的条件,或者在出资股权或换入股权公允价值不能够可靠计量的情况下,投资方则应当以出资股权的账面价值和应支付的相关税费作为换入股权的成本,不确认损益。

【案例75】股权出资的会计处理方式

2009年1月1日,A公司持有E公司30%的股权账面价值230万元(初始投资成本为200万元,损益调整30万元)。根据投资协议,A公司以其持有E公司30%的股权作价250万元,与B公司出资现金750万元共同投资成立C公司,C公司注册资本1000万元,其中A公司持有25%股权,B公司持有75%股权。

(1)A公司的会计处理如下(单位:万元,下同):

借:长期股权投资——C公司(成本)　　　　250
　　贷:长期股权投资——E公司(成本)　　　　200
　　　　长期股权投资——E公司(损益调整)　　30
　　　　投资收益　　　　　　　　　　　　　　20

(2)C公司的会计处理如下：

借：长期股权投资——E公司（成本）　250
　　现金　　　　　　　　　　　　　　750
　贷：实收资本　　　　　　　　　　　1000

三、债务重组的税务问题

162. 如何确定企业债务的重组日、重组业务当事各方及重组主导方？

债务重组，以债务重组合同（协议）或法院裁定书生效日为重组日；

债务重组中当事各方，指债务人及债权人；

债务重组的重组主导方为债务人。

163. 个人以债权出资，是否需要缴纳个人所得税？

对个人因债权出资取得相应股权价值高于该债权原值的部分，属于个人所得，按照"财产转让所得"项目计征个人所得税。税款由被投资企业在个人取得股权时代扣代缴。此处的个人包括国内公民以及外籍人士。

根据财政部、税务总局《关于个人非货币性资产投资有关个人所得税政策的通知》（财税〔2015〕41号）规定，个人应在发生上述应税行为的次月15日内向主管税务机关申报纳税。纳税人一次性缴税有困难的，可合理确定分期缴纳计划并报主管税务机关备案后，自发生上述应税行为之日起不超过5个公历年度内（含）分期缴纳个人所得税。个人以非货币性资产投资交易过程中取得现金补价的，现金部分应优先用于缴税；现金不足以缴纳的部分，可分期缴纳。个人在分期缴税期间转让其持有的上述全部或部分股权，并取得现金收入的，该现金收入应优先用于缴纳尚未缴清的税款。

164. 在企业债务重组中，如何进行一般性税务处理？

一般性税务处理的原则如下：

（1）以非货币资产清偿债务，应当分解为转让相关非货币性资产、按非货币性资产公允价值清偿债务两项业务，确认相关资产的所得或损失。

收入按照该资产的公允价值计算，成本按照该资产净值计算。

（2）发生债权转股权的，应当分解为债务清偿和股权投资两项业务，确认有关债务清偿所得或损失。

（3）债务人应当按照支付的债务清偿额低于债务计税基础的差额，确认债务重组所得；债权人应当按照收到的债务清偿额低于债权计税基础的差额，确认债务重组损失。

(4)债务人的相关所得税纳税事项原则上保持不变。

特殊税务处理方法：

(1)企业债务重组确认的应纳税所得额占该企业当年应纳税所得额50%以上,可以在5个纳税年度的期间内,均匀计入各年度的应纳税所得额。

(2)企业发生债权转股权业务,对债务清偿和股权投资两项业务暂不确认有关债务清偿所得或损失,股权投资的计税基础以原债权的计税基础确定。企业的其他相关所得税事项保持不变。

(3)交易中股权支付暂不确认有关资产的转让所得或损失的,其非股权支付仍应在交易当期确认相应的资产转让所得或损失,并调整相应资产的计税基础。

【案例76】非货币资产偿债　转让与债务清偿两步走[①]

债权人: 日昇公司

债务人: 雷伊公司

重组方式: 非货币资产清偿债式债务重组

交易基准日: 2011年10月26日

基本案情:

日昇公司是雷伊公司的第二大股东,持有10.68%股权。为支持雷伊公司业务发展,截至2011年10月26日,日昇公司已累计向雷伊公司支付总额为人民币5530万元的款项。

为了盘活闲置资产,化解资产风险,偿还对日昇公司的欠款。雷伊公司于2011年10月26日与日昇公司签署了《出售资产及债务重组协议》,以人民币4742.34万元的价格,出售位于广东省普宁市军埠镇军埠路旁,尚未取得工业土地使用权证的、面积分别为76.26亩和222.3亩(合计298.56亩)的两地块及地上附着物(沟渠、围墙等)(两地块及地上附着物以下简称标的资产)。同时,以标的资产的受让价款抵扣对日昇公司总额为人民币5530万元的欠款。交易完成后雷伊公司尚欠日昇公司人民币787.66万元。

标的资产的账面净值为人民币47,423,362.64元,评估净值为48,656,000元。经过双方协商确定标的资产的转让价格为人民币47,423,362.64元。

---

① 参见巨潮资讯网 http://www.cninfo.com.cn/finalpage/2011-10-28/60127578.PDF,2012年11月21日访问。

律师观点：

本次交易涉及的税收主要包括营业税及附加、印花税、契税、土地增值税和企业所得税。

1. 营业税及附加

雷伊公司以不动产偿债，应当按照土地使用权转让缴纳营业税、城市维护建设税与教育费附加。

2. 印花税

根据《印花税暂行条例》的规定，企业产权转让所立的书据需要按照"产权转移书据"目录贴花，而前述印花税的纳税主体是雷伊公司和日昇公司。以47,423,362.64元为计税依据，万分之五的税率缴纳印花税23,711.68元。

3. 土地增值税与契税

根据《土地增值税暂行条例》的相关规定，转让土地使用权应当缴纳土地增值税。本次雷伊公司以两宗土地使用权偿债，应当视为转让土地使用权，按照转让价格4742.34万元计算缴纳土地增值税。

根据《契税暂行条例》的相关规定，由受让方日昇公司缴纳契税，计税依据是本次交易标的资产的转让价格人民币47,423,362.64元，根据《广东省契税实施办法》，广东省契税税率为3%，应当缴纳契税1,422,700.88元。

4. 企业所得税

根据《财政部 国家税务总局关于企业重组业务企业所得税处理若干问题的通知》的规定，雷伊公司以非货币资产偿债，应当分为转让土地使用权和按土地使用权的公允价值清偿债务两步，最后按照其债务重组获得的收入缴纳企业所得税。但其转让标的资产的价格与其抵债金额相同，其债务重组并没有获得收入，因此，无须缴纳企业所得税。

165. 哪些债务重组损失不得在税前扣除？适用税前扣除应满足哪些条件？

下列债权不得作为损失在税前扣除：

(1)债务人或者担保人有经济偿还能力，未按期偿还的企业债权；

(2)违反法律、法规的规定，以各种形式、借口逃废或悬空的企业债权；

(3)行政干预逃废或悬空的企业债权；

(4)企业未向债务人和担保人追偿的债权；

(5)企业发生非经营活动的债权；

(6)其他不应当核销的企业债权和股权。

企业债权投资损失应依据债务重组协议、其债务人重组收益纳税情况说明以及会计核算资料等相关证据材料确认。下列情况债权投资损失的,还应出具相关证据材料:

(1)债务人遭受重大自然灾害或意外事故,企业对其资产进行清偿和对担保人进行追偿后,未能收回的债权,应出具债务人遭受重大自然灾害或意外事故证明、保险赔偿证明、资产清偿证明等;

(2)债务人因承担法律责任,其资产不足归还所借债务,又无其他债务承担者的,应出具法院裁定证明和资产清偿证明;

(3)债务人和担保人不能偿还到期债务,企业提出诉讼或仲裁的,经人民法院对债务人和担保人强制执行,债务人和担保人均无资产可执行,人民法院裁定终结或终止(中止)执行的,应出具人民法院裁定文书;

(4)债务人和担保人不能偿还到期债务,企业提出诉讼后被驳回起诉的、人民法院不予受理或不予支持的,或经仲裁机构裁决免除(或部分免除)债务人责任,经追偿后无法收回的债权,应提交法院驳回起诉的证明,或法院不予受理或不予支持证明,或仲裁机构裁决免除债务人责任的文书;

(5)企业按独立交易原则向关联企业提供借款、担保而形成的债权损失,准予扣除,但企业应作专项说明,同时出具中介机构出具的专项报告及其相关的证明材料。

166. 企业发生债务重组,何时确认收入的实现?

企业应在债务重组合同(协议)或法院裁定书生效日时确认收入的实现。

167. 满足哪些条件,债务重组适用特殊性税务处理方式进行所得税处理?交易各方应如何进行特殊性税务处理?

根据财政部、国家税务总局《关于企业重组业务企业所得税处理若干问题的通知》(财税〔2009〕59号)的规定,企业重组同时符合下列条件的,适用特殊性税务处理规定:

(1)具有合理的商业目的,且不以减少、免除或者推迟缴纳税款为主要目的。

(2)被收购、合并或分立部分的资产或股权比例符合本通知规定的比例。

(3)企业重组后的连续12个月内不改变重组资产原来的实质性经营活动。

(4)重组交易对价中涉及股权支付金额符合本通知规定比例。

(5)企业重组中取得股权支付的原主要股东,在重组后连续12个月内,不得转让所取得的股权。

企业重组符合上面规定的条件,交易各方对其交易中的股权支付部分,应纳税所得额占该企业当年应纳税所得额50%以上,可以在5个纳税年度的期间内,均匀计入各年度的应纳税所得额。企业发生债权转股权业务,对债务清偿和股权投资两项业务暂不确认有关债务清偿所得或损失,股权投资的计税基础以原债权的计税基础确定。企业的其他相关所得税事项保持不变。

2015年6月24日,国家税务总局发布了《关于企业重组业务企业所得税征收管理若干问题的公告》(2015年第48号)公告要求,企业重组业务适用特殊性税务处理的,除财税〔2009〕59号文件第四条第1项所称企业发生其他法律形式简单改变情形外,重组各方应在该重组业务完成当年,办理企业所得税年度申报时,分别向各自主管税务机关报送《企业重组所得税特殊性税务处理报告表及附表》和申报资料。合并、分立中重组一方涉及注销的,应在尚未办理注销税务登记手续前进行申报。

重组主导方申报后,其他当事方向其主管税务机关办理纳税申报。申报时还应附送重组主导方经主管税务机关受理的《企业重组所得税特殊性税务处理报告表及附表》(复印件)。

企业重组业务适用特殊性税务处理的,申报时,应从以下方面逐条说明企业重组具有合理的商业目的:

(1)重组交易的方式;
(2)重组交易的实质结果;
(3)重组各方涉及的税务状况变化;
(4)重组各方涉及的财务状况变化;
(5)非居民企业参与重组活动的情况。

企业重组业务适用特殊性税务处理的,申报时,当事各方还应向主管税务机关提交重组前连续12个月内有无与该重组相关的其他股权、资产交易情况的说明,并说明这些交易与该重组是否构成分步交易,是否作为一项企业重组业务进行处理。

根据财税〔2009〕59号文件第10条规定,若同一项重组业务涉及在连续12个月内分步交易,且跨两个纳税年度,当事各方在首个纳税年度交易完成时预计整个交易符合特殊性税务处理条件,经协商一致选择特殊性税务处理的,可以暂时适用特殊性税务处理,并在当年企业所得税年度申报时提交书面申报资料。

在下一纳税年度全部交易完成后,企业应判断是否适用特殊性税务处理。如适用特殊性税务处理的,当事各方应按本公告要求申报相关资料;如适用一般性税务处理的,应调整相应纳税年度的企业所得税年度申报表,计算缴纳企业所得税。

适用特殊性税务处理的企业,在以后年度转让或处置重组资产(股权)时,应在年度纳税申报时对资产(股权)转让所得或损失情况进行专项说明,包括特殊性税务处理时确定的重组资产(股权)计税基础与转让或处置时的计税基础的比对情况,以及递延所得税负债的处理情况等。适用特殊性税务处理的企业,在以后年度转让或处置重组资产(股权)时,主管税务机关应加强评估和检查,将企业特殊性税务处理时确定的重组资产(股权)计税基础与转让或处置时的计税基础及相关的年度纳税申报表比对,发现问题的,应依法进行调整。

【案例77】债权转股权 免缴企业所得税[①]

基本案情:

为增强金华房开的资本实力并优化财务结构,适应其不断扩大的经营规模,促进其快速发展,温州房开经与金华房开协商同意将应收金华房开债权中的7080万元转为对其作长期股权投资。温州国投以货币增资4720万元。本次增资实施后,金华房开注册资本将由2000万元增加至13,800万元。

增资前后金华房开股东持股情况如表3-5所示:

表3-5 增资前后金华房开股东持股情况

股东名称	增资前		增资方式	增资后		
	出资额(万元)	持股比例(%)		增资额(万元)	出资额(万元)	持股比例(%)
温州房开	1200	60	债转股	7080	8280	60
温州国投	800	40	货币	4720	5520	40
合计	2000	100	—	11,800	13,800	100

律师观点:

本次变更涉及的税收主要包括印花税和企业所得税。

1. 印花税

本次债转股后金华房开的实收资本总额增加,增加部分11,800万元应按万分之五的税率,缴纳印花税59,000元。

[①] 参见中国上交所网站 http://www.sse.com.cn/cs/zhs/scfw/gg/ssgs/2012-10-31/600113_20121031_2.pdf,2012年12月17日访问。

2. 企业所得税

根据《财政部 国家税务总局关于企业重组业务企业所得税处理若干问题的通知》(财税〔2009〕59号)的规定,满足特殊性税务处理条件时,企业发生债权转股权业务,对债务清偿和股权投资两项业务暂不确认有关债务清偿所得或损失,股权投资的计税基础以原债权的计税基础确定。企业的其他相关所得税事项保持不变。

本次债权转股权能够充实金华房开的资本金,有利于进一步整合资源,具有合理的商业目的,若在重组后连续12个月内,温州房开不转让因债转股所取得的股权,就应该认为符合特殊性税务处理的条件。按照特殊性税务处理,暂不确认有关债务清偿所得或损失,温州房开股权投资的计税基础以7080万元确定。金华房开的其他相关所得税事项保持不变。

168. 债务重组过程中,债权人与债务人如何进行会计处理?

总的来说,在债务重组中,债权人豁免债务就是放弃债权,意味着债务人得到一个赠与,应计入资本公积金,本质上又回到了货币出资。

(1)债务人的会计处理

①以现金清偿债务的,债务人应当将重组债务的账面价值与实际支付现金之间的差额,计入当期损益。

②以非现金资产清偿债务的,债务人应当将重组债务的账面价值与转让的非现金资产公允价值之间的差额,计入当期损益。

③将债务转为资本的,债务人应当将债权人放弃债权而享有股份的面值总额确认为股本(或者实收资本),股份的公允价值总额与股本(或者实收资本)之间的差额确认为资本公积。

重组债务的账面价值与股份的公允价值总额之间的差额,计入当期损益。

④修改其他债务条件的,债务人应当将修改其他债务条件后债务的公允价值作为重组后债务的入账价值。重组债务的账面价值与重组后债务的入账价值之间的差额,计入当期损益。

修改后的债务条款如涉及或有应付金额,且该或有应付金额符合《企业会计准则第13号——或有事项》中有关预计负债确认条件的,债务人应当将该或有应付金额确认为预计负债。重组债务的账面价值,与重组后债务的入账价值和预计负债金额之和的差额,计入当期损益。

或有应付金额,是指需要根据未来某种事项出现而发生的应付金额,而且该未来事项的出现具有不确定性。

⑤债务重组以现金清偿债务、非现金资产清偿债务、债务转为资本、修改其他债务条件等方式的组合进行的,债务人应当依次以支付的现金、转让的非现金资产公允价值、债权人享有股份的公允价值冲减重组债务的账面价值,再按照第④点处理。

(2)债权人的会计处理

①现金清偿债务的,债权人应当将重组债权的账面余额与收到的现金之间的差额,计入当期损益。债权人已对债权计提减值准备的,应当先将该差额冲减减值准备,减值准备不足以冲减的部分,计入当期损益。

②以非现金资产清偿债务的,债权人应当对受让的非现金资产按其公允价值入账,重组债权的账面余额与受让的非现金资产的公允价值之间的差额,比照第①点处理。

③将债务转为资本的,债权人应当将享有股份的公允价值确认为对债务人的投资,重组债权的账面余额与股份的公允价值之间的差额,比照第①点处理。

④修改其他债务条件的,债权人应当将修改其他债务条件后的债权的公允价值作为重组后债权的账面价值,重组债权的账面余额与重组后债权的账面价值之间的差额,比照第①点处理。

修改后的债务条款中涉及或有应收金额的,债权人不应当确认或有应收金额,不得将其计入重组后债权的账面价值。

或有应收金额,是指需要根据未来某种事项出现而发生的应收金额,而且该未来事项的出现具有不确定性。

⑤债务重组采用以现金清偿债务、非现金资产清偿债务、债务转为资本、修改其他债务条件等方式的组合进行的,债权人应当依次以收到的现金、接受的非现金资产公允价值、债权人享有股份的公允价值冲减重组债权的账面余额,再按照第④点处理。

【案例78】债权作价出资会计处理方式

2007年2月10日,甲公司尚欠乙公司应收账款20万元,由于发生财务困难,甲公司无法支付货款,与乙公司协商进行债务重组。经双方协议,乙公司同意甲公司以其股权抵偿该账款。乙公司对该项应收账款计提了坏账准备1万元。假设转账后甲公司注册资本为1000万元,净资产的公允价值为1300万元,抵债股权占甲公司注册资本的1%。相关手续已办理完毕。假定不考虑其他相关税费。

债务人甲公司的会计处理如下:

1. 计算:

重组债务应付账款的账面价值与所转股权的公允价值之间的差额

$=200,000-13,000,000\times1\%$

$=200,000-130,000$

$=70,000(元)$

差额 70,000 元作为债务重组利得,所转股份的公允价值 130,000 元与实收资本 100,000 元(10,000,000×1%)的差额 30,000 元作为资本公积。

2. 会计分录:

借:应付账款	200,000
贷:实收资本	100,000
资本公积——资本溢价	30,000
营业外收入——债务重组利得	70,000

债权人乙公司的会计处理如下:

1. 计算:

重组债权应收账款的账面余额与所转让股份的公允价值之间的差额

$=200,000-13,000,000\times1\%$

$=200,000-130,000$

$=70,000(元)$

差额 70,000 元,扣除坏账准备 10,000 元,计 60,000 元,作为债务重组损失,计入营业外支出。

2. 会计分录:

借:长期股权投资——甲公司	130,000
营业外支出——债务重组损失	60,000
坏账准备	10,000
贷:应收账款	200,000

169. 债务重组过程中是否需要缴纳印花税、营业税、增值税、土地增值税和契税?

随着债务重组协议的签订,在履行过程中需要签订一些具体的合同,如购销合同、专利转让合同、土地使用权转让合同等,应就这些行为按照规定缴纳相应的印花税、营业税、土地增值税与契税。

但如果重组过程中,一方将全部或者部分实物资产以及与其相关联的债权、负债和劳动力一并转让给其他单位和个人,其中涉及的货物、不动产、土地使用权的转让无须缴纳营业税或增值税。同时,债转股投入到新公司的实物资产免征增值税。

原债务人作为被投资公司因债转股导致的"实收资本"与"资本公积"增加的部分按照万分之五的税率缴纳印花税。

170. 以国债出资,转让收入时间以及应纳税所得额如何确定?

按以下方式确定:

(1)国债转让收入时间确认方式如下:

①企业转让国债应在转让国债合同、协议生效的日期,或者国债移交时确认转让收入的实现;

②企业投资购买国债,到期兑付的,应在国债发行时约定的应付利息的日期确认国债转让收入的实现。

(2)企业转让或到期兑付国债取得的价款,减除其购买国债成本,并扣除其持有期间的国债利息收入以及交易过程中相关税费后的余额,为企业转让国债收益(损失)。

企业转让国债,应作为转让财产,其取得的收益(损失)应作为企业应纳税所得额计算纳税。

关于国债成本确定问题:

①通过支付现金方式取得的国债,以买入价和支付的相关税费为成本;

②通过支付现金以外的方式取得的国债,以该资产的公允价值和支付的相关税费为成本;

③国债成本计算方法:

企业在不同时间购买同一品种国债的,其转让时的成本计算方法,可在先进先出法、加权平均法、个别计价法中选用一种。计价方法一经选用,不得随意改变。

四、固定资产作价出资税务问题

171. 个人以固定资产作价出资是否需要缴纳个人所得税?

个人以固定资产作价出资税务处理方式与知识产权作价出资税务处理方式一致。详见前文。

【案例79】设备原值与股权价值相当 实物出资无须缴税①

基本案情：

基于对我国 LED 产业广阔市场前景的认知，为进一步满足日益旺盛的市场需求，2007 年 12 月 5 日，长方光电公司股东会决议将注册资本由 100 万元增资至 1030 万元。新增注册资本 930 万元中邓子长实物出资 285 万元，邓子贤实物出资 100 万元，邓子宜实物出资 80 万元。三名投资人用于出资的实物资产是生产经营 LED 的相关设备。

三位实物资产投资人用于出资的实物资产已经中深信资产评估公司评估。评估具体情况为：邓子长出资的实物资产购置价格为 285 万元，评估值为 292.13 万元；邓子贤出资的实物资产购置价格为 100 万元，评估值为 102.40 万元；邓子宜出资的实物资产购置价格为 80 万元，评估值为 82 万元。

正宏会计师事务所对前述出资进行了审验，确认上述注册资本已缴足。

律师观点：

本次出资涉及的税收主要包括个人所得税、增值税以及印花税。

1. 个人所得税

本案发生于 2007 年，根据《国家税务总局关于非货币资产评估增值暂不征收个人所得税的批复》（国税函〔2005〕319 号）的规定，三位投资人以实物进行投资无须缴纳个人所得税。

如果本案发生于 2008 年后，根据《国家税务总局关于资产评估增值计征个人所得税问题的通知》（国税发〔2008〕115 号）的规定，三位投资人应就取得股权价值高于购置价值的部分缴纳个人所得税。但由于本案中用于出资的设备原值与投资取得股权的价值相同，因此，三位投资人无须缴纳个人所得税。

2. 印花税

根据《印花税暂行条例》规定，长方光电公司应该以实收资本 930 万元为计税依据按比例税率万分之五缴纳印花税 4650 元。

---

① 参见巨潮资讯网 http://www.cninfo.com.cn/finalpage/2012-02-28/60594554.PDF，2012 年 11 月 7 日访问。

172. 企业以固定资产作价出资,是否需要缴纳企业所得税?

企业以固定资产出资,与企业以知识产权作价出资的税务处理方式一致,即视同销售处理。

但企业以固定资产出资如果符合资产收购特殊性税务处理的,可以作递延纳税处理,暂不确认所得或损失。①

【案例80】实物出资视同销售 增值部分缴纳企业所得税②

基本案情:

2010年12月20日科新机电同新疆国兴资产、金象集团共同签署了《新疆科新重装有限公司投资协议书》,三方共同设立新疆科新。三方出资情况如表3-6所示:

表3-6 新疆科新股权结构

序号	股东名称	出资额(万元)	出资比例(%)	出资方式
1	新疆国兴资产	750	15	货币
2	金象集团	750	15	货币
3	科新机电	3167.72	70	货币
		332.28		实物资产

科新机电用于出资的实物包括油压机、卷板机各1台。

律师观点:

科新机电以实物作价出资主要涉及增值税、印花税与企业所得税。

1. 增值税

根据《增值税暂行条例实施细则》第4条第6款的规定,将自产、委托加工或者购进的货物作为投资,提供给其他单位或者个体工商户,应该视同销售。新科机电应实物出资的部分以332.28万元为销售收入按照17%税率,缴纳增值税。

---

① 关于资产收购特殊性税务处理内容详见本书第七章股权转让纠纷第六节股权转让的税务问题。

② 参见巨潮资讯网 http://www.cninfo.com.cn/finalpage/2010-11-13/58658420.PDF,http://www.cninfo.com.cn/finalpage/2010-12-24/58820488.PDF,2012年11月8日访问。

2. 印花税

根据《印花税暂行条例》规定，新疆科新应按照实收资本金额一次性缴纳万分之五的印花税，即 5000×0.05% = 2.5 万元。

3. 企业所得税

《企业所得税法实施条例》第 25 条规定，企业将货物、财产、劳务用于捐赠、偿债、赞助、集资、广告、样品、职工福利或者利润分配等用途的，应当视同销售货物、转让财产或者提供劳务。同时根据《国家税务总局关于企业处置资产所得税处理问题的通知》（国税函〔2008〕828 号）第 2 条的规定，企业将资产移送他人，因资产所有权属已发生改变而不属于内部处置资产，应按规定视同销售确定收入。科新机电以实物资产出资入股，实物资产的权属已经发生了变更，因此在企业所得税处理上应视同销售处理。

根据《国家税务总局关于企业取得财产转让等所得企业所得税处理问题的公告》（国家税务总局公告 2010 年第 19 号）的规定，企业取得财产（包括各类资产、股权、债权等）转让收入、债务重组收入、接受捐赠收入、无法偿付的应付款收入等，不论是以货币形式、还是非货币形式体现，除另有规定外，均应一次性计入确认收入的年度计算缴纳企业所得税，因此科新机电应一次性将该视同销售的收入进行确认。

该实物资产的账面净值合计为 249.73 万元，交易价格为 332.28 万元，假设相关税费为 0 万元，科新机电一次性征收所得税(332.28 - 249.73)×25% = 20.64 万元。

173. 企业以接受捐赠的固定资产作价出资，所得税处理有何特殊之处？

企业接受捐赠的固定资产，不计入企业应纳税所得额。

企业出售该资产或进行清算时，若出售或清算价格低于接受捐赠时的固定资产价格，应以接受捐赠的固定资产价格计入应纳税所得或清算所得；若出售或清算价格高于接受捐赠时的固定资产价格，应以出售收入扣除清理费用后的余额计入应纳税所得或清算所得，依法缴纳企业所得税。

174. 企业以固定资产作价出资，是否需要缴纳增值税？如何确定销售收入以及税率？

一般情况下，企业以固定资产作价出资需要缴纳增值税。如前所述，企业以固定资产作价出资，应按规定视同销售确定收入。如用于出资的固定资产属于企业自制的资产，应按企业同类资产同期对外销售价格确定销售收入；若属于外购的资产,可按购入时的价格确定销售收入。适用税率具体情形如下。

(1)一般纳税人

①以不得抵扣且未抵扣进项税额的固定资产出资,按简易办法依4%征收率减半征收增值税。下列固定资产不得抵扣:

a. 用于非增值税应税项目、免征增值税项目、集体福利或者个人消费的购进货物;

b. 非正常损失的购进货物及相关的应税劳务;

c. 非正常损失的在产品、产成品所耗用的购进货物;

d. 国务院财政、税务主管部门规定的纳税人自用消费品;

e. 有关货物的运输费用和销售免税货物的运输费用。

②以其他固定资产出资,按照适用税率征收增值税。

(2)小规模纳税人

小规模纳税人以固定资产作价出资,减按2%征收率征收增值税;以除固定资产以外的其他资产作价出资,应按3%的征收率征收增值税。

值得注意的是,在资产重组过程中,个人或企业将全部或者部分固定资产以及与其相关联的债权、负债和劳动力一并转让给其他单位和个人的,不属于增值税的征税范围,其中涉及的货物转让,不征收增值税。

175. 债转股企业与金融资产管理公司签订债转股协议,债转股企业将货物资产作为投资提供给债转股新企业的,是否需要缴纳增值税?

不需要。

176. 以固定资产作价出资,如何进行会计处理?

以固定资产投资,投资方会计处理如下:

首先,固定资产转入清理。固定资产转入清理时,按固定资产账面价值,借记"固定资产清理"科目,按已计提的累积折旧,借记"累积折旧"科目,按已计提的减值准备,借记"固定资产减值准备"科目,按固定资产账面余额,贷记"固定资产"科目。

固定资产清理过程中发生的有关费用以及应支付的相关税费,借记"固定资产清理"科目,贷记"银行存款"、"应交税费"等科目。

其次,确认发生的清理费用。借记"长期股权投资",贷记"固定资产清理"。

五、以房地产作价出资的税务问题 ①

(一)房地产转让的一般税务问题

177. 转让房地产需要缴纳哪些税费?如何确定各个税种的应纳税额?法定纳税义务人是谁?纳税义务发生时间为何时?由何地税务机关征管?

转让房地产需要缴纳土地增值税、个人所得税、企业所得税、营业税、契税、印花税、城镇土地使用税、城市维护建设税和教育费附加。各个税种的应纳税额计算方式以及纳税义务产生时间具体如下:

(1)营业税

根据《财政部 国家税务总局关于调整个人住房转让营业税政策的通知》(财税〔2015〕39号)的规定,个人将购买不足2年的住房对外销售的,全额征收营业税;个人将购买2年以上(含2年)的非普通住房对外销售的,按照其销售收入减去购买房屋的价款后的差额征收营业税;个人将购买2年以上(含2年)的普通住房对外销售的,免征营业税。同时,《关于调整房地产交易环节契税、营业税优惠政策的通知》(财税〔2016〕23号)的规定,个人将购买不足2年的住房对外销售的,全额征收营业税;个人将购买2年以上(含2年)的住房对外销售的,免征营业税。但是,北京、上海、广州、深圳暂不实施契税优惠政策及上述营业税优惠政策。

①适用税率及税目:

a. 转让土地使用权按照"转让无形资产"税目中"转让土地使用权"项目5%的税率征收营业税;

b. 销售商品房及其他建筑物按照"销售不动产"税目5%的税率征收营业税;

c. 转让在建工程行为按以下办法征收:

转让已完成土地前期开发或正在进行土地前期开发,但尚未进入施工阶段的在建项目的,按照"转让无形资产"税目中"转让土地使用权"项目5%的税率征收营业税;转让已进入建筑物施工阶段的在建项目的,按照"销售不动产"税目5%的税率征收营业税。

②计算公式:营业税 = (营业额 - 不动产或土地使用权的原值) × 5%,其中营业额为转让房地产或销售不动产的全部收入。

③纳税义务发生时间:纳税人收讫营业收入款项或者取得索取营业收入款项

---

① 根据《土地增值税暂行条例》的规定,此处的房地产作扩张解释,包括国有土地使用权、地上的建筑物及附着物。

凭据的当天。签订书面合同的,为书面合同确定的付款日期的当天;未签订书面合同或者书面合同未约定付款日期的,为应税行为完成的当天。采用预收方式的,纳税义务发生时间为收到预付款的当天。

④法定纳税义务人:转让方。

⑤纳税地点:在土地所在地或不动产所在地税务机关申报纳税。

(2)城市维护建设税

①适用税率:

a. 纳税人所在地在城市市区的,税率为7%;

b. 纳税人所在地在县城、建制镇的,税率为5%;

c. 纳税人所在地不在城市市区、县城、建制镇的,税率为1%。

②计算公式:城市维护建设税 = 营业税额 × 税率。

③纳税义务发生时间:缴纳营业税时。

④法定纳税义务人:转让方。

⑤纳税地点:在营业税征管机关处申报纳税。

(3)教育费附加

①适用税率:3%。

②计算公式:营业税 = 营业税额 × 5%。

③纳税义务发生时间:缴纳营业税时。

④法定纳税义务人:转让方。

⑤纳税地点:在营业税征管机关处申报纳税。

(4)土地增值税

①适用税率:土地增值税采4级超率累进税率(见表3-7):

表3-7 土地增值税税率

级数	增值额与扣除项目金额的比率	税率(%)	速算扣除系数(%)
1	不超过50%的部分	30	0
2	超过50%~100%的部分	40	5
3	超过100%~200%的部分	50	15
4	超过200%的部分	60	35

②计算公式:土地增值税税额 = 增值额 × 适用税率 - 扣除项目金额 × 速算扣除系数

= (收入额 - 扣除项目金额) × 适用税率 - 扣除项目金额 × 速算扣除系数

纳税人转让房地产所取得的收入,包括货币收入、实物收入和其他收入。

可扣除项目如表 3-8 所示:

表 3-8 可扣除项目

可扣除项目分类	具体可扣除项目
取得土地使用权所支付的金额	以出让方式取得时缴纳的土地出让金、受让方支付的契税以及其他有关登记、过户手续费
	以划拨方式取得时补缴的出让金、受让方支付的契税以及其他有关登记、过户手续费
	以转让取得时支付的地价款、受让方支付的契税以及其他有关登记、过户手续费
房地产开发成本	以土地征用及拆迁补偿费、前期工程费、建筑安装工程费、基础设施费、公共配套设施费、开发间接费用(直接组织、管理开发项目发生的费用,包括工资、职工福利费、折旧费、修理费、办公费、水电费、劳动保护费、周转房摊销费)
房地产开发费用	与房地产开发项目有关的销售费用、管理费用和财务费用
与转让房地产有关的税金	转让房地产时缴纳的营业税、教育附加费及城市维护建设税
其他扣除项目	对从事房地产开发的纳税人允许按取得房地产时所支付的金额和房地产开发成本之和,加计 20% 扣除

③纳税义务发生时间:转让合同签订后 7 日内。

④法定纳税义务人:转让方。

⑤纳税地点:在土地所在地税务机关申报纳税。纳税人转让的房地产坐落在两个或两个以上地区的,应按土地所在地分别申报纳税。

在实际工作中,纳税地点的确定又可以分为以下两种情形:

(a)纳税人是法人的。当转让的房地产坐落地与其机构所在地或经营所在地一致时,则在办理税务登记的原管辖税务机关申报纳税即可;如果转让的房地产坐落地与其机构所在地或经营所在地不一致时,则应在房地产坐落地所管辖的税务机关申报纳税。

(b)纳税人是自然人的。当转让的房地产坐落地与其居住所在地一致时,则在住所所在地税务机关申报纳税即可;如果转让的房地产坐落地与其居住所在地不一致时,则在办理过户手续所在地的税务机关申报纳税。

(5)印花税

①适用税率:0.05%。

②计算公式:印花税 = 计税金额 × 适用税率。

计税金额为土地使用权出让合同或土地使用权转让合同或商品房销售合同所记载金额。

③纳税义务发生时间:签订转让合同后。

④法定纳税义务人:转让方与受让方。

⑤纳税地点:分别在转让方与受让方所在地的税务机关申报纳税。

(6)企业所得税

①适用税率:25%。

②计算公式:企业所得税 = 应纳税所得额 × 25%。

其中,应纳税所得额 = 收入总额 - 不征税收入 - 免税收入 - 各项扣除金额 - 弥补亏损。

各种扣除金额包括成本、费用、与转让房地产有关的税金(营业税及附加、土地增值税、印花税)。

③纳税义务发生时间:取得收入时。

④法定纳税义务人:转让方。

⑤纳税地点:土地使用权转让方注册登记地的税务机关申报纳税。

(7)契税

2016年2月17日,财政部、国家税务总局、住房城乡建设部发布了《关于调整房地产交易环节契税、营业税优惠政策的通知》(财税〔2016〕23号),通知要求,对个人购买家庭唯一住房(家庭成员范围包括购房人、配偶以及未成年子女,下同),面积为90平方米及以下的,减按1%的税率征收契税;面积为90平方米以上的,减按1.5%的税率征收契税。对个人购买家庭第二套改善性住房,面积为90平方米及以下的,减按1%的税率征收契税;面积为90平方米以上的,减按2%的税率征收契税。

①适用税率:契税税率为3% ~ 5%。

②计税依据:

a. 出让国有土地使用权的,其契税计税价格为承受人为取得该土地使用权而支付的全部经济利益。

以协议方式出让的,其契税计税价格为成交价格。成交价格包括土地出让金、土地补偿费、安置补助费、地上附着物和青苗补偿费、拆迁补偿费、市政建设配套费等承受者应支付的货币、实物、无形资产及其他经济利益。

没有成交价格或者成交价格明显偏低的,征收机关可依次按下列两种方式确定:

评估价格:由政府批准设立的房地产评估机构根据相同地段、同类房地产进行综合评定,并经当地税务机关确认的价格。

土地基准地价:由县级以上人民政府公示的土地基准地价。

以竞价方式出让的,其契税计税价格,一般应确定为竞价的成交价格,土地出让金、市政建设配套费以及各种补偿费用应包括在内。

b. 土地使用权出售、房屋买卖,为成交价格。成交价格是指土地、房屋权属转移合同确定的价格,包括承受者应交付的货币、实物、无形资产或者其他经济利益。

c. 土地使用权赠与、房屋赠与,由征收机关参照土地使用权出售、房屋买卖的市场价格核定。

d. 土地使用权交换、房屋交换,为所交换的土地使用权、房屋价格的差额。交换价格相等时,免征契税;交换价格不等时,由多交付的货币、实物、无形资产或者其他经济利益的一方缴纳契税。

e. 以划拨方式取得土地使用权,经批准转让房地产时,由房地产转让者补交契税。计税依据为补交的土地使用权出让费用或者土地收益和其他出让费用。

f. 土地使用者将土地使用权及所附建筑物、构筑物等(包括在建的房屋、其他建筑物、构筑物和其他附着物)转让给他人的,应按照转让的总价款计征契税。

前款成交价格明显低于市场价格并且无正当理由的,或者所交换土地使用权、房屋的价格的差额明显不合理并且无正当理由的,由征收机关参照市场价格核定。

③计算公式:应纳税额 = 计税依据 × 税率。

④纳税义务发生时间:为纳税人签订土地、房屋权属转移合同的当天,或者纳税人取得其他具有土地、房屋权属转移合同性质凭证的当天。

⑤法定纳税义务人:土地使用权受让方。

⑥纳税地点:土地所在地的税务机关申报纳税。

178. 房地产开发企业未支付的质量保证金,能否在计算土地增值税时予以扣除?

房地产开发企业在工程竣工验收后,根据合同约定,扣留建筑安装施工企业一定比例的工程款,作为开发项目的质量保证金,在计算土地增值税时,建筑安装施工企业就质量保证金对房地产开发企业开具发票的,按发票所载金额予以扣除;未开具发票的,扣留的质保金不得计算扣除。

179. 房地产开发费用按照何标准进行扣除?

土地增值税扣除项目的房地产开发费用,不按纳税人房地产开发项目实际发生的费用扣除,扣除标准如下:

(1)财务费用中的利息支出,凡能够按转让房地产项目计算分摊并提供金融机构证明的,允许据实扣除,但最高不能超过按商业银行同类同期贷款利率计算的金额。其他房地产开发费用,在按照"取得土地使用权所支付的金额"与"房地产开发成本"金额之和的5%以内计算扣除。

(2)凡不能按转让房地产项目计算分摊利息支出或不能提供金融机构证明的,房地产开发费用在按"取得土地使用权所支付的金额"与"房地产开发成本"金额之和的10%以内计算扣除。

全部使用自有资金,没有利息支出的,按照以上方法扣除。

上述具体适用的比例按省级人民政府此前规定的比例执行。

(3)房地产开发企业既向金融机构借款,又有其他借款的,其房地产开发费用计算扣除时不能同时适用前述第(1)(2)项所述两种办法。

(4)土地增值税清算时,已经计入房地产开发成本的利息支出,应调整至财务费用中计算扣除。

180. 转让未取得土地使用权属证书的土地使用权,是否应缴纳土地增值税、营业税和契税等税费?

应当。土地使用者转让、抵押或置换土地,无论其是否取得了该土地的使用权属证书,无论其在转让、抵押或置换土地过程中是否与对方当事人办理了土地使用权属证书变更登记手续,只要土地使用者享有占有、使用、收益或处分该土地的权利,且有合同等证据表明其实质转让、抵押或置换了土地并取得了相应的经济利益,土地使用者及其对方当事人应当依照税法规定缴纳营业税、土地增值税和契税等相关税费。

181. 出现哪些情形纳税人应当对房地产的价格进行评估确认转让房地产的收入?如何评估?如何确定评估机构?评估机构有何义务?

房地产评估价格,是指由政府批准设立的房地产评估机构根据相同地段、同类房地产进行综合评定的价格。评估价格须经当地税务机关确认。

纳税人有下列情形之一的,按照房地产评估价格计算征收。

(1)隐瞒、虚报房地产成交价格的

隐瞒、虚报房地产成交价格,是指纳税人不报或有意低报转让土地使用权、地上建筑物及其附着物价款的行为。

隐瞒、虚报房地产成交价格,应由评估机构参照同类房地产的市场交易价格进行评估。税务机关根据评估价格确定转让房地产的收入。

(2)提供扣除项目金额不实的

提供扣除项目金额不实的,是指纳税人在纳税申报时不据实提供扣除项目金额的行为。

提供扣除项目金额不实的,应由评估机构按照房屋重置成本价乘以成新度折扣率计算的房屋成本价和取得土地使用权时的基准地价进行评估。税务机关根据评估价格确定扣除项目金额。

(3)转让房地产的成交价格低于房地产评估价格,又无正当理由的

转让房地产的成交价格低于房地产评估价格,又无正当理由,是指纳税人申报的转让房地产的实际成交价低于房地产评估机构评定的交易价,纳税人又不能提供凭据或无正当理由的行为。

转让房地产的成交价格低于房地产评估价格,又无正当理由的,由税务机关参照房地产评估价格确定转让房地产的收入。

纳税人可委托经省以上房地产管理部门确认评估资格并报税务部门备案的房地产评估机构受理有关转让房地产的评估业务。

接受委托的各房地产评估机构,在按税务部门要求按期将评估结果报送房地产所在地税务机关,作为确认计税依据参考的同时,应将评估结果报当地政府设立的事业性房地产估价管理机构审核。

对于房地产所在地税务机关要求受委托的房地产评估机构提供与房地产评估有关的资料的,评估机构应当无偿提供,不得以任何借口予以拒绝。

182. 哪些情形下,纳税人应办理土地增值税清算手续?应于何时办理?清算时应向税务局提交哪些文件?

符合下列情形之一的,纳税人应进行土地增值税的清算:

(1)房地产开发项目全部竣工、完成销售的;

(2)整体转让未竣工决算房地产开发项目的;

(3)直接转让土地使用权的。

符合下列情形之一的,主管税务机关可要求纳税人进行土地增值税清算:

(1)已竣工验收的房地产开发项目,已转让的房地产建筑面积占整个项目可售建筑面积的比例在85%以上,或该比例虽未超过85%,但剩余的可售建筑面积已经出租或自用的;

(2)取得销售(预售)许可证满3年仍未销售完毕的;

(3)纳税人申请注销税务登记但未办理土地增值税清算手续的;

(4)省税务机关规定的其他情况。

应进行土地增值税清算的项目,纳税人应当在满足条件之日起90日内到主管税务机关办理清算手续。税务机关可要求纳税人进行土地增值税清算的项目,由主管税务机关确定是否进行清算;对于确定需要进行清算的项目,由主管税务机关下达清算通知,纳税人应当在收到清算通知之日起90日内办理清算手续。

纳税人清算土地增值税时应提供如下清算资料:

(1)土地增值税清算表及其附表;

(2)房地产开发项目清算说明,主要内容应包括房地产开发项目立项、用地、开发、销售、关联方交易、融资、税款缴纳等基本情况及主管税务机关需要了解的其他情况;

(3)项目竣工决算报表、取得土地使用权所支付的地价款凭证、国有土地使用权出让合同、银行贷款利息结算通知单、项目工程合同结算单、商品房购销合同统计表、销售明细表、预售许可证等与转让房地产的收入、成本和费用有关的证明资料。主管税务机关需要相应项目记账凭证的,纳税人还应提供记账凭证复印件;

(4)纳税人委托税务中介机构审核鉴证的清算项目的,还应报送中介机构出具的《土地增值税清算税款鉴证报告》。

183. 纳税人应当于何时申报土地增值税?向何地税务机关申报?申报时需要提交哪些材料?如何确定纳税期限?

纳税人应在转让房地产合同签订后的7日内,到房地产所在地主管税务机关办理纳税申报,并向税务机关提交房屋及建筑物产权、土地使用权证书,土地转让、房产买卖合同,房地产评估报告及其他与转让房地产有关的资料。

纳税人因经常发生房地产转让而难以在每次转让后申报的,经税务机关审核同意后,可以定期进行纳税申报,具体期限由税务机关根据情况确定。

申报后,纳税人按照税务机关核定的税额及规定的期限缴纳土地增值税。

房地产所在地,是指房地产的坐落地。纳税人转让的房地产坐落在两个或两个以上地区的,应按房地产所在地分别申报纳税。

税务机关核定的纳税期限,应在纳税人签订房地产转让合同之后、办理房地产权属转让(过户及登记)手续之前。

184. 在哪些情形下,对土地增值税清算可实行核定征收?

在土地增值税清算过程中,发现纳税人符合核定征收条件的,应按核定征收方式对房地产项目进行清算。在土地增值税清算中符合以下条件之一的,可实行核定征收。

(1)依照法律、行政法规的规定应当设置但未设置账簿的;

(2)擅自销毁账簿或者拒不提供纳税资料的;

(3)虽设置账簿,但账目混乱或者成本资料、收入凭证、费用凭证残缺不全,难以确定转让收入或扣除项目金额的;

(4)符合土地增值税清算条件,企业未按照规定的期限办理清算手续,经税务机关责令限期清算,逾期仍不清算的;

(5)申报的计税依据明显偏低,又无正当理由的。

符合上述核定征收条件的,由主管税务机关发出核定征收的税务事项告知书后,税务人员对房地产项目开展土地增值税核定征收核查,经主管税务机关审核合议,通知纳税人申报缴纳应补缴税款或办理退税。

185. 清算补缴土地增值税,是否需要加收滞纳金?

纳税人按规定预缴土地增值税后,清算补缴的土地增值税,在主管税务机关规定的期限内补缴的,不加收滞纳金。

186. 在转让房地产中,转让方拒绝开具发票,受让方能否向法院提起民事诉讼请求转让方开具发票?

根据有关税法规定,单位在经营活动中,应当按照规定开具发票。

有观点认为开具发票属于行政法律关系,不是民事法律关系,不属于法院受理、调处范围,法院应裁定驳回转让方的诉讼。

笔者认为开具发票既是法定义务,又是合同义务。受让方可以向法院提起诉讼请求转让方开具发票。税务机关依据国家有关发票管理法规,对发票的印制、使用和稽查等活动进行管理,与纳税人之间形成的是行政法律关系。这与从事经济活动的当事人,在自愿、协商基础上建立的民事法律关系,两者在主体、权利义务内容等方面都各不相同。发票的作用主要为,一是作为收款凭证,如经济活动中购买商品或接受劳务都应当以发票作为记录经济业务的原始凭证;二是需要以发票为依据主张其他民事权利或财产权利,如在增值税发票可用作税款的抵扣依据。正是由于发票具有的作用,即使合同未对开具发票作出约定,按照有关交易惯例和有利于合同目的实现的原则,可将开具发票作为合同的任意条款进行补充解释,视为收款人的一项合同义务。学术上也多将此作为合同的从给付义务,是对主给付义务的补充。从给付义务的履行有助于保障债权的实现。例如,在商品房买卖中,开发商有移转房屋所有权的义务,而办理产权登记必须提供房款发票,如果开发商不向业主开具发票,房屋就无法办理过户登记,业主的债权显然无法得到实现。一个行为可以同时具有行政义务与合同义务的性质。收款人不开具发票的行为,既是违反有关发票管理法规的行为,应受行政处罚,又是违约行为,应向对方承担违约责任。从现行法律规定上看,《消费者权益保护法》第 22 条也规定"经营者提供商品或者服务,应当按照国家有关规定或者商业惯例向消费者出具购货凭证或者服务单据;消费者索要购货凭证或者服务单据的,经营者必须出具"。可见,法律对经营者开具发票并不完全将之作为行政义务来看待,亦承认是一项民事义务,其义务在性质上可以是双重的。

【案例81】卖方未证交付发票 买方诉讼请求开具发票获支持[①]

原告:茶业公司

被告:电梯公司

诉讼请求:被告向原告开具金额为 271,500 元的增值税发票。

争议焦点:买卖合同中卖方开具增值税发票是否其法定义务,买方能否通过民事诉讼请求卖方开具发票。

基本案情:

2007 年 11 月 23 日,原、被告签订电(扶)梯设备买卖合同,合同约定原告向被告购买电(扶)梯三台,价款共计人民币 271,500 元。

2008 年 12 月 8 日,被告交付的电(扶)梯经绍兴市特种设备检测院复检合格,原告未按约向被告支付尾款 54,300 元。

2009 年 11 月 24 日,被告向法院起诉,要求原告支付货款并承担违约责任,杭州市江干区人民法院作出(2009)杭江商初字第 1589 号民事判决:原告支付被告货款 54,300 元及支付逾期付款违约金 6559 元。

后被告向原告提供了购货人为原告公司名称、价税为"272,700 元"的增值税专用发票,因被告将原告公司的名称填写错误,原告据此将票据退回给被告。

双方因重新开票所需补缴税款的损失承担无法达成一致意见发生纠纷。

原告诉称:

原告按约支付了三期货款,但被告一直未向原告开具增值税发票。

被告辩称:

开具增值税发票的诉讼请求是一种行政法律关系,不应作为本案的诉讼请

[①] 参见浙江省杭州市江干区人民法院(2010)杭江九(商)初字第 61 号民事判决书。

求;被告已开具足额的增值税发票,不能重复开具;增值税发票不能抵扣的过错在于原告,原告收到发票后应当进行检查,并且在90天内进行抵扣,如果当时原告能及时发现或进行抵扣,发现错误,根据有关规定被告可开具红色的发票进行冲抵,所以过错在原告。

被告为证明其观点,提交证据如下:

1. 被告于2008年6月12日开具给原告的增值税发票记账联1份,拟证明被告已向原告开具了全额的增值税发票;

2. 申通快递详情单1份,拟证明被告在2008年6月20日,通过邮寄的方式将增值税专用发票寄给原告,经办人是原告公司的郎总。

针对被告的上述证据,原告认为:

1. 对于证据1,被告是在2009年5月将增值税发票给原告的,且购货单位也填写错误,财务发现错误后,在当月就退回给了被告;

2. 对于证据2,从详情单上看该邮件是从慈溪寄出,寄件人也不是本案被告,且也不能看出邮寄的材料是本案所涉的增值税发票。

律师观点:

1. 关于证据的认定

被告提供的证据1(增值税发票记账联),仅能证明被告向原告开具了购货单位为原告公司全称、价税为"272,700元"的增值税专用发票1张的事实,对这一事实,法院应予以确认;证据2(快递详情单),寄件人的地址为慈溪孙塘北路××号××楼,寄件人为何燕华,寄件人并非本案的被告,且被告也未提供证据证明何燕华系其单位的员工;况且该邮件材料是否为被告所称的增值税发票,详情单上无任何注明,故对该份证据的证明效力,法院应不予确认。

2. 发票开具行为系民事法律关系

在买卖合同中,卖方开具发票属于该买卖行为的附随义务,属于民事法律关系的范畴,而非行政法律关系,被告认为开具增值税发票的诉讼请求是一种行政法律关系,不应作为本案的诉讼请求,该主张于法无据。

3. 按时开具有效增值税发票是销售方的法定义务

销售方给付购货方增值税发票为其法定义务,该法定义务应当作为合同的附随义务由销售方履行。销售方未给付增值税发票或给付的增值税发票无效的,属销售方未全部履行合同义务,购货方有权要求销售方给付有效的增值税发票。

本案中,被告给付给原告的增值税发票,购货人填写错误,应属无效发票,且该发票原告已退还给被告,被告应向原告给付有效的增值税发票。

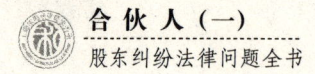

关于价款金额,因本案中,被告向原告出售了含税价为 271,500 元的货物,故价款金额应为 271,500 元。

法院判决:

被告于判决生效后 10 日内给付原告价税金额为 271,500 元的增值税专用发票。

187. 纳税义务人与合同相对人约定由合同相对人或者第三人缴纳税款,该约定是否有效?

有效。我国税收征管方面的法律、法规虽明确规定了税种、税率、税额及纳税义务人,禁止纳税人将必须由其履行的义务如申报纳税、开具发票等以协议或其他方式转移给其他任何个人和单位,但并未禁止纳税人与合同相对人或第三人约定由合同相对人或第三人缴纳税款,即对于实际由谁缴纳税款并未作出强制性或禁止性规定。

纳税义务人与第三方之间关于税费承担的约定是合同当事人之间的权利义务关系安排,既没有违反税收征管方面的法律、法规,亦没有损害国家利益、社会公共利益与第三方利益,不符合合同无效制度安排的根本目标。因此,纳税义务人与合同相对人关于由合同相对人或者第三人缴纳税款的约定合法有效。

【案例82】约定税费他方承担　未违反法律合法有效①

原告: 太重公司

被告: 嘉和泰公司

诉讼请求:

1. 被告立即支付土地补偿金、相关税费合计 3548.6271 万元及违约金 755.86256 万元(截至 2006 年 1 月 12 日)及至全部清偿之日止的违约金;

2. 被告立即支付土地出让金 5255.08 万元。

争议焦点:

1. 双方签订的《协议书》《补充协议》性质如何,是联合开发合同还是土地使用权转让合同,《转让合同》系对《协议书》和《补充协议》的变更,还是仅为双方办理登记备案之用;

2. 税费承担约定是否违反了强制性规定,是否有效;

---

① 参见最高人民法院(2007)民一终字第 62 号民事判决书。

3. 在税费应纳税额不确定的情形下,卖方能否要求买方依照税费承担约定缴纳税费。

基本案情:

2002年3月26日,原告(甲方)与被告(乙方)签订《协议书》。其主要内容如下:

"(三)双方权利义务:(8)原告负责办理土地出让手续,土地出让金及相关出让费用由被告按原告与土地管理部门签署的《国有土地出让合同》约定的付款方式及付款时间支付给原告,再由原告向政府相关部门缴纳;

(四)付款方式:(1)协议签订后两日内,被告向原告支付土地补偿金500万元,10日内支付1500万元;(2)原告与土地部门签订土地出让合同后10日内,被告按该合同确定的土地出让金比例和数额向原告支付该笔款项;(3)原告土地出让完毕,且已取得国有土地使用权后,原告与被告签订该土地使用权转让合同,此合同一经土地局批准10日内,被告支付剩余的土地补偿金,原告收到土地补偿金后,将土地证及已批准的土地使用权转让协议交由被告办理过户手续。

(五)违约责任:……(2)被告未按本协议第四条约定时间向原告支付该条约定款项,按该条应支付款项,每超过一日按万分之四计息补偿给原告,如超过约定时间三个月后仍不能支付,原告有权终止协议,除留下已付款的10%作为对原告补偿外,其余款项退回被告。"

2002年4月2日,原告(甲方)与被告(乙方)签订《补充协议》。约定被告按每亩94万元向原告支付土地补偿金,94万元/亩中的流转税按原告76%、被告24%的比例承担。除此以外,原协议履行过程中的所有各项税费均由被告承担。同日,被告以承兑汇票方式向原告支付土地补偿金2000万元(该承兑汇票2002年9月到期)。

2002年8月12日被告以承兑汇票方式向原告支付土地出让金1000万元(该承兑汇票2003年2月到期)。2002年9月23日被告以电汇方式向原告支付土地出让金50万元。被告合计向原告支付土地出让金1050万元。

2002年9月24日,原告与太原市国土资源局签订《国有土地使用权出让合同》(以下简称《出让合同》),原告取得了该宗土地的使用权。确认出让土地面积为42,968.75平方米(约64.45亩)。

2002年10月30日,被告以支票方式向原告支付土地补偿金250万元。

2002年12月,原告与被告签订《太原市出让土地使用权转让合同书》(以下简称《转让合同》)。确定土地使用权转让价格为每平方米1223元,总额为

5255.08万元。

2002年12月31日,被告向太原市国土资源局支付土地出让金386.72万元。

2003年1月20日,被告以承兑汇票方式向原告支付土地补偿金2000万元。

后2005年1月5日、8月19日、8月29日、9月22日,被告以支票、现金方式,四次向原告支付土地补偿金330万元。

综上,被告以承兑汇票、支票、现金方式共支付土地补偿金4580万元,余款未付。

2003年1月15日,原告与被告取得国有土地使用权转让鉴证单。双方通过办理权属变更登记手续,被告于2003年1月取得该宗土地的国有土地使用证。

按照《协议书》和《补充协议》有关税费承担的约定,被告尚欠原告各种税金。

原告已缴纳契税41.25万元;已申报营业税281.25万元,实际缴纳营业税242.526万元。

原告诉称:

2002年3月16日原告与被告签订《协议书》,就原告向被告转让太原市并州南路西×巷××号土地拆迁补偿事宜进行了明确约定。2002年4月2日又签订《补充协议》,就《协议书》中有关税费承担问题进一步明确。合同签订后,原告按约履行了合同,而被告只支付了土地补偿金4559.7万元,尚欠原告土地补偿金、相关税费等合计3548.6271万元。被告应支付欠款并对其违约行为按照合同约定承担违约责任。根据原告与被告签订的《转让合同》,被告还另外拖欠原告土地转让金5255.08万元没有支付。

被告辩称:

被告不欠原告任何款项,原告的诉讼请求应被驳回。

1. "土地补偿金"即"土地转让金",被告已支付相应款项。

原告主张的"土地补偿金"与"土地转让金"是转让同一地块的不同阶段的称谓,其实质是土地转让价。2002年3月26日,双方签订《协议书》时土地性质为划拨土地,且协议的名义是合作开发,故使用"补偿金"这一名词,实质是土地使用权转让合同。2002年12月,双方就该地块重新签订了《转让合同》,并经政府批准。该合同是最终确定土地使用权转让法律关系的合法文件,转让价格为5255.08万元。被告已超额支付土地转让款,不存在欠款一说,原告也无权主张所谓的违约金。

2. 被告不欠原告任何税费。

《转让合同》中没有约定由被告负担相关税费,且在该合同第8条明确约定增值税由原告负担。

一审认为:

1. 关于《协议书》的效力问题

(1)《协议书》的性质是土地使用权转让合同

就《协议书》内容看,主要是约定被告为取得该宗土地使用权,向原告支付94万元/亩的补偿金。并非以提供土地使用权、资金等作为共同投资,共同经营,共享利润、共担风险合作开发为基本内容。根据《最高人民法院关于审理涉及国有土地使用权合同纠纷案件适用法律问题的解释》第24条的规定,应当认定为土地使用权转让合同。

(2)《协议书》是真实履行的合同,《转让合同》只是用于办理过户之用

关于《协议书》《补充协议》和《转让合同》的关系,从形式上讲,《协议书》和《补充协议》是未经备案登记、仅由双方持有的合同。《转让合同》是经过备案登记的合同。从内容上讲,《协议书》和《补充协议》约定转让土地补偿金94万元/亩,共6058.3万元,土地增值税及相关税费由被告承担。《转让合同》约定土地转让金为每平方米1223元,共5255.08万元,土地增值税由原告承担。《协议书》约定的权利、义务,付款方式、违约责任、争议解决方式等条款,在《转让合同》中没有条款约定或者说明。二者是针对同一标的所签订的形式不同、内容也不尽相同的两份合同。虽然都有转让的真实意思表示,但《协议书》是真实履行的合同,而《转让合同》只是用于办理过户之用。

(3)《协议书》合法有效

《协议书》是双方当事人真实的意思表示,也是实际真正履行的合同。《协议书》和《转让合同》是对同一标的所签的先后两份合同,但后签订的《转让合同》并不当然取代《协议书》。因为:一是《转让合同》未废止《协议书》及《协议书》中约定的补偿金条款,也未约定《协议书》与《转让合同》相抵触的部分无效。二是《协议书》和《补充协议》约定了包括拆迁、安置、履行期限、履行方式、违约责任承担、纠纷解决方式等内容,《转让合同》不具备该类交易行为所签合同的必要条款。依照《合同法》第78条的规定,应推定为未变更。三是《协议书》不违反国家法律、法规。原告与被告签订《协议书》时,该土地为划拨用地,但双方在履行合同过程中,在经政府管理部门批准后,该划拨用地使用权已转化为出让土地使用权,不存在《合同法》第52条规定的合同无效的任何一种情形。根据《最高人民法院关于审理涉及国有土地使用权合同纠纷案件适用法律问题的解释》第11条的规定,《协议书》应认定为合法有效。

2. 关于《补充协议》的效力问题

双方在《协议书》的基础上，签订《补充协议》，对土地增值税、流转税的金额及履行方式等进行了明确约定，其内容与《协议书》内容并不冲突，与《协议书》的内容共同构成完整的合同内容，二者是同一的关系。根据《合同法》第61条的规定，该《补充协议》的内容是对《协议书》内容的补充。可以确认《补充协议》与《协议书》具有相同的法律效力。

3. 关于《转让合同》的效力问题

(1)《转让合同》价格非双方合意

《转让合同》第7条约定的土地转让价格5255.08万元，是国土局的评估价格，是国家土地管理部门对土地交易双方成交价格进行间接调控和引导的最低限价，并非双方达成合意的表示。

(2)《转让合同》约定的价格不符合客观事实

按照《转让合同》约定，该宗土地价格为5255.08万元，土地增值税由原告承担，相关税费没有约定，按规定由原告承担。则原告在取得5255.08万元收入时，需向国家交纳土地出让金1417.97万元，需向国家交纳土地增值税及其他相关税费，还要负责拆迁、安置，且该宗土地上建筑物评估价为1041.2171万元。显然，原告以5255.08万元转让该宗土地与客观事实和真实合意不符。

(3)按照《转让合同》约定的价款5255.08万元，被告的支付有悖常理

被告在已支付3300万元的前提下，只应向原告支付1955.08万元。但被告于2003年1月20日支付了2000万元，在取得土地使用证、认为已超额支付的情况下，又于2005年1月5日、8月19日、8月29日、9月22日四次向原告共付款330万元，显然与常理不符。

(4)《转让合同》约定的重要条款形同虚设

《转让合同》第8条约定，原告同意按原出让合同规定向国家交纳土地增值税。但原出让合同中并无交纳土地增值税的约定。

(5)《转让合同》没有约定土地交付、价款支付、违约责任、纠纷解决方式等内容，不具备土地使用权转让合同的必要条款，不符合一般的交易习惯。

(6)按照《协议书》第4条3的约定：原告土地出让完毕，且已取得国有出让土地使用权后，与被告签订该土地使用权转让合同(按土地局规定文本)，此合同一经土地局批准十日内，即由被告向原告支付剩余的土地补偿金，原告收到土地补偿金后，将土地证及已批准的土地使用权转让协议交由被告办理过户手续。《协议书》第3条8的约定：出让费标准为原告在政策中能享受到的最优

惠的价格标准。显然双方存在合理减少土地转让费的合意。由此可以推断，《转让合同》是按照土地局规定文本，为履行土地局的批准手续而作出的。双方将转让价格约定为5255.08万元，是为了少报纳税金额，而非变更原约定的转让价格。因此，《转让合同》中关于转让价格及土地增值税的约定并非双方当事人真实意思表示，该类条款只会使国家税款减少，因此该类条款应认定无效。其余条款与以前协议内容基本竞合，是双方当事人的真实意思表示，且经土地管理部门审查，并作了土地权属变更登记，双方已实际履行，为有效条款。

4. 关于被告已付价款数额的确定问题、税金问题及违约金问题

(1) 被告已付土地补偿金数额的问题。

关于是承兑汇票。在双方未就付款方式作出明确约定情况下，被告以承兑汇票方式付款并无不妥，原告收取承兑汇票后也没有提出异议。对原告扣除贴现利息的主张不予支持。

关于国土资源局收取的386.72万元土地出让金。原告出售该地，实际就是要取得94万元/亩、合计6058.3万元的土地补偿金收益，其他一切费用均由被告支付。《协议书》第3条9约定：原告土地出让手续办理完毕且被告已支付全部土地补偿金后，原告即为被告办理土地使用权转让手续，转让费由被告承担。因此，该笔出让金不应算在原告收取的补偿金中。

故按照《协议书》的约定，被告应支付原告土地补偿金6058.3万元，已支付4580万元，欠付原告土地补偿金1478.3万元。

(2) 税金问题。

双方在《补充协议》中约定：除流转税按76%和24%的比例由原告和被告承担外，其余所有税费均由被告承担。双方当事人对税金的约定并不违反法律、法规的强制性规定。被告向原告支付的补偿金是双方约定的不含税价格，双方约定各种税金由被告承担合法有效。但是土地增值税和印花税原告并未交纳，营业税部分交纳部分未发生，对于未交纳的税费原告没有权利向被告主张，在各税费实际发生后，原告可依据《协议书》及《补充协议》向被告主张或另行起诉。对原告已缴付的41.25万元契税，予以支持。

(3) 违约金问题。

被告没有完全履行其付款义务，是基于双方签订了两份合同，双方都有过错，因此对原告主张按照日万分之四计算违约金的请求，不予支持。但由于被告迟延付款的责任显然大过原告，其迟延付款的行为客观上给原告造成了利息损失。依照《合同法》第107条的规定，利息损失也属违约责任的一种，原告虽然未提出利

息损失的请求,但提出了违约金请求。因此被告应负担迟延付款的利息。

一审判决:

1. 被告向原告支付土地补偿金1478.3万元及利息(自2005年9月23日起至判决确定的支付之日,以1478.3万元为基数,按照中国人民银行同期贷款利率计算);

2. 被告向原告支付契税41.25万元;

3. 驳回原告的其他诉讼请求。

原告、被告均不服一审判决,向上级人民法院提起上诉。

被告二审诉称:

1. 关于《转让合同》的效力。

《转让合同》是双方当事人真实意思表示,符合法律规定,并经政府批准,是最终确定双方土地使用权转让法律关系的合法文件,土地价格应以《转让合同》的约定为准。被告已按约定履行完毕自己的义务,不存在拖欠款项的行为,一审判决被告承担责任是错误的。

2. 关于《协议书》和《补充协议》的效力。

《协议书》和《补充协议》签订时,该宗土地为行政划拨地。根据法律规定,原告无权转让该宗土地,应属无效协议。在办理出让手续后,《协议书》的效力才得到补正,才发生法律效力。虽然该协议有效了,但它先天不足是事实,需要在履行过程中逐步合法化。《协议书》是《转让合同》的准备,并最终被《转让合同》取代。

3. 《转让合同》效力优于《协议书》。

一审判决认定"《协议书》和《转让合同》是针对同一标的所签订的新旧两份合同"。既然如此,根据合同法的一般原理,后合同(《转让合同》)的效力应当优于前合同(《协议书》),政府批准的合同效力当然优于未经批准的合同。

4. 《转让合同》和《协议书》相冲突的约定,应以《转让合同》为准。

与《协议书》相比,《转让合同》在转让范围、面积、价格、增值税负担等方面都发生了变化,当然应以《转让合同》为准。

5. 《补充协议》就税费负担所作的约定,违反了税法的强制性规定。

即使有效,增值税的负担约定也显失公平。增值税的纳税主体是转让人而非受让人,所以《转让合同》变更增值税由原告承担。

6. 一审判决认定被告已付价款数额有误,被告代原告支付的386.72万元出让金,应计入已付款数额。

7. 2005年以后所付330万元是为了促使原告履行全面交付土地义务,被迫多付的。

8. 假如一审判决结果是正确的,其对诉讼费的分担违背了人民法院诉讼收费办法,超过被告应负担的比例。

原告二审辩称：

被告主张《转让合同》取代《协议书》和《补充协议》毫无根据且严重歪曲事实。被告对协议约定的出让金和税金提出异议目的是歪曲协议、赖账。被告认为386.72万元出让金应由原告承担,没有根据。

原告二审诉称：

1. 一审判决对被告欠付土地转让金的事实没有认定是错误的。

《协议书》约定被告支付土地补偿金每亩94万元,是对原告进行土地拆迁、安置、三通一平等工作的补偿,而非土地转让价格。《转让合同》约定的是土地转让金,是土地本身的转让价格。两份合同的约定并不矛盾,更不重复,被告应当分别履行相应的合同付款义务。《协议书》与《转让合同》的内容相互独立,没有重复,均有双方当事人的盖章签字。根据《合同法》的规定,两份合同均成立并生效。在两份合同中,并没有任何相互否定或者变更的条款,分别构成双方不同的权利义务。

2. 一审判决为被告减免大部分违约责任,没有依据,也不公平。

一审判决已认定被告拖欠土地补偿金的事实存在,应当履行付款义务,但是将原告根据合同约定诉请的违约金改为支付同期贷款利息,并且违约金的起算时间也被推迟了2年8个月之多,显然不符合约定,对原告是不公平的。《协议书》对违约条款的约定清楚明确,对双方均有法律约束力,人民法院应当尊重当事人的意思自治。按《协议书》的约定,被告应在《转让合同》经批准10日内付清土地补偿金。而《转让合同》经批准的时间双方均认可为2003年1月15日,则被告付清土地补偿金的时间应为2003年1月25日。原告正是据此计算违约金,并且对被告中间几次还款均相应予以核减,分段计算。截至2006年1月12日,被告应当支付违约金755.86256万元。这一计算结果既符合合同约定,也符合客观事实,应当得到法院的支持。

3. 一审判决驳回原告对税金的诉讼请求是错误的。

依法纳税是企业应承担的义务,税金对于原告是必然发生的费用,原告当然有权主张,是否已经发生并不影响被告承担合同义务。而且应纳税款的计算均有国家相关法律法规的规定,原告起诉税费金额是依法计算的结果,有充分的法律依据,应当得到支持。

4. 一审判决对被告已付款数额认定也存在错误。

被告支付的款项中有2002年4月2日2000万元承兑汇票应扣除贴现利息30.3万元;8月12日1000万元的承兑汇票应扣除贴现利息15.6万元。

被告二审诉称:

1.《协议书》和《补充协议》已被《转让合同》取代。被告已按《转让合同》确定的价格履行完毕付款义务,并无任何拖欠。

2. 被告按约履行了全部付款义务,不拖欠原告的任何款项,原告无权主张所谓的违约金。

3. 原告主张的各种税费包括营业税、契税、印花税、土地增值税由被告承担不能成立。因为《转让合同》取代《协议书》及《补充协议》后,《转让合同》并没有约定上述税费由被告承担,《转让合同》第8条还明确约定增值税由原告承担。

4. 原告认为已付款中应扣除贴现利息,没有依据。被告支付承兑汇票时,原告按票面金额开具了收据,已认可不扣除贴现利息,现在无权主张扣除。

律师观点:

1. 关于《协议书》《补充协议》和《转让合同》的效力及相互关系问题。

(1)《协议书》的性质系土地使用权转让合同,合法有效。

《协议书》《补充协议》是双方在平等的基础上,自愿协商达成的协议,是双方真实的意思表示。《协议书》不仅详细地约定了所转让土地的面积、价格、付款方式、违约责任,还具体约定了双方权利义务及履行程序。《协议书》签订时,被告及原告均知道该宗土地属于划拨用地。双方缔约行为并没有规避法律损害国家利益,事实上,原告和被告正是按照《协议书》约定完成该宗土地转让的。

根据《最高人民法院关于审理涉及国有土地使用权合同纠纷案件适用法律问题的解释》第9条的规定:"转让方未取得出让土地使用权证书与受让方订立合同转让土地使用权,起诉前转让方已经取得出让土地使用权证书或者有批准权的人民政府同意转让的,应当认定合同有效。"因此,《协议书》合法有效。

(2)补充协议就转让土地使用权的税费承担所作的约定合法有效。

《补充协议》是对《协议书》约定转让土地使用权的税费承担所作的补充约定,明确了转让土地使用权的税费如何承担及由谁承担的问题。虽然我国税收管理方面的法律法规对于各种税收的征收均明确规定了纳税义务人,但是并未禁止纳税义务人与合同相对人约定由合同相对人或第三人缴纳税款。税法对于税种、税率、税额的规定是强制性的,而对于实际由谁缴纳税款没有作出强制性或禁止性规定。故《补充协议》关于税费负担的约定并不违反税收管理方面的法律法规的规定,属合法有效协议。

(3)关于《转让合同》的效力问题。

原告与被告之所以在《协议书》之外又签订《转让合同》,是因为签订《协议书》时,双方当事人均知道所转让的土地属划拨用地,不能直接转让。只有在原告办完土地出让手续,取得国有出让土地使用权后,再与被告签订国有出让土地使用权转让合同,并由双方共同到土地管理部门办理登记备案,才能完成该土地使用权转让。因此,《转让合同》对于原告及被告来讲就是到土地管理部门办理登记备案手续,以完成《协议书》约定的转让土地使用权行为,而并非为了变更《协议书》的约定条款或者构成双方新的权利义务关系;对于土地管理部门来讲,以《转让合同》登记备案,则表明土地管理部门认可《转让合同》中的价格并据此征收转让税费,办理相关手续。虽然《转让合同》中的价格比双方当事人实际约定的价格低,但土地管理部门给予登记备案的事实表明,土地管理部门认可双方当事人可以此最低价格办理土地使用权转让手续,也表明双方当事人这一做法并不违反土地管理部门的相关规定。事实上,土地管理部门也正是依据该《转让合同》办理了土地权属变更手续。由此可以认定,在本案中《转让合同》仅是双方办理登记备案之用,别无他用,其效力仅及于登记备案。《转让合同》对于合同双方既没有变更《协议书》约定条款,也不构成新的权利义务关系。从被告支付土地补偿金的过程和数额看,也可证明被告在签订《转让合同》后,仍是按《协议书》约定的土地补偿金数额支付的。

(4)关于《协议书》《补充协议》与《转让合同》的关系。

双方当事人签订《转让合同》的目的是为了办理土地使用权转让登记备案手续。《转让合同》没有约定变更或取代《协议书》的条款,并未在双方当事人之间成立新的权利义务关系。从双方当事人实际履行合同的情况看,原告转让土地使用权收取土地补偿金、出让金、转让金、原告与太原市国土资源局签订《出让合同》及其与被告签订《转让合同》到土地管理部门登记等行为都是在履行《协议书》约定的权利义务。而被告支付土地补偿金、出让金、转让金,取得土地使用权等也是履行《协议书》约定的权利义务。因此,本案中的《转让合同》是双方在土地管理部门办理土地使用权转让手续的备案合同;《协议书》才是双方实际履行的合同。

综上,《协议书》及《补充协议》是合法有效的协议,是确定双方当事人权利义务及违约责任的合同依据。

2. 被告已付土地补偿金的数额问题。

根据2002年3月26日原告与被告签订的《协议书》第4条1的约定,被告在

《协议书》签订10日内,应支付土地补偿金2000万元。被告应按约定时间履行付款义务。但被告以2002年9月到期的2000万元承兑汇票支付该笔土地补偿金,导致原告不能在约定时间实际收到该款项。原告只有支付贴现利息,才能在约定时间取得上述款项。被告这种以远期承兑汇票履行到期付款义务的行为,实际是迟延付款,属于不当履行合同义务的行为。由于被告不当履行合同义务,造成原告为此支付30.3万元的贴现利息损失,应由被告承担。

386.72万元土地出让金是2002年12月原告与被告签订《转让合同》后,由被告直接支付给太原市国土资源局的。依据《协议书》第3条9的约定,原告土地出让手续办理完毕且被告支付全部土地补偿金后,原告即为被告办理土地使用权转让手续,转让费用由被告承担。故该笔款项属于被告应承担的土地转让款,不应计入其已付的土地补偿金数额。

3. 原告的税金请求是否成立问题。

根据《补充协议》的约定、除流转税按76%和24%的比例由原告和被告分别承担外,其余所有税费均由被告承担。如前所述,《补充协议》关于税费负担的约定并不违反税收管理法律法规的规定,是合法有效协议,双方当事人应按约定履行自己的义务。《补充协议》约定转让土地使用权税费的承担,只是明确了转让土地使用权过程中所发生的相关税费由谁负担的问题。而对于何时缴纳何种税费及缴纳多少税费,《补充协议》没有约定,也无法约定。只有在相关主管部门确定税费种类及额度,原告缴纳后,被告才能支付。原告在未缴纳税金,也没有相关部门确定纳税数额的情况下,请求被告支付转让土地税金,没有事实依据。

4. 关于原告的违约金请求是否成立问题。

《协议书》对于双方当事人具体的权利义务中包括被告付款时间、数额及违约责任均作出了明确约定。原告及被告都应按照诚实、信用原则,实际履行合同义务。原告按约定办理了土地出让、转让手续并将涉案地块实际交付给被告。被告应按约定履行付款义务,但被告在取得土地使用权后,未按约定时间及数额支付土地补偿金。被告迟延向原告支付土地补偿金是引起本案诉讼的主要原因。因此,被告的行为已构成违约,应按合同约定承担违约责任。因为被告最后支付土地补偿金的时间是2005年9月23日,原告此前并未要求被告支付违约金。故被告应从2005年9月23日起承担违约责任。

法院判决:

1. 维持一审判决第3项;

2. 变更一审判决第1项为：被告向原告支付土地补偿金1508.6万元人民币，并从2005年9月23日起按实际迟延付款天数以日万分之四的比例计算违约金支付给原告直至还清之日止；

3. 变更一审判决第2项为：被告向原告支付营业税58.20624万元人民币，支付契税41.25万元人民币。

（二）房地产作价出资的税务问题

188. 以房地产作价出资与一般的房地产转让所需缴纳的税费有何不同？

二者应缴纳的税费差异如表3-9所示：

表3-9 房地产转让与房地产作价出资税费比较

方式 税费	房地产转让			房地产作价出资
	税率	计算公式	纳税义务人	
营业税	5%	（营业额-土地使用权或不动产原值）×5%	转让方	免征
城建税	1%、5%、7%	营业税额×税率	转让方	免征
教育费附加	3%	营业税额×3%	转让方	免征
土地增值税	30%、40%、50%、60%	增值额×适用税率-扣除项目金额×速算扣除系数	转让方	1. 无论是否为房地产企业，以房地产出资设立房地产企业，征收； 2. 房地产企业以建造的商品房出资，无论是否设立房地产企业，征收； 3. 其他情形下免征
印花税	0.05%	转让价款×0.05%	转让方与受让方	征收（与转让相同）
企业所得税	25%	应税所得×25%	转让方	征收（与转让相同）
契税	3%~5%	计税价格×税率	受让方	征收（与转让相同）

【案例83】土地作价出资　免征土地增值税[①]

收购方(被投资方)：中储股份
被收购方(投资方)：中储总公司
被收购方主要股东：诚通控股公司
收购方式：资产收购
定价基准日：2011年4月6日

基本案情：

中储股份拟向中储总公司发行8,435.61万股股份,购买截至2011年2月28日中储总公司持有的西安4宗地、衡阳5宗地、武汉1宗地、洛阳4宗地、平顶山2宗地,上述16宗地的预评估价值为85,537.05万元。发行后中储股份总股本为92,445.89万股,发行价格为定价基准日前20个交易日中储股份A股股票均价,即10.14元/股。

中储总公司是由诚通控股公司100%控股的全资子公司,公司注册资本为57,148万元。截至2010年12月31日,公司总资产为1,304,580.53万元。股票发行前,中储总公司持有中储股份的44.75%股权,发行后持股比例将变为49.79%,仍为中储股份第一大股东。

律师观点：

中储总公司以土地使用权投资入股的行为主要涉及营业税、土地增值税、契税、印花税以及企业所得税。

1. 营业税。

根据《国家税务总局营业税税目注释(试行稿)》第8条的规定,中储总公司以土地使用权投资入股中储股份的行为,无须缴纳营业税。

2. 土地增值税及契税。

根据《财政部　国家税务总局关于土地增值税一些具体问题规定的通知》(财税字〔1995〕48号)第1条以及《财政部　国家税务总局关于土地增值税若干问题的通知》(财税〔2006〕21号)的规定,中储股份与中储总公司均非房地产开发企业,中储总公司将持有的土地向中储股份投资,依法可以享受暂免征收土地增值税的待遇。

被投资方中储股份应以85,537.05万元为计税依据按照3%的税率缴纳契税

[①] 参见巨潮资讯网 http://www.cninfo.com.cn/finalpage/2011-04-07/59229961.PDF,2012年11月8日访问。

2566.12万元。

3. 印花税。

投资方中储总公司应就土地使用权转让行为缴纳印花税,被投资方中储股份应就账面增加的"股本"以及"资本公积"金额缴纳印花税,即投资双方均以85,537.05万元为计税依据按照万分之五的税率各自缴纳印花税427,685.25元。

4. 企业所得税。

由于无法确定上述16宗地的价值是否达到投资方中储总公司总资产的75%,因此无法判断此次土地使用权作价出资是否满足企业所得税特殊性税务处理的条件。

如果适用特殊性税务处理方式,则投资方中储总公司取得中储股份股权的计税基础,以及中储股份取得中储总公司股权的计税基础,均以上述16宗土地使用权的原有计税基础确定。

如果适用一般性税务处理方式,则中储总公司应确认土地使用权转让所得或损失,中储股份取得土地使用权的计税基础以85,537.05万元确定。

189. 以土地使用权作价出资,如何进行会计处理?

以土地使用权作价出资,如果该土地使用权已经入账,当资产评估确认的价值大于其账面价值时,借记"长期股权投资"(无形资产评估价值),按已摊销的累积摊销,借记"累积摊销"科目,贷记"无形资产"(无形资产账面余额);资产评估价值大于无形资产账面价值余额贷记"营业外收入";当资产评估确认的价值小于其账面价值时,借记"长期股权投资"(评估价值),无形资产账面价值大于评估价值的余额借记"营业外支出",按已摊销的累积摊销,借记"累积摊销"科目,贷记"无形资产"(无形资产账面余额)。

如果该土地使用权未入账,借记"长期股权投资",贷记"无形资产"。

190. 以划拨方式取得的土地使用权出资,是否需要缴纳相关税费?

需要。以划拨方式取得的土地使用权出资,应当签订土地使用权出让合同,向当地市、县人民政府补交土地使用权出让金或者以转让、出租、抵押所获收益抵交土地使用权出让金。在缴纳出让金后,再办理出资手续,同时按照土地使用权转让税收规定缴纳相关税款。

191. 对原划拨土地使用权采取国家股入股的,股份制企业转让的,是否需要缴纳相关税费?

股份制企业在办理土地使用权证书并补交土地使用权出让金后,方可转让。

此时如转让价格高于其取得该土地使用权所支付对价的,则应按土地使用权转让规定缴纳相关税款。

192. 以土地使用权作价出资成立项目公司,投资各方以及项目公司如何进行所得税处理?

房地产企业投资开发的形式主要有两种:

(1)法人型合作:成立项目公司进行房地产联合开发。即由双方出资或提供土地依法成立项目公司,以项目公司的名义进行开发,双方按照出资比例或通过合同约定承担风险、分享收益;

(2)非法人型合作:不成立项目公司,而是按照合作协议约定各自独立履行义务、分享收益。其特点是对外显示出来的项目主体只有一方,双方对合作开发的权利、义务,体现在双方的合作开发合同之中。

接下来将分别介绍两种合作方式下的税务处理。为了表述方便,以土地使用权合作开发房地产的一方称为出地方,以货币合作开发房地产的一方称为货币方。

以土地使用权作价出资成立项目公司,各方所得税具体处理方式如下。

(1)出地方所得税处理

出地方以换取开发产品为目的,将土地使用权投资其他企业房地产开发项目的,按以下规定进行处理:

出地方应在首次取得开发产品时,将其分解为转让土地使用权和购入开发产品两项经济业务进行所得税处理,并按应从该项目取得的开发产品(包括首次取得的和以后应取得的)的市场公允价值计算确认土地使用权转让所得或损失。

出地方应按照《企业会计准则——非货币性资产交换》进行以土地使用权换取长期股权投资的会计处理。非货币资产交换准则规定,非货币资产交换具有商业实质且公允价值能够可靠计量的,应当以换出资产的公允价值和应支付的相关税费作为换入资产的成本,除非有确凿证据表明换入资产的公允价值比换出资产公允价值更加可靠。换出资产为固定资产的、无形资产的,换出资产公允价值和换出资产账面价值的差额计入营业外收入或营业外支出。出地方对项目公司的长期股权投资进行核算。

(2)货币方的会计处理

货币方应按照《企业会计准则——长期股权投资》进行投资业务的会计处理,按照实际支付的购买价款作为初始投资成本。

(3)项目公司会计处理

项目公司的财务上反映为科目"注册资本"或"资本公积金"的增加。

(4) 项目公司所得税处理

项目公司应在投资交易发生时,按该项土地使用权的市场公允价值和土地使用权转移过程中应支付的相关税费计算确认该项土地使用权的取得成本。如涉及补价,土地使用权的取得成本还应加上应支付的补价款或减除应收到的补价款。

当然,如果以土地使用权作价出资成立项目公司,满足一定条件,可以适用资产收购特殊性税务处理方式进行所得税处理。①

【案例84】成立项目公司合作开发房地产的会计与税务处理

基本案情:

甲公司以10万平方米的土地使用权出资,乙公司以4000万元的货币资金出资,共同投资成立独立法人丙公司,合作开发房地产。甲公司投入土地使用权的取得成本为4000万元,公允价值为6000万元,占丙公司60%的股份。乙公司出资占丙公司40%的股份,双方约定按出资比例采用利润共享,风险共担的分配形式。当年实现销售收入为30,000万元,税后利润2500万元,年终股东(大)会决议以50%的股利支付率采用货币资金方式分配利润。甲公司系房地产开发公司,此次与乙方合作系开发新楼盘。

律师观点:

1. 会计处理

甲公司会计处理如下:

(1) 按照协议投入土地使用权时:

借:长期股权投资——丙公司　　60,000,000
　　贷:无形资产——土地使用权　　　　40,000,000
　　　　营业外收入　　　　　　　　　　20,000,000

(2) 按照投资比例分配利润时:

借:应收股利　　　　　　　　　7,500,000
　　贷:投资收益　　　　　　　　　　　7,500,000

(3) 实际分配利润时:

借:银行存款　　　　　　　　　7,500,000
　　贷:应收股利　　　　　　　　　　　7,500,000

---

① 关于资产收购特殊性税务处理的条件及方式详见本书第七章股权转让纠纷第六节股权转让的税务问题。

乙公司会计处理如下：

(1)按照协议投入资金时：

借：长期股权投资——丙公司　　40,000,000

　　贷：银行存款　　　　　　　　　　　　40,000,000

(2)丙公司实现利润时：

借：长期股权投资——损益调整　10,000,000

　　贷：投资收益　　　　　　　　　　　　10,000,000

(3)按照投资比例分得投资收益时：

借：银行存款　　　　　　　　　5,000,000

　　贷：长期股权投资——损益调整　　　　5,000,000

丙公司会计处理如下：

(1)收到甲、乙公司出资时：

借：无形资产——土地使用权　　60,000,000

　　银行存款　　　　　　　　　40,000,000

　　贷：实收资本——甲公司　　　　　　　60,000,000

　　　　　　　　——乙公司　　　　　　　40,000,000

(2)宣告分配利润：

借：利润分配——应付股利　　　12,500,000

　　贷：应付股利——甲公司　　　　　　　7,500,000

　　　　　　　　——乙公司　　　　　　　5,000,000

(3)分配利润时：

借：应付股利——甲公司　　　　7,500,000

　　　　　　——乙公司　　　　5,000,000

　　贷：银行存款　　　　　　　　　　　　12,500,000

2. 税务处理

(1)营业税。

甲公司以土地使用权投资入股，无须缴纳营业税。乙公司在出资环节也不涉及营业税。房屋销售环节，丙公司应交营业税=30,000×5%=1500万元

(2)印花税。

甲公司与丙公司应缴纳印花税=计税金额×适用税率=6000×0.05%=3万元

(3)土地增值税。

甲公司系房地产开发公司,此次以土地使用权向丙公司出资系开发新楼盘,因此应缴纳土地增值税。

增值额 = 收入 − 扣除项目金额 = 6000 − 4000 = 2000 万元

增值额/扣除项目 = 2000/4000 = 0.5,适用税率30%,速算扣除系数0%

土地增值税税额 = 增值额 × 适用税率 − 扣除项目金额 × 速算扣除系数
= 2000 × 30% − 4000 × 0% = 600 万元

(4)企业所得税。

甲公司以土地使用权出资,应将其分解成按6000万元转让土地使用权和投资两项业务,确认土地使用权转让所得2000万元,缴纳企业所得税500万元。

(5)契税。

假设税率为4%,丙公司缴纳契税 = 6000 × 4% = 240 万元

193. 以土地使用权投资入股,项目公司成立及房屋销售阶段,合作各方应如何进行营业税处理?

各方营业税具体处理方式如下:

(1)对出地方向合营企业提供的土地使用权,视为投资入股,对其不征营业税;只对合营企业销售房屋取得的收入按销售不动产征税。

(2)房屋建成后出地方如果采取按销售收入的一定比例提成的方式参与分配,或提取固定利润,则不属营业税所称的投资入股不征营业税的行为,而属于出地方将土地使用权转让给合营企业的行为,那么,对出地方取得的固定利润或从销售收入按比例提取的收入按"转让无形资产"征税;对合营企业按全部房屋的销售收入依"销售不动产"税目征收营业税。

(3)如果房屋建成后双方按一定比例分配房屋,则此种经营行为,也未构成营业税所称的以无形资产投资入股,共同承担风险的不征营业税的行为。因此,首先对出地方向合营企业转让的土地,按"转让无形资产"征税,其营业额按由核定。因此,对合营企业的房屋,在分配给货币方后,如果各自销售,则再按"销售不动产"征税。

(4)房屋建成后销售环节,对于项目公司完成后对外销售房屋的行为,应按销售不动产缴纳营业税,出地方与货币方分得的利润不征营业税。

194. 在成立项目公司情形下,出地方以土地使用权作价出资,是否需要缴纳契税?

一般情况下,以土地、房屋权属作价投资入股的,视同土地使用权转让、房屋

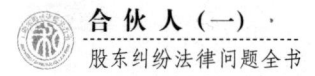

买卖应征收契税。由项目公司依照规定缴纳契税,计税依据为项目公司取得土地使用权的公允价值。

195. 中外合作开发房地产过程中,涉及土地使用权转让、中方取得的前期工程开发费是否需要缴纳营业税?

中方将获得的土地与外方合作,办理土地使用权转移后,不论是按建成的商品房分配面积,还是按商品房销售后的收入进行分配,均不符合现行政策关于"以无形资产投资入股、参与接受投资方的利润分配、共同承担投资风险的行为,不征营业税"的规定,因此,应按"转让无形资产"税目征收营业税;其营业额为实际取得的全部收入,包括价外收费;其纳税义务发生时间为取得收入的当天。

外方提前支付给中方的前期工程的开发费用,视为中方以预收款方式取得的营业收入,按转让土地使用权,计算征收营业税。对该项已税的开发费用,在中外双方分配收入时如数从中方应得收入中扣除的,可直接冲减中方当期的营业收入。

对中方定期获取的固定利润视为转让土地使用权所取得的收入,计算征收营业税。

196. 房地产开发企业将开发产品用于职工福利、奖励、对外投资、分配给股东或投资人、抵偿债务、换取其他单位和个人的非货币性资产等(以下简称非直接销售),需要缴纳哪些税收?如何确定收入?

对于非直接销售行为,视为销售,房地产开发企业应当缴纳营业税、土地增值税与企业所得税。

(1)计算企业所得税的于开发产品所有权或使用权转移,或于实际取得利益权利时确认收入(或利润)的实现。确认收入(或利润)的方法和顺序为:

①按本企业近期或本年度最近月份同类开发产品市场销售价格确定;

②由主管税务机关参照当地同类开发产品市场公允价值确定;

③按开发产品的成本利润率确定。开发产品的成本利润率不得低于15%,具体比例由主管税务机关确定。

(2)土地增值税的收入按下列方法和顺序确认:

①按本企业在同一地区、同一年度销售的同类房地产的平均价格确定;

②由主管税务机关参照当地当年、同类房地产的市场价格或评估价值确定。

(3)税务机关可按下列顺序确定营业额:

①按纳税人当月提供的同类应税劳务或者销售的同类不动产的平均价格核定;

②按纳税人最近时期提供的同类应税劳务或者销售的同类不动产的平均价格核定。

③按下列公式核定计税价格：

计税价格＝营业成本或工程成本×(1＋成本利润率)÷(1－营业税税率)

成本利润率由省、自治区、直辖市税务局确定。

(三)联合开发房地产的税务问题

197. 在联合开发房地产中,如何确定纳税主体？

对从事联合开发房地产的企业,无论是出地方,还是货币方,凡能单独核算自身转让、开发、销售房地产的收入、成本、费用的,独立核算的货币方、出地方分别各自按照税法规定进行税务处理。

【案例85】联合开发房地产的会计与税务处理

基本案情：

甲公司以4000万元的货币资金出资,乙公司以8万平方米的土地使用权投资,双方约定不成立独立法人公司,成立项目部,以乙公司为主体联合甲公司共同开发房地产。甲公司股份比例为40%,乙公司股份比例为60%的股份,双方约定按出资比例采用利润共享,风险共担的分配形式。乙公司当年实现税后利润2500万元,年终按照合作双方约定,以50%的股利支付率采用货币资金方式分配利润。甲乙双方均非房地产企业,投资设立的公司也非从事房地产开发。

律师观点：

1. 会计处理

甲公司会计处理如下：

(1)按照协议投入货币资金时：

借：其他应收款——乙公司　　40,000,000
　　贷：银行存款　　　　　　　　　　　40,000,000

(2)合作项目实现利润时：

借：其他应收款——乙公司　　5,000,000
　　贷：投资收益　　　　　　　　　　　5,000,000

(3)收到被投资方分配的利润时：

借：银行存款　　　　　　　　5,000,000
　　贷：其他应收款　　　　　　　　　　5,000,000

乙公司会计处理如下：

(1)收到甲公司出资时:
借:银行存款　　　　　　　　　　40,000,000
　　贷:其他应付款——甲公司　　　　　　　40,000,000
(2)宣告分配利润时:
借:利润分配——应付利润　　　　5,000,000
　　贷:其他应付款——甲公司　　　　　　　5,000,000
(3)支付投资方利润时:
借:其他应付款——甲公司　　　　5,000,000
　　贷:银行存款　　　　　　　　　　　　　5,000,000

2. 税务处理

(1)营业税

甲、乙公司在出资环节不涉及土地使用权主体变更,均无须缴纳营业税。

(2)土地增值税

在出资环节,乙公司无须缴纳土地增值税,而在房屋建成后销售环节,乙公司应按规定缴纳土地增值税。

(3)企业所得税

乙公司应将该项目形成的营业利润并入当期应纳税所得额缴纳企业所得税,不得在税前分配该项目的利润。

而甲公司从乙公司分配的利润视同股息、红利等权益性投资免征企业所得税。

198. 联合开发房地产中,投资方与被投资企业应如何进行企业所得税处理?

按下列方式进行处理:

(1)凡开发合同或协议中约定向投资各方(合作、合资方,下同)分配开发产品的,企业在首次分配开发产品时,如该项目已经结算计税成本,其应分配给投资方开发产品的计税成本与其投资额之间的差额计入当期应纳税所得额;如未结算计税成本,则将投资方的投资额视同销售收入进行相关的税务处理;

(2)凡开发合同或协议中约定分配项目利润的,应按以下规定进行处理:

①企业应将该项目形成的营业利润额并入当期应纳税所得额统一申报缴纳企业所得税,不得在税前分配该项目的利润。同时不能因接受投资方投资额而在成本中摊销或在税前扣除相关的利息支出;

②货币方取得该项目的营业利润应视同股息、红利进行相关的税务处理。

199. 在联合开发房地产中,一方出地,一方出资金,联建各方应如何进行营业税的税务处理?

联建各方分别为转让土地使用权或销售不动产的营业税纳税人,出地方应当就土地使用权转让行为缴纳营业税,货币方应当就其销售不动产的行为缴纳营业税。根据合作形式的不同,税务处理具体如下:

(1)双方以土地使用权和房屋所有权相互交换,双方都取得了部分房屋的所有权。在这一合作过程中,出地方以转让部分土地使用权为代价,换取部分房屋的所有权,发生了转让土地使用权的行为。货币方则以转让部分房屋的所有权为代价,换取部分土地的使用权,发生了销售不动产的行为。

因而联建双方都发生了营业税的应税行为。对出地方应按"转让无形资产"税目中的"转让土地使用权"子目征税;对货币方应按"销售不动产"税目征税。由于双方没有进行货币结算,应当按照规定核定双方各自的营业额。具体核定方式如下:

①按纳税人当月提供的同类应税劳务或者销售的同类不动产的平均价格核定。

②按纳税人最近时期提供的同类应税劳务或者销售的同类不动产的平均价格核定。

③按下列公式核定计税价格:

计税价格 = 营业成本或工程成本 × (1 + 成本利润率) ÷ (1 − 营业税税率)

如果联建双方(或任何一方)将分得的房屋销售出去,则又发生了销售不动产行为,应对其销售收入再按"销售不动产"税目征收营业税。

(2)以出租土地使用权为代价换取房屋所有权。例如,出地方将土地使用权出租给货币方若干年,货币方投资在该土地上建造建筑物并使用,租赁期满后,货币方将土地使用权连同所建的建筑物归还出地方。在这一经营过程中,货币方是以建筑物为代价换得若干年的土地使用权,出地方是以出租土地使用权为代价换取建筑物。出地方发生了出租土地使用权的行为,对其按"服务业—租赁业"征营业税;货币方发生了销售不动产的行为,对其按"销售不动产"税目征营业税。对双方分别征税时,其营业额由税务机关核定。

200. 在联合开发房地产中,出地方是否需要缴纳土地增值税?

对于一方出地,一方出资金,双方合作建房,建成后按比例分房自用的,暂免征收土地增值税;建成后转让的,应征收土地增值税。

【法律依据】

一、公司法类

(一)法律

❖《公司法》第 25 条、27～32 条、34 条、35 条、42 条、80 条、82～85 条、89 条、91 条、93 条、151 条、199 条、200 条、207 条、217 条

❖《中外合资经营企业法》第 3 条

❖《中外合作经营企业法》第 5 条、7 条

(二)行政法规

❖《公司登记管理条例》第 14 条、31 条、32 条

❖《外资企业法实施细则》第 30～32 条

(三)部门规章

❖《国家工商行政管理总局关于中外合资经营企业注册资本与投资总额比例的暂行规定》第 3 条

❖《商务部关于外国投资者并购境内企业的规定》第 9 条、19 条

(四)司法解释

❖《最高人民法院关于适用〈中华人民共和国公司法〉若干问题的规定(三)》(2011 年)第 6～22 条

❖《最高人民法院关于破产债权能否与未到位的注册资金抵销问题的复函》

❖《最高人民法院关于金融机构为企业出具不实或者虚假验资报告资金证明如何承担民事责任问题的通知》

❖《最高人民法院关于金融机构为行政机关批准开办的公司提供注册资金验资报告不实应当承担责任问题的批复》

(五)部门规范性文件

❖《国家土地管理局关于执行股份有限公司土地使用权管理暂行规定中几个问题的请示的批复》(国土批〔1997〕56 号)第 6 条

(六)地方司法文件

❖《北京市高级人民法院关于印发〈北京市高级人民法院关于审理公司纠纷案件若干问题的指导意见(试行)〉的通知》第 13 条、16 条

❖《上海市高级人民法院关于审理涉及公司诉讼案件若干问题的处理意见》

第 2 条

❖《江苏省高级人民法院关于审理适用公司法案件若干问题的意见(试行)》第 50 条

❖《浙江省高级人民法院关于公司法适用若干问题的理解》第 8 条

❖《陕西省高级人民法院关于印发〈陕西省高级人民法院民二庭关于公司纠纷、企业改制、不良资产处置及刑民交叉等民商事疑难问题的处理意见〉的通知》第 2 条

❖《山东省高级人民法院关于审理公司纠纷案件若干问题的意见(试行)》第 2 条

二、税法类

(一) 个人所得税

1. 法律

❖《个人所得税法》第 2～6 条、8 条

2. 行政法规

❖《个人所得税法实施条例》第 2～4 条、6 条、8 条

3. 规范性文件

❖《国家税务总局关于资产评估增值计征个人所得税问题的通知》(国税发〔2008〕115 号) 第 1～4 条

❖《关于个人非货币性资产投资有关个人所得税政策的通知》(财税〔2015〕41 号) 第 1～5 条

(二) 企业所得税

1. 法律

❖《企业所得税法》第 2 条、4 条、6 条、27 条、28 条、57 条

2. 行政法规

❖《企业所得税法实施条例》(国务院令第 512 号) 第 4～7 条、13 条、20 条、22 条、27 条、56 条、68 条、71 条、74 条、90 条

3. 部门规范性文件

❖《财政部关于进一步做好债转股企业资产评估工作的通知》(财企〔2000〕734 号) 第 1～3 条

❖《财政部企业会计准则第 2 号——长期股权投资》(财会〔2006〕3 号) 第

3~16 条

❖《财政部企业会计准则第 4 号——固定资产》(财会〔2006〕3 号)第 23 条、24 条

❖《财政部企业会计准则第 7 号——非货币性资产交换》(财会〔2006〕3 号)第 2~9 条

❖《财政部企业会计准则第 12 号——债务重组》(财会〔2006〕3 号)第 2 条、3~12 条

❖《国家税务总局关于企业处置资产所得税处理问题的通知》(国税函〔2008〕828 号)

❖《国家税务总局关于债务重组所得企业所得税处理问题的批复》(国税函〔2009〕1 号)

❖《国家税务总局关于印发〈房地产开发经营业务企业所得税处理办法〉的通知》(国税发〔2009〕31 号)

❖《财政部、国家税务总局关于企业重组业务企业所得税处理若干问题的通知》(财税〔2009〕59 号)第 1 条、3~6 条

❖《国家税务总局关于技术转让所得减免企业所得税有关问题的通知》(国税函〔2009〕212 号)

❖《国家税务总局企业重组业务企业所得税管理办法》(国家税务总局公告 2010 年第 4 号)第 4 条、5 条、11 条、22 条

❖《财政部、国家税务总局关于居民企业技术转让有关企业所得税政策问题的通知》(财税〔2010〕111 号)第 1~4 条

❖《国家税务总局关于进一步明确企业所得税过渡期优惠政策执行口径问题的通知》(国税函〔2010〕157 号)第 1 条

❖《国家税务总局关于贯彻落实企业所得税法若干税收问题的通知》(国税函〔2010〕79 号)第 2 条

❖《国家税务总局关于纳税人资产重组有关增值税问题的公告》(国家税务总局公告 2011 年第 13 号)

❖《国家税务总局关于纳税人资产重组有关营业税问题的公告》(国家税务总局公告 2011 年第 51 号)

❖《国家税务总局关于发布〈企业资产损失所得税税前扣除管理办法〉的公

告》(国家税务总局公告 2011 年第 25 号)第 22 条第 6 款、40 条、45 条

4. 其他规范性文件

❖《财政部关于对技术转让费的计算、支付和技术转让收入征税的暂行办法》(财税字〔1985〕44 号)第 1~3 条

❖《财政部、国家税务总局关于债转股企业、股份制企业所得税征管和收入级次划分有关问题的通知》(财税〔2002〕25 号)

❖《财政部、国家税务总局关于贯彻落实〈中共中央、国务院关于加强技术创新,发展高科技,实现产业化的决定〉有关税收问题的通知》(国税发〔2004〕24 号)第 1~6 条

❖《国家税务总局、国家外汇管理局关于外汇管理局关于境内机构及个人对外支付技术转让费不再提交营业税税务凭证的通知》(国税发〔2005〕28 号)

❖《国务院关于实施企业所得税过渡优惠政策的通知》(国发〔2007〕39 号)第 1 条、3 条

❖《关于软件和集成电路产业企业所得税优惠政策有关问题的通知》(财税〔2016〕49 号)第 1 条

❖《关于将国家自主创新示范区有关税收试点政策推广到全国范围实施的通知》(财税〔2015〕116 号)

❖《企业所得税优惠政策事项办理办法》(国家税务总局公告 2015 年第 76 号)

❖《关于企业重组业务企业所得税征收管理若干问题的公告》(国家税务总局公告 2015 年第 48 号)第 3~8 条

(三) 营业税

1. 行政法规

❖《营业税暂行条例》第 1 条、4 条、5 条、7 条、12 条

2. 部门规章

❖《财政部、国家税务总局营业税暂行条例实施细则》(财政部、国家税务总局令第 65 号)第 3 条、4 条、20 条

3. 部门规范性文件

❖《国家税务总局营业税税目注释(试行稿)》(国税发〔1993〕149 号)第 8 条、9 条

❖《国家税务总局关于中外合作开发房地产征收营业税问题的批复》(国税函发〔1994〕644号)

❖《国家税务总局关于房产开发企业销售不动产征收营业税问题的通知》(国税函〔1996〕684号)

❖《国家税务总局关于技术转让征收营业税问题的批复》(国税函〔1996〕743号)第2条

❖《国家税务总局关于以不动产或无形资产投资入股收取固定利润征收营业税问题的批复》(国税发〔1997〕490号)

❖《国家税务总局关于外国企业转让无形资产有关营业税问题的通知》(国税发〔2000〕70号)

❖《国家税务总局关于明确外国企业和外籍个人技术转让收入免征营业税范围问题的通知》(国税发〔2000〕166号)第1~2条

❖《国家税务总局关于股权转让不征收营业税的通知》(国税函〔2000〕961号)

❖《财政部、国家税务总局关于股权转让有关营业税问题的通知》(国税函〔2002〕191号)

❖《财政部、国家税务总局关于外国企业和外籍个人转让无形资产营业税若干问题的通知》(财税〔2001〕36号)第1~2条

❖《国家税务总局关于取消"单位和个人从事技术转让、技术开发业务免征营业税审批"后有关税收管理问题的通知》(国税函〔2004〕825号)

❖《国家税务总局关于纳税人资产重组有关营业税问题的公告》(国家税务总局公告2011年第51号)

❖《财政部、国家税务总局关于调整个人住房转让营业税政策的通知》(财税〔2015〕39号)第1条

❖《关于调整房地产交易环节契税营业税优惠政策的通知》(财税〔2016〕23号)第1、3条

(四)土地增值税

1. 部门规章

❖《中华人民共和国土地增值税暂行条例实施细则》(财法字〔1995〕6号)第2条、7条、10条、13条、14条

2. 部门规范性文件

❖《财政部、国家税务总局关于土地增值税一些具体问题规定的通知》(财税字〔1995〕48号)第1条、11条、12条、16条

❖《财政部、国家税务总局、国家国有资产管理局关于转让国有房地产征收土地增值税中有关房地产价格评估问题的通知》(财税字〔1995〕61号)

❖《国家税务总局、国家土地管理局关于土地增值税若干征管问题的通知》(国税发〔1996〕4号)

❖《国家税务总局关于认真做好土地增值税征收管理工作的通知》(国税函〔2002〕615号)

❖《财政部、国家税务总局关于土地增值税若干问题的通知》(财税〔2006〕21号)第5条

❖《国家税务总局关于房地产开发企业土地增值税清算管理有关问题的通知》(国税发〔2006〕187号)第3~7条

❖《国家税务总局关于印发〈土地增值税清算管理规程〉的通知》(国税发〔2009〕91号)第33条、34条

❖《国家税务总局关于土地增值税清算有关问题的通知》(国税函〔2010〕220号)第3条、5条

(五)增值税

1. 行政法规

❖《土地增值税暂行条例》第1条、4条

2. 部分规章

❖《国家税务总局土地增值税暂行条例实施细则》(财政部令第65号)第4条、23条

3. 部门规范性文件

❖《财政部、国家税务总局关于全国实施增值税转型改革若干问题的通知》(财税〔2008〕第170号)

❖《财政部、国家税务总局关于部分货物适用增值税低税率和简易办法征收增值税政策的通知》(财税〔2009〕第9号)

❖《国家税务总局关于增值税简易征收政策有关管理问题的通知》(国税函〔2009〕第90号)

❖《国家税务总局关于纳税人资产重组有关增值税问题的公告》(国家税务总局公告2011年第13号)

❖《国家税务总局关于一般纳税人销售自己使用过的固定资产增值税有关问题的公告》(国家税务总局公告2012年第1号)

(六)其他

1. 法律

❖《税收征收管理法(2001修订)》第21条

2. 行政法规

❖《城镇土地使用税暂行条例》第1~9条

❖《印花税暂行条例》第1~3条

❖《契税暂行条例》第1~5条

❖《发票管理办法》第20条

3. 部门规章

❖《财政部印花税暂行条例施行细则》(财税字〔1988〕第225号)第2条、5条

❖《财政部契税暂行条例细则》(财法字〔1997〕52号)第2~11条

4. 部门规范性文件

❖《国家税务总局关于专利技术转让过程中销售设备征收增值税问题的批复》(国税函〔1998〕361号)

❖《国家税务总局关于债转股企业实物投资免征增值税政策有关问题的批复》(国税函〔2003〕1394号)

❖《财政部、国家税务总局关于国有土地使用权出让等有关契税问题的通知》(财税〔2004〕134号)

❖《财政部、国家税务总局关于土地使用权转让契税计税依据的批复》(财税〔2007〕162号)

5. 其他规范性文件

❖《财政部、国家税务总局关于以上市公司股权出资有关证券(股票)交易印花税政策问题的通知》(财税〔2010〕7号)

三、民法类

(一)法律

❖《民法通则》第 137 条

❖《合同法》第 73 条、99 条、100 条

❖《物权法》第 9 条、23 条、106 条

❖《消费者权益保护法》第 22 条

(二)司法解释

❖《最高人民法院关于审理民事案件适用诉讼时效制度若干问题的规定》第 1 条

❖《最高人民法院关于对帮助他人设立注册资金虚假的公司应当如何承担民事责任的请示的答复》

❖《最高人民法院关于审理涉及会计师事务所在审计业务活动中民事侵权赔偿责任案件的若干规定》第 4 条、5 条、10 条

四、其他

(一)法律

❖《刑法》第 15 条、158 条、159 条、229 条

❖《土地管理法》第 60 条

❖《道路交通安全法》第 8 条、12 条

(二)司法解释

❖《最高人民检察院、公安部关于公安机关管辖的刑事案件立案追诉标准的规定(二)》第 3 条、4 条、81 条、82 条

❖《最高人民法院关于人民法院执行工作中若干问题的规定》第 80～82 条

❖《最高人民法院全国法院审理金融犯罪案件工作座谈会纪要》

(三)行业协会规范性文件

❖《中国资产评估协会关于印发〈资产评估准则——企业价值〉的通知》第 22 条、24～30 条、33～37 条、39～42 条

❖《中国资产评估协会关于印发〈资产评估准则——机器设备〉》第 21～24 条

❖《中国资产评估协会关于印发〈资产评估准则——不动产〉的通知》第 22 条、24 条、25 条、27～29 条、32 条、33 条

❖《中国资产评估协会关于印发〈资产评估准则——无形资产〉的通知》(中评协〔2008〕217号)第24~27条

❖《中国资产评估协会关于印发〈专利资产评估指导意见〉的通知》(中评协〔2008〕217号)第28~30条、32条

❖《中国资产评估协会关于印发〈商标资产评估指导意见〉的通知》(中评协〔2011〕228号)第24条、26条、27条

❖《中国资产评估协会关于印发〈著作权资产评估指导意见〉的通知》(中评协〔2010〕215号)第23条、27条、29条、30条

第四章　股东资格确认纠纷

【宋律师释义】

股东资格确认纠纷,是指股东之间或股东与某一当事人之间就是否具有股东资格、持股比例等产生争议而引起的纠纷。

股东资格确认纠纷主要包括以下五种情形:

(1)瑕疵出资股东的股东资格确认纠纷。

股东出资瑕疵在一般情况下不会对其股东资格造成影响,只不过瑕疵出资股东应承担相应的瑕疵出资责任。但是,如果瑕疵出资股东在经公司或其他股东催告并在合理期限内仍不履行出资义务的,公司可通过股东会决议的形式取消其股东资格。

此外,对于瑕疵出资股东,其虽具有股东资格,但其股权将受到限制,即可能仅在其实际出资范围内享有有限的股权。

(2)名义出资人(或称显名股东)与实际出资人(或称隐名股东)的股东资格确认纠纷。

(3)共有股权股东资格确认之诉。

共有股权,是指两个以上的权利主体享有同一股权的情形。共有股权既可因当事人之间的身份关系而产生,也可因约定而产生。例如,因共同认购、合伙、夫妻、继承等关系而产生的共有股权。共有处分、合伙解散、夫妻离婚或继承发生时,一方共有人可能提起股东资格的确认之诉。

(4)因股权转让而产生的股东资格确认之诉。

此种情形主要是指股权转让双方在股权转让过程中没有交付股票或者出资证明书,或者没有履行股东变更登记手续,受让股东与转让股东发生的股权确认纠纷。

> (5) 因借用或冒用他人姓名而引发的股东资格确认纠纷。
> 此情形主要指在实践中,当事人借用、冒用他人姓名或并非真实存在的姓名登记为股东所引起的股东纠纷。

【关键词】 实际出资人　名义股东　冒名股东　干股股东　股票期权　股票增值权　限制性股票　虚假诉讼　法定继承　遗嘱继承　遗赠　遗产信托　遗产税　赠与税

❖ **实际出资人**:实际出资人是指实际出资认购公司股份,但在公司章程、股东名册和工商登记中却被记载为他人的投资者。[①]

❖ **名义股东**:与实际出资人相对应,系指未出资而被记载于公司章程、股东名册等文件上的"股东"。

❖ **冒名股东**:系指冒用人以根本不存在的人的名义(如已死亡的、虚构的)出资登记,或者盗用他人的名义出资登记而成为"股东"。其与隐名投资关系的区别在于冒名者与被冒名者之间不存在合意。

❖ **干股股东**:此概念并非法律意义上的概念。实践中一般是指具备股东的形式要件并实际享有股东权利,但自己未实际出资的股东。一般是因为公司或公司其他股东的赠与而获得股东资格的人。

❖ **股票期权**:是指企业授予激励对象在未来一定期限内以预先确定的行权价格购买本企业一定数量股份的权利。

❖ **股票增值权**:是指上市公司授予激励对象在未来一定时期和约定条件下获得规定数量的股票价格上升所带来收益的权利。被授权人在约定条件下行权,上市公司按照行权日与授权日二级市场股票差价乘以授权股票数量,发放给被授权人现金。

❖ **限制性股票**:指上市公司按照预先确定的条件授予激励对象一定数量的本公司股票,激励对象只有在工作年限或业绩目标符合股权激励计划规定条件的,才可出售限制性股票并从中获益。

❖ **虚假诉讼**:指当事人出于非法的动机和目的,利用法律赋予的诉讼权利,采取虚假的诉讼主体、事实及证据的方法提起民事诉讼,使法院作出错误的判决、

[①] 赵旭东主编:《公司法学》,高等教育出版社2006年版,第313页。

裁定、调解的行为。

- **法定继承：**系指当自然人死亡时未留有遗嘱，其遗产由其继承人依法律规定的范围、顺序、分配规则进行继承的行为。
- **遗嘱继承：**指公民依照法律规定立遗嘱将个人财产指定由法定继承人的一人或者数人继承。遗嘱继承与法定继承不同之处在于公民可以自行确定遗产继承人、继承金额以及方式等。
- **遗赠：**系指自然人以遗嘱的方式将财产赠送给国家、集体或者法定继承人以外的人。
- **遗产信托：**指委托人预先以立遗嘱的方式，将财产的规划内容，包括交付信托后遗产的管理、分配、运用及给付等，详订于遗嘱中。待遗嘱生效时，再将信托财产转移给受托人，由受托人依据信托的内容，管理信托财产。遗产信托在遗嘱人订立遗嘱后成立，并于遗嘱人去世后立即生效。

遗产信托早在百余年前就已经流行于西方。如今在海外，人们处理遗产通常有两种方式：如果财产不多，可通过遗嘱来分配遗产；如果资产比较庞大的话，可以采用遗产信托来处理。

信托，是指委托人基于对受托人的信任，将其财产权委托给受托人，由受托人按委托人的意愿以自己的名义，为受益人的利益或者特定目的，进行管理或者处分的行为。

- **遗产税：**系对财产所有者死亡时的遗留财产课征的税收。它包括对被继承人遗产额课征的遗产税和对继承人继承遗产份额课征的继承税。
- **赠与税：**系对财产所有者生前赠与他人的财产课征的税收。各国遗产税制体系中，遗产税是主税，赠与税是辅税。赠与税用于弥补遗产税的漏洞，两者相互配合。

第一节 立 案

201. 如何确定股东资格确认纠纷的诉讼当事人？

当事人向人民法院起诉请求确认其股东资格的，应当以公司为被告，以与案件争议股权有利害关系的人作为第三人参加诉讼，具体如下：

（1）实际出资人欲确认其股东资格的，应以公司为被告，以名义股东为第三

人,并且其他股东可以作为第三人参加诉讼;

(2)股权转让中,受让人欲确认其股东资格的,则应以公司为被告,而此时,如果有人认为其对该股权亦有权利的,如一股多卖,则该请求人应为第三人;

(3)股东资格继承中,继承人欲确认其股东资格的,应以公司为被告,而对该股东资格主张权利的其他人,如公司其他股东,或存在多个继承人的,可以作为第三人参加诉讼;

(4)干股股东欲确认其股东资格的,应以公司为被告,以主张对该股权有权利的其他人为第三人,如公司其他股东;

(5)盗用他人身份的,被盗用人欲否认其股东资格的,应以公司为被告,以盗用人为第三人;

(6)借用他人身份的,借用人或被借用人欲确认其股东资格,应以公司为被告,以被借用人或借用人为第三人,以公司其他股东作为第三人参加诉讼;

(7)他人冒用股东签名转让股权,原股东提起确认股东资格的诉讼,诉讼当事人的确定分为两种情形:

①股东以其签名被他人冒用为由,主张股权转让协议无效,应当以股权转让协议中的股权受让人为被告,确认股权转让协议效力;

②股东以股东大会对其股权予以转让所作决议无效为由提起诉讼,应当以公司为被告,确认股东大会决议效力。

冒用他人名义的责任人在第①种情形下可以作为共同被告参加诉讼,在第②种情形下可以作为无独立请求权的第三人参加诉讼。

202. 实际出资人以名义股东为被告要求确认股权的,法院该如何处理?

答:法院应向原告声明其应以公司为被告提起股东资格确认之诉,如原告坚持的,则应驳回起诉。

203. 股东资格确认纠纷由何地法院管辖?

股权所在公司住所地基层人民法院管辖。如果案件系重大涉外案件,或在本辖区内有重大影响的,应当由公司住所地中级人民法院管辖。

我国各省、自治区、直辖市高级人民法院和中级人民法院管辖第一审民商事案件标准如表4-1所示:

表4-1 北京、上海等4地法院受理案件标的额分类

省市	法院	标的(元)	
		非涉外	涉外或当事人不在辖区
北京	高级人民法院	2亿以上	1亿以上
	中级人民法院	5000万~2亿	2000万~1亿
上海	高级人民法院	2亿以上	1亿以上
	中级人民法院	5000万以上	2000万以上
广东	高级人民法院	3亿以上	2亿以上
	广州、深圳、佛山、东莞市中级人民法院	5000万~3亿	4000万~2亿
	珠海、中山、江门、惠州市中级人民法院	3000万~3亿	2000万~2亿
	汕头、潮州、揭阳、汕尾、梅州、河源、韶关、清远、肇庆、云浮、阳江、茂名、湛江市中级人民法院	2000万~3亿	1000万~2亿
浙江	高级人民法院	2亿以上	1亿以上
	杭州市、宁波市中级人民法院	3000万~2亿	1000万~1亿
	温州市、嘉兴市、绍兴市、台州市、金华市中级人民法院	1000万~2亿	500万~1亿
	其他中级人民法院	500万~2亿	200万~1亿

204. 股东资格确认纠纷按照什么标准交纳案件受理费用?

我国案件受理费用的收取标准区分财产类案件与非财产类案件。

对于财产类案件,根据标的额按比例分段累计交纳:具体计算比例详见本书第一章第3问"公司设立纠纷应按照什么标准交纳案件受理费?"。

对于非财产类案件:

(1)离婚案件每件交纳50元至300元。涉及财产分割,财产总额不超过20万元的,不另行交纳;超过20万元的部分,按照0.5%交纳;

(2)侵害姓名权、名称权、肖像权、名誉权、荣誉权以及其他人格权的案件,每件交纳100元。涉及损害赔偿,赔偿金额不超过5万元的,不另行交纳;超过5万元至10万元的部分,按照1%交纳;超过10万元的部分,按照0.5%交纳;

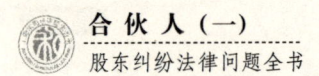

(3)其他非财产案件每件交纳50元至100元。

需要注意的是,司法实践中各地法院在股东资格确认之诉中的诉讼费收取标准并不一致。主要原因在于股权既具有财产性,又具有非财产性。因此,有的法院就以标的额收取,即所确认的股权的价值,而有的则以件收取,如每件50元至100元。

例如,上海法院多以标的额收取诉讼费。而北京的法院,有的以标的额收取,有的则按件收取。即使是在同一法院,也有不同的情况。

因此,在提起股东资格确认之诉时,应事先向有管辖权的人民法院咨询诉讼费如何收取,以考虑诉讼成本。

205. 股东资格确认纠纷是否适用诉讼时效?

司法实践中尚有争议。

根据《最高人民法院关于审理民事案件诉讼时效制度若干问题的规定》,诉讼时效仅适用于债权请求权。而我们认为股东资格的确认本身系基于对既定事实的判断,因此适用诉讼时效制度并不恰当。

当然在实践中,为了有效保护自身利益,当事人应在知道自身权益受损的两年内提起诉讼。

206. 在确认股东资格后,他人不配合办理变更登记的,原告应如何救济?

在新的民事案件案由规定颁布之前,实践中的操作方式为经确权的股东向法院申请强制执行,工商局在收到人民法院的协助执行通知书后,会采取股权冻结手续,并配合人民法院办理股权变更登记。

此外,对该拒不办理变更登记的公司,工商行政管理部门还可以视情况给予1万元以上10万元以下的罚款。

最新颁布的《民事案件案由规定》对不配合办理工商登记如何处理作了专门规定,即请求变更公司登记纠纷,但对股东资格确权之诉与变更登记之诉能否同时提起未明确。

笔者认为,对于是否具有股东资格存有较大争议的案件,当事人可以同时提起确权与变更诉讼,在法院判决胜诉后,申请法院出具协助执行通知书强制办理股权转让变更。对于法律关系较为明确,各方对真实股东不存在争议的案件,当事人可直接提起变更公司登记诉讼。①

---

① 关于变更公司登记诉讼内容详见本书第六章请求变更公司登记纠纷。

第二节　股东资格确认的一般规则

一、股东资格的主体限制

207. 发生股东资格确认纠纷的原因有哪些?

(1)立法的滞后性,导致《公司法》对股东资格确认未作明确规定。

我国《公司法》只规定了股东资格的取得,对股东资格的确认并没有作明确规定,这直接导致股东资格确认纠纷频发。

2005年修订前的《公司法》不允许设立一人公司,导致在实际投资人仅一人的情况下,股东们纷纷找人"挂名"。这也是如今大量实际出资人存在的重要原因。

(2)行为人的自身原因。

实践中,行为人自身原因导致发生股东资格确认纠纷主要分为三种情况:

①由于当事人在公司的设立、运作上的不规范操作,如股权转让后不办理股权变更登记等;

②受委托办理公司设立或变更之人,出于个人利益考虑,擅自将属于他人的股权份额登记在自己名下;

③为规避商业、法律风险而为之,如外方投资者通过中国公民作为名义股东规避我国限制、禁止外商投资企业从事的经营范围。

【案例86】关栋天与周立波股东资格之争

原告:关栋天

被告:周立波

第三人:楠昊投资公司

诉讼请求:确认第三人200万元投资款中有100万元属原告出资。

诉讼期间,原告先是要求确认享有第三人的股权,后来又改变为要求返还借款,之后又变更为解除股权代持关系,正式开庭时决定以委托投资纠纷提起诉讼。

争议焦点:

1. 原告是否系上海君德商贸有限公司的实际出资人;

2. 原告与被告之间是代持股关系,还是借款关系。

原告诉称：

2007年9月，原、被告口头约定各出资100万元，共同投资第三人。由原告为被告代垫其应承担的100万元出资款，并由第三人通过案外人对中国南玻集团股份有限公司A股进行投资，以获投资收益。

为图方便，双方当时约定原告出资的100万元所对应的股权由被告代持。随即，原告便将200万元汇入第三人的账号。

2009年8月和9月，被告向原告归还了代垫的出资款100万元，但当初被告为原告"代持"的股权却一直没有归还给原告。

被告辩称：

不同意原告的观点。如果原告确有主张，应提交证据，否则应承担无法举证的不利后果。

案件结果：

2011年11月16日，该案首次在上海长宁区法院开庭。原、被告两人均没有出现在庭审现场，由原告律师、被告律师以及第三人的负责人三方对簿公堂，两人曾经的纠纷调解人孙徐春则作为证人出席。最后，审判长分别询问原告、被告与第三人是否愿意在法庭主持下进行调解，得到三方"愿意"的回答后，宣布让三方回去考虑各自方案，一周内以书面形式交到法庭，之后再进行调解，如收不到则视为放弃调解。

2011年12月29日，原告撤诉。

208. 哪些机构或自然人不能担任公司股东？

公司股东主体资格有一定限制，主要表现为以下六个方面：

(1) 国家机关不得作为公司股东。

除国有资产管理委员会，国家机关不得投资设立公司。

(2) 公司不得成为自己的股东。

除非是在减少公司注册资本而注销股份或者与持有本公司股票的其他公司合并的情况下，公司不得成为自己的股东。

(3) 股东国籍限制。

《外商投资产业指导目录》对外商投资产业范围作了限制与禁止性规定，如该目录规定外商不得投资空中交通管制公司与邮政公司。

(4) 股份有限公司股东住所限制。

设立股份有限公司的应有半数以上的发起人股东在国内有住所。

(5)有限责任公司章程可限制股东资格。

有限责任公司章程可以对股东的人选加以限制,如无民事行为能力人不得担任公司股东。

(6)公司董事、高级管理人员因同业竞争而受到的限制。

如一人已在其他公司担任董事、高级管理人员,则不得自营或者为他人经营与所任职公司同类的业务。

209. 未成年人可否担任股东?

可以。《公司法》并未禁止未成年人作为股东或发起人,国家工商行政管理总局也明文规定未成年人可以成为公司股东。在各地实践中,如湖南省工商行政管理机关更是进一步规定经法定代理人同意,未成年人可以作为公司的发起人。

当然,由于设立、经营公司过程中需要进行一些相关民事法律行为,如签订协议、偿还债务,所以未成年人作为无民事行为能力人或限制行为能力人,其行为应当得到法定代理人的确认。

如果在具体实践中遇到工商行政管理机关不允许未成年人设立公司的,可尝试变通方式,先由未成年人的法定代理人作为发起人设立公司,之后再将股权转让给该未成年人。

【案例87】上海法院首例支持娃娃股东持股案例①

原告: 张某、莉莉、瑶瑶

被告: 某投资公司

诉讼请求: 判令被告履行《股权转让书》,将其25%股权无偿转让给三原告,并配合办理工商变更登记手续。

争议焦点: 原告莉莉、瑶瑶作为未成年人可否受让股权成为被告股东。

基本案情:

原告张某和李先生曾是一对夫妻,育有女儿原告莉莉(6岁)、瑶瑶(5岁)。

2003年1月,夫妻俩和温州公司共同出资成立被告,注册资本3000万元。其中,原告张某占45%股权,李先生占30%,温州公司持股25%,其真正股东也是李先生。

2006年9月22日,原告张某和李先生协议离婚,并于当天达成《股权转让书》,约定原告莉莉和原告瑶瑶由原告张某抚养,李先生将持有的温州公司持有的

---

① 参见上海闵行区法院苏某某等与某投资公司股权转让纠纷案。

被告25%股权无偿转让给妻女,其中原告张某获赠11%,原告莉莉和原告瑶瑶各获7%。

原告诉称:

2006年10月17日,原告张某与李先生之间的股权转让行为取得了温州公司的书面同意。由于原告莉莉和原告瑶瑶年幼,原告张某作为法定监护人,代他们与温州公司签订《股权转让协议》。但被告却一直不配合办理工商变更登记。

被告辩称:

原告莉莉、瑶瑶分别只有6岁、5岁,属于无民事行为能力人,不具备担任公司股东的资格。如果由他们担任公司股东,将会给公司造成不利影响,损害公司、其他股东利益。

律师观点:

《公司法》并未对未成年人担任股东作出限制,原告张某与温州公司签订的股权转让协议系各方真实意思表示,未违反法律的强制性规定,应属有效。温州公司应按《股权转让书》的约定履行其义务,协助三原告办理股权变更的手续。

法院判决:

1. 原告张某受让温州公司出让的11%股权后,其持有被告56%股权;
2. 原告莉莉和原告瑶瑶各受让温州公司出让的7%股权;
3. 被告协助原告张某和莉莉、瑶瑶向工商登记机关办理上述股东变更登记手续。

【案例88】北京银行惊现20%娃娃股东[①]

北京银行于2007年9月在上海证券交易所上市,根据招股说明书,在银行的员工股东名册中共有4219人持有北京银行的原始股。其中在列的有近千名员工股东在北京银行股改时还未满18岁,最小的甚至只有1岁,占比超过员工股东人数的20%。

北京银行"娃娃股东"应该出现在1995年3月31日的清产核资截止之前。种种迹象表明,娃娃股东的出现,应该是与北京银行改制清产核资阶段中的一些历史原因有关。

根据《北京城市合作银行组建方案》的折股方案,作为信用社的股东会得到

---

① 参见新浪网 http://finance.sina.com.cn/roll/20071010/23351710871.shtml,2011年7月19日访问。

出资额的数十倍回报。《城市信用社清产核资统计表》中显示,按照折股系数,每个信用社的入行系数由9点多到28点多不等。也就是说,1元钱的出资乘以9点多或者28点多,最后拥有的信用社财产是9~28元。"眨眼就能来这么多钱,谁不愿意往里挤。"原信用社人士说。

据悉,在当时入股信用社时,并不登记身份证,而且彼此都比较熟悉。但是,如果某个人拥有的股金太大,是很扎眼的,于是,这些内部机关工作人员那就用孩子的名义来"分摊"认股权,将股权登记为自己孩子的名字,进而形成了"娃娃股东"。

210. 公务员可以投资入股吗?

《公务员法》明令禁止公务员从事或者参与营利性活动,在企业或者其他营利性组织中兼任职务,根据《行政机关公务员处分条例》的规定,公务员投资入股,行政机关会给予其记过或者记大过处分;情节较重的,给予降级或者撤职处分;情节严重的,给予开除处分。《法官法》也明确规定法官不得从事营利性的经营活动。

2005年,对于在部分地区大量出现的公务员、国有企业负责人以本人或他人名义投资入股煤矿的问题,中纪委以《关于清理纠正国家机关工作人员和国有企业负责人投资入股煤矿问题的通知》明令要求,"凡本人或以他人名义已经投资入股煤矿(依法购买上市公司股票的除外)的上述人员,要在2005年9月22日之前撤出投资,并向本单位纪检监察或人事部门报告并登记,注明投资单位、投资时间和数额、资金来源以及撤出资金的证明等。各单位纪检监察或人事部门要将本单位清理纠正情况报当地清理纠正工作小组。清理纠正工作小组对个人登记的内容要进行核实。对逾期没有如实登记撤出投资或者隐瞒事买真相、采取其他手段继续投资入股办矿的人员,一经查出,一律就地免职,然后依照有关规定严肃处理"。

需要强调的是,上述规定仅在行政法律关系上产生效力,公务员的股东资格并不因其身份而丧失。只要公务员出资入股行为符合《公司法》规定,其仍然是公司合法有效的股东。但是值得注意的是,公务员诉请成为工商登记股东与《公务员法》和《法官法》的相关规定冲突,其诉请法院难以支持。公务员可通过其他途径实现其财产权。

【案例89】公务员投资入股　股东资格不受影响[①]

原告:刘正玺

被告:周新民

诉讼请求:判令被告立即支付股权转让价款100万元及逾期利息。

争议焦点:

1. 国家公务员违反《公务员法》关于禁止从事经营性活动的规定,是否导致其不具备股东资格,其转让股权的行为是否有效;

2. 出资瑕疵的股东是否不具有股东资格。

基本案情:

原告、被告原均系双联公司的股东,分别持有双联公司10%和5%的股权。在双联公司注册及股权变更过程中,原、被告均未出资。

原告诉称:

2006年7月4日,原告将其所持双联公司10%的股权,作价100万元,转让给被告,被告应自转让生效之日10日内向原告支付上述转让价款。协议签订后,双方于同年7月12日办理了工商变更登记。然而,被告至今未履行股权转让对价支付义务,故原告提起诉讼,认为被告已构成违约。

被告辩称:

1. 原告当初在取得所出让的股权时并未出资,故其所出让的股权存有瑕疵;

2. 原告系国家公务员,其无偿取得股权并有偿转让、在公司担任监事职务等行为违反了《公务员法》的规定,应认定原、被告间的股权转让行为无效。

综上,请求法院驳回原告的诉讼请求。

律师观点:

1. 未履行出资义务的股东转让股权仍有效。

瑕疵出资并不影响出资人的股东资格。只不过法律或公司章程会对瑕疵出资股东的权利、义务作出一定的限制,如瑕疵出资股东负有出资补足责任、在分配收益时按实缴出资比例分配等。因此,瑕疵出资影响的仅仅是其股权的行使,并不具有否认其股东资格的意义。

原、被告之间于2006年7月4日签订的股权转让协议是双方真实意思表示,且不违反有关法律、法规的禁止性规定,是合法有效的,对签约双方具有法律约束

---

① 参见江苏省南京市中级人民法院(2007)宁民二终字第417号民事判决书。

力。且对于原告未出资事实被告也知道,并在此前提下仍同意与原告签订股权转让协议,因此,该股权转让行为有效。

2. 公务员身份不影响股东资格。

虽然根据《公务员法》第53条第14项规定,"禁止公务员从事或者参与营利性活动,在企业或者其他营利性组织中兼任职务"。但依据《合同法》第52条的规定,"违反法律、行政法规强制性规定的合同是无效的"。此处的强制性规定指的是效力性的禁止性规范,即法律、行政法规必须明确规定哪些行为是无效的。而《公务员法》第53条第14项规定并未表述为如公务员从事经活动的,则该行为无效。因此,只是属于管理性的禁止性规范,其管理对象是公务员。公务员若违反了该规范,应由其管理机关追究其行政责任,但不能以此直接否定其股东资格,同时也不会影响转让合同的效力。

法院判决:

被告自判决生效之日起30日内向原告支付股权转让价款100万元及逾期利息。

【案例90】继承股权　因公务员身份无法工商登记①

原告: 吴甲、李乙

被告: 李甲、伍某某、恒盈公司

诉讼请求:

1. 判令被告李甲、被告伍某某履行《析产协议书》;
2. 三被告协助原告共同办理股权工商登记变更手续。

争议焦点:

1. 在继承了李丙的股权后,被告李甲、被告伍某某通过签订《赠与合同》将股权转赠他人,原告是否可以直接向被告李甲、被告伍某某主张权利,要求二人办理股权工商变更登记手续;公务员能否继承公司股权,并成为工商载明的登记股东;

2. 继承人将继承的股权赠与案外人后是否仍有义务协助其他继承人办理股权工商变更登记手续。

基本案情:

李丙持有被告恒盈公司67.5%的股权。

2008年4月18日,李丙因病去世,李丙的第一顺序继承人为李丙父亲被告李

---

① 参见上海市第二中级人民法院(2011)沪二中民四(商)终字第781号民事判决书。

甲、母亲被告伍某某,妻子原告吴甲及儿子原告李乙。

2008年7月23日,李丙的所有继承人达成协议并签订《析产协议书》,明确李丙遗产中所持的被告恒盈公司67.5%股权中被告李甲继承17%、被告伍某某继承16.3%、原告吴甲继承30%、原告李乙继承36.7%,即被告李甲占被告恒盈公司股权比例为11.475%、被告伍某某占11.0025%、原告吴甲占20.25%、原告李乙占24.7725%。此《析产协议书》经上海市杨浦公证处公证。

2010年12月22日,被告李甲、被告伍某某(甲方)与案外人李静、李根发、李利民、李一平(乙方)签订了《赠与合同》,约定甲方自愿将被告恒盈公司的股东资格及股权中依法属于甲方所有的权益份额(被告李甲拥有11.475%,被告伍某某拥有11.0025%)无偿赠送给乙方所有;乙方对上述赠与行为表示接受。此《赠与合同》经上海市卢湾公证处公证。

原告均诉称:

原、被告根据《继承法》获得被告恒盈公司的股东资格及股权,并协商一致签订经公证的《析产协议书》,现被告拒绝配合原告办理工商变更登记手续,并将其享有的股权无偿赠送给公司外的第三人,严重侵犯了原告的利益。

被告均辩称:

根据《公务员法》与《法官法》,原告吴甲作为法官,不具有成为被告恒盈公司工商载明登记股东的资格。

故请求法院驳回原告的诉请。

一审认为:

1. 原告吴甲、原告李乙有权取得被告恒盈公司的股东资格,《析产协议书》合法有效。

有限责任公司兼具资合性与人合性,股权亦因此具有财产权利属性以及人格权利属性。按照现行法律,除公司章程另有约定,被告恒盈公司的股东李丙死亡后,其所享有的股权可以作为遗产被继承。继承人对股权的继承,应是全面概括的继承,即通过继承取得的股权,既包括股权中的财产性权利,也包括非财产性权利在内的完全股权。现被告恒盈公司章程并没有规定公司股东死亡后,继承人不能取得股东资格,故李丙的合法继承人可以直接继承股东资格。而继承从被继承人死亡时开始,所以包括原告吴甲、原告李乙在内的所有法定继承人从李丙死亡之时即有权继承李丙的股权,取得股东资格。原告吴甲、原告李乙因继承取得被告恒盈公司的股东资格,并与被告李甲、被告伍某某签订《析产协议书》。该份经公证的协议书系双方真实意思表示,并不违反法律禁止性规定,应属有效。

2. 三位被告有义务配合办理工商变更登记手续。

被告恒盈公司作为有限责任公司，应当将股东的姓名记载于公司的股东名册，对于登记事项发生变更的，应当办理变更登记手续。被告李甲、被告伍某某作为析产协议书权利义务主体，虽已将其名下继承所得的股权赠与案外人，但并未办理工商变更登记手续，故其仍系被告恒盈公司的股东。同时，作为《析产协议书》的当事人，被告李甲、被告伍某某也有义务配合原告吴甲、原告李乙办理工商变更登记手续。原告吴甲、原告李乙的诉讼请求，于法有据，依法予以支持。

至于原告吴甲、原告李乙要求被告李甲、被告伍某某履行《析产协议书》，因该协议书仅涉及股权且事实上已明确双方的持股比例，故该项诉讼请求与原告吴甲、原告李乙要求办理工商变更登记手续的诉请实质相同，无须另行处理。

一审判决：

1. 被告恒盈公司应将股东名册上记载于李丙名下的股份变更登记于原告吴甲名下（变更的股权比例为 20.25%）、原告李乙名下（变更的股权比例为 24.7725%）；

2. 被告恒盈公司、被告李甲、被告伍某某应共同配合原告吴甲、原告李乙向公司登记机关办理上述股东变更登记事项；

3. 上述第 1、2 项，被告恒盈公司、被告李甲、被告伍某某应于判决生效之日起 30 日内履行完毕。

被告李甲、被告伍某某上诉称：

1. 原审判决程序违法。

本案涉及被告恒盈公司股东的变更，公司的股东均有权参与本案的诉讼，但原审未通知其他股东参与诉讼。事实上，被告李甲、被告伍某某已将自己在被告恒盈公司的股份赠与案外人，案外人也已参加公司经营。在被告李甲、被告伍某某提出追加或变更当事人，案外人也提出参与庭审的情况下，原审不同意案外人参与诉讼，导致诉讼主体错误。

2. 原审判决适用法律不当。

《公务员法》第 53 条第 14 项规定，公务员必须遵守纪律，不得从事或者参与营利性活动，在企业或者其他营利性组织中兼任职务；《法官法》也规定法官不得从事营利性的经营活动。原告吴甲系公务员、法官身份，原审判决其可以办理股权登记手续，使其可以从事经营性工作，显然违反了《公务员法》和《法官法》的规定，应予纠正。

综上，请求撤销原审判决。

原告均辩称：

1. 原审判决并非诉讼主体错误。

原告吴甲、原告李乙作为继承人取得被告恒盈公司股份是基于继承法律关系，无须公司其他股东同意，办理股权变更登记也不涉及其他股东，其他股东不是本案的适格法律主体。被告李甲、被告伍某某作为被继承人李丙生前财产的继承人，在本案中有不可替代性。

被告李甲、被告伍某某所称的赠与，未经被告恒盈公司其他股东同意也未履行相关法定程序，其有效性和合法性存有瑕疵，案外人不应作为本案的诉讼当事人。

2. 原告吴甲的公务员身份并不妨碍其依法继承公司股权。

继承是一种被动的获得，是公民的基本民事权利，任何人不应予以剥夺。从法律关系而言，《继承法》和《公务员法》《法官法》是截然不同的法律关系，后二者并不调整民商事法律关系，不应在本案中予以适用。

此外，继承获得股权并成为股东并不等于从事或者参与营利性活动。如原告吴甲确实有违反上述两法的情况存在也应按相关程序处理，不应将继承成为股东和从事营利性活动画上等号。实际上，继承发生后，原告吴甲从未参与公司经营，被告恒盈公司由吴乙实际负责经营。

综上，请求维持原审判决。

被告恒盈公司述称：

原告吴甲、原告李乙和被告李甲、被告伍某某均系继承取得被告恒盈公司股份，被告李甲、被告伍某某应配合原告吴甲、原告李乙进行工商变更登记。故不同意被告李甲、被告伍某某的上诉请求。

律师观点：

1. 被告李甲、被告伍某某将股权赠与他人的，不影响其配合变更工商登记。

根据《公司法》的相关规定，自然人股东死亡后，其合法继承人可以继承股东资格。原告吴甲、原告李乙和被告李甲、被告伍某某均系被告恒盈公司工商登记股东李丙的合法继承人，可以按法律规定的程序成为被告恒盈公司的股东。

但有限责任公司兼具资合性与人合性，其中的人合性是指以股东的个人信用状况作为公司信用基础，股东个人的信用状况和股东之间的相互信任与合作对有限责任公司将产生重要影响。该特点使得有限责任公司的股权不能任意对外转让。

现被告李甲、被告伍某某称已通过《赠与合同》将拥有的股东资格对外转让,其不应成为本案的当事人。但因本案系原告吴甲、原告李乙要求被告李甲、被告伍某某协助办理工商股权变更登记案件,无论被告李甲、被告伍某某的对外赠与是否有效,被告李甲、被告伍某某作为继承人仍有配合工商登记的义务,其作为本案当事人是适格的。

2. 原告吴甲身为公务员,不能成为被告恒盈公司工商载明的登记股东。

原告吴甲通过继承获得了股东资格,本应按《公司法》第38条的规定享有被告恒盈公司的经营决定权、选举权、审议权、作出决议权及其他相关职权。但其现为公务员及法官身份,《公务员法》第53条第14项和《法官法》均规定了公务员必须遵守纪律,不得从事或者参与营利性活动,不得在企业或者其他营利性组织中兼任职务。

所谓营利性活动,即指公务员参与的活动是以营利为目的,且进行收入分配。因此,原告吴甲以公务员身份参与被告恒盈公司经营为《公务员法》和《法官法》所禁止,原告吴甲诉请欲成为有公示效力的工商登记股东,与《公务员法》和《法官法》的相关规定冲突,其诉请法院难以支持。原告吴甲可通过其他途径实现其财产权。

但被告李甲、被告伍某某及被告恒盈公司仍应配合完成原告李乙名下股权份额及比例的工商变更登记。

法院判决:

1. 撤销一审判决;

2. 被告李甲、被告伍某某、被告恒盈公司应于判决生效之日起10日内将原登记于李丙名下的股份变更登记于原告李乙名下(变更的股权比例为24.7725%);

3. 对原告吴甲、原告李乙的其他诉讼请求,不予支持。

【案例91】千万红利未索回　"法官股东"赔了夫人又折兵[①]

原告: 张继峰(神木县法院法官)

被告: 神木县孙家岔镇宋家沟煤矿

诉讼请求:

1. 确认原告和妻子持有煤矿10%股份;

2. 被告给付其1100万元的红利及逾期给付造成的损失。

[①] 参见陕西省榆林市中级人民法院张继峰诉神木县孙家岔镇宋家沟煤矿股东资格确认纠纷案。

争议焦点：

1. 法官投资入股是否享有股东资格；
2. 原告是否已"退股"，不再享有股东资格。

基本案情：

原告此前担任过神木县法院法官。2005年，原告夫妇将夫妻共同财产180万元以原告的名义入股被告，占总投资的10%。原告夫妇先后从被告处得到660万元的红利。

原告诉称：

原告为被告的股东，理应得到公司的分红，但2007年及2008年两年，原告均未得到公司分配的红利。被告的行为严重损害了原告的利益，故原告将被告起诉至法院。

被告辩称：

原告是国家公务人员，以其身份是不能从事营利性的经营活动的。根据《关于清理纠正国家机关工作人员和国有企业负责人投资入股煤矿问题的通知》规定，国家机关工作人员不得投资入股煤矿，已经投资的应当撤出投资。他们当时给原告夫妇的钱就是国家出台政策后的退股及红利。

一审认为：

禁止公务员入股办企业是管理性强制性规定。合同是否有效，应当适用《合同法》规定的效力性强制规定，《法官法》《公务员法》并不调整民事活动，原告没有违反《合同法》规定的合同效力性强制性规定，故原告民事合同主体成立。被告认为原告已经退股，并未提供相关证据，因此不应被采信。

被告不服一审判决，向上一级人民法院提起上诉。

二审认为：

原告身为一名法官，违反《公务员法》《法官法》关于禁止公务员、法官从事营利性经营活动的明确规定，投资入股被告系违法行为。且原告在2005年7月与被告法定代表人陈旺荣已达成口头退股协议，并分别于2006年、2007年两次收取了陈旺荣给付的退股款360万元，原告出具的收据中亦载明系返还款，证明退股协议已经实际履行。再从原告提供的其与陈旺荣的通话记录也能印证原告在煤矿中已无股份。因此，被告上诉认为原告已退股的理由成立，应予支持。由于陈旺荣在原审审理时既未提供书面答辩意见，也未到庭陈述案件事实，原审法院根据原告提供的证据认定其持有股份的事实，显系错误。原告入股投资煤矿的行为本已违反法律规定，其在达成口头退股协议并全额领取了退股款及利润后，为追求更多的利润提起诉讼,更属错误。因此,原告请求分红和确认股份的诉讼请求,法院依法不予支持。

行政处分:

经神木县纪委常委会研究决定,给予原告留党察看两年的处分;神木县人民法院撤销其副科级审判员职务。包括神木县法院院长在内的16名法官因违反《人民法院工作人员处分条例》有关规定受到纪律处分,其中5人受到处分,11人受到问责。

律师观点:

本案原告如果能够按照《公司法》规定确定其股东资格,应当享有股东权利;至于按照《公务员法》及《法官法》关于国家公职人员不得从事营利性活动等相关法律规定,可以追究他其他责任,不应以此否认其股东资格与股东权利。

本案二审之所以认定原告不再享有分红权等股东权利,系基于原告已经"退股",而并非由于法官不能担任公司股东。

【案例92】借"死人"名义参与国企改制被处罚

基本案情:

2004年3月28日,当事人中福(湖北)物业发展有限公司、法定代表人戚名振在申请办理股东、注册资本变更登记时,提供了有"周明金"签名的多份申请材料,新增加的24名自然人股东中,"周明金"出资540万元。

经查,周明金已于1999年5月31日因病死亡;上述材料中"周明金"的签名,均不是周明金签署的,而是由当事人戚名振签署。上述材料属于虚假材料。当事人虚拟了股东身份,隐瞒了周明金早已死亡的重要事实。

案件结果:

2006年11月28日,湖北省工商局对戚名振因虚拟"周明金"股东身份的行为给予10万元罚款的行政处罚。

【案例93】澳洲政府公务员可公开从事"第二职业"[①]

澳洲的政府实行公务员制度,通过严格的选考才能进入政府工作,一旦进入终身录用,是西方社会少有的"铁饭碗"。政府本着人道的原则,考虑到雇员的各

---

① 参见新快网 http://www.xkb.com.au/html/immi/zhiyezhilu/2009/0826/15076.html,2011年4月25日访问。

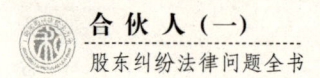

种实际情况,允许公务员从事"第二职业",英文里叫作"Moonlighting"。

所谓第二职业,可以是自己开公司做生意,也可以自己做自由职业者,或者给别人打工。反正除政府工作之外,凡是从事有报酬的活动都列为第二职业。只要是向主管部门提出申请,通常都会批准,有效期为一年。但是也有条件限制:首先,不能从事与本职工作有关的或者相抵触的职业,例如,在税务局工作的人就不能从事律师或财会方面的工作,因为有可能会对税收不利;在交通管理局工作的不能当教车老师,也是怕把考试的秘密泄露出去。其次是不能利用工作之便为自己的生意拉客。最后是第二职业不能影响本职工作。

政府在出勤制度和人员管理上也给第二职业大开方便之门。政府实行的是灵活工作制,通常要求在上午10点到下午3点之间出勤,其他什么时间上下班随便,也就是说早上7点半到10点之间什么时候上班都可以,下班也是如此。这样一来,一般的人就可以公私兼顾了。灵活工作制的另一个好处是,平均每天7小时工作,以13个星期为一个周期。如果每天多工作半小时,那么每两周就可以多休息一天。另外,还有各种名目繁多的假期,如果自己因为做第二职业需要占用时间,则很容易请假。如果有人长期想请假做第二职业也不难,政府规定,每4年可以停薪留职1年,去做生意、学习、海外旅游、照顾孩子等,1年之后还可以回来接着做你的本职工作。此外,还可以申请改为半日工作,其余半日做自己的事。

211. 精神病人可以作为发起人吗?可以继承股东资格吗?

可以,理由与未成年人相同。间歇性精神病人在其精神正常的情况下,可以自己行使股东权利。

212. 配偶双方在公司章程约定的股权比例,是否视该股权为夫妻各自财产而非共同财产?

不是。公司章程或工商登记中的股权比例不能视为夫妻间的婚内财产约定,而应当属于夫妻共同财产。

【案例94】章程约定不代表配偶股权分配比例①

原告:于成玉、范如珍、王扣银、于冬

被告:联松公司

---

① 参见上海市第一中级人民法院(2009)沪一中民三(商)终字第959号民事判决书。

诉讼请求：

原告于成玉、范如珍诉请：确认原告于成玉、范如珍为被告股东，且各占18.625%的股份。

原告王扣银、于冬诉请：确认原告王扣银总计享有被告62.5%股权。

争议焦点：

1. 股东为夫妻关系时，章程约定的各自出资比例是否视为夫妻个人财产；
2. 夫妻一方死亡时，该如何分配股权。

基本案情：

被告股东为于秀忠和原告王扣银夫妻二人，其中原告王扣银出资25.5万元，于秀忠出资74.5万元。

2009年4月6日，于秀忠因病死亡。

联松公司股权及股东亲属关系如图4-1所示。

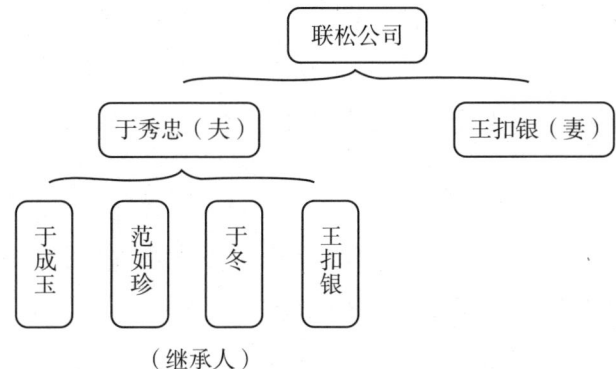

图4-1 联松公司股权及股东亲属关系示意

原告于成玉、范如珍诉称：

于秀忠的遗产继承人应为其父母（原告于成玉、范如珍），其妻原告王扣银，其子原告于冬。

根据公司工商登记及章程的登记，于秀忠享有的被告74.5%股权应作为遗产，两原告有权分别继承于秀忠74.5万元股权的1/4。

原告王扣银、于冬诉称：

工商登记与章程记载并不能视为夫妻之间对股权的分割，因此原告王扣银实质享有被告公司50%的股权，原告四继承人应当分别继承于秀忠12.5%的股权。

被告辩称：

按《继承法》规定，在于秀忠未列遗嘱的情况下，其个人遗产应当由4名原告平均分得,被告的工商登记及章程记载并不能作为确定夫妻财产权属的依据。于秀忠与原告王扣银获取被告的股权系在婚姻存续期间,因此被告的股权应为两人共同所有,并各占50%股权。故于秀珍在被告公司的遗产为被告公司50%的股权。

综上,原告于成玉、范如珍及于冬仅应各自继承被告公司12.5%的股权,原告王扣银个人所持有公司股份加上继承遗产份额合计占公司62.5%的股份。

律师观点:

有限责任公司的章程,系公司股东对各自权利义务所达成的契约,此种契约针对《公司法》意义上的财产和人身权利。其中的财产性约定着重于股东对公司应负的出资义务及相应的财产性权利,至于相应股权的性质属于个人财产还是家庭共同财产并非此类契约的约定范围,公司股东对此亦无相应的合意。

故在没有相应特别约定的情况下,具有亲属关系的公司股东在上述文件中就股权比例及出资份额等所作的财产性约定并不产生《婚姻法》框架内的法律后果。

虽然原告王扣银与被告原股东于秀忠系夫妻关系,但被告的公司章程等文件内并未对夫妻财产作出相应的约定,故仅凭被告公司的章程不能认定被告原股东于秀忠名下的股权系其婚内个人财产,原告的相关主张,缺乏法律依据。

法院判决:

1. 确认原告于成玉、范如珍、于冬各占被告12.5%的股权;
2. 确认原告王扣银占被告62.5%的股权。

213. 股东的配偶可否主张对共有股权行使股东权利?

不可以。

虽然在没有另行约定的情况下,夫妻关系存续期间一方取得的股权属于夫妻共同财产,但鉴于保护公司运营稳定性及保护有限责任公司人合性的考虑,行使股权的主体应严格限制在公司股东的范围内。

二、股东资格的取得方式

214. 股东资格的取得方式有哪些?

按照取得时间与原因进行分类,可包括原始取得和继受取得。

原始取得,即依据法律的规定直接取得股东资格,包括公司成立时取得和成立后取得。

成立时取得是指在公司成立时就因创办公司、签署公司章程、向公司出资或者认购公司首次发行的股份而成为公司的股东。

成立后取得指在公司成立后认购公司新增资本而成为公司股东。

继受取得，是指通过受让、继承、接受赠与、公司合并、善意取得、公司奖励等方式取得公司股权或者股份而成为公司股东。

215. 无权处分人将股权出售给善意的第三人的行为是否有效？实际权利人可否主张收回股权？

只要第三人满足善意取得的条件，就可以享有股东权利，实际权利人不得要求善意的第三人返还股权，但是实际权利人可以侵权或违约为由，要求无权处分人承担损害赔偿或违约责任。

216. 善意取得股东资格应当具备哪些条件？

应当满足如下条件：

（1）股东资格在形式上有效存在。

股东资格的善意取得，只有股东资格在形式上有效存在才发生法律效力，即从形式上看转让人处于股东地位，拥有股东资格，表现为在公司章程中有记载、股东名册中有记载或工商登记文件中明确记载为股东。

（2）该股权必须为依法可以流通转让的股权。

可以适用善意取得的股权必须是可以流通转让的股权，如果是限制转让的股权，则不适用善意取得。如发起人持有的本公司股份，自公司成立之日起一年内不得转让；上市公司董事、监事、高级管理人员应当向公司申报所持有的本公司的股份及其变动情况，在任职期间每年转让的股份不得超过其所持有本公司股份总数的25%等。

（3）受让人须是从无权处分人手中受让股权。

（4）受让人须是依转让方式以合理价格取得股权。

善意取得制度是以保护交易安全为目的而设定的制度，因此只有在股权的转让中才可能出现善意取得，即必须是以等价有偿的方式取得。

（5）受让人主观上须是出于善意。

受让人在主观上出于善意，不存在重大过失，即已尽到合理的审查和注意义务，其不可能知道让与人为无权利人。如果其因为自己的疏忽如未尽起码的注意义务而不知转让人无权转让的，则其在主观上不应为善意。

【案例95】谨慎调查标的公司　善意取得股东资格[①]

原告：崔海龙、俞成林

被告：荣耀公司、燕飞、黄坤生、杜伟、李跃明

第三人：孙建源、王国强、蒋德斌、尤春伟、忻健

诉讼请求：

1. 确认原告崔海龙与5位被告签署的世纪公司《股权转让协议》无效；

2. 确认原告俞成林与被告荣耀公司签署的世纪公司《股权转让协议》无效；

3. 确认原告崔海龙、俞成林与被告荣耀公司签署的世纪公司《股东会决议》无效；

4. 判决被告荣耀公司与第三人孙建源签署的世纪公司《股权转让协议》中世纪公司20%股权的部分无效；

5. 判决被告燕飞、被告黄坤生、被告杜伟、被告李跃明与5名第三人签署的世纪公司《股权转让协议》无效；

6. 确认原告崔海龙、原告俞成林分别在世纪公司中享有270万元、30万元股权。

争议焦点：假冒股东签名擅自转让股权，第三人是否为善意取得，转让行为是否有效。

基本案情：

被告荣耀公司与原告崔海龙、原告俞成林共同出资成立了世纪公司，注册资本为500万元。其中原告崔海龙出资270万元占54%股份，被告荣耀公司出资200万元占40%股份，被告俞成林出资30万元占6%股份（见图4-2）。

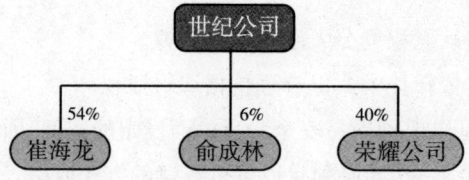

图4-2　世纪公司股权结构示意

2003年9月25日，5位被告假冒两位原告签名，伪造了《股东会决议》及5份《股权转让协议》。5位被告分别按14%、10%、10%、10%、10%的比例受让原告崔海龙在世纪公司54%的股权。被告荣耀公司同时还受让了原告俞成林6%的

[①] 参见最高人民法院(2006)民二终字第1号民事判决书。

股权,并到工商行政管理局办理了相应的工商变更登记手续(见图4-3)。

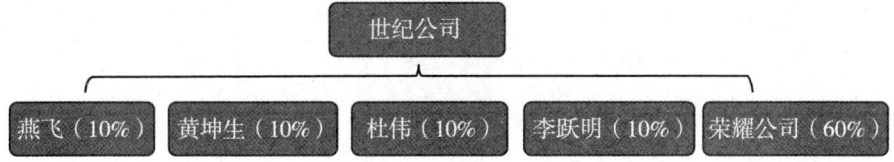

图4-3 冒名转让后股权结构示意

2003年12月17日,5位被告与5位第三人分别签订了5份《股权转让协议》,约定5位被告将其在世纪公司的股份转让给5位第三人。同日,5位被告与5位第三人及市政公司三方又共同签订一份《补充协议》,约定5位被告将世纪公司总计80%的股权分别转让给5位第三人(分别为孙建源占40%、王国强占10%、蒋德斌占10%、尤春伟占10%、忻健占10%),转让款为4000万元,付款义务由市政公司代为履行。

在签订协议前,第三人孙建源等到工商管理部门核实,5位被告确实拥有世纪公司全部股份。

同年12月29日,合同当事人办理了工商变更登记手续,变更后的世纪公司的股权组成为被告荣耀公司持有20%股份,5位第三人持有80%股份,由第三人孙建源担任世纪公司的法定代表人。

同年12月18日,市政公司代5位第三人向被告荣耀公司支付股权转让款1500万元;2004年1月7日、12日,市政公司代5位第三人向被告荣耀公司支付股权转让款200万元(见图4-4)。

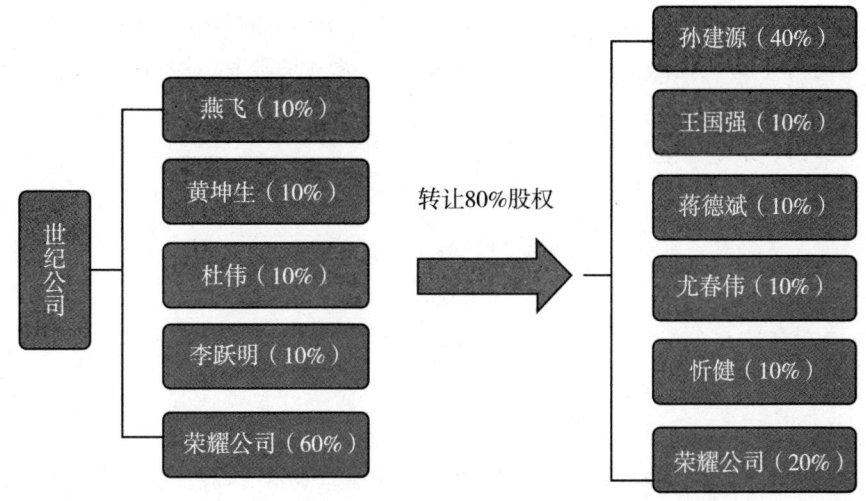

图4-4 股权转让后股权结构示意

2004年3月9日,原告崔海龙、原告俞成林得知其二人的股权被转让,认为《股东会决议》《股权转让协议》上的签名不是本人书写,而是他人假冒。遂于同年3月18日、23日分别向工商行政管理局提出申请,以其股份被非法转让为由,请求撤销股东变更登记,并恢复原登记事项。

工商行政管理局受理了申请,并委托检察院进行笔迹鉴定,鉴定结论为签名不是由本人签署,而是他人模仿。

2007年8月3日,人民法院对人民检察院提起公诉的燕陵如(燕陵如系世纪公司原法定代表人)犯诈骗罪、伪造国家机关证件罪一案作出判决,认定事实如下:

2003年9月间,被告荣耀公司副总经理被告杜伟、经理被告燕飞在燕陵如的授意下,指使本公司职员戴鲁军模仿了原告崔海龙、原告俞成林的笔迹,分别在燕陵如提供的世纪公司假《股东会决议》和假《股权转让协议》上签名。后燕陵如又谎称原告崔海龙、原告俞成林已同意股权转让,分别让第三人李跃明、第三人黄坤生及被告杜伟、被告燕飞在上述戴鲁军已冒名签字的假《股东会决议》、假《股权转让协议》上签字,将原告崔海龙、原告俞成林在世纪公司60%的股权分别转让给被告荣耀公司、原告燕飞等四人。后燕陵如又指使被告杜伟等人办理了世纪公司营业执照的遗失启事,骗取了工商部门的股东变更登记,并将世纪公司的法定代表人变更为燕陵如。上述判决已经生效。

原告诉称:

根据人民检察院进行笔迹鉴定结论以及人民法院对人民检察院提起公诉的燕陵如(燕陵如系世纪公司原法定代表人)犯诈骗罪、伪造国家机关证件罪一案作出的判决,5位被告假冒原告签名擅自转让了原告的股权,并将股权再次转让给5位第三人,系无权处分行为。

被告均未作答辩。

第三人均述称:

第三人系善意取得股权,股权转让协议合法有效。

律师观点:

5位第三人受让5位被告的股权可以适用善意取得制度,涉及的《股权转让协议》应当认定有效。

1.5位被告不具备对本案系争股权的处分权。

(1)本案争议的股权属于原告崔海龙、原告俞成林所有,转让给5位被告必须得到原告崔海龙、原告俞成林的同意。但从本案5位第三人所举证据来看,并没有原告崔海龙、原告俞成林同意股权转让的证据。原告崔海龙出具给世纪公司原法定代表人燕陵如的回函,只能证明双方曾经就股权转让事宜进行过协商,并不能表明原告崔海龙已经同意股权转让。原告崔海龙接受被告荣耀公司的汇款400万元,由于汇款没有注明用途,不能据此推定汇款是股权转让款,更不能据此认定原告崔海龙与5位被告之间的《股权转让协议》已经得到履行。

(2)原告崔海龙、原告俞成林转让股权的《股东会决议》以及《股权转让协议》,均非本人签名,其本身证明了《股东会决议》和《股权转让协议》不是原告崔海龙、原告俞成林的真实意思表示。因此,不能认定5位被告对本案争议的股权享有处分权。

2. 第三人履行了谨慎调查义务,且支付了合理对价,实际取得了股东权利。

(1)5位第三人受让5位被告转让的股权时,并不明知转让的股权中有部分股权实际属于原告崔海龙和原告俞成林,是善意第三人。

在股权转让前,5位第三人还到工商管理部门调查,证实世纪公司的股东就是5位被告,其已尽到谨慎注意义务。

同时,工商行政部门的登记具有公信力,公示性最强。从权利外观而言,5位第三人有理由相信本案争议股权的所有人就是5位被告。

(2)5位第三人通过交换取得股权,支付了合理对价。

(3)5位第三人在工商部门办理了相关股权变更手续,此后又实际行使股东权利。在5位第三人行使股东权利的过程中,世纪公司的经营情况已经发生了重大变化,即使5位第三人返还股权,原告崔海龙、俞成林所获权益与其所受侵害亦不对等。

综上,原告崔海龙、原告俞成林与5位被告之间的《股权转让协议》以及相应的《股东会决议》,因为未经原告崔海龙、原告俞成林认可,依法应当认定合同与决议均不成立,对当事人没有约束力。由于合同与决议均尚未成立,故无须再确定其法律效力,5位被告转让原告崔海龙、原告俞成林所有的股权属于无权处分的行为。但是5位被告与5位第三人之间的《股权转让协议》是双方当事人的真实意思表示,且5位第三人属于善意第三人。因此,原告崔海龙、原告俞成林要求确认5位被告与5位第三人之间的《股权转让协议》无效,以及要求恢复其股东身份的诉讼请求,因为股份已经转让于善意第三人之手而不能得到支持。

法院判决:

驳回原告崔海龙、原告俞成林的诉讼请求。

【案例96】受让人为同事兼同学　无法善意取得股东资格[1]

原告：张梦寒

被告：闫振宇、魏双智

诉讼请求：请求确认二被告所签订的股权转让协议无效。

争议焦点：

离婚前，丈夫未征得妻子同意，将公司股权转让给同学，受让方是否善意取得，股权转让协议是否有效。

基本案情：

2005年5月16日，原告与被告闫振宇登记结婚。

婚后，二被告与他人出资成立五环公司，其中被告闫振宇享有33%的股权。

被告闫振宇与原告夫妻发生矛盾后，被告闫振宇与被告魏双智签订股权转让协议，约定被告闫振宇将其持有的五环公司660万元股份（占注册资本的33%）转让给被告魏双智，并在工商局办理了股东变更登记手续。

被告魏双智系被告闫振宇的同学、同事，曾参加了被告闫振宇与原告的婚礼。

原告诉称：

被告闫振宇对五环公司的股权应属夫妻共同共有财产，故原告对该部分股权应享有共同处分的权利。但被告闫振宇不仅未征得原告的同意，擅自向被告魏双智无偿转让了该财产，并且还选择的是在向原告提出离婚之前进行转让，同时被告魏双智与被告闫振宇系同学关系，对原告与被告闫振宇的结婚情况是明知的，因此被告闫振宇与被告魏双智很明显是在恶意串通，以股权转让为由提前转移婚内财产，从而达到避免原告在离婚时分得其中一半股权的目的。

被告辩称：

被告认为原告起诉的事实、结婚日期及五环公司在工商部门的变更登记都是事实，没有异议。

原告主张闫振宇、魏双智恶意串通是不成立的：

（1）两被告没有恶意串通的事实，股权转让是公开地向有关部门登记；

（2）两被告的股权转让行为没有损害到原告的利益；

（3）股权转让并非没有对价。

---

[1] 参见北京市大兴区人民法院(2009)大民初字第8009号民事判决书。

被告闫振宇转让股权给被告魏双智的目的是由于其向案外人刘诗嫒、季平、李贵宾借款共计 660 万元作为股本投入五环公司,无现金还款,故将股权转让给被告魏双智,由被告魏双智承担对上述 3 名案外人的还款义务。

被告提交以下证据予以证明:

借款凭证(被告未提供原件)、被告闫振宇与被告魏双智分别与案外人李贵宾、季平、刘诗嫒的协议书等。

律师观点:

1. 关于被告闫振宇提交的借款凭证,由于未提供原件,难以得到法院确认。

2. 被告利用借款对公司出资证据不充分。

被告提交的与案外人李贵宾、季平、刘诗嫒签订的协议书,原告虽否认其真实性,但未提出司法鉴定,故法院对其真实性予以确认,但被告提交的证据缺乏借款款项往来凭证等证据,在原告存有异议的情况下,不能仅以部分证据确定被告闫振宇对外借款的事实;且五环公司登记的出资股东为被告闫振宇,即使被告闫振宇对外借款事实成立,亦是出借人与被告闫振宇之间的债权债务关系,该事实并不能改变该股权为夫妻共同财产的性质。

3. 被告闫振宇对五环公司享有的股权为夫妻共同财产。

被告闫振宇原持有的五环公司股权,系在其与原告婚姻关系存续期间通过投资方式取得的,该股权应推定为被告闫振宇与原告的夫妻共同财产。

夫妻共同共有的财产,未经夫妻双方同意,任何一方不得私自处分。现被告闫振宇未经原告同意,且在其与原告夫妻关系产生矛盾的情况下,擅自将其持有的五环公司 660 万元(占注册资本 33%)的股权转让给被告魏双智,严重侵犯了原告的合法权益,其行为应属无权处分行为。

4. 被告魏双智与被告闫振宇系同学、同事,非善意第三人。

被告魏双智曾是被告闫振宇的同学,现与被告闫振宇系同事关系,并曾同为五环公司的股东。基于双方之间的密切关系,被告魏双智在与被告闫振宇签订股权转让协议前,应明知被告闫振宇与原告之间夫妻关系恶化的事实。在被告魏双智明知上述事实的情况下,仍与被告闫振宇签订股权转让协议,足以证明被告闫振宇、被告魏双智在协议订立时的主观状态并非善意,属于恶意转移财产的行为。且被告魏双智亦认可其尚未支付相应对价,故被告魏双智受让闫振宇股权的行为,不能构成善意取得。

综上,被告闫振宇与被告魏双智于 2008 年 3 月 7 日签订的股权转让协议应属无效。

法院判决：

确认被告闫振宇与被告魏双智所签订的股权转让协议无效。

三、确认股东资格的基本条件

217. 确认股东资格的条件有哪些？

股东资格确认的条件包括形式条件和实质条件。实质条件是以出资为取得股东资格的必要要件，形式条件是对股东出资的记载和证明，是实质条件的外在表现。

形式条件，又称形式证据，是指根据某一当事人所具有的外观形式来确认其是否为公司股东，主要包括公司章程、股东名册、工商登记。

实质条件，又称实质证据，是指根据某一当事人的真实意思表示看其是否具有成为公司股东的主观愿望，主要包括出资设立协议、实际出资、出资证明书、实际享有股东权利。

正常情况下，一个规范的、有效的、无争议的股东应同时具备股东资格确认的形式条件和实质条件，并且这两者之间是统一的，不存在矛盾和记载有误的情形。

218. 形式条件和实质条件在确认股东资格时的效力如何？

(1) 形式条件在确认股东资格时的效力

形式条件的功能主要是对外的，目的是为了使交易相对人便于辨识和判断。在解决公司、股东与公司以外第三人之间的争议时，形式条件的证明力要比实质条件更有意义。其中，公司登记机关的登记公示性最强，其次公司章程，最后为股东名册。

(2) 实质条件在确认股东资格时的效力

实质条件在确认股东资格时的功能主要是对内的，用于确定公司内部的权利义务。在解决股东之间、公司与股东之间的争议时，实质条件对于股东资格认定的证明力优于形式条件。其中，签署公司章程的效力最强。

219. 确认股东资格的条件之间发生冲突时应如何解决？

基本思路是双重标准，内外有别。

(1) 在处理公司内部关系引发的纠纷时，应以实质条件为准确认股东资格。即主要应遵循契约自由、意思自治的原则。只要股东与股东之间或股东与公司之间达成约定，只要该约定不违反法律法规的强制性规定，就应对双方之间具有约束力，如股东会决议、签署公司章程、实际享有股东权利等。

（2）在处理公司外部关系时，应遵循公示主义原则和外观主义原则，维护交易安全，保护善意第三人利益，此时应以形式条件为准确认股东资格，如工商登记、公司章程、股东名册的记载等。

220. 如何判定确权请求人是否具备股东资格？请求人民法院确认其股东资格的，应当证明哪些事实？

股东身份的确定应以公司章程、股东名册记载或者工商登记为认定依据。如未予记载，但有确切证据证明其他人实际行使了股东权利，即实际出资并参与公司管理且被其他股东认可其身份，也可确认其股东身份。但鉴于实际出资不是取得股东资格的决定性条件，故仅凭此事实不足以证明其股东资格，尚需结合其他情况综合认定，如公司是否曾向确权请求人分红，公司其他股东是否认可其股东身份，确权请求人是否以股东身份实际参与公司经营管理。

当事人之间对股权归属发生争议，一方请求人民法院确认其股东资格的，应当证明以下事实之一：

（1）已经依法向公司出资或者认缴出资，且不违反法律法规强制性规定，即效力性强制性规定。效力性强制性规定包含两种情况：

①第一种是法律、法规规定违反该规定，将导致合同无效或不成立的；

②第二种是法律、法规虽然没有规定"违反其规定，将导致合同无效或不成立"，但违反该规定若使合同继续有效将损害国家利益和社会公共利益的。

（2）已经受让或者以其他形式继受公司股权，如股权赠与协议、股权继承、公司合并、法院判决书等形式，且不违反法律法规强制性规定。

也就是说，当事人提供的证据系取得股权的实质性证据，即通过出资或受让的方式取得股权，且该证据不违反法律法规强制性规定。

221. 实际出资人取得股东资格是否需要遵循《公司法》有关股权转让优先购买权规定，即必须经过其他股东过半数同意？

不适用优先购买权。

确权诉讼中有一项重要的规则，即公司其他股东过半数同意。这一意思表示包括同意转让与放弃优先购买权双重意思表示。当其他股东过半数同意时，此时其并没有优先购买权，不能行使优先购买权；未达到其他股东过半数同意，此时不存在优先购买权问题。

222. 股东资格得到法院判决确认后，可否主张已分配或未分配的利润？可否撤销股东会决议或主张股东会决议无效？

对此应区分情况而定：

(1)可以主张的权利如下：

①知情权,股东对被确权前的公司事务享有知情权。

②利润分配请求权,股东有权请求分配确认股东资格之前的未分配利润。

(2)不得主张的权利如下：

主张已生效决议无效。如果无法确定的无效或撤销情形的,为了维护公司内外部法律关系的稳定和交易安全,应当认定该决议有效,确权股东不得以自己未表决而主张无效或撤销。

(3)需要注意的是,股东资格经确认后,确权之前已分配的投资收益应区分不同情况对待：

①公司无过错的情况下向名义股东分配投资收益的。

实际出资人经确认享有股东资格的,在其成为公司股东之前,公司已向名义股东分配投资收益的,则实际出资人可依代持股协议向名义股东主张投资收益,但不得向公司主张。

②由于公司过失分配给非权利人的。

经诉讼确认股东资格的,在确认之前,公司已将利润分配给错误记载的股东的,如果是公司登记错误而造成的,则该确认股东可以向公司主张已分配收益。

③由于权利人过失分配给非权利人的。

经诉讼确认股东资格的,在确认之前,公司已将利润分配给错误记载的股东的,如果是由于该权利人的错误而造成的,则该确认股东不可以向公司主张已分配收益,但可以不当得利向他人追索。

四、公司章程的证据效力

223. 公司章程进行工商登记有何法律效力？其与未登记的公司章程在效力上有何区别？

公司章程一旦进行工商变更登记,即对第三人产生对抗效力,即可视为第三人明确知晓公司章程中所约定的内容。

根据工商登记赋予章程的对抗效力,在公司章程对非公司股东的善意第三人发生法律效力时,应当以签订在前并经过工商登记的章程为准;如果由于不同章程所引发的纠纷仅发生在公司股东内部,或非公司股东的第三人对签订在后的章程内容是明知或应当知道时,应适用最后签订的公司章程的约定;如果不同内容的章程签订时间相同,以工商登记的为准。

224. 未被记载于公司章程是否一定不具有股东资格？

不是。

虽然章程对股东资格确认具有决定性的作用,但如果未被公司章程记载并不代表不具有股东资格。因为实践中存在错误记载、股东变更后未及时修改公司章程、公司章程记载与公司登记备案不一致、实际出资人与名义股东等情形。因此,不能仅以是否记载于公司章程作为确认股东资格的唯一依据。

当然,未被记载的股东如欲确认其股东身份,需要提交证据以证明自己的股东资格,如代持股协议、参与并签署的股东会决议、出资证明书等,否则将承担不利的后果。

225. 公司设立协议对股东资格确认有何效力?

公司设立协议中记载的股东及其出资是证明其股东资格的文件之一,能够证明当事人在公司设立时具有成为股东的意思表示。但是,设立协议的证明效力较低,一是《公司法》并不要求公司设立时必须订立公司设立协议,二是设立协议的效力范围和效力期间是有限的。因此,以设立协议作为认定股东资格的证据的,应当与其他证据结合起来认定。①

226. 公司章程关于股权激励对象离职后,由其他股东或公司回购其股权的约定是否有效?

有效。公司章程作为公司股东自由意思表示,对股东具有约束力。如公司章程对股东离职后的股权处理进行了约定,则应当依照约定处理该事宜。

但是需要注意的是,该种约定之所以有效,是基于股权激励等特殊情况。一般情况下,公司章程不能肆意限制股东自由转让的权利。

【案例97】章程限定离职退股　法院判决约定有效②

原告: 上海某公司

被告: 周某

诉讼请求: 确认被告自2002年5月起不再是原告单位股东。

争议焦点: 公司章程约定股东与公司劳动合同关系终止时丧失股东资格是否有效。

基本案情:

1999年1月,原告单位改制为股份合作制企业,被告作为职工个人入股。

---

① 沈富强:《股东股权法律实务——股东资格与责任》,立信会计出版社2006年版,第148~149页。

② 参见上海市宝山区人民法院(2009)宝民二(商)初字第29号民事判决书。

1999年6月18日,原告全体股东制定了公司章程,该章程约定了股份合作制企业设立后,股东所持股份不得退股,但职工股东调出或辞职的,股东资格自动丧失,并可以委托董事会办理股份转让或退股手续。

原告诉称:

2002年4月被告与原告解除劳动合同,并于原告处办理了退股手续、领取了退股金,但其始终未办理工商登记材料中的股东变更手续。

被告辩称:

从工商登记来看,被告仍然是原告股东。公司章程约定员工离职后即不是公司股东侵犯了被告的股东权利,属于无效的约定。

律师观点:

原告公司章程由各股东签字,真实有效,未违反法律的相关规定,对各股东均具有约束力,应予以确认。原告作为股份合作制企业是兼有合作制与股份制两种经济形态特点、实行劳动合作和资本合作相结合的一种经济组织形式。股份合作制企业职工既是在企业工作的劳动者,又是企业的股东,具有双重身份。职工作为企业股东的身份与职工本人在企业劳动紧密联系在一起。现原、被告双方均确认被告于2002年4月离开原告公司,被告离开原告公司后已不再具有企业劳动者的身份,相应也不再享有企业股东的资格。原告的诉讼请求应当予以支持。

法院判决:

判决被告自2002年5月起不再是原告的股东。

【案例98】未履行股权激励所附条件 获赠股份应相应退还[①]

原告: 柴国生

被告: 李正辉

诉讼请求:

1. 判令被告返还原告赠与的522万股雪莱特公司股份;

2. 判令被告赔偿经济损失17,812,080.45元(上述两项诉讼请求合计金额为108,446,502.55元)。

争议焦点:

1. 原被告之间是否有股份赠与关系,如有,被告是否全面履行了附条件赠与的义务,即是否为原告提供了5年的服务,原告未提供5年的服务是因为自愿离

[①] 参见最高人民法院(2009)民二终字第43号民事判决书。

职还是被雪莱特公司辞退；

2. 被告是否应当返还原告赠与的全部雪莱特股份；

3. 如何理解《股份受赠承诺书》中关于赔偿金额计算条件"受赠股份已经上市流通"，如何确定赔偿金额。

基本案情：

原告为雪莱特公司控股股东、董事长。被告2000年进入公司，先担任原告的助理，2001年起任公司副总经理，专门负责销售。

2002年12月，为激励高管，原告自愿将名下的38万股公司股份无偿赠送给时任公司副总经理的被告，双方签订的《关于股份出让的有关规定》载明被告自2003年1月1日起在雪莱特公司服务时间需满5年，若中途退出，以原值除以服务年限支付股份。这部分股份占当时总股本的3.8%，后来在雪莱特公司上市及送股后已增至522万股。

2004年7月15日，原告还以"股份赠与"的方式，将名下的占雪莱特公司0.7%的股份（折合现股票96万股）赠与被告。被告则承诺当天起5年内，不能以任何理由从公司主动离职，否则将按约定向原告给予经济赔偿，即按被告签署的《股份受赠承诺书》中所承诺：本人离职之日，如果受赠股份未上市流通，赔偿金额＝受赠股份数×公司最近一期经审计的每股净资产值；本人离职之日，如果受赠股份已上市流通，赔偿金额＝受赠股份数×离职之日雪莱特公司股票交易收盘价。

原告诉称：

2007年8月25日，被告以个人身体状况、上班带来巨大压力等原因，向公司提出辞去公司董事及副总经理职务。因被告未履行双方签订的《关于股份出让的有关规定》，原告于2007年9月29日将被告诉至法庭。

被告辩称：

1. 被告不是自愿离职，因此不构成对《关于股份出让的有关规定》的违反；

2. 3.8%的雪莱特公司股票不是原告赠与被告的，被告已经向原告支付了股份转让款106.4万元，因此，不存在返还原告股份的问题。

一审认为：

关于被告是否自愿离职的问题上，被告为证明自己不是自愿离职，于2007年11月23日，向南海区劳动争议仲裁委员会申请仲裁，要求雪莱特公司支付经济补偿及董事津贴，后该请求被驳回。

在3.8%的雪莱特公司股票是否为赠与的问题上，虽然雪莱特公司提供了

《关于股份出让的有关规定》等相关材料证明,但是这些材料并未证明原告赠送被告股份。原告还提交了其他员工接受他赠送股份的证据,但这并不能证明与被告有赠送关系。

被告未在雪莱特公司服务满5年而主动辞职,违反了原被告之间签订的《股份赠与协议》,被告应对原告作出相应的赔偿。

一审判决:

1. 驳回原告要求被告返还522万股雪莱特公司股份的诉讼请求;

2. 以2007年8月28日的该股票收盘价20.05元/股为计赔依据,判令被告赔偿原告1929.40万元。

原告、被告均不服一审判决,向上一级人民法院提起上诉。

原告上诉称:

2002年10月30日,原告与被告签订的《关于股份出让的有关规定》确定了被告必须为原告服务满5年的附条件赠与关系。该《关于股份出让的有关规定》是双方的真实意思表示,合法有效,被告违反上述规定应当承担违约责任。因此请求撤销一审判决第一项,改判被告返还原告其持有的雪莱特公司股票522万股。

被告上诉称:

变更一审判决第二项,改判为被告赔偿原告1,678,669.12元。

律师观点:

1. 原、被告之间是股份赠与关系。

原、被告之间签订的《关于股份出让的有关规定》是双方的真实意思表示,合法有效。被告在一审期间向法院陈述其向原告支付了股份转让款106.4万元,认为这笔股份转让是有偿的,但原告并未提供证据证明其曾经支付过这笔费用,因此对其有偿转让股票的说法不应予以认定。

2. 被告只需退还原告所赠的雪莱特公司股份。

对于原告要求被告返还全部赠与的请求,由于被告已经履行了赠与所附条件约定的大部分服务时间之义务,要求全部返还赠与不合理。被告未完全履行赠与所附条件,应相应退还原告所赠雪莱特公司股份。

由于被告辞职时离"工作5年之限"还差4个月,据此其须向原告相应返还34.83万股雪莱特公司股份。

3. "受赠股份已经上市流通"系指公司股份上市流通。

被告认为"受赠股份已经上市流通"系指其所持有的受赠股份可以在证券交

易所上市交易。原告认为"受赠股份已经上市流通"系指公司股份上市流通。按照一般的经济生活习惯,在公司未上市时,公司净资产价值是公司股份价格的最直接参考标准,在公司上市后,公司股票价值是公司股份价格的最直接参考标准。因此,应采纳原告的观点,即"受赠股份已经上市流通"系指公司股份上市流通,被告向原告赠与的 0.7% 股份,以雪莱特公司股票收盘价 20.05 元/股为依据计算,被告应赔偿的具体数额为 1929.40 万元。

综上,原告和被告之间关于 3.8% 和 0.7% 雪莱特公司股份的约定确定了附条件的赠与民事法律关系,该民事法律关系是双方当事人的真实意思表示,不违反法律、法规的禁止性规定,合法有效。根据《合同法》第 192 条和当事人之间的约定,被告未完全履行赠与所附条件,应相应退还原告所赠雪莱特公司的股份及按其承诺对原告作出经济赔偿,应退还的股份数为 348,259 股,应赔偿金额为 1929.40 万元。

二审判决:

1. 维持一审判决第二项;

2. 变更一审判决第一项为:被告向原告退还雪莱特公司股份 348,295 股,并于判决生效之日起 10 日内协助办理股份过户变更登记手续。

五、工商登记的证据效力

227. 工商登记文件的记载对股东资格确认有何效力?

工商登记文件的记载具有公示公信效力,在处理公司与外部人的关系时,通常情况下应以工商备案的文件为准,该文件效力优于其他证据,以有效保护工商登记材料的公示效力和第三人的合法权益。对于公司股东内部而言,工商登记文件不应成为认定股东资格的充分条件,公司股东内部就股东资格产生争议的,应以公司股东之间实际签署的章程或其他协议载明的内容为准。

【案例99】工商登记文件不是确认股东资格及股东权利义务的唯一证据

原告: 国融公司

被告: 腾逸公司

诉讼请求:

1. 判令被告提供公司账簿供原告查阅;

2. 判令被告分配公司盈余红利 2000 万元。

争议焦点：

原告国融担保公司是否具备被告腾逸公司的股东资格。

基本案情：

2009年10月前后，被告因开发六安市"水岸茗城"房地产项目需要融资，始与原告磋商相关融资事宜。2009年10月26日，原、被告双方达成《协议》，约定自协议签订之日起7日内，被告将其股东价值2000万元的10%的公司股权转让给原告，被告公司的盈利、亏损与原告公司无关，原告国融担保公司享有除不参与经营管理外的2000万元的收益。具体支付方式为以"水岸茗城"项目10,000平方米左右房产进行折抵。一期开盘工程中的约5600平方米房产支付后，待第二周期融资4000万元到达被告指定账户后，被告按二期工程实际开盘价付清剩余房款。

2010年2月6日，双方签订《补充协议》，约定如4000万元后续融资未到位，原告将退还被告公司10%股权，另外退还第一期开盘多支付18%的融资报酬。

2010年3月5日，双方签订《协议(02)》。该协议约定，为开发"水岸茗城"项目，被告法定代表人滕安保个人向合肥家兵物流有限公司借款2300万元(分1500万元和800万元两笔)，由原告提供保证，被告及安徽兴昌防水节能建材有限公司等为滕安保的借款提供反担保。该协议还约定如原告支持被告1500万元资金到位，并办理好"水岸茗城"项目土地证原件正副本后，若被告不能将土地证原件正副本交给原告保管及融资抵押使用，则被告的行为视为违约，应支付原告违约金500万元。

2010年5月16日，经过被告全体股东共同决议，被告股东滕安保将其持有的10%的股权转让给原告，被告其余股东放弃优先购买权。同日，被告的公司章程也进行了修正，重新确认了各股东的持股比例，即滕安保占40%、钟玉勤占30%、吴更生占20%、原告占10%。被告并向工商管理部门申请将原告登记为其股东。

2010年5月25日，原告与被告、滕安保、钟玉勤、吴更生就前述2009年10月26日的协议签订《补充协议书》。该补充协议确认被告通过原告的担保获得了2300万元的第一批建设资金，滕安保愿意无偿赠与其持有的被告10%股权，原告持有的股权以"水岸茗城"项目价值2000万元房屋予以兑现。

2010年12月，因被告未按照双方2010年3月5日协议的约定，将办理好的土地证交付原告保管，原告另案诉至安徽省淮南市中级人民法院，要求被告公司支付500万元违约金。安徽省淮南市中级人民法院于2011年5月20日作出(2011)淮民二初字第00005号民事判决，判令腾逸置业公司支付国融担保公司违约金388万元。腾逸置业公司不服,向安徽省高级人民法院提起上诉。安徽省高级人民法院于2012年6月5日作出(2011)皖民二终字第00187号民事判决,判令腾逸置业公司支付国融担保公司违约金300万元。

2011年3月,原告在借款到期后,作为保证人代被告偿还了合肥家兵物流有限公司2300万元。2011年4月,原告向安徽省淮南市中级人民法院起诉,请求被告偿还2300万元及代为还款之后产生的利息。2011年8月24日,双方达成调解协议,确认在该次诉讼期间被告偿还原告2500万元,另外被告于2011年9月再支付原告100万元。

原告与被告未开展曾约定的4000万元融资业务。

2012年9月,原告另案向安徽省淮南市中级人民法院起诉,请求判令被告支付2000万元(庭审时国融担保公司明确2000万元是以10%股权价值衡量的融资收益,是股权对价,折价方式按合同约定,房产不足则支付货币)。2013年5月23日,安徽省淮南市中级人民法院作出(2012)淮民二初字第00040号民事判决,判令被告给付六安市"水岸茗城"房地产项目中价值760万元的房产,不足部分支付现金。双方均不服上述判决,向安徽省高级人民法院提起上诉。安徽省高级人民法院作出(2013)皖民二终字第00432号民事判决,判令被告给付原告六安市"水岸茗城"房地产项目中价值460万元的房产,不足部分支付现金。同时该判决认定,2009年10月26日《协议》虽约定被告股东将被告公司10%股权转让给原告,但综合双方当事人数份协议约定的内容,结合双方当事人庭审中的陈述,该10%股权应理解成系被告为价值2000万元房产向原告提供的担保。

原告诉称:

2010年5月12日,经被告公司股东共同决议同意,并办理工商变更登记,原告从该日起成为被告的合法股东,持有被告10%股权。

被告辩称:

涉案的10%股权的实质是为原告获得价值2000万元房产的融资报酬提供的担保,原告实际并不享有10%的股权。在约定融资事项完成、融资报酬支付后,该10%股权应当无偿返还。

一审认为:

工商登记资料显示,国融担保公司持有腾逸置业公司10%的股权,但工商登记仅是一种证权性登记,仅具有对抗善意第三人宣示的证权功能,其本身没有创设股东资格的效力。被告对原告的股东资格提出异议,法院应着重从认定股东资格的实质要件角度综合判断。原告在持有被告的股权后从未行使过股东权利,也未承担过股东义务,亦未参与过腾逸置业公司的经营管理,表明国融担保公司并没有成为腾逸置业公司股东的真实意思表示。同时,结合股权转让的原因及本案的背景情况分析,被告的10%股权登记在原告名下,实为被告为价值2000万元房产向原告提供的担保。该观点亦经安徽省高级人民法院(2013)皖民二终字第00432号民事判决的认定。原告已经就2000万元房产问题诉至法院,并经生效判决作出处理,现原告再次以案涉10%股权提出诉讼没有事实和法律依据。

一审判决:

驳回原告的诉讼请求。

原告上诉称:

原告未行使股东权利,是被告违反公司法的规定所致,也是本案的起因。股东的义务主要是出资,原告已经履行出资义务。是否参与公司经营,是股东各方协商的结果。法律未规定股东必须参与经营才具有股东资格。一审认定原告从未行使股东权利、履行股东义务,未参与公司的经营管理,进而推断其无成为被告股东的真实意思表示,与事实不符。因此请求撤销一审判决,依法改判或发回重审。

被告二审辩称:

一审判决认定原告不具有股东资格正确,请求驳回上诉。

律师观点:

工商登记文件具有公示公信效力,但不是确认股东资格及股东权利义务的唯一证据。在公司内部,公司与股东之间或股东与股东之间就股权的取得、持有及股东权利的行使另有约定的,应以约定载明的内容为准。对于股东资格的认定,应结合形式要件和实质要件综合判断。有限责任公司的股东资格的确认,应当根据出资数额、公司章程、股东名册、出资证明书、工商登记、行使股东权利、参与公司决策等多种因素综合审查确定,其中签署公司章程、股东名册、工商登记等是确认股东资格的形式要件,出资、行使股东权利、参与公司重大决策等是确认股东资格的实质要件。上述要件必须综合起来分析,并充分考虑当事人实施民事行为的真实意思表示来判断股东资格具有与否,具有某种特征并不意味着股东资格的必然成立。

本案中,原告虽然根据合同约定受让被告10%股权,登记为公司股东,但双方同时约定原告并不参与被告的经营管理,被告公司的盈利、亏损与原告无关,原告享有的是除不参与经营管理外的2000万元的收益,原告既不能行使股东权利,也不承担被告经营风险,且被告用价值2000万元房屋抵付完成后,原告应按月无偿返还该 10% 股权。故原告受让的股权仅系 2000 万元收益的担保,而非实际享有被告的股东权利。因此,原告不具备被告的股东资格。

二审判决:

驳回上诉,维持原判。

228. 未被记载于工商登记文件,是否一定不具备股东资格?

不是。

工商登记的优先适用效力是相对的。因为工商登记也会存在错误记载或漏载的情况,或者公司未及时办理变更登记等,如果有其他实质证据也可以推翻工商登记事项,否认工商登记所载股东的资格。

在不损害善意第三人利益的前提下,或者甚至是为了维护善意第三人的利益,或者第三人在主观上是恶意的,则此时其他有形式条件或实质条件的当事人可以向公司提出变更登记或未登记也可对抗恶意第三人。

【案例100】实质证据推翻工商登记　股权比例重新确认[①]

原告: 董学佳

被告: 孙宇

第三人: 智大建筑装饰公司

诉讼请求: 判令确认原告持有第三人 50% 的股权。

争议焦点:

1. 工商登记的章程、验资报告记载的出资比例和出资额与实际不符,如何认定实际股东的股权比例;

2. 因垫资引发的出资瑕疵是否影响股权比例的确认。

基本案情:

2004 年 3 月,原告与被告拟设立第三人,由被告负责公司的注册登记,被告即委托他人办理垫资和验资手续。工商登记的公司章程第 9 条载明:公司股东 2 名,被告认缴出资金额 90 万元,占注册资本的 90%,原告认缴出资金额 10 万元,占注册资本的 10%。第三人设立时的验资报告显示,以原告名义投入验资账户现金 10 万元,以被告名义投入验资账户现金 90 万元。被告任公司法定代表人。

原告诉称:

事实上,公司股权结构并非如章程所载,实际股权结构为原告与被告各持有

---

① 参见上海市第一中级人民法院(2009)沪一中民三(商)终字第 206 号民事判决书。

50%股权。

原告为证明其观点,提交证据如下:

1. 2005年2月4日的第三人公司利润分配明细说明,证明第三人公司根据股东投资额平均分配利润。

2. 2006年股东分红方案载明,股东会议决定按股东股份比例各占50%分红。证明原、被告按上述内容取得了相应红利。

3. 被告在2007年9月20日公安机关对其的询问笔录中确认公司工商登记被告占90%股份,原告占10%股份是为了公司成立的需要;确认由招商办代验资、代注册登记的事实;确认公司成立后至今其与原告各自投资15万元的事实;确认其与原告在数次盈余分配中各按50%比例分红的事实。

4. 第三人总经理高新华在2007年9月20日公安机关对其的询问笔录中亦确认公司注册资金是南汇工业园区垫资以及公司两名股东没有实际出资的事实。

被告辩称:

1. 股东出资需要有一个合法有效的出资依据,不能简单以公司股东代验资及公司股份分红为依据来认定股东出资,应根据股东双方认可的公司章程予以确认。

2. 原告董学佳出资事实的证据明显不足。被告对原告董学佳提供的公安机关询问笔录的内容合法性和来源合法性提出异议,且认为分红比例不能作为出资比例认定。

第三人同意被告的答辩意见。

律师观点:

工商登记文件不是确认股东资格的唯一依据,若有证据证明登记事项与客观事实不符的,应按照查明的客观事实作出认定。

股东在公司成立时签订的公司章程对股东的出资比例、股权分配等权利义务作出约定,并对外界予以公示。但是,除公司章程外,股东之间可对股权比例另行作出约定,该约定可在股东之间形成约束。

本案中,用于公司登记注册的章程未经原告签字。原告认为其持有第三人50%的股权,股东被告及公司总经理高新华亦在公安部门的询问笔录中陈述被告与原告各持公司50%的股权,且被告与原告分取公司红利时亦注明按照股权比例各占50%平均分配。故该些证据均可证明被告与原告作为第三人的股东对第三人公司股权作了各半持有的约定。

现被告仅以公司章程等工商登记材料来反驳原告的主张难以成立。被告对公安部门的询问笔录提出异议,但未提供相反证据予以反驳。公司股东有义务按出资比例向公司缴纳出资,对未出资部分应向公司补足。但是衡量股权比例不是依据股东已经出资情况,股东出资瑕疵不影响其股权的享有,故被告被告要求按照被告出资情况确定公司股东的股权比例,无法律依据。

法院判决:

第三人50%的股份属原告所有。

229. 第三人请求股东在出资不实范围内承担责任时,股东能否以工商登记文件非自己签名为由不予履行?

一般情况下不能。

公司的工商登记具有很强的公信力和公示力,被工商登记文件记载的人如无相反的证据证明,一般不能否定其股东资格。第三人也有理由相信工商登记文件中所记载的人具有股东资格,其可以依工商登记文件的记载主张权利。即使有证据证明签名并非自己亲笔而为,第三人亦可请求其履行股东义务。

如果该当事人确系被他人冒用而登记为股东的,则可向人民法院提起股东资格确认诉讼,请求否认其股东资格。

230. 工商备案登记法定代表人与公司内部文件不一致的,以哪一个为准?

工商登记的法定代表人对外具有公示公信效力,如涉及公司以外的第三人因公司代表权而产生的外部争议,应以工商登记为准。对于公司与股东之间因法定代表人任免产生的内部争议,则应以有效的股东会任免决议为准,并在公司内部产生法定代表人变更的法律效果。

【案例101】公司起诉债务人,新任命法定代表人有权代表公司撤诉

原告: 大拇指公司

被告: 中华公司;

诉讼请求: 判令被告履行股东出资义务,缴付增资款4500万元

争议焦点:

1. 原告起诉的意思表示是否真实;
2. 出资责任的问题如何认定。

基本案情:

原告于2004年经福建省人民政府批准,取得了《中华人民共和国外商投资企业批准证书》,企业类型为外国法人独资的有限责任公司。该公司自成立始,公司

的名称、住所、法定代表人、股东名称、投资总额与注册资本等进行了数次变更。2005年9月起至今,该公司股东为被告。2012年12月18日,原告的法定代表人变更登记为洪臻。

2008年6月30日,福建省对外贸易经济合作厅作出批复,同意原告公司投资总额由2.3亿元增至5亿元,注册资本由1.3亿元增至3.8亿元,增资部分应按公司修订章程规定的期限到资,并核准了原告就上述变更事项签订的《补充章程》。《补充章程》就增资款及缴纳时间载明:增资部分全部由被告以等值外汇现金投入,首期缴付不低于20%的新增注册资本,余额在变更营业执照签发之日起两年内缴清。

2008年7月16日,被告向原告缴纳了首期增资款50,560,381元;2009年5月19日,被告向原告缴纳了第二期增资款4,660,940元,至此,原告实收注册资本为185,221,300元。2010年8月18日,原告向福州中院提起另案诉讼,请求判被告先行支付增资款4900万元,福州中院判决支持了原告的诉讼请求,被告不服提起上诉后,福建高院于2011年8月31日作出(2011)闽民终字第446号(以下简称446号案)民事判决,驳回上诉,维持原判。被告于2011年10月31日按照生效判决支付了增资款49,395,110.4元,原告于2012年3月12日办理了营业执照变更登记,变更后,原告的注册资本为3.8亿元,实收资本234,616,431.4元。至2013年7月25日,被告对原告尚有145,383,568.6元的出资款未到位。

2012年5月16日,被告向福州中院起诉原告、田垣、陈斌和潘成土与公司有关的纠纷,提出了确认被告任免原告董事、监事、法定代表人的决议合法有效等诉讼请求。福州中院就该案已于2013年9月17日作出(2012)榕民初字第268号(以下简称268号案)一审判决:(1)确认被告于2012年3月30日作出的《书面决议》和《任免书》有效;(2)原告应于判决生效之日起10日内办理法定代表人、董事长、董事的变更登记和备案手续,将原告的法定代表人、董事长变更为保国武,董事变更为保国武、徐丽雯、宋宽;(3)驳回被告的其他诉讼请求。

2013年5月7日,被告向福州市鼓楼区人民法院(以下简称鼓楼区法院)起诉福建省工商行政管理局和原告,请求撤销原告法定代表人由田垣变更为洪臻的行为及相关行政等级,案号为(2013)鼓行初字第167号(以下简称167号案)。鼓楼区法院于2014年3月20日裁定中止诉讼,理由是该案需以(2012)榕民初字第268号案的审理结果为依据。

2013年6月26日,被告向福州中院起诉孙江榕、洪臻,请求判令两人就擅自将原告法定代表人由田垣变更为洪臻等行为停止侵权、赔礼道歉、消除影响和赔偿损失,案号为(2013)榕民初字第753号(以下简称753号案)。

2012年11月28日和2013年7月10日,保国武以被告法定代表人名义分别向福建省工商行政管理局、福州市鼓楼区对外贸易经济合作局递交《关于大拇指环保科技集团(福建)有限公司减资事宜的申请》。

2013年12月5日,被告向鼓楼区法院起诉福州市鼓楼区对外贸易经济合作局不履行行政批准法定职责,该案已由鼓楼区法院受理。

原告诉称:

原告系由注册于新加坡的被告在中国设立的外商独资企业,2008年6月30日,原告经批准注册资本增至3.8亿元,增资部分分期至2010年8月3日缴清。至2009年5月19日,实收注册资本为185,221,300元,此后被告未再缴纳。2010年8月18日,原告向福州中院提起另案诉讼,要求被告先行支付增资款4900万元,该案判决生效后,被告于2011年10月31日支付了49,395,110.4元,至此,被告实际缴付的出资额为234,616,431.4元,仍欠缴增资款45,383,568.6元。

被告辩称:

被告作为唯一股东已经就原告包括法定代表人、董事在内的管理层进行更换,新任的原告"法定代表人"向法庭作出撤诉的意思表示,因原告实际控制人拒不交出公章,导致新"法定代表人"无法就撤诉申请盖章为由,否定原告提起本案诉讼的意思表示。

一审认为:

在适用中国法律的前提下,工商登记的信息具有公示公信的效力。认定原告法定代表人仍应以工商登记为准,在无证据证明保国武被登记为原告的法定代表人前,其代表原告作出的意思表示不具有法律效力,故不予认可。原告提起诉讼的目的在于请求其唯一股东履行增资所确定的出资义务,被告不予主动履行,反而向有关部门提出减资申请,以抵销原告的请求,被告与原告显然存在利益冲突。在此情况下,原告起诉主张权利,起诉状及授权委托书盖有公司公章,并不违反中国法律规定,亦不能就此否认原告提起本案诉讼系真实意思。因此,被告关于原告起诉没有法律效力的抗辩主张不成立,不予采纳。

被告系新加坡法人,在中国境内设立外商独资企业原告,其作为股东对原告的出资应适用中国法律。原告于2008年经报外商投资企业审批机关福建省对外贸易经济合作厅批准增资,增资的程序合法有效,被告应遵守中国法律按时、足额履行对原告的出资义务。根据查明的事实,被告对原告尚有145,383,568.6元的出资款未到位。被告未履行股东足额缴纳出资的法定义务,侵害了原告的法人财产权，原告有权要求被告履行出资义务，补足出资。就被告出资不足金额，原告在本案中仅主张被告缴纳4500万元，并不违反法律规定，应予支持。

一审判决：

被告应于判决生效之日起10日内向原告缴纳出资款4500万元。

被告上诉称：

保国武为原告合法的现任董事长。原告的起诉状和授权委托书是无权人员盗用公司公章而为，未经合法的法定代表人同意，不能代表原告的真实意思，起诉无效。保国武签署的撤诉申请是原告的真实意思，应予准许。

原告二审辩称：

工商登记载明的原告法定代表人洪臻有权代表原告提起本案诉讼。按照中国现行法律规定，原告新任的法定代表人须经合法登记后，方可行使法定代表人职权，被告司法管理人任命的所谓法定代表人保国武未依法进行变更登记，故不能行使法定代表人职权，亦无权申请撤诉。

律师观点：

1. 关于本案适用法律问题。

本案系涉外股东出资纠纷，依《涉外民事关系法律适用法》规定，"法人及其分支机构民事权利能力、民事行为能力、组织机构、股东权利义务等事项，适用登记地法律"。被告的司法管理人以及清盘人民事权利能力及民事行为能力等事项，应适用新加坡法律；原告提起本案诉讼的意思表示是否真实及股东出资义务等事项，应适用中国法律。

2. 关于原告提起本案诉讼的意思表示是否真实的问题。

原告是被告在中国境内设立的外商独资企业，原告属于一人公司，其内部组织机构包括董事和法定代表人的任免权均由其唯一股东被告享有。

被告进入司法管理程序后，司法管理人作出了变更原告董事及法定代表人的任免决议。根据新加坡公司法227G的相关规定，在司法管理期间内，公司董事基于公司法及公司章程而获得的权力及职责均由司法管理人行使及履行。因此，本案中应当对被告的司法管理人作出的上述决议予以认可。

公司董事会作为股东会的执行机关，有义务执行股东会或公司唯一股东的决议。原告董事会应当根据其唯一股东被告的决议，办理董事及法定代表人的变更登记。

《公司法》规定公司法定代表人变更应当办理变更登记，其意义在于向社会公示公司意志代表权的基本状态。工商登记的法定代表人对外具有公示效力，如果涉及公司以外的第三人因公司代表权而产生的外部争议,应以工商登记为准。而对于公司与股东之间因法定代表人任免产生的内部争议,则应以有效的股东会任免决议为准,并在公司内部产生法定代表人变更的法律效果。因此,被告作为原告的唯一股东,其作出的任命原告法定代表人的决议对原告具有约束力。

本案起诉时,被告已经对原告的法定代表人进行了更换,其新任命的原告法定代表人明确表示反对原告提起本案诉讼。因此,本案起诉不能代表原告的真实意思,应予以驳回。

二审判决:
1. 撤销福建省高级人民法院(2013)闽民初字第43号民事判决;
2. 驳回原告大拇指公司的起诉。

六、股东名册的证据效力[①]

231. 股东名册具有什么法律效力?股东名册的记载对股东资格确认具有何种效力?

股东名册主要记录了公司股东的姓名或名称及出资额,具有很高的效力。主要包括以下三个方面:

(1)证明力。公司法规定记载于股东名册的股东,可以依股东名册主张行使股东权利,据此,可以说明记载于股东名册的人就应认为是公司的股东。

(2)对抗效力。记载于股东名册的人员,可以此来对抗其他股东或公司的不合理要求,如不是公司股东,不享有股东权利。

(3)免责效力。公司只要根据股东名册的记载向股东履行义务,就可以获得免责,而不会承担违反义务的责任。

股东名册的记载对股东资格确认具有如下三种效力:

(1)股东名册上记载的股东通常可确认其股东资格。

根据《公司法》的规定,记载于股东名册的股东,可以依股东名册主张行使股东权利。据此可以推断股东名册的记载具有权利推定力,即虽不是确定股东权利所在的根据,但却是确定谁可以无须举证地主张股东资格的依据,该条实际上赋予了股东名册记载的股东对抗公司的权利。因此,股东名册上记载的股东通常可确认其股东资格。

---

① 有关请求变更登记股东名册的具体内容详见本书第五章股东名册记载纠纷。

（2）有充分的证据可以推翻股东名册的记载。

由于股东名册的记载也只是证明某种权利的存在，并不是通过股东名册的记载来创设出股东资格的，只要反对者能够提供充分的证据证明股东名册上记载的股东不能享有股东权利，其股东资格也会被否定。而且，在实践中由于公司没有或拒不置备股东名册、不及时办理、变更工商登记或登记错误等公司履行义务不当行为，对未被记载于股东名册的股东，并不能因此否认其股东资格。

（3）股东名册的记载仅在公司与股东、股东与股东之间有效。

股东名册属于公司内部经营管理文件，仅对公司内部发生法律效力，是用来解决公司和股东之间的法律关系，而不能用于解决公司和外部第三人之间的法律关系，即对公司以外的第三人不具有任何法律效力。公司以外的第三人不能以股东名册有记载为由，推定记载于股东名册的人是公司股东，进而向其主张权利。①

232. 记载于股东名册的股东是否必然享有股东权利？

根据《公司法》的规定，记载于股东名册的股东，可以依股东名册主张行使股东权利。据此，如果被记载于股东名册，则可依此来行使相应的股东权利。除非有相反的证据推翻股东名册的记载从而否认其股东资格。

233. 签署公司章程并被公司章程记载，但未在股东名册上记载的人，是否具有股东资格？

有。

由于股东名册在很多公司都没有置备，如果有其他证据证明其具备股东资格，即使未记载于股东名册，也应认定其具有股东资格。

234. 股东决议增加注册资本，与第三人签订增资协议并收取股款的，如果公司拒不办理工商变更登记、股东名册变更手续，该第三人能否主张不具有股东资格？

如果公司经第三人催告后始终不进行工商变更登记手续，导致第三人根本无法享有股东权利，则视为增资协议的目的根本不能实现，第三人可以请求解除增资协议、收回股款，其也自然不具备股东资格。

七、实际出资的证据效力

235. 实际出资对股东资格确认有何效力？

出资并不能当然取得股东资格，不出资未必不能获得公司股东资格，要视具

---

① 张海棠主编：《公司法适用与审判实务》，中国法制出版社2009年版，第70页。

体情况而定:

(1)根据我国相关法律的规定,在公司设立阶段,投资者只能处于设立人地位。如果公司设立失败,设立人之间的法律关系属于合伙,自然就不能取得股东资格。设立人的身份是随着公司的成立而转化为公司股东的,如果没有公司法人的成立和存续,股东资格就无从谈起。可见,公司法人的成立和存续是股东资格的必要的前提条件。①

(2)我国《公司法》(2005年修订)规定,有限责任公司成立时缴纳的出资额只要达到公司注册资本的20%,且不低于法定最低注册资本就可,其余部分可由股东自公司成立之日起2年内或5年内缴足。② 根据此规定,假定当时5个股东设立一个注册资本为10万元的有限责任公司,实行分期缴纳。股东们共同约定首次出资额3万元由其中一个股东缴纳,那么,该公司成立时,其余4个股东虽未出资,但在公司成立后,仍然可以取得公司股东资格,而且该4个股东之中很有可能还存在虚假出资的情形。

(3)在继承、受赠及显名股东的情况下,虽然未出资,但同样可以取得公司股东资格。

【案例102】凭借条主张股东身份　不具备实质要求被驳回③

原告: 侯成果

被告: 海燕木业

第三人: 矫立岩、李宜先

诉讼请求: 确认原告为被告的股东。

争议焦点: 原告是否具备股东资格的实质要件,即:

1. 是否履行了出资义务,借条能否证明为投资款;

2. 是否实际参与公司经营管理,行使了股东表决权;

3. 是否享受了股东盈余分配权;

4. 第三人出具的股东资格证明文件是否真实有效。

基本案情:

被告成立于1998年12月21日,公司股东(发起人)名录和公司章程记载,该

---

① 周友苏等:《公司法学理与判例研究》,法律出版社2008年版,第58页。
② 该条已被《公司法》(2013年修正)删除。
③ 参见山东省青岛市中级人民法院(2010)青民二商终字第480号民事判决书。

公司成立时注册资本为50万元，股东为第三人矫立岩、李宜先，出资方式均为货币出资，验资报告载明上述出资已到位。

原告诉称：

原告曾向被告公司投资102万元，并以技术入股，且实际享有股东权利。获得现金200万元分红和实物分红轿车一部，应享有35%的股权。

被告辩称：

原告不是公司的股东，被告公司从成立至今，所有的注册资本均由第三人矫立岩、第三人李宜先投入，股东也只有其二人。被告公司2000年至2008年历年审计报告中均无股东分红的账面显示。原告提交60万元借条和42万元收据，并主张明为借贷、实为出资，但是借条和收据上明确载明款项性质为借款而不是出资。

律师观点：

1. 本案原告是否具备系被告公司股东的形式要件。

从被告公司工商登记信息查询资料看，公司设立登记审核表、公司设立登记申请书、公司股东（发起人）名录、公司章程、验资报告中均无原告出资及股东身份的记载。被告公司三次资本变更登记时的股东会决议和章程修正案中亦无原告出资情况及原告系被告公司股东的记载。且原告称在2007年4月24日被告已认可其股东身份、并取得股权证明时，亦未到工商部门办理登记和变更。因此，原告称其系被告公司股东，但未经被告公司章程、股东名录认可，未经工商登记，原告并不具备被告公司股东的形式要件。

2. 本案原告是否具备被告公司股东的实质要件。

（1）原告并无向被告公司出资的事实。

①被告公司成立于1998年12月21日，其成立时注册资本50万元，经验资已于1998年11月24日到位。原告所提交60万元借条和42万元收据上载明的时间分别为1999年1月2日和1999年3月20日，均在被告公司注册资金到位、公司依法成立之后。且原告自认其资金系被告公司成立后所投，因此，原告并非发起设立被告公司的原始股东，原告所称的102万元也未作为注册资本金投入被告公司。

②原告在起诉状中自认其主张的102万元投资款系投入给棘洪滩木器厂，原告所提交的借条和收据亦均系棘洪滩木器厂在合法存续期间所出具，应当视为原告与案外人棘洪滩木器厂发生的债权债务关系。原告未就棘洪滩木器厂出具的60万元借条与本案被告的关联性提交相关证据予以证明。棘洪滩木器厂与被告公司系两个独立的企业法人，原告据此向被告主张其股东资格，明显不能成立。

原告辩称棘洪滩木器厂被矫立岩收购后,并没有继续经营下去,棘洪滩木器厂的资产实际在被告公司使用,但原告没有就其所称提交证据予以证明,对该意见不应予以采信。退一步讲,即使原告主张被告公司实际使用棘洪滩木器厂的相关资产,也不能据此确认原告在被告公司的股东身份。

③原告所提交60万元借条和42万元收据上均明确载明款项性质为借款而不是出资。且原、被告双方提交的被告公司2001年1月31日其他应付款清查评估明细表中亦载明1999年9月与原告发生的420,000元业务内容为借款。原告主张"名为借款、实为投资",但原告自认其不持有出资证明书、委托持股协议,也未就其与第三人矫立岩有口头合伙约定的主张提交相关证据予以证明。且原告自认被告公司在出具股份证明时未召开过股东会,也未提交相关证据证明两位第三人同意增加其为被告公司股东,两位第三人均不认可原告所称的被告公司股东身份。因此,原告所提交的证据不足以证明其所持有的债权凭证已转化为被告公司的股权。

④对被告提交的40万元还款凭证,原告申请对上面"侯成果"的签名是否其本人所签以及该凭证上的字迹是否同一时间形成进行司法鉴定,但未于指定期限内缴纳相关鉴定费用,视为放弃鉴定申请,应自行承担对其不利的法律后果。而且,该还款凭证与被告公司将该40万元款项以支票转账给青岛环海房地产发展有限公司,用于原告购买该公司所开发商品房的证据之间能够相互印证,证明被告公司已于2001年11月29日还给原告借款40万元。该项事实也表明,原告主张"名为借款,实为出资"不能成立。

⑤原告称其以技术入股,但仅提交了原告的毕业证书及专业技术职务资格证书,所提交的证据不足以证明其主张。根据《公司法》(2005年修订)第27条,"对作为出资的非货币财产应当评估作价",原告未就用于入股的技术名称、评估价值及技术入股协议等提交相关证据加以证明,原告称其以技术入股缺乏事实基础。

综上,原告所提交的证据不足以证明其持有的债权凭证中记载的款项系其在被告公司的入股资金,亦不存在原告以技术在被告公司入股的情形,即原告并无向被告公司出资的事实。

(2)原告未实际享有股东表决权等股东应有的管理权。

原、被告双方均认可原告一直在被告处担任副总经理职务,原告作为被告公司高管之一必然会参与公司部分经营管理事务。区分原告是以公司股东身份还是公司一般高管身份参与公司经营管理,关键在于原告是否行使了股东表决权,即原告是否作为股东参与公司重大决策。关于股东会会议记录,原告自认被告公司开会时原告一直没有签名,即原告未在被告公司的股东会会议记录、股东会决议上签过名。对于被告公司三次增资事宜,原告自认其对具体内容不清楚,认为公司没有就增资而召开股东会。而工商登记变更资料中有历次增资的股东会决议,上面均有两位第三人的署名。原告称其在被告公司行使股东表决权,但未提交相关证据予以证明,因此不能证明原告享有股东表决权等股东应有的管理权。

(3)原告未能证明从被告公司处分取过红利,即原告不享有资产收益。

原告提交的200万元收条复印件及银行进账单复印件只能证明原告通过其妻王宏伟收到200万元款项,但不能反映该款项的性质系分红款。原告提交的给付车辆"协议书"抬头载明的甲方系案外人青岛华美木业有限公司,乙方系原告,上面没有加盖被告公司的公章,也没有关于分红的内容表述,不能证明协议中的车辆系被告公司给原告的实物分红。原告称其平时用钱都是到财务支取,也是分红,但未提交证据加以证明,对此不应被采纳。

被告公司2000年至2008年历年审计报告中均无股东分红的账面显示。2009年1月、2月未分配利润分别为-630,284.23元、-944,203元,即截至原告于2009年2月离开被告公司,被告公司无可分配利润,不具备分红的可能。两位第三人亦均确认没有在被告公司分过红。

综上,原告主张其在被告公司分过红的主张证据不充分,且被告提交了公司年度审计报告中关于未分配利润情况的相反证据,被告关于因为原告曾是公司聘用的副总,对公司的贡献较大,故在原告离开公司时给予较大补偿的解释具有合理性,因补偿数额的较大,即认定是分红,没有法律依据。

3. 关于能否依据原告提交的股份证明认定原告系被告公司股东的问题。

(1)关于原告提交的2007年4月24日的证明,原告称该证明由第三人矫立岩出具,但原告自认该证明中"矫立岩"的签名并非第三人矫立岩本人所签;原告称该签名是第三人矫立岩授权第三人李宜艳在证明上签名,但没有提交证明第三人矫立岩曾就该签名授权第三人李宜艳的相关证据。对该证明的形成,第三人均称其不知情,原告亦自认被告公司出具该证明之前,没有为此开过股东会。因此从该证明形成过程看不出第三人均同意原告为被告公司股东的意思表示,该证据的来源缺乏应有的合法性。

(2)该证明存在与事实不符的内容。证明中"在1999年至2006年期间,工资总计约为平均每年100,000元人民币"的内容,与被告提交的2006年7月至2008年12月工资单中原告的实际工资月均不足3000元存在较大差异。原告对此辩称被告实际上没有履行该证明中约定的工资标准,但没有提交其年工资10万元的其他相关证据。

（3）该证明中关于原告持有公司约35%股份的比例约定缺乏事实基础。关于该比例约定，原告仅解释为系合伙时与第三人矫立岩的口头约定，但既未就该口头约定的存在予以举证证明，也未举证证明其系以货币、技术或其他何种出资形式为对价而享有的该比例股份。且该股份比例与原告所主张投资款102万元在被告公司同期资本中所占比例亦不相符。因此，关于原告持有公司约35%股份的比例约定缺乏事实基础。

（4）该证明与被告提交的英文证明信、第三人矫立岩的存款证明载明的存入日均发生在2007年7月24日，且原告自认存款证明系为其子出国留学所办，中文证明中的格式及落款时间的排列顺序亦符合英语言国家的书写习惯。各证据间具有内在的关联性，能够相互印证，形成较为完整的证据链，证明被告出具股份证明的真实目的在于为原告之子出国留学提供便利。相对于此，原告称其于同一天办理了上述事宜的解释，现实中发生的概率较低。原告提交的股份证明系被告为便利原告之子出国留学的特定目的所出具更具合理性，不能据此认定原告系被告公司的股东。

综合以上分析，原告不具备系被告公司股东的形式要件和实质要件，其提交的股份证明系被告为特定目的所出具，其中关于股权等的内容缺乏事实基础，不能据以认定原告系被告公司的股东。因此，原告不具备被告公司的股东资格。

法院判决：

驳回原告的诉讼请求。

236. 瑕疵出资股东享有股东资格吗？

司法实践已就完全未出资股东确立了除名制度，即当股东完全未出资时，公司可以股东会决议解除未出资股东的股东资格。但在实际操作中存在一定的操作难度，具体问题详见本书第三章股东出资纠纷第四节股东虚假出资与抽逃出资的责任承担。

八、出资证明书的证据效力

237. 出资证明书对股东资格的确认有何效力？

出资证明书在认定股东资格中无决定性的效力，仅凭出资证明书不足以表明持有者具有股东资格，而未持有出资证明书也不能当然否认其股东资格。

有限责任公司成立后，应当向股东签发出资证明书。在股权转让后，公司应注销原股东的出资证明书,向新股东签发出资证明书。但出资证明书只是一种凭证,主要是用于证明股东已向公司真实出资,本身并无创设股东资格的效力。股东持有出资证明书只能证明其已履行出资义务,但不能仅以出资证明书为据就认定持有人具有股东资格,即使未持有出资证明书的人也可能被认定为股东。① 只要出资者能够证明其已经依据公司章程缴纳了出资,就应当依法确认其股东资格。即不能以出资者不具有出资证明书而当然否认其股东资格。②

238. 出资证明书要符合哪些形式要件?出资证明书记载了哪些内容?

出资证明书由公司向股东出具,应当加盖公司公章,只有经过公司盖章之后,才能产生法律效力。出资证明书记载以下内容:公司名称;公司成立日期;公司注册资本;股东的姓名或者名称、缴纳的出资额和出资日期;出资证明书的编号和核发日期。

九、实际享有股东权利的证据效力

239. 实际享有股东权利对股东资格的确认有何影响?

享有股东权利是取得股东资格的结果,而不是取得股东资格的条件或原因。由此看出,不能以享有股东权利来主张股东资格。但从维护公司的稳定、保护商事交易安全出发,如果当事人已经参与了公司经营管理,且已实际享有了股东权利,则依公司维持和利益均衡原则,应当尽量认可其股东资格。如果否定其股东资格,很有可能导致其在公司中实施的行为无效或被撤销,从而引起已确定的法律关系发生变更。

据此,权衡各方利益,对实际享有股东权利的当事人,原则上可以认定其具有股东资格,但应及时办理相关手续。在经依法变更工商登记及公司章程记载前,虽然其可以享受股东权利,但不能对抗善意第三人。

240. 未实际享有股东权利是否一定不具有股东资格?

不一定。

在实践中被公司不当剥夺或限制股东权利的股东和不召开股东会、不分配利润、限制股东知情权行使的公司,客观上是大量存在的。因此,不能以没有实际享有股东权利而当然否定其股东资格。

---

① 范健、王建文:《公司法》,法律出版社 2008 年版,第 282 页。
② 沈富强:《股东股权法律实务——股东资格与责任》,立信会计出版社 2006 年版,第 142 页。

241. 按照发起人协议履行了出资义务,并记载于工商登记,但未签署公司章程,是否具有股东资格?

此种情形下,尽管发起人未签署公司章程,但是在形式上、实质上均具备了获得股东资格条件,因此仅仅是未签署公司章程的,不影响发起人获得股东资格。

【案例103】国企改制批复文件优于工商登记　诉请确认股东资格获认定[①]

原告: 陈某

被告: 易盛公司、汤某、连某

诉讼请求: 确认原告拥有被告易盛公司20%股权。

争议焦点:

1. 国企改制方案批复、产权交易合同等文件与工商登记不一致时,如何确认证据效力;

2. 未履行出资义务是否影响股东资格。

基本案情:

被告连某与原告原系上海电压调整器厂二车间员工。

2003年8月,上海电压调整器厂二车间因需要准备剥离转制,由经营者购买部分经评估过的有效资产,组建被告易盛公司。注册资本50万元,股东3人(被告连某、原告及卓某)签署了《共同投资组建被告易盛公司协议书》,约定共同投资组建前述公司。被告连某出资30万元,占60%,原告、卓某出资各10万元,各占20%。

上海电气(集团)总公司作出沪电企〔2003〕61号批复,同意上海电压调整器厂二车间剥离转制、组建被告易盛公司。

2004年7月30日,上海电压调整器厂与被告易盛公司签订《产权交易合同》一份,明确上海电压调整器厂将经过评估后的部分资产作价249,159.79元转让给被告易盛公司。其中,被告易盛公司章程由被告连某、原告签署,明确注册资本50万元,被告连某出资40万元,占80%,原告出资10万元,占20%;被告易盛公司决议也由被告连某、原告签署,明确被告易盛公司股东会决定出资249,159.79元收购上海电压调整器厂经评估的部分资产。

2004年2月3日,被告易盛公司经上海市工商行政管理局嘉定分局核准成立,工商登记材料显示:公司注册资本为50万元,股东为被告汤某、被告连某(被

[①] 参见上海市第二中级人民法院(2010)沪二中民四(商)终字第489号民事判决书。

告连某、被告汤某系夫妻关系)。其中被告连某认缴出资40万元,占80%股份,并任执行董事兼法定代表人,被告汤某认缴出资10万元,占20%股份。

原告诉称:

2008年6月,原告经工商查询得知公司股东名册中无其姓名,只有被告连某和被告汤某,认为其权益受到侵害,遂向法院起诉。

被告辩称:

1. 被告易盛公司是由被告连某、被告汤某实缴出资计50万元而组建,其中被告连某认缴出资40万元,占80%股份,被告汤某认缴出资10万元,占20%股份,有工商登记材料为证。

2. 原告并未向被告易盛公司出资,也未行使过股东权利,不符合实际股东的法定特征。

律师观点:

1. 原告提供的批复等文件可以证明被告易盛公司是经改制而来,且原告参与了改制的过程。

能够证明股东身份的证据有出资证明书、股东名册、工商行政管理部门登记备案的章程等。其中出资证明书是基础性法律文件,公司登记机关登记备案的章程属于对抗性证据。工商登记材料可以证明被告连某、被告汤某是被告易盛公司的登记股东,具有对抗第三人的法律效力。但原告提供的批复、产权交易合同及附件、社保核定单、证人证言、改制方案及职代会决议等证据,可以证明被告易盛公司是通过上海电压调整器厂二车间转制成立的公司。

2. 被告易盛公司的成立过程能够证明原告的股东身份。

由于属于国有企业改制,既涉及国有资产保护问题,又涉及为国有企业发展作出过贡献的职工的利益保护问题,故被告易盛公司的成立经过了特殊的程序,如上级国资部门的批准、企业职工代表大会审议通过等,并按照政策规定妥善处理改制企业与职工的劳动关系,与职工签订经济补偿费偿还协议,用三年分期偿付补偿金的方式支付有效资产转让款。故上海电压调整器厂二车间改制方案和组建公司的申请及批复,是认定被告易盛公司股东身份的原始证据,在证明股东身份的效力方面,具有优于工商备案章程的法律效力。根据产权交易合同所附的章程、决议由原告签署而非被告汤某签署的情况,可以认定被告汤某是被告易盛公司的名义股东,原告是被告易盛公司的实际股东。

3. 原告未实际出资并不影响其股东资格的确认,但其作为被告易盛公司的股东应当履行出资补足义务。

法院判决:

确认原告享有被告易盛公司20%的股份。

242. 第三人与公司签订增资协议并支付了股款,公司也办理了工商登记、股东名册的变更,全体股东能否以未经股东会决议为由否定其股东资格?

可以。

在一般情况下该第三人不享有股东资格,但股东会事后决议追认,或者享有公司2/3以上表决权的股东实际认可该第三人享有并行使股东权利的除外。

第三节 特殊情形的股东资格确认的裁判标准

一、实际出资人与名义股东的股东资格确认的裁判标准

243. 实际出资人股东资格确认的基本条件是什么?

认定实际出资人具有股东资格,必须同时满足以下两个条件:

(1)实际出资人证明其已实际出资。

(2)公司其他股东半数以上同意,此处的公司其他股东指的是名义股东以外的股东。

244. 实际出资人如何证明其已实际出资?

实际出资人证明的方式主要有以下三种:

(1)在签订代持股协议时,应明确出资款由实际出资人支付,并由名义股东签发收据,注明"收到实际出资人出资款";

(2)在向公司出资时,由公司出具收据,载明收到"实际出资人的出资款";

(3)以转账的方式向公司支付出资款的,应保留银行汇款或转账凭据,并注明支付出资款。

【案例104】验资报告未能反映实际情况　以实际出资为准判别股权归属[①]

原告: 萧亮勋(SIU, RICHARDLEUNG FAN)

被告: 甘成

诉讼请求: 确认现登记于被告名下的冠达公司20%股权属于原告所有。

[①] 参见广东省广州市中级人民法院(2011)穗中法民四终字第47号民事判决书。

争议焦点：

1. 原告是香港特别行政区居民，本案的管辖权与解决争议的准据法如何确定；

2. 验资报告是否为证明履行出资义务的唯一证据，验资报告与实际出资不符，如何认定股东的实际出资额和出资比例。

基本案情：

冠达公司注册资金为50万元，工商登记的股东为原告（出资40万元，占出资比例80%）和被告（出资10万元，占出资比例20%）。

2002年5月26日，原告和被告在冠达公司股东会决议上签名，通过如下决议事项：公司注册资本由原来的50万元增加到300万元；原股东出资比例不变，原告增加现金出资200万元，总出资240万元，占公司注册资本80%；被告增加出资50万元，总出资60万元，占公司注册资本20%。会计师事务所出具了验资报告并经工商部门核准登记变更如下：被告出资60万元，占出资比例20%；原告出资240万元，占出资比例80%。

原告诉称：

1. 冠达公司设立时的注册资本50万元和后来增资的250万元，是其全额投入的，被告完全没有出资。

2. 被告在冠达公司从事经营管理工作，是基于其受薪任职的劳动关系，不是公司股东。

原告为证明其观点，提交的证据如下：

1. 原告持有《冠达公司股东会同意被告转让股份决议》（以下简称《决议》）原件两份。内容为：根据股东被告提出的转让公司股份的申请，公司股东会讨论决议同意被告将所持公司20%股份以人民币10万元转让给（空白）先生，批准被告与（空白）先生关于股份转让事宜签订的协议，转让后被告原享有的股东权利和义务随股份转让而由（空白）先生享有和承担；决定根据本次会议精神及《公司法》修改公司章程，并委托（空白）负责拟定相关文件向广州市工商局申办公司变更登记手续等。原告和被告在"原股东"处签名，该文件首部的"时间"、"地点"、"出席会议的股东"，内容均留空，尾部"新增股东"签名处空白。

2. 《股权转让合同》原件4份。内容为：《股权转让合同》转让方（甲方）为被告，受让方（乙方）（空白），约定甲方将所持冠达公司20%股份以人民币10万元转让给乙方，乙方在合同订立1日内以现金形式支付甲方所转让的股份等。被告在合同尾部"甲方"处签名，合同尾部"乙方"签名处空白；时间为"二〇〇〇年（空白)月(空白)日"。

3.《冠达公司章程修正案》(以下简称《章程修正案》)原件3份。内容如下:"根据本公司(空白)年(空白)月(空白)日第(空白)次股东会决议,本公司决定变更公司股东,特对公司章程作如下修改:章程第(空白)章第(空白)条原为'公司股东共两人,分别为(空白)和(空白)',现改为'公司股东共两人,分别为(空白)和(空白)'。"该文件尾部"股东签名"处有原告和被告的签名,时间为空白。

4.《委托书》原件3份。内容如下:"根据本公司(空白)年(空白)月(空白)日第(空白)次股东会决议,本公司决定变更公司股东,现特委托(空白)办理冠达公司股东变更登记的有关事宜"原告和被告在该《委托书》上签名。

5.《正式收据》原件1份。内容如下:"本人被告今收到(空白)以现金支付给本人转让冠达公司20%(百分之二十)股份转让价人民币10万元正(大写壹拾万元整)。至此,本人即退出该上述公司之股东会,原由本人之前享有的股东权利和义务即由(空白)承担。"被告在该收据上签了名。

6. 原告于1999年12月至2000年3月期间,以储蓄存单质押先后向中信实业银行贷款60万元人民币的相关证据,包括中信银行托收款项收据、特种转账贷方传票、存入中信实业银行账户60万元港币作为质押向中信实业银行借款人民币60万元的借款凭证、储蓄特种定期存款单、储蓄存款利息清单、中信银行押品保管封袋、涉外收入申报单等证据,以及增资资本金投入情况表、中国银行外汇兑换水单、中国银行存款回单、机动车注册登记摘要信息栏、广东发展银行外汇兑换水单、广东发展银行信息卡存款单、工商银行个人业务凭证、花旗银行大额支付系统实时收款记录。

7. 原告于2003年8月至2007年9月期间,分12次共投入2,598,554.48元用于冠达公司购买营运车辆的证据。

8. 证人沈育林出庭作证称:我原同被告一起在中国大酒店工作,是同事;2000年2月被告介绍我认识了原告,当时原告决定投资开办汽车租赁公司,由我负责办理开业所需的资质审核手续及批文证明。冠达公司50万元出资是原告个人全额投入的,当时原告到东风东路中信银行提款50万元后交付验资,提款时我和被告、原告三人都在场。原告是冠达公司的全资股东,被告没有出资,因《公司法》规定公司须由两名以上人员组成,由被告合作为公司董事会成员。冠达公司成立后被告负责业务工作,包括购置车辆和制定营运价格、司机招聘、车辆调度;本人在冠达公司配合被告工作,分管业务拓展、牌证办理和司机安全教育。被告在冠达公司与我共事期间,手脚不干净,损害公司利益,我看不惯其作为。于

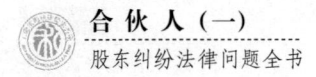

2002年4月离开冠达公司。

被告辩称：

工商登记显示被告是公司股东，同时设立与增资时的验资报告也显示股东实际出资。

一审认为：

1. 我国大陆地区法律为解决本案争议的准据法。

原告是香港特别行政区居民，本案属于涉港股权确认纠纷。根据《民事诉讼法》第22条关于对公民、法人提起的诉讼，由被告住所地人民法院管辖的规定，本案被告住所地在广州市越秀区，原审法院作为具有涉港民商事案件管辖权之法院依法对本案具有管辖权。因当事人对处理合同争议所适用的法律未作选择，参照《合同法》第126条第1款的规定，应适用与合同有最密切联系的国家的法律。涉案企业所在地和甘成所在地均在我国内地，依照最密切联系原则，故确认中华人民共和国内地法律作为解决本案争议的准据法。

2. 原告与被告预先签订的有关系争股权转让的决议、股权转让合同、章程修正案等证明其为冠达公司实际出资人，被告只是挂名股东。

从原告持有被告签署的《冠达公司股东会同意被告转让股份决议》《股权转让合同》《冠达公司章程修正案》《委托书》《正式收据》的情况来看，被告预先签下可用于办理涉案20%股权转让的合同、公司决议、章程修正案等文书及确认收到股权转让款的收据，并将这些文件交给原告，可合理推断原告所述冠达公司设立时，被告没有出资，只是替原告挂名出资及挂名股东的情况属实，被告实际上不是冠达公司股东。根据原告举证和陈述，冠达公司后来增加250万元注册资本，是原告在验资后以投入2,598,554.48元用于冠达公司购买营运车辆的方式实现的，即2002年验资时原告增加投资200万元、被告增加投资50万元的验资报告是操作所得的结果，其内容不能反映冠达公司真实的注资情况。被告作为挂名股东，在冠达公司交工商部门备案登记的有关文件上以股东名义出现，也属挂名的情形。

被告自述曾从冠达公司分红，但未能举证证明，法院不予认定。被告在冠达公司从事经营管理工作，是基于其受薪任职的劳动关系，其股东身份未能得到原告的认可。

综上，被告虽然在冠达公司章程及该公司工商登记文件中列为股东，但没有实际出资，也没有以股东身份参与公司管理及享有资产受益等股东权利，属挂名股东，其名下20%股权应属于原告。

一审判决：

1. 确认现登记于被告名下的市冠达公司20%股权属于原告；

2. 被告于判决发生法律效力之日起15日内，协助原告到有关工商行政管理部门，共同办理现登记于被告名下的冠达公司的20%的股权变更登记到原告名下的手续。

被告不服一审判决，向上级人民法院提起上诉。

被告上诉称：

1. 原审判决认定被告只是挂名出资及挂名股东是严重歪曲事实。原审法院以60万元人民币质押推定由原告出资，但并不能证明被告没有出资。即使没有出资，股东的义务是继续出资，以及向出资的股东承担违约责任，原审判决就此推定被告没有出资而确认股权归原告所有没有法律依据。

2. 本案中并不存在被告是挂名股东的情形，被告与原告之间并没有关于名义出资或者事实出资的约定。从公司设立及工商登记反映的是双方共同出资设立有限责任公司，对于原告提交的股权转让合同等文件中留有空白，对此双方有不同的解释，存在的可能性不具有唯一性。事实上是由于公司前期经营亏损，在亏损的情况下，被告要求解散公司，而原告并不愿意就此解散公司，所以提出找新股东受让股权，才起草了这些股权转让合同。但是后来没有找到合适的愿意受让股权的新股东，经营过程中公司的经营状况好转，双方不再提及股权转让，所以股权转让没有实际实施。不能因为原告持有这些文件就推定被告只是挂名股东，原审判决作出这样的推定没有事实依据。

3. 公司在2008年7月至2009年7月期间对股东进行了红利分配。这些分配的财务凭证、资料存在公司，而公司由原告掌控，所以被告在一审诉讼期间无法提交。但原审法院只是简单认为没有证据而不予认定。一审判决后被告多次和相关银行申请调取转账账号的银行明细清单，显示公司财务人员将分红款的50%转到被告的账户，由于双方约定分红的50%用于归还借款本息，50%用于分配。清单上的分红共13笔，8笔一致，其中5笔有出入，原因是被告主持经营工作过程中有报销款项，报销的款项也一并转入被告的账户。从签收表所列还款数额及财务直接转到被告账户中的分红款项基本一致，足以证明分红的事实真实存在，所以被告享有股权分配，并不只是挂名的股东。

4. 被告具有股东身份及在公司任职受薪的双重身份。法律没有禁止股东不能在公司任职受薪，所以被告既有出资履行股东义务，又参与经营，而且享有股权分配，是真实合法的股东。

5. 原审判决适用法律错误,适用《公司法》第 28 条第 1 款,而该条款是对股东足额出资股东义务的规定。《公司法》第 28 条第 2 款规定了股东无按照规定缴纳出资的法律责任和法律后果除向公司足额缴纳外,还应当向已按期足额缴纳出资的股东承担违约责任,但不是丧失股权。

6. 原审判决适用程序及法律不当。公司章程列明被告是公司的股东,即使查实被告没有实际出资,也不影响工商部门对被告股东资格的认定,被告只是负补缴出资的义务。

原告二审辩称：

1. 被告自始至终没有出资,开办公司的 50 万元都是由原告投入的。原告提交了充分的证据证实资金的来源是将汇入的港币 60 万元作为质押借出人民币,该 60 万元的汇款时间与公司设立的时间一致。相反被告一直无法说明其作为一名打工司机如何有 10 万元投入开办公司。

2. 至于公司有无挂名股东的约定的问题,因为原告是香港人,以前一直在香港工作,进入大陆之后是在上市公司担任高层管理人员,其教育背景、身份及守法意识,导致其认为不能这么做,所以才没有要求被告写保证和说明,而是选取了隐蔽又安全且能保障自己 20% 的实际股权的做法,就是要求被告签署相关的文件。这 5 份文件可以证明双方存在让被告作为挂名股东的合意,而工商登记仅仅是公司的壳。

3. 被告不属于瑕疵出资的情形。双方没有合意开办公司,所以即使一方没有出资也不能通过填补出资而取得股东资格。

4. 被告在冠达公司只是作为受薪的管理人员,没有决策权。公司的决策权自始至终只掌握在原告的手上,被告不是股东,也没有分红。

5. 本案是股权归属纠纷,仅涉及公司内部股东之间关系的纠纷,不涉及公司以外的第三人,应该根据民事法律规则确定双方的权利归属,不能凭工商登记确定股权归属,所以不存在由工商部门认定谁是真正股东的问题。

6. 冠达公司一直都由原告掌握,有包括公司银行印鉴卡及银行账户开户、变更申请书,相关的收据、发票、工资表、支付证明单等,冠达公司与客户签订的合同,原告致被告的函件、冠达公司内部通知等证据,均证明原告是冠达公司唯一真实的股东。

律师观点：

1. 股权归属发生争议,当事人应该举证证明其实际出资,如不能证明则需承担举证不能的责任。

《最高人民法院关于适用〈中华人民共和国公司法〉若干问题的规定(三)》第22条规定:"当事人之间对股权归属发生争议,一方请求人民法院确认其享有股权的,应当证明以下事实之一:(一)已经依法向公司出资或者认缴出资,且不违反法律法规强制性规定……"原告在原审诉讼期间提供了中信银行托收款项收据、特种转账贷方传票、存入中信实业银行账户60万元港币作为质押向中信实业银行借款人民币60万元的借款凭证、储蓄特种定期存款单、储蓄存款利息清单、中信银行押品保管封袋、涉外收入申报单等证据,以及增资资本金投入情况表、中国银行外汇兑换水单、中国银行存款回单、机动车注册登记摘要信息栏、广东发展银行外汇兑换水单、广东发展银行信息卡存款单、工商银行个人业务凭证、花旗银行大额支付系统实时收款记录等证据,证明其实际出资设立冠达公司,后来该公司增资的250万元亦全部由其投入。被告上诉认为其本人并非名义股东,对此应当由其承担举证责任。被告未能提供证据证明其已经向冠达公司出资,其在二审诉讼期间所提供的证据亦不属于新证据,不应采纳。因此,被告应当承担举证不能的法律后果,其请求法院确认其享有冠达公司股权的主张缺乏证据支持。

2. 公司实际出资人与名义股东发生股权归属争议,不能仅凭验资报告和工商登记认定,而应以实际出资为准。

《最高人民法院关于适用〈中华人民共和国公司法〉若干问题的规定(三)》第24条第2款规定:"……前款规定的实际出资人与名义股东因投资权益的归属发生争议,实际出资人以其实际履行了出资义务为由向名义股东主张权利的,人民法院应予支持。名义股东以公司股东名册记载、公司登记机关登记为由否认出资人权利的,人民法院不予支持……"被告虽然在冠达公司章程及该公司工商登记文件中列为股东,但没有实际出资,也没有以股东身份参与公司管理及享有资产收益等股东权利,其属于名义出资人。由于冠达公司在设立时被登记注册为内资公司,在新增注册资本时也经过了工商行政部门的核准,而且双方当事人都没有提出要求将该公司变更为外资公司的性质,因此,原告诉请变更登记冠达公司的股权不涉及是否需要向外商投资企业审批机关进行审批的问题,被告应该协助与原告办理将该股权变更登记到原告名下的相关手续。

二审判决:

驳回上诉,维持原判。

245. 如何区分投资关系与借贷关系?

确权诉讼中,认定实际出资人交付款项的性质是出资款还是借款,系实际出资事实认定的关键。一般判定标准如下：

（1）如果双方约定一方实际出资，另一方以股东名义参加公司，且约定实际出资人为股东或者承担投资风险的，实际出资人可以主张名义出资人转交股权财产利益，但违背法律强制性规定的除外。

（2）如果双方未约定实际出资人为股东或者实际出资人应承担投资风险的，且实际出资人亦未以股东身份参与公司管理或者未实际享受股东权利的，双方之间不应认定为隐名投资关系，可按债权债务关系处理。

【案例105】集资款不等于出资　股东确权被驳回[①]

原告： 吴蛟等10人

被告： 贸易公司、工贸公司、电光源厂

第三人： 杰成公司、中晨公司

诉讼请求：

1. 确认吴蛟等10名原告为"永昌公司"的股东；
2. 确认三被告向两位第三人转让资产无效，恢复永昌公司股东大会，责令两位第三人交出管理权；
3. 赔偿原告经济损失人民币3万元。

争议焦点：

1. 集资行为是否得到公司股东会同意；
2. 集资款是否等同于出资款；
3. 系争股权已由善意第三方受让，则还能否主张股权转让无效。

基本案情：

1994年12月18日，三被告签订永昌公司章程，约定成立永昌公司。同日，三被告召开股东会议，选举原告吴蛟为永昌公司董事长，后又任命原告吴蛟为总经理。

1995年1月17日，永昌公司开业，工商登记股东为三被告，法定代表人为原告吴蛟。

1996年1月28日，永昌公司1995年的年检报告书仍确认三被告为股东。

原告诉称：

永昌公司系由吴蛟等10名原告以及其他股东集资筹建。从1995年1月3日

---

① 参见上海市第二中级人民法院(1997)沪二中经终字第1494号民事判决书。

至同年5月12日,10名原告共出资人民币7.9万元,用于永昌公司的经营。

三被告召开非法股东会议,撤销原告吴蛟的董事长和总经理职务,并与两位第三人达成协议,将永昌公司的全部股份转让给两位第三人,并进行了工商变更登记。原告认为该转让行为属无效行为,故诉至法院。

被告辩称:

10名原告不是"永昌公司"的股东,股东是三被告。10名原告确实提供了资金,但是三被告作为企业法人股东并未授权原告吴蛟集资,故不同意原告的诉讼请求。

第三人述称:

两位第三人取得"永昌公司"的股权,经过三个企业法人股东的转让、登记机关的批准,是合法的。

律师观点:

1. 原告未提交有效证据证明其股东资格的存在。

从形式要件上而言,有限责任公司章程应当载明股东的姓名或者名称,且股东应当在公司章程上签名、盖章。

永昌公司的章程由三被告签订,10名原告既未在章程中被列为股东,也未在章程上签名、盖章。

从实质要件而言,原告提交的集资款证明,不符合作为股东的法律规定,不能证明该集资款是10名原告向永昌公司支付的出资款。同时,三被告对此集资行为也予以否认。

因此无论从形式要件或是实质要件,原告要求确认为股东都无法律依据。

2. 第三人已合法取得股东资格。

永昌公司的股东,即三被告将全部股份转让给第三人,并经登记机关核准,转让程序符合法律规定,两位第三人已经取得股东资格。退一步而言,三被告已将永昌公司股权转让予两位第三人,即使原告可以享有永昌公司的股东资格,现两位第三人已经善意取得永昌公司股权,基于商事交易安全的考虑也不宜认定转让行为无效。

综上,原告不具备享有股东资格的形式要件,也未充分举证证明其实际出资,其诉讼请求于法无据。

法院判决:

驳回原告的诉讼请求。

【案例106】朋友代持埋隐患　律师斡旋平争端

基本案情：

小吴在上海创办尊为公司。由于公司设立当时的《公司法》不允许设立一人公司，因此小吴将200万元中的140万元登记在好友小代名下，约定由小代担任名义上的法定代表人及执行董事，但双方未签订代持股协议。

公司成立后经营状况不佳始终亏损，小吴为筹措资金申请了国家科技型中小企业技术创新基金。为了能顺利申报成功，小吴编造、夸大了包括小代在内的项目组成员信息，最终申请资料获得了100万元的基金支持。

其间，由于未兑现小代承揽业务应得的劳务报酬未兑现等原因二人之间发生矛盾。小代认为自己作为工商登记的法定代表人，可能要为小吴的造假行为承担法律责任。于是索性将公司的公章、营业执照、税务登记证、银行开户许可证等一并取走，并威胁小吴以40万元换回证照，否则就到科委进行举报，并向公安指控其构成诈骗罪。

小吴遂委托宋律师帮助自己解决与小代之间的纠纷。

律师观点：

1. 关于小吴是否具备公司股东身份。

尊为公司设立时，小吴借用小代的身份证，以小代名义登记了尊为公司70%股权，该股权的实际权利人为小吴。依据《最高人民法院关于适用〈公司法〉若干问题的规定（三）》的规定，"实际出资人与名义股东因投资权益的归属发生争议，实际出资人以其实际履行了出资义务为由向名义股东主张权利的，人民法院应予支持。名义股东以公司股东名册记载、公司登记机关登记为由否认实际出资人权利的，人民法院不予支持"。当然确认股东资格并非毫无风险。由于小吴与小代之间没有代持股协议，仅从验资报告、工商登记来看，都显示小代是公司股东。如果小吴提起确权之诉，则需要证明自己是实际出资人。然而除了当时的代办人员，即小吴的助理能证能明小代的出资款实际由小吴给予外，没有其他任何证据能证明小吴实际出资。并且小代完全可声称140万元系其向小吴所借并用以设立公司。在此情况下小吴便难以确定自己100%股权的股东资格。当然，小代则必须向小吴归还140万元借款，因此确权诉讼将存在一定风险。但根据目前尊为公司亏损状况以及小代的经济情况，其采用这种抗辩方式的可能性并不大。

如果小代拒绝协商解决此事，则小吴可先行向人民法院提起股东资格确认诉讼，请求确认小吴为公司100%股权的股东并办理工商变更登记，而后通过公司证照返还诉讼要求小代返还证照。在诉讼过程中,为了防止小代动用公司资金,可同时向人民法院申请财产保全,冻结公司账户。

2. 关于小吴是否构成诈骗罪。

作为小吴的律师,宋律师在本案中只负责处理股东纠纷,判断创新基金项目申报是否存在刑事犯罪问题不在本案代理范围内。且从现有情况分析,即使项目申报存在形式瑕疵,但只要研发项目真实存在,申报行为并不足以构成诈骗罪。

3. 小代作为名义的法定代表人是否需承担刑事责任。

法定代表人并不必然为公司犯罪承担刑事责任。当年北京晓庆文化艺术有限责任公司涉嫌偷税848.9万元,由于刘晓庆只是公司的法定代表人却从不过问日常经营管理,一切犯罪行为皆由其妹夫所指使。根据《刑法》规定,单位犯罪的,直接责任人应承担刑事责任,因此刘晓庆未受到刑事处罚。故即使尊为公司存在违法甚至犯罪行为,小代仅是名义上的法定代表人,不必承担法律责任。

4. 关于小代向小吴索要40万元的行为性质。

小代作为代持股人,除非与实际出资人存在合同约定,否则并无理由索要劳动报酬。而小代在毫无根据的情况下,以40万元要挟对小吴进行举报和指控,有构成敲诈勒索罪之嫌。

处理结果:

向小吴详细分析法律风险后,宋律师向小代发出律师函并就上述法律问题当面与小代进行了充分的沟通。最终在宋律师的主持下双方办理了股权变更手续,由小代以零价款将70%股权转让给小吴,同时将公司法定代表人由小代变更为小吴,公司证照也最终交还小吴,而小吴则向小代支付了1.5万元的业务提成。

税务风波:

小吴作为尊为公司的实际出资人,在工商登记上将其显名在实践操作中有两种方式:

第一种是通过办理股权转让的方式。该方式的优点是效率高、成本低,但也存在缺点。根据《国家税务总局关于股权转让所得个人所得税计税依据核定问题的公告》规定,如果公司的净资产较股东取得股权时为高,但股权转让价格却明显偏低且无正当理由,税务机关可按公平交易价格进行核定,并要求转让人缴纳所得税。

第二种是通过股东资格确认诉讼的方式。该种方式的优点是通过法院判决确定股权的实际拥有人,从而避免税收问题,但其缺点是诉讼周期较长,时间成本与经济成本均可能较高。

本案中小吴与小代通过签订股权转让协议的方式实现了实际出资人显名化，之所以为小吴选择该方式进行操作，恰是考虑到公司自成立以来便即亏损，股权转让便不存在税负。

但股权转让后，税务机关找到小吴，要求公司承担股权转让中转让股东小代的个人所得税代扣代缴义务税款1.4万元。

宋律师查阅了尊为公司股权转让当月的资产负债表查后发现恰在小代与小吴办理股权转让变更登记手续的前一个月，国家创新基金的首笔款项70万元已经进入了公司账户，公司的兼职会计做账时便将该笔款项列入了公司资本公积项下。因此公司不再处在亏损状态，净资产从140万元净增至210万元，反倒较注册资本200万元还多出了10万元，从而产生了所谓的投资收益，需要缴纳个人所得税1.4万元。

宋律师认为，根据《科技型中小企业技术创新基金财务管理暂行办法》第21条的规定，"无偿资助项目承担企业，在收到创新基金拨款后作为专项应付款处理，其中：形成资产部分转入资本公积"。所以，创新基金在未形成资产之前如果不作为专项应付款而直接列入资本公积，既违反了创新基金财务管理办法也违反了企业会计准则的规定，应重新进行财务处理，并向税务机关出具了法律意见书。

最终，通过规范的财务处理，将70万元的创新基金由资本公积金项下调至其他应付账款，公司的净资产恢复为合法、准确的数额，即不存在股权转让投资收益问题，不必缴纳个人所得税。

246. 实际出资人如何证明其他股东同意其作为公司股东？

实践中主要有以下五种方法：

(1) 其他股东知道实际出资人与名义股东之间的代持股关系。如在签订代持股协议时，由其他股东在代持股协议上签字确认，表明同意代持股，则能够证明其他股东过半数同意。

(2) 其他股东过半数同意的股东会决议，即其他股东以股东会决议的形式过半数同意实际出资人的股东资格。

(3) 其他一致认可的，可以不召开股东会，直接签署确认文件。

(4) 公司其他股东知道公司在向实际出资人分配投资收益，如分配决议中有实际出资人姓名或名称。

(5) 其他过半数股东知道实际出资人实际经营管理公司或实际享有股权，而未表示反对，如参加股东会并行使表决权等。

【案例107】推定其他股东知悉代持股　实际出资人成功"显形"[①]

原告： 道纪忠华公司

被告： 国府公司

第三人： 徐碧晗

诉讼请求：

1. 确认原告系被告实际股东，并享有被告49%的股权；

2. 判令被告将第三人持股49%变更登记为原告持股49%，公司法定代表人由第三人变更为原告指定的人，第三人予以协助。

争议焦点： 原告与第三人签订的代持股协议是否经公司其他股东同意。

基本案情：

2005年1月5日，李文英（本案证人）、陆长征（本案证人）共同出资设立被告，公司注册资本300万元，其中李文英占股权比例49%，陆长征占股权比例51%，李文英任被告法定代表人、经理。

2008年2月3日，李文英（甲方、转让方）与原告（乙方、受让方）签订《股权转让与法人变更协议》，内容为：

1. 甲方同意将被告49%的股权转让给乙方，乙方同意接受该部分股权，但不承担该部分股权在被告在本签约日前的各项债务；

2. 甲方同意将被告的法人身份变更为乙方和乙方指定代表等。

之后，李文英又与第三人签订落款日期为2008年2月19日的《出资转让协议书》，约定："李文英愿意将被告的出资货币147万元转让给第三人；第三人愿意接收李文英在被告的出资货币147万元。"

当日签署的还有被告的被告章程修正案、《第一届第一次股东会决议》，其内容为包括新增股东第三人，免去李文英的执行董事、经理职务，同意转让原李文英的49%股权，同意修改公司章程。

2008年3月3日，原告与第三人签订指定（委托）书，内容为：

1. 兹指定（委托）第三人代表原告在被告承接法人和执行董事，并代为持有原告在被告49%的股权，经原告授权代为行使相关股东权利；

2. 第三人同意接受原告的委托，并代为行使该相关权利；

当日第三人与高文君（原告员工）签订指定（委托）书，委托其代为办理股权

[①] 参见上海市第二中级人民法院(2009)二中民终字第02130号民事判决书。

转让的变更手续。

2008年3月6日,经工商部门核准,第三人成为被告持股49%的股东和法定代表人。

原告诉称:

第三人仅为原告的代持股人,但其现否认原告的实际股东权利。

被告辩称及第三人述称:

1. 陆长征作为其他股东并不知悉代持股事宜。

对于代持股份,被代持人应当向目标公司及其他股东明示该代持关系。

陆长征对原告受让李文英在被告49%股权的《股权转让与法人变更协议》并不知情,仅知道李文英向第三人转让股权的《出资转让协议书》。因此所谓代持股事项并未向其他股东明示。

2. 进一步而言,虽然原告在李文英向第三人转让股权的过程中,可能做了一定的工作,提供居间服务,或提供办公场所,但并不能依据其在该股权转让中的工作就认定其是实际股东。

律师观点:

李文英作为被告的股东,有权处分自己的股权份额。李文英与原告签订《股权转让与法人变更协议》,系双方当事人的真实意思表示,该协议合法有效。

第三人与原告签署指定委托书,接受原告委托,以自己名义代原告持有被告股份,该委托合法有效。原告作为委托人要求第三人将代持股份变更到原告名下,第三人应当按照委托人指示,及时办理相关手续。

被告股东陆长征虽陈述对李文英将股份转让给原告并不知悉,但该陈述与李文英陈述相左。

陆长征与李文英、第三人于2008年3月初,在原告会议室签署了出资转让协议、股东会决议等变更工商登记所需文件,原告股东胡光宇亦在场。此后,又由原告的员工高文君具体办理了股东变更登记的工商手续。因此陆长征应知悉原告在股权转让中的地位。现第三人、被告主张陆长征对李文英将股权转让给原告之事并不知悉,与相关事实相悖,且缺乏其他事实予以佐证,其主张将难以得到法院的采信。

关于原告主张变更法定代表人的诉讼请求,由于公司法定代表人的变更需由股东会决议,因此原告的该项诉讼请求并无法律依据,将难以得到法院支持。

法院判决:

1. 原告为被告的合法股东,享有现由第三人持有的被告49%的股权。

2. 被告于判决生效之日起10日内办理股权变更登记：将第三人持股49%变更为原告持股49%，第三人予以协助。

3. 驳回原告的其他诉讼请求。

247. 实际出资人与名义股东之间订立的代持股协议的效力如何？

如未违反法律、行政法规的效力性强制性规定的，应当认定为合法有效。

代持股协议是股东资格确认的重要证据，但并非持有代持股协议就一定能够保证确权成功。因为该协议只能在当事人之间发生效力，不能对抗第三人，实际出资人不能以此协议直接要求公司变更股东，确认其股东资格。

248. 签订代持股协议应注意哪些要点？

（1）明确约定出资额比例，实际股东的权利与义务，股权转让的限制等条款；

（2）保证公司其他股东对代持股协议予以签字确认；

（3）名义股东擅自转让实际出资人股权时，实际出资人的损失如何计算。

如果能够同时满足上述三个条件，即实际出资人在提起股权确权纠纷时，获得"显名"的机会较大。即使确权失败，实际投资人的经济利益也能够得到保障。

【案例108】"假"股东自认 "真"股东顺利显名[①]

原告： 华闻公司

被告： 中达公司[②]

诉讼请求：

1. 确认被告名下广联公司600万股股份归还原告所有；
2. 判令被告配合原告办理相关股权变更手续。

争议焦点： 如何认定《关于代持事宜回复》的证明效力。

基本案情：

1997年6月，原告与案外人中保公司广西分公司等发起设立广联公司，股份总额为8594.85万股。其中，原告作为发起人实际出资并认购股份为600万元。

2003年10月15日，原告因清理整顿需要与被告约定由被告代为持有股份，为办理工商变更登记手续，原告与其签订股权转让协议书。

2003年10月22日，广联公司在工商管理部门办理股东变更登记，将原告名

[①] 参见北京市第二中级人民法院（2010）二中民终字第05176号民事判决书。

[②] 本案被告应为广联公司，中达公司应为第三人。

下的600万股股份变更至被告名下。至本案诉讼前,工商登记中,被告仍为广联公司600万股股东。

原告诉称:

原告认为被告仅为广联公司的名义股东,系代其持股,但被告拒绝返还,遂提起此诉。

原告为证明其观点,提交证据如下:

1. 1997年6月6日广联公司章程。其中载明原告为广联公司600万股份之股东。

2. 2001年2月12日企业国有资产占有产权登记表。证明2001年2月12日,财政部对原告的国有资产占有情况进行了产权登记,确认原告对广联公司享有的股份为600万股。

3. 原告上级主管部门人民日报社事业发展部向被告发出(2007)11号函,内容为:

我部所属原告作为广联公司的发起人之一,认缴出资额600万元(出资额已到位),持有该公司600万股股权。2003年因我部清理整顿工作的需要,经我部领导同意并批复,同意由你公司为我部代持,并将这600万股股权过户到你公司名下。现经我部研究决定,将由你部代持的广联公司600万股股权收回,请协助办理有关手续。

4. 2007年11月23日,被告作出"关于代持广联公司600万元股权事宜的回复",内容为:贵部(2007)11号函收悉。我部服从贵部安排,一旦贵部重新指定原告在广联公司股权代持或转让单位,我公司将根据贵部及原告的指令办理有关手续。

被告辩称:

1. 被告合法受让股权。

原告向被告转让600万股股份系双方真实意思表示,合法有效,该协议未反映任何股权代持关系。被告在受让股权前通过董事会会议讨论并一致通过,后该股权转让亦经过了工商变更,实质、形式上被告皆应被认定为广联公司合法股东。

2. 回复函不足以说明原告的持股情况。

被告认为仅凭一纸回复不能片面认定代持关系成立。对于回复的内容,被告认为:该回复仅反映被告服从人民日报社事业发展部的股权转让安排,而并未反映被告认可"代持股权事实"的任何意思表示;即使认定该回复认可股权代持事实,但从证据的效力看,2003年的股权转让协议书及股权工商变更登记事实的证明效力远高于 2007 年一纸回复的效力。

律师观点：

被告的回复函认可了其与原告的代持股关系。

双方未签订书面代持股协议，仅凭双方签订的股权转让协议书，确实无法得出被告受让的广联公司 600 万股股权系代原告持有。但是，原告提供的人民日报事业发展部（2007）11 号函，"关于代持广联公司 600 万股权事宜的回复"，无论是从函件的名称，还是函件的内容，都能反映出被告认可代原告持有 600 万股权的事实。因此原告的诉讼请求理应得到法院的支持。

法院判决：

1. 确认被告所持广联公司 600 万股股份属原告所有；
2. 被告配合原告办理相应的股权变更手续。

249. 取得股份有限公司股票的方式有哪些？

股东取得股份有限公司股票的方式包括如下四种。

（1）发起人记名股票

股份有限公司发起人记名股票（权）的取得必须在办理工商登记中注册登记，发起人记名股票的转让必须由公司将受让人的姓名或名称及住所记载于股东名册，并办理工商登记变更，才有法律效力。

（2）记名股票的转让方式

股份有限公司章程对记名股票转让作出限制的，应按章程规定。章程规定应征得公司董事会同意，其他股东同意以市场价格受让时，享有优先购买权的，应从其规定。一般情况下，公司股票在工商部门变更登记后就取得了股权，如果公司章程有限制的，应该遵守这种限制。

（3）记名法人股的转让方式

对定向募集设立的股份有限公司记名法人股的转让方式，公司已经委托证券管理机构托管的，记名法人股转让应在公司委托的证券管理机构办理过户手续，由委托的证券管理机构通知公司将受让人的姓名或名称及住所记载于股东名册。原发行定向募集法人股的公司未委托证券管理机构托管的公司记名法人股转让，应当在证券交易所上市交易。

（4）记名股票被裁定转让

人民法院裁定或确认记名股票的转让。被执行人在其他股份有限公司中持有的股权凭证（股票），由于被强制执行，所持有股权凭证（股票）的转让方式，人

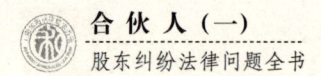

民法院可以按照公司的有关规定转让,也可以采取拍卖、变卖的方式进行处分,或直接将股票抵偿给债权人。此时,记名股票在法院裁定或者判决发生效力的时候发生转让。

【案例109】未登记股票被他人转让　刑事立案材料确认股东资格①

原告:陈奇富

被告:源兴针织厂

诉讼请求:依法确认被告名下账号为 B88006×××中2万股上海九百(证券代码600838)的原始股票及其派生的权利归原告所有。

争议焦点:

1. 象港公司及其上海办事处的报告附表情况说明是否可作为涉案股权处分的依据;

2. 被告是否有权取得象港公司涉案股权。

基本案情:

原告在象港公司成立时任总经理,其负责象港公司上海办事处的工作。

1993年12月,象港公司驻上海办事处以象港公司名义购得上海市第九百货商店股份有限公司法人股股票二万股(股东账户为B88003×××)。

1994年8月,象港公司上海办事处与象港公司进行了财务清算。然后,象港公司由蒋善权担任董事长。

由于原告承担了该公司办事处有关债务的经济责任,作为对价,上海市第九百货商店股份有限公司法人股股票二万股(股东账户为B88003×××)归原告所有,由原告持有。

1996年3月8日,象港公司被注销,上级单位为大徐镇工办。

1996年8月8日,被告由殷夫中学开办,蒋善权被任命为被告厂长。

1996年8月14日,蒋善权利用原来的董事长身份,用已注销的象港公司介绍信、委托书向上海证券交易所申请上海市第九百货商店股票(股东编号为B88003×××)挂失,并于1996年8月29日将该股票转让给被告(股东编号为B88006×××)。

1997年3月,原告在办理配股事宜时发现,上述股票已经被转至被告名下R88006×××股东账户内,原告遂向上海市公安局虹口分局报案。上海市公安

---

① 参见浙江省象山县人民法院(2009)甬象商初字第1503号民事判决书。

局虹口分局以诈骗案立案侦查。后被撤销。

原告诉称：

上海市第九百货商店股份有限公司法人股股票2万股（股东账户为B88003××××）系原告的股票，被告将其登记在自己名下侵犯了原告的权利。

原告为证明其观点，提交证据如下：

1. 认购上海市第九百货商店股票的凭证2份，证明原告持有象港公司认购的2万股上海九百原始股票的事实。

2. 介绍信及挂失申请书、挂失委托书、过户凭证各1份，证明上海九百的股票被蒋善权通过虚构事实的方法转至被告账户的事实。

3. 股票账户2份，证明股票名称、账号、股东编号等记载内容由象港公司变更为被告的事实。

4. 象港公司驻上海办事处审计处理报告书、双方账款结算清单各1份，清单上有盖具大徐镇工办印章的补充说明："注甲乙双方根据上述协定，以下部分财产及证券归乙方所有：一、移动电话5.74万元；二、空调0.43万元；三、BP机0.1万元；四、证券10万元，库存商品6.5万元；五、汽车（马时特）1.5万美元。"

5. 大徐镇工办出具的1997年5月15日的证明1份。该证明载明："兹证明原象港公司驻上海办事处在1994年8月3日与上海办事处（原告）办理手续原上海办事处的财产及证券归原告所有。即移动电话、空调、10万元证券、汽车等。"

6. 上海市公安局虹口分局向大徐镇工办的白少艳询问笔录1份。白少艳陈述："……根据协商，我们和原告达成关于象港公司上海办事处的财产归原告所有，上海的债务也归原告承担，当时上海的债务有210万元左右，上海中百九店2万股股票也归原告所有。……自1994年8月……象港公司由蒋善权担任董事长……"证明原告支付了对价，原象港公司认购的上海九百的原始法人股2万股归原告所有的事实。

7. 蒋善权的谈话笔录3份，证明被告非法取得股票的事实。

8. 象港公司的工商登记材料，证明象港制衣行已被注销的事实。

被告辩称：

1. 被告主体不适格。

原告不是象港公司的股票权利人。被告所得的股票是从象港公司取得，不是从原告处取得。原告对被告持有股票有异议，应向象港公司要求，与被告无关。原、被告之间不存在因果关系，被告主体不适格。

2. 象港公司未把股票转让给原告，大徐镇工办也无权处理象港公司的财产。

象港公司与上海办事处之间的财产处理不包括该股票。因为象港公司的股票是原始法人股,其转让是有条件的,象港公司从未把自己的股票转让给原告。大徐镇工办将象港公司的股票处置原告所有。而象港公司是独立的法人,其对自身的财产有处置权,大徐镇工办没有资格也没有权利处理象港公司的财产。大徐镇政府也出具了相关证明,证明了工办的行为是无效的。

3. 被告合法取得象港公司。

被告取得象港公司的股票是合法所得。原告向上海市公安局虹口分局报案,该案经侦查,现在公安局已撤销案件,说明被告取得的股票是合法有效的。

被告为证明其观点,提交证据如下:

大徐镇政府于1999年7月25日作出的《关于追回上海九百法人股的请求》1份,用于证明大徐镇工办的证明无效,不存在原象港公司持有的上海九百公司的股票划归原告的事实。

律师观点:

1. 象港公司驻上海办事处购买的上海市第九百货商店股份有限公司法人股股票应属原告所有。

(1)象港公司上海办事处的债权债务清算后的权利义务的约定系诸方的真实意思表示。

原告提供的证据来源于上海市公安局虹口分局,其合法性和真实性应当予以认定。其内容为象港公司上海办事处的债权债务清算后的权利义务的约定。报告由象港公司及其上海办事处、大徐镇工办签署,象港公司及其上海办事处意思表示真实。

(2)大徐镇工办有权处理象港公司上海办事处的债权债务关系,且报告说明清晰。

大徐镇工办作为主管部门参与企业的清算,按照当时的工办职能并不违反法律规定,因此该报告书合法有效。虽然该报告中未明确涉案股权属原告所有,但在报告书第1条列举了6条后并写明详见附表一,附表一应属报告书的组成部分。在附表一的情况说明中载明了原告享有的债权中包括了涉案股权,并且大徐镇工办出具的证明及主管领导白少艳的陈述均印证了这一事实。

(3)被告提供的证据不能反映象港公司的财产分割情况。

被告提供的大徐镇政府作出的关于追回上海九百法人股的请求不能反映象港公司财产分割情况。

2. 被告无权取得象港公司涉案股权。

被告法定代表人蒋善权利用担任象港公司董事长的职务之便,于1996年8

月 14 日在该企业申请注销时,隐瞒了有关事实,向上海证券交易所申请挂失,并于 1996 年 8 月 29 日将涉案股票转入被告名下。蒋善权的民事行为明显违法,被告取得涉案股权无事实和法律依据。

综上,本案争议的股票原虽登记在象港公司名下,但应属原告所有。

法院判决:

被告名下股东编号为 B88006×××上海九百(证券代码 600838)的股票及其派生的权利归原告所有。

250. 实际出资人以股东名义实际参与公司的经营管理,能否直接行使股东权利?

不能。

(1)该出资是以名义股东的名义出资的,在公司盈利时公司只有义务向名义股东分配红利;公司在亏损时,实际出资人也没有权利要求公司退回投资款。

(2)公司固然可以在盈利时排除已经实际行使股东权的实际出资人的权益,但却无法排除名义股东的股东权益。而实际出资人可以根据协议约定向名义股东主张权益,从而实现自己的利益,这也符合权利义务相一致原则。

【案例 110】有效证据链助实际出资人"夺回"股东资格①

原告:钱汉培

被告:卫荣公司

第三人:钱惠斌、陆荣祥、广粤公司

诉讼请求:

1. 确认原告为被告的股东;

2. 判令依法恢复原告在被告的法定代表人身份。

争议焦点:

1. 原告与第三人广粤公司是否存在代持股关系;

2. 原告是否履行了出资义务;

3. 公司其他股东是否认可原告为公司实际股东。

基本案情:

原告与第三人钱惠斌、第三人陆荣祥分别系父子、翁婿关系。

---

① 参见上海市崇明县人民法院(2005)崇民二(商)初字第 224 号民事判决书。

1998年4月10日,原告与第三人广粤公司以组建被告为由签订《协议书》一份,该协议内容为:

1. 乙方(原告)以甲方(第三人广粤公司)名义投资被告,根据公司章程,注册资金共计70万元,乙方投资总注册资金的54%,合计378,000元,全部由乙方投资;

2. 甲方委派季明娟、乙方委派原告出任被告董事会董事;

3. 该公司组建后,一切经营管理、人事管理、财务、分配、盈亏等都由乙方负责全权处理;

4. 所有一切债务由乙方承担;

5. 甲方不承担一切债务。

1998年5月5日,被告经工商核准登记成立。公司章程载明股东为第三人广粤公司(占54%股权)、第三人钱惠斌(占23%股权)和第三人陆荣祥(占23%股权),注册资本为70万元,已实际缴纳。

被告成立后,法定代表人为第三人钱惠斌。同年4月15日,被告通过股东会决议,选举原告、第三人钱惠斌、案外人季明娟为该公司董事。

2003年5月20日,经工商局核准变更登记被告的法定代表人钱惠斌为原告。

2004年6月28日,被告又通过工商登记将法定代表人原告变更为第三人陆荣祥。其间原告曾以被告代表身份对外签订《电力工程承包协议》《工程合同》等。

2005年10月31日,第三人广粤公司以被告、第三人钱惠斌和第三人陆荣祥擅自召开股东会、变更法定代表人并修改公司章程之行为严重违反了公司章程和相关法律规定为由诉至法院,请求撤销被告、第三人钱惠斌和第三人陆荣祥作出的股东会决议、董事会决议,并要求恢复原告的法定代表人身份。同年11月10日,第三人广粤公司又撤回了起诉。

2005年11月10日,以第三人广粤公司(以下简称甲方)为转让方,第三人钱惠斌(以下简称乙方)、第三人陆荣祥(以下简称丙方)为受让方订立《股份转让协议》,约定:

1. 甲方持有被告54%股份,现全部转让给乙、丙方所有。股份转让完成后,乙方持有被告50%股份;丙方持有被告50%股份;

2. 甲方持有的被告54%股份的转让价为378,000元。第三人广粤公司在被告注册登记时应出资的注册资本378,000元,由乙、丙垫支,现甲方将股份转让款归还乙、丙方;

3. 本股份转让协议书达成后,由被告到工商局办理有关部门变更登记手续等。

2006年2月10日,第三人广粤公司的经办人季明娟向法院陈述如下情况:

1. 被告的成立因需集体性质的股东参股,原告遂找其商量。后第三人广粤公司同意作为被告的名义股东在工商局备案,但第三人广粤公司确未投资。出资款是原告或钱惠斌垫付的。其间第三人广粤公司也未分得过红利。

2. 第三人广粤公司的经办人与原告签订的《协议书》并非1998年4月10日形成。原告在2005年10月向其提出只要在该协议上盖章,便能以集体名义向万盛公司催款。考虑到原告对其承诺还债,经办人才同意并盖章。

3. 2005年11月10日其代表第三人广粤公司与第三人钱惠斌、第三人陆荣祥所签订的《股份转让协议》亦是有条件的,即由第三人钱惠斌提出代原告偿还结欠其19万元借款才同意签订股权转让协议。实际变更手续尚未办理。

原告诉称:

1. 第三人广粤公司为名义股东。

限于被告设立时的规定,设立公司需由集体性质的企业参股。故原告找到第三人广粤公司并与之订立《协议书》一份,由第三人广粤公司代其持股54%。

2. 被告的70万元注册资本全部由原告实际出资。

《协议书》订立后,原告实际履行了被告的全部出资70万元,并由其将验资款70万元解入银行。被告成立后于同年4月15日形成股东会决议,由原告与第三人季明娟、第三人钱惠斌三人组成董事会。嗣后,原告曾担任过被告的法定代表人,并代表被告对外签订工程项目,参与公司经营。

2004年6月28日,被告违反公司章程无故免去原告的法定代表人身份,侵犯了原告的股东权益,故诉至法院。

原告为证明其观点,提交证据如下:

证人陆英和沈习超的证词。其中陆英系原告的驾驶员,沈习超为某驾驶学校教练员。两证人共同证实在1998年5月左右,为原告开车从沪赴崇明城内的信用社,由原告将携带的70万元解入信用社之事实。

被告辩称:

被告股东由第三人陆荣祥、第三人钱惠斌及第三人广粤公司组成,与原告无任何法律上的关系,其不具备股东资格。

原告提供的1998年4月10日与第三人广粤公司订立的协议书,被告根本不清楚,系原告伪造。

综上，被告请求法院驳回原告之诉讼请求。

被告对原告所提供的证据发表质证意见如下：

对于证人陆英和沈习超的证词，被告认为该证人与原告有利害关系，不应予以认可。

第三人广粤公司述称：

第三人是被告的名义股东，未向该公司投入资金。其与原告订立的协议书虽落款时间为1998年4月10日，但该协议实际形成的时间为2005年10月。形成的原因系原告与其存有债权、债务关系，原告承诺归还其借款才答应签订了该份协议。该协议内容非本第三人的真实意思，故原告诉请与其无关。

第三人钱惠斌、陆荣祥述称：

第三人广粤公司是被告的名义股东，但原告与第三人广粤公司于1998年4月10日订立的协议书两位第三人根本不清楚。原告虽担任过公司的法定代表人，但也是其冒用公司董事签名后才予以登记，其也未向公司投资过。公司的投资款均由两位第三人投入。故原告非被告股东，其要求确认公司股东无事实依据。

律师观点：

1. 原告与第三人广粤公司之间存在隐名投资关系。

结合第三人广粤公司、季明娟所作的陈述，证明被告开办前夕确由原告找到参股企业第三人广粤公司，第三人广粤公司仅是被告的名义股东，其未向被告投入资金。并且第三人季明娟称该投资款实际由原告或第三人钱惠斌垫付，而第三人钱惠斌与第三人陆荣祥对投资款究竟由谁具体出资、以何形式出资也未能表述清楚。虽原告提供两证人的证词未被相对方采信，但综合第三人季明娟的陈述与被告开办过程中的具体细节可确信原告的投资事实。而且，其后原告与第三人季明娟共同担任被告董事的事实也印证了协议书的内容与实际履行的一致性。

退一步讲，即便该协议书是2005年形成的，亦系第三人广粤公司与原告对原头达成的口头协议的一种追认，鉴于该协议明确了原告以第三人广粤公司名义投资被告，且约定由实际出资人原告承担投资风险，据此也可以认定原告与第三人广粤公司之间存在隐名投资关系。

2. 原告实际参与公司经营，其他股东对原告的实际出资人身份是明知的。

原告按照公司章程的规定作为第三人广粤公司的派出人员担任被告的董事，之后又担任过法定代表人，并对外代表被告签订过多个工程项目，应视其参与了被告之经营。

基于原告与第三人钱惠斌、第三人陆荣祥之间特殊的亲情关系,据此,有理由相信原告在被告展开的一系列运作目的均为实现其家族利益,故可以推定原告的实际出资人身份相对于第三人钱惠斌、第三人陆荣祥是明知的。

3. 法定代表人身份系公司内部事宜,法院就此直接宣判。

原告提出恢复其在被告的法定代表人身份,但公司法定代表人的担任应依照公司章程之规定,由公司内部股东通过选举产生,属公司内部治理之事宜,司法不应过多干预。

综上,对于原告请求确认其在被告的股东身份之诉请应予支持。

法院判决:

1. 确认原告为被告的股东;
2. 驳回原告要求恢复其为被告法定代表人的诉讼请求。

251. 公司与员工约定,其无须出资,但可以分配公司收益,则该员工是否具有股东资格?

实践中,公司为了奖励公司技术骨干与管理层,往往会与这些人员达成协议,约定年底会从公司的利润中提取一部分分配给技术骨干与管理层。这与股权激励不同。股权激励是公司股东将一部分股权转让或赠与给员工。无论在工商登记与否,这些员工都是公司的实际股东。但上述协议并不涉及股权转让或赠与,而仅为公司对员工工资、奖金计算、发放的一种特殊形式,因此员工不具有股东资格。

252. 实际投资者能否依据隐名投资协议请求名义股东履行相关合同义务,并交付从公司获得的收益?

可以。隐名投资协议是实际投资人与名义股东对双方权利义务的约定,只要没有违反法律、法规的禁止性规定均视为有效。

253. 名义股东不履行隐名投资合同义务,致使合同义务不能实现的,实际投资者能否请求解除合同,并由名义股东承担违约责任?

可以。根据《合同法》规定,合同一方迟延履行合同义务或者有其他违约行为致使合同目的不能实现的,守约方可以解除合同,并要求违约方承担违约责任。

254. 名义股东能否请求实际出资者支付必要的报酬?

名义股东代为持股的行为是否能够取得报酬,取决于其与实际出资人之间是否存在相关的约定。如果实际出资人愿意对名义股东的付出给予回报,并将之约定于代持股协议当中,则名义股东可以请求实际出资人支付一定的费用。

255. 隐名投资协议解除后,实际投资者能否请求名义股东返还投资款和利息?

视情况而定。

合同解除的效力应区别不同的合同而定。继续性合同原则上无溯及力,非继续性合同原则上有溯及力。我们认为,名义股东和实际股东之间的合同属于继续性合同。法定违约解除的情形,是在合同履行过程中发生的,对解除事由形成前双方之间长期持续发生的收益、费用、成本、劳务不具有可返还性,亦不利于现状的稳定。故应认定解除合同不能溯及既往。易言之,合同解除应向将来发生效力,已经履行的部分不发生回复原状的后果。尤其在投资款已经实际投入公司后,在违约事由发生前公司可能盈利,可能亏损,应当根据违约前企业盈利和亏损状况确定实际投资者与名义股东依约按比例享受利益或分担亏损。但根据名义股东违约与实际投资者的损失之间的因果关系,实际投资者有权请求名义股东就其违约行为承担违约责任,赔偿因其违约行为致实际投资者遭受的损失。因此,对于实际投资者返还投资款和利息的诉讼请求,不可一概予以支持,而应当根据不同情形予以处理。①

256. 隐名投资协议被认定无效后,投资款与股权收益应如何处理?

投资款与股权收益的处理方法有以下三种:

(1)名义股东持有的股权价值高于实际投资额,实际投资者可以请求名义股东向其返还投资款并根据其实际投资情况以及名义股东参与公司经营管理的情况对股权收益在双方之间进行合理分配。需要注意两点:

①返还的利益不仅包括实际出资款,还包括平均的投资收益;

②对于剩余股权收益的分配,应综合考虑名义股东参与公司的实际经营是否获得相应报酬、实际投资者是否参与实际经营、实际出资者是否已获得相应收益等。

(2)名义股东持有的股权价值低于实际投资额,实际投资者可以请求名义股东向其返还现有股权的等值价款。

(3)实际投资者与名义股东之间的合同因恶意串通,损害国家、集体或者第三人利益,被认定无效的,人民法院应当将因此取得的财产收归国家所有或者返还集体、第三人。

---

① 万鄂湘主编:《最高人民法院关于审理外商投资企业纠纷案件若干问题的规定(一)条文理解与适用》,中国法制出版社2011年版,第171页。

257. 名义股东明确表示不要股权的,如何处理实际投资者的投资款？实际投资人可否参与名义股东放弃的股权的拍卖?

如果名义股东明确表示放弃股权或者拒绝继续持有股权的,人民法院可以判令以拍卖、变卖名义股东持有的公司股权所得向实际投资者返还投资款。

若股权价值高于实际投资额,其余款项根据实际投资者的实际投资情况、名义股东参与公司经营管理的情况在双方之间进行合理分配。

关于股权拍卖或变卖,应当注意保护公司其他股东的优先购买权。实际投资者也可以参与到拍卖中。

258. 名义股东私自处分股权的,实际投资人应如何保护自身利益?[①]

名义股东将其名下的股权转让、质押或者以其他方式处分的,如果受让人不具有善意取得情形,那么实际投资人可以主张该股权转让无效。名义股东私自处分股权导致实际股东利益受损的,可以向名义股东主张损害赔偿责任。

如果受让方具有善意取得情形的,实际投资人只能向名义股东主张违约责任与损害赔偿责任。

259. 名义股东能否以其非实际出资为由对抗债权人?

不能。

公司债权人以名义股东未履行出资义务为由请求其对公司债务不能清偿的部分在未出资本息范围内承担补充赔偿责任的,名义股东不能以其仅为名义股东而非实际出资人为由进行抗辩。

当然,名义股东根据前款规定承担赔偿责任后,有权向实际出资人追偿。

260. 名义股东因自身债务成为被执行人的,若法院强制执行"名义"股权,实际出资人应如何保护自身的利益?

实践中,若法院根据工商登记信息强制执行名义股东的股权,实际出资人可以向执行法院提出异议,声称自己才是股东,同时提起股东资格确认之诉,申请中止执行。但法院如果根据商事外观主义原则,强制执行"名义"股权清偿名义股东债务,因此导致实际出资人利益受损的,名义股东须向实际出资人清偿。

261. 如果确认实际出资人股东资格将导致公司股东人数超出有限责任公司股东法定 50 人上限的,法院是否会支持原告的诉请?

该问题在实践中存在较大争议。北京市法院的判决往往对此不予支持。

笔者认为,如果实际出资人已实际出资,并与名义股东明确约定了其享有的

---

① 关于名义股东无权处分,实际出资人如何保护自身权益详见本书第七章股权转让纠纷。

股东权利,并且实际出资人主张确认股东资格也能够得到全体股东过半数同意,那么应当得到法院的支持。此种情形下,不应以确认股东资格后股东人数超出法定50人上限为由驳回诉讼请求。

但是实践中,为保护有限责任公司在工商登记中的合法性问题,法院可以通过调解的方式解决问题,如由确认股东资格后的新股东将股权转让给公司的原股东,或由公司对其股权进行回购等。

【案例111】确权将导致股东人数超限　法院不予确认股东资格①

原告：郑秀娟

被告：星城商厦商贸

诉讼请求：确认原告为被告的股东。

争议焦点：确认股东资格后公司股东人数将超过50人,原告可否主张确认其为公司股东。

基本案情：

2004年3月30日,被告作出《股份募集方案》,该方案确定了股权设置方式,募集总股本为4300万元,职工个人股3700万元,按照工龄、岗位确定职工的入股限额。该《股份募集方案》作出后,原告作为被告职工参加了增资入股,出资21万元。

2005年4月28日,被告公司进行了工商变更登记,注册资本变更为4300万元,工商登记的股东变更为26名,原告不在其中。被告工商备案的公司章程中也没有列明原告是被告的股东。

原告自2005年起取得被告分红。

2009年4月6日,被告作出股东会决议。决议中写明"本公司实行全员参股制度,共有284名员工出资"。在进行工商登记时,受制于当时《公司法》之限制及政策影响等因素,在得到有关部门认可的前提下,实行了捆绑式登记办法,即从全员股东中选择26名股东(每名股东代表名下的出资额实为相应公司员工实际出资额的总和)作为本公司的注册股东进行工商登记。公司成立后,股东大会由注册登记的26名股东组成,其他实际股东无法行使其股东权利,但一直享有利润分配权。本次股东大会决定,将现行公司26名股东代位行使的股东会职权改为由284名全体股东(股东名册附后)组成新的公司股东会,依

---

① 参见北京市大兴区人民法院(2010)大民初字第7970号民事判决书。

法行使股东会的职权,保证全体股东能够依法享有资产收益、参与重大决策和选择管理者等权利。该决议附有被告股东名册。该股东名册列明股东 284 名,其中有原告的出资额记载,与原告股份所有权证记载的出资额一致。

原告诉称:

原告履行了出资义务,这一点被告的出资额记载可以证实。原告之所以没有出现在被告的工商登记中,是由于改制时的《公司法》之限制以及政策影响。现原告要求在工商登记上作为显名股东体现。

被告辩称:

被告认可原告的股东身份,但原告要成为被告工商登记的股东不符合《公司法》的规定,工商局不能办理。

律师观点:

按照《公司法》的规定,有限责任公司股东人数不能超过 50 人。被告目前为有限责任公司,但被告股东名册记载的股东已有 284 人。显然这 284 人不能全部成为工商登记上的股东,否则将导致被告公司的股东人数超过法定上限,并难以进行工商变更登记。

法院判决:

驳回原告的诉讼请求。

二、股权转让中股东资格确认的裁判标准

262. 因股权转让而引起股东资格争议的,如何处理?

股权转让人、受让人以及公司之间因股东资格发生争议的,应结合形式要件和实质要件综合判断股东资格。一般应根据工商登记认定股东资格,若有证据证明工商登记股东并不参与公司的经营管理,其也不享有股东权利的,公司盈亏风险也不导致其股权价值变动,则该工商登记股东实质上不具有股东资格。若公司未办理工商变更登记前,受让人实际已参与公司经营管理、行使股东权利的,应认定受让人具有股东资格,并责令公司办理工商变更登记。

对于这一问题,安徽高院的观点是:工商登记文件具有公示公信效力,但不是确认股东资格及股东权利义务的唯一证据。在公司内部,公司与股东之间或股东与股东之间就股权的取得、持有及股东权利的行使另有约定的,应以约定载明的内容为准。对于股东资格的认定,应结合形式要件和实质要件综合判断。有限责任公司的股东资格的确认,应当根据出资数额、公司章程、股东名册、出资证明书、

工商登记、行使股东权利、参与公司决策等多种因素综合审查确定,其中签署公司章程、股东名册、工商登记等是确认股东资格的形式要件,出资、行使股东权利、参与公司重大决策等是确认股东资格的实质要件。上述要件必须综合起来分析,并充分考虑当事人实施民事行为的真实意思表示来判断股东资格具有与否,具有某种特征并不意味着股东资格的必然成立。

263. 股权转让合同签订后受让人何时享有股东资格?

股权转让后受让人取得股东资格的时间应视情况而定:

(1)股权转让合同生效后,受让人的股东资格自转让人或受让人将股权转让事实通知公司之日取得。但股权转让合同对股权的转让有特殊约定,或者股权转让合同无效、被撤销或解除的除外。

(2)股东将同一股权多次转让的,一般情况下应认定取得工商变更登记的受让人具有股东资格。

(3)股东将同一股权多次转让,且均未办理工商登记变更手续的,转让人将受让人的情况及股权转让通知先告知公司的,由该受让人取得股东资格。

264. 股权转让合同能否对受让人取得股东资格的时间作出约定?

可以约定。

股权转让合同可以约定受让人取得股东资格的时间,如约定在办理工商和(或)股东名册变更登记手续后,或约定在支付全部股权转让款之后股权发生转移。

265. 股权转让中未向股权转让人支付对价的,是否享有股东资格?

享有,但股权转让协议约定支付对价后方能享有股权的除外。

如果其他股东或转让股份的原股东作为权利人向其主张违约责任,其在合理期限内仍不支付对价义务的,其他股东或原股东可以当事人一方迟延履行债务致使不能实现合同目的为由主张解除合同,进而解除未支付对价之受让人的股东身份。

266. 受让人已经支付价款,并且以股东身份参加股东会、参与公司经营和利润分配,但未办理工商登记变更的,该受让人是否具有股东资格?

具有,但其应享有的股权已经由善意第三人取得并办理工商变更登记手续的除外。

上述的情形表明,其他股东已经同意受让人为公司的新股东,并且其实质上也享有了股东的各种权利,如参与决策权、参与分配的权利,只不过其不具备形式条件,即公司章程记载和工商登记记载。但这并不影响其股东资格。

当然,该受让人有权要求进行公司章程变更、股东名册变更和工商变更登记,公司应当履行工商变更登记的义务。

267. 股权转让中受让人股东资格未被确认的,应如何保护其利益?

股权受让人取得股权后未及时办理工商变更登记,转让人又将该股权让与他人并办理工商变更登记的,则受让人可以请求转让人承担赔偿责任,包括损失、利息、可预期收益等。如果对于未及时办理变更登记是由于董事、高级管理人员或者实际控制人的过错而导致的,则受让人有权向上述人员主张损害赔偿责任。当然,如果受让股东对于未及时办理变更登记也有过错的,可以适当减轻上述董事、高级管理人员或者实际控制人的责任。

三、干股股东资格确认的裁判标准

268. 干股股东是否具有股东资格?

视情况而定。

是否具有股东资格不以是否实际出资为条件,不出资也可以成为公司的股东。干股股东的形成是公司或股东意思自治行为,只要其办理了相应的手续,如公司章程登记、工商部门登记等一系列形式要件和实质要件,就应当确认其股东资格。

如干股股东出资已实际缴纳,其与实际出资股东之间的关系按垫资或赠与关系处理;如其名下出资未实际缴纳,应负补足出资义务,干股股东不能以受赠与为由主张免除其应尽的法律责任。

269. 干股股东在确认其股东资格时应提交哪些证据?

(1)公司及股东会决定给予其干股的证明文件;

(2)其股东姓名已经在公司章程中登记,或已经办理了工商登记,或拥有股东名册。

270. 出资人以贪污、受贿、侵占、挪用等违法犯罪所得向公司出资取得股权或干股的,是否具备股东资格?对这部分股权应当如何处理?

具备股东资格。出资人以贪污、受贿、侵占、挪用等违法犯罪所得的货币出资并不影响出资行为的效力,出资人可以享有股东权利。同时,对违法犯罪行为予以追究、处罚时,应当采取拍卖或者变卖的方式处置其股权。注意,在处置股权时,还应保护有限责任公司股东的优先购买权。

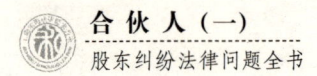

【案例112】公司不得持有本公司股权　犯罪所得股权应拍卖返还①

原告：李孝忠、韦清平、程黔会等28人

被告：金荣中、张定忠、程康、肖武勇

第三人：五金公司、南川市财政局

诉讼请求：

1. 被告金荣中在第三人五金公司的股权为848,408元，其中99,176元系贪污国家公款所得，应收归国有，其余749,232元系侵占、挪用公司资金购买，应收归公司所有；

2. 被告肖武勇挪用公司资金购买的公司股权113,520元和侵占公司资本公积金取得的股权33,270元应归公司所有；

3. 被告张定忠挪用、职务侵占公司资金取得的股权192,984元和侵占公司资本公积金非法取得的股权33,270元应归公司所有；

4. 被告程康挪用、侵占公司资金取得的股权192,984元应归公司所有。

争议焦点：

1. 原告的诉讼主体是否适格，在什么情况下，股东可为公司利益以自己名义直接提起诉讼；

2. 以挪用、侵占资金获得的股权可否归公司，公司可否持有本公司的股权。

基本案情：

第三人五金公司原为国有企业。原告李孝忠、韦清平、程黔会等28名自然人以及被告金荣中、张定忠、程康、肖武勇均是第三人五金公司职工。

1998年国有企业改制时，确定国有股为934,730元，个人股为1,811,768元组成注册资金为274.65万元的五金公司。根据当时公司改制时的股权设置方案经理交10,000元、副经理交8000元、一般中层干部交4000元、职工交2000元后按规定配股的原则，被告金荣中交10,000元取得股权99,176元，被告程康交8000元取得股权78,741元，被告张定忠交4000元取得股权41,270元，被告肖武勇交4000元取得股权43,270元。

2000年年底该公司第二次改制，国有股权彻底退出公司，加上1998年改制时漏评的国有资产200,427.82元，经南川市商业局同意后报南川市财委，财委于2000年12月11日批复同意将国有股权1,135,200元作价50万元转让给第三人

---

① 参见重庆市南川市人民法院(2006)南川法民初字第539号民事判决书。

五金公司领导集团。南川市商业局与被告金荣中等4人于2000年12月14日签订了转让协议:被告金荣中,任董事长兼总经理,用300,000元受让国有股权681,120元;被告张定忠、被告程康,分别任副董事长兼副总经理,分各用75,000元各受让170,280元;被告肖武勇,任监事会副主任,用50,000元受让113,520元。该转让款50万元经南川市商委与四被告协商每年付10万元,5年内付清。四被告每年按受让比例给付。协议同时约定,价款付清后,四被告获得所转让的国有股份的全部所有权,并凭商委的收款证明由所在单位发给股权证,未付清转让款前,不得办理所有权证。如被告金荣中等人未按时付款,将按银行同期利息给付资金占用费和每天万分之三的违约金。协议后,2001年12月30日,公司股东名册上便按照4人受让后的股份进行了登记。

2001年年初,南川市商委多次要求四被告支付首次转让款。2001年3月,被告金荣中分别与被告张定忠、被告程康、被告肖武勇商量,决定从公司收款员田丰旺处拿出公司营业款10万元按比例垫交了4人的首次转让款,并由肖武勇将交款后的发票复印了给每人1份。同年7月底8月初,四被告先后归还了公司的营业款10万元。

2002年5月16日,被告肖武勇将自己受让的国有股113,520元以50,870元按6∶2∶2的比例转让给了被告金荣中、被告张定忠和被告程康。

2002年11月,经南川商委、财政局批准,将金荣中、张定忠、程康未缴纳的转让款40万优惠20%,即8万元,余款32万元必须在2002年12月20日前一次性付清。实际上,在2002年6月,被告金荣中、张定忠、程康将公司的空调安装款33,367元进行私分,被告金荣中分得16,683.5元,被告张定忠、程康各分得8,341.75元后。各自按比例补足差额后,交纳了当年的国有股转让款10万元。2002年12月18日,被告金荣中、张定忠、程康三人商量,决定用公司的营业款按比例垫交转让款22万元。第二天,被告金荣中便安排收款员田丰旺用公司营业款替三人交了转让款22万元。2003年4月22日,公司按规定给被告办理了股权过户手续。

2004年10月,被告金荣中因贪污第三人五金公司改制前的资金、侵占、挪用公司资金、偷税等被法院数罪并罚判处有期徒刑12年;同年的6月,被告张定忠、被告程康因犯挪用、侵占公司资金罪分别被法院数罪并罚判处有期徒刑2年6个月,缓刑4年;被告肖武勇因犯挪用公司资金罪被法院判处拘役6个月,缓刑1年。在司法机关侦查期间,四被告退清了以上的挪用、侵占公司的资金。

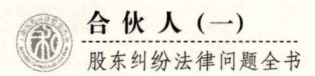

原告诉称：

四被告共挪用公司资金 32 万元支付国有股权转让款。经计算，其中被告金荣中挪用 205,200 元获得股权 548,301.6 元，被告张定忠、程康各挪用 52,400 元各获得股权 140,197.2 元、被告肖武勇挪用 10,000 元获得股权 22,704 元。被告金荣中侵占公司资金 16,683.5 元获得股权 47,347.77 元，张定忠、程康各侵占公司资金 8,341.75 元各获得股权 23,673.89 元。

四被告挪用、职务侵占公司资金取得的股权、侵占公司资本公积金非法取得的股权应归公司所有。

被告金荣中辩称：

本人虽有贪污行为，但公司改制时本人用 10,000 元取得的股权 99,176 元是合法收入。本人挪用、侵占公司资金购买公司股权是事实，但只是本人购买的 749,232 元中的一部分。现本人已受到刑法处罚。虽然挪用、侵占公司资金的行为是违法的，但购买股权的行为是合法的。

被告肖武勇辩称：

2000 年 12 月转让给本人的 113,520 元的国有股权已转让给他人，现本案应与本人无关。

被告张定忠辩称：

原告诉称本人挪用、侵占公司资金购买了股权 192,984 元不属实。在购买国有股权时，本人也用了一部分合法的收入。原告诉称本人侵占公司资本公积金购买了股权 33,270 元不属实。

被告程康辩称同张定忠相同。肖武勇、张定忠、程康对用非法收入购买股权的观点和金荣中相同。

四被告共同辩称：

原告 28 人不是本案的适格主体，适格主体应为公司，故请求法院驳回原告起诉。

律师观点：

1. 原告是适格主体。

原告李孝忠、韦清平、程黔会等 28 名五金公司股东在公司高管人员被判处刑事处罚和其他高管人员不愿起诉的情况下，根据《公司法》(2005 年修订) 第 152 条第 2 款的规定，有权为了公司的利益以自己的名义直接向人民法院提起诉讼。四被告提出原告 28 人不是本案的适格主体，要求驳回原告起诉的理由不能成立。

2. 公司不得持有本公司股权，因此违法所得出资的股权应当依法拍卖。

四被告身为公司的高管人员,本应履行对公司的忠实、勤勉义务,其侵占、挪用公司资金的行为不仅与自己应尽的义务相违背,而且严重违反了我国有关法律的规定。根据2000年12月14日四被告与南川市商委签订的《国有股权转让协议》的约定,四被告只有付清了购买款后,方能取得国有股权转让后的所有权。在协议签订后,四被告未交清购买款以前,国有股权的国有性质是没有改变的。因此,四被告挪用公司资金去购买的国有股权系挪用公司资金取得的收入,按我国《公司法》的规定,应归公司所有。由于公司不能成为本公司的股东,应归公司所有的只能是拍卖4人挪用资金获得的股权后的收益。被告肖武勇辩称已将2000年改制时应得的股权转让他人,并不能免除其挪用公司资金应承担的责任。被告金荣中、张定忠、程康侵占公司资金购买的国有股权属违法所得,按其行为时的《公司法》规定,应予以没收。

法院判决:

1. 对被告金荣中挪用本公司资金所获得的股权548,301.6元,经拍卖后的所得收入归第三人五金公司所有;

2. 对被告张定忠挪用本公司资金所获得的股权140,197.20元,经拍卖后的所得收入归第三人五金公司所有;

3. 对被告程康挪用本公司资金所获得的股权140,197.20元,经拍卖后的所得收入归第三人五金公司所有;

4. 对被告肖武勇挪用本公司资金所获得的股权22,704元,经拍卖后所得的收入归第三人五金公司所有;

5. 驳回原告李孝忠等28名股东的其他诉讼请求。

四、借用或冒用他人身份的股东资格确认的裁判标准

271. 当事人被冒用或借用身份证从而登记为公司股东的,能否请求法院判决否认其股东资格?

被冒用或借用身份证明的人一般情况下在主观上根本没有成为股东的意思表示,也未签署公司章程,更未实际出资。该当事人因此请求人民法院判决否认其股东资格的,人民法院应予受理,并根据依法查明的事实,确认被冒用人或借用人不具备股东资格。

此外,实践中被冒用人也可以通过起诉冒用人侵犯姓名权,主张冒用人停止侵权,并在适当范围内要求冒用人承担损害赔偿责任。

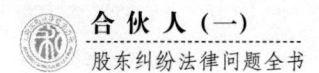

272. 名义股东和冒名股东的法律责任有何不同?

公司债权人以登记于公司登记机关的股东未履行出资义务为由,请求其对公司债务不能清偿的部分在未出资本息范围内承担补充赔偿责任的,股东以其仅为名义股东而非实际出资人为由进行抗辩的,人民法院不予支持;而对于冒用他人名义出资并将他人作为股东在公司登记机关登记的,由冒名登记行为者承担相应的责任;公司、其他股东或者公司债权人以未履行出资义务为由,请求被冒名登记的股东承担补足出资责任或者对公司债务不能清偿部分的赔偿责任的,人民法院不予支持。

需要注意的是,实践中公司股东为规避债权人主张未履行出资义务股东承担连带补充赔偿责任,常常以身份被冒名为由诉请否认其股东身份,对此应侧重于工商登记形式要件判断其是否具有股东资格。

【案例113】名义股东谎称被冒名 逃避出资义务难得逞①

原告: 彭某某

被告: 甲公司

诉讼请求: 请求判令原告不具有股东资格。

争议焦点:

1. 原告系被告的名义股东还是被冒名登记的股东;
2. 在股东资格确认诉讼中如何保护债权人的利益,认定股东资格的标准是工商登记等形式要件还是实际出资等实质要件。

基本案情:

被告注册资本为1000万元,原告享有的20%股权系原股东,即公司法定代表人无偿转让股权取得。

2009年7月21日,被告的债权人以委托合同纠纷将被告、被告法定代表人等诉至法院,要求被告支付拖欠款项。审理中经上述债权人申请,原审法院追加本案原告等为共同被告。

经法院审理认定,被告股东虚假出资900万元,判决原告对被告清偿不能部分在900万元出资不足的范围内承担连带补充责任。在上述案件的庭审中,原告陈述知晓有股权转入其名下,承认是被告的名义股东,但不清楚公司给其股权的原因的事实。

---

① 参见上海市中级人民法院(2011)沪一中民四(商)终字第647号民事判决书。

原告诉称：

原告是被冒名的股东，没有股东资格，法院不应判令原告承担被告的股东责任。

被告法定代表人在该诉讼中也陈述，被告的注册资本均由其一人出资，其为被告唯一股东的事实；同时被告法定代表人也表示由于原告在被告工作，经其操作，将其名下以及挂名在他人名下的部分股权转让至原告名下的事实。对于股权转让的原因，被告法定代表人在庭审中陈述，"所以谁来了我觉得他可以对公司有利，我就将股份给他。我也没有征求他们意见，我当时是希望公司能变好"。

被告同意原告的诉讼请求。

一审认为：

虽然被告认可原告的诉讼请求，但由于《公司法》在内部利益平衡和外部利益平衡上秉承不同的理念。确认股权不能以单一事项作为标准，应当根据具体情形综合考虑股权权属的实质要件和形式要件，公平合理地作出判断。并且，在股东资格确认问题上应注重保护善意第三人的利益。

从本案的基本事实看，原告应当知晓其为被告股东。

1. 原告就职于被告，在公司部分股权转让至其名下时，按常理，应经得原告同意或默许。

2. 原告受让股权是在原告在被告处工作期间。根据被告法定代表人的陈述，给予员工部分股权有安抚之意，用给予股权形式激励员工。所以，原告对其受让股权必然知晓。

3. 原告在他案庭审中自认知道股权转入其名下的事实。

4. 最后，原告起诉的本因为欲通过本案诉讼达到免除他案判决确定的其作为公司股东在出资不足范围内承担的义务。

综上，虽然是否具有成为股东的真实意思表示是认定股权或股东资格的基本标准，但在公司债权人因股东资格发生争议时，应优先使用形式特征特别是工商部门登记、公司章程记载来认定股东资格，保护公司外部人的权利，而不宜依据投资者是否具有成为股东的真实意思。被告将原告作为公司登记股东后，原告事后知晓但不作反对表示。因此，原告的诉讼请求不能得到法院的支持。

一审判决：

驳回原告诉讼请求。

原告不服一审判决，向上级人民法院提起上诉。

原告上诉称：

原告既无出资的事实，也没有成为股东的意思表示及承受股东权利义务的行为。所谓的名义股东纯粹是被冒名和被欺诈的结果。

被告二审未作答辩。

律师观点：

根据《公司法》的相关规定，对于名义股东与被冒名登记的股东的法律责任完全不同，即公司债权人以登记于公司登记机关的股东未履行出资义务为由，请求其对公司债务不能清偿的部分在未出资本息范围内承担补充赔偿责任的，股东以其仅为名义股东而非实际出资人为由进行抗辩的，人民法院不予支持；而对于冒用他人名义出资并将他人作为股东在公司登记机关登记的，由冒名登记行为者承担相应的责任，公司、其他股东或者公司债权人以未履行出资义务为由，请求被冒名登记的股东承担补足出资责任或者对公司债务不能清偿部分的赔偿责任的，人民法院不予支持。由此可见，原告提请本案诉讼的原因就是为了逃避其在他案判决书中确认其系名义股东而应承担的相应民事责任。

对此，原告作为完全民事行为能力人，对于其自认系被告的名义股东的法律后果应是明确的，故原告关于其系被冒名登记的股东的主张，难以得到法院的采信。

事实上，原告提请本案诉讼的目的是否定其从 2005 年 12 月 12 日起作为被告的股东身份。但综上分析，在原告提起本案诉讼之前，对外来说，原告始终是被告的股东，其应对外承担相应的责任。当然，作为被告名义股东的原告，如根据相关法律规定对外承担赔偿责任后，可向实际出资人进行追偿。至于本案判决后，如原告与实际出资人就股东身份能达成一致意见的，双方可直接至工商管理部门办理变更登记。

二审判决：

驳回上诉，维持原判。

【案例114】工商登记非本人签字自称"被股东" 电邮证其诉求"被股东"不成立①

原告：张敬明

被告：环球公司

诉讼请求：判决原告不具有被告的股东资格。

争议焦点：

1. 工商登记材料中原告的签名是否系其本人所签；

---

① 参见人民网 http://su.people.com.cn/GB/155006/170030/12252813.html，2012 年 3 月 19 日访问。

2. 关于回购股权的电子邮件是否为原告转发,能否证明原告知晓认可其股东身份。

基本案情:

被告系有限责任公司,被告成立时,股权分别登记在案外人赵建国、原告和案外人陈琪3人名下。

公司设立时,公司设立材料中包括公司章程、张敬明本人身份证复印件等4份文件签有"张敬明"字样。原告本人对字样的真实性予以怀疑,遂在案件审理过程中提交司法鉴定,结论为文件上"张敬明"字样非其本人所写。

原告诉称:

被告成立时假冒其出资和签名,将其错误登记为股东。

被告辩称:

原告为被告股东,并且已经行使了股东权利,其诉请无事实和法律依据。公司成立时,是委托中介办理相关手续的,签字虽非张敬明本人所写,但所有材料均为其本人知晓并认可的。

被告为证明其观点,提交证据如下:

《公证书》一份,证明赵建国曾收到以原告名义发送的电子邮件,能证实其与赵建国讨论了有关被告回购股权事宜并参与了被告与上海某公司合作协议的草拟过程。

针对被告的上述证据,原告认为:

原告认可发件人邮箱是他本人申请并使用的,但该邮箱为其工作单位共用,邮件均不是其本人所发。

法院使用原告提供的密码进入电子邮箱,确认2006年期间该电子邮箱发出的电子邮件无留存,收到邮件大部分系发给原告本人,其中有一封电子邮件是发给"李女士"。

律师观点:

本案系股东与公司之间就股东资格发生争议,主要应依据当事人之间是否对股东资格有明确约定及当事人是否实际出资、实际行使股东权等事实作出认定。

本案中,被告提供公证书欲证明原告通过电子邮件方式与公司股东兼法定代表人赵建国讨论了有关公司回购股权事宜。经查证,上述电子邮件是从原告本人申请并使用的电子邮箱中发出。原告提出该电子邮箱是其工作单位公用、上述邮件不是其所发,未能提供充分证据证明,故对原告否认该电子邮件系其所发的主张不应予以采信。

原告所发的上述电子邮件表明其对被登记为被告股东是知晓并认可的,现原告以工商登记资料上的字不是其本人所签为由要求确认其不是被告股东,不应予支持。

法院判决:

驳回原告的诉讼请求。

【案例115】冒用父亲名义做股东　女儿被判侵犯姓名权[①]

原告: 黄有土

被告: 黄兰

诉讼请求:

1. 要求被告立即停止侵权行为,登报赔礼道歉;
2. 要求被告支付名誉损害赔偿金及精神损失1万元;
3. 要求吊销被告公司的营业执照。

争议焦点:

1. 明知姓名被他人长时间使用而未提出异议,是否属于表见代理中的"视为同意","视为同意"是否适用侵权行为;
2. 侵权人在什么情况下应当登报公开赔礼道歉;
3. 如何判断是否构成侵害名誉权;
4. 吊销公司营业执照的诉讼请求是否属于法院受理的范围。

基本案情:

1996年6月1日,被告为金兰公司的需要,与父亲即原告签订了一份租房协议书,约定:"甲方(指原告)作为公司股东,无偿提供经营场所……"此后,被告在办理公司的工商注册登记手续中,多次在公司股东栏目中代原告签写了原告姓名。

1996年11月,该公司更名为厦门丰仁得贸易有限公司时,仍由被告延用原告姓名作为公司股东签名。

1997年5月28日,原告代书以厦门丰仁得贸易有限公司名义向中国人民银行厦门分行提出了申办贷款证的报告。

原告作为公司股东的姓名记载存在至今。

原告诉称:

被告在申办公司注册登记及其后的经营活动中,提供其"股东"的身份,虚构

[①] 参见福建省厦门市思明区人民法院黄有土与黄兰侵犯姓名权纠纷案。

其入股,并假冒其签名,构成对其名誉和身份的双重侵犯。原告是学者,因被告冒名虚构其股东身份,造成熟人、朋友及学生议论其从事经商,名誉受到损害。

被告辩称:

其申请注册公司时,曾口头向原告说明因公司股东人数的需要,需借用原告的姓名,原告对此表示同意。双方于1996年6月1日签订了一份租赁协议,写明原告作为公司的股东,无偿提供经营场所。所以,其并非冒用原告姓名,也未给原告造成任何损害。要求驳回原告的诉讼请求。

律师观点:

1.《民法通则》表见代理中"视为同意"条款的适用范围不及于交易行为之外的侵犯姓名权纠纷。

姓名是公民专用的文字符号,是公民人格特征的重要标志,是区别于其他公民的社会标识,公民的姓名权禁止他人干涉、盗用、假冒。原告虽然有同意作为公司股东的意思表示,但并不意味着被告即可代替原告在工商登记手续中签署姓名。被告冒签原告姓名和以原告名义对外从事商事活动这两种行为,产生的是各自独立的、不同的两个法律关系。

《民法通则》第66条第1款有关"视为同意"的规定,目的在于保护"交易安全",其适用范围并不及于交易行为之外的侵犯姓名权行为。因此,被告虽然使用原告姓名长达数年时间,且原告未提出异议,但不能据此视为原告已同意被告使用其姓名。被告未经原告同意或授权,冒用原告姓名作为公司股东,该行为已侵犯了原告的姓名权。但由于被告冒签原告姓名的行为仅为了满足设立公司股东法定人数的需要,与被告实际经营的有限责任公司之间并无利害关系,因此,被告的上述侵权行为并未产生物质利益的损害后果,仅造成了原告精神上的损害。现原告要求被告停止侵权行为、赔礼道歉,并赔偿精神损失是合法的,应予以支持。

2. 被告冒用原告的姓名仅体现在工商注册资料之中,尚未在公开场合造成不良影响。

关于原告要求被告登报赔礼道歉的诉讼请求,因被告的侵权行为仅体现在工商注册登记的资料中,并未在公开场合给原告造成负面影响,因此被告应以书面形式向原告赔礼道歉为宜。

3. 被告的侵权行为并未构成对原告名誉的侵犯。

由于名誉是一种社会评价,所以原告既要证实其名誉受损的后果,还要证明被告的行为已为第三人所知悉。而在侵害姓名权的情况下,只要存在被告假冒、盗用的事实,不管第三人是否知悉,均可构成对原告姓名权的侵害,原告并无必要证明被告的行为是否为第三人所知悉。本案原告不能提供相关证据,证明被告侵犯姓名权的行为使原告的社会评价降低,特别是被告冒用原告的姓名仅体现在工商注册资料之中,尚未在公开场合造成不良影响。即使是群众议论原告系学者经商,与其名誉受损之间也无因果关系。因此,对原告主张被告的侵权行为已构成对其名誉损害的请求应不予支持。

4. 原告要求吊销被告的公司营业执照的诉讼请求不属于法院管辖。

原告要求吊销被告的公司营业执照的诉讼请求,由于该诉讼请求不属于民事案件管辖范围,应不予支持。

法院判决:

1. 被告应立即停止对原告姓名权的侵害,并在判决生效之日起3日内,以书面形式向原告赔礼道歉(内容须经法院审查);

2. 被告应在本判决生效之日起3日内,支付原告侵害姓名权精神损害赔偿金2000元;

3. 驳回原告要求支付名誉损害赔偿金、吊销被告所经营的公司营业执照的诉讼请求。

273. 身份被他人借用的,被借用人是否具有股东资格?

对此,应区分内外部法律关系来认定。

(1)对内来说,由于被借用人并没有成为公司股东的意思表示,也没有实际出资与行使股东权利,因此不应当将其认定为股东资格。其不享有股东权利,被借名人也不对实际出资人承担任何义务。

(2)对外来说,被借名人被登记或记载于工商登记、股东名册、公司章程等文件,依据外观主义和公示主义原则,当事人可以向登记的股东主张权利,且被借名人与借名人就股东责任对外承担连带责任。

274. 冒用他人身份登记为公司股东的,被冒用人是否具有股东资格?

区分不同情况进行处理:

(1)有确切证据证明经登记的公司股东系被他人冒用或盗用身份进行公司登记的,且其从未具有设立公司和成为公司股东的意思表示,该被冒名人不具有股东资格,应由冒名登记行为人承担相应的责任。

(2)经登记的公司股东被他人冒用或盗用身份进行公司登记,但有证据证明该股东事后明知但不作反对表示,或者该股东明确表示愿意成为公司股东,或虽未明确表示,但实际以股东身份参与公司经营管理、行使股东权利,且确实履行了出资义务的,被冒用人享有股东资格。

(3)有证据证明该登记股东明知他人使用其名义设立公司而出借身份证明且履行了出资义务的,此时应确认其具有股东资格。

第四节　外商投资企业股东资格确认的裁判标准

一、外商投资企业股东资格确认的条件

275. 具备哪些条件的,人民法院可以确认外商投资企业实际出资人的股东身份?

一般情况下,由于外商投资企业股权变动必须经过审批机关的实质审查,这一过程体现的是行政机关的意志,人民法院不应代替行政机关进行审查。因此司法实践中,人民法院不会直接确认外商投资企业股东身份。但同时具备下列三个条件,人民法院可以确认股东身份:

(1)实际投资者已经实际投资;

(2)名义股东以外的其他股东认可实际投资者的股东身份;

(3)人民法院或当事人在诉讼期间就将实际投资者变更为股东征得了外商投资审批机关的同意。

我国外商投资企业的设立实施严格的审批制度,经商务主管部门或国务院授权的部门和地方政府批准,在工商登记部门办理设立变更登记手续,是境外投资者取得外商投资企业股东资格的前提条件。未经审批的章程、协议、合同未生效。同时,外商投资企业投资方向应当符合国家有关外商投资的法律规定和产业政策要求,不得投资禁止类项目,或违反规定投资限制类规定项目。《外商投资产业指导目录》和《中西部地区外商投资优势产业目录》是指导审批外商投资项目和外商投资企业适用有关政策的依据。

在外商投资企业隐名投资纠纷中,实际投资人一般会提起请求确认其股东资格或请求直接请求变更股东。由于外商投资企业股权变更必须经审批机关批准,因此在实践操作中,一些法院会就股权变更审批问题与审批机构沟通。审批机构表示如果人民法院作出股权变更的判决,那么其也将随之办理审批手续。

综上,上述三个条件必须同时具备,缺一不可。实践中,一般在满足前两个条件的情况下,人民法院才会主动征求审批机关的同意。审批机关的同意必须是确定的,采用书面形式。

【案例116】经主管机关审批 股东资格应确认[①]

原告：忻佩芬

被告：华侨商务

诉讼请求：

1. 确认原告对被告享有4.92%（实际出资65万美元）股权，系被告的股东；
2. 判令被告在判决生效后10日内办理关于原告成为被告股东的变更登记手续。

争议焦点：

1. 系争股权是否已获得相关审批机关的认可；
2. 中外合资公司的股东资格确认是否应当通过行政复议、行政诉讼的方式解决。

基本案情：

被告系上海华侨服务中心、上海华侨商务（国际）有限公司、中行信托公司于1993年12月1日共同设立的有限责任公司。

原告系泰国公民，截至2006年9月11日，其向被告实际投入资金美金65万元。

由上海市外资委协调处牵头召开了关于被告股东变更事宜的专题会议。根据会议纪要内容，市侨办对包括原告在内的各委托人的投资数额负责。中国银行上海市分行、外资委、上海市工商局均认可由上海市侨办确认的各合法股东及最终投资数额。

经上海市侨办确认，原告等29名委托投资人成为被告的直接股东。

另外，被告历年分红系直接向原告及其他直接投资人分配。

原告诉称：

被告未根据上海市侨办的要求办理股东变更登记手续。现原告向人民法院提起此诉。

被告辩称：

原告所述委托投资以及准备变更其为股东等事实属实，被告也同意办理相应的变更手续，但由于被告无法就股东变更等事项形成有效的董事会决议，无法向相关行政部门申请并得到审批，也由于原告等人就股东名额未能最终确定等因

[①] 参见上海市高级人民法院（2007）沪高民四（商）终字第46号民事判决书。

素,导致至今未能办妥股东变更手续。

同时,被告认为,现原告通过诉讼方式来确认其股东地位,并没有法律依据。故要求法院驳回原告的诉请。

一审认为:

外商投资企业股东及其股权份额应当根据有关审查批准机关批准证书记载的股东名称及股权份额确定。根据法律规定,外商投资企业的股东发生变更必须经政府有关部门批准。原告系被告批准证书记载的股东以外的自然人,系泰国公民。在其提起本案诉讼之后,法院已经通过释明的方式向其告知应当通过正常的行政审批途径或行政复议、行政诉讼的方式予以解决,但原告仍然坚持本案的诉讼。因此,原告提出的诉讼请求无相应的法律依据,本院不予支持。

一审判决:

驳回原告诉讼请求。

原告不服一审判决,向上一级人民法院提起上诉。

律师观点:

1. 原告享有被告公司的股东身份。

原告请求确认其对被告享有股权,系公司股东身份之主张,鉴于被告已经对原告实际出资的事实予以确认,公司历年分红也是直接分配给原告本人。因此,在双方当事人之间,被告对原告是该公司股东的身份并无争议。

2. 负责变更审批和变更登记的主管机关均已经同意将原告变更为直接投资人。

至于原告提出的要求被告限期办理变更登记手续的主张,由于我国法律规定外商投资企业的股权转让、股东变更实行审批制,且先办理变更审批申请再办理变更登记。因此,原告所提的办理变更手续应包括变更审批以及登记手续。但无论是变更审批还是变更登记手续,从保护实际投资人的合法权益出发,均应由被告及时向有关主管机关提出申请。尤其是本案中,负责变更审批及变更登记的相关主管机关均参加了关于被告股东变更的专题会议,并同意将原告等委托投资人变更为直接投资人的情况下,被告更应尽快办理变更申请。

3. 被告应尽快形成董事会决议,以保障实际出资人的利益。

被告提出在公司内部形成董事会决议存在一定困难,也表示公司并未故意拖延办理,但在协调会召开至今长达三年的时间里,仍未能按照各方商定的方式向主管机关提出变更股东申请,对公司的正常运作和实际出资人的合法利益保护均会造成较大影响。

综上,原告的相关诉讼请求合法有据,应该予以支持。

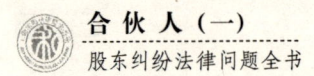

二审判决:

1. 撤销一审判决;

2. 被告应于本判决生效之日起30日内办理申请变更原告为公司股东的审批以及登记手续。

【案例117】合作协议未审批 实际出资人确权被驳回①

原告: 陈伟雄

被告: 酒店管理公司、新荔枝湾公司、谢国材

第三人: 广州文化发展中心

诉讼请求:

1. 被告酒店管理公司、被告新荔枝湾公司立即履行《酒店管理公司转让部分新荔枝湾公司经营期权协议》,承认原告在被告酒店管理公司、被告新荔枝湾公司的股东资格并立即向公司登记机关登记;

2. 被告酒店管理公司、被告新荔枝湾公司立即配合原告行使股东权利并提供章程、股东会会议记录、董事会决议及会议记录、监事会决议及会议记录、财务会计报告、会计账簿及凭证给原告查阅、复制,由原告聘请审计事务所对被告酒店管理公司、被告新荔枝湾公司财务会计报告,会计账簿凭证进行审计;

3. 被告谢国材向原告登报赔礼道歉,消除影响。

争议焦点:

1. 诉争协议是股权转让协议还是中外合资合作协议;

2. 未经外商投资管理机构审批的合资协议效力如何;

3. 合资协议是否经其他股东(第三人)认可,对其股东资格认定有何影响;

4. 原告是否实际参与公司的经营管理及分红。

基本案情:

原告系加拿大籍人。被告酒店管理公司于1999年筹备设立被告新荔枝湾公司,邀请原告出资入股共同经营被告新荔枝湾公司,并于1999年10月13日与原告就被告新荔枝湾公司股权及经营权转让签订了《酒店管理公司转让部分新荔枝湾公司经营期权协议》,约定由原告、被告谢国材等股东共同成立和经营被告新荔枝湾公司,将被告新荔枝湾公司股权及经营权总额分为149股,每股股本金为人民币20万元,由原告占2.5股,出资金额为人民币50万元。原告依约支付相关

---

① 参见广州市中级人民法院(2007)穗中法民四初字第96号民事判决书。

股权和经营权的出资金额并由被告酒店管理公司出具了出资证明。

1999年12月,被告新荔枝湾公司成立后正式对外经营时,原告发现被告新荔枝湾公司成立工商注册资料股东名称中无原告名称,遂向被告谢国材追问。被告谢国材告知因原告身份是外国人,在工商注册资料及股东名称列入原告手续复杂、时间长,要原告相信其人格,会让原告行使和享有被告新荔枝湾公司实际股东的权利和权益。

之后,被告新荔枝湾公司由被告谢国材经营管理,其间被告谢国材利用其法定代表人身份不让原告参与被告新荔枝湾公司经营管理和重大决策。

2007年2月15日、28日,原告两次发出《关于查阅岭南会有关资料的通知函》《关于查阅岭南会有关资料的再次通知》。被告谢国材收函后电话质疑原告股东资格且在2007年2月27日复函也提出须"提供岭南会店股东的法定文书及相关资料"后方可查阅公司有关资料。

2007年3月5日,原告持上述转让协议和出资证明书至被告新荔枝湾公司处要求查阅有关资料时,被告谢国材委托代表林国超先生告知原告不具有法定股东的资格,并代表被告谢国材将原告赶出新荔枝湾公司。

原告诉称:

原告认为,原告、被告酒店管理公司签订的《酒店管理公司转让部分新荔枝湾公司经营期权协议》对双方均有法律约束力,应当严格履行。被告酒店管理公司、被告新荔枝湾公司拒绝履行协议并不承认原告股东资格,致使原告履行出资义务后却无法行使股东权利,无法查阅、复制章程、股东会会议记录、董事会决议、监事会决议、财务会计报告、会计账簿及凭证,显然是不公平、不合理,不符合权利义务对等原则。

被告谢国材丧失诚信,明知原告是外国人不熟悉中国的法律,利用优势和信息的不对称陷原告处于无法主张权利的尴尬局面并将原告赶出岭南会新荔枝湾酒楼,使原告的精神及社会形象均受到极大伤害,故向人民法院提起诉讼以期保护自身利益。

被告酒店管理公司答辩称:

我方与原告签订的协议书,无法履行,属于无效合同。原告称其是公司股东,没有任何证据证明。原告交付的款项不是50万元,而是47.5万元,从1999年至2003年先后支付了833,252.9元给原告,原告已收回所有款项和利息。

被告新荔枝湾公司答辩称:

我方没有跟原告签订过任何协议书,也没有收过原告的任何款项,更没有出具股东证明法律文件即出资证明书给原告,故我方和原告不存在任何法律关系。

被告谢国材答辩称:

我方虽然作为被告酒店管理公司、被告新荔枝湾公司的法定代表人,但是原告提起的诉讼是原告跟公司法人之间的关系,与被告个人没有关系。

第三人文化发展中心述称:

我方对原告与被告酒店管理公司签订《酒店管理公司转让部分新荔枝湾公司经营期权协议》一事不知情,原告也没有参加被告新荔枝湾公司的经营。我方从未同意原告参股被告新荔枝湾公司,不认可原告的股东身份。

律师观点:

1. 关于协议书效力问题。

虽然原告与被告酒店管理公司在协议书中约定被告酒店管理公司把其在被告新荔枝湾公司所持有股份中的一部分作价转让给原告,但该协议书签订时,被告新荔枝湾公司仍未设立。被告酒店管理公司尚未成为被告新荔枝湾公司的股东,其转让被告新荔枝湾公司股份的前提条件并不存在,由此可认定该协议书并非股权转让协议,实际是原告与被告酒店管理公司为共同出资参股设立被告新荔枝湾公司而订立的合作合同。原告身为外国人,其在国内投资设立的公司为外商投资企业。根据我国外商投资法律的相关规定,设立外商投资企业包括中外合营企业应获得外商投资管理机关的批准。本案中,原告与被告酒店管理公司通过签订合作合同形式以被告酒店管理公司的名义参股投资内资企业被告新荔枝湾公司,显然规避了外国人在国内投资设立公司须经外经贸主管部门批准的强制性法律规定。据此,上述协议书因未经外经委审批而未生效。原告仅凭该未生效的合同并不足以证明其在被告新荔枝湾公司享有合法的股东地位。

2. 关于原告是否实际股东的问题。

依照我国《公司法》的相关规定,公司股东身份的确定应以公司章程、股东名册记载或者工商登记为认定依据。如未予记载,但有确切证据证明其他人实际行使了股东权利,即实际出资并参与公司管理且被其他股东认可其身份,也可确认其股东身份。本案中,并无证据显示原告的股东身份被记载于被告新荔枝湾公司的章程、公司股东名册或工商登记资料上,故应重点审查原告是否实际行使了股东权利。虽然原告依据协议书履行了出资义务并由被告酒店管理公司投资到被告新荔枝湾公司中,但鉴于实际出资不是取得股东资格的决定性条件,故仅凭此事实不足以证明其股东资格,尚需结合其他情况综合认定,如公司是否曾向原告分红、公司其他股东是否认可其股东身份、原告是否以股东身份实际参与公司经营管理。经查,原告未能提交足够证据证明其所称被告新荔枝湾公司向其分红的事实。被告新荔枝湾公司的另一股东文化发展中心对原告的股东身份不予认可,原告亦承认其从未以股东身份参与被告新荔枝湾公司的任何经营管理活动。上述事实均反映原告并未在被告新荔枝湾公司实际行使股东权利。

3. 关于原告能否主张知情权的问题。

综上,原告主张确认其在被告新荔枝湾公司股东身份所依据的事实及理由均不能成立。原告既非被告新荔枝湾公司的股东,自然无权行使股东权利要求查阅被告新荔枝湾公司章程、股东会会议记录、董事会决议及财务凭证等相关资料。

4. 关于赔礼道歉等问题。

原告以被告谢国材侵犯其合法权利为由要求其赔礼道歉,消除影响,属于侵权之诉,与本案确认之诉分属不同性质之诉,不符合案件合并审理的条件。故该侵权之诉不属于本案审理范围,原告应另行提起侵权之诉。

法院判决:

驳回原告的诉讼请求。

【案例118】未经主管机关审批　确认资格被驳回①

原告: 鲁宾公司

被告: 恒祥大酒店

诉讼请求:

1. 确认原告为被告的股东;
2. 被告向原告签发《出资证明书》;
3. 被告将原告工商登记为公司股东;
4. 查阅被告公司的股东会会议记录、会计账簿及相关的原始凭证。

争议焦点: 作为外商投资企业,被告的设立以及资本变动是否必须经有关行政主管部门审批,原告是否可以直接通过民事诉讼的方式请求确认其被告股东的身份并要求被告办理相应的工商登记手续。

基本案情:

2004年6月18日,被告注册成立,企业性质为外商独资企业,登记的股东为吕桂芬。公司注册资金为319,889美元。该款项系由原告分三次向被告账户汇入的20万欧元、5万欧元、1万欧元。其中原告在汇出20万欧元后出具如下证

---

① 参见江苏省扬州市中级人民法院(2008)扬民三初字第0031号民事判决书。

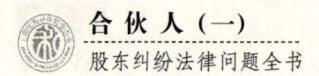

明:"20万欧元支付给 LU CUI FUNG(吕桂芬)在扬州的投资款。"

原告诉称：

被告注册资本26万元欧元系由原告分三次汇入，但被告却将公司股东登记为他人。为了维护原告合法权益，请求法院支持原告的诉讼请求。

被告辩称：

1. 原告所汇款项系作为吕桂芬在扬州的投资款。吕桂芬是被告公司唯一出资人，而原告不应具有股东身份。至于原告与吕桂芬之间纠纷，可另案主张。

2. 鉴于原告并非是被告股东，原告所主张的涉及股东权益的请求均不能成立。

律师观点：

1. 外商独资企业的设立以及资本变动需经有关行政主管部门审批，未经审批的行为应当归于无效。

根据《外资企业法》第6条和第10条的规定，设立外资企业的申请，由国务院对外经济贸易主管部门或者国务院授权的机关审查批准；外资企业分立、合并或者其他重要事项变更，应当报审查机关批准，并向工商行政管理机关办理变更登记手续。

此外，《外资企业法实施细则》第16条和第17条则进一步规定，外资企业的章程制定和修改经审批机关批准后生效；外资企业的分立、合并或者由于其他原因导致资本发生重大变动的，须审批机关批准，并应当聘请中国的注册会计师验证和出具验资报告，经审批机关批准后，向工商行政管理机关办理变更登记手续。

因此，我国对外资企业的设立和重要事项的变更，采用了严格的审批制度。经我国有关主管部门或者国务院授权的机关批准，并向工商行政管理机关办理变更登记手续，是境外投资者在我国境内设立外资企业，或者通过股权转让等方式取得外资企业股东资格的前提条件。未经审批和登记不得在我国境内设立外资企业，或者取得外资企业股东资格。

借此可见，对于外商独资企业的设立以及资本变动，有关行政主管部门的审批构成实质性要件，而非程序上或形式上的要求，未经审批的行为应当归于无效。

2. 人民法院不能直接通过民事诉讼程序对外资企业的投资人进行重新确定乃至变更。①

---

① 如能证明已履行出资义务且公司其他股东认可股东身份，法院在征得审批机关同意的情况下可对股东资格予以认定。

通常情况下,人民法院可以通过民事诉讼的判决结果直接或间接地使有关行政行为作出变更。但这些行政行为应理解为只是程序性的或形式性的行为,如备案、登记等行为。而对于实质性的行政行为,如本案所涉的股东身份之审批行为,则是我国法律赋予有关行政主管部门的特有权力,不能通过民事诉讼程序作出民事判决予以变更。即使审批不当,也只能由批准机构作出具体行政行为予以纠正。

在我国《外资企业法》确立行政机关在三资企业设立方面的批准制度情形下,外资企业的性质以及投资人或者股东均应以批准机关颁发的批准证书记载的内容为准。如果要作变更,也应根据法律具体规定,由原审批机构批准后进行变更登记。人民法院不能直接通过民事诉讼程序对外资企业的投资人进行重新确定乃至变更。

综上,原告需通过行政复议或者行政诉讼解决股东身份之争议。

法院判决:

驳回原告的诉讼请求。

276. 因虚假报批引发的法律责任由股东还是公司承担?

因虚假报批引发的法律责任由股东承担,理由如下:

(1)外商投资企业董事会是最高权力机构,而董事会成员是由合营、合作各方委派的。如果某位董事受股东指使实施了侵权行为,该股东应当承担责任。

(2)如果认定外商投资企业为唯一的侵权责任主体,一旦受害股东恢复股东地位,其仍需要分摊外商投资企业应承担的损失赔偿责任。后果是无过错的受害股东实质承担了部分责任,而具体实施侵权行为的股东没有承担责任,没有实现侵权行为的救济和制裁功能。

277. 虚假报批导致企业他方股东丧失股东身份或原有股权份额的,他方股东如何救济?

他方股东可以请求确认股东身份或原有股权份额,但第三人已经善意取得该股权的除外。他方股东也可以请求侵权股东或者外商投资企业赔偿损失。损失既包括受害股东股权份额所占的投资收益,也包括侵权期间应得的投资收益即其他合理损失,如侵权人在侵权期间从外商投资企业取得的红利。

二、外商投资企业中代持股协议效力判定

278. 隐名投资协议未经审批机关批准的,其效力如何?

未经审批的隐名投资协议不生效,但并非无效。我国法律规定,外商投资企

业的设立、变更等相关协议应当经审批才生效,但隐名投资协议是实际出资人与名义股东之间权利义务的约定,其中并不涉及外商投资企业股权变动审批问题。只要协议本身不具有法律、行政法规规定的无效情形的,应当认定为有效。

如果合同双方均为企业,在隐名投资协议中明确约定不论盈亏,实际投资人都能得到固定的回报,则应当认定为"名为投资实为借贷",系以合法形式掩盖非法目的,应当认定合同无效。

279. 外商投资企业实际出资人与名义股东因隐名投资协议产生纠纷,适用中国法律还是域外法?

如果当事人之间并没有约定域外法,根据最密切联系原则,应适用我国法律。当然,如果该域外法约定旨在规避我国法律法规,则不发生适用域外法的效力。因此,在与境外企业或人士进行商务活动、签订相关协议时,从节约诉讼成本与便捷角度考虑,一定要尽量约定适用我国法律解决争议。

280. 外国人或外国企业在中国起诉的,可否委托其本国律师或外国律师?

外国人、无国籍人、外国企业和组织在人民法院起诉、应诉,需要委托律师代理诉讼的,必须委托我国律师。

281. 因公司原因不能办理股权转让审批手续,实际出资人能否请求公司返还投资款与利息?

可以。公司不能为实际出资人办理股权变更,对实际出资人的投资款的长期占有必然构成变相的不当得利。基于诚实信用、权利必须得到维护、损失应该补偿的民法精神,实际出资人在不能成为公司股东的情况下,其出资款应该得到返还,而且还应得到相应的利息损失赔偿。

【案例 119】实际出资人确权不成　请求公司返还投资款与利息获支持[①]

原告:洪辉公司

被告:民丰实业

第三人:金礼公司

诉讼请求:判令被告返还 217.5 万美元的出资款,并偿付自 1993 年 3 月 29 日起至实际清偿之日止的同期银行贷款利息。

争议焦点:公司承诺将实际出资人的股权挂在第三人名下,对第三人是否有约束力,是否存在隐名投资关系。

---

① 参见洪辉国际有限公司诉民丰实业、金礼发展有限公司隐名出资纠纷案。

基本案情：

被告成立于1991年6月,系中外合资企业,股东为上海第十印染厂、民亿公司和第三人,注册资本575万美元,出资比例分别为45%、5%和50%。

1992年6月12日,被告召开了第一届第三次董事会,决定进行改制,并将在改制前增加公司注册资金435万美元,由股东按投资比例增资。随后,原告汇入被告账户2,174,972美元。

1993年4月14日,被告致函原告称,收到原告汇款217.5万美元,因公司股东增资已经外资委批准,无法办理改变投资方的手续,原告的汇款只能以第三人名义作为增资,并承诺公司改制完毕后,将第三人的投资份额217.5万美元转让给原告,再办理变更手续。

1993年7月10日,被告召开第一届第六次董事会,审议通过公司章程及推选董事,第三人的代表董事为4人,其中包括了原告的职员熊名武。

1994年10月31日,被告将其1993年下半年公司股利88,572.06美元汇入原告账户。

1996年11月8日,熊名武致函被告董事会,建议尽快办理原告217.5万美元股权的变更手续。后经被告董事会决议,一致认为原告提出的股权问题须由第三人向董事会提出,再报请董事会讨论,故对该临时动议不予讨论。

1997年6月27日,第三人致函原告称,第三人应增资部分217.5万美元确系原告出资,因被告当时无法办理投资方变更手续,故暂挂名于第三人。现该公司愿以原告出资加利息向原告购买挂名于第三人之股份,或者召开董事会,依法办理原告的股权过户手续。该函件同时抄送被告及股东。

1999年6月22日,原告向上海市第一中级人民法院提起诉讼,请求判令被告将相当于217.5万美元的原始股份转让给原告,并偿付自原告出资后历年发生的红利及利息。

2000年9月22日,上海市第一中级人民法院作出(1999)沪一中经初字第609号民事判决书,驳回原告的诉讼请求。该判决认定:原告的出资系第三人在被告改制时的增资,其出资行为未经被告董事会决议及政府主管部门批准,只能证明原告与第三人间存在代为增资付款的法律关系。

原告不服上述判决,向上海市高级人民法院提起上诉。

2003年6月26日,上海市高级人民法院对该案作出终审判决,驳回原告的上诉请求,维持原判。该判决认为:

1. 原告对被告确有出资事实存在,但其出资因未经批准且无充分有效证据

证明出资行为属于投资,故原告请求确认该公司具有合法股东地位,缺乏事实和法律依据;

2. 原告诉讼对象为被告,但诉请内容所涉承担义务的主体却为第三人,故原告将被告列为诉讼主体,显属不当。

2003年6月26日,上海市高级人民法院作出的(2001)沪高经终字第239号终审判决认为:"鉴于现无确凿证据证明第三人同意处分股权转让事宜,故此承诺书仅对民丰实业具有约束力,而无法直接溯及第三人。"

为此,原告于2005年6月再向法院起诉。

一审法院认为:

本案系争的217.5万美元汇入被告后,原告派出的职员熊名武就已经作为第三人委派的董事直接参与被告的经营和决策活动,故原告对政府主管部门批准的增资计划应是十分清楚的,应当知道第三人应增资217.5万美元及被告采取定向募集的方式组建被告。在上述情况下,即便原告有对被告的投资计划,也应当知道该公司对被告的任何出资只能列为某一股东名下,而无法取得合法的股东身份。

因此,根据原告早已派出职员作为第三人委派的董事参与被告经营,及原告根据公司董事会决议第三人应增资的金额向被告汇款的行为,推定原告与第三人间存在隐名投资关系或垫付投资款关系。故原告应向第三人主张权利。故一审法院驳回原告的诉讼请求。

原告不服一审判决,向上一级人民法院提起上诉。

律师观点:

1. 关于隐名投资关系法律主体的确立的问题。

根据原告将系争款项汇入被告账户,被告将该款项列为第三人的增资转账款,以及此后由被告将其1993年下半年公司股利汇入原告账户的事实,可见直接收取系争款项的为被告。虽然在审判实践中,隐名投资关系一般是在隐名投资人与公司显名股东之间发生,但是本案的特殊性在于,原告将系争款项汇入被告账户,并由被告安排列为第三人的增资款;而根据现有证据,原告与第三人之间并未达成隐名投资的协议,故只能认定是在原告与被告之间发生了投资关系。而且,这一认定还可以从此后被告将公司股利汇入原告账户的事实得到佐证。同时,被告曾致函原告称,收到原告汇款后,因公司股东增资已经外资委批准,无法办理改变投资方的手续,原告的汇款只能以第三人名义作为增资,并承诺公司改制完毕后,可将第三人的投资份额217.5万美元转让给原告,再办理变更手续。由此明白无误地显示,将原告的出资款挂在第三人的名下纯属被告的安排,而与第三人无涉。

2. 关于隐名投资人的出资款及其利息应否得到返还和支付的问题。

原告的本意是要成为被告的股东。嗣后由于被告的董事会决议不能解决原告的股权问题,为此才导致原告提起原先的股东确权纠纷。但原告的股东确权请求因缺乏我国《中外合资经营企业法》规定的必须经过行政审批程序,而不能获得支持,为此原告无奈之下只能转而求其次,从而又提起了本案的返还出资纠纷。

基于诚实信用、权利必须得到维护、损失应该补偿的民法精神,原告在不能成为被告的股东情况下,其出资款应该得到返还,而且还应得到相应的利息损失赔偿。

法院判决:

判决向原告返还 2,174,972 美元,并支付自原告投入出资款以来的利息。

第五节 股东资格继承问题

一、遗产继承的一般规则

282. 哪些财产可以作为遗产继承?

下列财产可以作为遗产继承:

(1)收入;

(2)房屋、储蓄和生活用品;

(3)林木、牲畜和家禽;

(4)文物、图书资料;

(5)法律允许公民所有的生产资料;

(6)著作权、专利权中的财产权利;

(7)其他合法财产。包括股权、质押权、抵押权、留置权、典权、证券、债权债务。

283. 夫妻一方死亡时,是否所有夫妻共同财产均需要作为遗产分割?

不是。

夫妻一方死亡时,应当先行将夫妻共同财产的一半分给配偶一方,而后将属于死亡自然人的财产进行遗产分割。

284. 夫妻一方继承的遗产是否属于夫妻共同财产?

是。

夫妻在婚姻关系存续期间通过继承或者赠与所得的财产为夫妻共同财产。但是,如果遗嘱或者赠与合同中确定只归夫或妻一方的财产,归一方所有,属于夫妻个人财产。

285. 继承权纠纷诉讼时效是几年?起算时间为何时?

2年。

起算时间为继承人知道或是应当知道其权利被侵犯之日。但是,在继承开始之日起超过20年的,不得再提起诉讼。

【案例120】三星家族爆巨额遗产诉讼　诉讼时效成焦点①

惊现巨额隐名股份遗产　家族为争夺遗产诉讼不断

2012年2月15日,三星集团创始人李秉喆的长子李孟熙在首尔中央地方法院向弟弟三星集团总裁李健熙提出巨额遗产诉讼,要求李健熙向原告李孟熙返还其父李秉喆遗产中与原告的继承份额相当的股份,包括三星生命824万股股票和股票分红,约7138亿多韩元(折合约为6.35亿美元、40.22亿元人民币)。由于这是韩国历史上最大的遗产官司案,因此立即轰动韩国。

三星集团创始人李秉喆共有8个子女,按照年龄顺序分别是李仁熙(长女,现Hansol集团顾问)、李孟熙(长子,前第一肥料会长)、李昌熙(次子,已故)、李淑熙(次女,已故LG集团旗下食品制造商Ourhome会长具滋学的妻子)、李顺熙(三女,与西江大学教授结婚)、李德熙(四女,嫁给庆尚南道大地主家)、李健熙(三子,三星集团会长)、李明熙(五女,新世界集团会长)。而提起诉讼的李孟熙虽然是李秉喆的长子,在1965年以后曾经担任过三星电子的副会长,并一度被选为三星集团的继承人。但在最后的关键时刻,李秉喆将三星集团的继承权交给李健熙,而李孟熙随后逐渐淡出三星集团的经营,并独居北京。李孟熙的长子是现任韩国CJ集团董事长李在贤(见图4-5)。

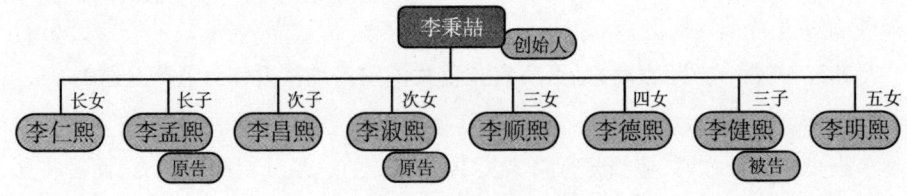

图4-5　三星集团家族关系

---

① 参见人民网 http://legal.people.com.cn/GB/17306080.html,2012年3月9日访问。

2月27日,李健熙的姐姐李淑熙也向法院提出遗产诉讼,要求李健熙支付相当于1900亿韩元的继承公司股份,李淑熙起诉的理由与李孟熙一样。

其实,早在1971年2月,李秉喆便召集过一次三星高管会议,并宣布了遗嘱:把名下资产平均分为三份,其中两份捐献出去,直系子女和有功职员得到另外一份,由李健熙担任三星集团主席。而当1987年11月,李秉喆去世后,各继承人也已将财产进行了分割。

2011年6月,韩国国税厅向原告李孟熙等李秉喆继承人发出公文称:李秉喆总裁借名隐藏的财产于2008年12月转到三星电子总裁被告李健熙的名下,问继承人是否放弃继承权,赠与被告李健熙。

被告李健熙方面得知该消息后,即给原告李孟熙之子、CJ(希杰)集团总裁李在贤发出一份内容为"前总裁的财产在继承当时业已进行分割,所有继承人对其他继承人的财产没有任何异议"的文件,并要求在文件上签名盖章后交到国税厅。但未得到李在贤的同意。

李孟熙称看到三星的文件后才知道父亲留有借名财产,并由此提起了继承权诉讼。

诉讼时效

5月30日下午4点左右,三星集团会长李健熙与其兄妹的遗产之争正式在首尔中央地方法院开庭。李孟熙和李淑熙希望要回李健熙持有的三星人寿保险公司25%的股权,其总计价值约为8.5亿美元。

庭审中最大的争议焦点是诉讼时效问题,即其他继承人在事隔多年后能否再次主张继承权。根据韩国《民法》第999条规定,要求恢复对遗产的再次继承主张必须满足以下两个条件:侵害继承权的行为必须发生在10年以内,且被侵害人知道该事实3年以内。只有同时满足上述两个条件,才能对遗产提出恢复继承请求。

李孟熙和李淑熙认为自己的诉讼符合上述两个条件,因为侵害继承权发生的时间点是在2008年12月,而知道该事实是在2011年6月。李孟熙表示:"2011年6月左右,李健熙方面邮寄来了'继承财产分割相关文件'等材料,要求声明父亲去世时财产已经分割完毕,这时我才知道有其他财产的存在。"另外,只要查一下当年金融监管部门2008年12月的记录,就可以发现李健熙当时把李秉喆当年委托给他人名义的三星生命股份转为自己名下的行为,这可以证明侵犯继承权的行为发生在当时。因此3年的废止失效并没有过期。

但是李健熙方面则不这样认为。首先,李秉喆是1987年去世的,距今已经25

年,早就超过了李孟熙可以向法院继续主张继承权的期限(10年)。其次,即使存在侵害继承权的行为,但由于这一侵害行为发生在1987年,李孟熙等人知道侵害事实是在2008年,分别过去了10年和3年以上,所以时效全部作废。李健熙自父亲去世的1987年11月之后就一个人对托名股份进行管理并领取分红,而李孟熙等人了解到自身继承权被侵害的事实是在对三星涉嫌设立秘密资金的韩国特检公布调查结果的2008年4月17日。

根据分析,李孟熙和李淑熙要想胜诉并不容易,因为只要法院接受了三星方面的任何一个主张,该继承权的重新申请将不被认可。由于担心遗产诉讼将影响整个三星家族(包括其企业)的形象,因此三星家族的遗产争夺案最终会通过幕后谈判进行和解,但审判结果可能会影响到三星集团的治理结构。

尘埃落定

2013年2月1日,韩国首尔中央地方法院宣布,驳回三星集团创始人李秉喆长子李孟熙向胞弟、三星集团总裁李健熙提出7000亿韩元(约合人民币40亿元)的遗产分配诉讼。

法院判决认为,原告申诉的部分内容已经超过诉讼时效期限,诉状中提及的部分财产无法被认定为遗产。

二、法定继承

286. 若继承人先于被继承人死亡,该份遗产如何处理?

由该继承人晚辈直系血亲代位继承。需注意的是:
(1)代位继承只适用于法定继承,不适用于遗嘱继承和遗赠;
(2)若继承人丧失继承权,则不可代位继承;
(3)代位继承不受辈数的限制,只要是晚辈直系血亲都可继承;
(4)代位继承只能继承应得的遗产份额。

【案例121】霍氏兄弟争夺64亿元遗产　情势逆转最终和解[①]

自古豪门是非多,遗产纠纷是老生常谈的话题。香港富豪霍英东虽早早就将遗嘱订立,却仍难避免遗产争夺战,霍氏家族成员为争夺64亿港元遗产对簿

[①] 参见21世纪网 http://www.21cbh.com/HTML/2012-8-3/xMNTQxXzQ5MDExMQ.html,2012年8月6日访问。

公堂。

精心设计"完美"遗嘱 子孙仍涉争产纷争

曾担任过全国政协副主席的霍英东有"红色资本家"之称。他早年做过苦力,开过杂货店,之后则以经营海上驳运业务开创财富帝国。

从1955年开始,霍英东先后创办多家公司,业务范围遍及地产、建筑、航运、建材、百货和酒店等领域。据估计,在2006年去世时,霍英东的家产约为37亿美元。

早在1978年,霍英东就立下遗嘱,所有太太和子女都是遗产受益人,受托人在其死后20年内不可分配剩余的遗产,并制定由霍震寰、霍震宇、妹妹霍慕勤及妹夫蔡源霖担任遗产执行,负责从遗产中按月向家族成员支付定额生活费。但实际上,由于妹夫蔡源霖去世较早,妹妹霍慕勤则年事已高,实际的遗产执行人只有霍震寰和霍震宇两人。

根据香港法律,立遗嘱人在去世后,其财产会进入遗嘱信托中。遗产的管理将由遗嘱中确认的遗嘱执行人操办。其他继承人不能直接参与遗产分配。换言之,霍震寰和霍震宇两兄弟对霍英东留下的300亿港元家财具有非常大的决定权。

此外,为避免家族成员争产,根据霍英东的安排,只有"震"字系的长房子女才能打理家族生意,并成为家族产业的继承人。三个长房儿子霍震霆、霍震寰和霍震宇分别负责霍英东基金会的体育事业、家族龙头事业和南沙开发区,而二房和三方的子女均不得从商(见图4-6)。

然而,就是这样一份曾被媒体誉为"完美"的遗嘱设计,亦未能避免子孙卷入争产潮。

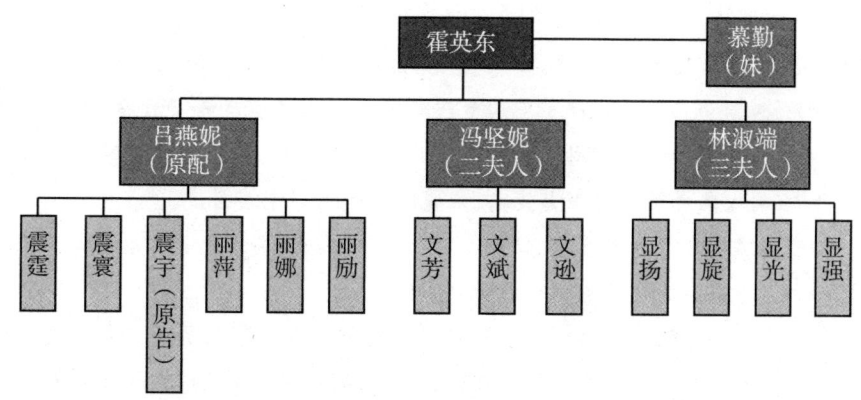

图4-6 霍英东家族成员(部分)示意

兄弟争夺霍兴业堂　涉诉遗产高达 64 亿港元

2011 年 12 月 20 日,霍英东长房三子霍震宇上诉控告身为霍英东集团总裁及遗嘱执行人的兄长霍震寰私吞至少 64 亿港元遗产,要求法院撤换遗产执行人,并由霍震寰交代遗产账目。

霍震宇在诉状中称,2008 年 8 月至 10 月期间,霍震寰将霍英东生前与霍震寰联名持有的三个银行户头存款 7.36 亿港元转到自己银行户口;变卖霍兴业堂置业 350 万股(约占 46%)股权,价值约 50 亿港元;变卖霍英东生前成立的三家离岸公司的全部股份,价值约 7 亿港元。霍震寰将出售所得存入自己户头。与此同时,霍震寰要求其他三房家族成员签署 4 份家庭协议,承认他个人拥有上述三项资产。

最后二房及三房成员全部签署家庭协议,并获分配 5 亿港元遗产,唯独霍震寰所属的长房兄弟姐妹及母亲吕燕妮拒绝。霍震寰遂于 2008 年 7 月与长房兄弟姐妹开会,声言拒绝签协议的成员会"无得分",只能每月从遗产支取款项。

针对霍震宇的指控,霍震寰逐条发起猛烈反驳。霍震寰声称海外公司股权及户口资产,价值仅 14.36 亿港元,但霍震宇认为估值过粗及已过时。霍震宇表示,曾要求胞兄交代账目,但胞兄仅披露霍英东在另一银行户口有 2900 万美元(约 2.26 亿港元)。

上诉状中涉及 16 名被告。首被告霍震寰和次被告霍慕勤,与原告同是霍英东遗产执行人,其余 14 名被告包括霍英东元配吕燕妮、二夫人冯坚妮、三夫人林淑端以及其他 11 名子女,包括立法会议员霍震霆。

争产案一开始的爆发是由于霍震宇指控哥哥霍震寰在未得到另两位遗产执行人的同意下就私自将 14 亿元港币的资产转至其名下和私人账户。之后,大哥霍震霆与二哥霍震寰又在 2011 年 2 月低调以 1.8 亿元出售由家族持有了 50 年的铜锣湾老商铺,大赚 1.79 亿元,使得争产案进一步升级。

此外,还有消息称霍震寰私下从遗产中批出 1500 万元为第三代霍启刚和"跳水皇后"郭晶晶举办世纪婚礼。此举将霍震宇彻底惹怒,并将包括霍家第三代在内的共 16 名家族成员一起告上法庭,指控他们"私吞"家族财产。

2012 年 4 月 11 日,霍震宇在诉讼书内加入新内容,要求兄长交出父亲用来记录资产和财务资料的记事本和存放股票的信封。

诉状中称,霍震霆在父亲死后,取走父亲用作存放记事本的公文包。这些记事本记录了霍英东所有资产及财务资料。因此,霍震宇要求法官颁令霍震霆交出记事本。

此外,霍震宇还称,20世纪80年代,霍震寰曾取走父亲存放股票的信封,并存放于瑞士一间银行的保险箱。另外,霍震寰当时还替父亲保管着价值9000万港元的金银首饰及玉器。霍震宇要求法院让霍震寰交出有关资产。

一波未平一波又起　第三人追讨10.68亿元欠款

2012年6月29日,一间由霍震寰等控制的霍家财务公司——香港贷款财务有限公司(以下简称财务公司)向香港高等法院提起诉讼,称霍英东生前曾向该公司借钱,现要求霍英东的遗产执行人从遗产中拨出一笔资金,以偿还该财务公司本金连利息10.68亿港元。

财务公司的"杀入",令尚无结果的霍家争产案,又多出一重纠结。

香港公司注册处资料显示,霍家的财务公司成立于1972年1月,董事包括霍英东大房的三位儿子霍震寰、霍震宇、霍震霆以及霍震霆儿子霍启山及霍老三房小舅子林锡鎏。这意味着,提起向霍老遗产索赔的原告是霍家成员。

在上述诉讼中财务公司向霍慕勤、霍震寰及霍震宇三名霍英东的遗嘱执行人追讨欠款和利息。由于霍英东遗嘱中规定,在他死后20年内不可分遗产,因此,无论原告方提起的诉讼出于怎样的目的,若能胜诉,则财务公司几位受益人便可光明正大地从霍家财产中分走10.68亿港元。

香港法律规定,无论债务人在世与否,1笔债务的追诉期为6年。若此时距离霍英东欠财务公司款项的时间为6年或以上,且在此期间财务公司没有向霍英东追索赔款,则财务公司将失去追诉这笔欠款的权利。若此期间,财务公司曾向霍英东追诉款项,则追诉期从最后一次追讨的时间算起。

霍英东2006年病逝,距今已快到6年。据推测,该诉讼可能是财务公司为满足以上法律,保持追诉权而采取的一个步骤。该案件于2012年9月20日在香港高等法院审结。

剑拔弩张对峙法庭　一人对抗一家族

2012年8月2日下午2时30分,霍震宇控告霍震寰私吞至少64亿港元遗产,撤换遗产执行人一案终于在香港高院开庭。庭审开始仅约1分钟,诉讼双方再次申请庭外协商,法官表示同意。之后,诉讼双方代理律师进行了长达1小时之久的唇枪舌剑,不过最终协商未果。当庭审再次开始后,当事双方再次请求"法官给多点时间",希望案件再延后一天。法官当场宣布,当天的庭审结束,将于下一日继续开庭。

据悉,被霍震宇告上法庭的14名家族成员全部反对罢免遗产执行人的申请,霍震宇实际上是一个人在同一个家族"开战"。

据悉,香港《遗嘱认证及遗产管理条例》第33条规定,如果遗产的实际受益人主张遗嘱执行人管理遗产不当的诉求被法院采信,法院可以暂停或撤销遗嘱执行人身份,并规定由另一人继任遗嘱执行人管理遗产。

霍震宇方在法庭上表示,霍震寰声称拥有霍家部分遗产,法院应考虑这与他从事遗产执行人的工作是否有利益冲突。霍英东的遗产数目庞大,有很多受益人,需要大量管理工作。但霍英东去世至今,遗产管理陷于停顿。故案件不可再拖应尽快了断。但霍震寰方反驳了这一观点,认为不存在遗产管理陷于停顿的情况。

情况逆转和解收场　大部分由三兄弟平分

2012年8月4日,这宗引发外界关注的豪门官司出现了戏剧性一幕。霍家兄弟经过连日紧张协商后,终于达成庭下和解协议。霍震寰仍然是遗产的执行人,其他执行人也无变动。"和解协议"内容为:霍震霆、霍震寰及霍震宇各自分得65亿港元遗产。首阶段长房三兄弟各得20亿港元,须于2012年8月17日前支付,余下45亿元则分别在一年内的两个指定时限分批缴付。霍英东的元配霍吕燕妮及长房三名女儿在第一阶段亦各自分得6250万港元家财。原本由每月分发"零用钱"的霍家二房及三房成员,包括霍英东二太冯坚妮,二房的继子文芳、儿子文斌和文逊,三房三太林淑端,4名儿子显扬、显旋、显光及显强9人,在首阶段亦同等各自分得6250万元的遗产。

287. "私生子"是否享有法定继承权?

是。

"私生子"就是我国《继承法》中所称的"非婚生子女"。由于《继承法》对于子女的法定继承权以血缘关系为认定标准。因此,只要确定该子女确系被继承人所生,则该子女享有法定继承权。

【案例122】巴西首富去世　55名私生子争夺30亿美元巨额遗产[①]

76岁的巴西首富安东尼奥·路西安诺·佩雷拉·费尔霍1990年去世之后,留下了多达30亿美元遗产。随后,他的遗产被分给了3名婚生子女以及他和25名情妇所生的35名私生子。然而时隔18年后,又有20名佩雷拉的"私生子"浮

[①] 参见网易新闻 http://news.163.com/08/1112/10/4QHRO8R80001121M.html,2012年3月19日访问。

出水面,并展开"遗产争夺战"。2008年11月初,法庭被迫下令,要求此前的38名继承人将遗产全部归还,以便对遗产进行"重新分配"。

死后留下30亿美元遗产

佩雷拉曾先后当过医生、银行家、企业家和政客,拥有众多庄园、名马以及所有电影院。安东尼奥于1990年6月19日因癌症去世。他留下了12个公司、4万处房产、600个农场、24万头牲畜、3座豪华饭店以及3架私人飞机。其财产清单总共有98册,多达5万多页,总计价值约为30亿美元。

佩雷拉和妻子克拉拉·布莱克·卡托·佩雷拉生有3名子女,但他一生却极为花心,曾与众多情妇偷情。有趣的是,佩雷拉生前就意识到他四处花心所留下的大量私生子会对将来的遗产分配造成纠纷,因此他特意在临终前留下了血样,以供将来做DNA亲子鉴定之用。

100人争做DNA亲子鉴定

佩雷拉去世后,先后有至少100人"闻风而至",声称自己是佩雷拉的私生子。当法庭利用佩雷拉的血液样本进行了DNA对比试验之后,最终其中35人被证实是佩雷拉和至少25名情妇所生的私生子。随后,佩雷拉30亿美元遗产被一一分配给了他和妻子克拉拉所生的3名婚生子女,以及他的35名私生子。

据参与遗产分配的当事人估算,35名私生子每人都继承了2000万美元左右遗产,而他的3名婚生子女每人则得到了大约5亿美元。而当数年后,佩雷拉的妻子克拉拉也去世之后,这3名子女还继承了他们母亲得到的那一部分巨额遗产。

法庭收回原遗产"再分配"

没想到的是,这场声势浩大的遗产大战并未就此结束。在佩雷拉去世18年之后,又有20名佩雷拉的"私生子女"浮出水面,并向法庭要求分得遗产。巴西法庭一边对这最新冒出的20名佩雷拉"私生子女"进行调查,查看他们的出生证明文件。同时,再次找出佩雷拉18年前的血液样本,对这20人进行DNA亲子鉴定,以确定他们是否的确是佩雷拉的子女。

2008年11月初,法官朱力乌斯·恺撒·劳伦斯宣布,出于慎重考虑,她要求此前佩雷拉的38名遗产继承人将他们继承的30亿美元遗产全部归还,从而对原先的遗产进行重新分配。尽管这一命令遭到了此前遗产继承人的强力反对,但法官劳伦斯坚持表示:"每一名子女都应当获得和其他人一样多的遗产,在调查此案期间,所有能够提供文件和证据证明他们是佩雷拉后代的人,都应该受到公正待遇。"

【案例123】私生子争千万遗产　亲子鉴定争得遗产继承权①

我国台湾地区富商林先生不幸英年早逝。7岁男孩小龙和妈妈伤心之余决定离开厦门,远赴新加坡,却偶然发现林先生在厦门留下的高档豪宅被他在台湾的妻子以每平方米4000元的低价贱卖。为了捍卫自己的继承权,小龙在妈妈的代理下,将林先生的台湾妻子陈女士及购房人吴某告上法庭。

豪宅遭贱卖　私生子跨境争遗产

小龙的母亲杨女士和林先生在安徽滁州相识,并于2002年3月5日生育小龙。不过,杨女士和林先生一直没能登记结婚,后来她才知道林先生在台湾已有妻室。

2003年,林先生购买了厦门禾祥苑金典大第的一套楼中楼,面积279.7平方米,登记在林先生台湾配偶陈女士的名下。2003年这处房产交付后一直由小龙及其母亲居住。

2008年开始,林先生身体不适,杨女士陪他四处求医。同年7月底,林先生病情恶化回到台湾。同年12月3日,林先生因为恶性肿瘤突然去世。林先生去世后,伤心的杨女士和小龙害怕触景伤情,于是搬离这套楼中楼,只是偶尔回来看看。

2010年7月,杨女士决定离开厦门这个伤心地,准备和儿子移民新加坡。7月22日,她在做移民公证时,偶然遇到一个在房管部门工作的朋友,从这位朋友口中得知,楼中楼竟已被人以111万余元低价卖掉。杨女士大惊,她到房管部门查询后发现2009年5月18日林先生的台湾妻子陈女士将这套楼中楼以每平方米4000元、总价款111.88万元出卖给吴某。

经查,吴某和林先生的同胞兄弟林某都是厦门一家礼服公司的股东,且和林先生、陈女士是朋友关系。而且,2009年5月,这套楼中楼当时同一地段、同一时间的房屋均价均在1万元以上。

杨女士遂代理小龙将林先生的妻子陈女士以及低价购买豪宅的吴先生告上思明区法院,要求判令买卖无效。此外,母子俩还在台湾提起遗产诉讼。

亲子鉴定　台湾地区法院认定父子关系

2010年8月初,小龙和妈妈杨女士赴台湾做亲子鉴定,因为林先生去世前曾

---

① 参见新浪网 http://news.sina.com.cn/c/2009-08-22/060516166200s.shtml,2012年3月19日访问。

在台湾国泰综合医院治疗,该院留存有他的组织标本。在台湾士林地方法院的委托下,医院对小龙、杨女士和林先生的组织标本进行了亲子血缘鉴定。8月下旬,亲子鉴定结果终于出来了,小龙和林先生综合亲子指数>1000,且亲子关系确定率>99.9%,因此亲子关系鉴定结果为吻合。

根据这份亲子鉴定结果,以及杨女士提供的关于林先生生前与其母子的生活照片等各种证据,法院认为,小龙和林先生确实具有父子的真实血缘关系,并且林先生生前又以小龙父申报身份,并予以照顾、抚养,确已发生林先生认领小龙为儿子的效力。因此,法院认定小龙已受林先生认领而视为其婚生子女。

据了解,杨女士台湾方面的律师经过初步调查,发现林先生名下的资产至少数亿元人民币。接下来,小龙将和林先生的原配陈女士及其两个子女一起分割林先生的巨额遗产。

价格明显不合理　厦门法院判决合同无效

2011年12月15日上午,厦门法院针对房屋买卖案件第四次开庭。在此之前的三次庭审中,吴先生的律师都认为杨女士无法证明小龙和林先生的亲子关系,无权要求法院认定合同无效。

第四次庭审中,杨女士出示了亲子鉴定结果和台湾方面的判决书。对此,吴先生的律师承认了亲子事实,不过他强调购房时并不知道小龙的存在,每平方米4000元的价格也通过了房管部门的审核,是"善意取得"。

法院认为,林先生去世后,这处房产应由其法定继承人(包括小龙)依法继承,因此,被告陈女士未经小龙同意,无权出卖这套楼中楼。另外,吴某即使不知道小龙是林先生的儿子,也应当在购房时要求陈女士出具其他继承人同意出售房屋的书面材料,以证明陈女士对讼争房屋具有处分权,或者就其善意进行举证。但是吴某拿不出相应的证据,因此,他购买这套楼中楼不属于善意取得。此外,陈女士和吴某在房产合同中约定的每平方米4000元的价格,属于明显不合理低价。

综上,法院认定,被告陈女士和吴某签订的房产买卖合同无效,小龙作为共有人依法享有继续保管、使用这套房产的权利。

律师观点:私生子也有继承权

根据我国法律,本案中所涉房产是小龙父亲与台湾配偶陈某在婚姻存续期间购买,属于夫妻共同财产。小龙父亲去世后,按照遗产继承顺序,小龙享有相应的继承权。因此,陈女士在继承人不知情的情况下,擅自出售,剥夺了继承人的继承权,其买卖行为是无效的。

此外,如果小龙经过DNA鉴定,确认为林先生的直系亲属,并且这份DNA鉴定经过台湾"大陆事务委员会"确认,那么,小龙可根据台湾地区现行"民法典"所确认的继承程序,享有继承权。

三、遗嘱继承及遗赠

288. 何为遗赠?遗赠有无特殊限制?

遗赠是指自然人以遗嘱的方式将其个人的财产赠与国家、集体或者法定继承人以外的个人。

遗赠必须是无偿的,受遗赠权不能转让,而且只有在优先清偿了遗赠人的一切债务以后遗产有剩余时,才能执行遗赠。

受遗赠人接受遗赠的,必须在知道受遗赠后2个月内作出接受或者放弃的表示。到期没有表示的,视为放弃受遗赠。

289. "二奶"是否有权继承遗产?

由于"二奶"并非法定继承人,因此也不能作为遗嘱继承的继承人。

同时,"二奶"作为被遗赠人接受死者的遗赠时,如果该项遗赠导致其他法定继承人或遗嘱继承人的生活难以正常维系的,或者严重违反了公序良俗的原则的,同样可能导致该遗嘱被判无效。

但有观点认为,根据特别法优于一般法的法律适用原则,《继承法》就应优先于《民法通则》而适用。继承法中所承认的遗嘱自由(意思自治)实际上是违背了作为一般法的《民法通则》中规定的公序良俗原则。法院判决遗赠"二奶"协议无效就是以一般法中的公序良俗原则来否定了特别法中的遗嘱自由(意思自治),这样的适用是存在很大问题的。

【案例124】违背公序良俗 遗赠"二奶"被判无效①

原告: 张学英

被告: 蒋伦芳

诉讼请求: 判令被告给付原告接受遗赠约60,000元的财产,并承担本案诉讼费用。

争议焦点:

1. 住房补贴、公积金、抚恤金是夫妻共同财产还是个人财产;

---

① 参见四川省泸州市中级人民法院(2001)泸民一终字第621号民事判决书。

2. 经过公证的遗嘱是否必然有效;
3. 遗赠"二奶"财产是否有效。

基本案情:

被告与案外人黄永彬系夫妻关系,在其夫妻关系存续期间,案外人黄永彬与原告非法同居。

2001年4月18日,案外人黄永彬立下书面遗嘱,将其所得的住房补贴金、公积金、抚恤金和夫妻共同拥有房屋的售房款的一半4万元及自己所用手机一部赠与原告,该遗嘱经公证处公证。

2001年4月22日,遗赠人黄永彬去世,原告要求被告交付遗赠财产遭被告拒绝,双方发生争执。

原告诉称:

原告与被告之夫黄永彬是朋友关系。黄永彬于2001年4月18日立下遗嘱,将自己价值约60,000元的财产在其死亡后遗赠给原告,该遗嘱已经公证机关公证。遗赠人黄永彬因病死亡,遗嘱生效,但被告控制了全部财产,拒不给付原告受赠的财产。现请求法院判令被告给付原告接受遗赠约60,000元的财产,并承担本案诉讼费用。

被告辩称:

黄永彬所立遗嘱的内容侵犯了被告的合法权益,遗赠的抚恤金不属遗产范围,公积金和住房补贴金属夫妻共同财产,遗赠人黄永彬无权单独处理;遗赠涉及的售房款是不确定的财产,所涉及的条款应属无效。此外,遗赠人黄永彬生前与原告长期非法同居,黄永彬所立遗赠属违反社会公德的无效遗赠行为。请求判决驳回原告的诉讼请求。

律师观点:

1. 关于遗赠人所立遗嘱的效力问题

遗赠是公民以遗嘱的方式将个人合法的财产的一部分或全部赠给国家、集体或法定继承人以外的其他人,并于死后发生效力的法律行为。遗赠行为成立的前提是遗嘱,而遗嘱是立遗嘱人生前在法律允许的范围内,按照法律规定的方式处分自己的财产及其他财物,并于死后生效的法律行为。一个合法的遗嘱成立必须具备其构成要件。

本案中,遗赠人黄永彬在所立遗嘱中,将其所得的住房补贴金、公积金、抚恤金和夫妻共同卖房所得的房价款的一半4万元等财产赠与原告所有,是其真实意思表示,并经过公证机关公证。但从其遗嘱处分的财产性质看,遗赠人黄永彬处

分的财产内容已超出了其个人财产的范围,侵犯了被告作为法定继承人应享有的合法财产权利。主要表现在以下几个方面:

(1)按照国家有关政策规定,抚恤金是死者单位对死者直系亲戚的抚慰。黄永彬死后的抚恤金不是黄永彬个人财产,不属遗赠财产的范围。

(2)遗赠人黄永彬的住房补助金、公积金属黄永彬与蒋伦芳夫妻关系存续期间所得的夫妻共同财产。按照《继承法》第16条和司法部《遗嘱公证细则》第2条之规定,遗嘱人生前在法律允许的范围内,只能按照法律规定的方式处分其个人财产。遗赠人黄永彬在立遗嘱时未经共有人被告同意,单独对夫妻共同财产进行处理,侵犯了被告的合法权益,其无权处分部分应属无效。

(3)泸州市住房一套,系遗赠人黄永彬与被告婚姻关系存续期间被告继承父母遗产所得。《婚姻法》第17条规定,夫妻在婚姻关系存续期间所得的财产,归夫妻共同所有,双方另有约定的除外。夫妻对共同所有的财产,有平等的处理权。该住房为夫妻共同财产。但该房以8万元的价格卖给陈蓉,黄永彬生前是明知的。且该8万元售房款还缴纳了有关税费。并在2001年春节,黄永彬与被告共同又将该售房款中的3万元赠与其子黄勇用于购买商品房,对部分售房款已作处理,实际上并没有8万元。遗赠人黄永彬在立遗嘱时,仍以不存在的8万元的一半进行遗赠,显然违背了客观事实,系虚假行为。遗赠人黄永彬的遗赠行为,违反法律规定,剥夺了被告依法享有的合法财产继承权。

2. 关于公证遗嘱的效力

根据《公证暂行条例》第2条的规定,"公证是国家公证机关根据当事人的申请依法证明法律行为、有法律意义的文书和事实的真实性、合法性,以保护公共财产,保护公民身份上、财产上权利和合法利益"。公证机关作为行使国家证明权的机关,应当按照法定程序对所要证明的法律行为、文书和事实的真实性、合法性进行认真审查。司法部《公证程序规则》(试行)第32条明确规定,"法律行为公证应符合下列条件:……(三)行为的内容和形式不违反法律、法规、规章或者社会公共利益。"遗嘱行为属民事法律行为,因此,法律行为公证的条件就必须与民法上规定的民事法律行为成立的要件相符合。《遗嘱公证细则》第17条也规定,遗嘱内容不得违反法律规定和社会公共利益,对不符合前款规定条件的,应当拒绝公证。《公证暂行条例》第25条及《四川省公证条例》第22条规定,公证机构对不真实、不合法的行为、事实和文书应拒绝公证。

因此,遗赠人黄永彬所订立的将其死后遗产赠与原告的遗嘱虽然经过公证机关办理了公证手续,但因该遗赠行为本身违反了法律,损害了社会公共利益,属无效民事行为。《民事诉讼法》(2007年修正)第67条规定,"经过法定程序公证证明的法律行为、法律事实和文书,人民法院应当作为认定事实的根据。但有相反证据足以推翻公证证明的除外"。故泸州市纳溪区公证处所作出的(2001)泸纳证字第148号公证书依法不能产生法律效力。

3. 关于法律的适用

遗赠行为作为民事法律行为的一种,除应当具备继承法所规定的有关构成要件外,还必须符合《民法通则》对民事法律行为的一般规定。

《民法通则》第7条明确规定,"民事活动应当尊重社会公德,不得损害社会公共利益"。此即民法的"公序良俗"原则。作为现代民法的一项基本原则,"公序良俗"原则充分体现了国家、民族、社会的基本利益要求,反映了当代社会中居于统治地位的一般道德标准。就其本质而言,是社会道德规范的法律化。在现代市场经济条件下,起着使社会道德观念取得对民事主体之民事行为进行内容控制的重要功能,在法律适用上有高于法律具体规则适用之效力。"公序良俗"原则所包括的"社会公德"与"社会公共利益",又可称作"公共秩序"和"善良风俗"。两者的概念基本一致,相辅相成。在确定"公序良俗"原则中"社会公德"或"社会公共利益"的法律内涵进行具体法律适用时,必须也只能通过不同历史时期法律具体规定所体现的基本社会道德观念和价值取向加以确定。因此,并非一切违反伦理道德的行为都是违反社会公德或社会公共利益的行为,但违反已从道德要求上升为具体法律禁止性规定所体现的维持现行社会秩序所必需的社会基本道德观念的行为则必然属于违反社会公德或社会公共利益的行为,依法应为无效民事行为。

在本案中,遗赠人黄永彬与被告系结婚多年的夫妻,本应按照《婚姻法》第4条的规定互相忠实、互相尊重,但黄永彬却无视夫妻感情和道德规范,与原告长期非法同居,其行为既违背了我国现行社会道德标准,又违反了《婚姻法》第3条"禁止有配偶者与他人同居"的法律规定,属违法行为。黄永彬基于其与原告的非法同居关系而订立遗嘱将其遗产和属于被告的财产赠与原告,以合法形式变相剥夺了被告的合法财产继承权,使原告实质上因其与黄永彬之间的非法同居关系而谋取了不正当利益。我国《民法通则》第58条规定,"民事行为违反法律和社会公共利益的无效",因此,遗赠人黄永彬的遗赠行为,应属无效民事行为。无效的民事行为,从行为开始就没有法律约束力。

综上所述,遗赠人黄永彬的遗赠行为虽系黄永彬的真实意思表示,但其内容和目的违反了法律规定和公序良俗,损害了社会公德,破坏了公共秩序,应属无效民事行为。原告要求被告给付受遗赠财产的主张,应不予支持。被告要求确认该遗嘱无效的理由成立,应予以支持。

法院判决:
驳回原告的诉讼请求。

290. 出现多份遗嘱,应以哪份遗嘱为准?

当事人立有数份遗嘱,内容相抵触的,以最后的遗嘱为准。但是自书、代书、录音、口头遗嘱,不得撤销、变更公证遗嘱。因此,在有多份遗嘱的情况下,如果存在未被撤销的公证遗嘱,应以公证遗嘱为准;没有公证遗嘱的,以最后一份为准。

【案例125】多份遗嘱"撞车" 以最后一份为准[①]

王明昆老人是某医院的退休医生,老伴7年前去世,两子一女均已各自成家与老人分开生活。由于子女们各有各的事业,很少顾及父亲,王明昆老人生活过得很孤单。唯一让他欣慰的是正在读大学的外孙王凡十分孝顺,放假时经常来看老人,并曾在老人患病期间特地请假从外地回来照顾他。为此,王明昆于2004年暑假期间,亲笔写下遗嘱:"我死后,房屋、财产归外孙王凡所有,任何人不得侵占。"

2005年3月,王明昆邂逅了生命中最后几年的红颜知己,也打破了自己平静的生活。走进老人晚年生活的女人叫王霞,丈夫5年前去世,有两个儿子。由于儿子生活条件都不是很好,她便到王明昆经常就餐的一个小餐馆打工。自从遇上了王明昆,王霞的脸上常常泛起笑容,而王霞的朴实善良和风趣也让王明昆领悟到了从未有过的快乐。

经过一年多的交往,王明昆正式向王霞求婚。2006年7月,王明昆和王霞在当地民政局办理了结婚登记。然而命运并不眷顾这对老人。2009年8月,王明昆被查出患了肝癌。在生命的最后岁月,王霞无微不至地照顾着他。这让王明昆非常感动,于是他拿起笔,写下一份遗嘱:"感念王霞对我的好,在我患病期间周全照顾,为感谢她,我自愿将我的住房赠送给她,任何人不能干涉。"

2010年10月,王明昆老人因病情恶化被送到医院治疗。他的几个子女和王霞不分昼夜地轮流照看。在生命弥留之际,老人要其女儿代笔立下第三份遗嘱:"我死后,房屋财产由三个子女平均分享。"老人签名后,于当晚离开人世。

[①] 参见检察日报正义网 http://newspaper.jcrb.com/html/2011-02/19/content_64484.htm,2011年4月13日访问。

老人去世后,王霞和老人的子女们在如何分配老人留下的一套住房和10万元存款上发生争执。老人的外孙王凡将两个舅舅和王霞告上了法庭。

法院认为,关于多份遗嘱并存时,哪份遗嘱优先的问题。首先需要考虑的因素是,各份遗嘱在内容和形式上是否都符法定的条件,是否有效。其次需要考虑各份遗嘱效力的强弱。最后要考虑各份遗嘱签订的时间。本案中,王明昆老人生前先后立有三份遗嘱,第一份、第二份遗嘱是自书遗嘱,均是有效的。第三份遗嘱是代书遗嘱虽然有王明昆老人的签名,但并没有两个以上无利害关系的见证人在场,因此是无效的。在第一份和第二份遗嘱中仅仅是在住房的归属上存在冲突,对于存款的归属并无冲突,故存款应按照第一份遗嘱执行,即10万元归外孙王凡所有。对于住房归谁问题,因第二份遗嘱订立在第一份遗嘱之后,因此,具有优先效力,住房应归王霞所有。

最后,法院作出一审判决,老人的房屋归王霞所有,10万元存款归外孙王凡所有。判决后,原、被告双方均未提出上诉。

291. 哪些遗嘱需要律师见证?律师在办理涉及股权的遗嘱见证时应注意什么问题?

代书遗嘱、录音遗嘱、口头遗嘱都需要有两个以上的见证人在场见证。

实践中常发生的情形是,被继承人由于缺乏法律知识,由他人代书遗嘱,但由于缺少见证人,或见证人为利害关系人,最终导致遗嘱被认定无效。致使继承人为遗产继承纠葛不休,最后由亲人成为陌路。

为避免该类情况的发生,笔者建议遗嘱见证应聘请律师见证。

律师见证,就是律师应当事人的申请,根据亲身所见,以律师事务所的名义,依法对法律事件或法律行为的真实性、合法性进行证明的一种活动。

对于企业家来说,最大的资产莫过于所拥有的公司股权。律师在办理涉及股权的遗嘱见证时应特别注意股权继承方案的设计。虽然我国法律规定,自然人股东死亡后,其合法继承人可以继承股东资格及相应的财产权。但是,由于股权的特殊性,在企业家过世后,这部分财产仍常会引发争议。而律师遗嘱见证,是许多企业家为了避免遗产纠纷出现采用最多的方法。律师在办理遗嘱见证业务时,应注意以下问题:

(1)针对企业家的资产状况以及个人要求,设计遗产继承方案;

(2)与公司其他股东进行协商,邀请其参与遗嘱见证,请股东签署确认遗嘱内容并保证配合股权顺利过户的同意书;

(3) 如果继承人人数过多,可能导致公司法定人数超限等问题,应当提醒立遗嘱人并与其进行讨论,是否将股权集中由一个或两个继承人继承等方式解决问题,并在遗嘱加入相关条款;

(4) 在遗嘱中将律师指定为遗嘱执行人,利用律师的专业知识以及中立角色避免遗产纠纷的产生。

292. 哪些人不得作为代书遗嘱、录音遗嘱、口头遗嘱的见证人,及代书遗嘱的代书人?

下列人员不能作为遗嘱见证人:

(1) 无行为能力人、限制行为能力人;

(2) 继承人、受遗赠人;

(3) 与继承人、受遗赠人有利害关系的人。

值得注意的是,继承人、受遗赠人的债权人、债务人、共同经营的合伙人,也应当视为与继承人、受遗赠人有利害关系。

【案例126】继承人代书遗嘱不合法　状告祖父母获公司股权[①]

原告: 张晓

被告: 张远、夏云

诉讼请求:

确认张忠所立遗嘱无效。

争议焦点:

继承人能否代书或见证遗嘱。

基本案情:

原告系张忠的女儿,张忠生前立下遗嘱,将属于其个人的某公司50%股权赠与给二被告。该遗嘱由被告张远代书,两名居委会干部见证并签名。该遗嘱上有张忠的签名及手印,注明日期为2002年10月29日,但"10"有修改痕迹。

原告诉称:

遗嘱代书人是继承人,见证人也没有注明见证年份,这些不符合继承法上关于代书遗嘱的形式规定。另外,印章签名的日期有改动。因此,该遗嘱无论是内容还是形式上都不严密、不真实,属于无效遗嘱。

---

① 参见中顾遗产继承网 http://news.9ask.cn/ycjc/yzjc/201011/951779.shtml,2012年7月11日访问。

被告辩称：

该遗嘱虽然在形式上稍有欠缺，但确实是张忠的真实意思表示，没有胁迫或伪造，所以应当是有效的。

律师观点：

根据《继承法》规定，代书遗嘱应当由两个以上见证人在场见证，由其中一人代书，注明年、月、日，并由代书人、其他见证人、遗嘱人签名。继承人不能作为遗嘱见证人。

本案中的遗嘱由被告张远代书，而被告张远为遗嘱继承人之一，属于法律上的利害关系人。所以由其代书的遗嘱不符合法律规定，应为无效。

法院判决：

张忠所立遗嘱无效。

293. 在什么情况下遗嘱无效？

下列遗嘱无效：

（1）遗嘱人以遗嘱处分了属于国家、集体或他人所有的财产，这部分应认定无效；

（2）遗嘱人生前的行为与遗嘱的意思表示相反，且遗嘱处分的财产在继承开始前灭失、部分灭失或所有权转移、部分转移的，遗嘱视为被撤销或部分被撤销；

（3）无行为能力人或者限制行为能力人所立的遗嘱无效。但遗嘱人立遗嘱时有行为能力，后来丧失了行为能力，不影响遗嘱的效力；

（4）遗嘱必须表示遗嘱人的真实意思，受胁迫、欺骗所立的遗嘱无效；

（5）伪造的遗嘱无效；

（6）遗嘱被篡改的，篡改的内容无效。

【案例127】遗嘱处分离婚未分割股权无效　主张了解经营财务状况获支持[①]

原告：刘女士

被告：保利泰克公司

诉讼请求：

1. 判令确认周先生所立遗嘱中关于财产和经营权的部分无效；

---

① 参见中国法院网 http://old.chinacourt.org/html/article/200606/09/207775.shtml，2012年3月9日访问。

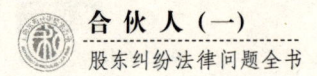

2. 将被告的财务报表、账簿、合同给予原告查阅。

争议焦点：

1. 周先生能否在遗嘱中对被告的财产及经营权作出处分；
2. 原告是否有权要求查阅被告的财务报表、账簿、合同。

基本案情：

被告由原告和周先生出资成立，其中周先生持有公司70%的股份，担任执行董事、经理职务，原告持有公司30%的股份，担任监事职务。

2000年，原告与周先生在法院调解离婚，并对财产进行了分割，但未涉及被告的股权。

2003年，周先生因病去世，去世前立下遗嘱，其中一项内容为：从2003年10月31日起公司由王某接管经营，2003年10月31日之后的公司财产归王某所有，一切债权债务由王某处理。

原告诉称：

原告为被告的合法股东，周先生在遗嘱中擅自处分公司财产及经营权的行为严重侵犯了原告的合法权益。

被告未答辩。

律师观点：

1. 离婚协议并未分割股权，故原告有权行使股东权利。

原告在被告章程和工商登记中均被记载为股东，其与周先生离婚时约定共同财产现在谁处归谁所有，但双方并未对所持有的被告股份进行分割、转让，亦未对公司章程和工商登记进行修改。因此，原告有权行使股东权利。

周先生作为被告的执行董事在其遗嘱中擅自处分变更被告的财产、经营权，违反了法律及公司章程规定，侵害了原告作为公司股东所享有的资产受益权和对公司事务的重大决策权。故周先生所立遗嘱中关于公司财产和经营权的内容是无效的。

2. 原告有权查阅财务报表、账簿、合同。

《公司法》（2005年修订）第32条的规定，股东有权查阅股东会会议记录和公司财务会计报告。根据公司法及被告章程的规定，股东享有了解公司经营状况和财务状况的权利。因此，被告有义务将其从2003年10月20日至今的财务报表、账簿、合同给予原告查阅，从而保障股东知情权的实现。

法院判决：

1. 判令周先生所立遗嘱中关于2003年10月31日之后被告由王某接管经

营、公司财产归王某所有、一切债权债务由王某处理的部分无效;

2. 被告将其从 2003 年 10 月 20 日至今的财务报表、账簿、合同给予原告查阅。

【案例128】两份遗嘱引香港"的士大王"家族之争　原配6名子女败诉二房独享10亿遗产 ①

绰号"的士招"的香港隐形富豪招友全,2004 年去世时遗下估计逾 10 亿元(港币,下同)资产。原配 6 名子女却指父亲死前立下遗嘱将所有遗产转赠二太的决定是受精神问题影响,双方对簿公堂。

炒出租车牌和房产发迹

外号"的士大王",招友全被认为是全香港最为神秘的富豪之一,被媒体称为"隐形富豪"。这位隐形富豪发家的第一桶金,则来自炒卖香港出租车(香港称为"的士")营业牌照。

根据香港法律规定,经营出租车必须持有出租车牌照,一辆车一块,否则载客收费则为黑车,是非法行为。加之香港政府对出租车进行总量控制,使得出租车牌照奇货可居,一度成为炒卖的投机商品。每个出租车牌照的拍卖价格曾高达约 500 万港元。

招友全在 20 世纪 90 年代开始炒出租车牌照,高峰时期拥有 100 多个出租车牌,如果按照目前的价格计算,其价值超过 5 亿港元。除了依靠出租车牌照发家之外,招友全还在 SARS 期间大手炒楼,买入多个楼盘物业。2004 年,招友全因病去世后,其遗产管理人向税局申报的遗产显示,单是港岛花园道爱都大厦及薄扶林碧瑶湾豪宅共 33 处物业,2005 年已价值 2.6 亿港元,这还不包括未计入的外汇、股票等其他财产。

两份遗嘱截然不同　原配6子女与二太争产

招友全奔忙一生,身后除了价值 10 亿港元遗产之外,还有至少三房姨太和十几个子女。2004 年平安夜,招友全死于急性心肌梗死及糖尿病,终年 55 岁。

招友全在 1973 年和原配王美英结婚,育有 5 女 4 子。两人早年在工厂当工人,租住在铜锣湾百德新街,后来买卖出租车牌照致富后,于 20 世纪 90 年代开始买入碧瑶湾物业。1992 年,招友全和原配王美英离婚。2003 年,王美英在内地住

---

① 参见凤凰网 http://house.ifeng.com/news/dcbg/detail_2011_03/02/4935720_0.shtml,2012 年 3 月 9 日访问。

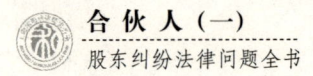

所自杀身亡。

1997年平安夜,招友全曾立下遗嘱,将家产分为19份,分予各房的14名子女(当时尚有5名子女未出世),5个儿子各得两份,9个女儿各得一份。然而,在招友全于2004年去世之后,二房姨太钟群英却出示了一份招友全在2003年平安夜所立的遗嘱,遗嘱指明"不分财产予原配子女",所有遗产只留予钟群英一人。钟群英所持的遗嘱遭到长房子女们的质疑。由于两份遗嘱内容不同,王美英的6名子女向香港高等法院提起诉讼。诉状中声明,二姨太钟群英手持的2003年遗嘱无效。他们认为,父亲招友全患有焦虑症、糖尿病而长年服药,在2003年年底未必具有签署遗嘱的精神能力,有可能是在神志不清的情况下才另立遗嘱。

原告代理律师苏朗年也指出,2003年遗嘱违反1997年遗嘱原意,而且是由为招友全当秘书、并与二姨太关系良好的三姨太陈冠卿吩咐律师拟备,其有效程度备受质疑。

针对指控,二姨太钟群英表示,2003年遗嘱有律师见证,钟群英称,招友全当场撕烂了1997年遗嘱,证明他有心废除旧遗嘱。

法院最终判决:二房独享10亿元资产

2012年1月31日香港高等法院裁定二太钟群英胜诉。

案件的焦点集中招友全于2003年更改遗嘱时的精神状态。

原配王美英的6名子女称,在他们眼中招友全是一名好父亲,得知他更改遗嘱后大吃一惊。长子文虎指父亲当时服食很多不同的药物,又表现神怪,但各子女均未能证实父亲精神有问题;而替招友全工作的大律师、地产经纪,均表示他精明能干、心思缜密,当时跟他相处并没有任何异样,就连医治他多年的医生及精神科专家,也没有证实他患有脑退化或任何精神问题。

另外,从子女的证供显示,他不失为一位好爸爸,所以子女才质疑他更改遗嘱。但这只可将招友全看成是为人不公或不讲理由,但不代表当时他更改遗嘱时受精神问题影响。反而他跟二太同居20载,与她非常亲近,又将其的士公司以二太命名,这样更容易相信招友全愿意将遗产交托二太。

【案例129】老板娘意外身亡 上亿遗产引家族纷争①

在温州街头,到处都可以看到一家家装修简洁时尚的蛋糕坊——"桂新园"。2009年6月25日,桂香村老板娘陈建伟在自家公寓晨练时不慎失足落水,意外死

---

① 参见搜狐网 http://news.sohu.com/20100210/n270166729.shtml,2012年3月9日访问。

亡。其后,其父母和其丈夫马建伟为争夺上亿遗产上演了一出"豪门恩怨"。

股权遗产纷争

桂香村由马建伟、陈建伟(曾用名陈建瑜)夫妇于1989年创建。2002年公司创办,注册商标"桂新园"。当年小小的糕点店不断发展壮大。2008年12月公司注册的资本金为1000万元,马建伟和陈建伟各占50%股份。喜欢思考、有些内向的丈夫马建伟主要负责公司的生产和技术,性格爽朗的陈建伟则是外当家,夫妻俩一直被业界称为"最佳搭档"。多年打拼之后,桂新园已成为浙南地区烘焙行业的第一品牌。

但在陈建伟去世后不久,桂香村陷入了旷日持久的内部纷争。

"其实我们还没有想到什么遗产继承的事,是二姐夫(马建伟)主动提起要把二姐的遗产让我父母来继承。"陈建伟的妹妹陈建秋说。

双方协商了陈建伟遗产问题,但最终没有谈妥。陈家人认为,马建伟想把公司股份、不动产等都"折现"分给陈建伟父母,"等于让陈家彻底退出桂香村了"。

2010年11月3日,陈建伟父母向温州鹿城区法院提起民事诉讼,要求分割陈建伟的遗产。陈建伟的父母称,陈某留下的遗产有浙江桂香村食品连锁有限公司(桂新园)50%的股权,海南某食品有限公司6%的股权及16处不动产、两辆汽车、银行存款、股票、手表和黄金的50%。两原告依法各继承被继承人遗产份额的1/5。

"马某不但不分割陈某发生意外以后应该给予岳父母的赡养费,还私自转移财产,悄然举家搬迁,并阻止两个小孩探望外公外婆。"陈建秋说。

双方争论的焦点是,马建伟只希望把不动产和股份等折算成现金给其岳父母,但其岳父母不同意折现。马建伟的代理律师说,他们对两原告是陈建伟的继承人没有异议。不过在分割遗产时,应当有利于生产和生活需要来进行。

2010年7月16日,法院作出判决:马建伟和子女占80%,余下的20%归陈建伟父母。

一名知情人士透露,对于这份判决,双方都比较尊重,相关交接处置也在进行中,事态看似逐渐恢复平静,但是桂香村靠血亲维系的经营弊端开始在股权分割后显现。

管理僵局

一个典型的家族企业,在突遭股权分割后陷入了艰难的磨合期,尤其是两大股东方互相猜忌、互有对立的情况下,纷争在所难免。

法院判决之后,桂香村被动转变为股份制,工商注册、公司章程重新制订。

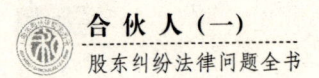

2010年10月底,陈建伟父母和女婿马建伟3个人召开了桂香村第一次股东会议,议题是选举公司的监事人。

会议期间,陈建伟父母推举自己的三女儿陈建秋出任监事人,理由是陈建秋"熟悉公司业务"。这一提议被马建伟否决,在马看来,2009年9月,陈建秋"利用职权之便蓄意隐匿或遗失公司财物"。

马建伟的提名是他的一名同学。此人到公司时间不足一年,遭到了陈建伟父母的反对。74岁的老丈人情绪激动。双方都不同意对方提议的人选,最终不欢而散。

与此同时,马家和陈家的纷争在桂香村之外继续扩大。被"清理"出公司后,大姐陈建军舍不得自己做了10多年的行业,现在和朋友合伙在温州也开起了蛋糕坊,成了桂香村的竞争对手。

律师观点:股权与经营权要区别对待

企业创办之初股权就要明晰化,越是亲戚越要分清楚。

桂香村面临的管理难题,是温州乃至中国诸多家族企业都可能面临的问题。一方面,为了企业更好地经营和发展,建立产权明晰的现代企业制度十分必要;另一方面,家族企业的特性,又使得这条现代企业之路,往往走得漫长而艰难。

但不要忘了,古人都知道"亲兄弟明算账"这个道理。这就好比几个兄弟都长大了,分家反而能避免矛盾。家族企业所有权和经营权高度重合的状况,往往会导致所有权的纷争,从而直接影响经营权的正常执行。很多人的固有观念是,有股权就一定要参与经营。为了规避这样的风险,家族企业发展到一定规模,就应该考虑按照各自权利和义务,尽快明晰产权。国际上很多成功的企业,即使股东是仇人,也能不影响企业正常经营。

家族企业的股权往往像一锅粥,企业小的时候还好,做大了就容易有纠纷。兄弟、父子成仇的教训见多了。所以企业创办之初股权就要明晰化,越是亲戚越要分清楚。

另外家族企业经营权和所有权混淆是普遍现象。所有权是和利益挂钩的,让不同的利益主体去经营,能不产生矛盾吗?因此,在企业走上正轨之时应当咨询律师等专业人士,逐渐为企业建立起股权与经营权有区别的现代企业制度与内部管理规范制度,避免相关风险的产生。

294. 遗产信托有什么作用?

(1)税务方面会减少一些不必要的麻烦。生前赠与、身后继承在税务上可能适用不同税法规定,通过遗产信托,立遗嘱人可依资产配置状况选择最有利的规划方式。

(2)通过遗产信托可规避资产纠纷。在不违反特留份规定下,按照事先做好的遗产规划将财产依自身意志分配,各继承人可分得财产清楚透明,避免子女争夺财产。比如香港女富豪小甜甜龚如心的丈夫突然辞世之后,法院对其遗产很难作出判决,如果当初有遗产信托就不会出现这种麻烦。

(3)当资产庞大并且形成产业后,通过遗产信托可把产业存续下来。财产在受托人的保管下,不会被继承人轻易挥霍殆尽,得而代代相传。如美国的洛克菲勒公司办理了遗产信托后,企业家就不用担心遗产会被挥霍掉。

(4)解决财产共有不易处分的缺点。传统继承方式常发生不动产由多人共同持有的情形,增加了财产处分的困难且易产生纠纷。但是用遗产信托的方式就能提前解决这些麻烦。

(5)遗产信托可以用于公益事业,如规定30%左右遗产用于社会公益,从而体现自身的社会责任。

295. 设立遗产信托应注意哪些问题?

遗产信托除符合信托法的基本要求外,还应当符合继承法等相关法律的规定。一般说,遗产信托应当采取书面形式。遗产信托文件不同于一般的遗嘱。遗产信托文件应包括三个方面的当事人:委托人(被继承人)、受托人(遗嘱执行人)、受益人(继承人)。

遗产信托必须指定受托人(遗嘱执行人),遗嘱执行人一般选择具有理财能力律师。遗产信托的受益人可以是法定继承人的一人或者数人。公民可以立遗嘱将遗产受益人指定为法定继承人以外的人。遗产信托在被继承人订立遗嘱后成立,并应于遗嘱人(被继承人)去世后生效。

296. 律师在遗嘱信托中有哪些作用?

(1)清点遗产,制作遗产清单。将自己所保管的遗产进行清点,并登记造册、制作遗产价值及清算移交遗产,便于继承人或利害关系人随时查阅。

(2)对死者的债权作受遗赠人的公告和通知。若不知道死者生前是否有债权人和受遗赠人,则需要申请法院公告。如果已经知道死者生前有债权人和受遗赠人,则可以分别通知,要他们报明债权和表明是否接受遗赠。

(3)清偿债务及交付遗赠物。财产所有人死后,如其继承人所在不明,有无债权人尚不清楚,或继承人是否接受继承、受遗赠人是否接受遗赠等不明确的,遗产管理人必须对死者的债权人和受遗赠人进行公告。在公告期限届满以后,着手进行债务的清偿和向受遗赠人交付遗赠物的工作。

（4）为保存遗产应当采取必要的处分措施,在管理遗产时,如果没有采取必要的处分措施的权限是不足以保护遗产的,处分措施以不变更遗产的标的物或权利上的性质为限。大致有以下几种：

①为保存遗产作出的处理遗产的行为。例如,为保护房产,与他人订立房屋修缮合同,维修破旧房屋,以免房屋倒塌、损坏等而造成遗产灭失和损毁。又如为防止遗产被破坏和遗产价值的减少,对于那些因长期保存耗费资金太大的遗产标的物,也可以变卖,保存价款。

②对死者紧急债务和税款的清偿和行为。例如,为料理死者丧事的需要,可以对死者遗产作出处分,作为丧葬费用。又如,对于死者生前因治疗疾病所花费的医疗费用,也可以从死者的遗产中支付。再如,对死者生前应当缴纳的税款,可以从遗产中支付。

③对死者生前的经营性资产,有必要进行营业行为。如收取利息,取得营业的收益,支付参加该营业的职工工资等,均在遗产管理的权限之内。

（5）遗产的移交。在财产所有人死后,一旦有合法继承人出现并表示接受继承时,遗产管理人应及时将遗产移交给继承人。

四、股东资格的继承

297. 有限责任公司的股东资格是否可以继承？

可以。

自然人股东死亡后,如果公司章程没有限制性规定,其合法继承人可以继承股东资格。

【案例130】谢晋妻儿股东身份获确认　继承谢晋生前企业股权[①]

著名电影导演谢晋遗孀徐大雯携儿子状告谢晋影视科技有限公司案,一度经过两次公堂对簿,最终调解结案。被告上海谢晋影视科技有限公司确认两原告为公司股东,确认两原告继承取得的25%股权。

谢晋曾于2000年9月发起创办一家文化影视科技企业。作为股东之一,谢晋生前以现金出资占有公司25%股权,并担任公司法定代表人。

---

① 参见中国新闻 http://www.Chinanews.com/yl/2011/07-11/3171841.shtml,2013年9月28日访问。

2008年10月18日谢晋意外去世,谢晋的遗孀徐大雯及小儿子要求公司确认继承取得25%股权,办理工商变更登记以便行使股东权利。但两年来,公司一直没有办理工商变更登记。2011年3月,徐大雯与小儿子阿四将该公司告到徐汇区法院,要求确认原告的股东资格,判令被告变更工商登记。

作为被告的公司方表示,原告之一的谢晋小儿子是限制行为能力人,不适合作为股东。拟收购两原告相应的股权,以给付股权转让款的形式让两原告退出公司。

最后,在法院主持下,双方达成调解协议。基于原告之一的特殊身体状况,双方从其生活保障考虑,对股权比例进行了调整。最终谢晋名下上海谢晋影视科技有限公司25%股权中的18.5%归徐大雯所有,6.5%归儿子所有。

【案例131】股权现金慈善　李嘉诚三分家产把控有道①

据《福布斯》2012年最新统计,当年83岁的李嘉诚身家多达255亿美元(约合1989亿港元),全球排名第9,连续多年稳居华人首富的宝座。这位出身寒微、学历不高、白手起家的华人首富日前用了不到15分钟的时间,向公众宣布了一项工程浩大的关于自己的资产交接计划。

长子得股权　次子获现金

2012年5月25日,李嘉诚在出席了旗下公司长江实业及和记黄埔股东大会后首次宣布其家族资产分配计划。

按照李嘉诚的分配方案,长子李泽钜将得到超过40%的长江实业及和记黄埔的股权,以及加拿大最大的能源公司赫斯基35.5%股权,这三块业务也是李嘉诚旗下权重最大的资产(约2041亿港元)。

而对于次子李泽楷,李嘉诚则称将以现金方式全力帮助其收购心仪的目标公司,资助金额将是李泽楷目前身家的数倍。从分配的公平性角度来说,李嘉诚两个儿子分到的财产无论是实物还是股票、现金,从数量上来说,应该说是旗鼓相当。

此外,李嘉诚恪守自己的承诺将财产的1/3捐给社会,为此成立"李嘉诚慈善基金"。这被其称为"第三个儿子"。他表示,基金的规模早已经超越他个人定下的目标,对公益事务服务投入的金额更是高到"估不到"。该基金将会由两个儿

---

① 参见21世纪网 http://www.21cbh.com/HTML/2012-6-1/4NMzY4XzQ0NDc4NQ.html,2012年6月8日访问。

子共同管理。

性格差异决定守成创业不同

1985年毕业于斯坦福大学的李泽钜,获土木工程学士学位、结构工程硕士学位,同年加入长江实业。曾分拆长江基建上市,任长江基建主席,获选《时代》杂志"2003年度全球商界最具影响力人物之一"。比起弟弟因年少叛逆和花边绯闻,频频出现在娱乐头条的事迹,李泽钜显得低调沉稳,即使是在有质疑李泽楷可能分到的资产更多时,其也只是含笑表示,"爸爸的安排我们永远都OK",确实是可当重任的首选。

次子李泽楷,且不说李嘉诚是否属意李泽楷接任,其本身似乎就不喜欢家族所给的种种束缚,去美国时宁愿当球童自我贴补。比起李泽钜,李泽楷也许少了份稳重,但更具胆识和开拓精神,2000年就正式组建电讯盈科,成为与父亲比肩的香港第二大富豪。

应该说李泽钜、李泽楷都很优秀,只是稳重的哥哥更适合继承庞大家业。

家产延续不忘信托基金助力

李嘉诚目前已获得中国内地8个城市及加拿大温伯尼市的荣誉市民称号,可能还拥有加拿大居民权和中国香港公民权。而他两位出生于香港的儿子,目前拥有加拿大国籍。李泽钜与妻子在香港结婚,李泽楷的长子李长治在加拿大出生,而次子和三子则均在美国出生。以上只是李嘉诚家族部分财产受益人或潜在受益人的一小部分生活经历,已涉及3个国家和地区。

如此复杂的家庭成员关系与他们的经历,可能是造成未来家族资产纠纷的重要隐患。因此,为了避免财产风险,李嘉诚会将其资产逐渐转移至他的家族信托基金中。

2003年5月6日,李嘉诚家族基金以每股作价约44港元,增持了5390多万股长江实业(00001.HK)股份,总值23.74亿港元。该基金持有的长实股权由33.31%增至35.65%。同日,由李嘉诚私人持有的长实股份,则相应减少了5390多万股。

2010年5月12日,李嘉诚申报所持的其中7866.8万股股份权益性质出现变动,但他所持有的长实股份仍保持42.01%。同日,李嘉诚长子、长实副主席李泽钜及李嘉诚家族信托基金对长实股份的持仓量同升7866.8万股。有关股权披露方面的变化,是由于李嘉诚赠送了7866.8万股长实股份予家族信托,因而令信托的持股量由37.04%增至40.43%。

目前,李嘉诚设立了至少4个信托基金,分别持有旗下公司的股份,并对每个信托基金指定了受益人。

整个信托控股架构基础的是两个全权信托——The Li Ka-Shing Unity Discretionary Trust(以下简称 DT1)及另一全权信托(以下简称 DT2),李嘉诚为两个全权信托的成立人。Li Ka-Shing Unity Trustee Corporation Limited(以下简称 TDT1)及 Li Ka-Shing Unity Trustcorp Limited(以下简称 TDT2),分别为 DT1 和 DT2 的受托人。TDT1 和 TDT2 各自持有房产信托 The Li Ka-Shing Unity Trust(以下简称 UT1)中的若干物业,但上述全权信托在 UT1 的任何信托资产物业中并无任何利益或股份。DT1 及 DT2 的可能受益人包括李泽钜、其妻子及子女,以及李泽楷。

再下一层,Li Ka-Shing Unity Trustee Company Limited(以下简称 TUT1)为 UT1 的受托人,并以这一身份控制其他公司,TUT1 及其控制的其他公司共同持有长江实业 936,462,744 股。

在对信托的控制上,TUT1、TDT1 与 TDT2 的全部已发行股本由 Li Ka-Shing Unity Holdings Limited(Unity Holdco)拥有。李嘉诚、李泽钜及李泽楷各自拥有 Unity Holdco 全部已发行股本的 1/3。TUT1 所拥有的长江实业的股份权益,只为履行其作为受托人的责任和权力而从事一般正常业务,并可以受托人的身份,独立行使其持有的长江实业股份权益的权力,而无须向 Unity Holdco 或李嘉诚、李泽钜及李泽楷征询任何意见。

此外,TUT1 还以 UT1 的受托人身份持有长江基建 5,428,000 股。

在持有和记黄埔部分股权时,李嘉诚采用了类似的结构。11,496,000 股和记黄埔股份由 Li Ka-Shing Castle Trustee Company Limited(以下简称 TUT3)持有,TUT3 是物业信托 The Li Ka-Shing Castle Trust(以下简称 UT3)的受托人。

作为基础的是李嘉诚成立的另外两个全权信托 DT3 和 DT4,其受托人分别为 Li Ka-Shing Castle Trustee Corporation Limited(以下简称 TDT3)和 Li Ka-Shing Castle Trustcorp Limited(以下简称 TDT4)。TDT3 和 TDT4 分别持有 UT3 的若干物业,但全权信托 DT3 和 DT4 在 UT3 的任何信托资产物业中不具有任何利益或股份。

DT3 及 DT4 的可能受益人与 DT1 及 DT2 类似。

TUT3、TDT3 与 TDT4 的全部已发行股本由 Li Ka-Shing Castle Holdings Limited("Castle Holdco")拥有。李嘉诚、李泽钜及李泽楷各自拥有 Castle Holdco 全部已发行股本的 1/3。TUT3 在和记黄埔中履行责任及权力,与 TUT1 之于长江实业类似。

此外,TUT3 还以 UT3 受托人的身份持有和记电讯香港 53,280 股普通股。

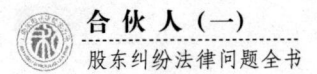

控制财产风险 解决住所地争议

通常,没有订立遗嘱的人士(不论是否香港居民)在持有香港财产时,需要考虑到遗嘱承办纸(Letter of Administration)这一步。根据香港法律,在香港拥有资产的非香港居民,其后人如要获得这份香港的财产,需要分别获得住所地国和香港两地监管部门开出的遗嘱承办纸后,方能按法律规定获得死者在香港的财产。而在香港拥有资产的非香港居民的后人(该后人由住所地国法律指定为遗产执行人),如果也不是香港居民,那么他在香港开具遗嘱承办纸时,需要找一至两名符合一定条件的香港居民提供相应保证,或在保险公司帮助下,以保单形式邀请该公司担任保证人。

但问题在于,若选择第一种方式,该遗产代理人因需要承担法律连带责任而一般不会接受;第二种情况下,保险公司需要收取遗产3%至4%的高额佣金。

遗产执行人也可以向法院申请豁免上述保证。例如,在相关遗产没有负债且得到所有遗产受益人同意的情况下,就可申请。不过,这些条件对于资产庞大、继承人较多的人士却不一定太适用。

为了避免在决定住所地方面的争议,对生意和背景较复杂的高净值人士,"信托+遗嘱"可能是更有保障的方式。

因为,若高净值客户在他来不及将一些资产注入家族信托基金前便去世,例如投资回报在他去世后才呈现,则设立遗嘱能更好地提供保障。若一位富商拥有香港资产,同时拥有香港和外国国籍,并长期在港定居,在没有立下遗嘱的情况下,他未注入家族信托的遗产很大可能会依照香港法律分配。若一名外籍人士,住所地在外国,但在香港有生意,则有可能其遗产分配需要遵循其住所地法律。

【案例132】他人放弃继承 妻子获公司股权①

原告: 程明珠

被告: 李菊莲、欣合品公司、莘吴公司

诉讼请求:

1. 确认被继承人杨宗发在被告欣合品公司50%的股权由原告继承;

2. 判令被告欣合品公司办理将杨宗发名下50%的股权变更为原告的股东变更批准事项;

3. 被告李菊莲、莘吴公司协助被告欣合品公司办理将杨宗发名下被告欣合

---

① 参见上海高级人民法院(2009)民四(商)终字第58号民事判决书。

品公司 50% 的股权变更为原告的股东变更批准事项。

争议焦点：

1. 股东资格能否作为遗产继承；
2. 如何证明其他继承人放弃继承；
3. 外资企业变更股权需履行哪些报批手续。

基本案情：

2000 年 4 月 14 日，案外人杨宗发与被告李菊莲共同出资，与被告莘吴公司合作设立被告欣合品公司。其中被告莘吴公司提供厂房和土地使用权作为合作条件，杨宗发与被告李菊莲以货币及实物合计 20 万美元出资作为被告欣合品公司注册资金。但就出资比例两人未作约定，仅明确为共同享有欣合品公司的股权。

2007 年 5 月 13 日，杨宗发在上海去世，生前未留有遗嘱，其在欣合品公司的股权属于其遗产，其法定继承人共有四位，分别是母杨梁息、妻原告、长女杨岚雁、次女杨洁馨。杨岚雁、杨梁息和杨洁馨已书面作出放弃继承的意思表示。由于被告欣合品公司拒绝配合办理将杨宗发名下欣合品公司 50% 的股权变更为原告的股东变更批准事项，原告遂向法院提起诉讼。

原告诉称：

杨宗发与被告李菊莲在欣合品公司中共同享有的股权中的 50% 在其去世后，应当由其法定继承人继承。现另三位继承人已明确表示放弃继承，该股权应当由原告继承。但被告却不配合原告履行变更登记义务，侵害了原告的合法权益。

被告李菊莲辩称：

原告提供的有关被继承人杨宗发母亲杨梁息及女儿杨洁馨放弃继承的相关文件在形式上有重大瑕疵，并非她们的个人意愿的真实表示。

被告莘吴公司愿意配合办理股权变更手续。

庭审过程中，各方当事人均确认，杨宗发可供继承的股权，就是其与被告李菊莲在欣合品公司中共同享有的股权中的 50%。此外，被告欣合品公司章程中未对股东死亡后的股权继承问题作出规定。

律师观点：

1. 关于本案适用的法律

由于本案系涉及台湾地区居民的股权确认纠纷，相关公司的注册经营地均在上海，被继承人生前亦在上海长期居住且在上海去世，故依据最密切联系原则，本案应当适用我国大陆地区法律。

2. 被继承人的遗产应依法按照法定继承人继承，被告应依法配合办理审批手续

杨宗发在被告欣合品公司享有的股权系其个人合法财产，而被告欣合品公司章程中未对自然人股东死亡后的股权继承问题作出规定，因此就杨宗发享有的股权，在其去世时应作为其遗产依法由继承人予以继承。

杨宗发生前未订立遗嘱，其遗产应按照法定继承办理。现其4名法定继承人中已有杨梁息、杨岚雁、杨洁馨三人明确表示放弃继承，故杨宗发在被告欣合品公司享有的股权应由其法定继承人原告予以继承。

由于原告继承股权后，涉及被告欣合品公司股东的变更。因被告欣合品公司系中外合作企业，该项变更依法须经行政主管机关审批，被告欣合品公司应履行向相关行政主管机关报请审批的义务，被告李菊莲、莘吴公司作为公司的中外合作者应予以配合。

3. 关于其他三位继承人中的两位即杨梁息和杨洁馨放弃继承的意思表示是否真实

原告提交的证据杨梁息《放弃继承声明》和杨洁馨《放弃继承声明书》上，有权利人杨梁息加盖的印章和权利人杨洁馨的签名，上述证据材料均经过台湾公证人员的公证。原告提交的证据从内容上能够证明杨梁息和杨洁馨明确表示放弃涉案股权的继承份额，形式上也符合证据规定的要求。故据此可以认定杨梁息和杨洁馨放弃继承权利有事实依据，原告有权继承被继承人杨宗发在欣合品公司中的股权份额。

法院判决：

1. 确认被继承人杨宗发在被告欣合品公司50%的股权由原告继承；

2. 被告欣合品公司应自本判决生效之日起30日内办理将杨宗发名下欣合品公司50%的股权变更为原告的股东变更批准事项；

3. 被告李菊莲、莘吴公司应自本判决生效之日起30日内协助被告欣合品公司办理将杨宗发名下欣合品公司50%的股权变更为原告的股东变更批准事项。

【案例133】未召开股东会　继承人获股东资格[①]

原告：沈信观、钟小宝、汤敏、沈浩天（曾用名沈旸）

被告：汇信公司

[①] 参见嘉兴市秀洲区人民法院(2011)商初字第433号民事判决书。

诉讼请求：

1. 要求确认四原告的股东资格，股份占总股本比例分别为：原告沈信观 1.1153625%、原告钟小宝 1.1153625%、原告汤敏 5.5768125%、原告沈浩天 1.1153625%；

2. 判令被告修改公司股东名册和章程，同时向公司登记机关办理变更登记。

争议焦点：

1. 继承的股权是在被继承人死亡后自动取得还是须经股东会决议取得；

2. 继承人自何时起享有继承的权益。

基本案情：

被告系由沈振明等20名自然人共同发起设立的股份有限公司，公司注册资本为人民币6200万元，沈振明占注册资本8.9229%，553.22万元。

2011年2月5日，沈振明因病过世，没有立下遗嘱，也没有订立遗赠抚养协议。四原告均系沈振明法定的第一顺序继承人。在沈振明病故后，四原告多次向被告提出要求继承沈振明的股东资格，但被告总以各种理由搪塞，迟迟不予更改公司股东名册和公司章程。

四原告诉称：

四原告对于沈振明在被告的8.9229%股份具有合法的继承权，被告应当配合原告更改股东名册及公司章程，并办理工商变更手续。

被告辩称：

1. 被告尚未召开股东大会，无法答复原告。原告要求被告在召开股东大会前就立即确认其股东资格和修改公司章程，不符合法律规定。

2. 被告尚未进行答复，双方未形成纠纷，原告的诉讼不符合起诉条件。

3. 原告诉前未向被告提供详细的继承人资格证明。

4. 原告的诉讼请求没有法律依据。

综上，请求驳回原告的诉讼请求。

律师观点：

1. 股份有限公司的股权继承是全面概括的继承。

股份有限公司兼具资合性和开放性，股权具有财产权利属性和人格权利属性，按照现行法律，除公司章程另有约定外，被告的股东沈振明死亡后，其所享有的股权可以作为遗产被继承。继承人对股权的继承，应是全面概括的继承，即通过继承取得的股权，既包括股权中的财产性权利，也包括非财产性权利。

本案中，四原告作为沈振明的第一顺序法定继承人，在沈振明死亡后，有权全面继承沈振明所占有的被告公司 8.9229% 股权,因被告公司章程并未排除或限制继承发生时新股东的加入,四原告自动取得被告股东资格。

2. 四原告的遗产分割协议合法有效。

此外,由于四原告对沈振明所占有的被告公司 8.9229% 股权达成了遗产分割协议,该协议符合婚姻法和继承法的规定,合法有效。

3. 被告辩称的因未召开股东大会,原告方要求被告在召开股东大会前就确认其股东资格和修改公司章程不符合法律规定。

由于继承系事实行为,被继承人死亡后,继承事实即发生。原告方有权在继承事实发生后请求法院确认其股东资格。沈振明于 2011 年 2 月 6 日 0 点 35 分死亡,原告方也于 2011 年 4 月 27 日、28 日向被告发出私信和律师函,但被告至今未予明确答复。且沈振明作为被告的发起人和总经理,其死亡对于被告来讲应属重大事件,被告董事会也未根据公司章程的约定及时召开临时股东大会,对沈振明所占有的股权继承作出相应处理,已损害了原告方的合法权益。原告方有权通过诉讼方式维护自己的合法权益,故被告辩称原告的诉讼不符合起诉条件的理由不成立。

法院判决:

原告沈信观、钟小宝、汤敏、沈浩天具有被告的股东资格,被告应于本判决生效后 30 日内将股东名册和公司章程上记载于沈振明名下的 8.9229% 股份分别变更记载于沈信观名下 1.1153625%、钟小宝名下 1.1153625%、汤敏名下 5.5768125%、沈浩天名下 1.1153625%,并向公司登记机关办理上述股东变更登记事项。

【案例134】妻子据遗嘱继承股东资格 法院判决支持[1]

原告: 丁某

被告: S 公司

诉讼请求: 判令被告立即办理原告继承周某股权的工商变更登记手续。

争议焦点:

1. 周某生前所立遗嘱是否符合法律的规定;
2. 原告能否继承周某在被告处的股权。

基本案情:

原告之夫周某生前系被告股东。2006 年 2 月 28 日周某死亡,留有遗嘱:其在

---

[1] 张海棠主编:《公司法适用与审判实务》,中国法制出版社 2009 年版,第 47 页。

被告的股权由原告继承。周某共有法定继承人4人,其他继承人对上述遗嘱无异议。

2006年8月9日、8月17日原告致函被告董事会要求被告办理周某股权继承的工商变更登记手续,被告未予回复。原告遂诉至法院。

原告诉称:

根据周某所立遗嘱,原告依法可以继承周某在被告处的股权。

被告辩称:

周某所立遗嘱不符合法律规定,应当无效,请求法院驳回原告诉讼请求。

律师观点:

按照《公司法》第75条的规定,只要在本案所涉继承开始时公司章程未对股东资格的继承作出禁止性规定,股东死亡后,其合法继承人即可继承股东资格。

本案中,周某所立遗嘱为其亲自所写,内容没有违反法律的规定。其他继承人对该份遗嘱也予以认可,因此遗嘱合法有效。此外,周某死亡时,被告的章程并未对股东资格的继承作禁止性规定,故原告依据周某的遗嘱要求被告办理股东变更登记手续的诉讼请求,符合法律规定,应予支持。

法院判决:

被告到工商部门将周某名下的全部股权变更至原告名下。

298. 确认继承人享有股东资格的应提交哪些证据?

(1)合法继承人证明,如属于法定继承人的范围。

(2)被继承人所在公司未禁止股东资格继承。

(3)证明被继承人对标的公司拥有合法的股权。

299. 继承人有多人的,是否都可以继承股东资格?各自继承的比例如何确定?

可以,但前提是公司章程未对股东资格继承作出特别规定。

但有一点要注意,由于《公司法》规定,有限责任公司的股东人数最高为50人。如果在多人继承股东资格的情形下,超过50人的,则就需要在继承人之间作出协商,究竟由谁来继承股东资格,不继承的可以获得哪些权益,从而使股东人数符合法定数额。

对于继承比例,应按相同比例继承股东资格,但继承人之间有特殊约定的,可以从其约定。

300. 实践中如何禁止或限制股东资格继承条件,以防止"无能"股东入主公司?

现实中,有些股东取得公司股东身份,主要是基于其某方面专业技能,如持有某项技术、拥有良好的管理能力等,而并非基于出资。该股东的股东资格可能是通过公司或其他股东赠与取得的,这一情况在股权激励中尤为突出。公司吸引这名股东加入公司,主要是想发挥他的特长为公司服务,如果该名股东死亡,其继承人并不具备专业技能,因股权继承取得公司股东资格,参与公司实际经营管理,与公司其他股东最初的想法大相径庭。为了避免这一现象的产生,可以在章程中禁止或限制继承股东资格。

需要注意的是,如果死亡股东的继承人不能继承股东资格,公司其他股东应当支付股权对价。

301. 出资不实的股东死亡后,其继承人能否继承股东资格?

可以,但应当补足出资。

出资不实股东的权利问题一直是争论的焦点。关于继承人能否继承出资不实的股东的权利法律未明文规定。转让与继承一样都是发生股权所有权与公司股权结构变动,我们认为既然法律未禁止出资不实股权的转让,那么出资不实股东的继承人就可以继承其股东资格。

302. 股东的继承人能否直接要求分割并继承公司的利润?

不能。

公司利润属于公司财产,只有经过召开股东会通过利润分配方案,才能对股东进行分红。《公司法》未赋予股东强制分红权。而死亡股东的继承人虽具有股东资格,但在未召开股东会的情况下,无权要求直接分割公司利润并予以继承。

【案例135】温州富商去世 婆媳争夺8000万巨额遗产[①]

原告: 张明娣、胡奕春

被告: 郑松菊、胡奕飞

诉讼请求:

1. 确认原告张明娣与被继承人胡加招夫妻关系存续期间的夫妻共同财产的范围并进行分割;

2. 确认原告张明娣、胡奕春在被继承人胡加招所留遗产中的份额并进行遗产分割;

3. 确认原告张明娣、胡奕春在新七浦投资公司中的股权份额。

[①] 参见找法网 http://china.findlaw.cn/gongsifalv/guquan/jicheng/74754.html,2014 年 1 月 14 日访问。

争议焦点：

1. 新七浦投资公司在2002年2月到10月的利润情况；
2. 新七浦市场公司的利润情况以及是否属于遗产；
3. 被继承人胡加招生前债务的数额和性质。

基本案情：

被继承人胡加招，男，1965年出生，户籍所在地浙江省乐清市，2002年10月15日死亡。胡加招与陶秀芬于1988年生育一子被告胡奕飞。后胡加招与陶秀芬离婚。2002年2月20日，胡加招与原告张明娣登记结婚，2002年9月19日生育一女原告胡奕春。被告郑松菊是胡加招的母亲，胡加招的父亲已经先于胡加招死亡。

2000年3月17日，胡加招与中电公司共同发起成立了新七浦投资公司。该公司注册资本3000万元，法定代表人为胡加招。其中，胡加招出资2100万元，占70%；中电公司出资900万元，占30%。2001年6月22日，新七浦投资公司作为股东之一，发起设立新七浦市场公司，注册资本50万元，其中新七浦投资公司出资24.5万元，占49%。新七浦市场公司后曾增资，注册资本变更为200万元，其中，新七浦投资公司出资170万元，占85%。

根据2002年12月31日资产负债表，新七浦投资公司全年未分配利润约1500万元；新七浦投资公司于2002年8月对新七浦市场公司的投资从24.5万元增加到170万元，该增资145.5万元也属于新七浦投资公司的利润。被继承人胡加招对上述未分配利润和增资享有70%的份额。

被继承人胡加招死亡后，因继承人对如何继承遗产协商不成，故原告张明娣和胡奕春提起诉讼。

原告诉称：

因2002年2月到10月是胡加招与被告张明娣的夫妻关系存续期间，因此，新七浦市场公司产生的可分配利润中，原属于胡加招的份额应认定为夫妻共同财产，原告应该获得其中的35%。另外，新七浦市场公司在2002年9月分配了利润100万元，新七浦投资公司按照85%的比例取得上述利润，这些都已经反映在同期财务报表中，应当予以分割。

被告辩称：

报表由原告的亲戚制作，被告对报表的真实性不予认可。原告所陈述的有关报表期末数扣除期初数后得出的数值是2002年度的收益，而原告应当确定每个月的具体数额。新七浦投资公司对新七浦市场公司的投资已经计入新七浦投资公司报表,不应当重复计算。同时,上述期间还有胡加招投资失败的费用,该费用有2000余万元,而原告未将这笔费用剔除。另外,胡加招的经营收益与债务是混杂的,而原告提供的资产负债表中没有体现出债务。因此,被告认为原告举证的利润数额不准确,其客观性无法认可。

律师观点:

1. 关于有限责任公司的自然人股东资格继承

对被继承人胡加招在新七浦投资公司的出资额2100万元(股权份额占总股本的70%)的处理,涉及有限责任公司的自然人股东的股份继承问题。

本案的继承纠纷发生在2002年10月,当时的《公司法》没有对公司自然人股东的股权继承作出规定。根据《最高人民法院关于适用〈中华人民共和国公司法〉若干问题的规定(一)》第2条的规定,《公司法》(2005年修订)实施后,因《公司法》(2005年修订)实施前有关民事行为或者事件发生纠纷起诉到人民法院的,如当时的法律法规和司法解释没有明确规定,可参照适用《公司法》的有关规定。根据现行《公司法》第75条的规定,"自然人股东死亡后,其合法继承人可以继承股东资格;但是,公司章程另有规定的除外"。经审查,新七浦投资公司的章程没有对自然人股东的股权继承作出规定。因此,本案适用现行《公司法》的规定,4位法定继承人都有权继承新七浦投资公司股东胡加招的股东资格,并对胡加招名下的出资额依法分割。

对于股份的具体分割,庭审前后,双方当事人就股份的折价款协商不成。被告方提出其取得股东资格,由被告给付原告折价款,但原告方坚决要求同样继承股东资格,拒绝接受折价款。关于股权分割的具体方法,目前没有成例可以援用。根据我国《继承法》的规定,同一顺序继承人继承遗产的份额,一般应当均等。因此,可将胡加招名下的股份均等分割,并由4位法定继承人继承胡加招的股东资格。

2. 夫妻关系存续期间公司经营收益的范围和分割程序

(1)新七浦投资公司在2002年2月到10月的经营收益情况以及是否在本案中进行确认和分割。

按照我国《公司法》的规定,被继承人名下股权在其和张明娣婚姻存续期间的经营收益也主要包括三个方面:一是公司每年按照经营情况依法分配的红利或股息;二是如果公司破产或解散,公司清算后分配给股东的财产扣除双方结婚时股权价值以后所得的余额;三是如果股权转让,相应转让价款扣除双方结婚时股权价值以后所得的余额。由此观之,如果在继承发生时尚未发生公司破产解散或股权转让的事实，被继承人经营收益的范围，应当确定为夫妻关系存续期间公司分配到股东名下的红利、股息等。本案中，新七浦投资公司在2002年2月到10月的利润分配中胡加招名下部分应当属于夫妻共同财产。

但是，在本案中分割公司经营收益存在较多困难：①自被继承人胡加招死亡后，新七浦投资公司没有进行年度利润分配，也一直没有进行年检，无法确认应分配利润的准确数额；②分配利润事宜应当由新七浦投资公司股东大会作出决议才能依法有效，在其他股东未参与诉讼的情况下，在本案中直接确定新七浦投资公司的可分配利润总额并进行分割，将侵害其他股东的诉讼权利和实体权益；③应分配利润现仍然在新七浦投资公司处，被告作为法定继承人，没有占有新七浦投资公司可分配利润，因此无法成为支付利润之诉的当事人；④因新七浦投资公司连续两年以上没有年检，公司的法律状态不确定，故目前也无法对其2002年的利润直接作出处理。最终，法院对2002年2月到10月期间胡加招名下的投资收益问题不予处理。

笔者以为，有关投资收益的分割，涉及公司所有股东的权利。公司股东会本身负有法定义务，就公司每年的利润形成决议并在以下方案中作出选择：转化为资本公积金、补充公积金还是分配给股东。因此，某股东死亡后，应当允许股东的配偶和其他法定继承人代为提起要求公司支付利润的诉讼，公司其他股东为共同被告。诉讼中，人民法院一般可以根据审计报告中公司年度可分配利润以及公司资本充足的情况来确定原告应得的分红数量。该诉讼一定程度上属于司法权介入公司经营，因属于特定事由，符合公司法理。

审判实践中，部分公司缺乏多年的公司年检报告，故夫妻结婚当年公司的经营状况可能同样没有证据予以证实，有关利润分配的诉讼可能会再次陷入困境。笔者的观点是公司进行年检属于公司的法定义务，公司未进行年检的责任应当由全体股东承担。股东的配偶提起诉讼时，对利润情况的认证应当按照适当有利于配偶一方的原则适用。具体到个案中，还可以根据公司历年的纳税情况、增资扩股情况以及现有公司资产与公司设立时相比的增长情况酌情确定。

（2）新七浦市场公司的股权增值和增资部分是否属于遗产范围。

母公司对子公司增资（包括直接增资和子公司利润转增）是否属于母公司增加的资产并计入利润？理论和实践中对此均有不同观点。一种意见认为，子公司增资，实际是母公司利润的转化，因此，增资部分应当视为母公司当年利润的组成部分。另一种观点认为，母公司对子公司的增资，应当属于母公司独立的经营行为，该增资一经登记，即成为子公司所有的法人财产，母公司对该增资不再享有所有权,而仅依出资额享有股东权益,包括分得红利或股息等并作为其年度利润核算的组成部分。因此,如果配偶要求将该部分增资按照出资比例确认为母公司的经营收益并予以直接分割,是不符合公司法理的。笔者以为,从公司法的基本原则理解,第二种观点比较符合逻辑。

至于股权的增值,基于同样的理解,笔者认为,公司的财产与公司成员和创立人的财产是严格分开的。公司的财产权利是法人财产权,其具有独立的人格。股东享有股权是以其对公司的出资为表现,但股东对出资不具有直接支配权,只是根据出资比例享有分红和参与公司事务等权利。不论股东出资如何增值,均不能作为股东个人的收入。出资人在公司的出资及增值只有在公司清算时,才能对剩余财产按出资比例分配。这从根本上是源于股权是一种特殊的权利束,具有特殊的权利内容,不宜按照传统的财产进行认识和分割处理。

法院判决:

1. 新七浦投资公司股东胡加招的股东资格由原告张明娣、胡奕春、被告郑松菊和胡奕飞继承,原告张明娣、胡奕春、被告郑松菊和胡奕飞名下的出资额各为人民币 525 万元,其出资比例各占注册资本的 17.5%;

2. 对胡加招遗留的房屋等财产依法分割。

303. 被继承人死亡后,股东会修改公司章程禁止继承股东资格是否具有约束力?

没有。

《公司法》第 75 条规定,"自然人股东自死亡后,其合法继承人可以继承股东资格;但是,公司章程另有规定的除外"。可见公司章程可以规定禁止股东资格的继承。但是,在股东死亡后,合法继承人已自动继承了股东资格,此时修改公司章程禁止继承股东资格不具有溯及力。同时,股东资格系股东个人权利,修改股东资格继承条款应全体股东一致通过,而不能采用多数决表决方式,否则不具有约束力。

【案例 136】股东死亡后修改章程禁止继承的决议无效[①]

原告:丁琴梅

被告:设备公司

诉讼请求:被告立即办理原告继承周祥玉股权的工商变更登记手续。

---

① 参见江苏省常州市中级人民法院(2007)民二终字第 1 号民事判决书。

争议焦点:

1.《公司法》关于股东资格继承的规定是否具有溯及力;

2. 公司章程可否将股东限制为本公司员工,该限制对股东资格的继承有何影响;

3. 禁止继承股东资格的章程修改股东会决议是否有效。

基本案情:

原告之夫周祥玉生前系被告职工。

被告2002年5月10日制订的章程第9条载明,周祥玉以货币出资183,000元,占注册资本的2.35%。章程第11条规定,股东死亡情况发生时,其所持股份可予以转让,并由其继承人办理转让手续。

2005年2月28日周祥玉死亡,留有遗嘱载明"公司股权由丁琴梅(原告)继承……"

2006年8月9日、17日原告致函被告董事会要求被告办理周祥玉股权继承的工商变更登记手续,被告未予回复。

2005年5月28日,被告在明知周祥玉死亡未通知周祥玉继承人参加的情况下,召开第十次股东会,对2002年5月17日的章程进行了修改。修改后的章程规定,公司股东为设备公司在册职工或公司董事会聘用人员。股东死亡,其所持出资应予转让。之后,认为周祥玉的股权只能按修改后的章程规定转让,不能变更到原告名下。由于双方各执己见,致使调解无效。

原告诉称:

其丈夫周祥玉是2005年2月28日死亡的,生前他立有遗嘱,股权由原告继承,其他继承人对原告的继承没有异议。据此,原告作为唯一的继承人事实是清楚的。此外,股权继承的开始时间是周祥玉死亡之后,即2005年2月28日。根据被告当时的章程,并不禁止股东资格的继承,《公司法》(2004年修正)对股东资格的继承没有明文禁止的规定。根据《公司法》(2005年修订)第76条的规定及司法解释的规定,股东资格是可以继承的。

被告辩称:

1.2005年5月被告对公司章程的修改不是公司作出的,而是公司股东根据章程及法律规定依职权作出的,故公司章程的修改合法有效。

公司股东会所作出的章程修改案的时间在2005年5月,故对该案效力的确认应该按照当时的法律规定。周祥玉于2005年2月28日去世,当时的《公司法》并没有关于股东资格继承的规定,直至2006年1月1月修正后的《公司法》才规定自然人股东死亡,其合法继承人可以继承股东资格。被告在2005年5月份召开股东会,遵照的是当时生效的法律和公司的章程,并由此通过股东会决议,完全是合法有效的。周祥玉死亡,其继承人可以继承他的财产,而不是股东资格。在2005年12月31日前讲继承股东资格是没有法律依据的。根据法不溯及既往的原则,《公司法》(2005年修订)修改后的条款对其生效并施行之前即已依法通过的章程修正案也不具备当然的法律效力,不应当作为对该章程修正案进行法律评价的法律依据直接适用。

2. 不论是按照公司2002年的章程还是2005年修改后的章程,原告都不能成为被告的股东。

(1)公司2005年修改后的章程规定,"股东死亡,其出资应予转让"。按此规定,原告只能继承周祥玉的股份转让所得的财产权益,而不能继承其股东资格。

(2)被告是改制企业,由常州市化工设备厂改制而来,为了保护企业职工的权益,常州市化工设备厂改制工作领导小组在改制过程中制定了《公司股东条件》,在其中规定:股东必须是常州市化工设备厂的在册职工。该项《公司股东条件》早已作为工商登记资料送工商部门登记备案。原告不具备常州市化工设备厂在册职工这一前提条件,也就不具备成为本公司职工的资格。

(3)2002年的公司章程对股东资格作了明确规定。第2条规定,"公司实行有限责任公司,股东为常州市化工设备厂职工";第8条规定,"1. 符合股东条件,可作为自然人股东,行使权利。2. 公司成立后,凡与公司建立正式合作关系的在册职工,符合有关规定,经股东会批准,可认购出资。3. 股东不得随意变更"。从以上规定可以看出,章程对可以成为股东的自然人的条件作出了明确规定,即必须是本公司的职工。对于2002年公司章程第11条规定,"股东死亡,其股份可予以转让,由其继承者办理转让手续"。转让与继承是两个完全不同的法律概念,且彼此之间应是相斥的而非相容的关系,该条款的实质就是仅肯定了对死亡股东的股份只能转让,而否定了股份可以继承。否则,其表述应为"其股份可予以转让或者继承"。对该条款的理解不能孤立于章程全文来理解。《公司法》(2005年修订)第76条,"但是,公司章程另有规定的除外",所指的也应当是公司章程全文中有关内容,而绝非仅片面地某一单独条款。2002年的公司章程除了上述11条外,第2条、8条均对成为公司股东的自然人的条件作了明确规定,这其实就是对继受股份成为公司股东的人的资格作了限制。股份的受让人(包括股东的继承人)如果不是公司的在册职工,不符合章程规定的股东条件,就不能受让股份享有股东资格。所以,"股东死亡后,其股份可予以转让"是指股东死亡后,股份只能转让,且必须转让给本公司的原有股东或者是符合条件的其他在册职工。而"由其继承者办理转让手续"仅指继承人根据继承的有关法律规定就股份转让所得的财产权益办理交接等必需手续而已。

(4)《公司法》(2005年修订)第22条规定,"股东会或者股东大会、董事会的会议召集程序、表决方式违反法律、行政法规或者公司章程,或者决议内容违反公司章程的,股东可以自决议作出之日起六十日内,请求人民法院撤销"。可见,法律对撤销股东会决议的程序作了明确规定。因此,原告欲撤销2005年5月章程修正案应另行起诉。

综上所述,原告无权因继承而成为公司的股东,其只能将周祥玉名下的股份按规定转让,从而继承股份转让所得。

律师观点:

1. 由于2004年《公司法》未对能否继承作出规定,本案应适用2005年修订后的《公司法》。

继承从被继承人死亡时开始。本案所涉继承自被继承人周祥玉2005年2月28日死亡时开始。根据《最高人民法院关于适用〈中华人民共和国公司法〉若干问题的规定(一)》第1条规定,2005年《公司法》实施后,人民法院尚未审结的和新受理的民事案件,其民事行为或事件发生在2005年《公司法》实施以前的,适用当时的法律法规和司法解释。第2条规定,因2005年《公司法》实施前有关民事行为或者事件发生纠纷起诉到人民法院的,如当时的法律法规和司法解释没有明确规定的,可参照2005年《公司法》的有关规定。本案继承发生在2005年修订的《公司法》实施前,按上述司法解释的第1条规定,应适用2005年修订前的《公司法》。但因2005年修订的《公司法》对有限责任公司的股东资格能否继承未作规定,而2005年修订后的《公司法》对此有明确规定,因此本案纠纷的处理应参照2005年修订后的《公司法》。

2. 公司章程未对股东资格的继承作禁止性规定。

2005年修订后的《公司法》第76条规定,"自然人股东死亡后,其合法继承人可以继承股东资格。但是,公司章程另有规定的除外"。本案中,根据2002年5月10日被告制订的章程规定自然人股东死亡后,其股份可予以转让。以此可看出,该章程对股东资格的继承未作禁止性规定。

被告认为章程第2条规定"股东为常州市化工设备厂职工",即是对继受股东资格的限制,但该规定仅是对出资认缴人身份作出的限制,并非是对股权转让所作的禁止性规定,而且被告的理解也与当时制定章程的相关意思表示,即章程第

11条规定"股东可以向股东以外的人转让出资"相矛盾。

3. 被告未通知原告召开股东会修改公司章程不符合法律规定。

原告作为周祥玉的遗嘱继承人,在周祥玉死亡时即继承周祥玉的股东资格。而被告在明知周祥玉已死亡,在未通知周祥玉继承人参加股东会的情形下召开股东会并修改章程,剥夺原告对周祥玉股东资格的继承权,违反了《公司法》关于股东会由全体股东组成,修改公司章程的职权由股东会行使的规定。该章程的修改因程序违法而无效。被告依据无效的章程对抗原告的诉请,缺乏法律依据。

综上,原告依据周祥玉的遗嘱及《公司法》(2005年修订)第76条的规定要求继承周祥玉的股东资格,并要求设备公司到工商部门办理股东变更登记手续的诉讼请求,符合法律规定,应予支持。

法院判决:

被告于判决生效之日起15日内到工商部门将周祥玉名下的全部股权变更至原告名下。

304. 实际出资人在确权之前死亡的,其继承人能否继承其股东资格?

股东资格的继承必须以具有股东资格为前提,如果被继承人的股东资格能够被确认,则继承人可以继承其股东资格。

305. 夫妻一方能否依据离婚协议中的股权分割约定直接取得股东资格?

不能。由于有限责任公司具有较强的人合性,即使夫妻双方在离婚协议中已经对一方或双方股权比例进行了分割,公司其他股东仍有可能对此享有优先购买权。

【案例137】离婚调解书助股东成功确权[①]

原告: 陈家明

被告: 银厦公司

第三人: 莫兴武、卢成雄、杨小波

诉讼请求:

1. 准许原告在被告行使股东权利;

2. 被告按57号调解书确认的股份比例,注销股东第三人莫兴武的原出资证明,将第三人莫兴武的出资证明变更为2,100,800元,并向新股东原告签发出资

[①] 参见广西壮族自治区玉林市中级人民法院(2006)玉中民二终字第23号民事判决书。

额为565,600元的出资证明；

3. 被告应相应修改公司章程和股东名册，在公司章程、股东名册中增加原告的股东名字及出资额，变更第三人莫兴武的出资额；

4. 被告应履行相应的工商变更登记手续。

争议焦点：

1. 离婚时，一方将自己名下的股权分割给另一方，公司其他股东是否享有优先购买权；

2. 法院通过调解分割股权时是否应征询其他股东关于优先购买权的意见；

3. 主张以低于股权转让（分割）价格购买是否视为已放弃优先购买权；

4. 损害公司利益的行为是否影响股东资格的取得。

基本案情：

被告是由第三人共同投资组建而成的，第三人莫兴武占注册资本33%；第三人卢成雄占注册资本37%；第三人杨小波占注册资本30%（见图4-7）。

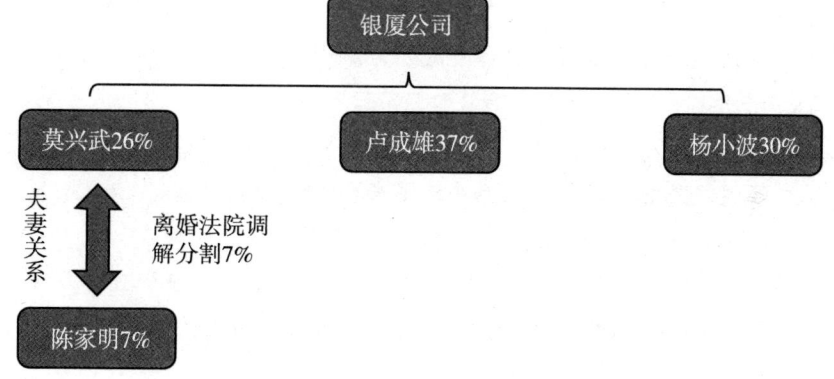

图4-7　银厦公司股权结构示意

在经营活动中，第三人卢成雄直接参与了被告的经营管理活动，而第三人杨小波从未参与过该公司的经营管理活动，其在被告处的股东权利，一直是由其父杨永昆代表行使。

第三人莫兴武与原告原为夫妻关系。原告退休以后，一直作为第三人莫兴武的全权代理人参与该公司的经营管理活动，行使股东的权利和履行股东的义务。原告与第三人莫兴武后因夫妻感情破裂，达成民事调解，现已经发生法律效力。原告与第三人莫兴武在民事调解书中达成的协议中包含如下条款：

1. 第三人莫兴武与原告自愿离婚；

2. 以第三人莫兴武名义在被告投资的占公司总股份33%的股份，由第三人莫兴武享有26%,原告享有7%股份。对此,法院办案人员征求被告的其他股东第三人卢成雄和行使第三人杨小波股东权利的全权代理人杨永昆。他们既不同意第三人莫兴武转让股份给原告,也不同意以同等价格购买第三人莫兴武转让的股份。据此,法院在民事调解书明确,视第三人卢成雄、第三人杨小波同意第三人莫兴武转让股份给原告,原告可以成为被告的股东,第三人卢成雄、第三人杨小波和第三人莫兴武已丧失对这7%股份的优先购买权。

原告诉称：

法院以57号调解书,确认其可以成为被告的股东,在该公司占有7%的股份。但经其与第三人卢成雄、第三人杨小波协商变更股东权手续却始终未果,故原告向人民法院提起诉讼。

被告辩称：

1. 由于双方缺乏合作基础,原告不能因此不能成为股东。

原告是玉林市邦达房地产有限责任公司的股东和监事,经营与其公司同类的业务。在此之前,原告已多次故意损害其公司的利益,而且多次对簿公堂,双方已毫无合作基础。因此,被告不同意原告成为其公司的股东。

2. 原告的离婚纠纷中的股权转让事宜第三人不知情。

在原告与第三人莫兴武的离婚纠纷案中,就股权转让问题并没有征求过股东第三人杨小波的意见,致使第三人杨小波无法享有优先购买权。

3. 股权转让价格未经评估。

原告与第三人莫兴武自行协商转让的7%股份未经任何有资质的评估机构进行评估,自定价格为190万元,要求其公司股东以190万元的价格购买7%的股份是不合法的。

综上,被告股东并没有丧失对7%股份的优先购买权,且愿意按565,600元购买第三人莫兴武所要转让的565,600元的出资额。

第三人莫兴武辩称：

第三人卢成雄、第三人杨小波称对第三人莫兴武将股份转让给原告不知不是事实,故被告的7%股份转让给原告,合法有效。

被告是其和第三人卢成雄、第三人杨小波共同投资组建的,其在该公司享有33%的股份,并有权决定是否转让自己的股份。而第三人杨小波在被告的股东权利,一直由第三人杨小波的父亲杨永昆代表其全权行使。在与原告的离婚案中,双方约定由其转让7%的股份给原告,是在法院主持下进行的,是对其夫妻共同财产的分割和处理,且就转让的问题已征求过第三人卢成雄、第三人杨小波的意见。因此,同意原告的诉请。

第三人卢成雄、第三人杨小波辩称:

不同意原告成为被告的股东,第三人卢成雄、第三人杨小波没有丧失对第三人莫兴武转让给原告7%股份的优先购买权利。其愿意按565,600元购买第三人莫兴武所要转让的565,600元的出资额。

一审认为:

1. 原告未在被告担任董事或高管,其在邦达公司的股东和监事身份不影响被告的利益。

《公司法》规定,公司的董事及高管不得自营或者为他人经营与所任职公司同类的业务,否则应对公司承担赔偿责任及将所得交公司所有。

但本案中,原告并非被告的董事及高管。因此被告和第三人卢成雄、第三人杨小波以原告为邦达公司的股东和监事,经营与其公司同类的业务,曾多次故意损害公司利益和其公司对簿公堂等理由不能成立,依法不予支持。

2. 第三人莫兴武向原告转让股权程序合法,未损害第三人卢成雄及第三人杨小波的优先购买权。

在原告与第三人莫兴武离婚纠纷一案中,第三人莫兴武自愿将其在被告被告中所占的33%股权转让7%给原告,是双方当事人对其夫妻共同财产进行分割,并没有损害其他股东的利益,况且法院在处理原告与第三人莫兴武离婚纠纷一案件时,依据《婚姻法解释(二)》的有关规定,已征求过被告的其他股东第三人卢成雄和行使第三人杨小波股东权利的全权代理人杨永昆的意见。他们既不同意第三人莫兴武转让股份给原告,也不同意以同等价格购买第三人莫兴武转让股份出资额。

据此,应视为第三人卢成雄、第三人杨小波同意第三人莫兴武转让股权给原告,原告可以成为被告的股东。

一审判决:

1. 原告有行使股东权的权利。

2. 被告应按57号调解书确认的股份比例,注销第三人莫兴武的原出资证明,将第三人莫兴武的出资证明由原来的2,666,400元变更为2,100,800元,并向原告签发出资额为565,600元的出资证明。

3. 被告应相应修改公司章程和股东名册,并相应修改公司章程和股东名册中有关原告及其出资额的记载,以及第三人莫兴武的出资额的记载。

4. 被告应到工商行政管理部门办理相应的工商变更登记手续。

原审第三人卢成雄、第三人杨小波不服一审判决,向上一级人民法院提起上诉。

律师观点:

1. 本案是股东确认纠纷,原告已成为被告的股东。

本案纠纷发生的原因是原告要求在被告行使股东权利及办理变更股东权等手续未果,起诉请求准许其行使在被告的股东权利,请求被告签发出资证明书、修改公司章程和股东名册等。诉讼的根本目的在于要求实现生效民事调解书所确认的股东权利,享有被告股东的各项权益,而不是要求受让本案所争议的股权。

因此,本案法律关系是股东权纠纷而不是股权转让纠纷。

事实上,在原告与第三人莫兴武就离婚后夫妻共同财产分割包括所投资的公司股权分割计划及转让价格等达成调解协议后,就第三人莫兴武将所拥有的被告7%股权转让给原告等相关事项征求了第三人卢成雄及全权行使第三人杨小波股东权利的杨永昆的意见,两人明确表示不同意按190万元购买,且接到法院通知后亦未在规定期限内提出书面意见。在原告提起本案之诉时,一审期间被告、第三人卢成雄提交的答辩状中仅表示以565,600元购买该股份,与第三人莫兴武、原告双方分割夫妻共同财产时商定的价值190万元明显不符,不符合股东行使优先购买权的"同等条件"的要求。

因此,应认定被告及其股东第三人卢成雄、第三人杨小波事实上不同意以190万元的价格购买该股权,已丧失了上述股权的优先购买权。

综上所述,应认定被告的股东、第三人卢成雄、第三人杨小波同意第三人莫兴武将其在被告的7%股权以190万元的价格转让给原告。

2. 如果第三人卢成雄、第三人杨小波认为原告损害被告的利益,被告应以其他途径予以追究,而非阻碍原告成为公司股东。

3. 被告应依法履行相应的变更登记义务,以保障原告行使股东权利。

原告在其他股东放弃优先购买权之后,因夫妻分割共同财产合法受让第三人莫兴武的股权,有权成为被告的股东。被告应根据实际变化到工商行政管理部门办理相应的工商变更登记手续,使股权变化发生对抗第三人的效力,并向新股东签发出资证明、置备股东名册等。但是,如何行使股东权利并不是具体的权利,不具有可诉性。因此,原审第一项判决确有不妥,应予撤销。

二审判决:

1. 驳回被告、第三人卢成雄、第三人杨小波的上诉请求。

2. 撤销"原告在被告有行使股东权的权利"的民事判决。

3. 维持玉林市玉州区人民法院（2006）玉区法民初字第637号民事判决第二、三、四项。

第六节 股东资格确认中的税务问题

一、实际出资人确权的税务问题

306. 实际出资人被确认为工商登记股东是否需要缴税？

实践中，实际出资人确认为工商登记股东有两种方式：经股权转让工商登记为股东以及向人民法院提起股东资格确认纠纷诉讼。

（1）股东资格确认纠纷诉讼

《国家税务总局关于企业转让上市公司限售股有关所得税问题的公告》中明确依法院判决、裁定等原因，通过证券登记结算公司，企业将其代持的个人限售股直接变更到实际所有人名下的，不视同转让限售股。因此，上市公司限售股的实际出资人通过诉讼确认为工商登记股东无须按照股权转让缴税。借鉴上述规定，一般有限责任公司中的实际出资人通过法院判决显名并办理工商变更登记，同样无须缴纳个人所得税。

（2）经股权转让工商登记为股东

该方式存在较高的税务风险。即便是实际出资人与显名股东有意降低股权转让价款以避免税收，对申报计税依据明显偏低（如平价和低价转让等）且无正当理由的，主管税务机关仍有可能参照每股净资产或个人股东享有的股权比例所对应的净资产份额核定。① 因此确权时公司净资产较原先有较大增长的，不建议采用股权转让进行实际出资人显名。

但是笔者认为，即使是通过股权转让方式确认为股东，转让方也无须缴纳个人所得税。《股权转让所得个人所得税管理办法（试行）》（国家税务总局公告2014年第67号）规定，申报的股权转让收入明显偏低且无正当理由的，主管税务机关可以核定股权转让收入。符合下列条件之一，视为股权转让收入明显偏低：①申报的股权转让收入低于股权对应的净资产份额的。其中，被投资企业拥有土地使用权、房屋、房地产企业未销售房产、知识产权、探矿权、采矿权、股权等资产的，申报的股权转让收入低于股权对应的净资产公允价值份额的；②申报的股权

---

① 关于股权转让税收详见本书第七章股权转让纠纷。

转让收入低于初始投资成本或低于取得该股权所支付的价款及相关税费的;③申报的股权转让收入低于相同或类似条件下同一企业同一股东或其他股东股权转让收入的;④申报的股权转让收入低于相同或类似条件下同类行业的企业股权转让收入的;⑤不具合理性的无偿让渡股权或股份;⑥主管税务机关认定的其他情形。

主管税务机关依次按照下列方法核定股权转让收入:净资产核定法、类比法、其他合理方法。

307. 为了逃避股权转让纳税义务,当事人以虚假诉讼方式确认股权,可能会承担哪些刑事责任?

《民事诉讼法》规定,"当事人之间恶意串通,企图通过诉讼、调解等方式逃避债务、侵占他人财产的,人民法院在驳回其请求的基础上根据情节轻重予以罚款、拘留;构成犯罪的,依法追究刑事责任。被执行人与他人恶意串通,通过诉讼、仲裁、调解等方式逃避履行法律文书确定的义务的,人民法院将根据情节轻重予以罚款、拘留;构成犯罪的,依法追究刑事责任"。

因虚假诉讼引发的犯罪根据具体违法形式构成不同的罪名。对此,浙江省高级人民法院与浙江省人民检察院作出了详细的规定:

(1)为了提起虚假诉讼,或者在虚假诉讼过程中,指使他人提供虚假的物证、书证、陈述、证言、鉴定结论等伪证,或者受指使参与伪造证据,分别按照《刑法》第307条妨害作证罪、帮助毁灭、伪造证据罪处理。

(2)在虚构事实、伪造证据过程中,伪造、变造、买卖或者盗窃、抢夺、毁灭国家机关公文、证件、印章的,或者伪造公司、企业、事业单位、人民团体印章的,或者伪造、变造居民身份证的,分别按照《刑法》第280条伪造、变造、买卖国家机关公文、证件、印章罪,盗窃、抢夺、毁灭国家机关公文、证件、印章罪,伪造公司、企业、事业单位、人民团体印章罪,伪造、变造居民身份证罪处理。

(3)为逃避人民法院生效裁判文书的执行,进行虚假诉讼,套取、转移财产的,按照《刑法》第313条拒不执行判决、裁定罪处理。

(4)为转移自有财产、多分共同财产,或者逃避共同债务,进行虚假诉讼的,根据具体情形,按照第(1)、(2)款处理。

(5)以非法占有为目的,进行虚假诉讼,骗取公私财物的,按照《刑法》第266条诈骗罪处理。

(6)公司、企业或者其他单位的人员利用职务便利,进行虚假诉讼,侵吞本单位财产的,按照《刑法》第271条第1款职务侵占罪处理。

(7)国家工作人员利用职务便利,进行虚假诉讼,侵吞公款的,或者国有公司、企业或者其他国有单位中从事公务的人员和国有公司、企业或者其他国有单位委派到非国有公司、企业以及其他单位从事公务的人员利用职务便利,进行,侵吞本单位财产的,按照《刑法》第382条、第383条贪污罪处理。

(8)行为人实施虚假诉讼犯罪活动,同时触犯两个或者两个以上罪名的,依法实行数罪并罚或者按处罚较重的罪名定罪处罚。

【案例138】逃避债务不成　虚假诉讼身陷囹圄[①]

被告人:黄某、李某、胡某

基本案情:

2008年,被告人黄某因经营的小企业资金周转困难,向王某等人借款126万余元,但由于企业经营不善和其沉迷赌博而无力偿还。王某等人向法院起诉。判决后,被告人黄某未能主动履行还款责任,于是王某等人向法院申请强制执行,要求拍卖被告人黄某在余姚的一处房产。被告人黄某及其前夫被告人李某得知后,为逃避部分债务的履行,产生了虚构债权债务关系、提起虚假诉讼的念头,并商定由被告黄某向被告人胡某出具3张总额为110万元的"借条",并由被告人胡某持"借条"到法院提起诉讼。得知此事后感到蹊跷的王某等人向检察院申诉,要求审查被告人黄某与被告人胡某间的民事案件。最终,被告人胡某交代了与被告人黄某恶意串通、虚构事实、伪造证据的事实。

法院认为:

被告人黄某及其前夫被告人李某结伙为逃避部分债务的履行,伪造证据,虚构债权债务关系,指使他人提起虚假诉讼并作伪证,骗取人民法院的裁判文书,两人的行为均已构成妨害作证罪;被告人胡某帮助诉讼当事人伪造证据,受指使提起虚假诉讼,骗取人民法院裁判文书,并予以执行立案,情节严重,其行为构成了帮助伪造证据罪。

法院判决:

1. 被告人黄某犯妨害作证罪,判处有期徒刑6个月;
2. 被告人李某犯帮助伪造证据罪,判处拘役5个月,缓刑6个月;
3. 被告人胡某犯帮助伪造证据罪,判处拘役5个月,缓刑6个月。

[①] 参见民营企业法律服务网 http://my818.no51.cuttle.com.cn/ReadNews3.asp?table_name=3&NewsID=301,2012年7月11日访问。

308. 何为逃税罪？其构成要件、立案追诉标准以及量刑标准分别是怎样的？

逃税罪指纳税人采取欺骗、隐瞒手段进行虚假纳税申报或者不申报,逃避缴纳税款数额较大的行为。

(1)立案追诉标准

涉嫌下列情形之一的,应予立案追诉:

①纳税人采取欺骗、隐瞒手段进行虚假纳税申报或者不申报,逃避缴纳税款,数额在5万元以上并且占各税种应纳税总额10%以上,经税务机关依法下达追缴通知后,不补缴应纳税款、不缴纳滞纳金或者不接受行政处罚的;

②纳税人5年内因逃避缴纳税款受过刑事处罚或者被税务机关给予2次以上行政处罚,又逃避缴纳税款,数额在5万元以上并且占各税种应纳税总额10%以上的;

③扣缴义务人采取欺骗、隐瞒手段,不缴或者少缴已扣、已收税款,数额在5万元以上的。

纳税人在公安机关立案后再补缴应纳税款、缴纳滞纳金或者接受行政处罚的,不影响刑事责任的追究。

(2)量刑标准

①逃税数额占应纳税额的10%以上不满30%并且逃税数额在1万元以上不满10万元的,或者因逃税被税务机关给予2次行政处罚又逃税的,处3年以下有期徒刑或者拘役,并处逃税数额1倍以上5倍以下罚金;

②逃税数额占应纳税额的30%以上并且逃税数额在10万元以上的,处3年以上7年以下有期徒刑,并处逃税数额1倍以上5倍以下罚金;

③扣缴义务人不缴或者少缴已扣、已收税款构成逃税罪的,数额占应缴税额的10%以上并且数额在1万元以上的,依照上述的规定处罚;

④对多次逃税行为,未经处理的,按照累计数额计算;

⑤单位犯逃税罪的,对单位判处罚金,并对其直接负责的主管人员和其他直接责任人员,依照上述的规定处罚。

309. 纳税义务人和扣缴义务人在被发现偷漏税后补缴税款、滞纳金与罚款,是否能够免除刑事责任？

需要区分情况而定:

(1)如果纳税义务人、扣缴义务人补缴税款的时间是在税务机关下达税款、滞纳金与罚款缴款通知书之前或税务机关下达缴款通知书之前,公安机关立案之前这一时间段补缴税款的,可以免除刑事责任。

(2) 如果纳税义务人、扣缴义务人在公安机关立案后补缴税款的,不免除刑事责任的承担。

310. 哪些人可能成为逃税罪的主体？单位犯罪的,法定代表人是否应当承担刑事责任？

逃税罪的主体为纳税义务人和负有代扣代缴义务的单位和个人。单位犯罪的,由直接责任人承担责任,法定代表人并非当然承担责任。

【案例139】晓庆公司偷逃税款710万余元　法定代表人刘晓庆免责

偷税案一审宣判　刘晓庆未被起诉

2002年4月5日,北京市公安局以北京晓庆文化艺术有限责任公司(以下简称晓庆公司)1996年以来采取不列或少列收入、多列支出、虚假申报等手段偷逃巨额税款,已涉嫌偷税犯罪为由进行立案侦查。刘晓庆妹夫靖军、公司会计方利、刘晓庆的妹妹刘晓红和刘晓庆先后被依法逮捕。

但是出人意料的是2003年9月晓庆公司接到的公诉书中通知被公诉的只有晓庆公司和公司总经理靖军,而刘晓庆、刘晓红姐妹以及其他曾经因为本案被逮捕的人都不在被起诉之列。

2004年4月6日,北京朝阳法院作出一审判决,以偷税罪判处晓庆公司罚金人民币710万元,以偷税罪判处被告人靖军有期徒刑3年。

经法院审理查明,晓庆公司作为纳税义务人,于1996—2001年期间,偷逃各种税款共计人民币6,679,069.6元。被告人靖军于1996年9月—2001年在被告单位任总经理的职务,主管财务工作,对任职期间单位实施的偷税行为负有直接责任。作为代扣代缴义务人,晓庆公司在1997年、1998年、2000年拍摄电视连续剧《逃之恋》《皇嫂田桂花》过程中,将已代扣的演职人员个人所得税共计人民币418,574.43元隐瞒,不予代为缴纳。

法院认为,被告单位晓庆公司作为纳税义务人、代扣代缴义务人,无视国家税收征管法规,采取伪造记账凭证,在账簿上多列支出或不列、少列收入,进行虚假的纳税申报的手段,不缴或少缴应纳税款,且各年度的偷税数额占当年度应纳税额的比例均在30%以上,被告单位的行为已构成偷税罪。被告人靖军作为单位直接负责的主管人员,参与实施被告单位大部分偷税行为亦构成偷税罪。鉴于被告单位晓庆公司已在法院判决前将偷税款全部补缴之情节,故对被告单位予以从轻处罚,对被告人靖军可酌情予以从轻处罚。

不被起诉系因刘晓庆并非直接责任人

在"晓庆公司"偷税案一审判决后,很多人有这样的疑问:刘晓庆为什么没有被追究刑事责任?

《刑法》对单位犯罪进行处罚的规定是:单位犯罪的,对单位判处罚金,并对其直接负责的主管人员和其他直接责任人员判处刑罚。因此,刘晓庆本人是否属于"直接负责的主管人员"就成为定罪的关键问题。刘晓庆虽然是晓庆公司的法定代表人,但是否属于"直接负责的主管人员",要看其在公司偷税中发挥了什么作用,是否参与了偷税行为。

【案例140】千万富翁虚开发票羁押两年 申诉8年终获无罪①

10年前,58岁的药商焦占军曾是同仁堂最大的经销商之一,拥有两家药厂,年营业额千万元以上。但因为一纸最终被判决"适用法律错误"的税务稽查决定书,在此后10年,焦占军的人生从鼎盛走向支离破碎。

多年的申诉上访之后,焦占军沉冤昭雪。在被宣判无罪的法庭上,他痛哭流涕。小儿子当庭跪下,给法官连磕三个响头。

他在被羁押的两年多时间里,5个民事官司接踵而至,且他全部败诉,因为资产被查封,甚至支付不起上诉的费用。

"适用法律错误"的百万罚单

安国市是全国最大的中药材集散地。焦占军1986年参与组建了安国中药材供销公司。1999年5月,安国市中药材供销公司改制为民营的大仁药业有限公司,焦占军担任该公司法定代表人。他从当地中药材市场的药农手中收购中药材,初加工后供给北京同仁堂,再从同仁堂手中收取成药来销售。

此时,大仁药业已经发展成为拥有员工100多人的中药企业,是同仁堂最大的经销商之一,还在北京核心地带购买了一处四合院设立分公司,与一家大药企联合经营健都制药厂,有200多名员工,年营业额过千万元。

2000年5月,焦占军还与泰国PP集团签订了合作开发协议,拟在泰国、老挝、缅甸三国交界的"金三角"地带购进土地,用于药材的种植与生产。

事业巅峰期的危险伏笔

1997年年底,为了便于成药销售,安国市中药材供销公司在北京成立了中成

---

① 参见新浪网 http://finance.sina.com.cn/money/cfgs/20120809/101212802367.shtml,2012年8月20日访问。

药销售部,承包给北京人闫亚平经营。

2000年7月21日,河北省、市、县国税稽查局组成专案组对大仁药业公司纳税情况进行检查,发现大仁药业在销售中成药时,从1998年到1999年期间以"大头小尾"的方式填开万元版增值税专用发票,即在填写四联销项发票(销售物品时开给客户的发票)时,把给购货方的二、三联如实填写,但把存根联和报税务局的记账联(一、四联)少记销项收入,虚假填开增值税发票179份,少计销售收入10,790万余元。其中176张发票都是闫亚平开的,另外3张无法查清开具人。安国市国税局以该销售额乘以税率,认定大仁药业偷税183万余元。但同时还查出,大仁药业同一时期多交增值税52,809余元。

焦占军不以为然,认为自己的公司和闫亚平是承包关系,即使存在偷税行为,自己最多负的也是领导责任。

2000年12月28日,安国市国税局以其认定的偷税额减去多交税款和已补交的20万元款项,出具了税务处理决定书,责令大仁药业补交税款158万余元,并加收滞纳金127万余元。

焦占军遂一纸诉状递至保定市中级人民法院行政庭,状告安国市国税局不执行国家税法。但未及立案,这次起诉就被保定市国税局调解下来。

焦占军表示按照国家税法规定,增值税以商品增值部分乘以17%计算,而安国当地当时却有一条"土税法",即只要使用票据,不管是否增值,国税局和地税局都分别要收取票据数额1%的税款。这也是闫亚平要开具"大头小尾"发票的原因,增值税是逃不了的,要逃的是"土税法"。

在最后的判决里,国税局的这份处理决定书,被认定"适用法律错误"。

突如其来的偷税罪

焦占军以为事件就此平息,却未想这只是开始。

时隔半年,2001年7月3日,安国市公安局、检察院以税务局的处理书为依据,突然将焦占军刑拘,同年8月批捕。10个月之后,安国市检察院以涉嫌虚开增值税发票罪对大仁药业、焦占军和闫亚平提起公诉。

法庭上焦占军辩称,闫亚平和安国市中药材供销公司签有承包协议,因此闫亚平的犯罪行为与大仁药业和焦占军没有关系。未想同为被告人的闫亚平却否认说,她并没有与焦占军签订承包协议,协议上的签名不是她写的,对检察机关指控的罪名没有异议。

2003年1月,安国市法院最终以偷税罪一审对大仁药业判处罚金366万余元,追缴违法所得183万余元;判处焦占军有期徒刑4年,并处罚金183万余元;

判处闫亚平有期徒刑3年,缓刑3年,并处罚金178万余元。

宣判后,焦占军上诉到保定市中级法院,中院以事实不清为由撤销原判发回重审。

重审中,焦占军提供了17份总额169万元的税票,称是大仁药业应抵扣而未抵扣的税票。他提出,北京同仁堂给大仁药业的货都是带税商品,大仁药业在购货时已经按价税付款,有这些发票证实。

大仁药业从同仁堂购入货后,以低于进货价卖出,并未增值,不产生增值税。焦占军表示因为我国对中成药的市场价有统一规定,因此大仁药业在与同仁堂的合作中都是将中成药以低于进货价赔钱销售,然后从草药方面盈利以弥补亏空。

幸运的是,法院在最终的判决中确认了这169万元税票是大仁药业在购货时按票上价税付款;而不幸的是,这仅被作为"从轻处理的情节予以考虑"。

2003年7月20日,安国市法院将焦占军的刑期改判为有期徒刑3年,缓刑4年。罚金和违法所得未作变动。

8年申诉终获清白

在重获自由后的第三天,焦占军开始了申诉、上访之路。

2003年11月26日,在多次前往河北省反映情况后,时任省人大内司委主任看到了他的材料,并批转省高院立案庭庭长复查,后又批转至保定中院,中院转到安国市法院立案复查。此后多年虽时不时有一些好消息出现,但没有丝毫实质性进展。

焦占军每年数十次往返石家庄、北京的上访和申诉。终于在2007年10月,他等来了河北省高院驻保定信访接待组,组长米振祥在看了相关材料后,调了安国法院办案人员和主要领导至保定汇报案件进展。

当年11月,安国市法院终于作出了驳回申诉维持原判的通知书。焦占军这才能申诉到保定市中院。2008年3月,保定中院再次作出驳回申诉的通知,焦占军无奈又申诉到河北省高院。

2009年3月,河北省高院作出再审决定,指令保定中院另行组成合议庭对此案进行再审。6个月后,保定中院作出刑事裁定,撤销原判,发回安国市法院重审。但安国市法院将案件退回中院。保定中院又将此案转到离安国市200多公里的涞源县法院再审。

2011年5月12日,涞源县法院作出再审判决。判决书认为,安国市税务局作出的处罚决定中并未体现大仁药业的当期进项税额,而是直接以少记销售收入额乘以税率确定的偷税数额。大仁药业借用外省户头购货的17份增值税专用发票的价、税款,已由其在购货时缴纳。税务机关以购货单位名称与大仁药业不符为由,未抵扣这部分进项税,是适用法律错误。按照国家税务总局1998年发布的66号文件规定,认定偷逃税数额时,应当从增值税缴纳的特点出发,根据纳税人的实际缴税情况,客观计算因偷税造成的国家税款损失。大仁药业借用外省户头购货缴纳了国家税款,在计算其偷逃销项增值税数额时,应当减去进项税额,其余为偷逃税额。而本案中,大仁药业虽然虚开增值税发票,但经过计算得出,该公司当期应纳税额为负数,因此公诉机关指控焦占军和闫亚平通过虚开增值税发票偷税,证据不足以认定大仁药业、焦占军和闫亚平偷逃增值税。经过涞源县法院审判委员会讨论决定,判决大仁药业、焦占军和闫亚平无罪。

判决后,涞源县检察院认为法院认定事实不清、适用法律错误,向保定中院提出抗诉。又经过保定检察院、安国检察院、安国公安局、税务局、法院联合查证半年,最后保定检察院认为抗诉不当,撤回抗诉。

2011年12月16日,保定中院终审裁定涞源县法院的判决生效。至此,焦占军终于洗脱偷税罪名。

【案例141】政府作出税抵债承诺却未兑现　企业纳税零申报被判逃税罪[①]

被告人:汇林置业公司、范学林

基本案情:

被告人范学林响应在上海招商引资的周口市市长邀请回乡成立被告人汇林置业公司,并出任公司董事长、法定代表人。

2005年和2006年,按照河南省周口市政府的要求,被告人汇林置业公司先行垫资修建两条公路。

2006年10月,周口市市长主持召开了市政府第六十一次常务会议,会议决定被告人汇林置业公司垫资修路的投资款,从其应缴纳税款中逐步予以偿还,并形成了常务会议纪要。但如何从应缴税款中偿还,被告人汇林置业公司是先缴税后偿还,还是不用缴税直接与投资款相抵消,政府会议纪要并没有明确,也未向其说明。

2007年,被告人汇林置业公司缴纳了一年税款之后,多次找地税局交涉,也未得到答案。

---

① 参见中国新闻网 http://www.chinanews.com/estate/estate-fqzx/news/2010/02-26/2139954.shtml,2014年1月14日访问。

2008年,被告人汇林置业公司做了税收零申报。

2009年10月,检察机关因涉嫌逃税罪对其提起公诉。

公诉人指控:

被告人汇林置业公司作为周口市最大的房地产开发企业,从2000年6月机构设立到2008年12月,长期不进行纳税申报和实施虚假纳税申报,主观上有逃税的故意,客观上实施了隐匿、欺骗、零申报等行为,逃税数额巨大。其行为已构成逃税罪,严重影响了正常的税收征管秩序,严重损害了税法的尊严,败坏了依法治税的环境。

被告人辩称:

由于周口市市政府会议纪要并未明确被告人公司归还欠款与缴纳税款的具体操作问题,被告人汇林置业公司已向税务机关提出缓缴税款申请,并无逃税的故意。且税务机关依法执行被告人公司的五宗土地,所得款项已抵缴所欠税款及滞纳金。根据《刑法修正案(七)》第3条第4款的规定,"经税务机关依法下达追缴通知后,补缴应纳税款,缴纳滞纳金,已受行政处罚的,不予追究刑事责任",不应追究被告人汇林置业公司及范学林的刑事责任。

法院认为:

1. 周口市市政府不存在将欠款和税款抵消的意思表示。

欠款与税收是两个不同的法律关系,不是同一属性,二者不能相互抵消。且周口市市政府会议纪要也明确修路垫资款应从被告人所缴的税款中逐步偿还,不存在欠款和税款相互抵消的意思表示。

2. 被告人汇林置业公司及范学林逃税存在明显逃税故意。

由于延期申报税款和延期缴纳税款是两个不同环节,具备不同的构成要件和不同适用范围,彼此没有必然联系。延期申报属纳税申报的范畴,延期缴纳税款属于税款征收的范畴,引起的法律后果也不一样,同时两者分属不同性质的申请。缓缴税款申请由省级税务机关批准,延期申报申请由主管税务机关批准。被告人汇林置业公司仅有缓缴税款的申请,但没有经过省级税务机关批准;税款延期申报虽有主管税务机关的批准,但其没有进行过申请。

此外,被告人缓缴税款申请的理由是政府欠款和账目被查封,该理由不是法定理由,既不符合缓缴税款申请的条件,也不符合延期申报的条件。被告人汇林置业公司在2008年存在销售行为,应依法应予纳税。被告人汇林置业公司及范学林逃税存在明显逃税故意。

3. 本案不应适用《刑法修正案(七)》第3条第4款的规定。

2009年4月23日,当地税务机关向被告人汇林置业公司下达了限期缴纳税款及滞纳金的通知,被告人汇林置业公司未按通知规定的期限缴纳税款及滞纳金,后税务机关依法强制执行其五宗土地,所得款项抵缴所欠税款及滞纳金。税务机关依法强制执行追缴税款的行为,与《刑法修正案(七)》第3条第4款"经税务机关依法下达追缴通知后,补缴应纳税款,缴纳滞纳金,已受行政处罚的,不予追究刑事责任"的规定明显属不同性质。

法院判决:

1. 被告人河南省周口市汇林置业有限公司犯逃税罪,判处罚金6624万元;涉嫌下列情形之一的,应予立案追诉:

(1)纳税人采取欺骗、隐瞒手段进行虚假纳税申报或者不申报,逃避缴纳税款,数额在5万元以上并且占各税种应纳税总额10%以上,经税务机关依法下达追缴通知后,不补缴应纳税款、不缴纳滞纳金或者不接受行政处罚的;

(2)纳税人5年内因逃避缴纳税款受过刑事处罚或者被税务机关给予2次以上行政处罚,又逃避缴纳税款,数额在5万元以上并且占各税种应纳税总额10%以上的;

(3)扣缴义务人采取欺骗、隐瞒手段,不缴或者少缴已扣、已收税款,数额在5万元以上的。

纳税人在公安机关立案后再补缴应纳税款、缴纳滞纳金或者接受行政处罚的,不影响刑事责任的追究。

也就说,虽然《刑法修正案(七)》明确纳税人有偷漏税嫌疑的,经税务机关依法下达追缴通知后,补缴应纳税款,缴纳滞纳金,并且接受行政处罚的,不予追究刑事责任,但这一豁免机会仅存于公安机关立案前。如果公安机关立案后再补缴应纳税款、缴纳滞纳金或者接受行政处罚的,依然可以追究其刑事责任。

2. 被告人范学林犯逃税罪,判处有期徒刑3年,并处罚金2208万元。

【案例142】未依决定补缴税款　被判有期徒刑[①]

被告人: 胡金亮

基本案情:

2005年5月,被告人作为金垦公司的法人代表,在经营期间,从新疆生产建设

[①] 参见新疆维吾尔自治区乌鲁木齐市中级人民法院(2011)乌中刑二初字第1号刑事判决书。

兵团棉麻公司购进399.361吨棉花并予以销售,后又以148.371吨棉花抵该公司欠款1,632,081元,均未在账簿上反映,未进行纳税申报,少缴增值税共计256,653.98元,占2005年应纳税额的14.93%。

公诉机关指控:

《刑法》第201条规定,"纳税人采取欺骗、隐瞒手段进行虚假纳税申报或者不申报,逃避缴纳税款数额较大并且占应纳税额百分之十以上的,处三年以下有期徒刑或者拘役,并处罚金;数额巨大并且占应纳税额百分之三十以上的,处三年以上七年以下有期徒刑,并处罚金"。

被告人在经营金垦公司期间少缴增值税共计256,653.98元,占应纳税额的14.93%,其行为已触犯《刑法》第201条之规定,构成逃税罪。

被告人辩称:

金垦公司不构成逃税罪。金垦公司在两笔业务中没有产生增值利润,不可能缴纳增值税。《刑法修正案(七)》规定,对于初犯或是已作出行政处罚的,不再追究刑事责任。

法院认为:

1. 金垦公司存在逃税行为且已达到追究刑事责任的标准。

被告人认为金垦公司在两笔业务中没有产生增值利润,不可能缴纳增值税。经查,乌鲁木齐市国家税务局稽查局在对金垦公司进行税务检查时发现,金垦公司2005年5月销售399.361吨棉花、以未取得发票的148.371吨棉花抵新疆生产建设兵团棉麻公司欠款1,632,081元均未在账簿上反映,未进行纳税申报。金垦公司对该事实予以认可并于2007年10月23日对税务机关进行了说明。新疆金垦销售货物不入账本身就是逃避纳税义务的行为,且其偷逃税款已达到追究刑事责任的数额、比例标准。既然未作账,是否产生增值利润当然没有证据证实,所以公诉机关将新疆金垦应缴而未缴税达到刑法规定数额、比例标准的行为认定为犯罪是正确的。被告人提出未产生增值润而不缴纳增值税的意见不成立。

2. 金垦公司并未履行税务行政处罚决定,仍应追究刑事责任。

关于税务机关已作出行政处罚决定,是否再追究当事人的刑事责任的问题。根据《刑法修正案(七)》的规定,对于已经构成犯罪的初犯,一是在税务机关依法下达追缴通知后,补缴应纳税款;二是缴纳滞纳金;三是已受到税务机关行政处罚,可不予追究刑事责任。

本案中税务机关虽对金垦公司作出税务行政处罚决定,但金垦公司并未履行,不符合上述条件,所以对其逃税行为应追究刑事责任。

法院判决：

被告人犯逃税罪，判处有期徒刑6个月。

【案例143】心存侥幸为逃税　补缴税款仍处刑①

被告人： 王红柱

基本案情：

2009年，被告人在与某项目部的业务往来中，实际交纳税款8343.12元，使用7张假发票及一张销售柴油的商业零售普通发票，逃避缴纳税款190,501.89元，逃避缴纳税款数额巨大，占其应缴纳税款的95.80%，其行为触犯了《刑法》第201条之规定，构成逃税罪。

该案在公安机关2010年7月30日立案侦查后，在检察机关审查起诉阶段，税务机关向被告人下发了税务处理决定书及税务行政处罚决定书，被告人委托其女于2010年11月25日代为补缴了所欠税款及罚款。

公诉机关指控：

《刑法》第201条规定，"纳税人采取欺骗、隐瞒手段进行虚假纳税申报或者不申报，逃避缴纳税款数额较大并且占应纳税额百分之十以上的，处三年以下有期徒刑或者拘役，并处罚金；数额巨大并且占应纳税额百分之三十以上的，处三年以上七年以下有期徒刑，并处罚金"。

被告人2009年期间，逃避缴纳税款190,501.89元，逃避缴纳税款数额巨大，占其应缴纳税款的95.80%。符合上述规定，构成逃税罪。

被告人辩称：

依据《刑法修正案（七）》第3条第4项规定，"经税务机关依法下达追缴通知后，补缴应纳税款，缴纳滞纳金，已受行政处罚的，不予追究刑事责任"，因税务机关下达追缴通知后已经补缴了应纳税款和滞纳金，受到了行政处罚，故不应再追究刑事责任。

法院认为：

《最高人民检察院、公安部关于公安机关管辖的刑事案件立案追诉标准的规定（二）》第57条明确规定，"逃避缴纳税款，涉嫌下列情形之一的，应予立案追诉：（一）纳税人采取欺骗、隐瞒手段进行虚假纳税申报或者不申报，逃避缴纳税

---

① 参见汉中市中级人民法院网http://hzzy.chinacourt.org/public/detail.php?id=1647，2014年1月14日访问。

款,数额在五万元以上并且占各税种应纳税总额百分之十以上,经税务机关依法下达追缴通知后,不补缴应纳税款、不缴纳滞纳金或者不接受行政处罚的","纳税人在公安机关立案后再补缴应纳税款、缴纳滞纳金或者接受行政处罚的,不影响刑事责任的追究"。

本案中,被告人虽已补缴了相关税款和滞纳金,但在税务机关首次发出追缴通知时并未补缴税款、缴纳滞纳金或接受行政处罚。参照上述规定,仍需追究刑事责任。

法院判决:

被告人犯逃税罪,判处有期徒刑3年6个月,并处罚金20万元。

【案例144】补缴税款接受处罚　免除刑事责任①

被告人: 李玉福

基本案情:

被告人在担任亨达公司法定代表人期间,亨达公司于2005年至2007年8月,在转让国际大厦项目中,共取得转让费2509.32万元,将其中的1425.5万元计入"其他应付款"科目,未按规定转入当期收入;其余1083.82万元未计入账簿,偷逃营业税、城市维护建设税等税款134.25万元。

其中,亨达公司2005年偷逃税款655,642.50元,占当年应纳税款1,380,390.09元的47%;2006年偷逃税款386,270元,占当年应纳税款905,425.33元的42%。

甘肃省地方税务局稽查局已于2008年4月16日、7月2日分别作出甘地税稽处〔2008〕1号《税务处理决定书》和甘地税稽罚〔2008〕1号《税务行政处罚决定书》。

案发后,亨达公司已分别于2008年8月10日、2009年5月26日、6月11日、8月4日、9月1日、9月8日、9月24日、9月25日按规定向税务机关足额补缴了偷逃的1,342,486.36元的应缴税款,足额缴纳了滞纳金354,245.63元和罚款1,422,776.85元。

公诉机关指控:

2005年,被告人所营亨达公司偷逃税款655,642.50元,占当年应纳税款

---

① 参见法制频道网 http://fzzx.gansudaily.com.cn/system/2010/09/16/011698045.shtml,2014年1月14日访问。

1,380,390.09元的47%；2006年，偷逃税款386,270元，占当年应纳税款905,425.33元的42%。本案的纳税义务人主观上具有逃避缴纳应交税款非法获利的故意，客观上案件的纳税义务人实施了采取欺骗、隐瞒手段进行虚假纳税申报或者不申报，逃避缴纳税款数额巨大并且占应纳税额30%以上的逃税行为，其行为符合《刑法》第201条关于逃税罪的主、客观构成要件，构成逃税罪，依法应处3年以上7年以下有期徒刑，并处罚金。

被告人辩称：

被告人的行为适用《刑法修正案（七）》第3条第4项的规定，不予追究刑事责任。理由如下：

1.《刑法修正案（七）》第3条第4项并未明确规定适用本条款的前提条件，应理解为在法院判决前只要纳税义务人实施了经税务机关依法下达追缴通知后，补缴应纳税款，缴纳滞纳金，已受行政处罚的，同时没有在5年内因逃避缴纳税款受过刑事追究或者被税务机关给予2次以上行政处罚的情况下，就可依本条规定对被告人不予追究刑事责任。

2. 亨达公司已按规定足额补缴了偷逃的1,342,486.36元的应缴税款，足额缴纳了滞纳金354,245.63元和罚款1,422,776.85元，已受行政处罚，且属于初犯，故应按《刑法修正案（七）》第3条第4项之规定对其不予追究刑事责任。这样处理也可以较好地体现宽严相济的刑事政策。

针对被告人的辩称，公诉机关认为：

被告人的行为不适用《刑法修正案（七）》第3条第4项规定的情形，理由如下：

1.《刑法修正案（七）》第3条第4项规定的"经税务机关依法下达追缴通知后，补缴应纳税款，缴纳滞纳金，已受行政处罚的，不予追究刑事责任"的情形，是针对司法机关尚未立案侦查，纳税义务人已缴纳税金等且已受行政处罚，可不予追究刑事责任。而本案甘肃省公安厅于2008年8月28日已立案侦查，此时，纳税义务人的偷税行为已实施终了，犯罪已经完成，纳税义务人的行为已不适用《刑法修正案（七）》第3条第4项的规定，应根据《最高人民法院关于偷税抗税刑事案件具体应用法律若干问题的解释》第1条第3款的规定，依法追究纳税义务人的刑事责任。

2. 纳税义务人在税务部门多次催缴下，缴纳所欠税款的行为是补缴税款的行为，而在司法机关介入后，纳税义务人向税务机关缴纳所欠税款是司法机关依法追缴的结果，可视为退赃行为，只能作为法院量刑考虑的情节。对《刑法修正案

(七)》第3条第4项的理解应有个界限,那就是是否进入刑事程序。

综上,本案纳税义务人在公安机关立案侦查后,审查起诉阶段被迫缴纳税金的行为不适用《刑法修正案(七)》的上述规定,应以逃税罪追究被告人的刑事责任。

法院认为:

《刑法修正案(七)》第3条第4项规定,"经税务机关依法下达追缴通知后,补缴应纳税款,缴纳滞纳金,已受行政处罚的,不予追究刑事责任"。同时,"其没有在5年内因逃避缴纳税款受过刑事追究或者被税务机关给予2次以上行政处罚"。该条因无限制条件,应理解为在法院判决前只要涉嫌逃税单位符合上述条件,即可适用该条款的规定。

在本案中亨达公司在法院判决前,已按规定足额补缴了偷逃的1,342,486.36元的应缴税款,足额缴纳了滞纳金354,245.63元和罚款1,422,776.85元,已受行政处罚,同时该单位在5年内没有因逃避缴纳税款受过刑事追究也没有被税务机关给予2次以上行政处罚,故符合《刑法修正案(七)》第3条第4项规定,应对其不予追究刑事责任。

法院判决:

不予追究被告人的刑事责任。①

二、股权激励的税务问题

(一)有限公司股权激励税收问题

311. 有限责任公司股权激励有哪些方式?

实践中主要采用以下四种方式:

(1)公司以资本公积金增资后将股权赠予激励对象;

(2)公司现有股东将部分股权转让给激励对象;

(3)公司现有股东将部分股权赠予给激励对象;

---

① 《刑法修正案(七)》自2009年2月28日实施,其规定,"经税务机关依法下达追缴通知后,补缴应纳税款,缴纳滞纳金,已受行政处罚的,不予追究刑事责任"。该法并未明确补缴税款的最后截止时间。2010年5月7日实施的《最高人民检察院、公安部关于公安机关管辖的刑事案件立案追诉标准的规定(二)》明确了补缴税款免予追究刑事责任的时间为公安机关立案前。也就是说在公安机关立案后再补缴税款,不免除刑事责任。本案正好发生于立案追诉标准出台之前,否则被告人需承担刑事责任。

(4)被激励对象出资(货币或技术等)增加公司注册资本获得股权。

312. 员工取得以资本公积金增资产生的股权后,如何计征个人所得税?

员工取得资本公积金转增的股权,应当缴纳个人所得税。

2013年9月29日,财政部、国税总局联合发布了《关于中关村国家自主创新示范区企业转增股本个人所得税试点政策的通知》(财税〔2013〕73号),其中指出"企业以未分配利润、盈余公积、资本公积向个人股东转增股本时,应按照'利息、股息、红利所得'项目,适用20%税率征收个人所得税。对示范区中小高新技术企业以未分配利润、盈余公积、资本公积向个人股东转增股本时,个人股东一次缴纳个人所得税确有困难的,经主管税务机关审核,可分期缴纳,但最长不得超过5年"。2015年6月9日,财政部、国税总局又发布《关于推广中关村国家自主创新示范区税收试点政策有关问题的通知》(财税〔2015〕62号),宣布自2015年1月1日起,将73号文的实施范围扩展至合芜蚌自主创新综合试验区和绵阳科技城。2015年10月23日财政部、国税总局又发布《关于将国家自主创新示范区有关税收试点政策推广到全国范围实施的通知》(财税〔2015〕116号),宣布将73号文的实施范围推广至全国。

2015年11月16日,国家税务总局发布《关于股权奖励和转增股本个人所得税征管问题的公告》(国家税务总局公告2015年第80号)指出:"上市公司或在全国中小企业股份转让系统挂牌的企业转增股本(不含以股票发行溢价形成的资本公积转增股本),按现行有关股息红利差别化政策执行。"而对于其他企业,如果属于中小高新技术企业以未分配利润、盈余公积、资本公积向个人股东转增股本,可分5期缴纳个人所得税;如果属于非中小高新技术企业,应及时代扣代缴个人所得税(一次性缴纳)。

313. 自然人股东将其持有的部分股权以低价转让或赠与员工的,是否需要缴纳个人所得税?

公司股东将持有的部分股权以低价转让给员工的,若未经税务机关认定为有正当理由导致股权转让价款偏低的,转让方须按照"财产转让所得"项目缴纳个人所得税,税率为20%。具体计税依据由税务机关核定,但股权受让方无须缴纳所得税①。

314. 公司法人股东将股权以低价转让给员工,是否需要缴纳企业所得税?

法人股东申报的计税依据明显偏低,又无正当理由的,税务机关应根据法人

---

① 关于计税依据明显偏低的依据以及税务机关核定计税的方法详见本书第七章股权转让纠纷第六节股权转让的税务问题。

股东具体情况，核定征收企业所得税。但如何判定计税依据明显偏低又无正当理由，可以参照《股权转让所得个人所得税管理办法》（国家税务总局公告2014年第67号）的规定，如第14条规定主管税务机关应依次按照下列方法核定股权转让收入。

(1) 净资产核定法

股权转让收入按照每股净资产或股权对应的净资产份额核定。被投资企业的土地使用权、房屋、房地产企业未销售房产、知识产权、探矿权、采矿权、股权等资产占企业总资产比例超过20%的，主管税务机关可参照纳税人提供的具有法定资质的中介机构出具的资产评估报告核定股权转让收入。6个月内再次发生股权转让且被投资企业净资产未发生重大变化的，主管税务机关可参照上一次股权转让时被投资企业的资产评估报告核定此次股权转让收入。

(2) 类比法

参照相同或类似条件下同一企业同一股东或其他股东股权转让收入核定；参照相同或类似条件下同类行业企业股权转让收入核定。

(3) 其他合理方法

主管税务机关采用以上方法核定股权转让收入存在困难的，可以采取其他合理方法核定。

(二) 股份有限公司股权激励税收问题

315. 股份有限公司有哪些股权激励方式？如何确定股权激励的来源？

(1) 股份有限公司（包括上市公司与非上市公司）对员工实施股权激励，可以通过以下六种方式实现：

①股权奖励，是指企业无偿授予激励对象一定份额的股权或者一定数量的股份。

②股权出售，是指企业参照股权评估价值的价格，以协议方式将企业股权（包括股份，下同）有偿出售给激励对象。

③股票期权，是指企业授予激励对象在未来一定期限内以预先确定的行权价格购买本企业一定数量股份的权利。

④分红激励，是指企业以科技成果实施产业化、对外转让、合作转化、作价入股形成的净收益为标的，采取项目收益分成方式对激励对象实施激励。

⑤绩效奖励，是指企业完成绩效考核目标后，将税后利润超额部分按规定比例计提激励总额，自批准之日起分年度匀速奖励给激励对象。

⑥增值权奖励，是指企业给予激励对象一种权利，即在规定的有效期内，根据

其持有增值权份额和所对应的账面价值的增加额度,作为由企业支付的行权收入。

(2)企业可以通过以下方式,解决标的股权来源问题:

①向激励对象增发股份;

②向现有股东回购股份;

③现有股东向激励对象转让或赠与其持有的股权。

316. 在我国境内上市的居民企业实施员工股权激励计划的,如何确认其企业所得税?

按以下方式确认:

(1)对股权激励计划实行后立即可以行权的,上市公司可以根据实际行权时该股票的公允价格与激励对象实际行权支付价格的差额和数量,计算确定作为当年上市公司工资薪金支出,依照税法规定进行税前扣除;

(2)对股权激励计划实行后,需待一定服务年限或者达到规定业绩条件(以下简称等待期)方可行权的。上市公司等待期内会计上计算确认的相关成本费用,不得在对应年度计算缴纳企业所得税时扣除。在股权激励计划可行权后,上市公司方可根据该股票实际行权时的公允价格与当年激励对象实际行权支付价格的差额及数量,计算确定作为当年上市公司工资薪金支出,依照税法规定进行税前扣除;

(3)前述股票实际行权时的公允价格,以实际行权日该股票的收盘价格确定;

(4)换取激励对象提供服务的对价按照该股票的公允价格及数量,计算确定作为上市公司相关年度的成本或费用。

317. 在境外上市的居民企业、境内非上市公司建立职工股权激励计划的,如何确认其企业所得税?

境外上市的居民企业和境内非上市公司凡按照《上市公司股权激励管理办法(试行)》的规定建立职工股权激励计划,且在企业会计处理上,也按我国会计准则的有关规定处理的,其股权激励计划有关企业所得税的缴纳,可以按照在我国境内上市的居民企业的企业所得税处理方式确认。

318. 股份有限公司采用股票期权方式实施股权激励,员工接受股票期权是否需要缴纳个人所得税?如需缴纳,如何计税?

员工接受雇主(含上市公司和非上市公司)授予的股票期权,凡该股票期权指定的股票为上市公司(含境内、外上市公司)股票的,员工接受该可公开交易的股票期权时,无须缴纳个人所得税。但是,部分股票期权在授权时即约定可以转让,且在境内或境外存在公开市场及挂牌价格,按以下方法进行税务处理:

(1)员工取得可公开交易的股票期权,属于员工已实际取得有确定价值的财产,应按授权日股票期权的市场价格,作为员工授权日所在月份的工资薪金所得缴纳个人所得税。

对该股票期权形式的工资薪金所得可区别于所在月份的其他工资薪金所得,单独按下列公式计算当月应纳税款:

应纳税额=(股票期权形式的工资薪金应纳税所得额/规定月份数×适用税率-速算扣除数)×规定月份数

公式中的规定月份数是指员工取得来源于中国境内的股票期权形式工资薪金所得的境内工作期间月份数,长于12个月的,按12个月计算。公式中的适用税率和速算扣除数,以股票期权形式的工资薪金应纳税所得额除以规定月份数后的商数,对照个人所得税率表确定。

(2)如果员工以折价购入方式取得股票期权的,可以授权日股票期权的市场价格扣除折价购入股票期权时实际支付的价款后的余额,作为授权日所在月份的工资薪金所得。

另外《财政部 国家税务总局关于将国家自主创新示范区有关税收试点政策推广到全国范围实施的通知》(财税〔2015〕116号)《国家税务总局关于股权奖励和转增股本个人所得税征管问题的公告》(国家税务总局公告2015年第80号)的规定,股权奖励的计税价格参照获得股权时的公平市场价格确定,具体按以下方法确定:

(1)上市公司股票的公平市场价格,按照取得股票当日的收盘价确定。取得股票当日为非交易时间的,按照上一个交易日收盘价确定。

(2)非上市公司股权的公平市场价格,依次按照净资产法、类比法和其他合理方法确定。

319. 员工行使股票期权时,是否需要缴纳个人所得税?如需缴纳,如何计税?

(1)员工行权时,其从企业取得股票的实际购买价(施权价)低于购买日公平市场价(指该股票当日的收盘价,下同)的差额,是因员工在企业的表现和业绩情况而取得的与任职、受雇有关的所得,应按"工资、薪金所得"适用的规定计算缴纳个人所得税。

(2)员工行权日所在期间的工资薪金所得,应按下列公式计算工资薪金应纳税所得额:

股票期权形式的工资薪金应纳税所得额=(行权股票的每股市场价-员工取得该股票期权支付的每股施权价)×股票数量

①股票期权的转让净收入,一般是指股票期权转让收入。如果员工以折价购入方式取得股票期权的,可以股票期权转让收入扣除折价购入股票期权时实际支付的价款后的余额,作为股票期权的转让净收入。

②员工取得该股票期权支付的每股施权价,一般是指员工行使股票期权购买股票实际支付的每股价格。如果员工以折价购入方式取得股票期权的,上述施权价可包括员工折价购入股票期权时实际支付的价格。

(3)对该股票期权形式的工资薪金所得可区别于所在月份的其他工资薪金所得,单独按下列公式计算当月应纳税款:

应纳税额=(股票期权形式的工资薪金应纳税所得额/规定月份数×适用税率-速算扣除数)×规定月份数

公式中的规定月份数,是指员工取得来源于中国境内的股票期权形式工资薪金所得的境内工作期间月份数,长于12个月的,按12个月计算。公式中的适用税率和速算扣除数,以股票期权形式的工资薪金应纳税所得额除以规定月份数后的商数,对照个人所得税率表确定。

(4)员工因参加企业股票期权计划而取得的工资薪金所得应确定境内或境外来源的,按照该员工据以取得上述工资薪金所得的境内外工作期间月份数比例计算划分。

(5)对因特殊情况,员工在行权日之前将股票期权转让的,以股票期权的转让净收入,作为工资薪金所得征收个人所得税。

(6)凡取得股票期权的员工在行权日不实际买卖股票,而按行权日股票期权所指定股票的市场价与施权价之间的差额,直接从授权企业取得价差收益的,该项价差收益应作为员工取得的股票期权形式的工资薪金所得,按照上述规定计算缴纳个人所得税。

320. 员工在纳税年度内第一次取得股票增值权时,如何确定应纳税额?

(1)股票增值权被授权人获取的收益,是由上市公司根据授权日与行权日股票差价乘以被授权股数,直接向被授权人支付的现金。被授权人股票增值权应纳税所得额计算公式为:

股票增值权某次行权应纳税所得额=(行权日股票价格-授权日股票价格)×行权股票份数

(2)对该股票增值权形式的工资薪金所得可区别于所在月份的其他工资薪

金所得,单独按下列公式计算当月应纳税款:

应纳税额=(股票增值权形式的工资薪金应纳税所得额/规定月份数×适用税率-速算扣除数)×规定月份数

公式中的规定月份数,是指员工取得来源于中国境内的股票期权形式工资薪金所得的境内工作期间月份数,长于12个月的,按12个月计算。公式中的适用税率和速算扣除数,以股票期权形式的工资薪金应纳税所得额除以规定月份数后的商数,对照个人所得税率表确定。

(3)股票增值权个人所得税纳税义务发生时间为上市公司向被授权人兑现股票增值权所得的日期。

321. 员工在纳税年度内第一次取得限制性股票的,如何确定应纳税额和纳税义务发生时间?

(1)原则上应在限制性股票所有权归属于被激励对象时,确认被激励对象限制性股票所得的应纳税额。即上市公司实施限制性股票计划时,应以被激励对象限制性股票在中国证券登记结算公司(境外为证券登记托管机构)进行股票登记日期的股票市价(指当日收盘价)和本批次解禁股票当日市价(指当日收盘价)的平均价格乘以本批次解禁股票份数,减去被激励对象本批次解禁股份数所对应的为获取限制性股票实际支付资金数额,其差额为应纳税所得额。被激励对象限制性股票应纳税所得额计算公式为:

应纳税所得额=(股票登记日股票市价+本批次解禁股票当日市价)÷2×本批次解禁股票份数-被激励对象实际支付的资金总额×(本批次解禁股票份数÷被激励对象获取的限制性股票总份数)

(2)对该限制性股票形式的工资薪金所得可区别于所在月份的其他工资薪金所得,单独按下列公式计算当月应纳税款:

应纳税额=(限制性股票形式的工资薪金应纳税所得额/规定月份数×适用税率-速算扣除数)×规定月份数

公式中的规定月份数,是指员工取得来源于中国境内的股票期权形式工资薪金所得的境内工作期间月份数,长于12个月的,按12个月计算。公式中的适用税率和速算扣除数,以股票期权形式的工资薪金应纳税所得额除以规定月份数后的商数,对照个人所得税率表确定。

(3)限制性股票个人所得税纳税义务发生时间为每一批次限制性股票解禁的日期。

322. 对于授予限制性股票的股权激励计划,企业应如何进行会计处理？等待期内企业应如何考虑限制性股票对每股收益计算的影响？

财政部《企业会计准则解释第7号》第5条对此问题进行了较为明确的规定,同时结合《企业会计准则第11号——股份支付》《企业会计准则第22号——金融工具确认和计量》《企业会计准则第34号——每股收益》和《企业会计准则第37号——金融工具列报》等准则,对于授予限制性股票的股权激励计划,企业按以下方法进行会计处理。

(1)授予限制性股票的会计处理

上市公司实施限制性股票的股权激励安排中,常见做法是上市公司以非公开发行的方式向激励对象授予一定数量的公司股票,并规定锁定期和解锁期,在锁定期和解锁期内,不得上市流通及转让。达到解锁条件,可以解锁;如果全部或部分股票未被解锁而失效或作废,通常由上市公司按照事先约定的价格立即进行回购。

对于此类授予限制性股票的股权激励计划,向职工发行的限制性股票按有关规定履行了注册登记等增资手续的,上市公司应当根据收到职工缴纳的认股款确认股本和资本公积(股本溢价),按照职工缴纳的认股款,借记"银行存款"等科目,按照股本金额,贷记"股本"科目,按照其差额,贷记"资本公积——股本溢价"科目;同时,就回购义务确认负债(作收购库存股处理),按照发行限制性股票的数量以及相应的回购价格计算确定的金额,借记"库存股"科目,贷记"其他应付款——限制性股票回购义务"(包括未满足条件而须立即回购的部分)等科目。

上市公司应当综合考虑限制性股票锁定期和解锁期等相关条款,按照《企业会计准则第11号——股份支付》相关规定判断等待期,进行与股份支付相关的会计处理。对于因回购产生的义务确认的负债,应当按照《企业会计准则第22号——金融工具确认和计量》相关规定进行会计处理。上市公司未达到限制性股票解锁条件而需回购的股票,按照应支付的金额,借记"其他应付款——限制性股票回购义务"等科目,贷记"银行存款"等科目;同时,按照注销的限制性股票数量相对应的股本金额,借记"股本"科目,按照注销的限制性股票数量相对应的库存股的账面价值,贷记"库存股"科目,按其差额,借记"资本公积——股本溢价"科目。上市公司达到限制性股票解锁条件而无需回购的股票,按照解锁股票相对应的负债的账面价值,借记"其他应付款——限制性股票回购义务"等科目,按照解锁股票相对应的库存股的账面价值,贷记"库存股"科目,如有差额,则借记或贷记"资本公积——股本溢价"科目。

(2)等待期内发放现金股利的会计处理和基本每股收益的计算

上市公司在等待期内发放现金股利的会计处理及基本每股收益的计算,应视其发放的现金股利是否可撤销采取不同的方法:

①现金股利可撤销,即一旦未达到解锁条件,被回购限制性股票的持有者将无法获得(或需要退回)其在等待期内应收(或已收)的现金股利。

等待期内,上市公司在核算应分配给限制性股票持有者的现金股利时,应合理估计未来解锁条件的满足情况,该估计与进行股份支付会计处理时在等待期内每个资产负债表日对可行权权益工具数量进行的估计应当保持一致。对于预计未来可解锁限制性股票持有者,上市公司应分配给限制性股票持有者的现金股利应当作为利润分配进行会计处理,借记"利润分配——应付现金股利或利润"科目,贷记"应付股利——限制性股票股利"科目;同时,按分配的现金股利金额,借记"其他应付款——限制性股票回购义务"等科目,贷记"库存股"科目;实际支付时,借记"应付股利——限制性股票股利"科目,贷记"银行存款"等科目。对于预计未来不可解锁限制性股票持有者,上市公司应分配给限制性股票持有者的现金股利应当冲减相关的负债,借记"其他应付款——限制性股票回购义务"等科目,贷记"应付股利——限制性股票股利"科目;实际支付时,借记"应付股利——限制性股票股利"科目,贷记"银行存款"等科目。后续信息表明不可解锁限制性股票的数量与以前估计不同的,应当作为会计估计变更处理,直到解锁日预计不可解锁限制性股票的数量与实际未解锁限制性股票的数量一致。

等待期内计算基本每股收益时,分子应扣除当期分配给预计未来可解锁限制性股票持有者的现金股利;分母不应包含限制性股票的股数。

②现金股利不可撤销,即不论是否达到解锁条件,限制性股票持有者仍有权获得(或不得被要求退回)其在等待期内应收(或已收)的现金股利。

等待期内,上市公司在核算应分配给限制性股票持有者的现金股利时,应合理估计未来解锁条件的满足情况,该估计与进行股份支付会计处理时在等待期内每个资产负债表日对可行权权益工具数量进行的估计应当保持一致。对于预计未来可解锁限制性股票持有者,上市公司应分配给限制性股票持有者的现金股利应当作为利润分配进行会计处理,借记"利润分配——应付现金股利或利润"科目,贷记"应付股利——限制性股票股利"科目;实际支付时,借记"应付股利——限制性股票股利"科目,贷记"银行存款"等科目。对于预计未来不可解锁限制性股票持有者,上市公司应分配给限制性股票持有者的现金股利应当计入当期成本费用,借记"管理费用"等科目,贷记"应付股利——应付限制性股票股利"科目;

实际支付时,借记"应付股利——限制性股票股利"科目,贷记"银行存款"等科目。后续信息表明不可解锁限制性股票的数量与以前估计不同的,应当作为会计估计变更处理,直到解锁日预计不可解锁限制性股票的数量与实际未解锁限制性股票的数量一致。

等待期内计算基本每股收益时,应当将预计未来可解锁限制性股票作为同普通股一起参加剩余利润分配的其他权益工具处理,分子应扣除归属于预计未来可解锁限制性股票的净利润;分母不应包含限制性股票的股数。

(3)等待期内稀释每股收益的计算

等待期内计算稀释每股收益时,应视解锁条件不同采取不同的方法:

①解锁条件仅为服务期限条件的,企业应假设资产负债表日尚未解锁的限制性股票已于当期期初(或晚于期初的授予日)全部解锁,并参照《企业会计准则第34号——每股收益》中股份期权的有关规定考虑限制性股票的稀释性。其中,行权价格为限制性股票的发行价格加上资产负债表日尚未取得的职工服务按《企业会计准则第11号——股份支付》有关规定计算确定的公允价值。锁定期内计算稀释每股收益时,分子应加回计算基本每股收益分子时已扣除的当期分配给预计未来可解锁限制性股票持有者的现金股利或归属于预计未来可解锁限制性股票的净利润。

②解锁条件包含业绩条件的,企业应假设资产负债表日即为解锁日并据以判断资产负债表日的实际业绩情况是否满足解锁要求的业绩条件。若满足业绩条件的,应当参照上述解锁条件仅为服务期限条件的有关规定计算稀释性每股收益;若不满足业绩条件的,计算稀释性每股收益时不必考虑此限制性股票的影响。

《企业会计准则解释第7号》发布前限制性股票未按照上述规定处理的,应当追溯调整,并重新计算各列报期间的每股收益,追溯调整不切实可行的除外。

323. 如何计算股票期权形式工资薪金所得的个人所得税?

上市公司应将其纳税年度内各次股权激励所得合并,按照下列公式计算扣缴个人所得税:

(1)员工在一个纳税年度中多次取得股票期权、股票增值权、限制性股票形式工资薪金所得的(股票期权形式工资薪金所得),其在该纳税年度内首次取得股票期权形式的工资薪金所得计算纳税的,对该股票期权形式的工资薪金所得可区别于所在月份的其他工资薪金所得,单独按下列公式计算当月应纳税款:

应纳税额=(股票期权形式的工资薪金应纳税所得额/规定月份数×适用税率-速算扣除数)×规定月份数

(2)员工在一个纳税年度中多次取得股票期权形式工资薪金所得的,本年度内以后每次取得股票期权形式的工资薪金所得,应按以下公式计算应纳税款:

应纳税款=(本纳税年度内取得的股票期权形式工资薪金所得累计应纳税所得额÷规定月份数×适用税率-速算扣除数)×规定月份数-本纳税年度内股票期权形式的工资薪金所得累计已纳税款

①公式中的本纳税年度内取得的股票期权形式工资薪金所得累计应纳税所得额,包括本次及本次以前各次取得的股票期权形式工资薪金所得应纳税所得额;

②公式中的规定月份数,是指员工取得来源于中国境内的股票期权形式工资薪金所得的境内工作期间月份数,长于12个月的,按12个月计算;

③公式中的适用税率和速算扣除数,以本纳税年度内取得的股票期权形式工资薪金所得累计应纳税所得额除以规定月份数后的商数,对照个人所得税所附税率表确定;

④公式中的本纳税年度内股票期权形式的工资薪金所得累计已纳税款,不含本次股票期权形式的工资薪金所得应纳税款。

(3)员工多次取得或者一次取得多项来源于中国境内的股票期权形式工资薪金所得,而且各次或各项股票期权形式工资薪金所得的境内工作期间月份数不相同的,以境内工作期间月份数的加权平均数为前述公式中的规定月份数,但最长不超过12个月,计算公式如下:

规定月份数=∑各次或各项股票期权形式工资薪金应纳税所得额与该次或该项所得境内工作期间月份数的乘积/∑各次或各项股票期权形式工资薪金应纳税所得额

324. 员工转让行权后的股票,是否需要缴纳个人所得税?如需缴纳,该如何缴纳?

《财政部、国家税务总局关于个人转让股票所得继续暂免征收个人所得税的通知》(财税字[1998]61号)规定,为了配合企业改制,促进股票市场的稳健发展,经报国务院批准,从1997年1月1日起,对个人转让上市公司股票取得的所得继续暂免征收个人所得税。

《财政部、国家税务总局、中国证券监督管理委员会关于沪港股票市场交易互联互通机制试点有关税收政策的通知》(财税[2014]81号)第1条第3项关于内地个人投资者通过沪港通投资香港联交所上市股票的股息红利所得税规定,对内地个人投资者通过沪港通投资香港联交所上市H股取得的股息红利,H股公司应向中国证券登记结算有限责任公司(以下简称中国结算)提出申请,由中国结算向 H 股公司提供内地个人投资者名册,H 股公司按照 20% 的税率代扣个人所得税。内地个人投资者通过沪港通投资香港联交所上市的非 H 股取得的股息红利,由中国结算按照 20% 的税率代扣个人所得税。个人投资者在国外已缴纳的预提税,可持有效扣税凭证到中国结算的主管税务机关申请税收抵免。

《国家税务总局关于发布〈股权转让所得个人所得税管理办法(试行)〉的公告》(国家税务总局公告 2014 年第 67 号)第 4 条规定,个人转让股权,以股权转让收入减除股权原值和合理费用后的余额为应纳税所得额,按"财产转让所得"缴纳个人所得税。

325. 员工因拥有股权而参与企业税后利润分配取得的所得,应如何缴纳个人所得税?

除依照有关规定可以免税或减税的部分外,应按照"利息、股息、红利所得"适用的规定计算缴纳个人所得税。①

326. 个人因股权激励而取得的股票等有价证券,在计算缴纳个人所得税时,因一次收入较多的,如何调整计税方法?

应全部计入当月工资薪金所得计算缴纳个人所得税。如果全部计入有困难的,自其实际认购股票等有价证券的当月起,在不超过 6 个月的期限内平均分月计入工资、薪金所得计算缴纳个人所得税。纳税人若选择分期缴纳个人所得税,其扣缴义务人应在实际认购股票等有价证券的次月 15 日前,向主管税务机关办理分期缴纳个人所得税备案手续,报送《个人取得股票期权或认购股票等取得折扣或补贴收入分期缴纳个人所得税备案表》。其他相关证明材料由扣缴义务人留存备查。

327. 被激励对象为缴纳个人所得税款而出售股票,其出售价格与原计税价格不一致的,应如何计算应纳税所得额和税额?

按原计税价格计算其应纳税所得额和税额。

328. 实施股票期权、股票增值权以及限制性股票计划的境内上市公司,应向税务局报送哪些材料?

(1)实施股票期权、股票增值权计划的境内企业,应在股票期权、股票增值权计划实施之前,将企业的股票期权、股票增值权计划或实施方案、股票期权、股票增值权协议书、授权通知书等资料报送主管税务机关;应在员工行权之前,将股票

---

① 详见本书第二十二章公司盈余分配纠纷第三节盈余分配的税务问题。

期权、股票增值权行权通知书和行权调整通知书等资料报送主管税务机关。

（2）实施限制性股票计划的境内上市公司，应在中国证券登记结算公司（境外为证券登记托管机构）进行股票登记、并经上市公司公示后15日内，将本公司限制性股票计划或实施方案、协议书、授权通知书、股票登记日期及当日收盘价、禁售期限和股权激励人员名单等资料报送主管税务机关备案。

境外上市公司的境内机构，应向其主管税务机关报送境外上市公司实施股权激励计划的中（外）文资料备案。

（3）扣缴义务人和自行申报纳税的个人在代扣代缴税款或申报纳税时，应在税法规定的纳税申报期限内，将个人接受或转让的股权以及认购的股票情况（包括种类、数量、施权价格、行权价格、市场价格、转让价格等）、股权激励人员名单、应纳税所得额、应纳税额等资料报送主管税务机关。

【案例145】乐凯胶片二股东套现亿元　金发科技控制人避税阳谋[①]

乐凯胶片第二大股东熊玲瑶的减持步伐骤然加快。乐凯胶片半年报显示，自然人熊玲瑶持有该公司2678.95万股，占总股本的比例为7.83%，为上市公司第二大股东。其中，流通股为1866.70万股，限售股为812.25万股。而乐凯胶片一季报发布时，熊玲瑶尚持有乐凯胶片3376.70万股流通股以及812.25万股限售股。3个月时间，熊玲瑶减持达到1510万股。根据乐凯胶片5月12日发布的减持公告，熊玲瑶在3月和5月间分4次减持1233.29万股。粗略计算，套现已经达到1.6亿元。而熊玲瑶从其姑父袁志敏实际控制的广州诚信创业投资有限公司手中接过全部4232.24万股不过8个月的时间。

更令人生疑的是，熊玲瑶受让上述股权的方式为借款纠纷后的仲裁。袁志敏以其实际控制的诚信创投所持4232.24万股乐凯胶片股权，抵偿其本人对熊玲瑶的借款本金及利息共计2.1亿元。有券商人士向记者表示，上述仲裁，很有可能是熊玲瑶暗度陈仓为诚信创投代持。此后其大肆减持，亦验证了此前市场关于袁志敏借此避税的传言。

上海宋海佳律师事务所宋海佳律师向记者表示，"如果企业法人减持转让某公司的股票或股权，作为投资收益应与企业的其他收入合并，扣减投资成本及企业支付的成本费用等可税前列支款项确定应纳税所得额，并以25%的税率计算

---

① 参见21世纪经济报道 http://www.21cbh.com/HTML/2010-7-27/4MMDAwMDE4ODc4MA.html,2014年1月14日访问。

应缴纳企业所得税。如果公司再向自然人股东分配利润的话,该自然人股东应按20%税率缴纳个人所得税"。

袁志敏、熊海涛夫妇为金发科技的实际控制人。在2009年福布斯百富榜上,二人以38.6亿元的财富总额,位列第183位。金发科技招股说明书显示,熊玲瑶持有金发科技118.44万股,其与熊海涛系姑侄关系。而以债务额计算,熊玲瑶受让上述4232.24万股,每股作价不到5元,而上市公司公告股权转让的2009年11月23日,乐凯胶片收报10.02元。而2010年3月4日和8日,熊玲瑶在二级市场分别减持30.38万股和12.91万股,并在5月6日和10日,分别通过大宗交易平台,减持290万股和900万股。

大宗交易信息显示,5月6日和10日,分别有两笔大宗交易发生,分别卖出了290万股和900万股,成交价分别为11.95元和10.97元。以此计算,仅两笔大宗交易,熊玲瑶就套现1.33亿元。而在此后的6月1日,又有一笔大宗交易成交。卖出方营业部与此前两笔交易一样,都为广发证券股份有限公司东莞中堂证券营业部,买入的营业部也与此前一致,为江南证券有限责任公司上海漕溪北路证券营业部。该笔交易成交320万股,成交额为3011.2万元。

这很有可能是熊玲瑶再度减持。而在此后的乐凯胶片半年报中,亦得以验证。7月26日,熊玲瑶在电话中向记者表示,代持是"不可能的事情"。但其对受让股权作价与乐凯胶片二级市场的价格之差,并未作出明确解释,仅表示"是在市场价格的基础上做一些浮动"。而熊玲瑶对连续减持的解释为"理财需求",并表示"有资金需要的话,还会减持"。

329. 在哪些情形下,股权激励所得,直接计入个人当期所得征收个人所得税?

具有下列情形之一的股权激励所得,不适用优惠计税方法,直接计入个人当期所得征收个人所得税:

(1)除上市公司(含所属分支机构)和上市公司控股企业的员工(其中上市公司占控股企业股份比例最低为30%)之外的集团公司、非上市公司员工取得的股权激励所得;

(2)公司上市之前设立股权激励计划,待公司上市后取得的股权激励所得;

(3)上市公司未按照规定向其主管税务机关报备有关资料的。

三、遗产税与赠与税

330. 在我国,继承遗产或接受遗赠财产是否需要缴税?

由于我国并未开征遗产税,因此,以继承方式取得财产无须缴纳个人所得税。

对于接受遗赠财产,由于我国也未开征赠与税,因此受赠人也同样无须缴纳个人所得税。

而诸如美国、英国、日本、德国等国家均有遗产税制度,只有加拿大、澳大利亚等发达国家相继停征遗产税。

但是,根据《国家税务总局关于发布〈股权转让所得个人所得税管理办法(试行)〉的公告》(国家税务总局公告2014年第67号)第13条规定,继承或将股权转让给其能提供具有法律效力身份关系证明的配偶、父母、子女、祖父母、外祖父母、孙子女、外孙子女、兄弟姐妹以及对转让人承担直接抚养或者赡养义务的抚养人或者赡养人,股权转让收入明显偏低可视为有正当理由,可不缴纳个人所得税。

另外,《国家税务总局关于多子女继承房屋有关个人所得税问题的批复》(国税函〔2010〕643号)对多子女继承房屋进行了细化明确,规定多子女共同继承房屋,子女对房屋产权进行分割,房屋产权由其中一个子女取得,其他子女应继承房屋的部分产权折价后以现金形式给付,对其他子女取得现金补偿的份额,暂不征收个人所得税。取得房屋产权的子女继承时,按照规定免缴个人所得税,但是当其将继承房屋转让时,要按照有关规定缴税,即以其转让继承房屋的收入减除财产原值以及继承和转让过程中继承人支付的相关税费后的余额为继承人的应纳税所得额,按"财产转让所提"项目,适用20%的税率计算缴纳个人所得税。财产原值 = 取得房屋产权子女的继承份额 + 该子女向其他子女支付现金形式补偿款 + 相关税费;取得房屋产权子女的继承份额 = 发生继承行为前该房屋购置成本或者建造成本以及相关税费之和 × 该子女继承比例。

331. 中国香港地区征收遗产税吗?

香港自2006年2月起取消了遗产税的征收。

香港政府于1915年引入了遗产税,目的是"让整个社会在那些非常富有的人去世后受惠,因为那些人致富的部分原因是资产增值及香港经济增长,而整个社会对此也曾作出贡献"。

按照当时香港的税法,任何人去世后,其香港财产的主要价值包括股票在内都须缴纳遗产税。香港遗产税的起征点是遗产的主要价值达到港币750万元,按5%至15%的累进税率缴纳香港遗产税。

2006年2月中旬,随着《2005年收入(取消遗产税)条例》正式生效,征收了近一个世纪的遗产税在香港成为历史。

取消遗产税后,港人不需再因遗产税问题而把资产搬离香港,也会有更多人愿意在港投资物业,这将为香港保留更多资金,同时更能增加海外投资者的信心,会有更多人通过投资移民计划来定居香港。根据统计,实施了两年多的投资移民计划,最少已为香港吸纳了超过43亿港元的资金。

【案例146】邵逸夫家族信托分配遗产[①]

2011年3月,邵逸夫名下资产包括邵氏兄弟(香港)有限公司、邵氏基金香港有限公司。Shaw Holdings Inc.持有邵氏兄弟和邵氏基金100%的股本权益,邵逸夫则通过邵逸夫慈善信托基金持有Shaw Holdings Inc.100%的控制权。也就是说,邵逸夫的资产最终都由邵逸夫慈善信托基金控制。邵逸夫的夫人方逸华为邵逸夫慈善信托基金主席和邵氏基金主席。

邵逸夫慈善信托基金,正是媒体所称的"为儿女成立的信托基金",是邵氏家族财产的最终持有者。而这一基金,被委托给一个注册在百慕大的Shaw Trustee (Private) Limited运营,以完成家族财产的增值保值。

2008年年底,邵氏兄弟在港股上市30多年后宣布私有化。控股约75%的股东Shaw Holdings Inc.发出要约,以13.3亿港元的价格收购公众手中的25%股份,完成对公司的100%控股。

邵氏兄弟当时发出的公告透露,Shaw Holdings Inc.是一个投资控股公司,注册在瑙鲁共和国。公告同时透露,要约方Shaw Holdings Inc.透过全资附属子公司持有TVB 6.23%的股权。这一数字正好与邵氏基金(香港)有限公司2011年捐赠之前持有TVB的股权一致。这说明,Shaw Holdings Inc.不仅持有私有化之后的邵氏兄弟100%的股权,也是邵氏基金的全资母公司。按照合理的推论,运营邵逸夫奖的邵逸夫奖基金会,也可能是Shaw Holdings Inc.的全资子公司。如此,Shaw Holdings Inc.就成为邵氏家族财产的控股平台。公告又透露,邵逸夫慈善信托基金全资拥有Shaw Holdings Inc.。也就是说,邵逸夫慈善信托基金通过Shaw Holdings Inc.这个控股平台,在私有化后100%地持有了邵氏兄弟的股权,也100%地持有了邵氏基金的股权,同时也可能100%持有邵逸夫奖基金会。从而,邵逸夫慈善信托基金成为邵氏家族财产的最终持有者。与此同时,邵氏兄弟私有化的公告还披露,邵逸夫慈善信托基金的信托人为Shaw Trustee(Private)Limited,指定人为邵逸夫本人,受益人则包括Shaw Trustee(Private)Limited根据信托契据挑选之任何人士或慈善团体。公开资料显示,Shaw Trustee(Private)Limited于

[①] 参见搜狐网http://stock.sohu.com/s2014/shaoyifu/?pvid=6aa0c692c0b968f8,2014年1月20日访问。

1995年5月26日注册在另一个避税天堂百慕大群岛。

也就是说,邵逸夫将邵氏家族财产的最终持有者——邵逸夫慈善信托基金,委托给 Shaw Trustee(Private)Limited 运营,而受益人则为邵逸夫的家人以及慈善团体。目前,无法确认这个信托的受益人都有哪些,但几乎可以确定包括邵逸夫的四个子女,但同样可能包括方逸华,因为方逸华正是邵逸夫慈善信托基金的主席。

332. 中国台湾地区是如何征缴遗产税的?

(1)纳税人的先后顺序

遗产执行人,继承人和受遗赠人,依法选定的遗产管理人。

(2)征税对象与范围

①经常居住在台湾的本省居民,或者死亡事实以前两年内自愿丧失台湾本省居民身份,死亡时就其在台湾及台湾以外的全部遗产征收遗产税。

②经常居住在台湾的本省居民、外来居民,死亡时在台湾有财产者,就其在台湾的遗产征收遗产税。

③所谓遗产,包括动产、不动产和其他一切有财产价值的权利,被继承人死亡以前两年之内赠与被继承人的配偶或者其各顺序的继承人或者其各顺序的继承人的配偶的财产,减除各项扣除额以后,就其净值课征遗产税。

(3)税率

不超过60万元的部分征收2%的遗产税,超过60万元至150万元的部分税率为4%,超过4000万元至1亿元的部分税率为41%,超过1亿元的部分就要征收高达50%的遗产税。

333. 中国台湾地区是如何征缴赠与税的?

(1)纳税人

赠与税的纳税人为赠与人,但是赠与人行踪不明或者逾限尚未缴纳赠与税,且在台湾无财产可供执行的时候,则以受遗赠人为纳税人。

(2)征税对象与范围

①经常居住在台湾的本省居民,就其在台湾或者台湾以外的财产为赠与者;经常居住在台湾以外的台湾本省居民、外来居民,就其在台湾的财产为赠与者,都应当依法征收赠与税。

②所谓赠与,是指财产所有人以自己的财产无偿给予他人,经他人允受而产

生效力的行为。二亲等以内亲属之间财产的买卖不能提出支付价款的确实证明的,以显著不相当的代价让与财产、免除或者承担债务的,其差额部分均以赠与论。未成年人购置财产,除非能够证明支付的价款属于购买人所有,视为"法定"代理人的赠与。

(3)税率

赠与税按照赠与人每年的赠与总额,减除各项规定的扣除额和免税额以后的应纳税赠与额,按照十级超额累进税率计算应纳税额。最低税率为4%,最高税率为50%。

【案例147】王永庆继承人以实物抵缴22亿新台币遗产税

2008年10月王永庆在美国东部家中辞世后,除了非岛内资产诉讼外,仅在台湾地区就留下总额高达约600亿元(台币,下同)遗产。历经遗产分配纠纷与遗产计算、更正、捐赠扣抵等程序,终于确定遗产税总金额约为119亿元。昨天(10日)下午王永庆继承人委托律师赴台北市税务部门申请递交"实物抵缴"第一批遗产税。首批实物抵缴有365笔土地、股票和债权等价值22亿元。台北市税务部门指出,将尽速确认可抵缴的税额后,将再请继承人将剩余97亿元遗产税以现金缴纳,希望全部税款年底入库。

税务部门强调,"实物抵缴"中的365笔土地中,若有被占用者,税务部门可减价或拒收或排除,且将会开出第二次税单补缴。

至于王永庆非岛内遗产部分,税务部门表示,王永庆非岛内资产部分很难查核,目前是以查无非岛内资产方式核计税额。但若王氏家族的非岛内遗产诉讼有结果出炉,台北市税务部门在5年内都还可以追缴相关税款。

【法律依据】

一、公司法类

(一)法律

❖《公司法》第32条、33条、74条、130条、131条、140条、141条

❖《个人独资企业法》第17条

❖《中外合资经营企业法》第3条

❖《中外合作经营企业法》第5条、7条

❖《外资企业法》第6条

(二) 行政法规

- 《公司登记管理条例》(2005 年修订) 第 9 条、20 条、26 条、38 条
- 《中外合资经营企业法实施条例》第 14 条
- 《中外合作经营企业法实施细则》
- 《指导外商投资方向规定》

(三) 司法解释

- 《最高人民法院关于适用〈中华人民共和国公司法〉若干问题的规定 (三)》第 1 条、13 条、14 条、18 条、22~25 条
- 《最高人民法院关于审理外商投资企业纠纷案件若干问题的规定 (一)》

(四) 部门规章

- 《外商投资产业指导目录》(2011 年修订)
- 《中西部地区外商投资优势产业目录》(2008 年修订)
- 《对外贸易经济合作部　国家工商行政管理局关于印发〈外商投资企业投资者股权变更的若干规定〉的通知》

(五) 地方司法文件

- 《上海市高级人民法院关于审理涉及公司诉讼案件若干问题的处理意见 (一)》第 1 条
- 《上海市高级人民法院关于审理涉及公司诉讼案件若干问题的处理意见 (二)》第 2 条
- 《北京市高级人民法院关于审理公司纠纷案件若干问题的指导意见 (试行)》第 11 条、12 条、17 条
- 《北京市高级人民法院关于审理公司纠纷案件若干问题的指导意见》第 3 条、4 条
- 《山东省高级人民法院关于审理公司纠纷案件若干问题的意见 (试行)》第 24~43 条
- 《江苏省高级人民法院关于审理适用公司法案件若干问题的意见 (试行)》第 3 条, 第 26~33 条
- 《陕西省高级人民法院民二庭关于公司纠纷、企业改制、不良资产处置及刑民交叉等民商事疑难问题的处理意见》
- 《江西省高级人民法院关于审理公司纠纷案件若干问题的指导意见》第 21~35 条

二、税法类

(一)法律

- ❖《企业所得税法》第6条、9条、10条
- ❖《个人所得税法》第2条、3条、6条、9条

(二)行政法规

- ❖《企业所得税法实施条例》第12条、16条、21条、25条
- ❖《个人所得税法实施条例》第4条、8条、10条、19条、22条、24条、26条、27条

(三)部门规范性文件

- ❖《国家税务总局关于个人认购股票等有价证券而从雇主取得折扣或补贴收入有关征收个人所得税问题的通知》(国税发〔1998〕9号)第1～3条
- ❖《国家税务总局关于外商投资企业和外国企业对境外企业支付其雇员的工资薪金代扣代缴个人所得税问题的通知》(国税发〔1999〕241号)第1条、2条
- ❖《国家税务总局关于在中国境内无住所个人以有价证券形式取得工资薪金所得确定纳税义务有关问题的通知》(国税函〔2000〕190号)
- ❖《财政部、国家税务总局关于个人股票期权所得征收个人所得税问题的通知》(财税〔2005〕35号)第1～5条
- ❖《国家税务总局关于个人股票期权所得缴纳个人所得税有关问题的补充通知》(国税函〔2006〕902号)第1～8条
- ❖《财政部、国家税务总局关于股票增值权所得和限制性股票所得征收个人所得税有关问题的通知》(财税〔2009〕5号)第1～5条
- ❖《国家税务总局关于股权激励有关个人所得税问题的通知》(国税函〔2009〕461号)第1～7条
- ❖《国家税务总局〈关于个人所得税有关问题的公告〉》(国家税务总局公告〔2011〕年第27号)第1条
- ❖《国家税务总局〈关于我国居民企业实行股权激励计划有关企业所得税处理问题的公告〉》(国家税务总局公告〔2012〕18号)第1～3条
- ❖《国家税务总局关于股权奖励和转增股本个人所得税征管问题的公告》(国家税务总局公告2015年第80号)
- ❖《股权转让所得个人所得税管理办法(试行)》(国家税务总局公告2014年第67号)第13条
- ❖《财政部、国家税务总局、中国证券监督管理委员会关于沪港股票市场交

易互联互通机制试点有关税收政策的通知》(财税〔2014〕81号)第1条

❖《企业会计准则解释第7号》

❖《财政部　国家税务总局关于将国家自主创新示范区有关税收试点政策推广到全国范围实施的通知》(财税〔2015〕116号)

❖《国家税务总局关于股权奖励和转增股本个人所得税征管问题的公告》(国家税务总局公告2015年第80号)

❖《财政部、国税总局关于推广中关村国家自主创新示范区税收试点政策有关问题的通知》(财税〔2015〕62号)

(四)地方规范性文件

❖《广东省地方税务局关于加强股权转让所得个人所得税征收管理的通知》(粤地税函〔2009〕940号)第5条

❖《河北省地方税务局转发〈国家税务总局关于加强股权转让所得征收个人所得税管理的通知〉》(冀地税函〔2009〕119号)第4条

三、婚姻家庭法类

(一)法律

❖《继承法》第2~34条

(二)司法解释

❖《最高人民法院关于空难死亡赔偿金能否作为遗产处理的复函》

❖《最高人民法院关于保险金能否作为被保险人遗产的批复》

❖《最高人民法院民事审判庭关于未经结婚登记以夫妻名义同居生活一方死亡后另一方有无继承其遗产权利的答复》

❖《最高人民法院关于贯彻执行〈中华人民共和国继承法〉若干问题的意见》

❖《最高人民法院全国各省、自治区、直辖市高级人民法院和中级人民法院管辖第一审民商事案件标准》

(三)部门规章

❖《司法部〈遗嘱公证细则〉》第7~17条

❖《司法部公证律师司关于涉外遗嘱继承公证中如何确认遗嘱效力问题的复函》

❖《司法部、公证司关于如何确认涉外遗嘱效力的复函》

❖《司法部、律师公证工作指导司对〈关于遗嘱公证能否因未录音或录像而被撤销的请示〉的复函》

四、民法类

(一)法律

- ❖《民法通则》第 61 条、92 条、130 条、117 条
- ❖《合同法》第 4~6 条、8 条、44 条、52 条、56~59 条、61 条、94 条、97 条、107 条、115 条
- ❖《物权法》第 106 条
- ❖《著作权法》第 10 条、19 条
- ❖《侵权责任法》第 4 条、6 条、8 条、9 条、11 条、12 条、15 条
- ❖《民事诉讼法》第 112 条、113 条、237~250 条

(二)司法解释

- ❖《最高人民法院关于贯彻执行〈中华人民共和国民法通则〉若干问题的意见(试行)》第 74 条、131 条
- ❖《最高人民法院关于适用〈中华人民共和国合同法〉若干问题的解释(二)》第 14 条

五、其他

(一)法律

- ❖《商业银行法》第 43 条
- ❖《合伙企业法》第 50 条、51 条
- ❖《保险法》第 64 条
- ❖《公证法》第 25~35 条
- ❖《拍卖法》第 41~57 条
- ❖《行政复议法》第 2 条、5 条
- ❖《行政许可法》第 34 条、69 条
- ❖《全国人大常委会关于〈中华人民共和国刑法〉第三百一十三条的解释》

(二)司法解释

- ❖《最高人民法院对外委托鉴定、评估、拍卖等工作管理规定》
- ❖《最高人民法院研究室关于拒不执行人民法院调解书的行为是否构成拒不执行判决、裁定罪的答复》

(三)部门规章

- ❖ 司法部《公证程序规则(2006)》第 17 条、18 条
- ❖《国家计委、司法部关于印发〈公证服务收费管理办法〉的通知》
- ❖《司法部公证司关于涉外公证书认证问题的通知》

（四）行业规定
- 《中国公证协会办理继承公证的指导意见》第 3 条、12 条
- 《全国律师协会律师见证业务工作细则》
- 《上海市律师见证业务操作指引》